프리미어 프로 &
애프터 이펙트
CC 2024

지은이 김덕영
- 명지대학교 영상디자인과 전공
- 대한민국 국회 뉴미디어팀, BPC LAB 근무
- 현 픽처몬스터 대표
- 《맛있는 디자인 프리미어 프로 CC 2023》 공동 집필

지은이 심수진
- 명지대학교 영상디자인과 전공
- 어도비 코리아 프리미어 프로 및 애프터 이펙트 강의 진행
- 강남문화재단, 문화체육관광부, 한국콘텐츠진흥원 영상 제작 강의
- 현 (주)발렌타인드림 부사장
- 전 명지전문대학 디지털콘텐츠융합과 교수
- 《맛있는 디자인 프리미어 프로 CC 2023》 공동 집필

지은이 윤성우
- 명지대학교 영상디자인과 전공 / 디자인학과 석사 과정
- 컴투스 영상 디자이너, NHN(현 네이버) 영상디자인팀 디자이너
- CJ E&M 게임부문(넷마블) 멀티미디어콘텐츠팀 팀장
- 현 (주)발렌타인드림 대표이사
- 《맛있는 디자인 프리미어 프로 CC 2023》 공동 집필

지은이 이수정(피치파이)
- 이화여자대학교 생활미술학과 전공 / Parsons School of Design MFADT, New York 석사
- KBS 한국방송 특수영상팀 디자이너/아트디렉터 / JTBC 브랜드 디자인팀 팀장
- 인하대학교, 이화여자대학교, 한국예술종합학교 강의
- 현 미토리 스튜디오 대표
- 《애프터 이펙트 실무 강의》, 《맛있는 디자인 애프터 이펙트 CC 2023》 집필

맛있는 디자인 프리미어 프로&애프터 이펙트 CC 2024

초판 1쇄 발행 2024년 01월 31일
초판 3쇄 발행 2024년 08월 30일

지은이 김덕영, 심수진, 윤성우, 이수정(피치파이) / **펴낸이** 전태호
펴낸곳 한빛미디어(주) / **주소** 서울특별시 서대문구 연희로2길 62 한빛미디어(주) IT출판1부
전화 02-325-5544 / **팩스** 02-336-7124
등록 1999년 6월 24일 제25100-2017-000058호 / **ISBN** 979-11-6921-199-4 13000

총괄 배윤미 / **책임편집** 장용희 / **기획·편집** 박지수, 진명규, 오희라, 윤신원 / **진행** 박지수, 진명규, 오희라
디자인 이아란 / **전산편집** 오정화
영업 김형진, 장경환, 조유미 / **마케팅** 박상용, 한종진, 이행은, 김선아, 고광일, 성화정, 김한솔 / **제작** 박성우, 김정우

이 책에 대한 의견이나 오탈자 및 잘못된 내용은 출판사 홈페이지나 아래 이메일로 알려주십시오.
파본은 구매처에서 교환하실 수 있습니다. 책값은 뒤표지에 표시되어 있습니다.
한빛미디어 홈페이지 www.hanbit.co.kr / 이메일 ask@hanbit.co.kr / 자료실 www.hanbit.co.kr/src/11199

Published by HANBIT Media, Inc. Printed in Korea
Copyright © 2024 김덕영, 심수진, 윤성우, 이수정 & HANBIT Media, Inc.
이 책의 저작권은 김덕영, 심수진, 윤성우, 이수정과 한빛미디어(주)에 있습니다.
저작권법에 의해 보호받는 저작물이므로 무단 복제 및 무단 전재를 금지합니다.

지금 하지 않으면 할 수 없는 일이 있습니다.
책으로 펴내고 싶은 아이디어나 원고를 메일(writer@hanbit.co.kr)로 보내주십시오.
한빛미디어(주)는 여러분의 소중한 경험과 지식을 기다리고 있습니다.

맛있는 디자인

프리미어 프로 &
애프터 이펙트
CC 2024

김덕영, 심수진, 윤성우, 이수정(피치파이) 지음

머 리 말

천천히 순서대로 같이해보는
프리미어 프로 영상 편집!

영상 편집을 배우면 할 수 있는 일들이 정말 많습니다. 영상 편집자로 취업하거나 이직할 수도 있고, 자기 계발 목적으로 공부할 수도 있습니다. 나아가 인생의 소중한 날을 잘 만든 영상으로 기록할 수도 있습니다. 개인이 스스로를 브랜딩하는 트렌드에 따라가려면 영상 편집 기술을 배우는 일은 이제 선택이 아니라 필수입니다. 지금부터 시작해도 늦지 않습니다.

예전의 저는 영상 편집을 배우는 것은 막연하게 두렵거나 어렵다고 느꼈습니다. 과거의 어려움을 바탕으로 초보자의 시선에 알맞게 책을 집필했습니다. 독자 여러분이 좀 더 쉽고 효율적으로 프리미어 프로를 이해할 수 있도록 예제를 체계적으로 만들고 보완했습니다.

내가 직접 만든 영상으로 다양한 사람들에게 즐거움을 주는 것은 참 재미있는 일입니다. 물론 영상을 잘 만들 수 있다면 더더욱 재미있고 좋을 겁니다. 누구나 영상을 잘 만들게 하기 위해, 변화하는 시대 트렌드를 따라가도록 돕기 위해 책의 예제를 연구하며 수정, 보완하고 있습니다. 이 책을 보는 독자 여러분이 영상 편집을 즐겁게 공부할 수 있기를 바랍니다.

SPECIAL THANKS TO

책 집필에 힘써주신 한빛미디어 진명규 책임님과 관계자분들께 감사드립니다. (주)발렌타인드림 윤성우 대표님, (주)발렌타인드림, (주)데브크리 구성원분들께도 항상 감사드립니다. 사랑하는 가족, 친구들에게도 감사의 인사를 전합니다.

심수진

영상 편집을 배우며
즐겁고 행복하기를 바랍니다!

책 집필을 하는 동안 가장 많이 듣게 된 단어가 AI였습니다. 우리는 머지않은 미래에 AI가 영상 편집까지도 정복할 것이라는 이야기를 듣게 됩니다. 하지만 우리가 알아둬야 하는 것은 AI는 인류의 감정까지 지배할 수 없다는 사실입니다. 영상 편집을 하는 데 AI 신기능이 추가된다고 해도 인간을 감동시키는 영상을 편집하는 최종 결정권은 인간에게 달려 있습니다.

오히려 앞으로 AI의 조언을 받아 더 많은 사람이 더욱 쉽게 영상을 만들게 될 것이라는 게 제 생각니다. 앞으로 많은 사람이 프리미어 프로를 배워서 즐거움을 주는 일을 하는 사람이 될 거라고 생각합니다. 사람이 사람에게 행복과 즐거움을 주는 일을 한다는 것만큼 의미 있는 일은 없을 것입니다.

SPECIAL THANKS TO

4시33분 권준모 의장님, 큐로드 길호웅 대표님, 그리고 옆에서 묵묵히 지켜준 심수진 저자에게 감사합니다. 또한 이 책을 선택한 독자분들께도 감사합니다. 2024년 모든 일이 잘되시길 기원합니다.

윤성우

영상 편집, 나도 할 수 있다!

영상은 우리 생활 가장 가까운 영역에서 많은 영향을 주고 있습니다. 텍스트로만 전달되던 것이 이제는 영상화가 된 덕분에 우리는 이전보다 직관적이고 편리하게 다양한 것을 체험하고, 배우고, 느낄 수 있습니다.

어떤 분야든 기술이 숙달되고 전문가가 되기까지 많은 시간과 노력이 필요합니다. 영상 제작 역시 처음에 익혀야 하는 많은 지식, 낯선 용어, 기술적인 부분 등으로 어려움을 겪는 경우를 자주 보았습니다. 영상 제작에 입문하고자 마음먹은 분들이 더 편하고 쉽게 프리미어 프로를 다루도록 초석을 다지고 숙련된 영상 제작자가 되는 데에 도움이 되었으면 하는 마음으로 이 책을 집필했습니다.

이 책으로 학습하며 '영상 편집 나도 할 수 있다!'고 자신감을 가지기를 바랍니다. 나아가 선호하는 크리에이터나 좋아하는 스타일의 영상을 만들 수 있는 실력을 갖추기를 희망합니다. 영상 제작을 마음먹은 여러분은 이미 한 명의 연출가이고, 감독입니다. 자신만의 멋진 영상을 만들기 위해 노력하는 여러분의 앞날을 응원합니다.

SPECIAL THANKS TO

원고를 집필하는 동안 집중할 수 있도록 신경 써준 아내에게 고맙고 사랑한다고 전하고 싶습니다. 항상 믿고 응원해주는 가족들, 책의 완성도를 높이기 위해 함께 고민한 성우 형과 심수진 저자, 책으로 독자를 만날 수 있는 계기를 마련해주신 다영님, 출판에 힘써주신 한빛미디어 담당자분들 모두에게 감사의 말을 전합니다.

김덕영

> 머 리 말

영상 제작을 원하는 모든 사람들의
길라잡이가 되었으면 좋겠습니다!

좋아하세요? 그렇다면 무엇을 망설이세요?

손으로 무언가를 만드는 것이 가장 즐겁고, 새로움에 대한 호기심이 가득한 저에게 디자인과 테크놀로지가 결합된 '모션 그래픽' 장르는 그야말로 눈이 번쩍 뜨이는 신세계였습니다. 끊임없이 발전하는 기술력과 시시각각 변하는 트렌드, 새롭고 환상적인 영상의 향연은 즐거움의 연속이었습니다. KBS 한국방송에서 영상 디자이너로 첫 번째 커리어를 시작하였고, 10여 년 후에는 JTBC 방송사에서 브랜드 디자인팀 팀장으로 근무하며 다양한 영상을 제작, 감독하면서 치열한 시간을 보냈습니다. 퇴사 후에는 그동안 경험해보지 못했던 뮤직비디오, 전시 영상, 미디어 아트, 모바일 게임, 캘리그래피 등 다양한 분야에서 창작의 즐거움을 경험하고 있습니다. 모든 활동이 성공적이기만 한 것은 아니었지만, 그 안에 배움과 즐거움이 존재했으므로 저는 만족합니다.

이 책을 선택한 독자 여러분은 '애프터 이펙트'라는 프로그램에 대해, 더 나아가 '모션 그래픽'에 대해 관심이 있을 것이라고 생각합니다. 더불어 너무 어려울 것 같다는 두려움도 가지고 있을 것입니다. 그러나 필자의 경험에 따르면 애프터 이펙트를 배우는 것은 어렵지 않습니다. 다만, 훌륭한 모션 그래픽 아티스트가 되는 길은 프로그램을 다룰 수 있는 능력과는 다른 차원의 문제라고 생각합니다. 모션 그래픽 또한 창작의 영역이므로 타고난 감각이 도움 되는 것은 사실이지만, 많은 시간과 열정을 투자해 재미있게 작업한다면 얼마든지 좋은 디자이너가 될 수 있다고 생각합니다.

독자 여러분은 영상 분야에 관심이 있나요? 좋아하나요? 그렇다면 무엇을 망설이나요? 중간에 포기하면 시간이 아까울 것 같아서 망설여지나요? 시간은 중요한 자원이지만, 좋아하는 것에 투자한 시간은 결코 낭비한 것이 아니라고 생각합니다.

영상 제작을 더 쉽게 배워보세요!

영상 제작은 더 이상 소수의 전문가만 할 수 있는 영역이 아닙니다. 바야흐로 영상의 시대라고 불러도 무방한 요즘, 영상 제작을 경험하고 싶은 입문자도 수없이 많을 것입니다. 이 책은 애프터 이펙트의 기본 메뉴 설명부터 전문 영역인 캐릭터 애니메이션에 이르기까지, 영상 제작과 모션 그래픽의 핵심적인 내용을 다양한 관점에서 다루고 있습니다. 이 책이 모션 그래픽 디자이너의 꿈을 키우는 독자 여러분뿐만 아니라 영상 제작이라는 새로운 경험을 원하는 모든 사람들에게 망망대해 같은 항해 속 길라잡이가 되었으면 좋겠습니다.

차근차근 따라 해보세요!

애프터 이펙트는 학습하기 쉬운 프로그램이 아닙니다. 하지만 이 책의 기본편부터 차근차근 따라 해보세요. 낯선 작업 환경에 적응하고 생소한 용어들을 쉽게 이해하면서 따라 할 수 있도록 자세한 설명을 수록했습니다. 두려움을 버리고 차근차근 따라 해보면 영상 제작과 모션 그래픽 작업에 즐거움을 느끼면서 TV에서 보던 멋진 영상을 스스로 제작할 수 있는 날이 올 것이라고 생각합니다.

무료 온라인 강의도 많은데 왜 책으로 공부해야 할까요?

책을 통한 학습보다 영상 강의를 통한 학습이 훨씬 더 익숙한 분들이 많을 겁니다. 글을 읽는 것 자체가 불편할 뿐 아니라, 화면을 보면서 공부하는 게 더 명확하고 효율적으로 보일 수 있습니다. 하지만 책을 통한 학습은 학습법이 체계적이며, 전문가 그룹이 오랜 시간 동안 함께 고심하여 제작한 고품질 콘텐츠로 공부할 수 있다는 큰 장점이 있습니다. 학습자 입장에서는 잘 모르거나 막혔던 부분을 북마크 해두었다가 언제든 복습할 수 있고, 중요한 부분을 체크해두고 수시로 그 부분만 볼 수도 있습니다.

이 책에서는 영상 강의를 선호하는 독자 여러분을 위해 텍스트만으로는 이해가 어려운 예제들은 동영상 강의로 제작하여 QR 코드를 수록했으니 학습에 도움이 되었으면 좋겠습니다.

독자 여러분에게 당부드립니다!

단축키 사용을 습관화할 수 있도록 자주 쓰는 필수 단축키는 실습을 진행할 때마다 언급하여 저절로 외울 수 있도록 구성했습니다. 급한 마음에 예제만 따라 하지 말고 목차에 따라 차근차근 학습해보세요. 필수 기능에 관한 내용을 더욱 보강하여 기본 예제만 잘 학습해도 영상 작업을 어느 정도 할 수 있도록 구성했습니다.

대부분의 준비 파일을 열어보면 프로젝트 패널에서 [시작] 컴포지션과 [완성] 컴포지션이 함께 수록된 것을 확인할 수 있어 학습하는 데 매우 편리합니다. 따라 하기 학습 과정 중 잘 진행되지 않는 부분은 [완성] 컴포지션을 열고 확인할 수 있어 효과적입니다. 학습을 시작하기 전에 완성 동영상을 먼저 확인하고 머릿속으로 제작 과정을 구상한 후에 본격적인 실습을 시작하는 것도 매우 좋은 방법입니다.

준비 되었나요? 자, 이제부터 달려봅시다!

SPECIAL THANKS TO

한 권의 책이 출간되기까지 정말 많은 분의 수고가 녹아 있습니다. 제 이름이 저자로 새겨져 출간되지만, 오롯이 제 책이라고 생각하지 않습니다. 보이지 않는 곳에서 애써주신 모든 분들과 독자님들에게 감사드립니다. 오랜 시간 함께 해온 한빛미디어 장용희 팀장님, 이번에 새로 함께하게 된 오희라 선임님 감사합니다. 항상 응원해주는 내 짝꿍도 고맙고 사랑합니다.

이수정

맛있게 학습하기

맛있는 디자인 6단계 레시피

한눈에 실습
주요 기능의 사용법과 활용 과정을 한눈에 살펴보며, 결과를 바로 확인할 수 있습니다.

Start — 1 — 2 — 3

간단 실습
왕초보도 따라 하기 쉬운 예제로 프리미어 프로와 애프터 이펙트 기능을 제대로 익힙니다.

핵심 기능
'한눈에 실습'에서 학습할 기능을 미리 확인합니다. 모르는 부분은 도구 설명과 '간단 실습'에서 복습합니다.

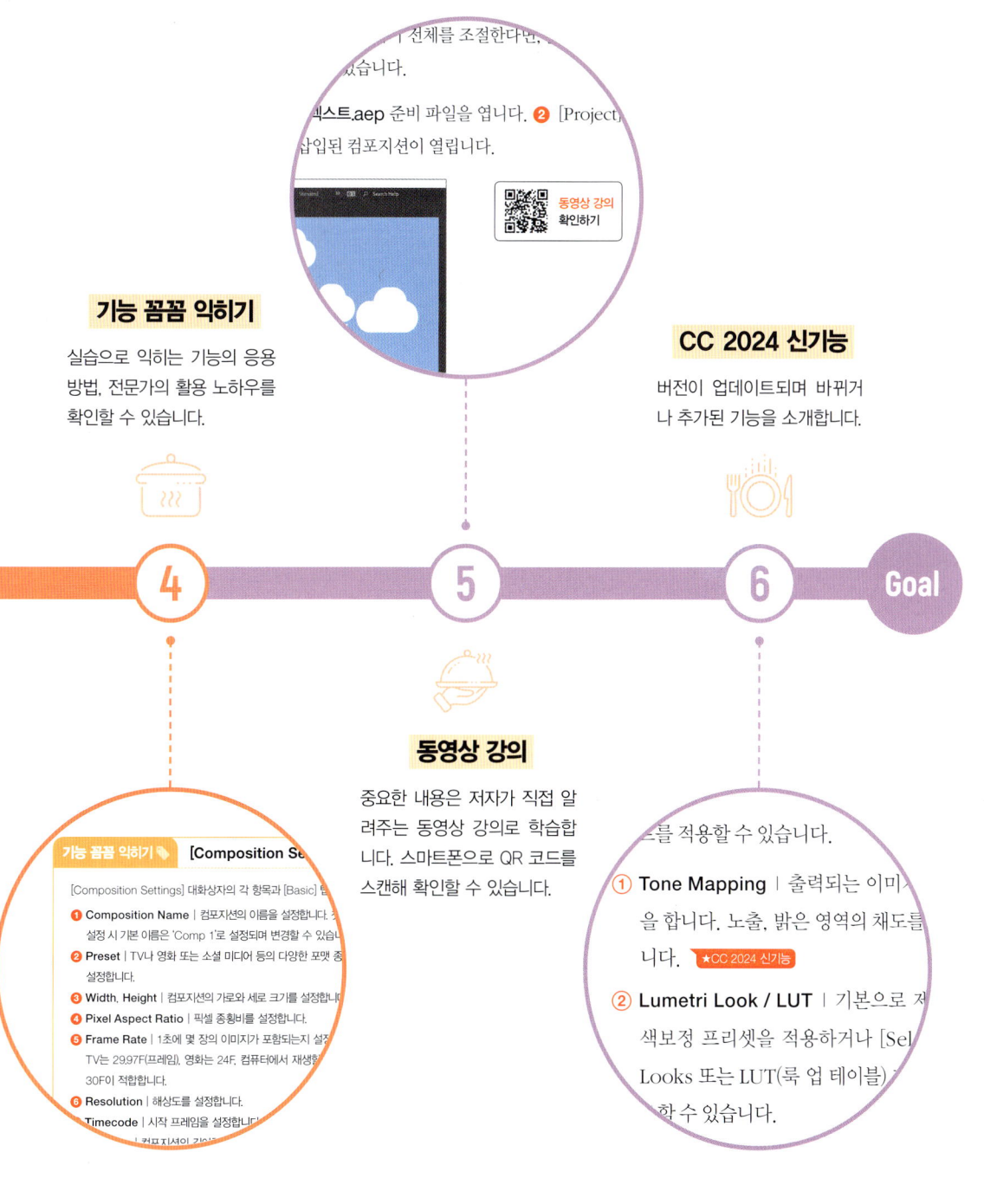

기능 꼼꼼 익히기

실습으로 익히는 기능의 응용 방법, 전문가의 활용 노하우를 확인할 수 있습니다.

CC 2024 신기능

버전이 업데이트되며 바뀌거나 추가된 기능을 소개합니다.

동영상 강의

중요한 내용은 저자가 직접 알려주는 동영상 강의로 학습합니다. 스마트폰으로 QR 코드를 스캔해 확인할 수 있습니다.

> 맛있는 디자인의 수준별 3단계 학습 구성

맛있는 디자인의
수준별 3단계 학습 구성

맛있는 디자인은 프리미어 프로와 애프터 이펙트를 처음 다뤄보는 왕초보부터 어느 정도 다뤄본 사람까지 누구나 쉽게 학습할 수 있도록 구성되어 있습니다. 핵심 기능과 응용 기능을 빠르게 학습하고 실무 예제를 활용해 실력을 쌓아보세요.

1단계 — 프리미어 프로 & 애프터 이펙트는 처음이에요!

프리미어 프로와 애프터 이펙트를 이전에 다뤄본 경험이 전혀 없다면 체험판을 설치해보고 프로그램 환경과 조작 방법부터 배워보세요! 간단한 기능 학습만으로도 금방 프리미어 프로 & 애프터 이펙트와 친해질 수 있습니다.

▶ 크리에이티브 클라우드 다루기 p.012

2단계 — 프리미어 프로 & 애프터 이펙트 실행은 해봤어요!

프리미어 프로와 애프터 이펙트를 설치한 후 실행해본 적이 있어 기본적인 조작에 익숙하다면 [간단 실습]으로 본격적인 기능 학습을 시작해보세요! 기능별 예제를 실습하다 보면 어느새 실력이 쑥쑥 향상됩니다.

▶ 프리미어 프로 편 p.054
▶ 애프터 이펙트 편 p.324

3단계 — 체계적인 학습을 통해 기본 기능을 모두 배우고 싶어요!

프리미어 프로와 애프터 이펙트의 기본 기능을 알고 있다면 [한눈에 실습]과 실무 예제를 통해 모르는 부분만 집중적으로 다시 학습해보세요! 각 편의 마지막에 수록된 실무 예제로 주요 기능의 응용법까지 알아보면 프리미어 프로와 애프터 이펙트의 거의 모든 기능을 쉽고 빠르게 학습할 수 있습니다.

▶ 프리미어 프로, 애프터 이펙트 편의 핵심 기능 키워드를 확인하며 학습!
▶ 모르는 부분은 집중 복습!

ⓒ CC 2024 신기능만 빠르게!

프리미어 프로와 애프터 이펙트 CC 2024의 신기능을 빠르게 학습하고 싶다면 020쪽에 있는 신기능과 본문의 CC 2024 신기능 팁을 확인해보세요!

예제&완성 파일 다운로드

예제&완성 파일
다운로드

이 책에서 나오는 모든 예제 소스(준비 파일, 완성 파일)는 홈페이지에서 다운로드할 수 있습니다. 한빛출판네트워크 홈페이지는 검색 사이트에서 **한빛출판네트워크**로 검색하거나 www.hanbit.co.kr 로 접속합니다.

01 한빛출판네트워크 홈페이지에 접속하고 [부록/예제소스]를 클릭합니다.

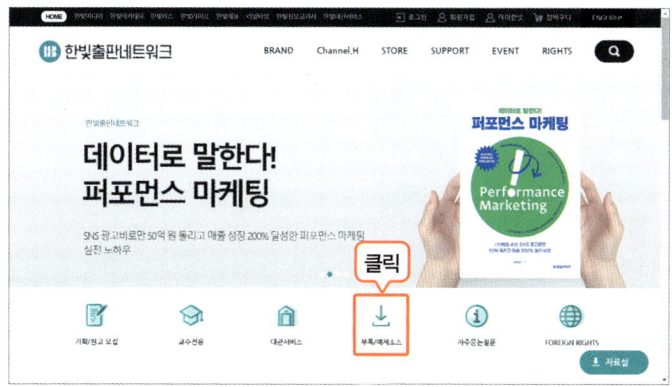

02 ❶ 검색란에 **프리미어 프로 애프터 이펙트 2024**를 입력하고 ❷ 검색 버튼을 클릭합니다. ❸《맛있는 디자인 프리미어 프로&애프터 이펙트 CC 2024》가 나타나면 [예제소스]를 클릭합니다. 바로 다운로드됩니다. 파일의 압축을 해제해 사용합니다.

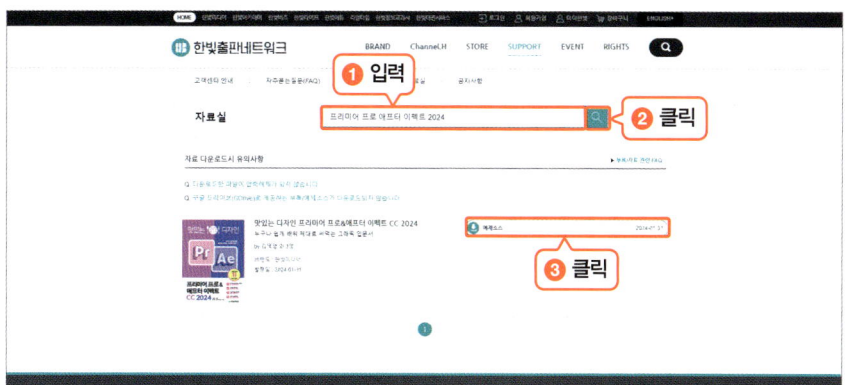

▶ **빠르게 다운로드하기**
단축 주소 www.hanbit.co.kr/src/11199로 접속하면 바로 예제 파일 다운로드 페이지로 이동합니다.

크리에이티브 클라우드 다루기

무료 체험판 설치하기

프리미어 프로와 애프터 이펙트 CC 2024 정품이 없다면 어도비 홈페이지(https://www.adobe.com/kr/)에 접속한 후 7일 무료 체험판을 다운로드해 설치할 수 있습니다. 무료 체험판은 설치 후 7일 이내에 구독을 취소하지 않으면 자동으로 결제가 진행됩니다.

어도비 회원가입하고 구독 신청하기(7일 무료 체험)

01 어도비 홈페이지에 접속한 후 [무료 체험하기]를 클릭합니다.

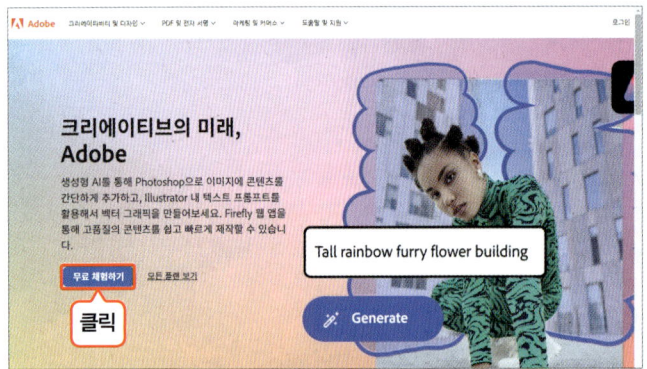

어도비 홈페이지 메인에 [무료 체험하기]가 나타나지 않는다면 오른쪽 상단의 [도움말 및 지원]-[다운로드 및 설치]를 클릭한 후 [Creative Cloud 모든 앱]의 [무료 체험판]을 클릭합니다.

02 첫 7일간은 무료라는 안내 문구가 나타납니다. 본인에게 알맞은 구독 유형을 선택하고 [계속]을 클릭하여 진행합니다.

일반 취미용이라면 [개인]을 선택합니다. 교육 목적이라면 [학생 및 교사], 회사나 기업(비즈니스)에서 사용한다면 [팀]을 선택합니다. 각 목적에 따라 구독료가 달라집니다.

03 ❶ 이메일 주소를 입력합니다. ❷ 약관을 확인하여 동의 절차를 거치고 ❸ [계속]을 클릭합니다.

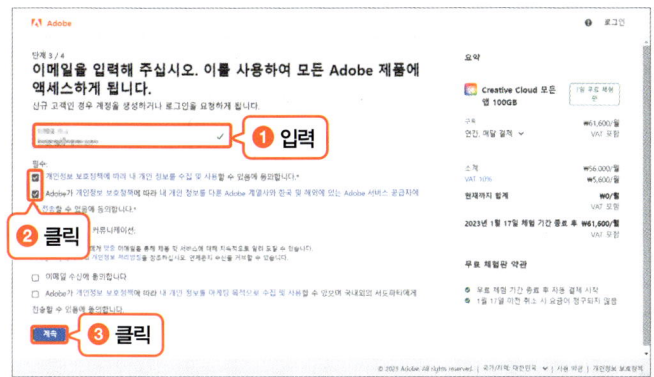

04 결제 정보를 업데이트합니다. ❶ 결제할 카드 정보를 입력하고 ❷ [무료 체험기간 시작]을 클릭합니다. 무료 사용 기간은 7일입니다. 이후 자동으로 결제가 청구됩니다. 결제를 원하지 않는다면 기간 내에 결제를 취소해야 합니다.

한 개의 카드 정보로는 무료 체험판 혜택을 한 번만 이용할 수 있습니다. 플랜 취소 및 구독 관련 내용은 어도비 Help(https://helpx.adobe.com/kr/manage-account/using/cancel-subscription.html)를 참고합니다.

크리에이티브 클라우드 데스크톱 앱 영문판 설치하기

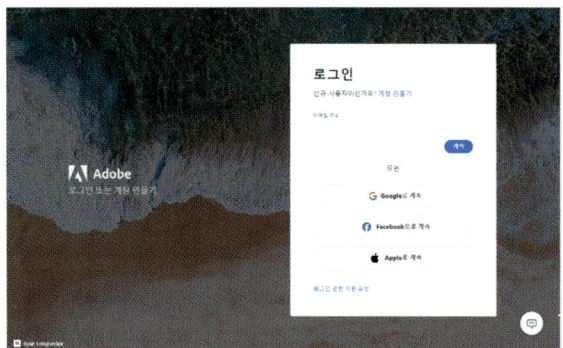

01 크리에이티브 클라우드 앱스 홈페이지(https://creativecloud.adobe.com/apps#)에 접속합니다.

어도비 홈페이지에 로그인되어 있지 않다면 로그인 화면이 나타납니다. 로그인 후 진행합니다.

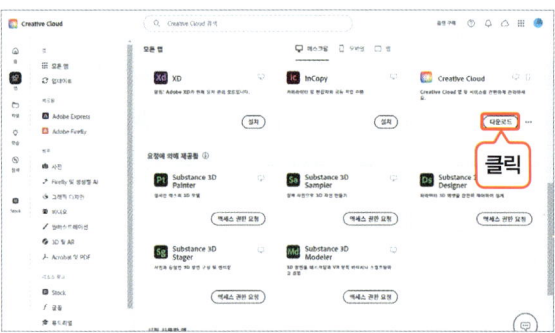

02 [내 구독에서 사용 가능]의 목록을 확인합니다. [Creative Cloud]의 [다운로드]를 클릭합니다.

만약 [Creative Cloud]의 [다운로드]가 활성화되지 않았거나 [열기]로 바뀌어 있다면 사용자의 PC 혹은 Mac에 크리에이티브 클라우드 데스크톱 앱이 설치되어 있는 것입니다. 이때는 크리에이티브 클라우드 데스크톱 앱을 실행한 후 업데이트합니다.

03 크리에이티브 클라우드 데스크톱 앱 다운로드가 시작됩니다. 다운로드가 완료되면 설치 파일을 실행합니다.

설치 파일의 다운로드 위치 및 실행 방법은 사용 중인 브라우저마다 다릅니다.

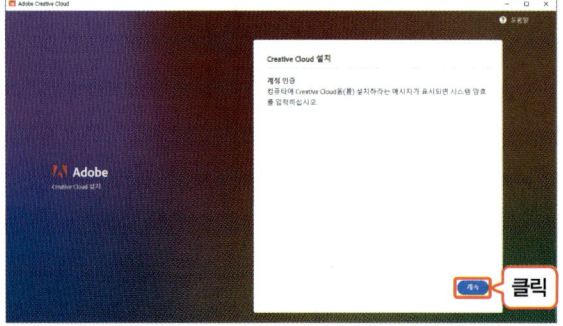

04 [Creative Cloud] 설치 프로그램이 실행되면 [계속]을 클릭해 설치를 진행합니다.

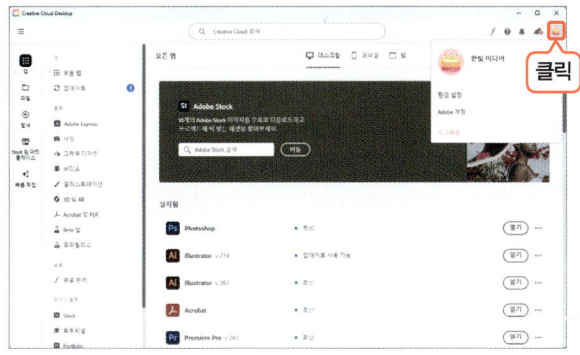

05 크리에이티브 클라우드 데스크톱 앱의 설치가 완료되면 자동으로 실행됩니다. 영문판 설치를 위해 환경 설정을 바꾸겠습니다. 오른쪽 상단의 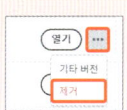를 클릭하고 [환경설정]을 클릭합니다.

> 기존에 한글판을 설치했다면 각 프로그램의 ⋯를 클릭한 후 [제거]를 선택해 한글판을 삭제합니다.

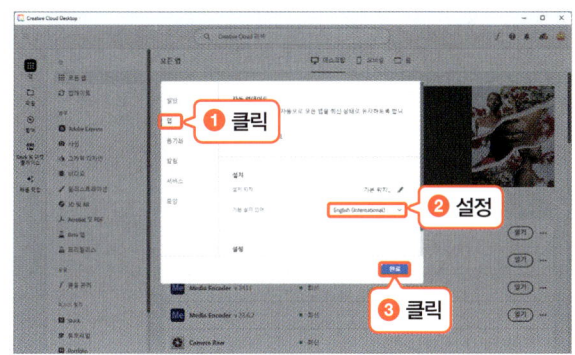

06 ❶ [앱]을 클릭합니다. ❷ [설치]-[기본 설치 언어]를 [English (International)]로 선택합니다. ❸ [완료]를 클릭합니다.

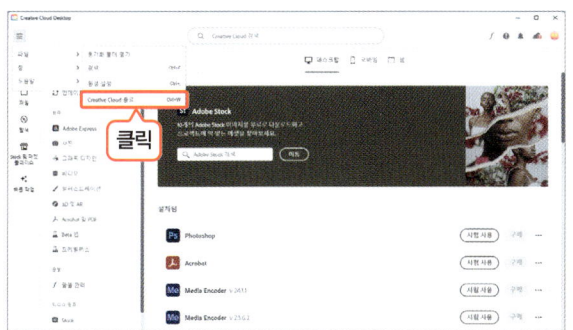

07 [파일]-[Creative Cloud 종료] 메뉴를 선택합니다. 크리에이티브 클라우드 데스크톱 앱이 종료됩니다.

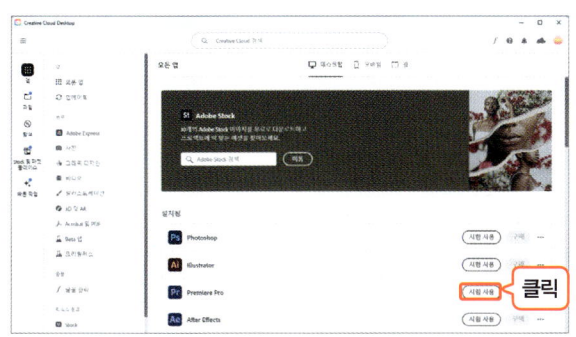

08 크리에이티브 클라우드 데스크톱 앱을 다시 실행한 후 [시험 사용할 앱]에서 [Premiere Pro] 또는 [After Effects]의 [시험 사용]을 클릭해 설치를 진행합니다. 설치가 완료되면 설치 완료 메시지가 나타납니다.

맛있는 디자인 스터디 공식 카페 활용하기

스터디 그룹과 함께 학습하세요!

한빛미디어에서는 포토샵, 일러스트레이터, 프리미어 프로, 애프터 이펙트를 쉽고 빠르게 학습할 수 있도록 '맛있는 디자인 스터디 그룹'을 운영하고 있습니다. 혼자 학습하기 막막한 분이나 제대로 학습하기를 원하는 분, 신기능을 빠르게 확인하고 싶은 분이라면 맛있는 디자인 스터디 공식 카페를 활용하세요. 6주 커리큘럼에 맞추어 학습 분량을 가이드하고 미션을 제공합니다. 맛있는 디자인 스터디 그룹은 프로그램 학습의 첫걸음부터 기능이 익숙해질 때까지 든든한 서포터가 되어줄 것입니다.

스터디 공식 카페 100% 활용하기

제대로 학습하기

그래픽 프로그램의 핵심 기능만 골라 담아 알차게 익힐 수 있도록 6주 커리큘럼을 제공합니다. 학습 분량과 일정에 맞춰 스터디를 진행하고 과제를 수행해보세요. 어느새 그래픽 프로그램을 다루는 실력이 업그레이드된 것을 확인할 수 있습니다.

막히는 부분 질문하기

학습하다가 막히는 부분이 있다면 [학습 질문] 게시판을 이용하세요. 모르는 부분이나 실습이 제대로 되지 않는 부분을 질문하면 학습 멘토가 빠르고 친절하게 답변해드립니다.

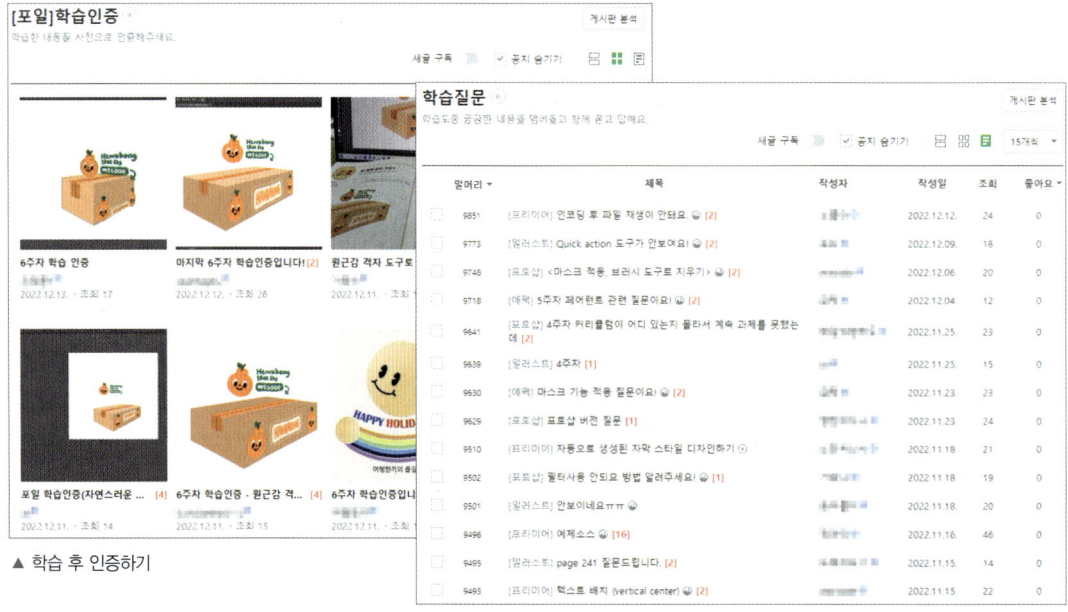

▲ 학습 후 인증하기   ▲ 막히는 부분 질문하기

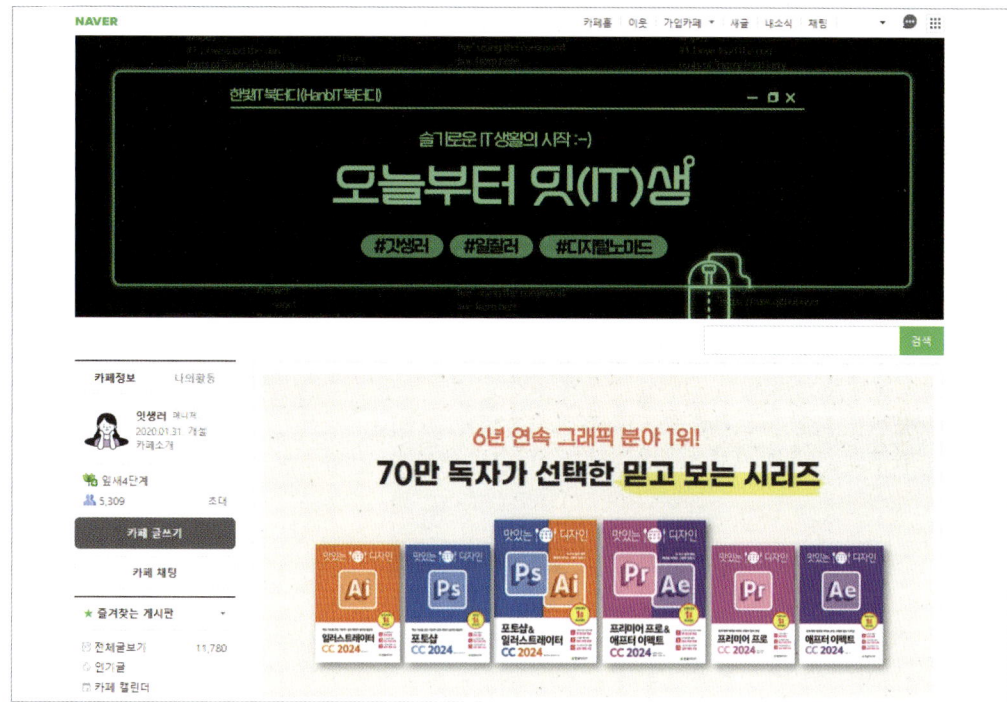

▲ 맛있는 디자인 스터디 공식 카페(https://cafe.naver.com/matdistudy)

먼저 스터디한 분들이 강력 추천합니다!

- 혼자였다면 작심삼일에서 끝났을 텐데 스터디 덕분에 책 한 권과 왕초보 딱지를 뗄 수 있었어요! _이로미 님
- 처음 공부하는 분들께 맛디 스터디 카페를 강력 추천합니다! 기초부터 실무에 적용할 수 있는 내용까지 뭐 한 가지 부족한 것이 없습니다. _박해인 님
- 혼자인듯 혼자 아닌 스터디 모임에 참여할 수 있어서 좋았습니다. 혼자서 공부 못 하는 분들이라면 부담 갖지 말고 꼭 참여하길 추천합니다! _ 김은솔 님
- 클릭하라는 대로 따라 하면 되니 처음으로 디자인이 쉽고 재밌었어요. 디자인 스터디 꼭 해보고 싶었는데 한빛미디어 덕분에 버킷리스트 하나 이뤘어요! _ 한유진 님

맛있는 디자인 스터디 그룹은 어떻게 참여하나요?

맛있는 디자인 스터디 카페를 통해 스터디 그룹에 참여할 수 있습니다. 100% 온라인으로 진행되는 스터디입니다. 학습 일정표에 따라 공부하면서 그래픽 프로그램의 핵심만 콕 집어 완전 정복해보세요! 한빛미디어 홈페이지에서 '메일 수신'에 동의하면 스터디 모집 일정을 메일로 안내해드립니다. 또는 맛있는 디자인 스터디 공식 카페(https://cafe.naver.com/matdistudy)에 가입하고 [공지사항]을 확인하세요.

예제 파일 에러 발생! 이렇게 해보세요!

프리미어 프로

01 버전 변환 | 현재 설치된 프리미어 프로보다 낮은 버전의 프로젝트 파일을 불러오면 [Convert Project] 대화상자가 나타납니다. [OK]를 클릭하면 파일 이름 뒤에 숫자 '1'이 붙고 다른 이름으로 저장한 후 작업을 진행할 수 있습니다.

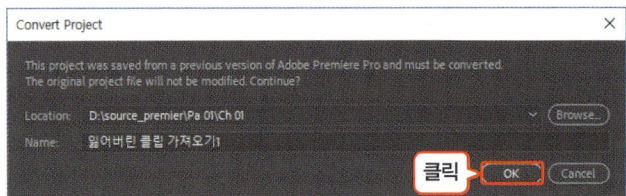

02 연결 유실된 미디어 파일 찾기 | 프리미어 프로의 프로젝트 파일 위치와 소스 파일의 위치가 맞지 않으면 에러 메시지가 나타납니다. ❶ [Locate]를 클릭하면 영상 소스의 위치를 지정할 수 있는 대화상자가 나타납니다. ❷ 왼쪽의 폴더에서 영상 소스가 있는 폴더를 선택한 후 찾는 영상 소스의 위치가 맞으면 [OK]가 활성화됩니다. ❸ [OK]를 클릭하면 유실되었던 영상 소스와 프로젝트 파일이 연결됩니다.

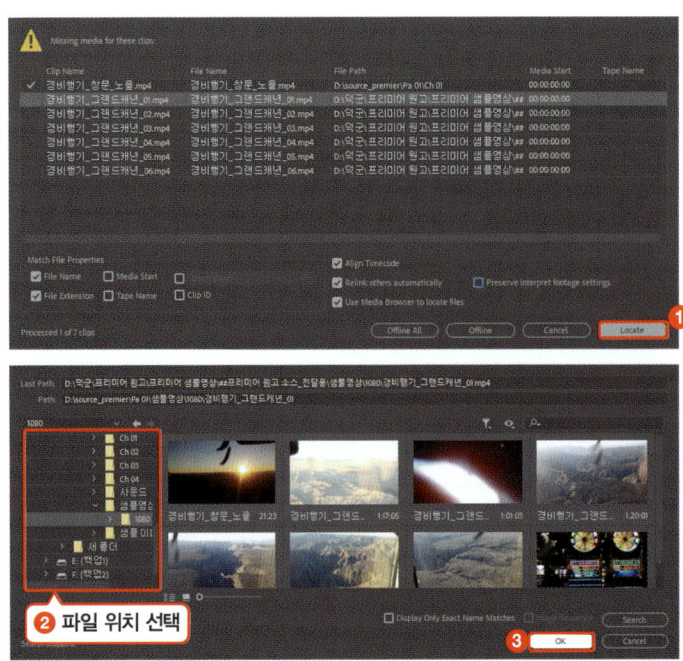

03 프로젝트 파일 호환 에러 | 현재 설치된 프리미어 프로보다 높은 버전에서 저장된 프로젝트 파일을 불러올 경우 에러가 나타납니다. 최신 버전으로 프로그램을 업데이트하면 해결됩니다. 프리미어 프로는 자체적으로 하위 버전의 프로젝트 파일을 호환하지 않으므로 가급적 정품 프로그램으로 업데이트하는 것을 추천합니다.

애프터 이펙트

01 버전 변환 | 현재 설치된 애프터 이펙트보다 낮은 버전의 프로젝트 파일을 불러오면 아래 그림처럼 에러 메시지가 나타납니다. [OK]를 클릭하면 예제 파일을 변환한 후 작업이 진행됩니다.

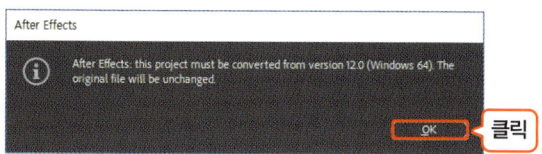

02 연결 유실된 미디어 파일 찾기 | 애프터 이펙트 파일과 기존에 삽입한 소스 파일의 위치가 맞지 않으면 경고 메시지가 나타납니다. [OK]를 클릭하면 연결이 해제된 상태에서 작업이 진행됩니다.

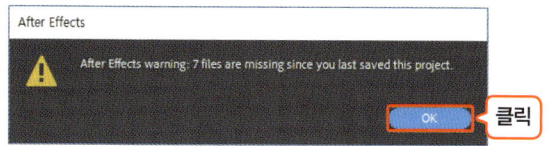

03 [Project] 패널을 확인하면 유실된 소스 파일에 ▦가 표시됩니다. ❶ 유실된 소스 파일을 더블클릭하면 소스 파일을 교체하거나 위치를 다시 지정할 수 있는 대화상자가 나타납니다. ❷ 소스의 위치를 찾아 ❸ 파일을 선택한 후 ❹ [Import]를 클릭하면 미디어 파일이 연결됩니다.

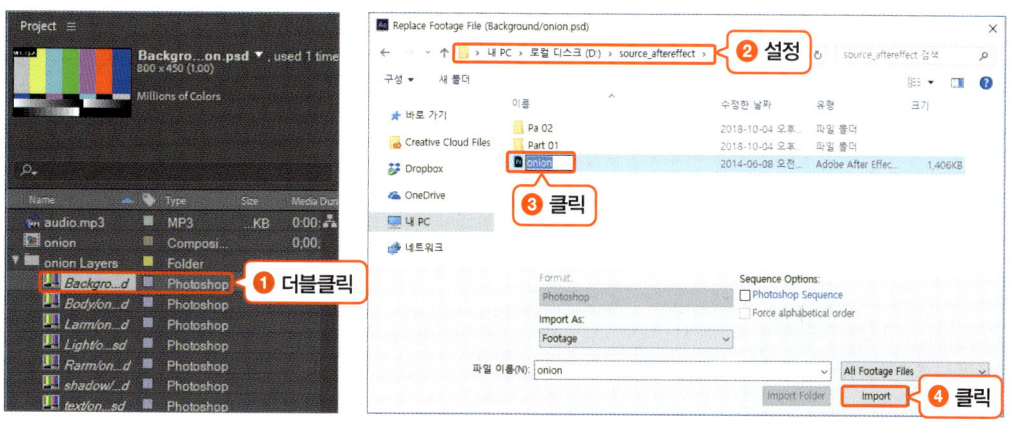

프리미어 프로 CC 2024 신기능

프리미어 프로 CC 2024 신기능

프리미어 프로 CC 2024의 2023년 12월(24.1) 릴리스는 프리미어 프로를 어느 때보다 빠르고 안정적으로 작업할 수 있도록 기능을 추가하고 개선했습니다. 텍스트 기반 편집 기능으로 자막, 컷 편집 작업 시간을 단축할 수 있습니다. 프리미어 프로 CC 2024 신기능 소개는 동영상 강의로도 제공하니, 아래의 QR 코드를 스마트폰 카메라 기능으로 스캔해 신기능을 더욱 완벽하게 익힐 수 있습니다.

텍스트 기반 편집 기능

[Text] 패널에서 텍스트 기반 편집 기능을 사용하면 클릭 한 번으로 말이 끊어지는 부분, 또는 불필요한 추임새 부분 등 모든 일시 중지 구간이 삭제됩니다. 해당 기능을 사용하면 자동으로 컷 편집까지 진행되어 작업 시간을 단축할 수 있습니다.

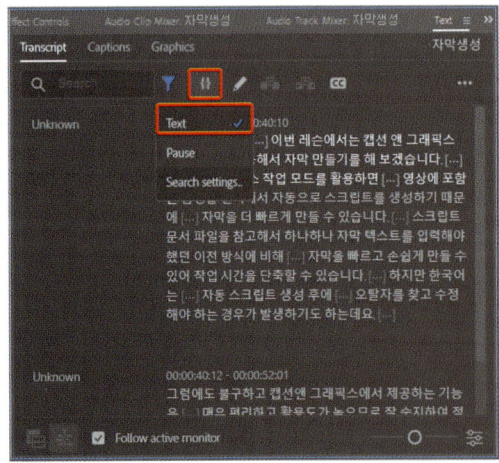
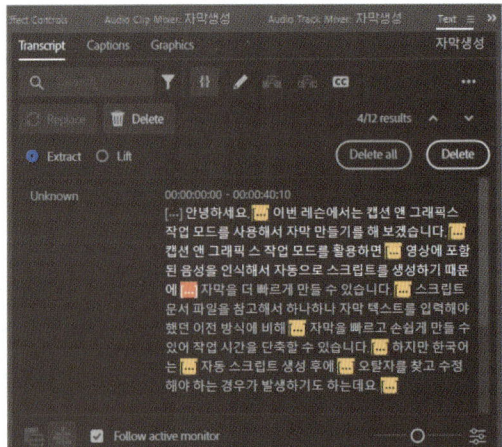

오디오 자동 태그 지정

오디오 파일을 자동으로 분류하고 태그를 지정하여 [Essential Sound] 패널에 표시합니다. [Timeline] 패널에서 하나 이상의 오디오 클립을 선택하고 [Essential Sound] 패널에서 [Auto Tag]를 클릭하면 작업이 진행됩니다.

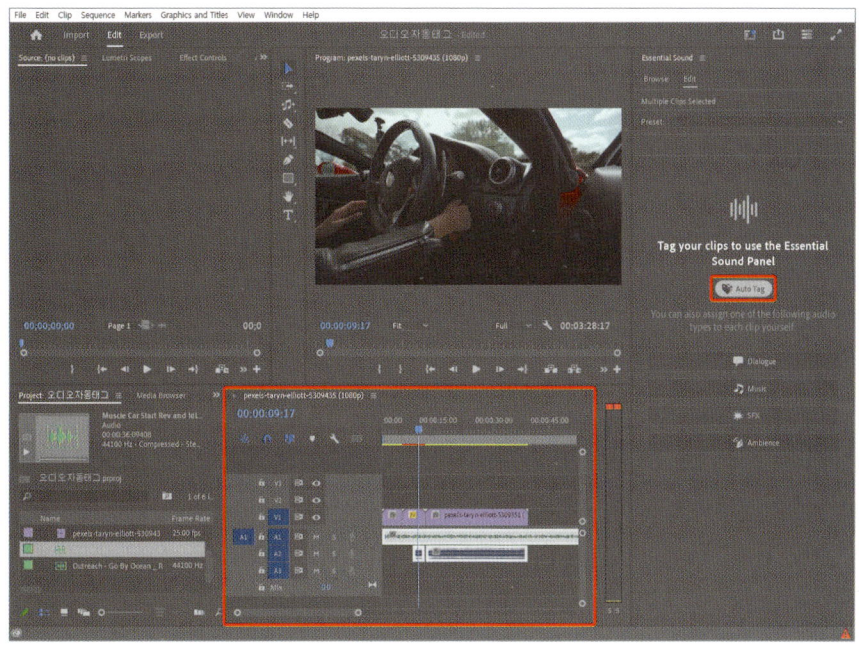

자동 태그 작업이 완료되면 [Essential Sound] 패널에 식별된 태그가 표시됩니다. 각 범주의 태그를 클릭하면 태그에 포함되는 클립들이 일괄 선택되고 [Essential Sound] 패널의 컨트롤로 추가 작업을 진행할 수 있습니다.

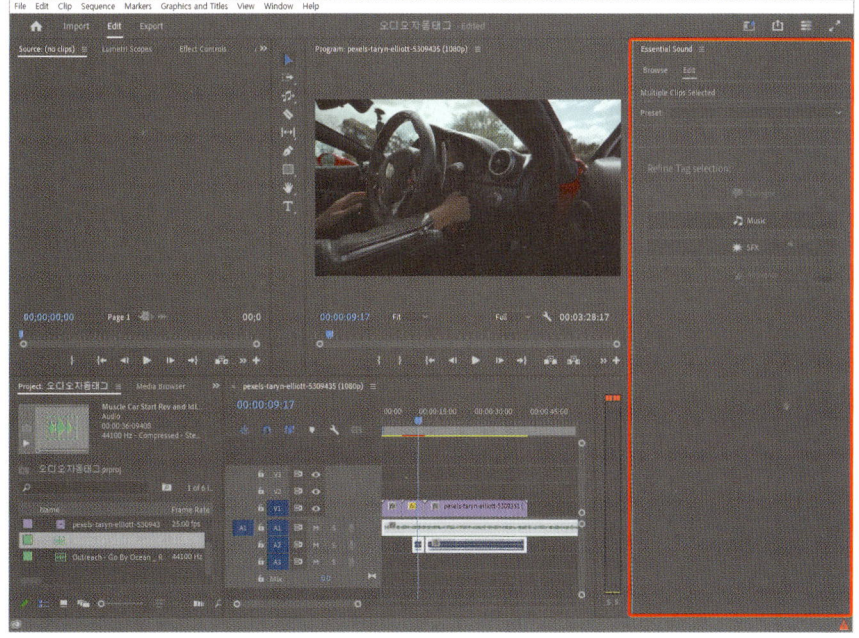

복구 모드를 통한 프로젝트 복원

프리미어 프로가 예기치 않게 종료될 때 열려 있던 프로젝트를 최근 저장 상태로 간편하게 복구할 수 있습니다. 충돌 등으로 인해 프리미어 프로가 종료된 후 다시 프리미어 프로를 실행하면 프리미어 프로가 예기치 않게 종료되었다는 메시지가 나타납니다. 이때 [다시 열기]를 클릭하면 작업 중이던 프로젝트가 종료되기 전의 상태로 복원됩니다.

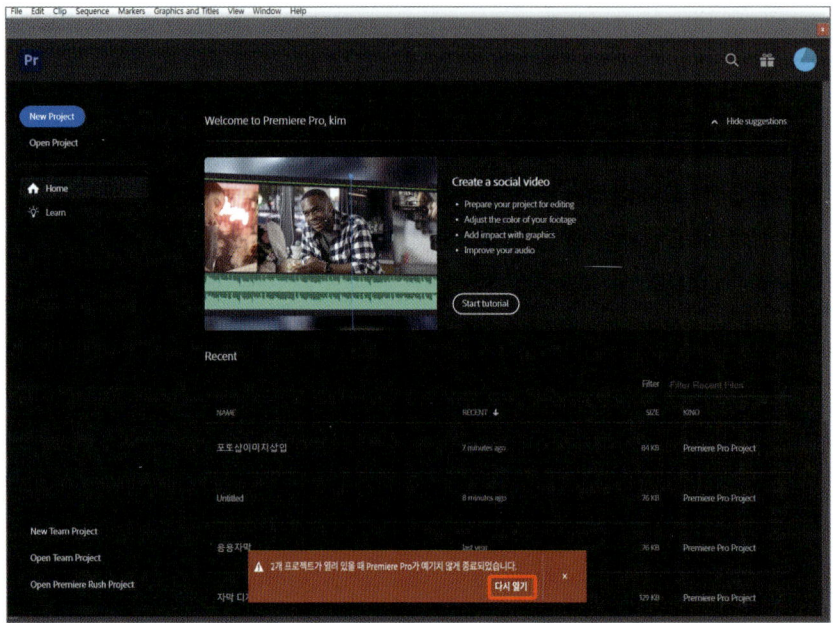

메뉴바의 [File]-[Revert] 메뉴를 선택하여 사용자가 최근에 저장한 상태로 되돌릴 수도 있습니다.

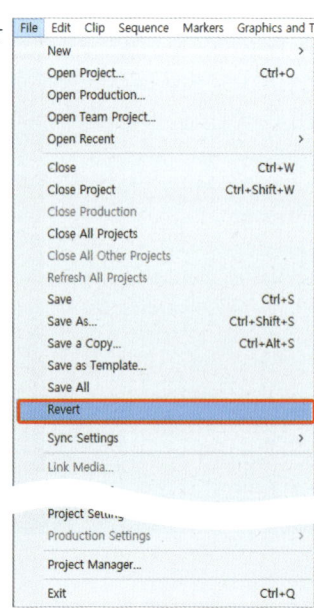

내보내기 모드에서 사용자 정의 대상 유지

[Export] 화면에서 모든 프로젝트의 모든 클립 및 시퀀스에 대해 단일 사용자 정의 대상 세트를 추가하거나 편집 또는 유지할 수 있습니다. [Source] 영역에서 ▦를 클릭하면 나타나는 [Add custom destination]을 선택하고 세부 항목을 설정하여 사용자 정의 항목을 할당합니다.

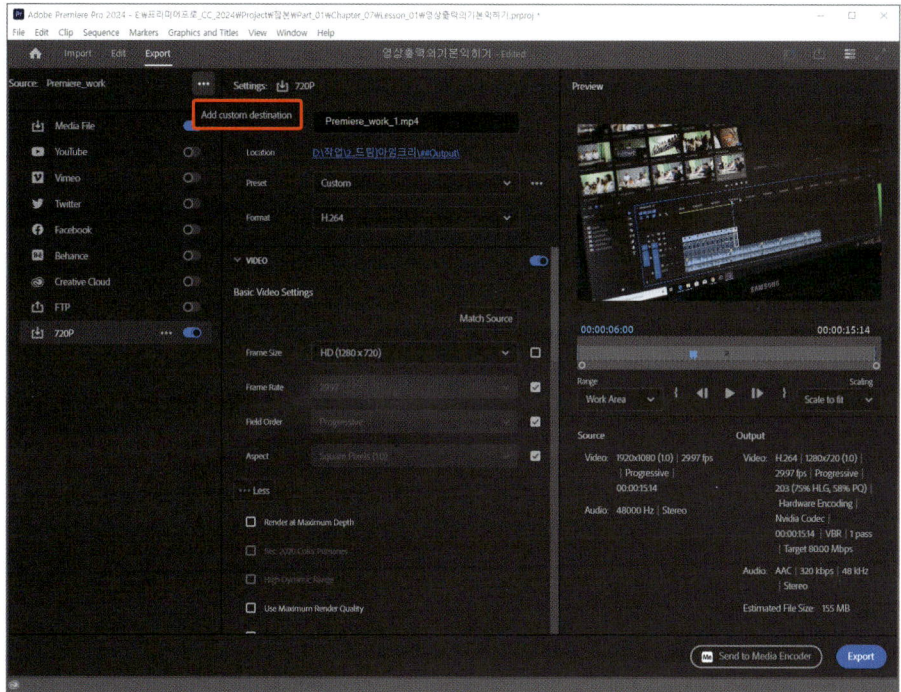

애프터 이펙트 CC 2024 신기능

애프터 이펙트 CC 2024 신기능

2023년 12월에 업데이트된 애프터 이펙트 CC 2024 버전에서는 한층 더 자연스럽고 실제와 같은 3D 작업이 가능해졌습니다.

3D 모델 GLB 활용

기본적으로 질감이 표현된 3D 모델인 GLB(Graphics Language Transmission Format Binary) 포맷과 GLTF(Graphics Language Transmission Format)을 가져와서 컴포지션 안의 다양한 레이어들과 하나의 장면을 연출할 수 있게 되었습니다. 로컬 시스템 또는 Creative Cloud Libraries에서 3D 모델 파일을 가져올 수 있습니다(OBJ 3D 모델은 24.1 버전의 경우 베타 버전에서만 가져올 수 있습니다.).

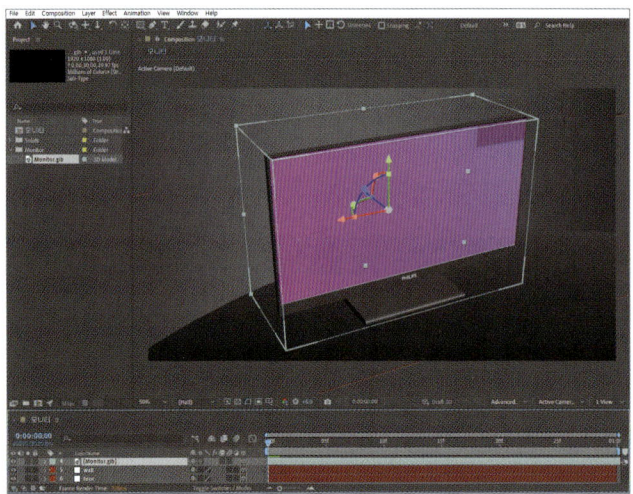

◀ [Project] 패널에 GLB 파일을 가져와 컴포지션에 삽입한 그림

기존의 네 개의 조명 타입에 새로운 [Environment] Light가 추가되었습니다.

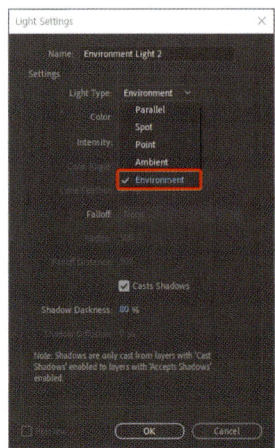

High Dynamic Range Image(HDRI) 파일을 활용하여 이미지 베이스의 현실적인 조명을 생성할 수 있습니다. 이를 통해 보다 현실적인 3D 장면을 연출할 수 있습니다.

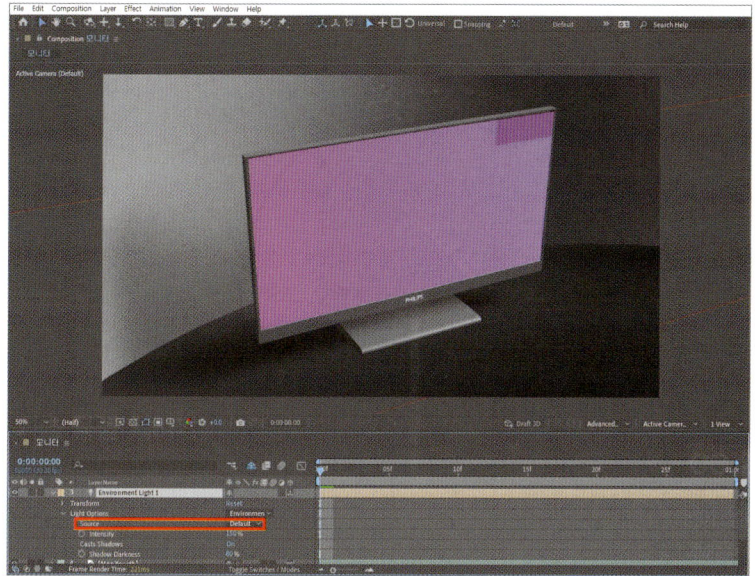

▲ [Environment Light]에 [Source]를 [Default]로 설정한 경우

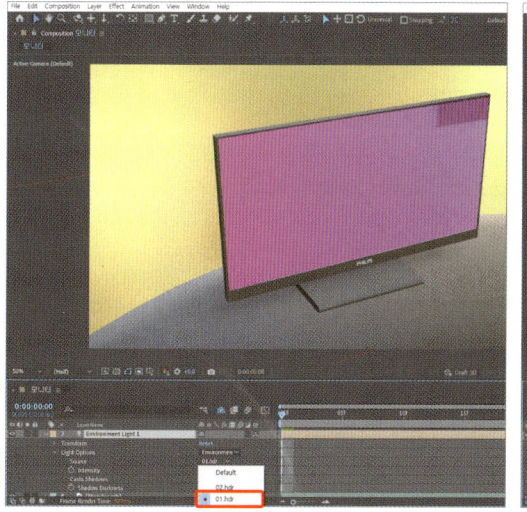 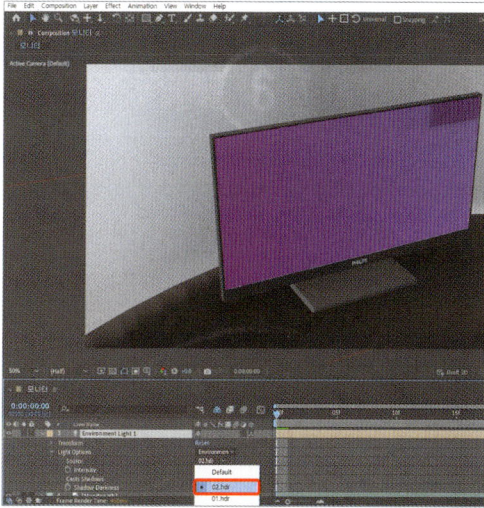

▲ [Environment Light]에 [Source]를 각기 다른 [HDRI] 이미지로 설정한 경우

Advanced Renderer

기존의 두 개의 렌더러에 새로운 [Advanced 3D] 렌더러가 추가되었습니다. 컴포지션 안에 GLB와 GLTF 포맷의 3D 오브제가 있을 경우에는 [Advanced 3D] 렌더러로 설정해야 합니다. [Renderer Options]에서 렌더 퀄리티나 그림자 해상도 등을 설정할 수 있습니다.

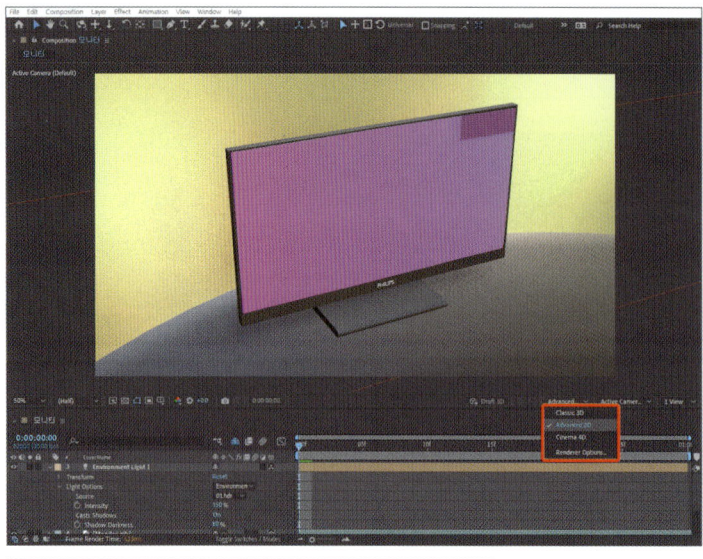

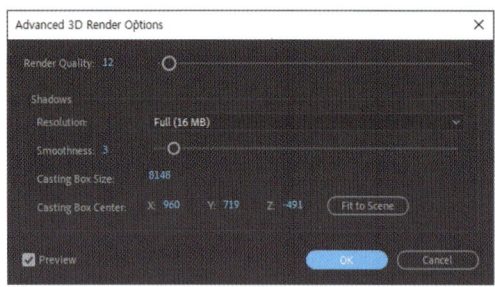

불러온 3D 파일과 애프터 이펙트에서 생성한 3D 텍스트 레이어, 또는 2D 레이어를 모두 하나의 컴포지션에서 융합적으로 배치하고 합성할 수 있습니다. 2D 레이어의 경우 레이어 블렌딩 모드도 사용할 수 있습니다.

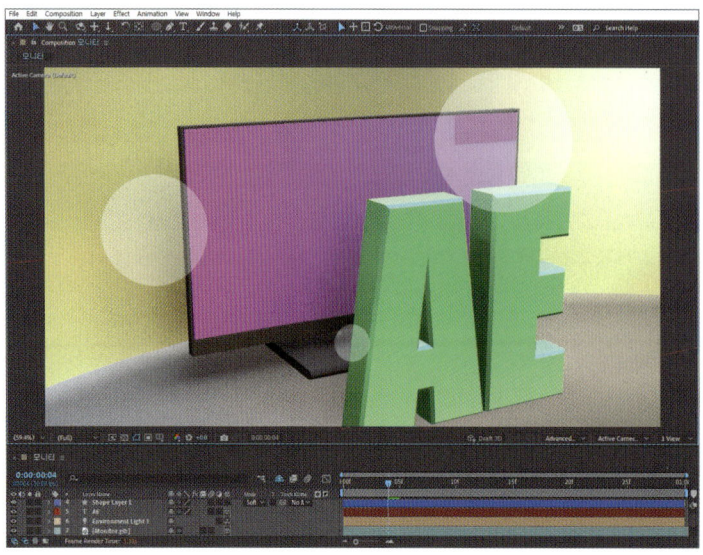

3D 모델 기반 효과

레퍼런스 레이어를 활용하는 효과에서 3D 레이어를 레퍼런스로 사용할 수 있게 되었습니다. Displacement Map, Vector Blur, Calculations 등의 효과에서 Map Layer를 GLB 등의 3D 레이어로 설정할 수 있습니다.

▲ Displacement Map 효과의 Map Layer를 GLB 포맷의 레이어로 설정한 그림

새롭게 추가된 애니메이션 프리셋 설정

[Animation Presets]에 [Adobe Express]가 새롭게 추가되었습니다. 특히 [Looping]에 수록된 다수의 프리셋의 경우 익스프레션이 포함되어 다소 난이도가 높았던 기능을 쉽고 빠르게 적용할 수 있어 매우 편리해졌습니다.

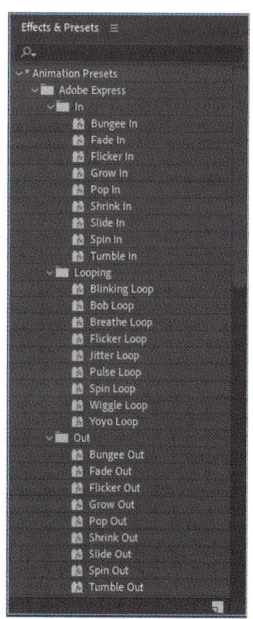

2023년 10월에 업데이트된 애프터 이펙트 2024 버전의 대표적인 변화는 새로운 AI 모델로 장착한 3세대 로토 브러시, OpenColorIO 워크플로 개선, 그리고 텍스트 스크립트 지원이 있습니다.

향상된 로토 브러시

차세대 로토 브러시는 새로운 AI 모델로 구동되며 기존 버전보다 빠르고 정확하게 푸티지에서 선택한 오브젝트를 추출할 수 있습니다. 푸티지 안에서 서로 겹치는 개체를 추적하거나 머리카락, 깃털, 투명한 것 등 마스킹이 어려운 푸티지를 로토 브러시로 작업하는 경우에도 보다 쉽고 빠르게 합성 이미지를 만들 수 있습니다.

[Timeline] 패널에서 로토 브러시를 적용할 레이어를 더블클릭하여 [Layer] 패널을 엽니다. 로토 브러시 도구를 선택하여 고양이의 외곽선을 그린 후, 이어서 가장자리 다듬기 도구로 털 부분을 한 번 더 그려줍니다. [Composition] 패널로 돌아오면 푸티지 레이어에 [Roto Brush & Refine Edge] 효과가 적용되어 있고, 초깃값으로 [Version]이 [3]으로 설정되어 있습니다. 세부 옵션을 조절하여 좀 더 세밀하게 작업할 수 있습니다. 고양이 푸티지의 배경이 사라지고 [BG] 레이어와 합성 결과물을 확인할 수 있습니다.

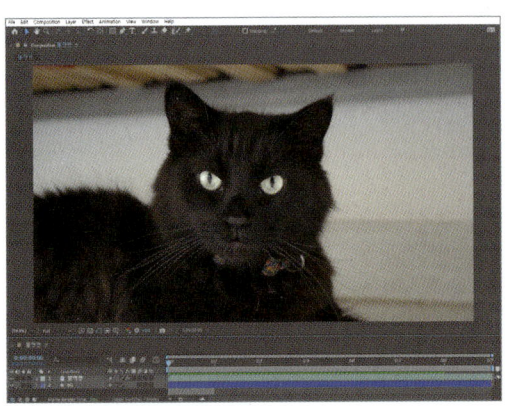

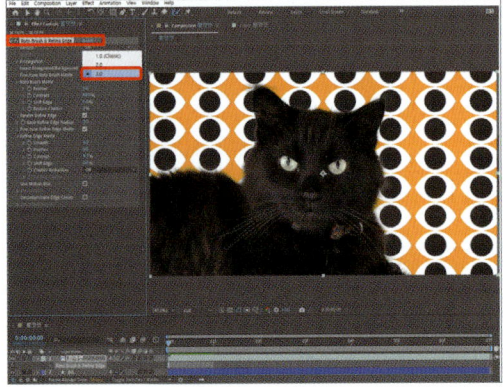

OpenColorIO 워크플로 개선

애프터 이펙트에서 [File]-[Projects Settings] 메뉴를 선택하고 [Color] 탭을 클릭하면 [Color Engine]에서 기본값인 [Adobe color managed] 외에도 [OCIC color managed]를 선택할 수 있습니다. [OCIC color managed]를 선택하면 OpenColor 색상 관리가 활성화됩니다. [Color Setting]에서 다양한 프리셋을 확인하고 선택할 수 있습니다.

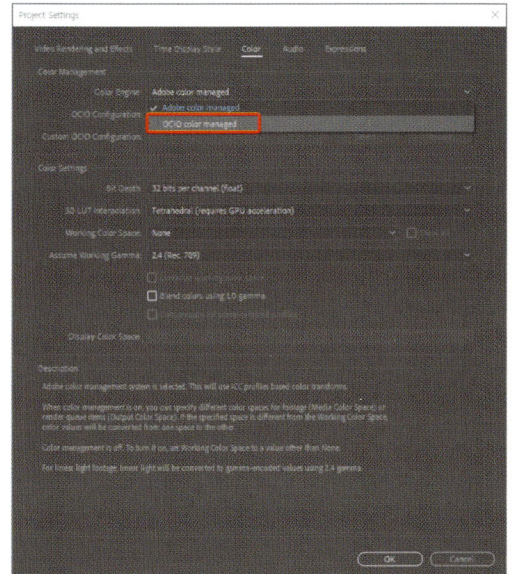
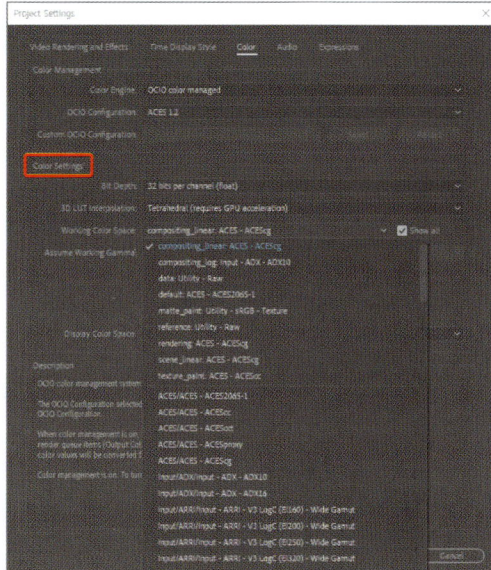
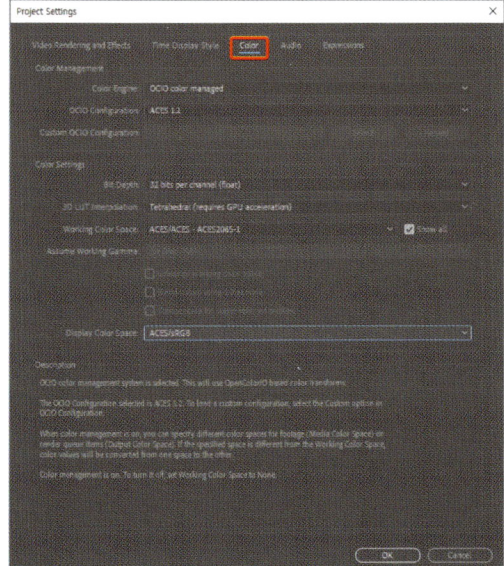

다음 두 개의 푸티지에서 앵무새와 배경을 분리하고, 오른쪽 배경에 앵무새를 합성해보면 색상이 조화롭지 않습니다. 서로 다른 환경에서 촬영했기 때문입니다.

이때 [OCIC color managed]를 선택하면 색상이 자동으로 조절되며 [Composition] 패널에서 [Display Color Space]를 선택할 수 있습니다.

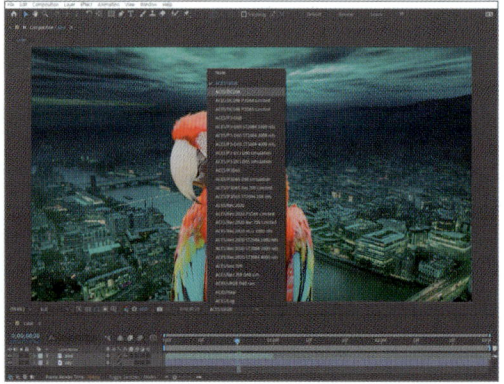

애프터 이펙트 CC 2024 버전에서는 [Effects]-[Color Correction] 메뉴에 OpenColorIO를 사용하여 색상을 처리하는 효과로 [OCIO Look Transform]과 [OCIO CDL Transform]이 추가되었습니다. 이 효과를 사용하기 위해 프로젝트에서 OpenColorIO 색상 관리를 활성화하지 않아도 됩니다.

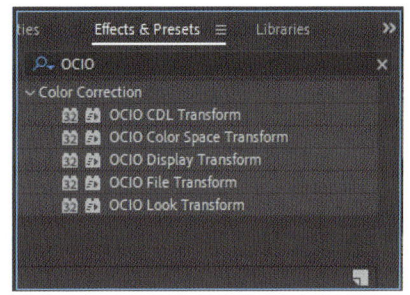

[Properties] 패널에 기본 속성 표시

새로운 [Properties] 패널에서 기본 속성을 더 쉽게 조절할 수 있습니다. 속성을 확인하고 설정할 수 있으며 키프레임을 설정하여 애니메이션 작업도 수행할 수 있습니다. 기본 속성이 있는 레이어를 선택하면 여러 패널을 열지 않고도 [Properties] 패널을 사용하여 기본 그래픽 패널에서 추가한 컴포지션 또는 사전 컴포지션의 기본 속성을 빠르게 편집할 수 있어 사용자의 편의가 크게 향상되었습니다.

특히 많은 속성을 가진 셰이프 레이어와 텍스트 레이어의 경우 이 패널을 활용하면 여러 레이어 계층 구조를 번잡하게 열거나, 다른 패널을 열 필요가 없습니다. 타임라인 내에서 선택한 텍스트와 모양 레이어의 중요한 속성에 빠르게 액세스할 수 있으므로 모션 그래픽을 더욱 쉽고 빠르게 만들 수 있습니다.

다음 그림과 같이 텍스트 레이어를 선택하면 [Layer Transform]의 기본 속성은 물론 기존의 [Character] 패널과 [Paragraph] 패널에서 표시되는 모든 속성이 하나의 패널에서 보입니다. 뿐만 아니라 스톱워치 를 클릭하면 즉각적으로 애니메이션 작업을 시작할 수도 있습니다.

[Add Animator]을 클릭하여 [Add] 속성도 바로 추가할 수 있습니다.

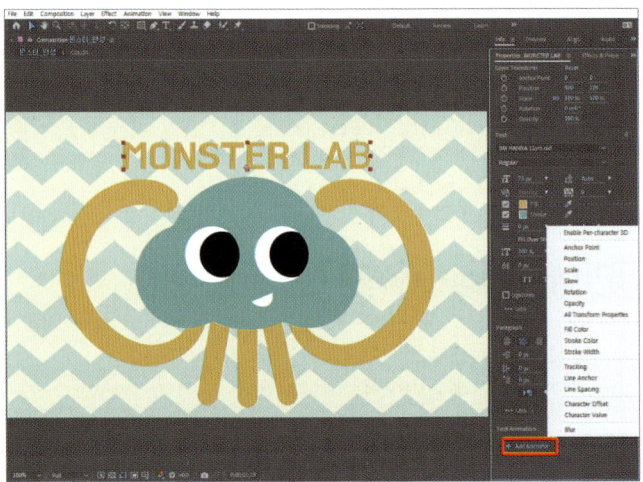

셰이프 레이어를 선택하면 [Layer Transform]의 기본 속성은 물론 [Layer Contents]와 [Shape Properties] 속성이 모두 표시됩니다. 특히 자주 사용하는 스트로크 옵션의 [Line Cap]과 같은 속성이 추가되어 보다 편리하고 빠르게 작업을 수행할 수 있습니다.

애니메이션 작업을 위하여 스톱워치⏱를 클릭하면 [Timeline] 패널에서 해당 속성만 바로 열려 매우 편리합니다. 더 이상 해당 속성을 찾기 위해 패널을 여러 번 드래그하거나 검색하지 않아도 됩니다.

에센셜 그래픽 기능을 활용하여 제작한 모션 템플릿 프로젝트도 [Properties] 패널에서 더욱 쉽고 빠르게 설정할 수 있습니다. 기존의 버전에서는 [Timeline] 패널에서 마우스 오른쪽 버튼으로 클릭하고 [Edit]를 클릭하여 속성을 새로 입력해야 했으나, [Properties] 패널을 이용하면 등록된 다양한 속성을 즉각적으로 수정하고 키프레임을 설정하여 애니메이션 작업을 수행할 수 있습니다.

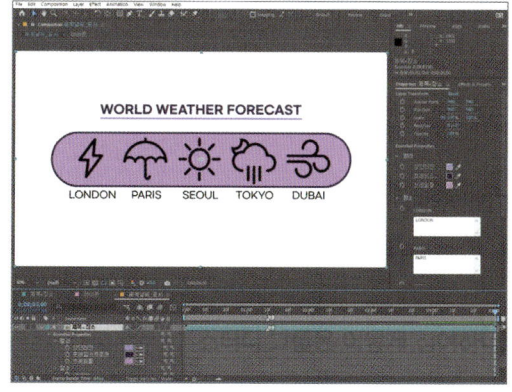 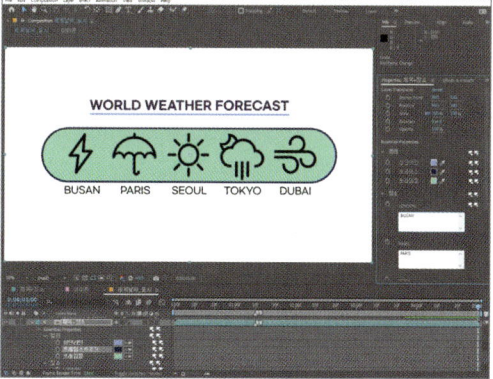

> 소스 파일 가이드

영상과 오디오 무료로 다운로드하기

영상 편집 연습에 사용하는 영상이나 오디오를 찾기 어렵다면 무료로 다운로드하는 방법을 알아보세요. 유튜브에서 다운로드할 수 있는 영상에는 저작권이 있으므로 공개하거나 상업적인 장소에 사용하지 않도록 주의해야 하며 비영리적, 연습 용도로만 사용하길 바랍니다.

유튜브 다운로더와 유튜브 오디오 라이브러리 활용하기

01 유튜브 다운로더 웹사이트(http://www.youtubedownloaderhd.com)에서 자신의 컴퓨터 OS에 알맞은 프로그램을 다운로드해 설치할 수 있습니다. 프로그램을 설치합니다. ❶ 다운로드하려는 영상에 접속한 후 ❷ 주소를 복사하여 ❸ 유튜브 다운로더에 붙여 넣습니다. ❹ [Add to Download Queue]를 클릭해 다운로드 대기열에 추가한 후 ❺ 경로를 지정하고 ❻ [Download]를 클릭해 영상을 다운로드합니다.

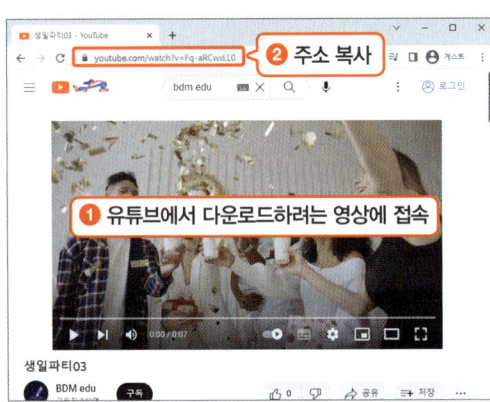
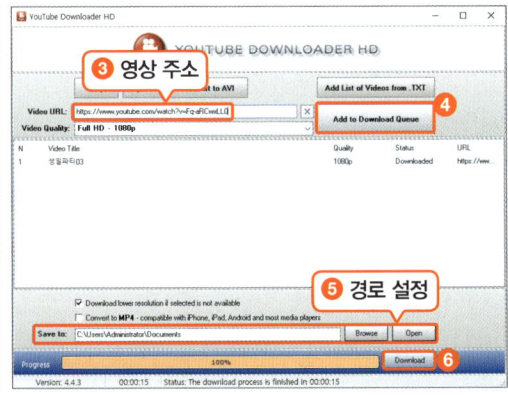

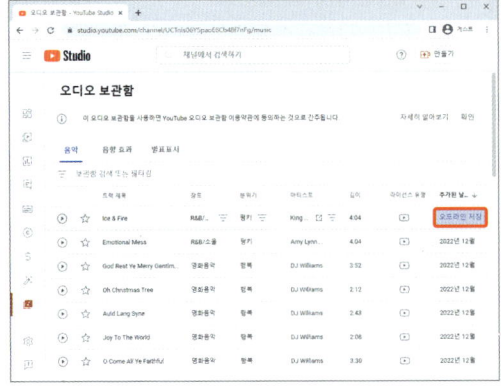

02 유튜브 오디오 라이브러리(https://www.youtube.com/audiolibrary)에 접속한 후 [오디오 보관함]에서 분위기와 취향에 맞는 다양한 무료 오디오를 미리 듣고 다운로드할 수 있습니다. [라이선스 유형]에서 저작권을 확인하고 다운로드합니다.

> 유튜브 오디오 라이브러리는 유튜브 스튜디오에 로그인해야 접속할 수 있습니다.

프리미어 프로&애프터 이펙트 연동 가이드

프리미어 프로와 애프터 이펙트 연동하기

어도비 프로그램은 창작자의 자유롭고 풍부한 창의력 발휘를 돕기 위해 프로그램의 원활한 연동을 지원합니다. 프리미어 프로에서 영상을 편집하고 애프터 이펙트에서 시각 효과 및 모션 그래픽을 적용할 수 있으며 워크플로를 단순화해 편하게 작업할 수 있습니다.

[Adobe Dynamic Link] 기능 활용해 연동하기

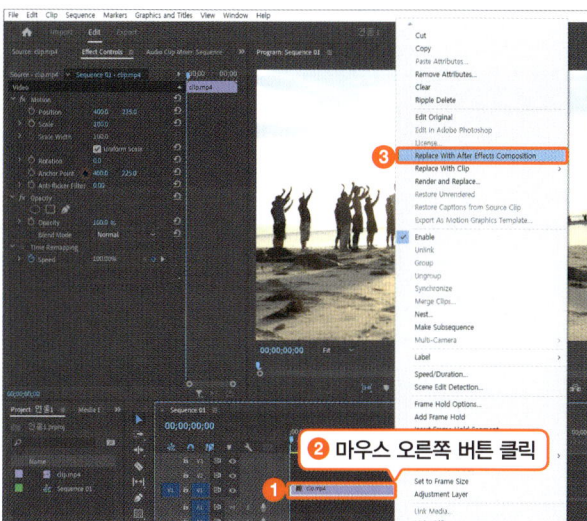

01 ❶ 프리미어 프로에서 영상 작업을 마친 후 애프터 이펙트에서 추가적으로 편집하려는 클립을 선택합니다. ❷ 마우스 오른쪽 버튼을 클릭한 후 ❸ [Replace With After Effects Composition]을 클릭합니다.

> 클립을 선택하고 [File]-[Adobe Dynamic Link]-[Replace After Effects Composition] 메뉴를 선택할 수도 있습니다. 새로운 컴포지션을 만들지 않고 이미 있는 컴포지션을 사용할 때는 [Import After Effects Composition]을 선택합니다.

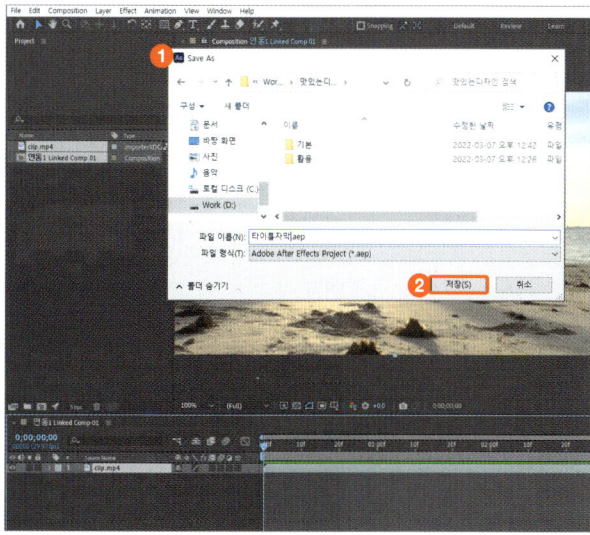

02 ❶ 애프터 이펙트가 실행되며 [Save As] 대화상자가 나타납니다. ❷ 경로와 이름을 설정한 후 [저장]을 클릭해 파일을 저장하면 [Project] 패널에 [Linked Comp]가 등록됩니다.

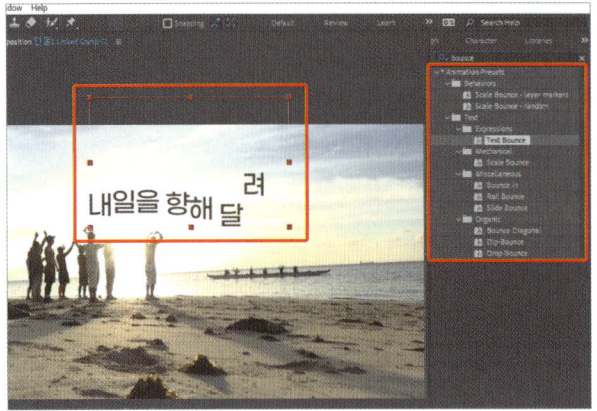

03 텍스트를 입력하거나 애니메이션 프리셋을 적용하는 등 애프터 이펙트의 기능을 활용해 작업할 수 있습니다.

> 여기서는 텍스트 레이어를 추가한 후 [Effects & Presets] 패널-[Animation Presets]-[Text]에서 텍스트 애니메이션 프리셋을 적용했습니다.

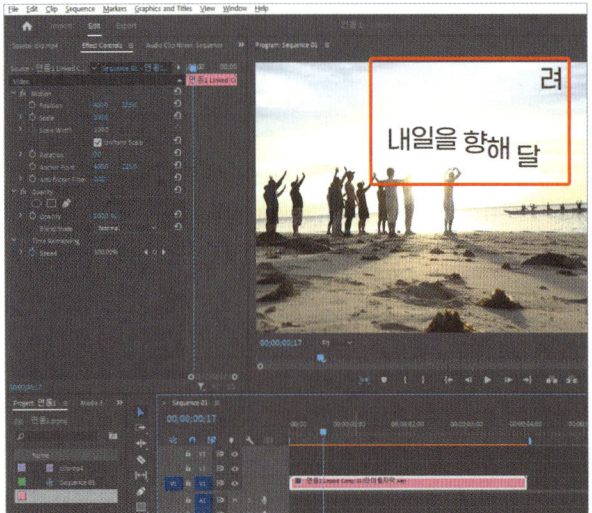

04 프리미어 프로로 돌아오면 클립의 라벨 색상이 변경되고 이름도 [Linked Comp 01/타이틀 자막.aep]로 변경됩니다. 애프터 이펙트에서 제작한 애니메이션이 그대로 적용되어 있습니다.

> 프리미어 프로에서 선택한 클립과 애프터 이펙트에서 제작한 애니메이션이 하나의 클립으로 통합되어 나타납니다. 통합을 원하지 않으면 클립을 복제하여 다른 트랙에 두고 애프터 이펙트와 다이나믹 링크로 연결합니다.

드래그하여 컴포지션 불러오기

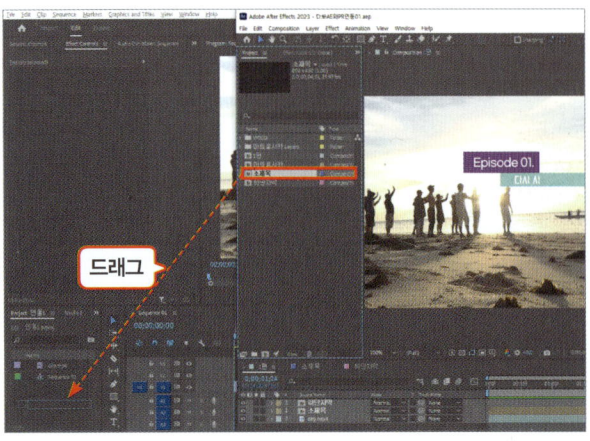

01 프리미어 프로와 애프터 이펙트를 함께 실행한 상태에서 필요한 컴포지션을 프리미어 프로로 불러올 수 있습니다.

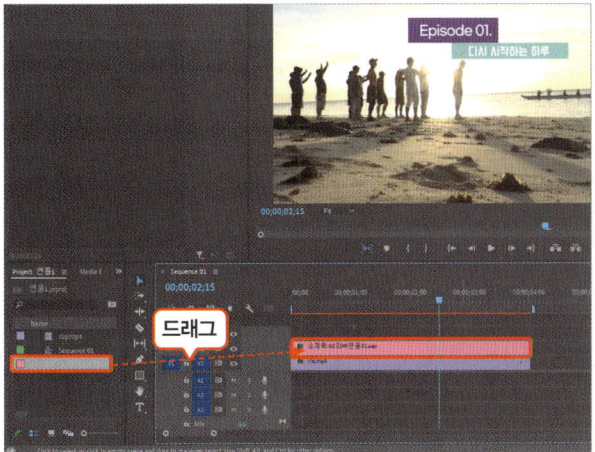

02 [Project] 패널에서 컴포지션을 선택한 후 [Timeline] 패널로 드래그 합니다.

[Import] 메뉴로 컴포지션 불러오기

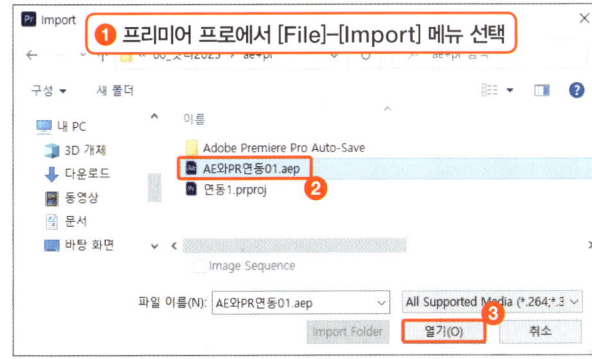

01 ❶ 프리미어 프로에서 [File]-[Import] 메뉴를 선택하면 [Import] 대화상자가 나타납니다. ❷ 미리 생성한 애프터 이펙트 파일을 선택하고 ❸ [열기]를 클릭합니다.

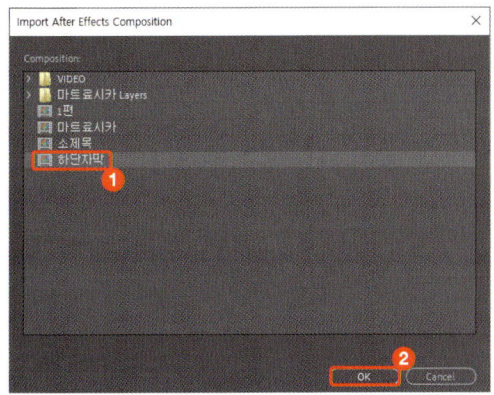

02 ❶ [Import After Effects Composition] 대화상자가 나타나면 불러올 컴포지션을 선택하고 ❷ [OK]를 클릭합니다.

03 [Project] 패널에 등록된 컴포지션을 [Sequence]로 드래그하면 불러온 컴포지션이 적용됩니다.

디자인 템플릿 만들어서 연동하기

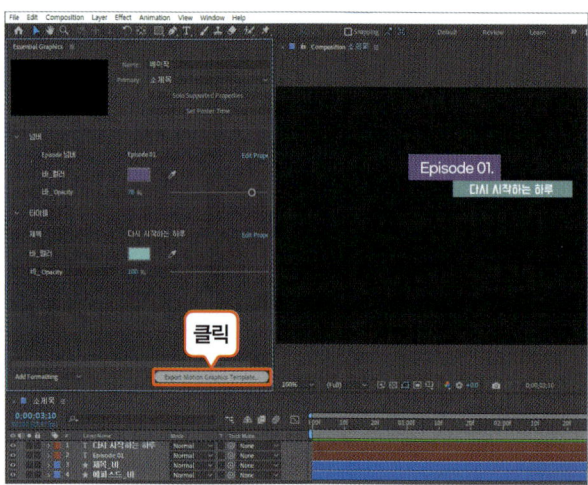

01 디자인된 자막이나 모션 그래픽 등 영상에 반복적으로 나타나는 요소를 애프터 이펙트에서 작업하고 프리미어 프로와 연동해 사용하면 매우 편리합니다. 이때는 디자인의 내용이나 색상을 언제든 수정, 변형할 수 있도록 [Essential Graphics] 패널의 템플릿을 사용합니다. [Essential Graphics] 패널에서 [Export Motion Graphics Template]를 클릭합니다.

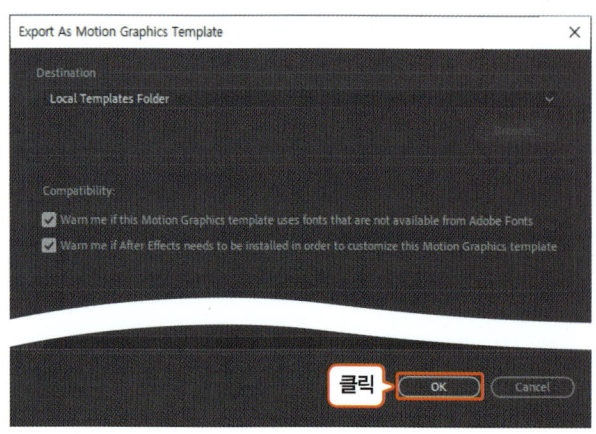

02 [Export As Motion Graphics Template] 대화상자가 열리면 경로 등을 설정하고 [OK]를 클릭합니다.

03 프리미어 프로의 [Essential Graphics] 패널에서 저장한 템플릿을 찾아 [Timeline] 패널로 드래그한 후 재생하면 애프터 이펙트에서 작업한 애니메이션을 확인할 수 있습니다.

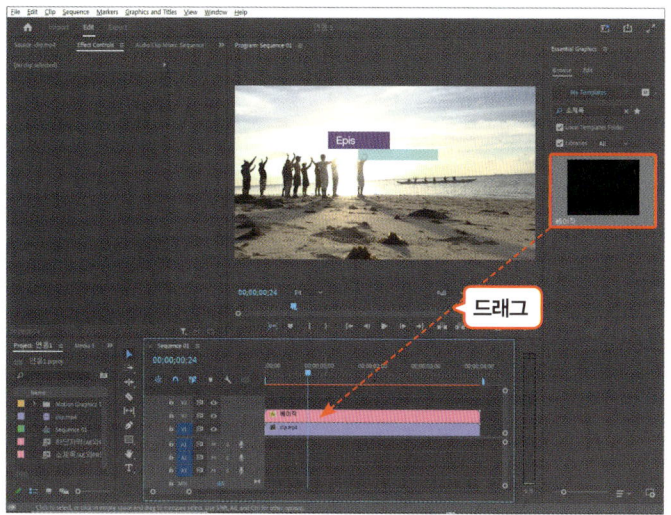

04 [Essential Graphics] 패널에서 [Edit] 탭을 클릭하고 텍스트, 색상 등을 변경할 수 있습니다.

[Essential Graphics]에 등록된 템플릿은 필요하면 언제든 속성을 변경하여 재사용할 수 있습니다. 특히 동일한 포맷에서 내용이나 색상 등을 변경하여 여러 차례 사용하는 자막 디자인 작업 시 [Essential Graphics] 패널의 템플릿을 활용하면 디자인의 일관성을 유지할 수 있으며 작업도 매우 편리합니다.

목 차

머리말	004
맛있게 학습하기	008
맛있는 디자인의 수준별 3단계 학습 구성	010
예제&완성 파일 다운로드	011
크리에이티브 클라우드 다루기	012
맛있는 디자인 스터디 공식 카페 활용하기	016
예제 파일 에러 발생	018
프리미어 프로 CC 2024 신기능	020
애프터 이펙트 CC 2024 신기능	024
소스 파일 가이드	034
프리미어 프로&애프터 이펙트 연동 가이드	035

영상 편집의 종류 알아보기	054
좋은 영상을 편집하는 방법	055

LESSON 02
꼭 알고 넘어가야 하는 영상 편집의 기초
영상 편집 기본기 쌓기

영상 편집 준비 및 계획 세우기	057
기본 영상 편집 기술 익히기	057
영상 촬영 용어 익히기	059
영상 편집 용어 익히기	062
코덱 알아보기	064

PART 01
쉽고 빠른 프리미어 프로 레시피

CHAPTER 01
영상 편집 기초 이론

LESSON 01
영상 편집 개념 익히기
영상 편집의 개념과 편집 방법 알아보기

영상 편집의 개념 이해하기	054

CHAPTER 02
프리미어 프로와의 첫 만남

LESSON 01
프리미어 프로 시작하기
프리미어 프로 프로젝트 만들기

프리미어 프로 [Home] 대화상자	068
간단 실습 프리미어 프로 프로젝트 만들기	069
간단 실습 시퀀스 만들고 설정하기	070
간단 실습 프로젝트 파일 저장하고 닫기	072
간단 실습 프로젝트 파일 불러오기	073

LESSON 02
영상 편집 과정 초단기 코스
영상 편집 과정 한번에 따라 하기

STEP ① 프로젝트 만들기	075
STEP ② 영상 편집하기	077
STEP ③ 기본 자막과 효과 넣기	081
STEP ④ 사운드 편집하기	084
STEP ⑤ MP4 파일로 출력해서 완성하기	086

LESSON 03
프리미어 프로와 친해지기
프리미어 프로의 다양한 패널, 도구, 기본 기능 익히기

프리미어 프로 인터페이스	090
[Source] 패널 사용법 익히기	094
간단 실습 [Source] 패널에 영상 불러오고 닫기	094
간단 실습 [Source] 패널 화면 크기 조정하고 플레이백 해상도 설정하기	096
[Source] 패널에서 영상 편집하기	097
간단 실습 영상 인서트하고 오버라이트하기	097
간단 실습 인 점, 아웃 점 지정하고 시퀀스 삽입하기	098
[Program] 패널에서 영상 소스 삭제하고 추출하기	101
간단 실습 리프트, 익스트랙트 사용하기	101
[Project] 패널의 기본 사용법 익히기	102
간단 실습 아이콘 뷰와 리스트 뷰로 소스 내용 확인하기	102
[Project] 패널에서 파일 검색하고 정리하기	105
한눈에 실습 [Project] 패널 소스의 라벨 색상 변경하기	106
[Timeline] 패널의 기본 사용법 익히기	108
한눈에 실습 [Timeline] 패널 확대하고 축소하기	109
한눈에 실습 Add Track 기능으로 트랙 추가하기	110
한눈에 실습 Delete Track 기능으로 트랙 삭제하기	111
영상 편집이 쉬워지는 클립 배치하기	112
트랙 높이 변경하기	113
트랙 헤더 알아보기	113
기본 작업 영역 구성 외 패널 알아보기	116
클립을 재생할 때 Spacebar 와 Enter 의 차이	120

LESSON 04
편리한 작업을 위한 인터페이스 다루기
내 마음대로 패널과 작업 영역 조정하기

내 마음대로 패널 바꾸기	121
간단 실습 패널 추가/제거하기	121
간단 실습 패널 크기 조정하기	123
간단 실습 패널 위치 이동하기	124
간단 실습 패널 그룹 만들기, 해제(분리)하기	125
작업 영역 모드 다루기	127
변경한 작업 영역 저장하고 원래대로 되돌리기	130

LESSON 05
영상 소스와 프로젝트 파일 관리하기
작업이 쉬워지는 파일 관리하기

프로젝트 파일과 소스가 저장된 위치	131
간단 실습 소스가 저장된 위치 찾기	132
간단 실습 프로젝트 파일이 저장된 위치 찾기	133
한눈에 실습 소스 파일 교체하기	134
프로젝트 파일 공유로 협업하기	135
한눈에 실습 프로젝트 매니저 사용하기	136
한눈에 실습 팀 프로젝트 만들기	137

CHAPTER 03
프리미어 프로로 영상 편집하기

LESSON 01
빠른 영상 편집을 위한 프리미어 프로 편집 도구
이것만 쓸 줄 알아도 기본 편집 완전 정복

도구 패널 기본 기능 알아보기   140

LESSON 02
영상 편집의 기본 익히기
영상을 자르고, 이동하고, 이어 붙이기

영상 자르기와 이동하기   143
간단 실습 영상 자르고 옮기기   143
영상 이어 붙이기   145
간단 실습 클립 사이의 공백 없애기   145
여러 개의 공백 한번에 지우기   147

LESSON 03
영상 트랙에 레이어 추가하기
트랙에 컬러매트 레이어 배치하기

간단 실습 컬러매트 레이어 만들기   148
간단 실습 컬러매트 레이어를 배경으로 사용하기   150
간단 실습 컬러매트 레이어로 블랙 디졸브 효과 적용하기   151

LESSON 04
멀티 트랙에서 영상 편집하기
여러 개의 영상 자르고 편집하기

멀티 트랙 사용하기   155
간단 실습 멀티 트랙으로 영상 배치하기   156

LESSON 05
다양하게 영상 가공하기
위치, 크기, 회전, 불투명도 조정하기

영상을 가공하는 [Effect Controls] 패널 알아보기   157
간단 실습 영상 소스 크기 변경하기   157
간단 실습 영상 소스 위치 변경하기   159
한눈에 실습 영상 소스 회전 변경하기   161
한눈에 실습 영상 소스 불투명도 변경하기   162

LESSON 06
재미 있는 효과를 연출하는 마스크 다루기
마스크 활용해 합성하기

마스크의 기본 옵션 알아보기   163
[Program] 패널에서 마스크 조정하기   164
간단 실습 마스크 기능으로 액자 연출하기   164
한눈에 실습 다양한 형태로 마스크 조정하기   168

LESSON 07
영상에 변화를 주는 키프레임 적용하기
키프레임 활용해 연출하기

키프레임 기본 익히기	169
간단 실습 키프레임 만들고 위치 이동하기	169
간단 실습 키프레임 보간하기	172

LESSON 08
포토샵 이미지 삽입하여 편집하기
레이어가 살아 있는 포토샵 이미지 파일 활용하기

간단 실습 포토샵 이미지 삽입하고 다양하게 꾸미기	176

LESSON 09
비디오 트랜지션 알아보기
비디오 트랜지션 알아보고 적용하기

비디오 트랜지션과 클립 핸들 다루기	181
한눈에 실습 Cross Dissolve 트랜지션으로 자연스러운 시간 흐름 연결하기	183
한눈에 실습 인터뷰 영상의 점프 컷을 자연스럽게 연결하기	184

LESSON 10
비디오 이펙트 알아보기
다양한 비디오 이펙트 알아보기

비디오 이펙트 활용하기	191
비디오 이펙트 자세히 알아보기	196
한눈에 실습 포커스를 맞추며 시작되는 영상 인트로 만들기	197
한눈에 실습 영상과 이미지의 꼭짓점 조정하기	198
한눈에 실습 트랙매트 효과로 원하는 모양의 마스크 만들기	199

CHAPTER 04
다양한 형태의 자막 만들기

LESSON 01
다양한 유튜브 자막 만들기
타이프 도구로 자막 디자인하기

간단 실습 타이프 도구로 기본 자막 만들기	202
간단 실습 반응형 디자인 자막 만들기	206

LESSON 02
음성 인식으로 자동 자막 만들기
클립의 음성을 인식해 자막 생성하기

간단 실습 자동으로 자막 생성하기	211
간단 실습 자동으로 생성된 자막 스타일 디자인하기	217

LESSON 03
응용 자막 만들기
마스크 효과가 적용된 자막 만들기

간단 실습 투명한 자막 타이틀 만들기	220

CHAPTER 05
색보정으로 영상 분위기 바꿔보기

LESSON 01
프리미어 프로 색보정 완전 정복
루메트리 컬러로 색보정하기

Basic Correction 항목 알아보기	226
한눈에 실습 LUT 프리셋으로 색보정하기	227
Creative 항목 알아보기	228
한눈에 실습 Creative 항목으로 빛바랜 필름 효과 적용하기	229
Curves 항목 알아보기	230
한눈에 실습 RGB Curves 활용하여 특정 컬러 보정하기	232
한눈에 실습 Hue Saturation Curves 사용하기	233
Color Wheels & Match 항목 알아보기	234
간단 실습 밝은 영역, 중간 영역, 어두운 영역 각각 색보정하기	235
HSL Secondary(HSL 보조) 항목 알아보기	238
간단 실습 HSL 색보정으로 얼굴 피부 톤 보정하기	239
Vignette 항목 알아보기	245
한눈에 실습 영상에 비네팅 적용하기	246

LESSON 02
보정 레이어로 색보정하기
보정 레이어에 루메트리 컬러 적용하기

보정 레이어 사용하기	247
간단 실습 보정 레이어 추가하고 색보정하기	247

LESSON 03
블렌드 모드로 색보정하기
보케 효과를 적용해 영상에 감성 더하기

보케로 영상 블렌딩하기	251
간단 실습 블렌드 모드 적용하기	251

CHAPTER 06
사운드 편집하기

LESSON 01
사운드 편집의 기초 이해하기
작업 영역 살펴보고 간단하게 사운드 편집하기

오디오 사운드 편집하기	260
간단 실습 오디오 파일을 이용한 기본적인 편집하기	260
오디오 클립의 기본 속성 알아보기	262
간단 실습 키프레임을 이용하여 페이드 아웃 효과 적용하기	262
오디오 클립 볼륨 조절하기	264
간단 실습 오디오 클립에서 직접 레벨 조절하기	264
[Audio Track Mixer] 패널	266
[Audio Clip Mixer] 패널	269
간단 실습 [Audio Clip Mixer] 패널에서 키프레임 적용하기	270

LESSON 02
오디오 파형을 보면서 사운드 편집하기
오디오 클립의 파형 확인하고 작업하기

오디오 클립 파형 확인하기	272
간단실습 오디오 파형을 보면서 사운드 편집하기	272

LESSON 03
오디오 트랜지션 알아보기
오디오 트랜지션 적용하고 응용하기

오디오 트랜지션	275
간단실습 Constance Power로 자연스러운 오디오 전환하기	276

LESSON 04
오디오 이펙트 알아보기
오디오 이펙트로 다양한 오디오 효과 적용하기

오디오 이펙트 활용하기	279
간단실습 오디오 클립의 내레이션 보이스를 명료하게 수정하기	281
간단실습 오디오 클립의 노이즈 제거하기	283
간단실습 Auto-Match(Ducking) 기능으로 볼륨 조절하기	284

LESSON 05
오디오 리믹스하기
영상 클립 길이에 맞춰 오디오 클립 자동으로 조정하기

간단실습 영상 길이에 맞게 자동으로 사운드 리믹스하기	290

CHAPTER 07
프리미어 프로로 영상 출력하기

LESSON 01
영상 출력의 기본기 익히기
영상 출력 범위 설정과 출력 방법 알아보기

[Timeline] 패널에서 영상 출력 범위 설정하기	296
출력 화면의 기본 사용법 익히기	297
영상 출력 설정 알아보기	298

LESSON 02
어도비 미디어 인코더 알아보기
다양한 형태로 미디어 파일 인코딩하기

어도비 미디어 인코더	306
어도비 미디어 인코더의 패널 자세히 알아보기	307
간단실습 어도비 미디어 인코더로 출력하기	310

LESSON 03
최종 편집 결과물 출력하기
영상 파일로 출력하기

간단실습 미디어 파일로 출력하기	311

프리미어 프로 실속 단축키	314

PART 02
쉽고 빠른 애프터 이펙트 레시피

CHAPTER 01
애프터 이펙트 CC 2024 시작하기

LESSON 01
모션 그래픽 디자인 알아보기
모션 그래픽과 디자인 트렌드 알아보기

모션 그래픽 디자인 트렌드 읽기　　　324

LESSON 02
모션 그래픽 실무 제작 과정
실무 워크플로 한눈에 이해하기

Pre-Production(사전 제작)　　　329
Production(제작)　　　335

LESSON 03
애프터 이펙트와의 첫 만남
인터페이스와 주요 패널 알아보기

애프터 이펙트 인터페이스　　　337
다양한 도구의 집합체, 도구바　　　338
소스를 불러오고 관리하는 [Project] 패널　　　341

애니메이션 작업을 확인하고
디자인하는 [Composition] 패널　　　342
미디어 파일을 레이어 형태로 관리하는
[Timeline] 패널　　　345
다양한 형태의 레이어 속성을 설정할 수 있는
[Properties] 패널　　　347
정보를 확인하는 [Info] 패널, 오디오 옵션을
볼 수 있는 [Audio] 패널　　　347
이펙트와 프리셋을 검색하고 적용할 수 있는
[Effects & Presets] 패널　　　348
레이어의 정렬을 맞추는 [Align] 패널　　　348
텍스트 스타일을 지정하는 [Character] 패널,
[Paragraph] 패널　　　349
적용한 이펙트를 확인하고 조절하는
[Effect Controls] 패널　　　349
하나의 레이어만 보면서 작업할 수 있는
[Layer] 패널　　　350
작업한 애니메이션을 확인하는 [Preview] 패널　　　351
애니메이션을 편집할 수 있는 [Graph Editor] 패널　　　352
작업 환경 설정하기　　　353
프로젝트 저장하기　　　357

CHAPTER 02
애프터 이펙트 기본&핵심 기능 익히기

LESSON 01
[Project] 패널 활용하기
다양한 형식의 미디어 파일 불러오고
프로젝트 시작하기

`간단 실습` 파일 불러오기　　　360

간단 실습	레이어드 포토샵(Layered Photoshop, psd) 파일 불러오기	362
간단 실습	일러스트레이터(ai) 파일 불러오기	364
간단 실습	여러 사진이 포함된 폴더를 불러와 포토 슬라이드쇼 만들기	366

알파 채널을 포함한 파일 불러오기 … 368

LESSON 02
[Composition] 패널 활용하기
컴포지션 새로 만들거나 수정하기

| 간단 실습 | 컴포지션 새로 만들기 | 370 |
| 간단 실습 | [Project] 패널의 미디어 파일을 컴포지션으로 등록하기 | 372 |

LESSON 03
[Timeline] 패널 활용하기
타임 디스플레이 스타일 설정하고 세부 옵션 알아보기

타임 디스플레이 스타일 설정하기 … 374
[Timeline] 패널 확대/축소하기 … 376
[Timeline] 패널의 옵션을 숨기거나 나타나게 하기 … 376
작업 영역(Work Area) 설정하고 프리뷰하기 … 378
컴포지션 마커 만들기 … 379

LESSON 04
렌더링하여 저장하기
동영상 파일로 저장하기

| 간단 실습 | 렌더링하기 ① Add to Render Queue | 380 |
| 간단 실습 | 렌더링하기 ② Add to Adobe Media Encoder Queue | 384 |

CHAPTER 03
애프터 이펙트
레이어 이해하기

LESSON 01
레이어 이해하기
애니메이션의 시작, 레이어의 모든 것

레이어의 개념 이해하기 … 390
레이어 시작점과 끝점 자유롭게 조작하기 … 391
레이어 편집하기 … 394
레이어 복사하기 … 394
여러 개의 레이어를 차례대로 배치하기 … 395
레이어 라벨 색상 수정하기 … 396
Shy 기능으로 레이어 감추기 … 397
Pre-Compose 기능으로 컴포지션 그룹 만들기 … 397
레이어 검색하기 … 398
레이어 블렌딩 모드 적용하기 … 399

LESSON 02
다양한 레이어 만들기
텍스트, 솔리드, 셰이프 레이어 만들기

텍스트 레이어 만들기 … 401
| 간단 실습 | 텍스트 레이어에 Animate 속성 추가하여 애니메이션 만들기 | 404 |

솔리드 레이어 만들기 … 408
널 오브젝트 레이어 만들기 … 409
| 간단 실습 | 셰이프 레이어 만들기 | 411 |

스트로크(Stroke) 속성 알아보기 … 417
테이퍼(Taper)와 웨이브(Wave) 속성 알아보기 … 418

레이어 아이콘	420
셰이프 레이어의 추가(Add) 수식 알아보기	420
간단실습 추가(Add) 수식으로 도형 변형하기	421

LESSON 03
레이어 활용하기
다양한 레이어의 핵심 기능 정복하기

간단실습 레이어 스타일 적용하기	425
간단실습 비디오 푸티지 레이어의 속도를 느리거나 빠르게 조절하기	429
간단실습 비디오 푸티지 레이어를 역재생하기	430
간단실습 비디오 푸티지 레이어의 시간을 마음대로 조절하기	431
3D 레이어로 리얼한 3D 장면 연출하기	433
간단실습 Cinema 4D 렌더러로 3D 오브젝트 만들기	433
오디오 레이어 활용하기	441
간단실습 Convert Audio to Keyframes 적용하기	442

CHAPTER 04
모션&이펙트 적용하기

LESSON 01
키프레임 애니메이션 시작하기
키프레임 설정하고 애니메이션의 기초 익히기

간단실습 키프레임 설정하기	448
간단실습 키프레임 설정하고 모션 패스 수정하기	451
간단실습 키프레임 이동하여 속도 조절하기	454

Transform 속성 알아보기	456
간단실습 위치(Position) 이동하기	456
간단실습 중심점(Anchor Point) 이동하고 크기(Scale) 조절하기	459
간단실습 크기(Scale)와 회전(Rotaion) 동시에 조절하기	461
간단실습 투명도(Opacity) 조절하기	463
간단실습 [Rove Across Time] 설정하여 등속도 애니메이션 만들기	464
간단실습 [Auto-Orient] 기능으로 모션 패스 따라 자연스럽게 회전하기	466

LESSON 02
애니메이션 고급 기능 활용하기
보간 애니메이션 이해하고 그래프 에디터 활용하기

간단실습 Keyframe Assistant로 보간 조절하기	469
Keyframe Interpolation 확인하기	471
그래프 에디터 확인하기	472
간단실습 Keyframe Velocity로 가속도 조절하기	473
간단실습 Toggle Hold Keyframe으로 중간에 움직임 멈추기	475
간단실습 그래프 에디터 활용하여 공이 튀는 애니메이션 만들기	479

LESSON 03
트렌디 효과 활용하기
트렌디한 효과 알아보고 연출하기

간단실습 세포 분열 연출하기	487
간단실습 글로우 효과 적용하기	491
간단실습 그라데이션이 적용된 배경 이미지 만들기	492
간단실습 배경 레이어에 안이 투명한 원 모양 그리기	494

CHAPTER 05
애프터 이펙트 **필수 기능 익히기**

LESSON 01
마스크 기초 익히기
마스크 기능 알아보고 활용하기

간단 실습	마스크 만들기	498
마스크의 속성		499
마스크 모드 설정하기		501
간단 실습	펜 도구로 마스크 생성하여 합성하기	502
간단 실습	마스크 기능으로 그림에서 원하는 부분만 추출하기	504

LESSON 02
3D 기능 알아보기
3D 공간에 3D 레이어, 카메라, 라이트 추가하기

- 간단 실습 3D 레이어로 변환하기 512
- 간단 실습 3D 공간에서 레이어 이동하거나 회전하기 513
- 간단 실습 액시스 모드(Axis Mode) 옵션 알아보기 514
- 간단 실습 선택 도구의 조절 기즈모(Gizmo) 알아보기 516
- 간단 실습 다양한 카메라 도구 알아보기 518
- 간단 실습 3D 레이어의 방향과 회전 조절하기 520
- 간단 실습 3D 레이어로 변환하고 Z Position 이동하기 521
- 간단 실습 3D 변환 기즈모(Transform Gizmo) 활용하기 523
- 간단 실습 조명(Light) 레이어 만들기 525

- 간단 실습 3D 레이어를 활용한 애니메이션 제작하기 527
- 간단 실습 널 오브젝트 만들고 배경 레이어와 Parent로 연결하기 531
- 간단 실습 새로운 카메라 레이어 만들기 532
- 간단 실습 무대가 회전하는 애니메이션 만들기 535
- 간단 실습 조명(Light) 레이어로 공간감 더하기 536

LESSON 03
트랙 매트 활용하기
트랙 매트 이해하고 적용하기

- 트랙 매트 알아보기 539
- 간단 실습 트랙 매트와 루마 매트, 반전 매트 적용하기 542

LESSON 04
Parent 기능 활용하기
Parent 기능 알아보고 활용하기

- 간단 실습 페어런트(Parent) 기능 알아보기 546
- 간단 실습 Parent 관계 설정하기 549

애프터 이펙트 실속 단축키 554
찾아보기 559

프리미어 프로는 영상 편집을 위한 가장 전문적이고 대중적인 프로그램입니다.
유튜브 영상은 물론 CF 등의 전문적인 영상 편집을 위해 사용되며
그만큼 다양한 기능과 강력한 호환성을 가지고 있습니다.
단순히 컷을 자르고 순서대로 배치하는 것 이외에도
다양한 비디오, 오디오 효과와 전환 효과, 특수 기능들을 이용하면
감각적이고 멋진 영상을 만들 수 있습니다.
이번 PART에서는 프리미어 프로의 가장 기초적인 기능부터
간단한 활용 기능까지 실습 예제를 통해 직접 확인하고 제작해보면서
영상 편집을 위한 기술을 배울 수 있습니다.

PART 01

쉽고 빠른
프리미어 프로 레시피

프리미어 프로를 이용해 영상을 편집하기 전에
영상 편집의 기초 이론과 기본 용어를 정리하고 알아보겠습니다.
딱딱하고 전문적인 용어를 최대한 배제하여
어렵게 느껴지지 않도록 구성했습니다.
프리미어 프로로 영상을 편집하기 위해 꼭 필요한 내용을 모았으니
'이 정도는 알아야 한다'는 느낌으로 가볍게 시작하기를 바랍니다.

CHAPTER 01

영상 편집
기초 이론

영상 편집 개념 익히기
영상 편집의 개념과 편집 방법 알아보기

영상 편집의 개념 이해하기

우리는 TV, 유튜브를 비롯한 주변의 여러 미디어 매체에서 광고나 영화, 예능, 먹방, 게임 등의 다양한 영상물을 많이 볼 수 있습니다. 이 영상물은 모두 촬영과 영상 편집이라는 단계를 거쳐 제작됩니다. 영상 편집은 촬영된 영상을 기획 의도에 맞게 가공하여 완성된 결과물로 만들어내는 작업을 말하며, 사운드 믹싱(Sound Mixing), 배경음악(BGM) 적용, 자막 삽입, 이펙트 적용 등 다양한 추가 작업도 영상 편집의 범주에 포함됩니다.

영상 편집의 종류 알아보기

초기의 영상 편집은 번거롭고 힘든 일이었습니다. 테이프(Tape)라는 저장 매체가 등장하면서 테이프에 입력된 전자 신호를 재배열하는 아날로그 편집(Analog Editing) 기술이 도입되었습니다. 하지만 아날로그 편집은 섬세한 작업이 어렵고 복사와 재생이 잦아 열화 현상(빛이나 열 때문에 제품이 변화를 일으키는 현상)이 발생하는 등의 단점이 있었습니다. 시간이 지나 저장 매체와 장비가 디지털화되면서 고화질의 영상을 쉽게 얻을 수 있게 되었고 복사와 재생으로 인한 화질 저하 문제가 해결되면서 디지털 편집 기술이 주요 영상 편집 기술로 자리잡게 되었습니다. 현재 보편적으로 사용되는 디지털 편집 기술은 크게 선형 편집(Linear Editing)과 비선형 편집(Nonlinear Editing)으로 분류할 수 있습니다.

선형 편집

선형 편집은 테이프를 사용하는 편집 기술이며 1:1 편집과 A&B 편집으로 나뉩니다. 1:1 편집에는 소스를 재생하는 플레이어 한 대와 OK컷을 녹화하는 레코더 한 대가 필요합니다. 프레임 단위의 섬세한 편집과 영상 중간에 영상을 삽입하는 인서트 효과를 적용할 수 없으며 테이프를 계속 교체해야 하는 번거로움 때문에 가편집용으로 많이 사용합니다. A&B 편집은 여러 대의 플레이어와 오디오 믹서 등을 하나의 컨트롤러에 연결하여 동시에 컨트롤하면서 진행하는 편집 방식입니다. 여러 대의 장비를 한번에 컨트롤할 수 있어 빠르고 다양한 편집 작업이 가능하기 때문에 방송국의 종합 편집실에서 주로 사용합니다. 하지만 장비가 비싸고 전문 기술자가 필요하여 일반 사용자가 활용하기는 어렵습니다.

비선형 편집

비선형 편집은 선형 편집에 비해 장비의 제약이 거의 없습니다. 비선형 편집은 테이프의 정보를 컴퓨터의 하드 디스크나 기타 저장 매체에 데이터 파일 형태로 저장하여 파일을 소스로 사용합니다. 이렇게 데이터화된 소스는 프리미어 프로, 파이널컷 프로, 베가스, 프리미어 러시 등의 편집 소프트웨어로 작업할 수 있으므로 PC 한 대만 있으면 충분합니다. 또 소스가 데이터 파일 형태이므로 자유롭게 소스 파일을 확인하고 편집할 수 있습니다.

비선형 편집은 선형 편집보다 편하고 효율적이지만 촬영 정보를 데이터화하는 시간이 별도로 필요하므로 작업 시간이 촉박한 방송국에서는 선형 편집을 주로 사용했습니다. 물론 최근에는 영상 정보를 메모리 카드나 SSD와 같은 저장 위치에 직접 기록하는 형태로 변화하면서 대부분의 편집 작업은 비선형 편집으로 진행되고 있습니다. 특히 프리미어 프로는 멀티 트랙과 다양한 비디오, 오디오 이펙트를 제공하고 DigitalSLR, Mobile&Devices, RED, ARRI, Blackmagic 등 다양한 영상 포맷을 지원하여 별도의 변환을 거치지 않고 작업할 수 있습니다.

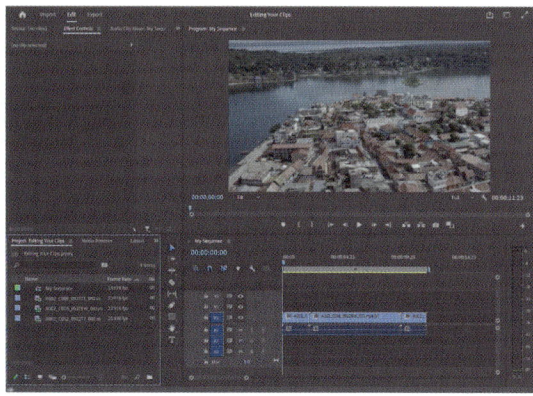

▲ 비선형 편집 소프트웨어 : 프리미어 프로

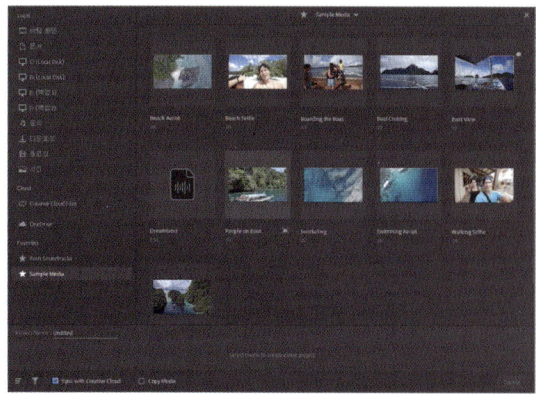

▲ 비선형 편집 소프트웨어 : 프리미어 러시

좋은 영상을 편집하는 방법

편집이 잘된 영상, 좋은 영상은 보는 사람으로 하여금 끝까지 집중력을 잃지 않고 시청할 수 있게 해주므로 영상을 편집하는 사람이라면 모두 좋은 영상을 편집하고 싶어합니다. 이제 막 영상 편집을 시작하는 단계라면 유용하게 활용할 수 있는 편집 트레이닝 방법이 있습니다. 바로 '영상을 카피해보는 방법'입니다.

영상 카피는 단순히 영상의 느낌만 따라 해보는 것이 아니라 프레임 단위까지 완벽하게 따라 하는 것을 의미합니다. 영상 편집에 입문하는 단계에서는 영화 예고편이나 타이틀 시퀀스(인트로)를 따라 해보는 것을 추천합니다. 영화 예고편이나 타이틀 시퀀스는 전체 러닝타임(재생 시간)이 짧다는 공통점이 있습니다. 짧은 시간 내에 영화 또는 드라마가 의도한 콘셉트와 내용을 잘 전달해야 하고 시청자가 관심을 가지도록 만들어야 하므로 컷의 길이와 장면 전환 방법, 텍스트 등 많은 부분을 섬세하게 컨트롤하여 제작합니다.

영상의 기승전결을 따라 해보는 것도 많은 도움이 됩니다. 예를 들어 SNS에 업로드할 홍보 영상을 만들고 싶다면, 기존에 만들어진 영상의 구성과 같은 위치에 알맞은 영상을 넣어주는 것입니다. 시작, 중간, 끝의 구성을 참고하여 영상을 만들면 보다 빠른 시간 안에 영상을 제작할 수 있습니다.

구성	참조할 브이로그	내가 만들 브이로그
시작(인트로)	카페 이름 소개	식당 이름 소개
컷 1	카페 전체적인 풍경	식당의 전체적인 모습을 담은 영상
컷 2	카페에서 인기있는 메뉴	식당 메인 메뉴 소개
컷 3	사람들의 후기	맛있게 먹는 사람들 모습
마지막(엔딩)	카페 로고로 마무리	식당 로고로 마무리

무엇보다 중요한 것은 다양한 종류의 영상을 보는 것입니다. 최근에는 동영상을 공유하는 웹사이트가 아주 많습니다. 여러 종류의 영상을 보면서 영상에 사용된 편집 방법을 살피고, 때로는 카피도 해보면서 재미있는 영상을 만들어보기를 바랍니다.

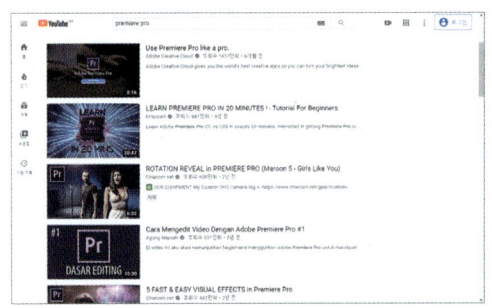
▲ 유튜브(www.youtube.com)

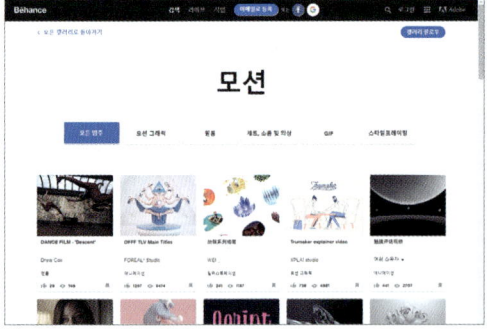
▲ 비메오(www.vimeo.com)

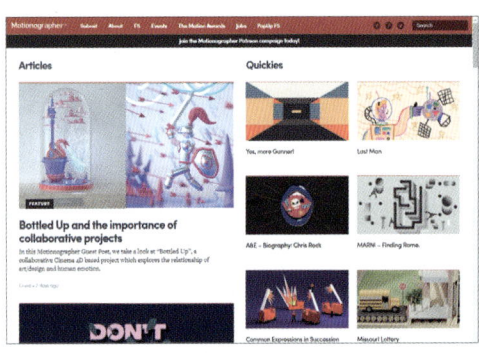
▲ 모션오그래퍼(motionographer.com)

▲ Behance(www.behance.net)

LESSON 02 꼭 알고 넘어가야 하는 영상 편집의 기초

영상 편집 기본기 쌓기

영상 편집 준비 및 계획 세우기

실제 영상 편집을 시작하기 전에 전체적인 영상의 흐름과 내용을 효과적으로 연출하기 위한 계획을 세워야 합니다. 이 단계에서 영상의 전체적인 톤을 비롯하여 화면의 구도 및 카메라 앵글 등 여러 부분을 계획합니다. 계획된 내용은 스토리보드, 콘티 형식으로 작성합니다.

다른 사람과 협업으로 진행할 때 스토리보드나 콘티는 내용을 사전 공유하기 위해 매우 중요한 역할을 합니다. 영상 작업의 특성상 최종 결과물이 나오기 전까지는 결과물을 상상할 수밖에 없기 때문에 스토리보드나 콘티를 최대한 자세하고 꼼꼼하게 작성하는 것이 좋습니다. 스토리보드는 개인 작업을 할 때도 영상 편집의 전체 흐름과 관련된 가이드가 되고 체계적으로 작업을 진행하는 데에도 커다란 보탬이 됩니다. 따라서 기획 단계에서부터 꼼꼼하게 계획을 세워나가는 것이 좋은 영상 결과물을 만드는 첫걸음이라고 할 수 있습니다.

기본 영상 편집 기술 익히기

OK컷 고르기

영상 편집은 촬영된 수많은 소스 중에서 영상에 사용할 OK컷을 선별하고 NG컷을 골라내는 작업을 반드시 거쳐야 합니다. OK컷 중에서 자신이 만들고자 하는 영상의 콘셉트와 흐름에 적합한 컷을 추려내는 작업은 매우 중요합니다. 아무리 자신의 마음에 드는 컷이 있다고 하더라도 전체 흐름에 방해된다면 과감하게 버려야 할 때도 있습니다. 소스를 확인하고 선별하는 일은 지루하고 재미없는 작업이지만 좋은 영상을 만드는 시작 단계이고, 본격적인 편집에 앞서 시간을 단축시켜주는 매우 중요한 작업입니다. OK컷을 고를 때는 집중하여 작업하는 습관을 길러야 합니다.

OK컷 고르기 ➡ OK컷에서 흐름에 맞는 컷 추리기 ➡ 추가적인 편집 작업

영상 클립 길이 설정하기

OK컷을 선별하여 늘어놓았다고 해서 하나의 완성된 영상 작품이 되었다고 말할 수 없습니다. 물론 의도에 따라 OK컷을 연결하는 것만으로도 최종 결과물을 얻을 수도 있지만 매우 드문 일입니다. 따라서 장면의 상황과 분위기가 최종 결과물에서 어느 정도의 비중을 차지할 것인지 결정하고 이에 따라 영상 클립의 시간을 적절히 조절하는 것이 중요합니다. 예를 들어 평온한 분위기의 장면을 길게 이어서 보여준다면 여유롭고 느긋한 느낌의 영상이, 역동적인 장면을 빠르게 이어 붙이면 긴장감 넘치고 활발한 영상이 연출될 것입니다. 영상 클립의 길이는 최초 기획 단계에서 스토리보드 또는 콘티를 작성할 때 결정하거나 편집을 진행하면서 전체 흐름에 맞춰 조금씩 조절합니다.

사운드 선정 및 싱크 맞추기

영상이란 비디오와 오디오가 함께 어우러져 있는 종합 작업물입니다. 영상의 분위기를 결정하는 데 배경음악은 큰 비중을 차지합니다. 따라서 좋은 사운드를 찾아 매칭하는 것은 영상의 전체적인 완성도를 높여주는 중요한 부분입니다. 배경음악뿐만 아니라 등장인물의 대사와 효과음의 싱크를 맞춰 촬영할 때 발생한 잡음을 제거하여 최종 결과물에 거슬리는 부분이 없도록 작업해야 합니다.

적절한 영상 효과 적용하기

영상 편집을 진행할 때는 비디오 이펙트, 오디오 이펙트, 자막, 타이틀 등 다양한 영상 효과를 적절하게 사용합니다. 보는 사람의 영상 몰입도를 높일 수 있도록 상황과 분위기에 맞는 장면 전환 효과를 사용하거나 사운드로 긴장감을 주는 등 다양한 방법을 적용해보는 것이 좋습니다. 하지만 적용하는 효과들이 절대 과하지 않아야 하며 사용된 효과들은 충분히 설득력이 있어야 합니다. 분야별로 다양한 영상을 유심히 살펴보고 마음에 드는 영상을 카피하는 훈련을 거쳐 자신만의 영상 스타일을 찾는 과정은 매우 중요합니다.

자료 백업하기

자료 백업은 편집을 진행하는 과정만큼이나 매우 중요합니다. 디지털화되어 있는 소스 또는 파일들은 작업하기 편리한 만큼 순간의 실수나 기기의 결함으로 인해 삭제될 가능성이 매우 높습니다. 의뢰받은 작업은 두말할 것도 없고 개인적으로 작업한 파일도 안전한 곳에 늘 백업하는 것을 적극 권장합니다. 이렇게 백업한 파일은 추가로 편집할 때 매우 유용하며 자신만의 포트폴리오를 구성할 때도 큰 도움이 됩니다.

영상 촬영 용어 익히기

영상 촬영에 필요한 용어를 숙지하면 기획 단계에서부터 촬영, 편집까지 자신이 원하는 장면을 만드는 데에 많은 도움이 됩니다. 촬영 용어들의 개념을 이해한 후 상황이나 분위기에 맞도록 카메라 앵글을 이동하고 피사체의 크기를 조정하면서 멋진 장면을 촬영, 연출해보세요.

화면 크기에 따른 분류 – 샷(Shot)

화면의 크기는 인물을 기준으로 분류합니다. 인물을 촬영할 때는 허리나 무릎 등 주요 관절 부위의 한가운데를 자르거나 눈과 입 같은 얼굴의 주요 부위를 자르지 않도록 신경 써야 합니다.

익스트림 클로즈업(Extreme Close-Up) | 인물의 눈이나 입과 같은 특정 부위를 화면에 꽉 차게 보여줍니다.

클로즈업(Close-Up) | 주로 인물의 얼굴 전체를 보여주는 크기입니다. 인물의 표정 변화나 감정 변화를 표현할 때 많이 사용하며 약어인 CU로 표기합니다.

바스트 샷(Bust Shot) | 인물의 가슴 윗부분을 보여주는 크기입니다. 인물을 촬영할 때 기본이 되는 샷으로, 약어인 BS로 표기합니다.

웨이스트 샷(Waist Shot) | 인물의 허리 윗부분을 보여주는 크기입니다. 상반신을 중심으로 하는 움직임을 촬영할 때 주로 사용하며 약어인 WS로 표기합니다.

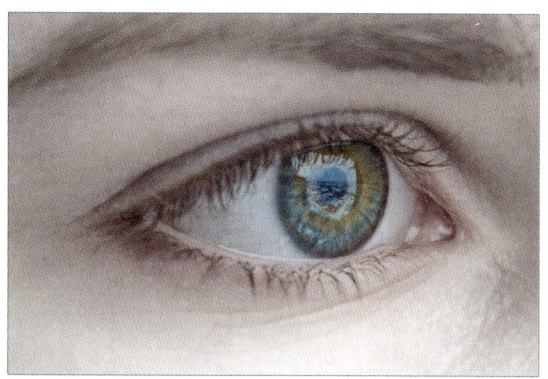
▲ 익스트림 클로즈업

▲ 클로즈업

▲ 바스트 샷

▲ 웨이스트 샷

니 샷(Knee Shot) | 인물의 무릎 윗부분을 보여주는 크기입니다. 약어인 KS로 표기합니다.

풀 샷(Full Shot) | 인물의 전신을 보여주는 크기입니다. 약어인 FS로 표기합니다.

롱 샷(Long Shot) | 원거리에서 촬영한 크기입니다. 인물의 전신과 배경이 포함되며 인물의 위치 등을 표현하는 데에 유용한 샷입니다. 약어인 LS로 표기합니다.

익스트림 롱 샷(Extreme Long Shot) | 자연 경관이나 광범위한 전경을 촬영할 때 사용하는 크기입니다. 약어인 ELS로 표기합니다.

▲ 니 샷 　　　　　　▲ 풀 샷 　　　　　　▲ 롱 샷

카메라 앵글에 따른 분류 – 앵글(Angle)

영상을 촬영하는 카메라의 앵글(촬영 상하 각도)에 따라 장면의 느낌과 분위기가 달라집니다. 예를 들어 주인공을 위에서 촬영한 장면은 주인공이 위축되어 보이고 누군가 감시하는 듯한 느낌을 줍니다. 이와 반대로 아래에서 촬영한 장면은 주인공이 위풍당당하고 자신감 넘치는 느낌을 줍니다.

부감(High Angle) | 피사체를 높은 곳에서 내려다보는 각도입니다. 주인공이 되는 피사체를 왜소하게 보이게 하며 관찰자적 시점의 느낌을 주기도 합니다. 스포츠 현장의 전체적인 상황을 한눈에 보여줄 때 사용합니다.

스탠더드 앵글(Standard Angle) – 아이레벨 | 피사체의 눈높이와 같은 높이에서 촬영한 각도입니다. 뉴스 화면의 앵커를 촬영하는 앵글이 대표적입니다. 편안하고 안정적인 분위기를 느끼게 하지만 역동적이고 극적인 화면을 연출하기에는 어려운 앵글이기도 합니다.

▲ 부감 　　　　　　　　　　　　▲ 스탠더드 앵글(아이레벨)

앙각(Low Angle) | 피사체를 아래에서 올려다보는 각도입니다. 주인공이 되는 피사체를 웅장하고 당당하게 보이도록 합니다. 하늘에 떠 있는 피사체를 촬영하거나 하늘을 배경으로 촬영할 때 유용하게 사용되며 건물의 내부에서 천장을 강조하는 장면에도 효과적입니다.

▲ 앙각

카메라 움직임에 따른 분류

고정(Fix) | 카메라를 고정시킨 상태로 촬영하는 방법입니다.

줌(Zoom) | 카메라에 장착된 줌렌즈를 이용하여 피사체를 확대/축소하는 방법입니다. 피사체를 확대하는 것을 줌 인(Zoom In), 축소하는 것을 줌 아웃(Zoom Out)이라고 합니다.

돌리(Dolly) | 카메라를 바퀴가 달린 이동 장치에 설치하여 피사체와 가까워지거나 멀어지면서 촬영하는 방법입니다. 촬영 결과물은 줌(Zoom)과 유사한 장면이 연출되지만 카메라의 위치가 변하기 때문에 일반 줌에 비해 자연스럽고 부드러운 장면 연출이 가능합니다. 카메라가 다가가는 것을 돌리 인(Dolly In)이라고 하고 카메라가 멀어지는 것을 돌리 아웃(Dolly Out)이라고 합니다. 바닥이 고르고 평평한 곳에서 촬영하기에 적합합니다.

트랙킹(Tracking) | 카메라 이동 장치를 고정된 레일 위에 설치하여 궤도를 따라가며 촬영하는 방법입니다. 카메라의 위치가 직접 이동하는 부분에서는 돌리(Dolly)와 공통점을 가지고 있지만 트랙킹(Tracking)의 경우 설치된 레일의 궤도에 따라 직선 또는 원형 곡선 이동(Ark)이 가능합니다. 카메라가 다가가는 것을 트랙 인(Track In), 멀어지는 것을 트랙 아웃(Track Out)이라고 합니다.

> 드라마나 영화의 키스신에서 피사체를 중심에 두고 카메라가 회전하는 장면은 원형 곡선 이동(Ark) 촬영의 좋은 예입니다.

패닝(Panning) | 카메라를 삼각대에 고정시킨 후 삼각대 헤드를 중심으로 좌에서 우(또는 우에서 좌)로 수평 이동하며 촬영하는 방법입니다. 피사체의 이동이나 파노라마 촬영 등에 사용합니다.

틸팅(Tilting) | 카메라를 삼각대에 고정시킨 후 삼각대 헤드를 중심으로 위에서 아래(또는 아래에서 위)로 수직 이동하며 촬영하는 방법입니다. 카메라의 이동 축이 고정되어 있으므로 촬영된 장면은 앵글이 변화합니다. 피사체의 전신을 표현하거나 인트로에 종종 사용되는 하늘에서 피사체로 이어지는 장면이 틸팅 촬영의 좋은 예입니다. 카메라가 위에서 아래로 내려오는 것을 틸트 다운(Tilt Down), 아래에서 위로 올라가는 것을 틸트 업(Tilt Up)이라고 합니다.

붐(Boom) | 붐에 부착된 카메라의 위치가 위에서 아래(또는 아래에서 위)로 수직 이동하며 촬영하는 방법입니다. 틸팅(Tilting)과 다른 점은 카메라 자체가 수직 이동하므로 고정된 앵글이 수직으로 변화하는 장면을 촬영할 수 있습니다. 카메라가 위로 올라가는 것을 붐 업(Boom Up), 아래로 내려가는 것을 붐 다운(Boom Down)이라고 합니다.

핸드헬드(Handheld) | 카메라를 직접 손에 들고 촬영하는 방법입니다. 사실적인 장면이 연출되고 현장감이 전달되는 효과가 있습니다.

스테디캠(Steadicam) | 촬영자의 몸에 카메라의 흔들림을 잡아주는 장치를 착용하고 카메라를 고정시킨 후 피사체를 따라 이동하면서 촬영하는 방법입니다.

팔로잉(Following) | 촬영하려는 피사체의 움직임을 따라가며 촬영하는 방법입니다.

영상 편집 용어 익히기

이 책에서는 전문 용어의 사용을 최대한 자제하고자 노력했습니다. 영상 편집 입문 단계에서 난해한 전문 용어를 많이 사용하면 영상 편집 분야의 진입 장벽을 높이는 결과가 발생하지 않을까 하는 우려 때문입니다. 여기에서 소개하는 영상 편집 용어는 실제로 사용되는 꼭 필요한 용어만 간단하게 정리한 것이니 가볍게 읽고 이해하는 것이 좋습니다.

교차편집(Cross Cutting) | 동일 시간대에 다른 장소에서 벌어지는 상황을 번갈아 보여주거나 같은 장소에서 발생하는 상황 또는 인물을 번갈아 보여주는 편집 방법입니다. 긴장감을 고조시키거나 서로 다른 행위들 사이의 대비되는 관계를 설정할 때 주로 사용합니다.

내레이션(Narration) | 등장인물이 아닌 화면 밖의 제삼자가 장면의 상황이나 줄거리 등을 해설하는 것을 말합니다.

듀레이션(Duration) | 클립이 재생되는 시간, 클립 유지 시간을 말합니다.

디졸브(Dissolve) | 앞의 화면이 점점 사라지고 뒤의 화면이 점점 나타나는 장면 전환 방법입니다.

러닝타임(Running Time) | 완성된 미디어 파일이 전체 재생되는 시간(길이)을 말합니다.

리프트(Lift) | 필요 없는 부분을 선택하여 추출하는 편집 방법입니다.

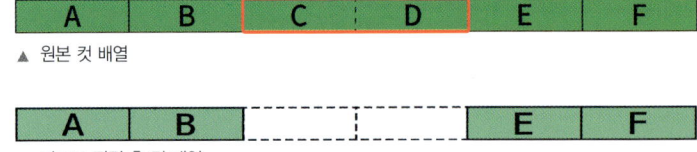

▲ 원본 컷 배열

▲ 리프트 편집 후 컷 배열

비지엠(BGM) | Back Ground Music의 약어로, 장면의 연출 효과를 높이기 위해 배경으로 사용되는 음악을 말합니다.

샷(Shot) | 카메라의 [녹화](REC, Recording)를 눌러 기록을 시작하고 정지할 때까지 찍힌 영상을 말합니다.

소스(Source) | 촬영 원본 또는 다운로드한 영상(영상 소스), 음악 파일, 녹음 파일, 효과음(사운드 소스), 사진, 그림, 각종 이미지(이미지 소스) 등 프리미어 프로에서 편집이 가능한 모든 파일을 말합니다.

시퀀스(Sequence) | 신(Scene)들이 모여 구성된 이야기의 단락을 말합니다. 프리미어 프로에서는 편집 작업을 한 클립들의 모임을 지칭합니다. 이 클립들은 오리지널 소스 형태일 수도 있고 블렌딩 또는 이펙트 적용, 타이틀 삽입, 자막 삽입, 사운드 믹싱 등 일련의 편집과 효과 작업을 거친 클립일 수도 있습니다. 한 개의 시퀀스가 다른 여러 개의 시퀀스를 포함할 수도 있습니다.

신(Scene) | 동일 시간, 동일 장소에서 전개되는 단일 상황, 액션, 사건을 뜻합니다. 신은 한 개의 샷으로 구성할 수도 있고 여러 개의 샷을 연결하여 구성할 수도 있습니다.

아웃 점(Out Point) | 영상 클립이 끝나는 부분을 말합니다.

어셈블(Assemble) | 촬영된 영상 소스 중 OK컷을 골라 편집 계획에 맞춰 클립을 정렬하고 시퀀스별로 편집하는 과정을 말합니다. 가편집과 비슷한 개념으로 이해해도 좋습니다.

연속편집(Continuity Editing) | 시간과 공간, 사건의 연속성을 유지하여 보는 이가 이야기를 파악할 수 있도록 구성하는 편집 방법입니다.

오버라이트(Overwrite) | 기존의 프레임 위에 덮어씌우는 편집 방법으로, 오버레이(Overlay)라고도 합니다.

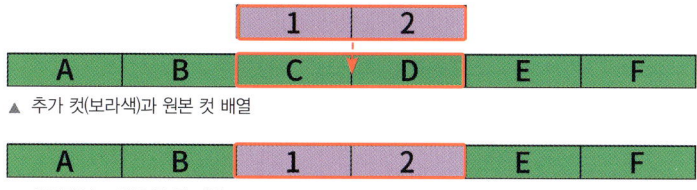
▲ 추가 컷(보라색)과 원본 컷 배열

▲ 오버라이트 편집 후 컷 배열

와이프(Wipe) | 새로운 장면이 이전 장면을 닦아내는 듯한 장면 전환 방법입니다.

익스트랙트(Extract) | 영상에서 필요 없는 부분을 삭제(Lift)한 후 뒤에 있는 클립을 이어 붙이는 편집 방법입니다.

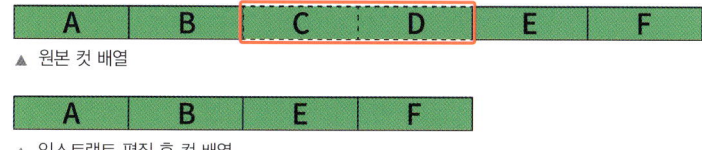
▲ 원본 컷 배열

▲ 익스트랙트 편집 후 컷 배열

인서트(Insert) | 앞쪽 프레임과 뒤쪽 프레임 사이에 끼워 넣는 편집 방식입니다.

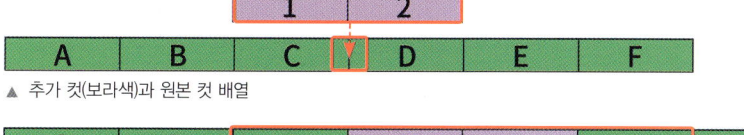
▲ 추가 컷(보라색)과 원본 컷 배열

▲ 인서트 편집 후 컷 배열

인 점(In Point) | 영상 클립이 시작되는 부분을 말합니다.

컷(Cut) | 편집의 기본 단위로 영상에서 필요한 부분을 자르는 것을 말합니다.

컷 편집 | 장면 전환에 사용되는 효과 없이 단순히 장면과 장면을 이어 붙여 편집하는 방식입니다.

클립(Clip) | 컷과 컷 사이의 영상(사운드) 조각을 말합니다. 프리미어 프로는 [Timeline] 패널에서 한 개의 클립을 여러 개로 나누거나 여러 개의 클립을 이용하여 편집 작업을 진행할 수 있습니다.

키프레임(Key Frame) | 영상에서 효과가 적용될 때 효과의 시작이나 끝, 효과의 값 변경 등이 적용되는 프레임을 말합니다. 효과의 컨트롤과 애니메이션 작업 등 실무에서는 '키를 준다', '키를 잡는다' 등으로 말하기도 합니다.

타임코드(Timecode) | 영상이나 사운드에 위치를 정확히 파악할 수 있도록 시, 분, 초, 프레임 단위로 표시한 부호를 말합니다. 약어인 TC로 표기합니다.

평행편집(Parallel Cutting) | 둘 이상의 장소에서 벌어지고 있는 연관된 샷을 교대로 보여주는 편집 방법입니다. 번갈아 보여주는 방식은 교차편집과 유사하지만 동일 시간대가 아닌 장면을 보여줄 수도 있다는 점이 다릅니다.

페이드 인(Fade In) | 화면이 점점 밝아지면서 영상이 시작되는 방법입니다. 약어인 F.I로 표기합니다.

페이드 아웃(Fade Out) | 화면이 점점 어두워지면서 영상이 끝나는 방법입니다. 약어인 F.O로 표기합니다.

푸시(Push) | 새로운 장면이 이전 장면을 밀어내면서 화면이 전환되는 방법입니다.

프레임(Frame) | 영상을 구성하는 기본 단위로, fps(Frame per Second, 초당 프레임)로 표시합니다.

> 30fps는 1초에 30프레임으로 구성된 영상이란 의미입니다.

프로젝트(Project) | 프리미어 프로에서 진행되는 편집 작업을 저장한 파일을 지칭합니다. 프로젝트 파일은 한 개의 시퀀스로 구성될 때도 있고 여러 개의 시퀀스로 구성될 때도 있습니다. 이는 작업량과 작업 방식에 따라 자유롭게 구성할 수 있습니다.

플레이백(Play back) | 영상 소스 또는 편집이 완료된 영상(적용된 효과 포함)을 재생하는 것을 말합니다. 프리미어 프로에서는 시스템 메모리를 활용하여 플레이백을 실행합니다. [Source] 패널과 [Program] 패널의 플레이백 해상도(Resolution)를 조절하여 플레이백에 걸리는 시간을 단축할 수 있습니다. 플레이백 해상도를 낮출 경우 모니터에 보이는 화질이 저하되고 플레이백에 걸리는 시간은 줄어들지만 최종 결과물에는 아무런 영향을 주지 않습니다.

PIP(Picture-in-Picture) | 영상 편집 효과 중 한 가지로, 그림 위에 다른 그림을 겹쳐 장면을 표현하는 방법입니다.

해상도(Resolution) | 영상의 크기로 크게 SD(Standard Definition : 표준 해상도, 720×480), HD(1280×720), FullHD(1920×1080), 2K(2560×1440), 4K(UHD, 3840×2160)로 분류합니다. 실무에서는 주로 HD, FullHD 크기로 많이 작업하지만 2K, 4K 크기로 작업하는 경우도 점차 증가하고 있습니다.

코덱 알아보기

컴퓨터에서 동영상을 재생하거나 편집하다 보면 코덱(Codec)이라는 단어를 종종 볼 수 있습니다. 코덱은 부호기(Coder)와 복호기(Decoder)의 합성어로, 압축(Compress)과 해제(Decompress)의 개념으로 생각하면 됩니다. 동영상 원본에는 많은 용량의 데이터가 포함되어 있습니다. 몇 초에 불과한 동영상에 몇 기가바이트(GB) 단위의 데이터가 포함된 경우도 있는데, 압축하는 과정을 거치면서 해당 데이터를 재생이 용이하거나 편집을 좀 더 수월하게 할 수 있도록 변환해줍니다. 이 과정을 인코딩(Encoding)이라고 합니다.

코덱이 없으면 나타나는 문제

각 코덱에는 유형에 따라 고유의 압축, 해제 방식이 있습니다. 자물쇠마다 그 자물쇠에 맞는 열쇠가 있듯이 부호기를 통하여 인코딩된 영상은 같은 방식으로 해제해줄 복호기가 있어야 영상을 보거나 들을 수 있습니다. 예를 들어 avi 형식으로 인코딩된 영상을 재생할 때 avi 형식을 해제할 수 있는 복호기, 즉 avi 코덱이 없으면 영상 압축을 해제할 수 없습니다. 이때 영상을 재생할 수 없거나 프리미어 프로에서 불러올 수 없는 상황이 발생할 수 있습니다.

> 프리미어 프로에서 동영상을 삽입할 때 에러가 발생하는 대부분의 이유는 컴퓨터 내에 프리미어 프로 혹은 해당 파일의 코덱이 설치되어 있지 않기 때문입니다.

통합코덱 설치가 필요한 이유

이렇듯 영상의 재생이나 편집에 필요한 코덱 종류와 방식이 매우 다양하므로 코덱 전문가가 아니라면 일일이 선택하여 코덱을 설치하기가 불가능합니다. 이때 보통 통합코덱을 설치하는데, 인터넷에 공개된 통합코덱(Z통합코덱, 스타코덱, 바다 통합코덱, K-Lite Codec Pack 등)은 일반적으로 많이 사용되는 다양한 형식의 코덱을 한번에 설치하여 재생과 편집에 문제가 발생하지 않도록 도와줍니다.

프리미어 프로의 인터페이스는 동영상 편집을 위한
필수 기능으로 구성되어 있습니다.
프리미어 프로를 효과적으로 다루기 위해서는
프로그램에 있는 각 패널의 위치와 용도에 대해 알아야 합니다.
이번 CHAPTER에서는 프리미어 프로에서 시퀀스를 생성하고
미디어 파일을 삽입한 후 트랙에 배치하는 과정을
간단한 실습으로 알아보겠습니다.

CHAPTER 02

프리미어 프로와의
첫 만남

프리미어 프로 시작하기

프리미어 프로 프로젝트 만들기

프리미어 프로 [Home] 대화상자

프리미어 프로를 실행하면 [Home] 대화상자가 나타납니다.

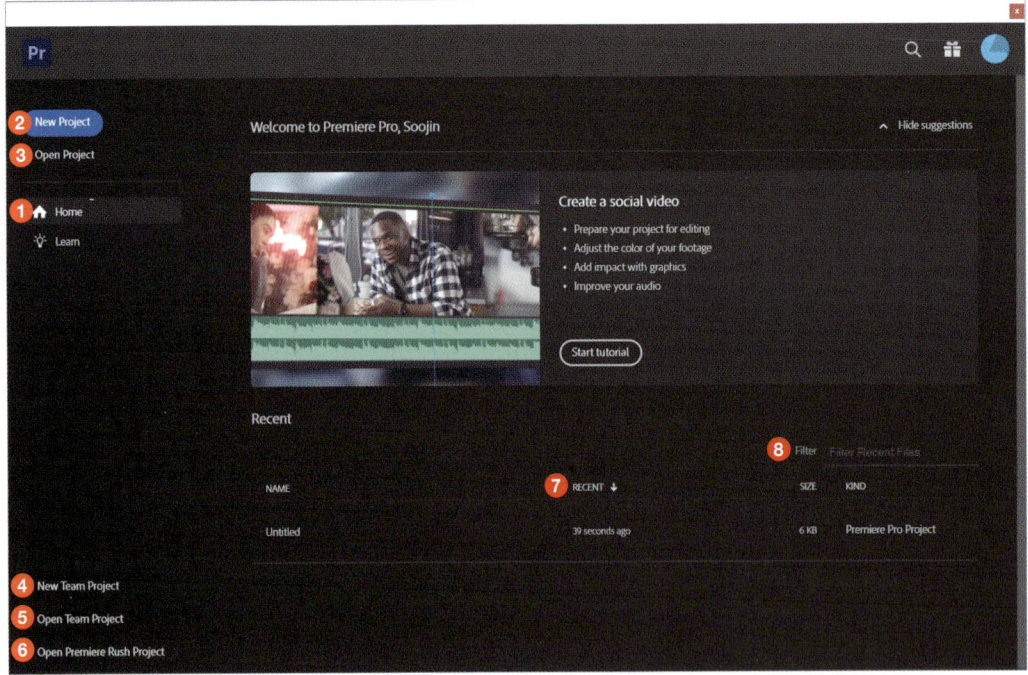

① **Home** | [Home] 대화상자의 가장 처음 화면입니다.
② **New Project** | 새로운 프로젝트 파일을 생성하여 편집 과정을 진행합니다.
③ **Open Project** | 저장된 프로젝트 파일을 불러와 편집 과정을 진행합니다.
④ **New Team Project** | 새로운 팀 프로젝트를 생성합니다.
⑤ **Open Team Project** | 클라우드에 업로드된 팀 프로젝트를 불러옵니다.
⑥ **Open Premiere Rush Project** | 프리미어 러시 프로젝트를 불러옵니다.
⑦ **Recent** | 최근 작업한 프로젝트 파일 목록으로, 프로젝트 파일을 선택해 빠르게 불러올 수 있습니다.
⑧ **Filter** | 최근 작업한 프로젝트 파일의 이름을 검색할 수 있습니다.

간단 실습 | 프리미어 프로 프로젝트 만들기

프리미어 프로를 실행한 후 영상을 편집하려면 우선 새로운 프로젝트를 만들어야 합니다. 프리미어 프로 프로젝트는 프리미어 프로에서 진행된 모든 작업 정보를 데이터 형식으로 저장하는 파일 형식이며 확장자는 '.prproj'입니다. 영상 편집 작업 시 사용한 모든 동영상 파일을 꼭 가지고 있어야 프로젝트 파일이 문제없이 실행됩니다. 먼저 [Home] 대화상자에서 새로운 프로젝트를 만드는 방법을 알아보겠습니다.

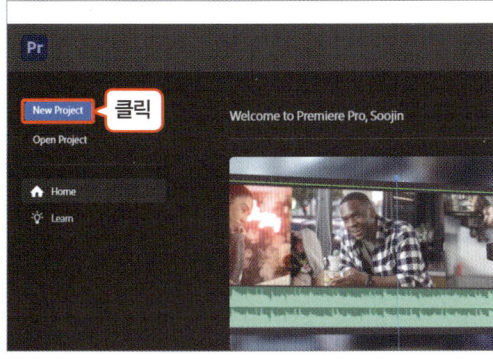

01 [Home] 대화상자에서 새 프로젝트를 만들기 위해 [New Project]를 클릭합니다.

02 [Import] 화면이 표시되며 어도비에서 제공하는 기본 영상이 나타납니다. ❶ [Project name]에 **프로젝트**를 입력합니다. ❷ [Project location]에는 프로젝트 파일이 저장될 경로를 설정합니다. ❸ [Create]를 클릭하면 새로운 프로젝트가 생성됩니다.

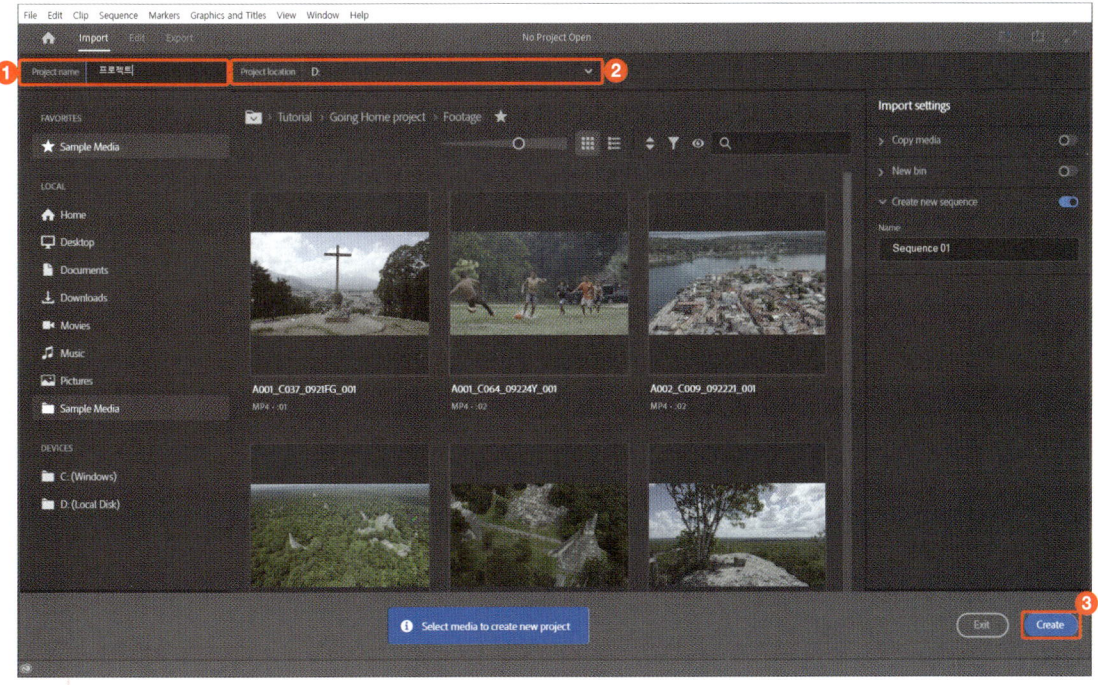

[DEVICES]의 장치 이름을 클릭하면 내 PC에 저장된 영상을 불러올 수 있습니다.

간단 실습 | 시퀀스 만들고 설정하기

새로운 프로젝트를 만들면 아래 그림처럼 프리미어 프로의 작업 영역이 나타납니다. 하지만 현재의 작업 영역에서는 영상을 편집할 수 없습니다. 영상 편집을 시작하려면 시퀀스를 만들어야 합니다.

01 `Ctrl` + `N` 을 눌러 새 시퀀스를 만듭니다.

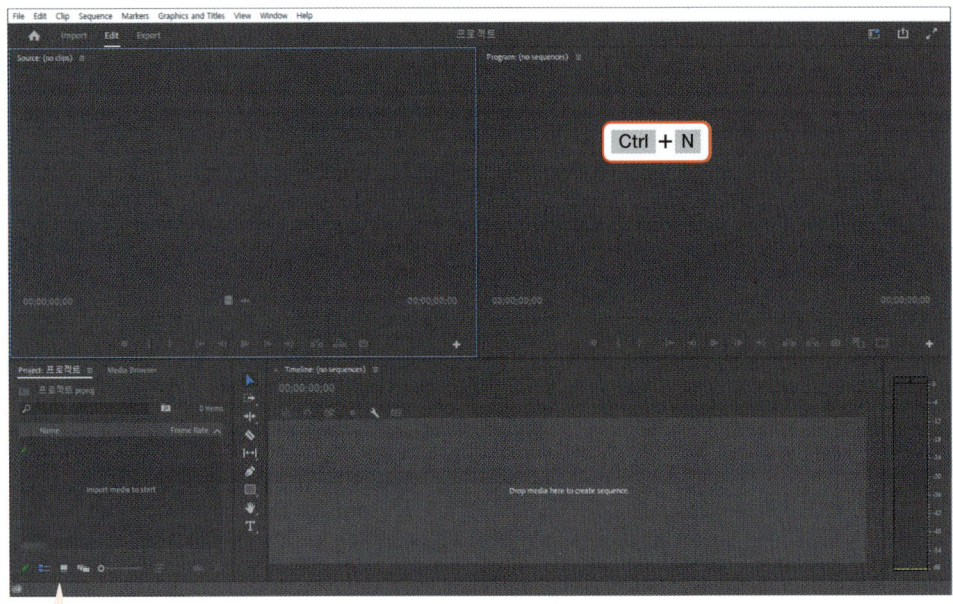

시퀀스는 [File]-[New]-[Sequence] 메뉴를 선택해 만들 수도 있습니다. 프리미어 프로를 능숙하게 다루려면 단축키를 사용하여 편집 작업 시간을 줄이도록 연습하는 것이 좋습니다.

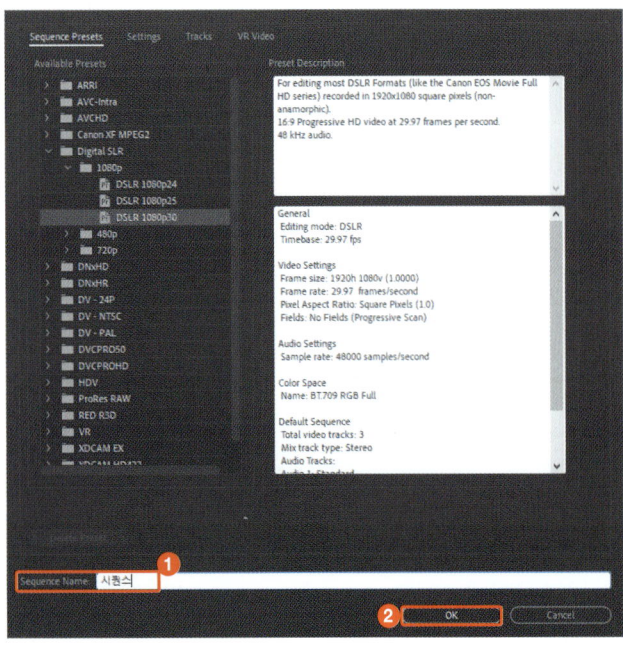

02 [New Sequence] 대화상자가 나타나면 ① 아래에 있는 [Sequence Name] 항목에 원하는 이름을 입력합니다. 예제에서는 **시퀀스**로 입력했습니다. [DSLR 1080p30] 프리셋은 일반적인 Full HD 크기를 제공하는 프리셋이므로 ② 바로 [OK]를 클릭해 시퀀스를 생성합니다.

기본으로 활성화되어 있는 [Sequence Presets] 탭은 다양한 코덱의 프리셋을 지원합니다. 스마트폰이 아닌 다른 코덱을 사용하는 카메라로 촬영했을 때 카메라 코덱과 동일한 프리셋을 선택하여 사용할 수 있습니다.

기능 꼼꼼 익히기 [Settings] 탭의 옵션 알아보기

[Settings] 탭에는 원하는 형식의 시퀀스를 만들 수 있는 다양한 옵션이 있습니다. [Editing Mode]를 [Custom]으로 설정한 후 [Frame Size]를 수동으로 조정해 시퀀스 크기를 변경할 수도 있습니다. 옵션 항목을 더 알아보겠습니다.

01 [Video] 항목

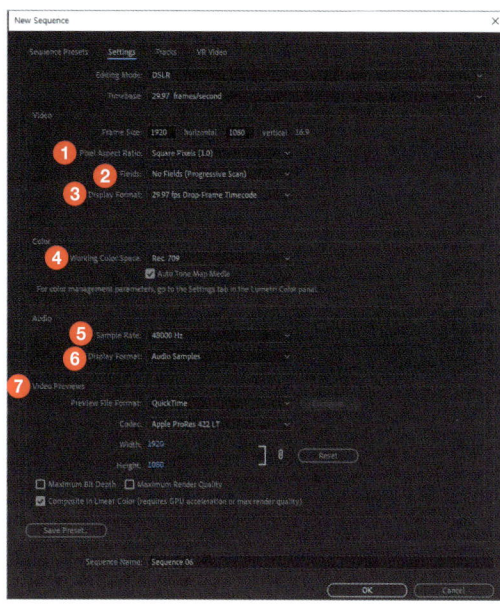

❶ **Pixel Aspect Ratio** | 화면을 구성하는 픽셀 한 개의 크기(비율)로, 디지털 작업은 대부분 기본 설정값인 [Square Pixels (1.0)]으로 지정합니다.

❷ **Fields** | 화면에 주사하는 방식에 따라 구분하는 설정입니다. 과거에는 브라운관에 주사하는 방식에 따라 구분을 지었으나 현재는 [No Fields (Progressive Scan)]을 기본으로 지정합니다.

❸ **Display Format** | [New Project] 대화상자에서 [Video] 항목의 [Display Format]과 동일한 항목으로, 타임라인에 표시되는 시간 정보를 선택할 수 있습니다.

02 [Color] 항목

❹ **Working Color Space** | 색상 작업 영역을 설정합니다. 일반적으로 [Rec. 709]가 표준이나 기술이 발전하여 더 심화된 색보정 시 [Rec. 2100]을 사용하기도 합니다.

03 [Audio] 항목

❺ **Sample Rate** | 오디오의 주파수(Hz)를 설정합니다.

❻ **Display Format** | [New Project] 대화상자에서 [Audio] 항목의 [Display Format]과 동일한 항목으로, 오디오 시간 정보를 보여주는 방식을 지정합니다.

04 [Video Previews] 항목

❼ 프리미어 프로에서 비디오를 미리 보기할 때 사용하는 포맷과 코덱, 크기를 지정합니다. [Width]와 [Height]를 시퀀스 설정과 동일하게 변경하고 기본 설정을 유지하면 됩니다.

03 생성한 시퀀스는 [Project] 패널에서 확인할 수 있습니다. 프리미어 프로의 영상 편집은 시퀀스에서 진행합니다.

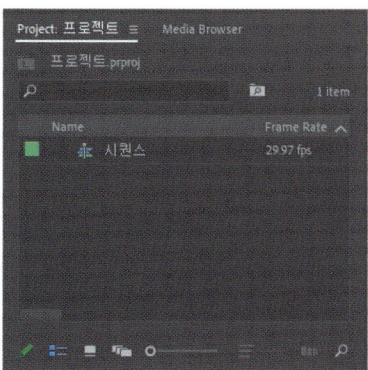

기능 꼼꼼 익히기 | [Save Preset]으로 커스텀 설정 저장하기

[New Sequence] 대화상자에서 [Save Preset]을 클릭해 수동으로 조정한 옵션을 저장할 수 있습니다. [Save Sequence Preset] 대화상자에서 프리셋 이름과 정보를 입력한 후 [OK]를 클릭하면 이후 시퀀스를 생성할 때 [Custom] 항목에서 저장된 프리셋을 사용할 수 있습니다.

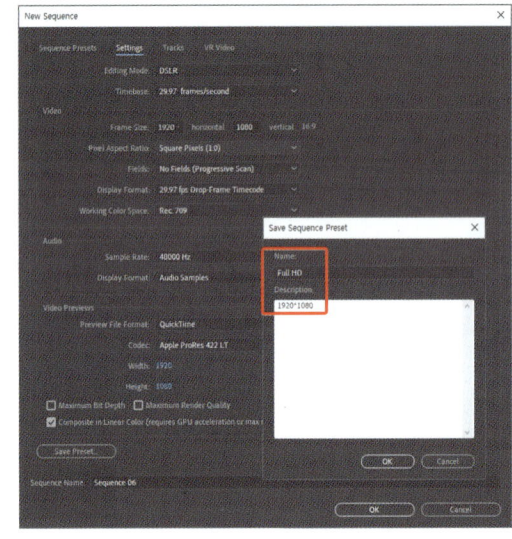 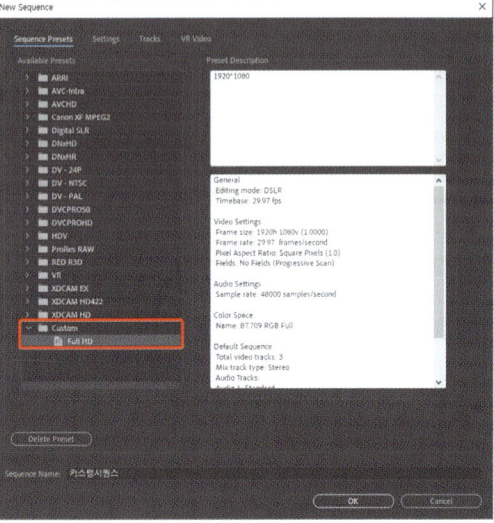

간단 실습 | 프로젝트 파일 저장하고 닫기

01 프로젝트 파일을 저장하려면 [File]-[Save] 메뉴를 선택합니다. 기본적으로 프로젝트 파일을 생성하면서 지정한 위치에 파일이 저장됩니다. Ctrl + S 를 눌러 저장할 수도 있습니다.

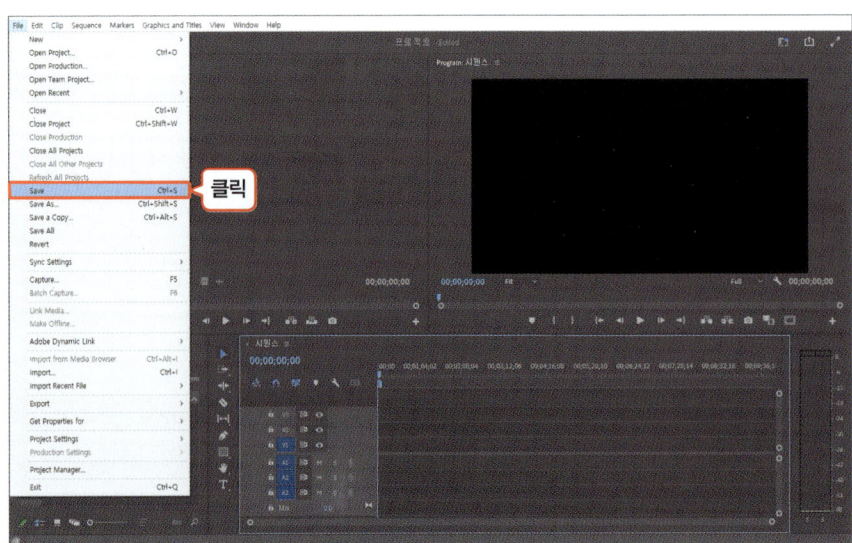

[Save As]는 프로젝트 파일을 다른 이름으로 저장한 후 해당 프로젝트 파일에서 계속 작업을 진행하는 기능이고, [Save a Copy]는 프로젝트의 사본을 저장하는 기능입니다.

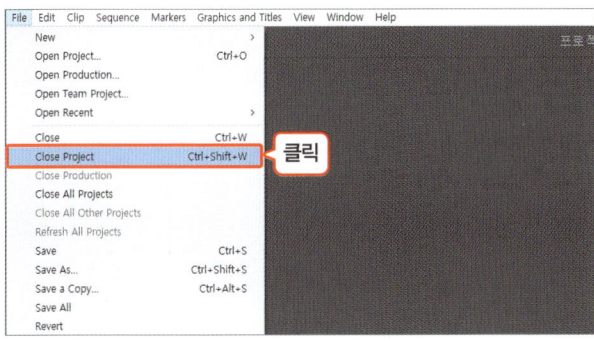

02 [File]-[Close Project] 메뉴를 선택하면 현재 활성화된 프로젝트가 닫힙니다.

간단 실습 프로젝트 파일 불러오기

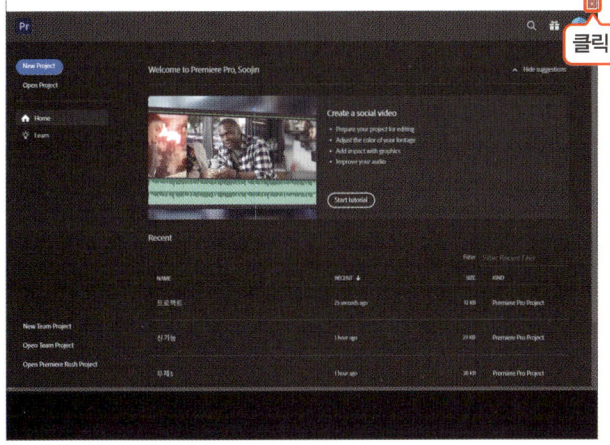

01 프로젝트 파일이 하나만 열린 상태에서 프로젝트 파일을 닫으면 [Home] 대화상자가 나타납니다. [Recent] 항목에서 가장 최근에 작업한 프로젝트 파일을 불러올 수도 있습니다. 오른쪽 위의 닫기 ❌ 를 클릭합니다.

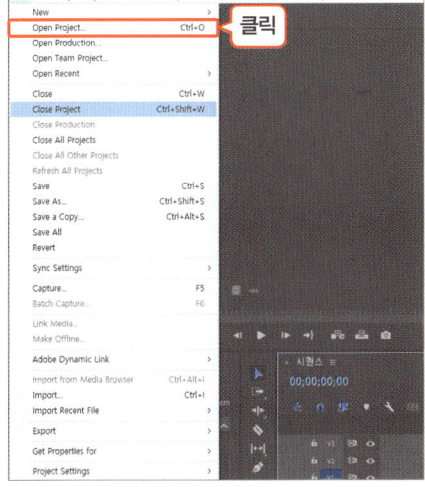

02 [File]-[Open Project] 메뉴를 선택합니다.

프로젝트 파일이 저장된 윈도우 탐색기에서 문서 파일을 여는 것처럼 더블클릭해 불러올 수도 있습니다. [File]-[Open Recent] 메뉴에는 가장 최근에 작업한 순서대로 프로젝트 파일의 목록이 표시되며, 바로 선택해 프로젝트 파일을 불러올 수도 있습니다.

03 ❶ [Open Project] 대화상자가 나타나면 앞서 저장했던 **프로젝트.prproj** 파일을 찾아 선택하고 ❷ [열기]를 클릭합니다. ❸ 프로젝트 파일이 열리고 가장 최근에 편집한 시퀀스의 편집이 활성화됩니다.

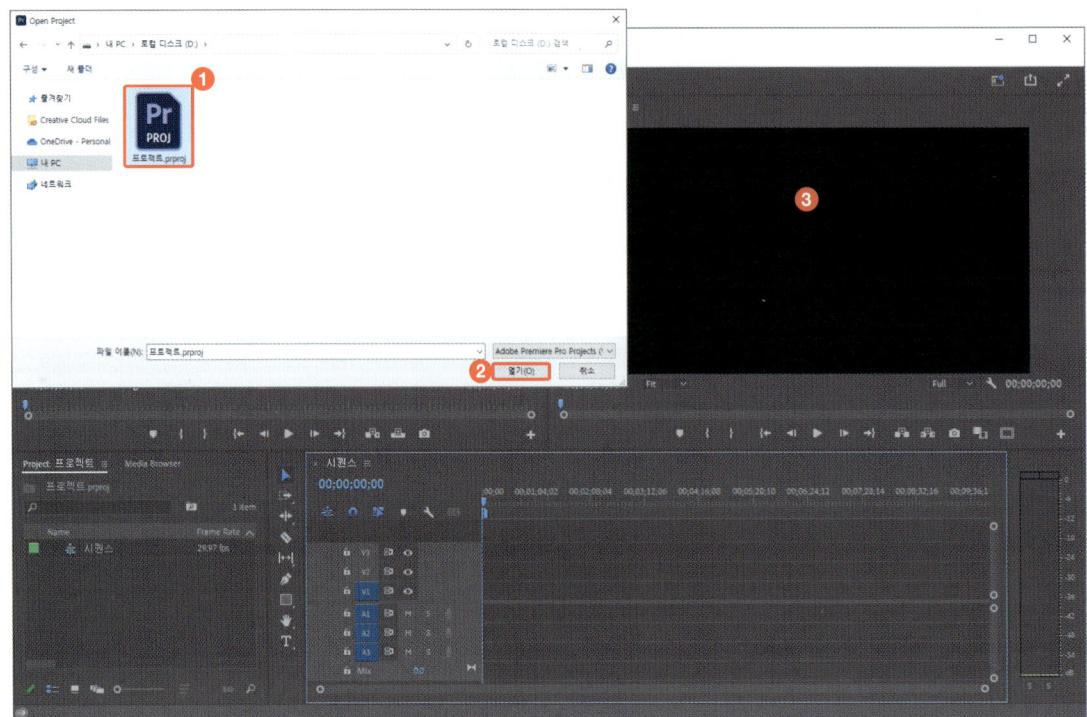

기능 꼼꼼 익히기 🎙 두 개 이상의 프로젝트 파일을 열었을 때

두 개 이상의 프로젝트 파일을 열면 **Project: 프로젝트** 형식으로 패널이 추가됩니다. 각각의 프로젝트를 선택해 프로젝트에 삽입된 미디어 파일 혹은 시퀀스를 편집할 수 있습니다. 만약 프로젝트 파일을 열었을 때 시퀀스가 활성화되지 않는다면 [Project] 패널에서 🎬 이 표시된 시퀀스를 더블클릭합니다.

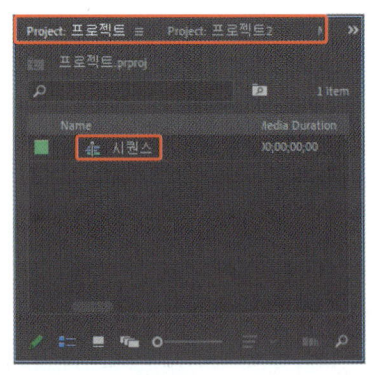

영상 편집 과정 초단기 코스
영상 편집 과정 한번에 따라 하기

많은 사람이 영상을 제작하는 일은 매우 어렵고 복잡할 것이라고 생각합니다. 물론 영화, CF 등 전문 영상은 사전 준비 과정도 복잡하고 촬영 규모도 큰 것이 사실입니다. 하지만 이 책에서 소개하는 것처럼 카메라나 스마트폰으로 촬영한 영상을 프리미어 프로로 개성 있게 만드는 작업은 생각보다 어렵지 않습니다.

이번에는 간단한 소스 영상으로 영상 편집 과정을 따라 해보며 최종 영상 결과물을 만들어보겠습니다. 프리미어 프로를 다루고 영상물을 만들어내는 것이 생각보다 어렵지 않다는 것을 알고 나도 영상을 만들 수 있다는 자신감을 가질 수 있을 것입니다.

STEP ① 프로젝트 만들기

프리미어 프로에서 새로운 프로젝트를 만들고 간단한 영상 편집을 진행해보겠습니다.

01 프리미어 프로를 실행하고 [Home] 대화상자에서 [New Project]를 클릭합니다.

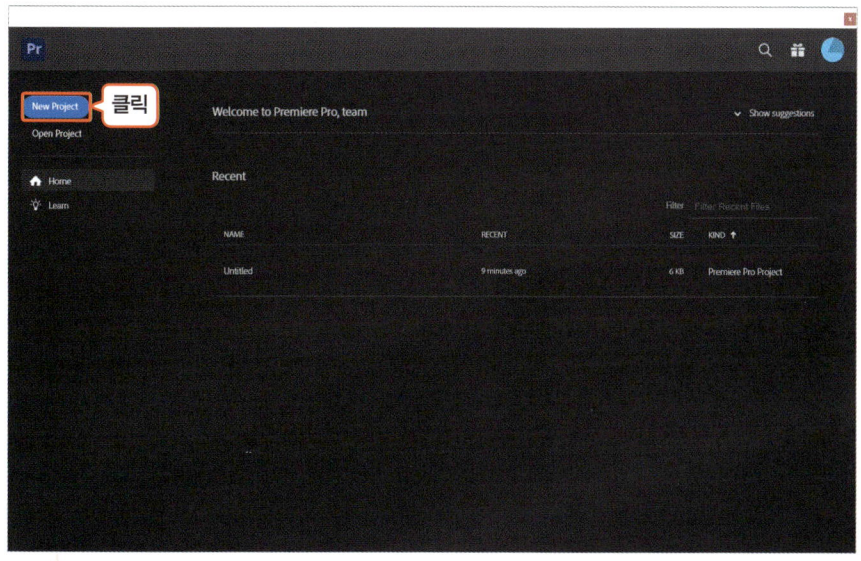

영상 편집 과정 초단기 코스에서 사용하는 영상과 사운드 파일은 예제 파일의 **Chapter 02/[함께해요 프리미어 프로]** 폴더에서 확인할 수 있으며 034쪽에서 영상과 사운드를 무료로 다운로드하는 방법을 확인할 수 있습니다.

02 ❶ [Project name]에 함께해요 프리미어 프로를 입력하고 ❷ [Project location] 항목의 [Choose Location]을 클릭합니다.

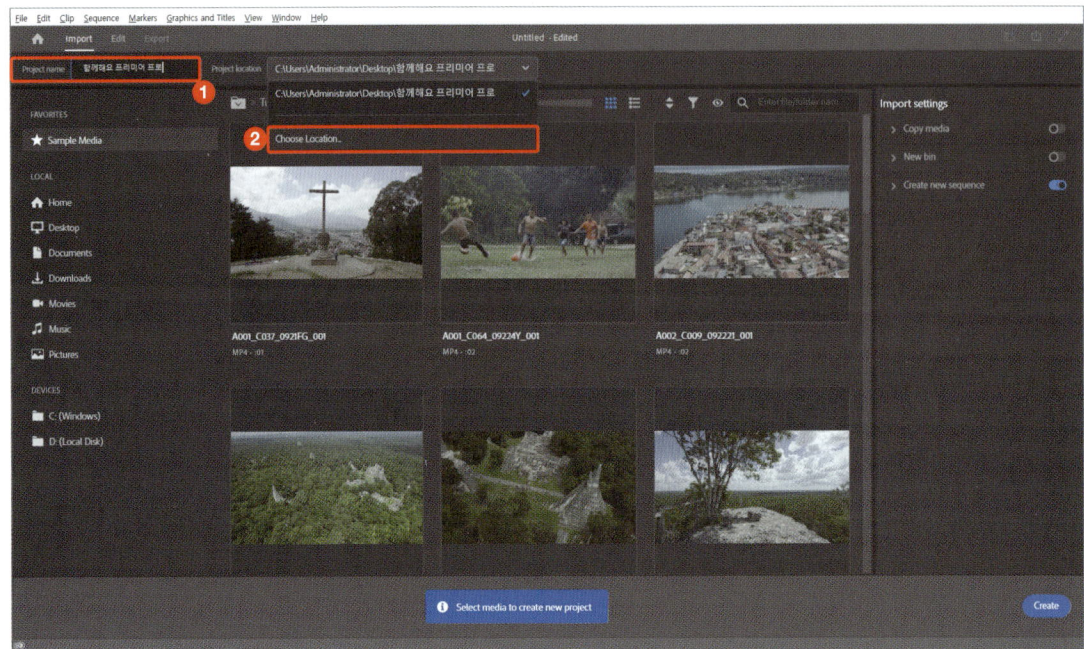

03 ❶ 예제 폴더에서 [함께해요 프리미어 프로] 폴더를 찾아 클릭하고 ❷ [폴더 선택]을 클릭합니다. ❸ [Create]를 클릭해 프로젝트를 생성합니다.

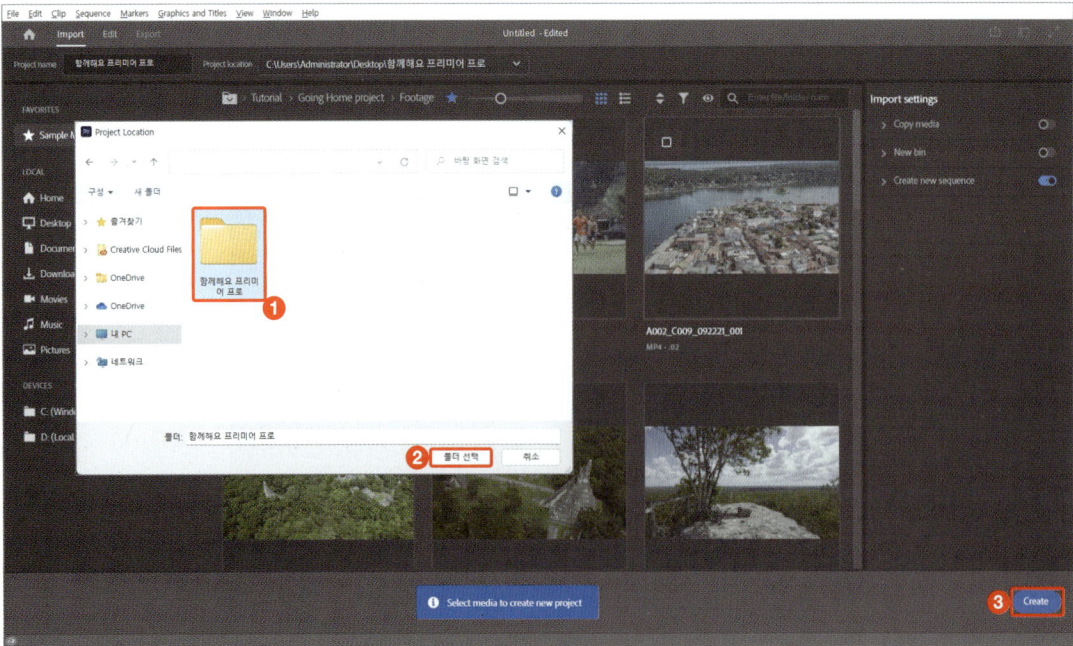

STEP ② 영상 편집하기

04 ① [함께해요 프리미어 프로] 폴더에 저장된 영상과 사운드 파일을 모두 선택하고 ② [Project] 패널로 드래그합니다.

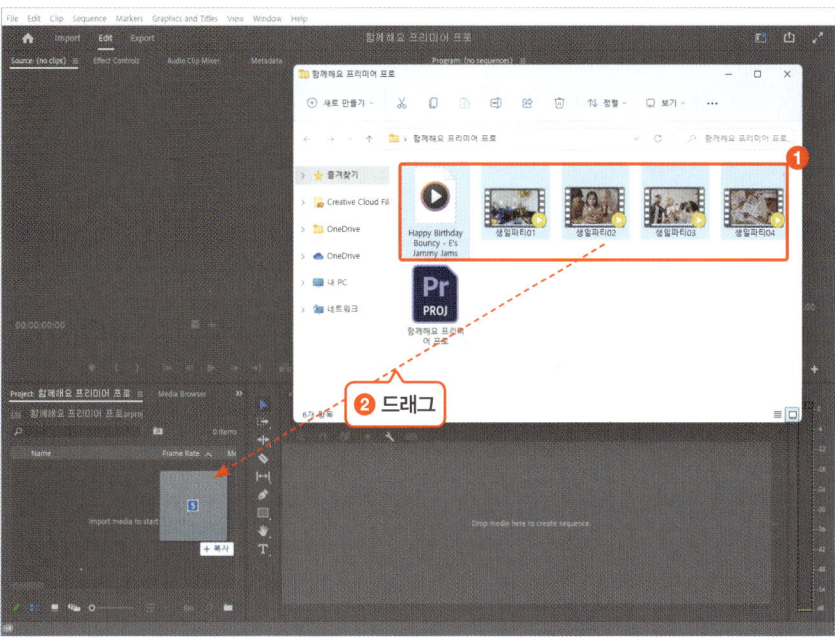

[Project] 패널의 기본 보기 형식은 리스트 뷰(List View)로 되어 있습니다. [Project] 패널 왼쪽 아래의 아이콘 뷰(Icon View)를 클릭하면 미디어 파일을 미리 보기 형식으로 바꿀 수 있습니다.

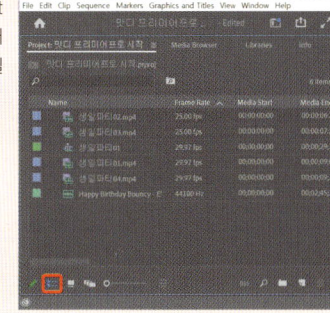

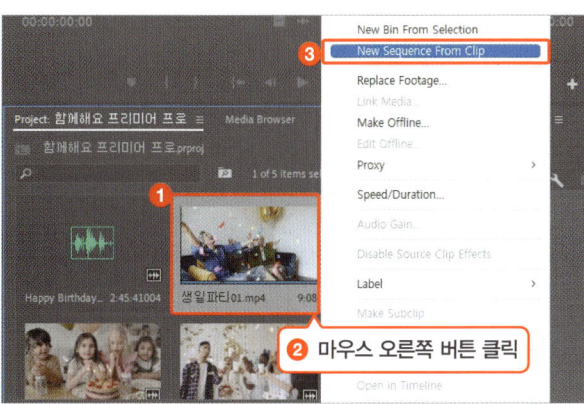

05 ① [Project] 패널에 삽입한 파일 중 **생일파티01.mp4** 파일을 선택합니다. ② 마우스 오른쪽 버튼을 클릭하고 ③ [New Sequence From Clip]을 클릭하면 소스 파일에 맞는 새 시퀀스가 생성됩니다.

06 생일파티01.mp4 파일이 [Timeline] 패널에 클립으로 삽입되며 [Program] 패널에 나타납니다. 영상을 편집할 수 있는 기본적인 준비가 완료되었습니다.

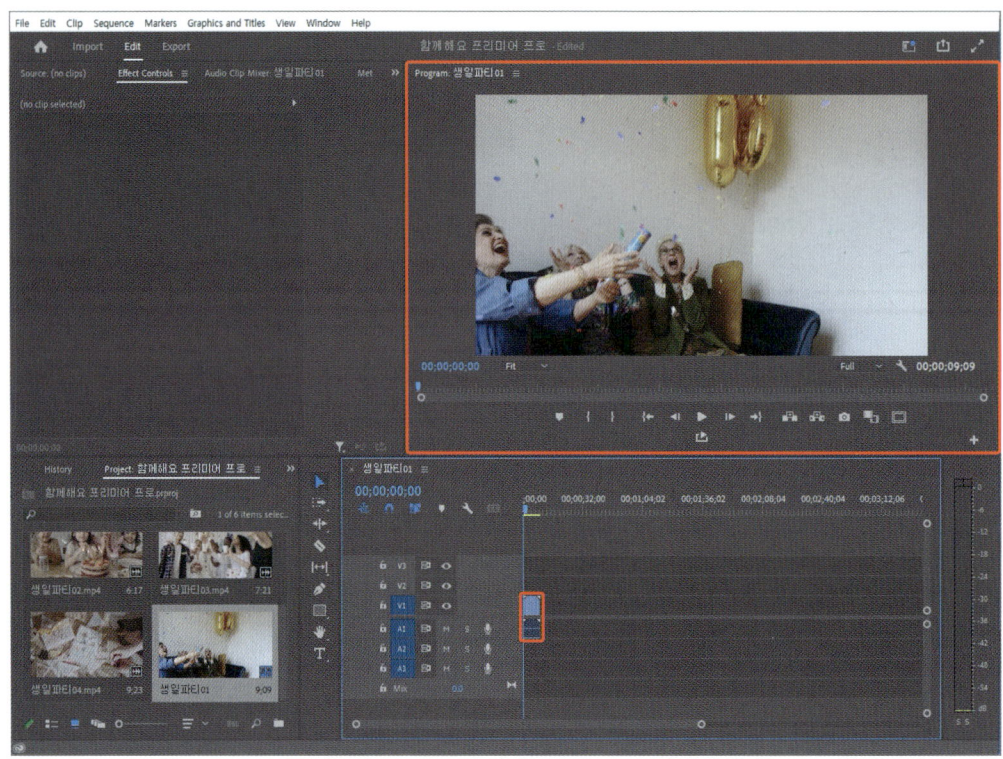

07 ❶ [Timeline] 패널 탭을 마우스 오른쪽 버튼으로 클릭하고 ❷ [Work Area Bar]를 클릭합니다. ❸ 작업 영역바에서 시퀀스의 전체 편집 길이를 조절할 수 있습니다. 작업 영역바가 활성화되면 [Timeline] 패널의 시간 표시 아래에 범위 표시가 나타납니다.

만약 [Timeline] 패널에 삽입된 클립이 제대로 보이지 않는다면 타임라인을 확대해서 작업합니다. [Timeline] 패널이 선택된 상태에서 키보드 Backspace 왼쪽의 - , + 를 누르면 타임라인을 확대/축소할 수 있습니다. 영상을 편집하기 편한 상태로 타임라인을 조절합니다. 이번 실습에서는 위 그림과 같은 정도로 보이게 조정합니다.

08 ① [Project] 패널에서 **생일파티02.mp4** 파일을 선택하고 ② [Timeline] 패널로 드래그해 [생일파티01.mp4] 클립 끝에 연결되도록 배치합니다. ③ **생일파티03.mp4, 생일파티04.mp4** 파일도 이어서 배치합니다. 총 네 개의 클립이 비디오 1번 트랙(V1)에 나란히 배치되었습니다.

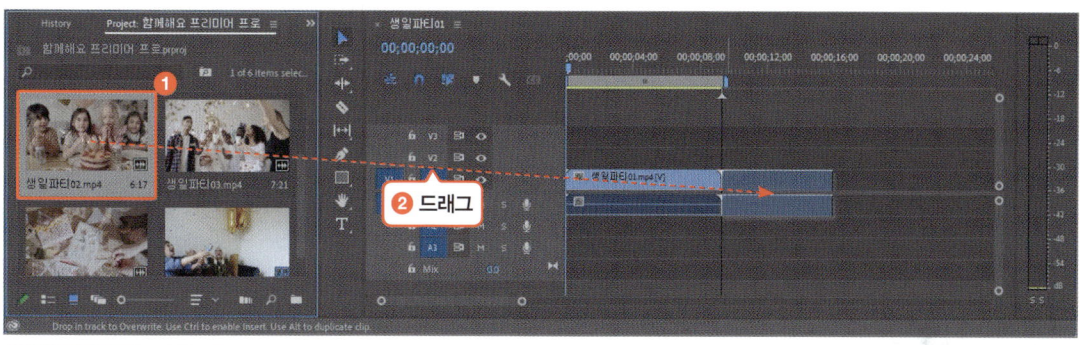

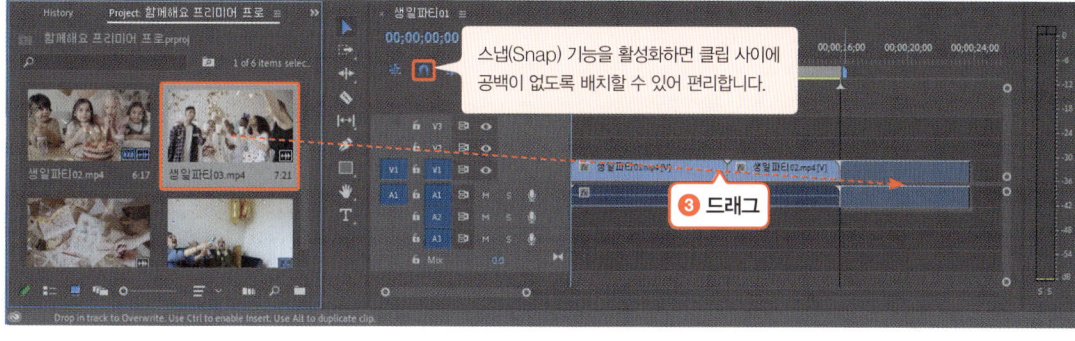

스냅(Snap) 기능을 활성화하면 클립 사이에 공백이 없도록 배치할 수 있어 편리합니다.

09 ① [Timeline] 패널에서 편집 기준선을 **00;00;10;12** 지점에 위치합니다. ② C 를 누르면 마우스 포인터가 모양으로 바뀝니다. ③ 이 상태에서 편집 기준선에 위치한 클립을 클릭합니다.

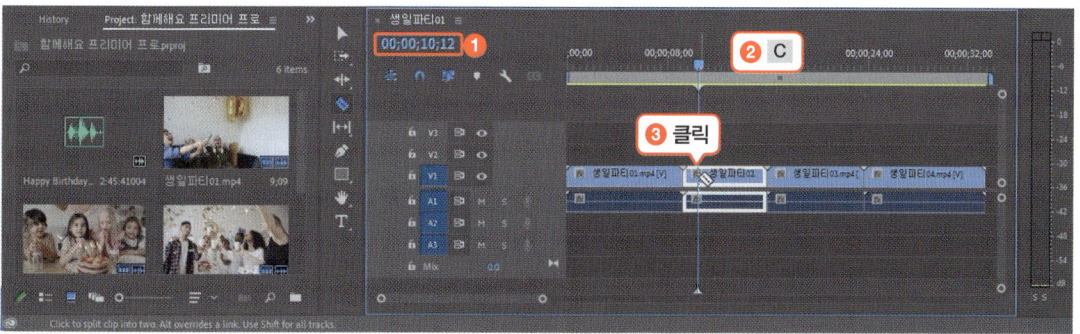

C 는 자르기 도구의 단축키입니다. 편집 기준선은 타임라인의 시간 표시자 부분을 클릭해도 되고 [Timeline] 패널 왼쪽 위의 [00;00;00;00] 형식으로 된 타임코드 영역을 클릭해 직접 입력해도 됩니다. 타임코드는 '시:분:초:프레임' 형식입니다. [Timeline] 패널이 선택된 상태에서 ←, → 를 누르면 1프레임 단위로 이동할 수 있습니다.

클립이 너무 길어서 편집 기준선을 이동하기 어렵다면 [Timeline] 패널 아래쪽에 있는 타임라인 영역바(Timeline Area Bar) 슬라이더의 오른쪽 끝을 잡고 드래그해서 길이를 늘여봅니다.

10 ❶ V 를 눌러 선택 도구 ▶를 선택한 후 ❷ 편집 기준선을 00;00;18;25 지점에 위치합니다. ❸ 다시 C 를 누른 후 ❹ 편집 기준선 위치의 클립을 클릭합니다.

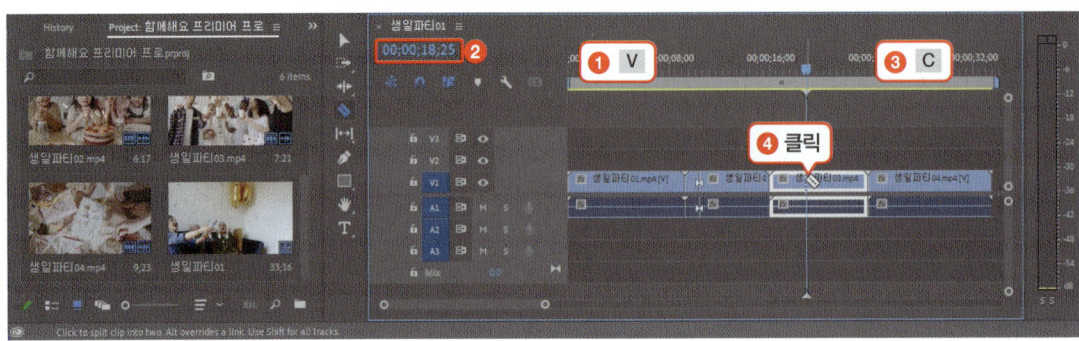

V 는 소스를 선택하거나 편집 기준선을 선택하는 선택 도구 ▶의 단축키입니다.

11 ❶ 자르기가 끝나면 선택 도구 ▶로 두 번째 클립을 선택하고 ❷ Shift 를 누른 상태에서 네 번째 클립을 같이 선택합니다. ❸ Delete 를 눌러 선택한 클립을 삭제합니다. ❹ 삭제된 부분은 공백이 됩니다.

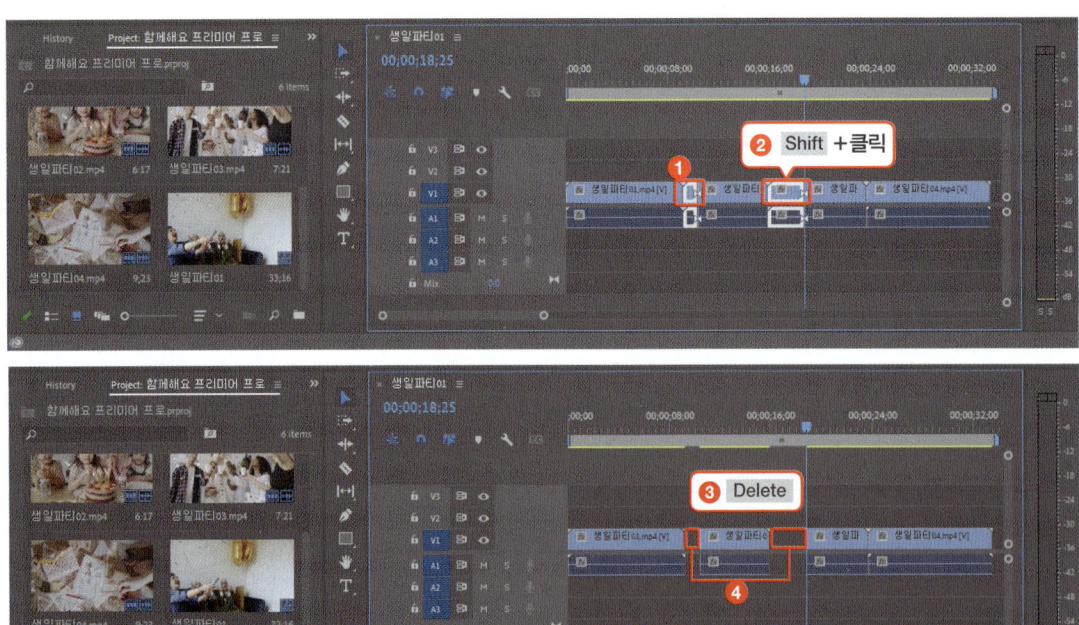

12 ❶ 앞의 공백을 마우스 오른쪽 버튼으로 클릭합니다. ❷ [Ripple Delete]를 클릭해 클립 사이의 공백을 지워줍니다.

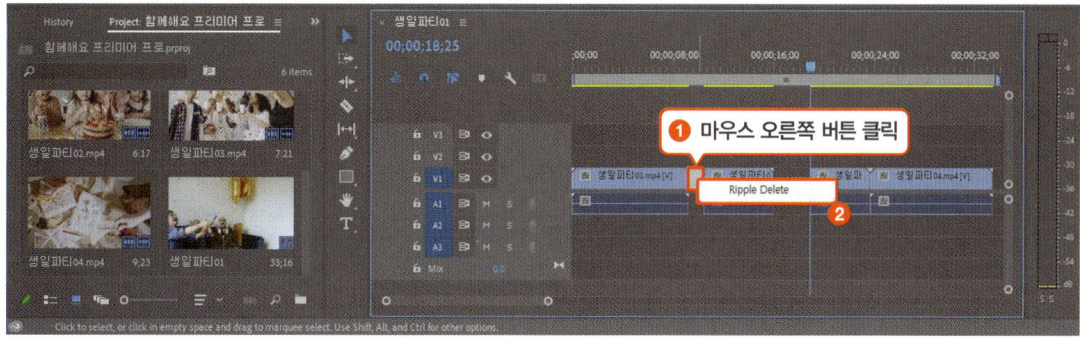

13 같은 방법으로 뒤의 공백도 지웁니다. 기본적인 영상 컷 편집이 완료되었습니다.

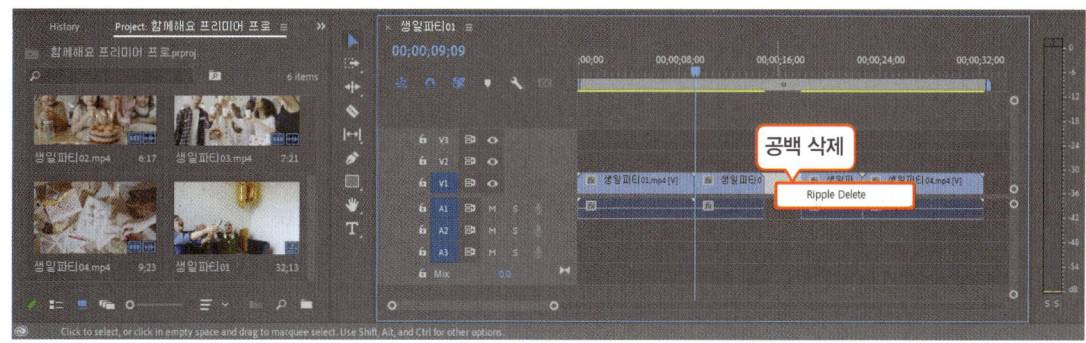

STEP ③ 기본 자막과 효과 넣기

14 도구 패널에서 타이프 도구 T 를 클릭합니다. 타이프 도구는 [Program] 패널에서 바로 수정할 수 있는 기본 자막을 삽입하는 도구입니다.

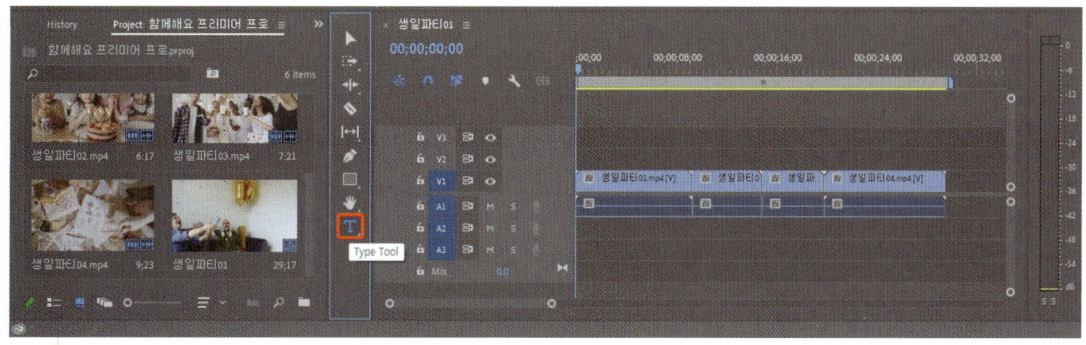

타이프 도구 T 는 [Program] 패널에서 자막(텍스트)을 입력할 때 씁니다. 단축키는 T 입니다.

15 [Program] 패널에 마우스 포인터를 가져가면 모양으로 바뀐 것을 알 수 있습니다. 자막을 삽입할 위치를 클릭하고 **맛있는 디자인과 함께하는 생일파티**를 입력합니다.

> 타이프 도구를 이용해 [Program] 패널에서 텍스트를 입력할 때는 원하는 위치를 클릭하거나 텍스트의 범위를 드래그해 지정할 수 있습니다.

16 [Effect Controls] 패널을 확인합니다. [Text] 항목에서 삽입한 자막의 텍스트 서식을 지정할 수 있습니다. ① 원하는 폰트로 선택하고 ② [Stroke]와 [Shadow]에 각각 체크합니다. ③ [Stroke] 항목 오른쪽의 [Stroke Width]를 15로 설정합니다. ④ 각각의 항목 및 그림자 설정은 아래 표와 같이 지정합니다.

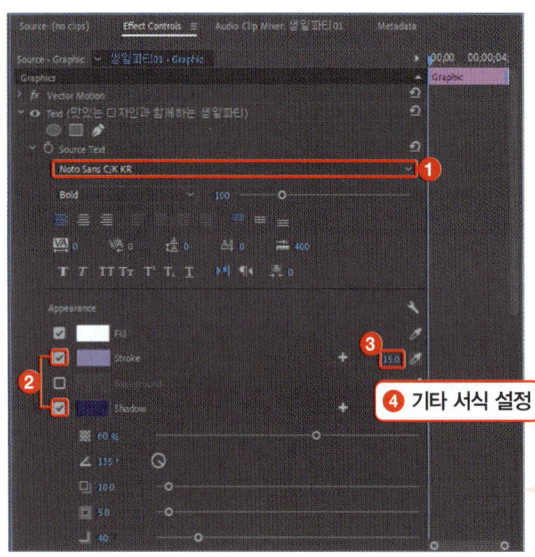

항목	설정값
Fill	색 : FFFFFF
Stroke	두께 : 15 색 : AC91EF
Shadow	색 : 000E73
Opacity	60%
Distance	10
Size	5.0
Blur	40

> [Fill], [Stroke], [Shadow] 항목의 색 부분을 클릭하면 [Color Picker] 대화상자가 나타납니다. 이때 색을 직접 보면서 선택하거나 [#] 입력란에 코드를 입력해 색을 지정할 수도 있습니다.

기능 꼼꼼 익히기 | 색상에 그레이디언트 적용하기

[Color Picker] 대화상자에서 그레이디언트를 적용할 수 있습니다. 좌측 상단의 [Solid]로 선택된 [Fill Options]를 클릭하고 [Linear Gradient], [Radial Gradient] 중 하나로 그레이디언트 색상을 설정할 수 있습니다.

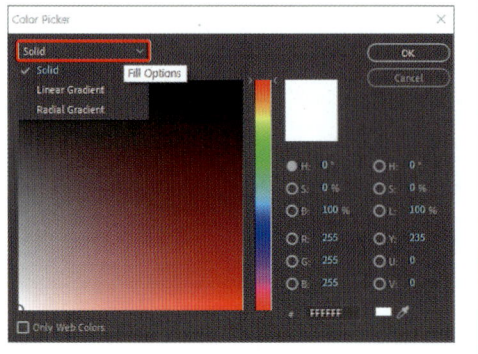

17 서식을 모두 지정하면 그림처럼 자막이 완성됩니다.

18 ① [Timeline] 패널을 선택하고 ② V 를 눌러 선택 도구 로 변경합니다. ③ 자막 클립의 오른쪽 모서리를 드래그해 전체 영상 길이에 맞도록 조절합니다.

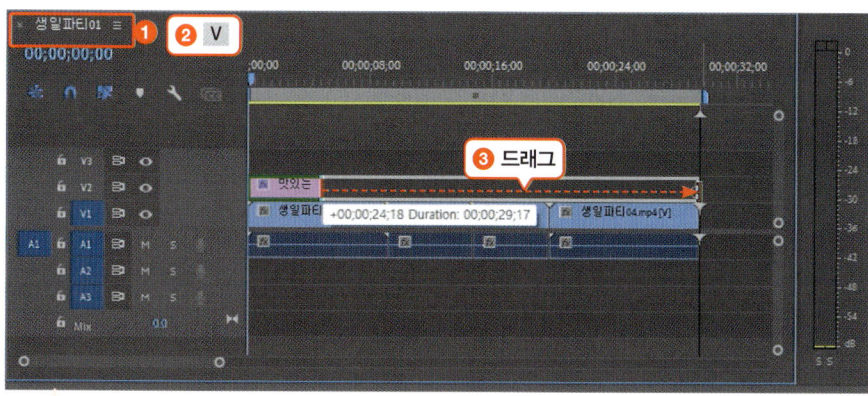

[Program] 패널에서 자막을 입력하는 도중 V 를 누르면 자막에 'V'가 입력됩니다. 자막 작업이 끝나면 도구 패널의 선택 도구 를 클릭하거나, [Timeline] 패널을 선택한 후 V 를 눌러 자막 작업이 완료된 상태로 변경해야 합니다.

기능 꼼꼼 익히기 🎙 지속(Duration) 시간 조정하기

각각의 영상 소스는 원본 영상 파일의 재생 시간만큼 지속 시간이 따로 있으나 자막, 이미지와 같이 지속 시간이 따로 없는 클립은 원하는 만큼 지속 시간을 조절할 수 있습니다. 1분짜리 영상의 지속 시간을 20, 30초로 줄일 수는 있지만, 반대로 1분 10초, 2분으로 늘일 수는 없습니다. 지속 시간은 앞뒤 따로 조정할 수 있습니다. 영상 소스의 길이를 조정해 필요 없는 부분을 보이지 않게 하는 것은 컷 편집과 기본적으로 동일하게 구현됩니다.

STEP ④ 사운드 편집하기

19 [Project] 패널에서 Happy Birthday Bouncy- E's Jammy Jams.mp3 소스를 드래그해 오디오 2번 트랙(A2)에 배치합니다.

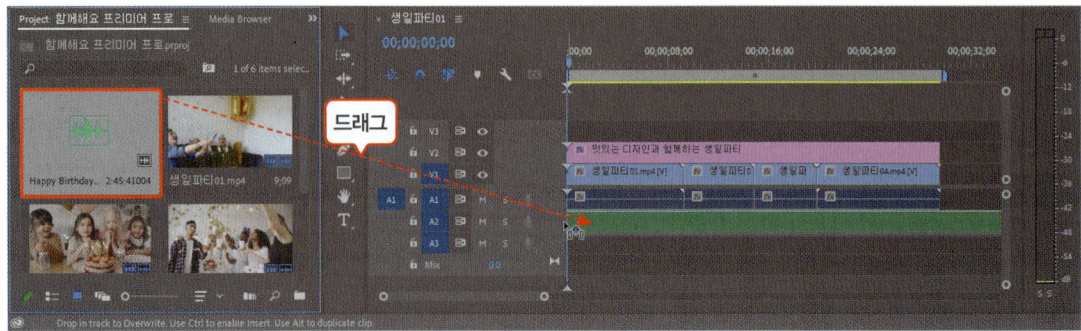

20 ❶ 편집 기준선을 동영상의 끝부분인 00;00;29;17 지점에 위치시킨 후 ❷ C 를 눌러 자르기 도구로 변경합니다. ❸ 오디오 2번 트랙(A2)에 있는 클립의 남은 부분을 자릅니다.

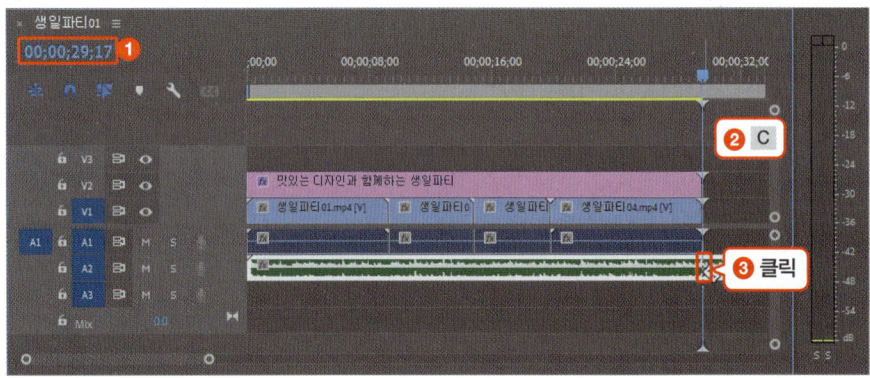

21 ❶ 오른쪽의 불필요한 오디오 클립을 선택하고 ❷ Delete 를 눌러 삭제합니다.

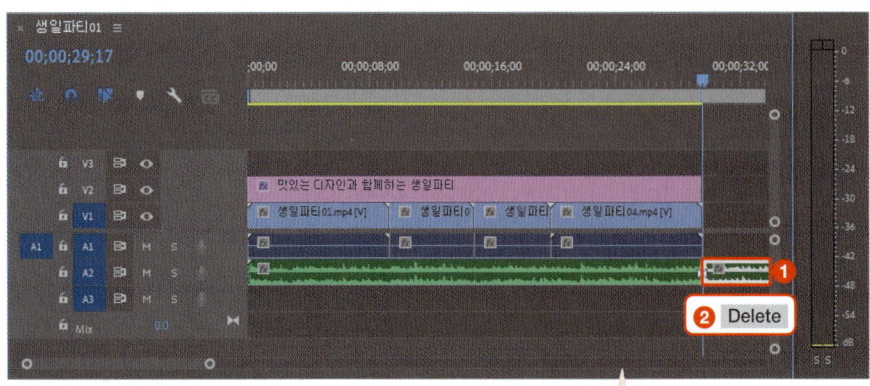

클립을 선택할 때는 항상 V 를 눌러 선택 도구가 선택된 상태인지 확인합니다. 만약 V 를 눌러도 선택 도구로 전환되지 않는다면 한/영 을 눌러 영문 입력 상태에서 V 를 누릅니다.

22 오디오 1번 트랙(A1)의 오른쪽에 있는 Mute Track M 을 클릭합니다. 샘플 영상의 오디오가 음소거되었습니다.

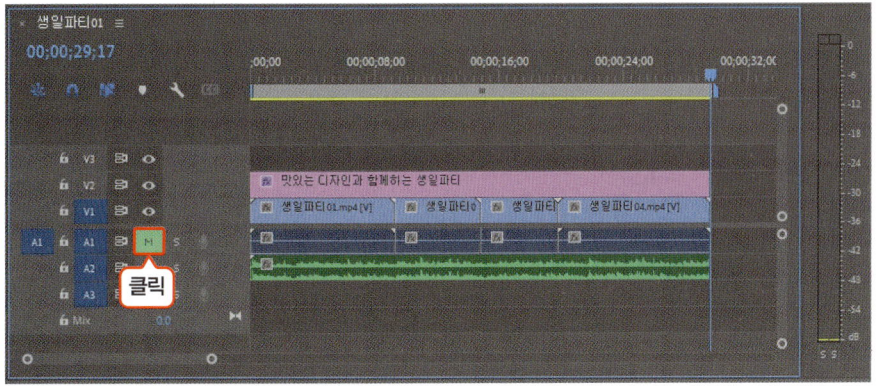

23 Spacebar 를 눌러 미리 보기를 재생하고 사운드를 확인합니다. 배경음악(BGM)만 깔끔하게 들리는 것을 확인할 수 있습니다.

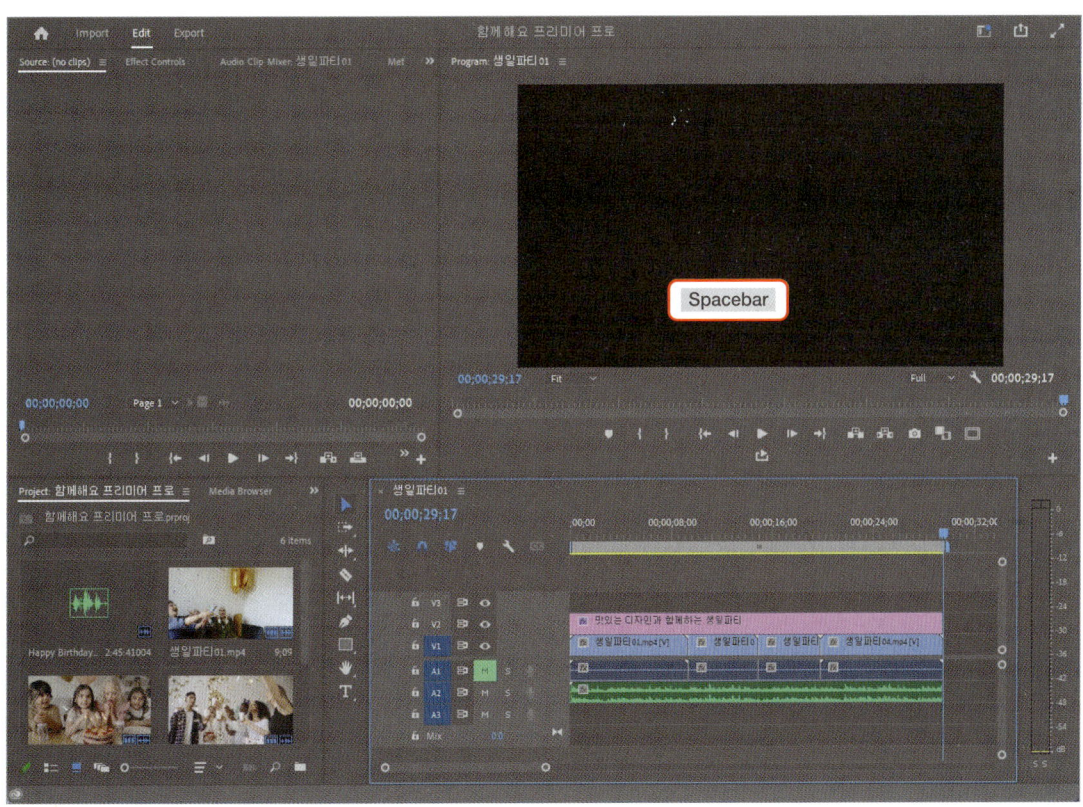

Solo Track S 을 클릭하면 선택된 오디오 트랙의 소리만 들을 수 있습니다. 원본 영상 소스, 효과음, 음악 등 다양한 오디오가 삽입되었을 때 나머지 오디오 트랙을 음소거할 필요 없이 듣고 싶은 트랙만 선택해 들을 수 있습니다.

STEP ⑤ MP4 파일로 출력해서 완성하기

24 ❶ [Sequence]-[Render Entire Work Area] 메뉴를 선택하면 ❷ [Rendering] 대화상자가 나타나며 렌더링이 진행됩니다. 렌더링은 출력 전 작업물을 최종 확인하기 위한 작업이며 출력 속도를 높여줍니다.

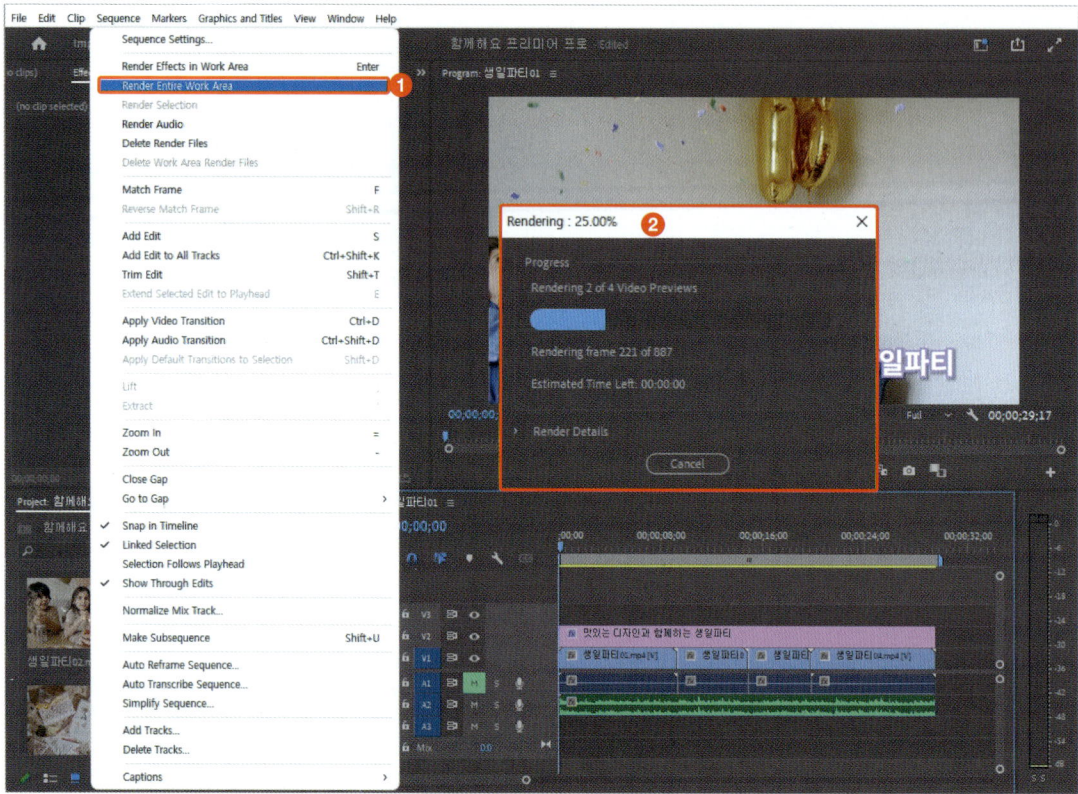

25 렌더링이 완료되면 아래 그림처럼 작업 영역바 하단이 초록색으로 변합니다.

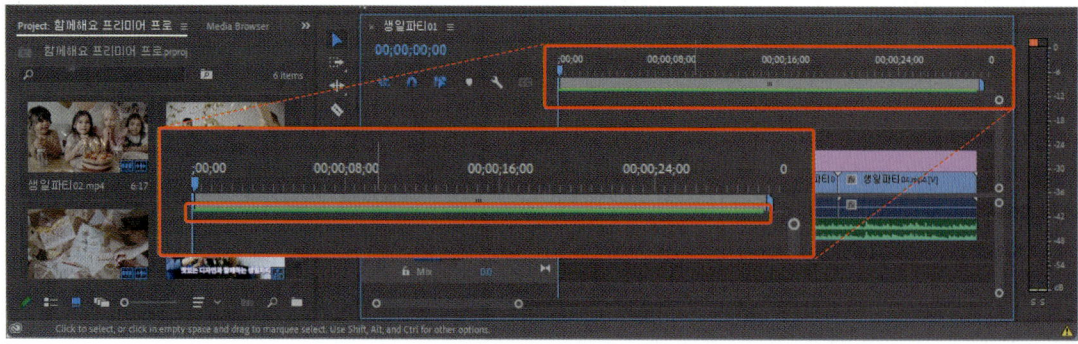

26 왼쪽 상단의 [Export]를 클릭하면 영상 출력을 위한 내보내기 설정을 할 수 있습니다.

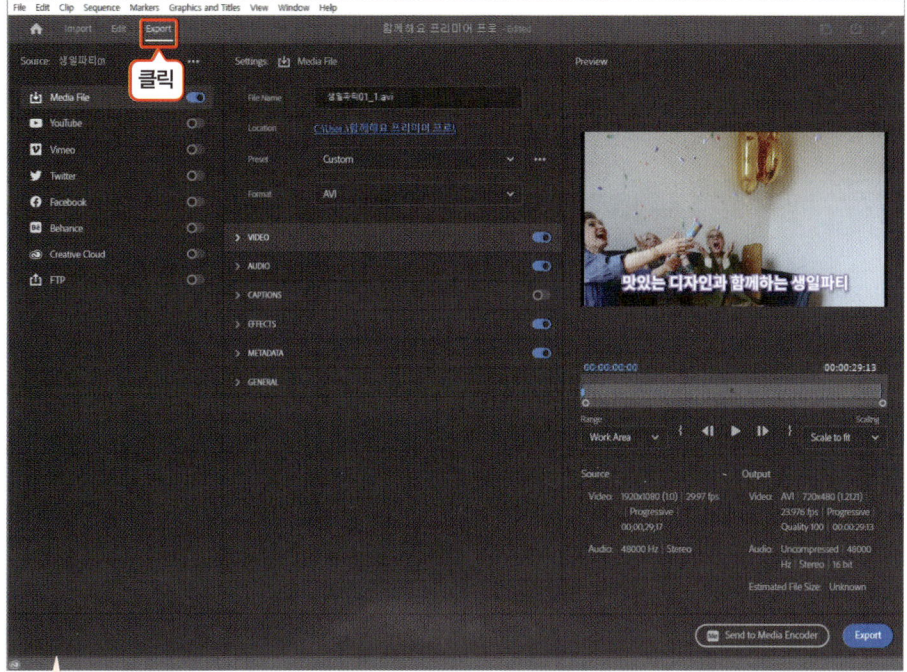

[File]-[Export]-[Media] 메뉴를 선택해도 내보내기 설정을 할 수 있습니다.

27 ❶ [Format] 항목을 클릭하고 ❷ [H.264]를 클릭합니다.

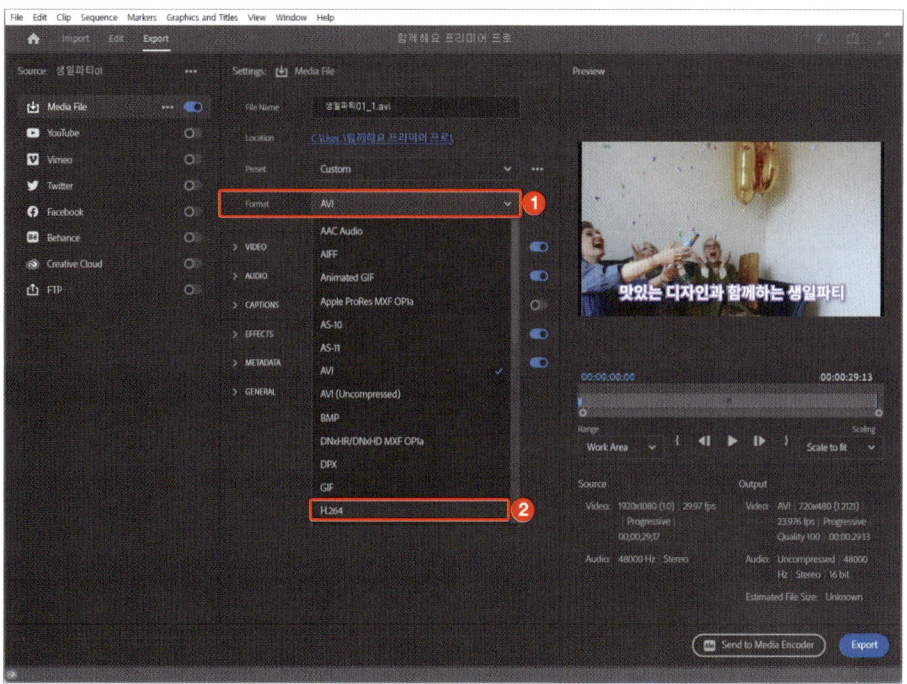

프리미어 프로와의 첫 만남 | CHAPTER 02　**087**

28 ❶ [Preset] 항목을 클릭하면 다양한 설정이 나타납니다. ❷ 유튜브용 영상에 적합한 설정을 찾으려면 [More presets]를 클릭합니다.

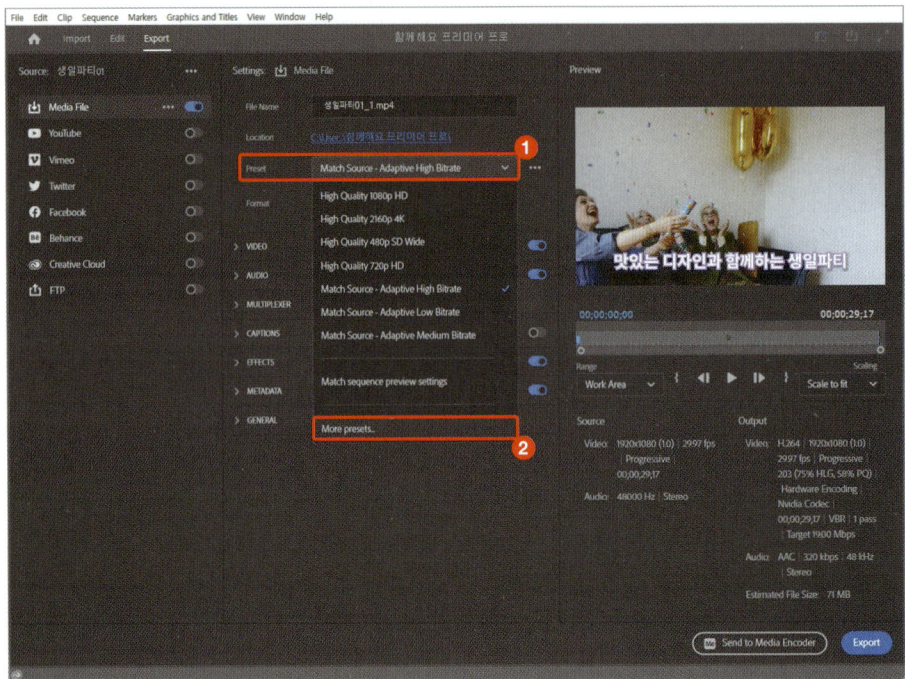

29 ❶ [Preset Manager] 대화상자가 나타나면 YouTube 1080p Full HD를 입력하여 프리셋을 검색하고 ❷ 검색된 프리셋을 클릭한 후 ❸ [OK]를 클릭합니다.

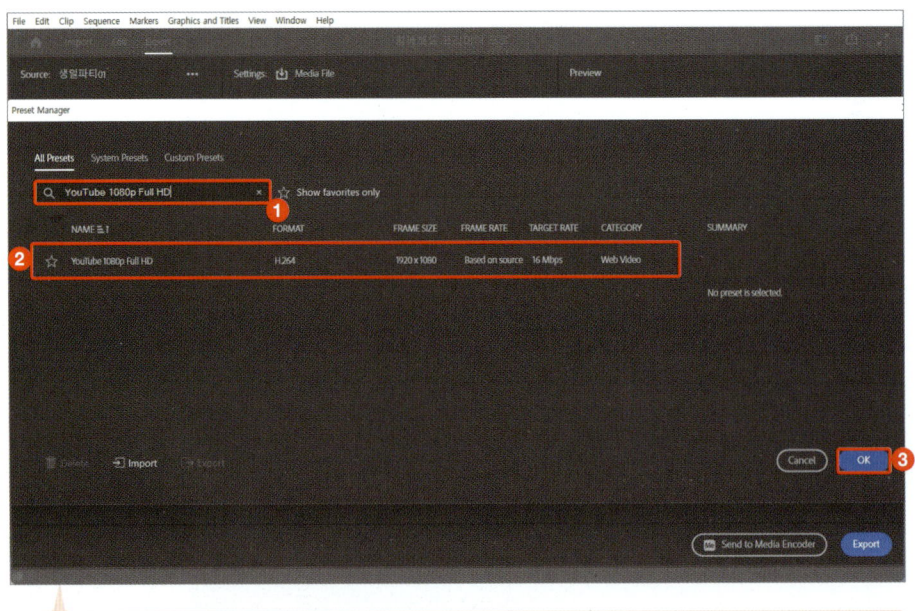

YouTube 1080p Full HD 프리셋은 유튜브에 최적화된 설정을 미리 제공하는 프리셋입니다. 480p부터 2160p까지 다양한 해상도의 유튜브용 프리셋을 선택할 수 있습니다.

30 ❶ [File Name]에 **오프닝 완성**을 입력하고 ❷ [Location]의 경로를 클릭합니다. ❸ [함께해요 프리미어 프로] 폴더로 경로를 설정하고 [저장]을 클릭합니다. ❹ [Export]를 클릭해 출력을 시작합니다.

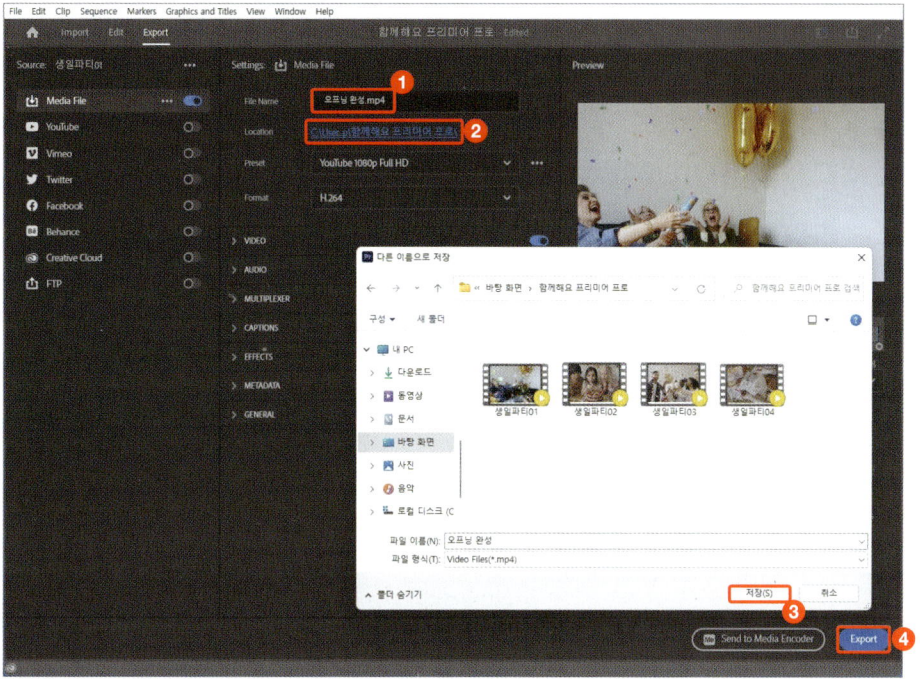

31 출력이 완료되면 [함께해요 프리미어 프로] 폴더에서 완성 파일을 더블클릭하여 잘 재생되는지 확인합니다.

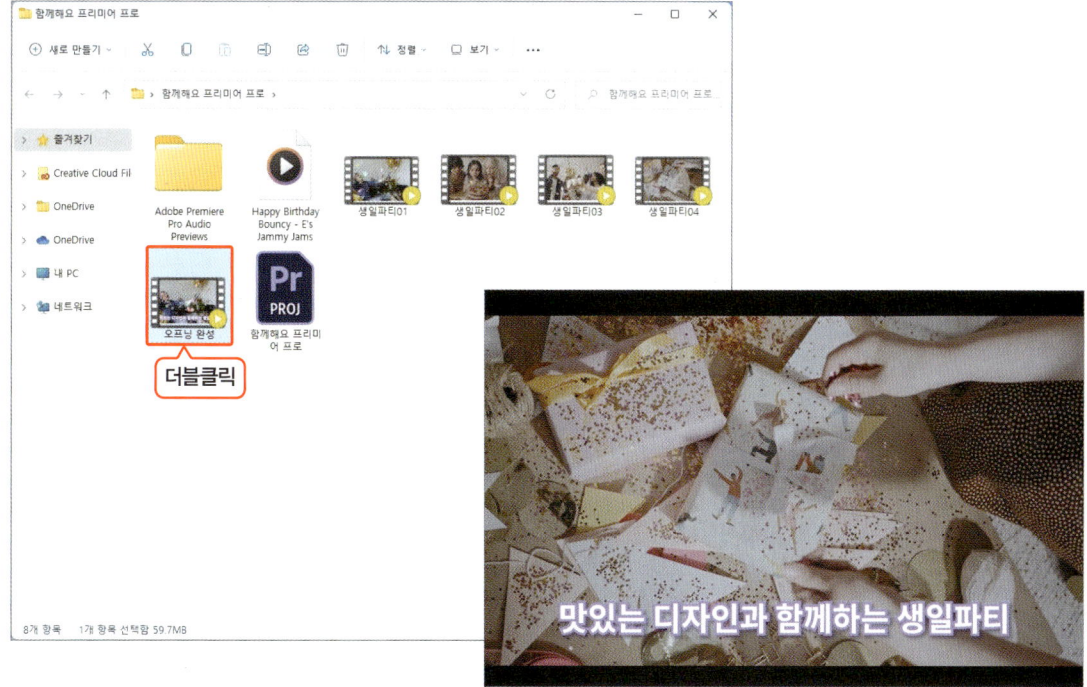

프리미어 프로와 친해지기

프리미어 프로의 다양한 패널, 도구, 기본 기능 익히기

프리미어 프로 인터페이스

작업을 진행하려는 패널을 클릭하면 해당 패널에 파란색 테두리가 나타나면서 활성화됩니다. 프리미어 프로의 인터페이스를 통해 각 패널의 기능을 살펴보겠습니다.

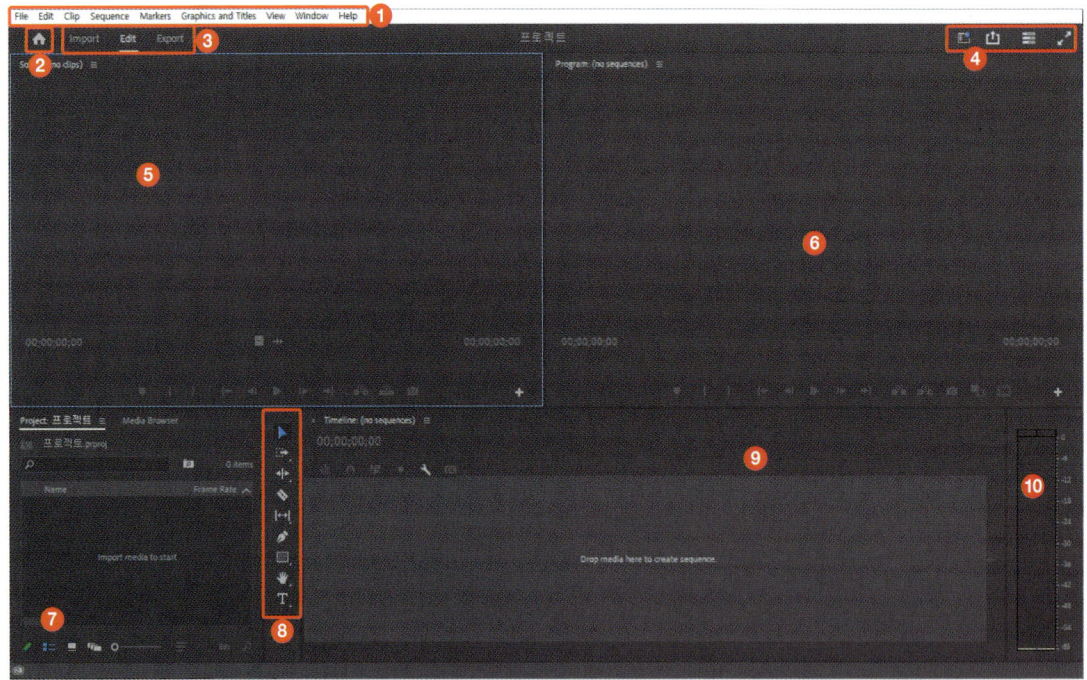

① **메뉴바(Menu Bar)** | 프리미어 프로의 명령이 모여 있습니다. 작업 환경과 클립, 시퀀스 설정을 변경할 수 있고 도움말 등을 확인할 수 있습니다.

② **[Home]** | Home 을 클릭해서 [Home] 대화상자를 열고 새로운 프로젝트 파일을 생성하거나 기존에 작업한 프로젝트 파일을 빠르게 불러올 수 있습니다.

③ **[Import], [Edit], [Export]** | 각각의 탭을 클릭하여 미디어 소스를 불러오거나 새 프로젝트를 생성할 수 있는 [Import] 화면, 영상 편집 환경인 [Edit] 화면, 영상을 내보내기 위한 [Export] 화면으로 변경할 수 있습니다.

④ **빠른 기능 탭** | 프리미어 프로의 일부 기능을 빠르게 실행할 수 있습니다. Quick Export를 클릭하여 저장 경로와 프리셋을 설정할 수 있고, 현재 작업 중인 프로젝트 파일을 영상으로 빠르게 내보낼 수 있습니다. Workspaces를 클릭하면 작업에 따라 필요한 패널을 최적화된 레이아웃으로 변경할 수 있습니다. Maximize video output을 클릭하면 선택한 패널의 비디오 아웃풋을 최대 사이즈로 보여줍니다. Open Progress Dashboard를 클릭하면 프리미어 프로에서 실행 중인 백그라운드 프로세스를 표시합니다. 작업이 진행 중인 경우 진행률이 표시되며 작업을 취소할 수 있는 옵션과 작업 모듈의 상태가 표시됩니다.

⑤ **[Source] 패널** `Shift` + `2` | 선택한 클립의 영상 소스를 편집하는 패널입니다. 영상 소스를 원하는 길이로 편집하여 타임라인에 삽입하거나 덮어쓸 수 있습니다. 영상 편집을 진행하면서 적용한 이펙트나 트랜지션(전환 효과)을 포함하지 않은 원본 영상을 표시하며 타임라인 편집에 영향을 주지 않는 별도의 타임라인이 있습니다.

⑥ **[Program] 패널** `Shift` + `4` | 현재 타임라인에서 편집 기준선이 위치해 있는 지점의 미리 보기를 표시하는 패널입니다. 편집 과정에서 사용한 이펙트나 트랜지션 효과를 모두 보여줍니다.

⑦ **[Project] 패널** `Shift` + `1` | 프리미어 프로에서 작업 중인 프로젝트의 모든 소스를 표시하는 패널입니다. [Project] 패널에서 파일을 삭제하면 작업 중인 프로젝트(또는 시퀀스)에 영향을 주게 되므로 패널 사용에 주의합니다.

⑧ **[Tool] 패널, 도구 패널** | 타임라인에서 영상 클립을 편집하는 데 필요한 도구가 모여 있는 패널입니다.

⑨ **[Timeline] 패널** `Shift` + `3` | 영상을 편집할 때 영상 소스와 사운드 소스를 클립으로 표시하는 패널입니다. 영상/사운드 소스를 탐색하고 제어/편집할 수 있습니다.

⑩ **[Audio Meters] 패널** | 재생하는 오디오 전체의 레벨(음량)을 표시하는 패널입니다.

소스 패널 그룹(Source Panel Group)

[Effect Controls] 패널 `Shift` + `5` | 클립의 기본 속성이나 클립에 적용된 이펙트의 속성값을 설정, 변경하고 세밀하게 조정할 수 있는 패널입니다.

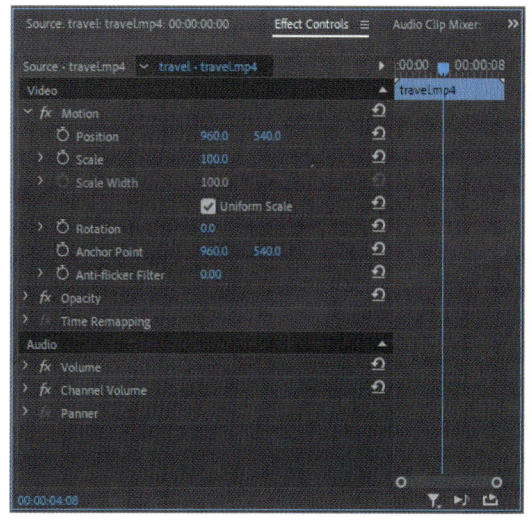

[Audio Clip Mixer] 패널 Shift + 9 | 클립별 오디오 레벨을 표시합니다. 볼륨(Volume), 밸런스(Balance) 등 오디오 믹싱을 제어하는 패널입니다.

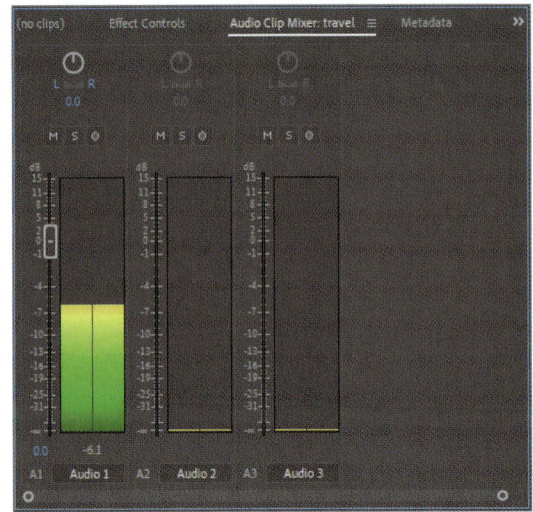

[Metadata] 패널 | 영상의 파일 이름, 작성자, 저작권, 속성 등을 기록하는 패널입니다. 정보는 xmp 형식으로 저장되어 프리미어 프로뿐만 아니라 온로케이션, 애프터 이펙트 등에서도 다양하게 사용됩니다.

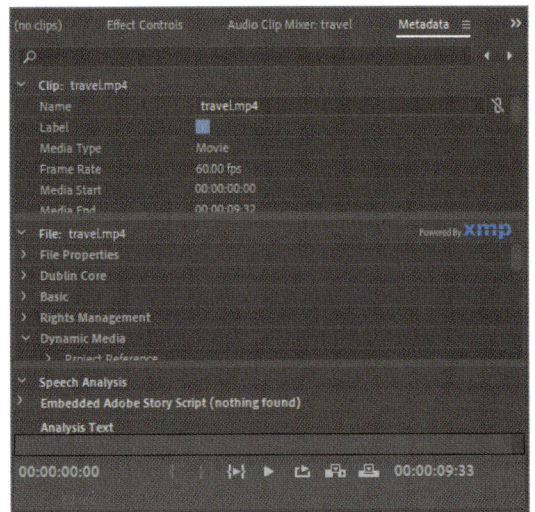

[Text] 패널 | [Text] 패널은 영상에 자막을 생성하고 적용할 때 편리하게 작업할 수 있는 패널입니다. 패널의 [Captions] 작업 영역에서는 음성 파일을 인식하여 자막(캡션)을 자동으로 생성하고 영상에 적용할 수 있습니다. 자막을 추가하면 [Timeline] 패널에 자막 영역이 새롭게 생성됩니다. 자막을 많이 필요로 하는 영상에서 유용하게 사용할 수 있습니다.

프로젝트 패널 그룹(Project Panel Group)

[Media Browser] 패널 `Shift` + `8` | 원하는 파일을 검색할 수 있는 패널입니다. 검색한 파일을 [Project] 패널, [Timeline] 패널로 드래그하여 바로 작업할 수 있습니다. [New Media Browser Panel]을 선택하면 여러 곳에 나누어져 있는 소스를 편리하게 검색하거나 삽입할 수 있습니다.

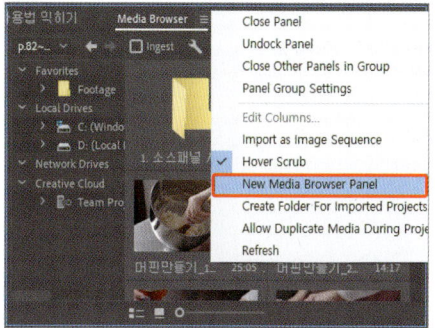

[Libraries] 패널 | 내 라이브러리에 저장되어 있는 이미지나 에셋 또는 어도비 스톡(Adobe Stock)에서 필요한 소스를 내 라이브러리에 저장하여 사용할 수 있는 기능을 제공합니다.

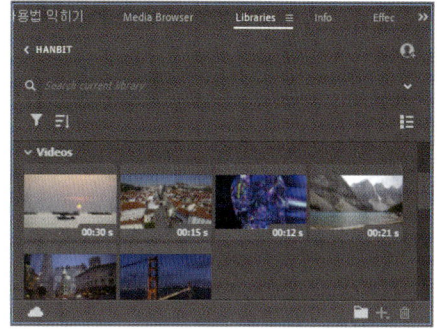

[Info] 패널 | 선택한 클립이나 시퀀스와 관련된 정보를 표시하는 패널입니다. 소스의 타입, 인 점과 아웃 점의 시간 정보, 재생 시간, 트랙 정보 등을 확인할 수 있습니다.

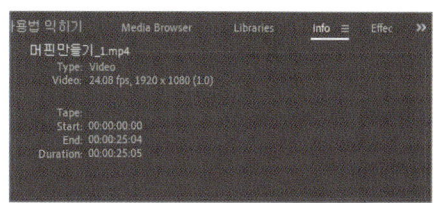

[Effects] 패널 `Shift` + `7` | 프리미어 프로에서 제공하는 다양한 이펙트(효과)가 모여 있는 패널입니다. 비디오(오디오) 이펙트와 트랜지션을 포함한 프리셋을 지원합니다. 루메트리 프리셋(Lumetri Presets)에서 제공하는 다양한 프리셋을 활용하여 색보정 작업을 거친 듯한 영상을 손쉽게 만들 수 있습니다.

[Markers] 패널 | 작업 중에 표시한 마커의 정보를 나타내는 패널입니다. 마커의 인 점과 아웃 점의 타임코드를 확인하고 수정할 수 있으며 이름과 코멘트(Comment) 등 간단한 정보도 기록할 수 있습니다. 마커를 클릭하면 해당 마커의 위치로 [Timeline] 패널의 편집 기준선이 이동합니다.

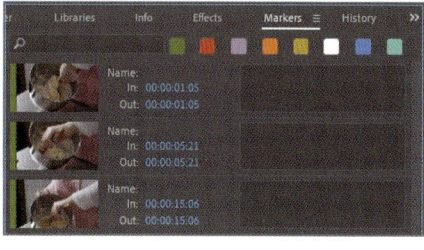

[History] 패널 | 작업 중에 실행한 명령을 차례대로 기록하여 보여주는 패널입니다. 작업 목록을 선택하여 이전 명령으로 되돌릴 수 있습니다.

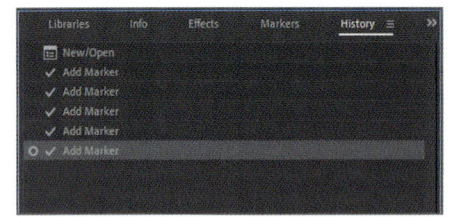

[Source] 패널 사용법 익히기

편집할 영상을 [Source] 패널에 불러오는 기본 사용법부터 불러온 영상을 삭제하거나 화면 크기를 조정하는 방법까지 익혀보겠습니다.

간단 실습 [Source] 패널에 영상 불러오고 닫기

준비 파일 프리미어 프로/Chapter 02/인터페이스_익히기1.prproj

[File]-[Open Project] 메뉴를 선택하고 **인터페이스_익히기1.prproj** 준비 파일을 불러옵니다. [Source] 패널에 원하는 영상 소스 파일을 불러오겠습니다.

01 ❶ [Project] 패널에서 **머핀만들기_1.mp4** 파일 또는 ❷ [Timeline] 패널에 삽입된 영상 클립에서 편집이 필요한 소스를 더블클릭합니다.

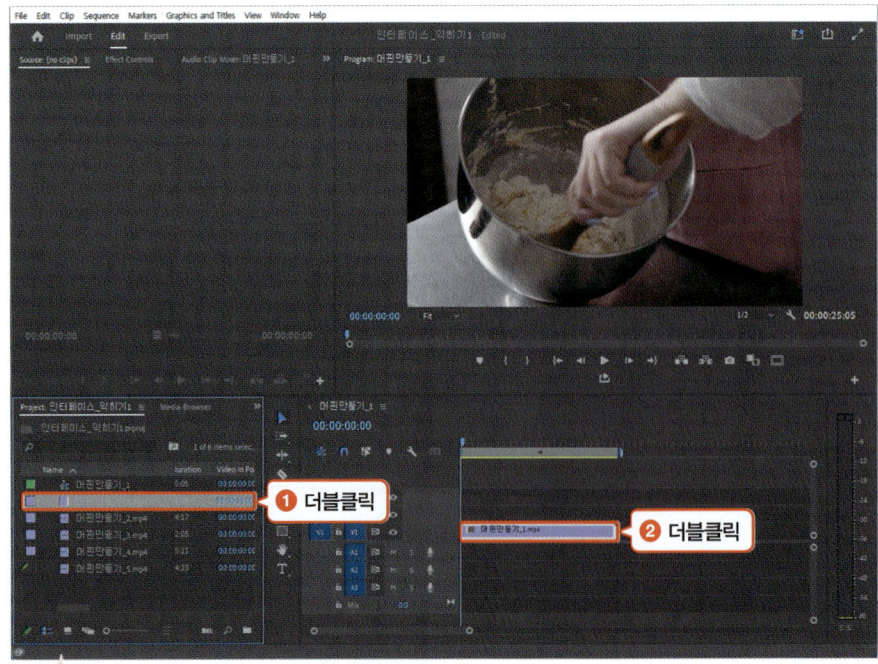

영상 소스나 비디오 클립을 [Source] 패널로 드래그해도 영상을 불러올 수 있습니다.

02 [머핀만들기_1.mp4] 영상 소스가 [Source] 패널에 활성화됩니다.

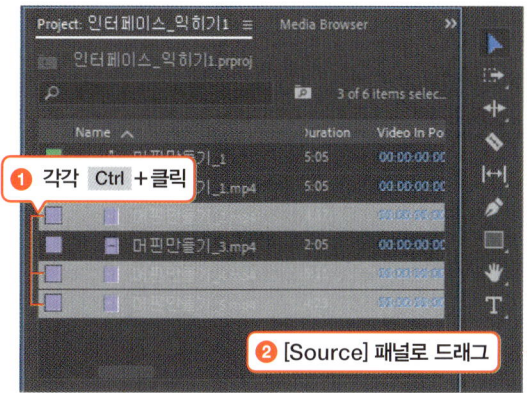

03 여러 개의 소스 파일을 동시에 불러올 수도 있습니다. Ctrl 을 누른 상태로 소스 파일을 클릭하면 여러 개의 파일을 선택할 수 있습니다. ❶ Ctrl 을 누른 상태에서 원하는 파일을 선택하고 ❷ [Source] 패널로 드래그해 영상을 불러옵니다.

한 개의 파일을 선택한 후 Shift 를 누른 상태에서 다른 파일을 선택하면 두 파일 사이의 모든 파일을 선택할 수 있습니다.

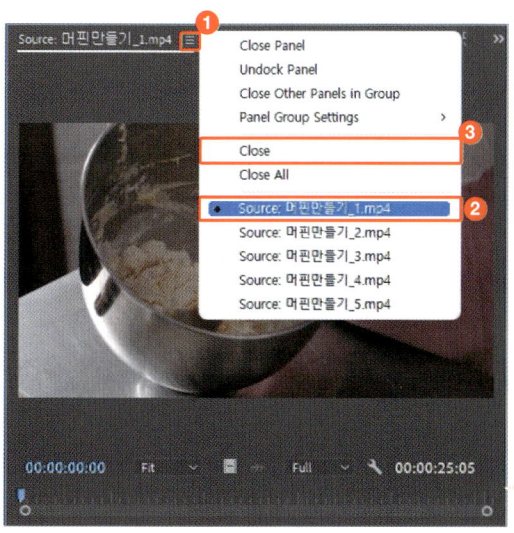

04 [Source] 패널에 영상을 잘못 불러왔다면 해당 파일을 선택하여 닫을 수 있습니다. ❶ [Source] 패널 탭의 옵션 ≡을 클릭하면 불러온 영상 소스의 목록이 차례대로 나타납니다. ❷ 미리 보기를 닫고 싶은 파일을 선택한 후 ❸ 다시 [Close]를 클릭하면 해당 파일을 닫을 수 있습니다.

[Close All]을 클릭하면 [Source] 패널에 불러온 모든 소스 파일을 닫습니다.

> **간단 실습** [Source] 패널 화면 크기 조정하고 플레이백 해상도 설정하기

준비 파일 프리미어 프로/Chapter 02/인터페이스_익히기1.prproj

[Source] 패널의 화면 크기는 패널의 크기에 맞춰지도록 기본으로 설정되어 있습니다. 필요에 따라 화면을 확대/축소할 수 있습니다. **인터페이스_익히기1.prproj** 준비 파일에서 계속 진행합니다.

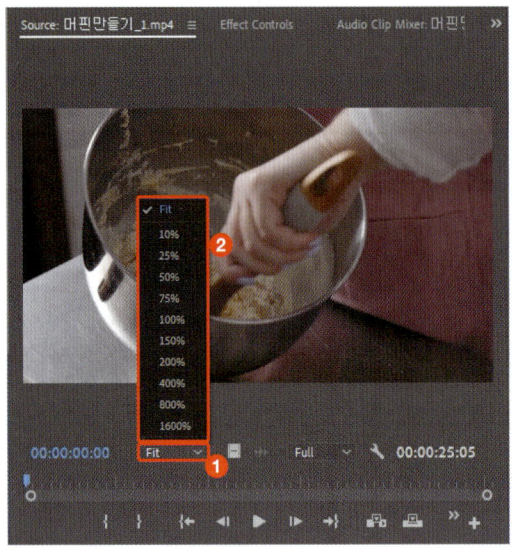

01 ❶ [Source] 패널 왼쪽 아래에 있는 [Select Zoom Level]을 클릭합니다. ❷ 그런 다음 원하는 크기(Fit, 10~1600%)를 선택해 변경합니다. [Source] 패널의 화면 크기가 크다면 도구 패널의 핸드 도구 를 이용하여 화면을 이동해도 됩니다.

> 핸드 도구의 단축키는 H 입니다.

02 작업하는 컴퓨터의 사양이 낮거나 영상 자체의 용량이 커서 플레이백이 원활하게 실행되지 않을 수 있습니다. 이런 경우에는 플레이백 해상도(Resolution)를 변경하여 작업 진행에 지장이 없도록 해야 합니다.

❶ [Source] 패널 오른쪽 아래의 [Select Playback Resolution]을 클릭합니다. ❷ 작업에 지장이 되지 않을 정도로 해상도를 낮춥니다. 플레이백 해상도를 낮추는 것은 프리미어 프로 작업상에서 미리 보기의 품질만 낮추는 것이므로 최종 결과물에는 아무런 영향을 미치지 않습니다.

[Source] 패널에서 영상 편집하기

영상을 편집할 때 소스로 사용하는 영상을 필요에 따라 잘라내어 사용합니다. [Source] 패널에서는 각 영상 소스를 편집한 후 현재 작업 중인 시퀀스(혹은 타임라인)에 인서트(Insert, 끼워 넣기) 또는 오버라이트(Overwrite, 덮어쓰기)로 삽입할 수 있습니다.

간단 실습 | 영상 인서트하고 오버라이트하기

준비 파일 프리미어 프로/Chapter 02/인터페이스_익히기2.prproj

[File]-[Open Project] 메뉴를 선택하고 **인터페이스_익히기2.prproj** 준비 파일을 불러옵니다. 편집 기준선 위치에 영상을 끼워 넣거나 덮어쓰겠습니다.

01 ❶ [Project] 패널에서 **머핀만들기_2.mp4** 파일을 선택하고 [Source] 패널로 드래그합니다. ❷ [Timeline] 패널에서 영상을 삽입할 위치에 편집 기준선을 위치하고 ❸ [Source] 패널 아래쪽의 Insert 를 클릭합니다. ❹ 편집 기준선이 위치한 곳을 기준으로 기존 영상 클립 사이에 소스 영상이 삽입됩니다.

▲ 인서트(영상 중간에 삽입되어 기존 영상+삽입된 영상+기존 영상의 형태)한 영상 시퀀스

인서트의 단축키는 **,** 입니다.

02 ❶ 영상 인서트와 같은 방식으로 편집 기준선을 영상을 삽입할 위치로 이동합니다. ❷ [Source] 패널 아래쪽의 Overwrite ▣를 클릭합니다. ❸ 영상이 기존 영상 위에 덮어쓰기로 삽입됩니다.

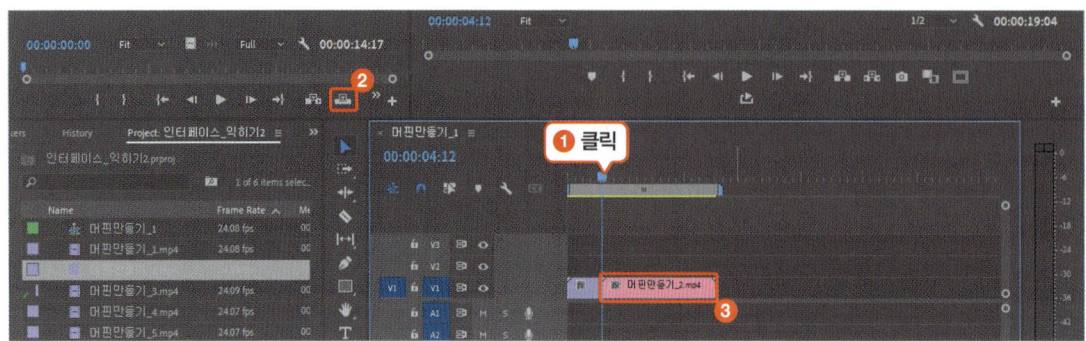

▲ 오버라이트(기존 영상 위에 덮어쓰기하여 기존 영상+덮어쓴 영상 형태)한 영상 시퀀스

간단 실습 인 점, 아웃 점 지정하고 시퀀스 삽입하기

준비 파일 프리미어 프로/Chapter 02/인터페이스_익히기2.prproj

[Source] 패널에서는 영상 소스의 인 점(Mark In, 시작 표시)과 아웃 점(Mark Out, 종료 표시)을 설정할 수 있습니다. 인 점은 영상 클립이 시작하는 부분을, 아웃 점은 영상 클립이 끝나는 부분을 말합니다. [Source] 패널에서 설정한 인 점과 아웃 점은 원본 소스에 영향을 미치지 않습니다. 하지만 인 점과 아웃 점을 설정하면 설정된 범위만 [Timeline] 패널에 불러오므로 인 점과 아웃 점의 개념을 확실히 숙지해야 편집이 수월해집니다. **인터페이스_익히기2.prproj** 준비 파일에서 계속 진행합니다.

▲ 00:00:29:20 지점에 인 점을 설정하고 00:00:30:08 지점에 아웃 점을 설정한 영상 소스

01 ❶ [Source] 패널의 편집 기준선을 영상의 시작 위치를 설정할 부분으로 이동합니다. ❷ Mark In ▣ 을 클릭하면 ❸ 타임라인에 인 점이 표시됩니다. ❹ 영상의 끝 위치로 편집 기준선을 이동한 후 ❺ Mark Out ▣ 을 클릭하면 ❻ 타임라인에 아웃 점이 표시됩니다. 인 점과 아웃 점 사이는 하이라이트로 표시되어 영상이 설정된 범위를 알 수 있습니다.

[Source] 패널에서는 영상이 재생 중일 때도 인 점과 아웃 점을 설정할 수 있습니다. 영상 소스를 플레이하고 확인하면서 동시에 작업할 수 있는 편리한 기능으로 가편집 단계에서 매우 유용하게 사용할 수 있습니다.

02 적당한 길이로 자른 영상 소스를 시퀀스에 삽입할 수 있습니다. ❶ [Timeline] 패널의 편집 기준선을 삽입하려는 위치로 이동한 후 ❷ Insert, 나 Overwrite 를 클릭하여 편집 방향에 맞게 삽입합니다.

기능 꼼꼼 익히기 🎙 [Source] 패널에서 [Program] 패널로 드래그해 영상 삽입하기

아이콘을 클릭해 삽입하는 방법 외에도 [Source] 패널의 영상을 [Program] 패널로 드래그해 삽입할 수도 있습니다. 패널 화면에 나타나는 총 여섯 가지의 형식 중 원하는 위치에 드래그하여 영상을 삽입합니다.

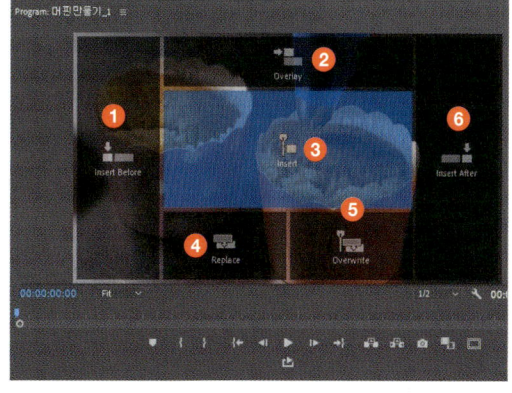

- ❶ **Insert Before** | 삽입하는 클립이 기존 클립의 앞쪽에 위치합니다. 이 방법은 편집 기준선의 위치에 영향을 받지 않습니다.
- ❷ **Overlay** | 삽입하는 클립이 편집 기준선을 시작점으로 기존 클립 상위 트랙에 위치합니다.
- ❸ **Insert** | 삽입하는 클립이 편집 기준선을 시작점으로 기존 클립 사이에 위치합니다.
- ❹ **Replace** | 기존 클립을 삽입하는 클립으로 교체합니다. 기존 클립은 삭제됩니다.
- ❺ **Overwrite** | 삽입하는 클립이 편집 기준선을 시작점으로 기존 클립에 덮어쓰기합니다.
- ❻ **Insert After** | 삽입하는 클립이 기존 클립의 뒤쪽에 위치합니다. 이 방법은 편집 기준선의 위치에 영향을 받지 않습니다.

영상의 인 점과 아웃 점 조정하기

영상의 인 점, 아웃 점은 반드시 한 개씩만 설정합니다. 따라서 편집 작업 처음에 인 점과 아웃 점을 지정한 후 수정할 때는 변경하려는 위치로 편집 기준선을 이동한 후 인 점 또는 아웃 점을 다시 지정합니다. 그러면 앞서 지정된 인 점과 아웃 점이 삭제되고, 새로 지정한 위치가 새로운 인 점과 아웃 점이 됩니다.

❶ 영상의 인 점으로 이동할 때는 Go to In , Shift + I 을 클릭하고, ❷ 아웃 점으로 이동할 때는 Go to Out , Shift + O 을 클릭합니다. ❸ 인 점과 아웃 점이 설정된 영상 소스에서 Clear In , Ctrl + Shift + I 을 클릭하면 인 점이 삭제되고 ❹ Clear Out , Ctrl + Shift + O 을 클릭하면 아웃 점이 삭제됩니다. 참고로 [Source] 패널의 기본 설정에서는 아래쪽 버튼 영역에 [Clear In], [Clear Out]이 보이지 않습니다. ❺ 패널 오른쪽 아래에 있는 Button Editor 를 클릭하여 숨겨진 버튼을 확인한 후 버튼 영역에 드래그하여 자유롭게 변경할 수 있습니다.

기능 꼼꼼 익히기 🎤 [Source] 패널의 플레이백 컨트롤

[Source] 패널 아래에 있는 메뉴 버튼의 기능을 알아보겠습니다.

❶ Play-Stop Toggle ▶ Spacebar | 영상 소스를 재생합니다. L (재생), K (정지), J (역재생)를 사용하여 플레이백을 컨트롤할 수도 있습니다.

❷ ❸ Step Back 1 Frame ◀| ← /Step Forward 1 Frame |▶ / → | 앞뒤로 한 프레임씩 이동합니다. I 는 소스 클립의 시작 지점, I 는 소스 클립의 끝 지점으로 이동합니다.

Spacebar 를 눌러도 [Source] 패널의 영상이 재생되지 않을 수 있습니다. 해당 패널이 활성화되어 있지 않은 상태라 단축키가 실행되지 않는 것이며, 이는 프리미어 프로의 모든 패널에 해당되는 사항입니다. 단축키를 사용할 때는 현재 작업 패널이 활성화되어 있는지 확인한 후 사용합니다.

[Program] 패널에서 영상 소스 삭제하고 추출하기

[Program] 패널의 기본 작업 기능은 [Source] 패널과 같지만 편집 기능은 조금 다릅니다. 이번에는 리프트(Lift, 삭제하기)와 익스트랙트(Extract, 삭제 후 추출하기)를 이용해 영상 소스를 삭제, 추출해보겠습니다.

간단 실습 | 리프트, 익스트랙트 사용하기

준비 파일 프리미어 프로/Chapter 02/인터페이스_익히기3.prproj

[Program] 패널에서 영상 소스를 삭제하거나 추출해보기 위해 **인터페이스_익히기3.prproj** 준비 파일을 불러옵니다.

01 [Source] 패널에서 영상의 범위를 지정한 것처럼 [Program] 패널에서 삭제하려는 ❶ 인 점 I 과 ❷ 아웃 점 O 을 지정합니다.

> 영상 소스를 삭제/추출하는 기능을 익히기 위한 실습이므로 임의로 영역을 설정해도 됩니다.

02 ❶ Lift  ; 를 클릭합니다. ❷ 인 점과 아웃 점을 지정해 선택한 영역이 삭제됩니다. [Timeline] 패널을 확인하면 영상 클립의 중간이 비었습니다.

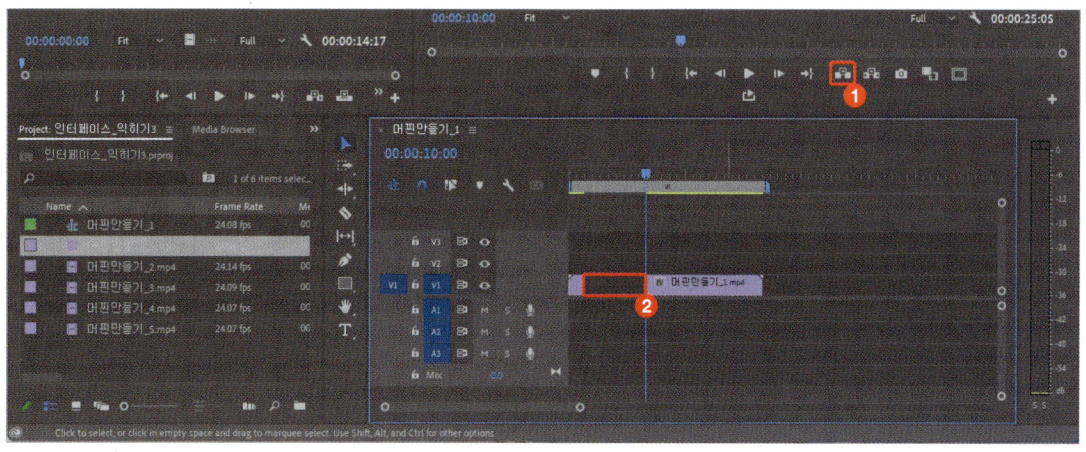

03 영상 소스 삭제와 동시에 앞뒤 클립의 공백을 없앨 수도 있습니다. Extract ' '를 클릭하면 지정한 영역이 삭제되면서 뒤에 있는 클립을 앞의 클립에 바로 연결합니다.

[Program] 패널 역시 [Source] 패널과 동일하게 오른쪽 아래에 있는 Button Editor 를 클릭하여 추가 기능 및 메뉴의 레이아웃을 변경할 수 있습니다.

[Project] 패널의 기본 사용법 익히기

[Project] 패널에서 파일을 삭제하면 작업 중인 프로젝트(또는 시퀀스)에 영향을 줄 수 있으므로 패널 사용에 주의해야 합니다.

간단 실습 아이콘 뷰와 리스트 뷰로 소스 내용 확인하기

준비 파일 프리미어 프로/Chapter 02/인터페이스_익히기3.prproj

인터페이스_익히기3.prproj 준비 파일에서 계속 진행합니다.

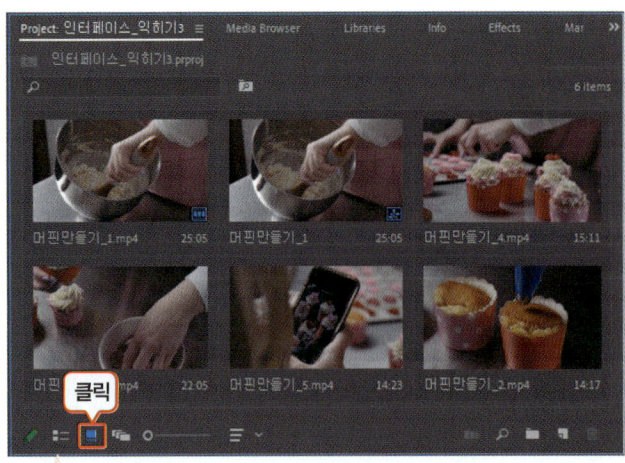

01 [Project] 패널의 기본 설정은 아이콘 뷰 Ctrl + Page Down 입니다. 아이콘 뷰는 소스 섬네일을 표시하여 소스 내용을 쉽게 확인할 수 있습니다.

영상 소스를 선택한 후 L 을 누르면 재생되고 K 를 누르면 정지됩니다. J 를 누르면 역재생합니다.

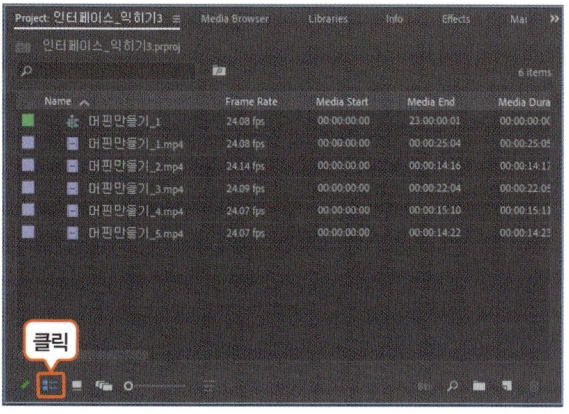

02 아이콘 뷰는 소스 내용을 바로 확인할 수 있는 장점이 있지만, 소스 개수가 많아지면 한눈에 확인하고 선택하기가 불편합니다. 이때 리스트 뷰 ■ Ctrl + Page Up 를 클릭하면 [Project] 패널의 소스를 목록 형태로 볼 수 있습니다. 리스트 뷰는 소스 개수가 많을 때 소스를 쉽게 확인할 수 있어 편리합니다.

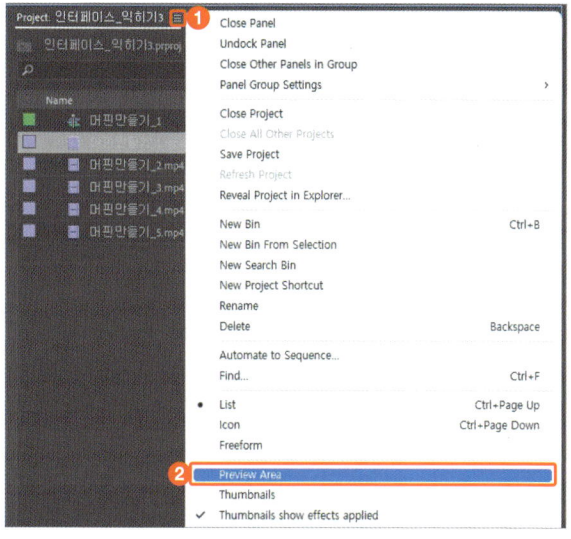

03 리스트 뷰에서도 선택한 영상 소스의 내용을 바로 확인할 수 있습니다. ❶ 패널 오른쪽 위에 있는 옵션 ■을 클릭하고 ❷ [Preview Area]를 클릭하면 프리뷰 영역이 나타나고 리스트 뷰에서도 해당 소스의 내용을 확인할 수 있습니다.

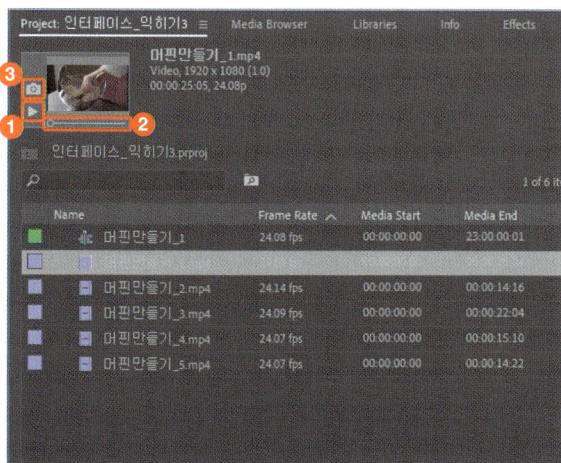

04 프리뷰는 소스 미디어의 시작 프레임을 표시하지만 간혹 그렇지 않은 파일도 있습니다. ❶ 이때는 프리뷰 영역의 Play-Stop Toggle ▶ Spacebar 을 클릭해 플레이하거나 ❷ 섬네일 하단의 슬라이더를 조정한 후 ❸ 소스를 대표할 수 있는 이미지가 나타나면 Poster Frame ◉을 클릭합니다. 해당 장면을 소스의 대표 섬네일로 사용할 수 있습니다.

05 리스트 뷰 상태에서도 소스의 섬네일을 확인할 수 있습니다. ❶ [Project] 패널 오른쪽 위에 있는 옵션 을 클릭한 후 ❷ [Thumbnails]를 체크 또는 해제하여 자유롭게 소스의 섬네일을 보거나 숨길 수 있습니다.

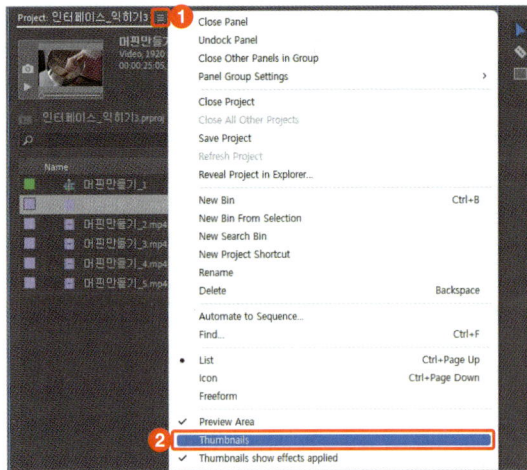
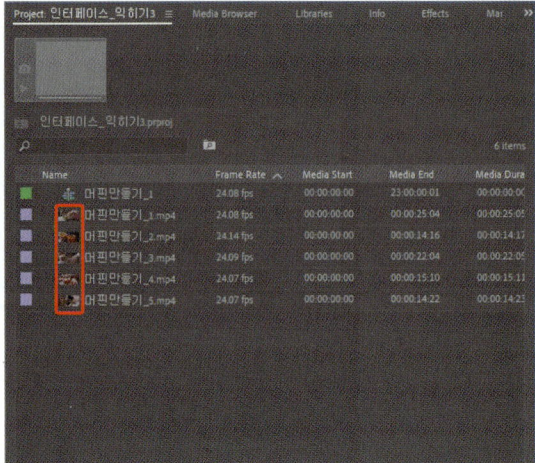

기능 꼼꼼 익히기 🎤 리스트 뷰 섬네일 확대/축소하기

[Project] 패널 아래에 있는 줌 슬라이더를 이용하여 [Project] 패널의 소스 미리 보기 크기를 확대/축소할 수 있습니다. 알맞은 크기가 될 때까지 조절하여 설정합니다. 아이콘 뷰 ■ 상태에서 줌 슬라이더를 조정해도 소스 미리 보기의 크기를 동일하게 확대/축소할 수 있습니다.

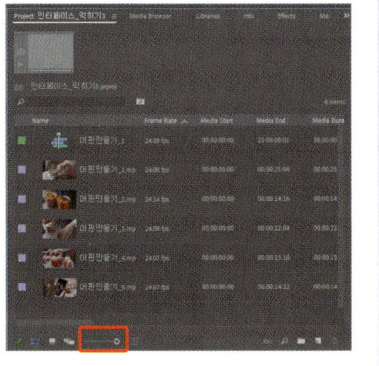

기능 꼼꼼 익히기 🎤 프리폼 뷰(Freeform View) 보기 방식

기존 리스트 뷰, 아이콘 뷰 보기 방식 외 새로운 보기 방식으로 [Project] 패널 하단의 프리폼 뷰 ■를 클릭하여 적용할 수 있습니다. 패널 안에서 삽입된 클립을 자유롭게 배치하여 정리할 수 있는 장점이 있습니다.

[Project] 패널에서 파일 검색하고 정리하기

[Project] 패널에는 소스로 사용하는 영상과 이미지 외에도 사운드, 시퀀스, 빈(Bin) 등 다양한 형식의 파일이 배치됩니다. 이렇게 [Project] 패널에 파일이 쌓이면 원하는 소스 파일을 찾는 데 많은 시간을 소비하여 작업 효율이 떨어집니다. 이때 [Project] 패널의 파인드 박스(Filter Bin Content)에 소스 이름 또는 파일 확장자를 입력해 원하는 소스를 쉽게 검색할 수 있습니다.

원하는 소스만 검색하기

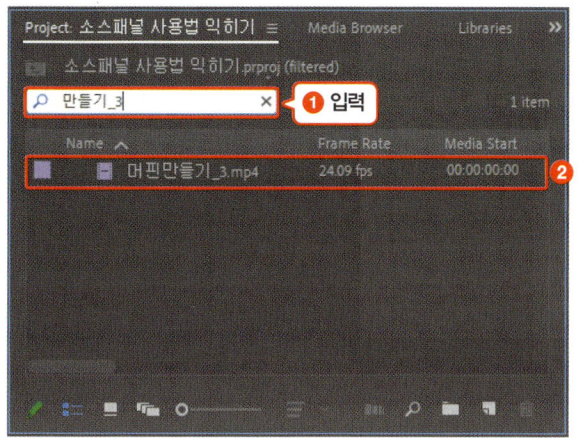

① [Project] 패널의 파인드 박스 입력란에 검색어를 입력하면 ② 입력한 단어를 포함하는 소스만 [Project] 패널에 나타납니다.

잠긴 프로젝트 만들기 | [Project] 패널 왼쪽 아래의 The Project is writable 을 클릭하면 해당 프로젝트를 읽기 전용 파일로 설정하거나 해제합니다.

상세 검색하기

① [Project] 패널 아래에 있는 Find Ctrl + F 를 클릭하면 라벨 색상, 파일 이름, 미디어 타입 등 다양한 검색 설정을 지원하는 [Find] 대화상자가 나타납니다. 검색 설정을 모두 포함하거나 일부를 포함하는 등 세부 옵션을 설정할 수 있어 파인드 박스보다 한층 상세한 검색 결과를 확인할 수 있습니다. [Find] 대화상자에서 검색한 파일은 [Project] 패널에 하이라이트로 표시됩니다. ② 여기서는 [Column]과 [Match]의 설정을 아래 그림과 같이 변경하고 ③ [Find What]에 **머핀만들기_3**을 입력해 파일을 검색하겠습니다. ④ [Find]를 클릭하면 ⑤ 검색 설정의 조건을 만족하는 파일에 하이라이트 표시가 나타납니다.

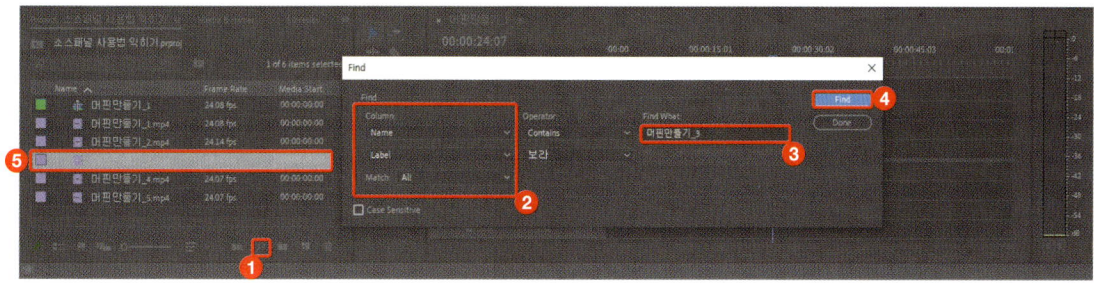

한눈에 실습 [Project] 패널 소스의 라벨 색상 변경하기

준비 파일 없음
핵심 기능 Label, 라벨 색상 변경

[Project] 패널에 삽입한 소스는 파일 종류에 따라 고유한 라벨 색상으로 표현됩니다. 라벨의 속성별 색상 설정은 [Edit]-[Preferences]-[Label] 메뉴를 선택하고 [Preferences] 대화상자에서 변경할 수 있습니다.

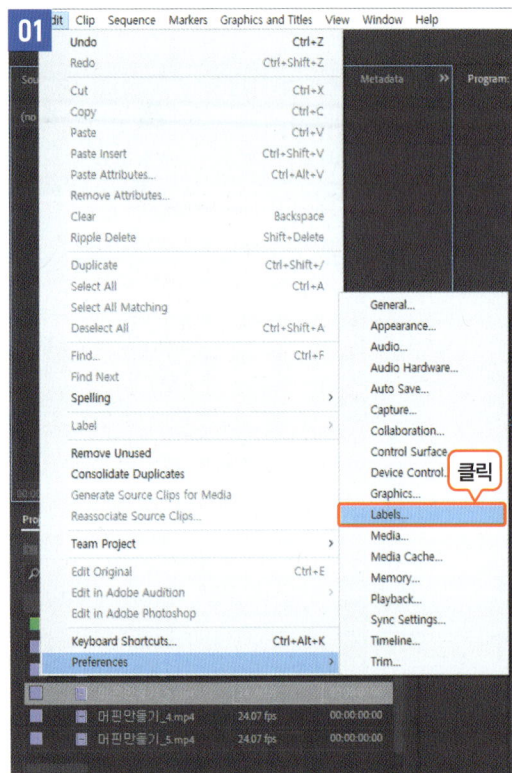

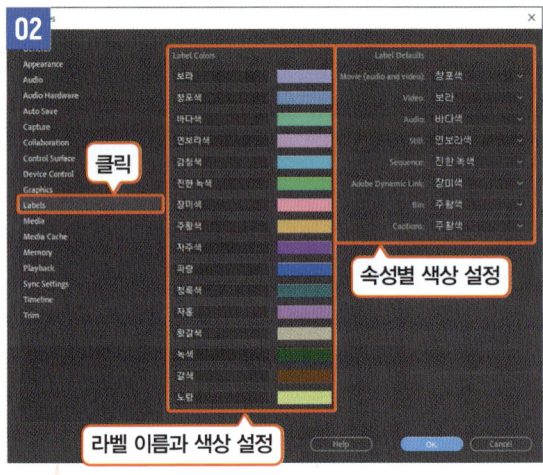

라벨 색상과 속성을 커스터마이징할 수 있으며 기본값으로 사용해도 무방합니다.

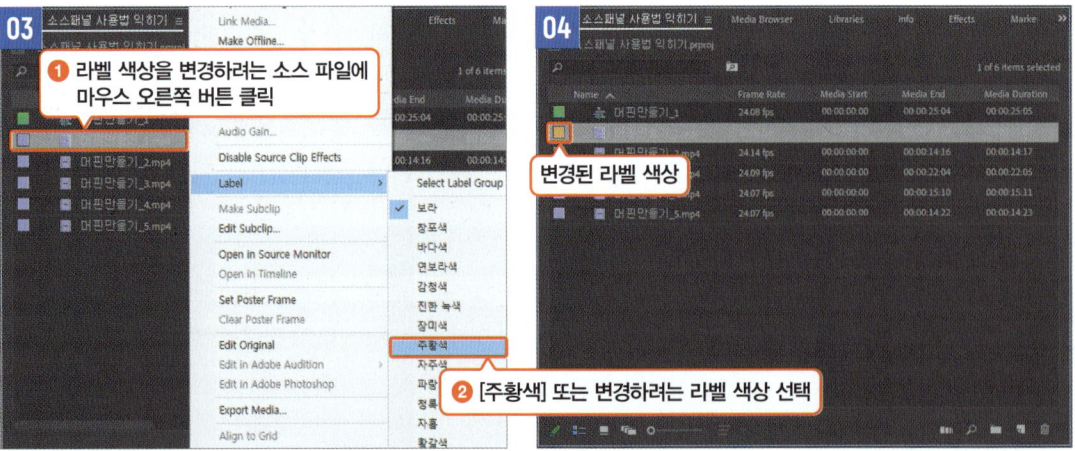

기능 꼼꼼 익히기 | 빈(Bin) 사용해 [Project] 패널 정리하기

많은 양의 소스를 사용하여 편집 작업을 진행할 때 소스를 카테고리별로 나누어 정리하면 소스를 좀 더 수월하게 관리/활용할 수 있습니다. 여기서 소개할 빈은 흔히 사용하는 폴더와 비슷한 개념입니다.

[Project] 패널 오른쪽 아래에 있는 New Bin ■ Ctrl + B 을 클릭하면 새로운 빈이 생성됩니다. 생성한 빈을 선택하고 Enter 를 누르면 빈의 이름을 수정할 수 있습니다. 빈에 포함할 소스 파일은 드래그해 정리할 수 있습니다. 소스 파일을 체계적으로 정리하는 것은 개인 작업은 물론, 실무에서 협업할 때 큰 도움이 됩니다. 따라서 평소에 [Project] 패널을 정리하는 습관을 기르는 것이 좋습니다.

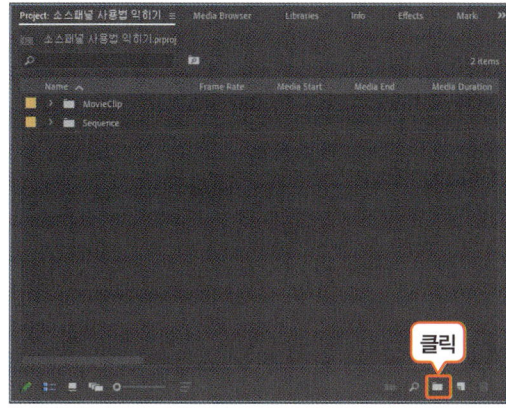
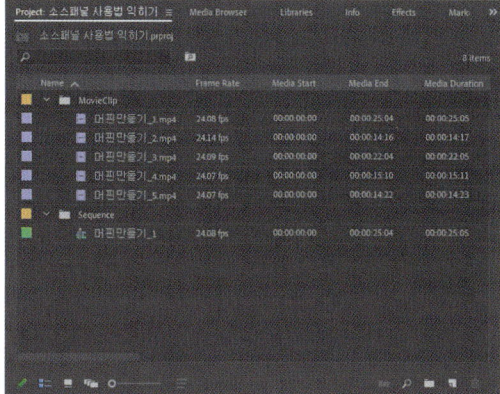

빈의 내용을 확인하는 방법은 라벨 오른쪽의 화살표를 클릭하여 빈을 펼치는 방법과 빈을 더블클릭하여 새로운 [Bin] 패널을 여는 방법이 있습니다. 빈을 더블클릭하여 패널로 열 때 Ctrl 을 누른 상태로 더블클릭하면 [Project] 패널이 [Bin] 패널로 변경되면서 내용이 표시됩니다.

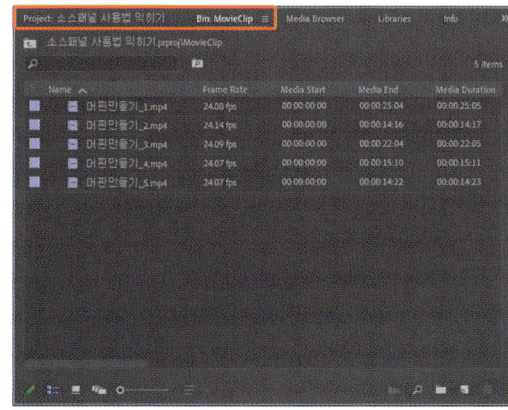
▲ 더블클릭해 열었을 때

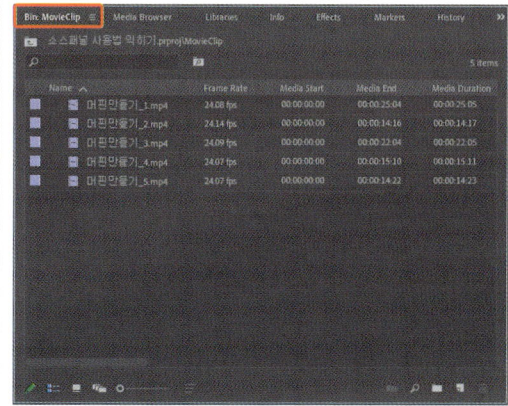
▲ Ctrl +더블클릭해 열었을 때

[Project] 패널 그룹 탭의 패널 이름 부분을 비교해보면 더블클릭으로 [Bin] 패널을 여는 두 가지 방식의 차이를 확인할 수 있습니다. 파인드 박스(Filter Bin Content) 위에 있는 ■를 클릭하면 다시 [Project] 패널로 돌아갑니다.

[Timeline] 패널의 기본 사용법 익히기

[Timeline] 패널은 편집 작업을 위해 소스 파일을 배치하고 생성된 클립을 수정하는 곳입니다. 소스 클립과 키프레임을 조절하여 영상을 탐색하고 제어, 편집할 수 있습니다.

[Timeline] 패널에 클립 배치하기

[Timeline] 패널에 클립을 배치하는 여러 가지 방법을 알아보겠습니다. ❶ [Project] 패널에서 영상 소스를 [Timeline] 패널로 드래그, ❷ [Source] 패널에서 작업한 영상을 [Timeline] 패널로 드래그, ❸ [Source] 패널에서 작업한 영상을 [Program] 패널로 드래그, ❹ [Media Browser] 패널에서 검색한 영상 소스를 [Timeline] 패널로 드래그, ❺ 소스가 저장되어 있는 폴더에서 [Timeline] 패널로 드래그하는 방법이 있습니다.

이처럼 다양한 방법으로 [Timeline] 패널에 클립을 배치할 수 있으며 편집하는 상황에 맞춰 편리한 방법을 적용합니다. 대부분의 영상 편집은 [Timeline] 패널에서 작업하며 소스 클립 외에도 각종 효과 및 키프레임이 적용된 부분을 확인하고 편집할 수 있습니다. [Timeline] 패널에서 Spacebar 를 누르면 타임라인의 클립이 재생되고 결과는 [Program] 패널에 표시됩니다.

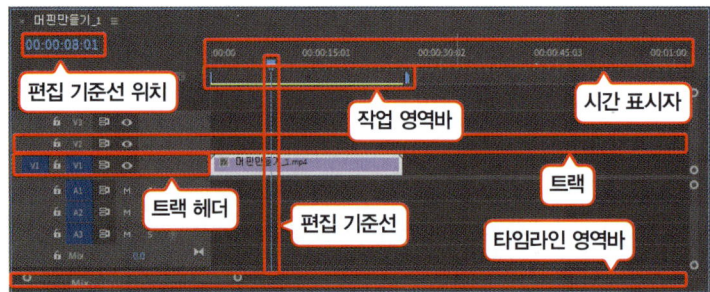

◀ [Timeline] 패널에 영상 클립이 삽입된 모습

기능 꼼꼼 익히기 🎤 작업 영역바 다루기

[Timeline] 패널의 작업 영역바(Work Area Bar)는 작업한 시퀀스를 렌더링할 때 최종 렌더링 결과물의 범위를 설정하는 중요한 역할을 합니다. 프리미어 프로를 처음 설치하고 실행했다면 작업 영역바가 활성화되어 있지 않을 수 있습니다. ❶ 작업 영역바가 설정되어 있지 않다면 [Timeline] 패널 오른쪽 위의 옵션 ■을 클릭하고 ❷ [Work Area Bar]를 클릭합니다.

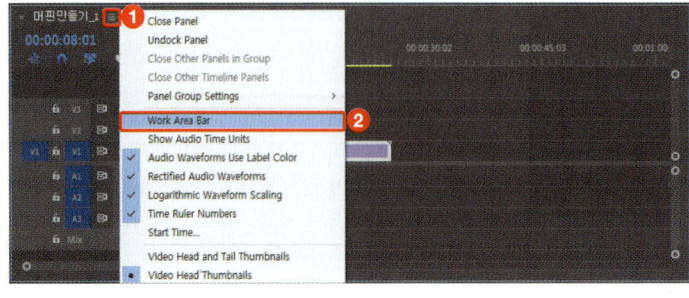

한눈에 실습 [Timeline] 패널 확대하고 축소하기

준비 파일 프리미어 프로/Chapter 02/인터페이스_익히기4.prproj
핵심 기능 줌 도구, [Timeline] 패널 확대/축소

세밀하게 영상을 편집하기 위해 한 프레임 단위까지 볼 수 있도록 [Timeline] 패널을 확대하거나 혹은 전체적인 흐름을 파악하기 위해 모든 클립이 한눈에 보이도록 축소할 때가 있습니다. 이때 도구 패널의 줌 도구 Z 를 사용합니다. **인터페이스_익히기4.prproj** 준비 파일을 불러옵니다.

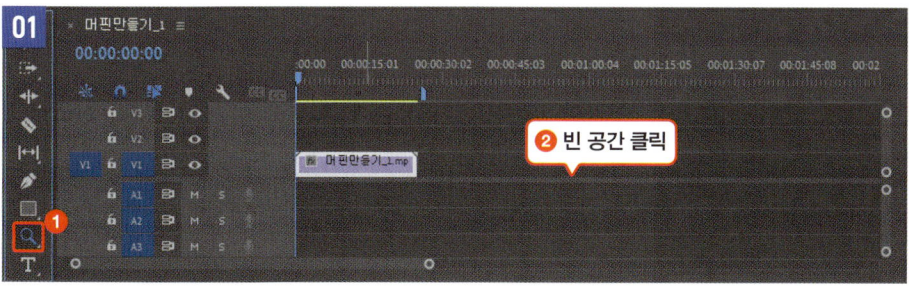

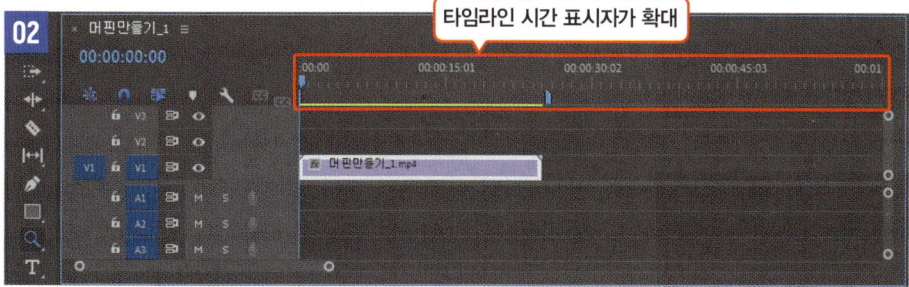

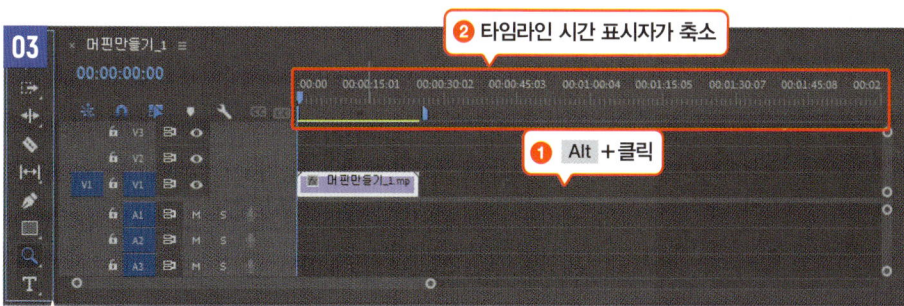

줌 도구가 안 보일 때 손 모양의 핸드 도구를 길게 클릭하면 줌 도구를 찾을 수 있습니다.

기능 꼼꼼 익히기 ❕ 다양한 방법으로 패널 확대하고 축소하기

❶ [Timeline] 패널 아래쪽에 있는 타임라인 영역바(Timeline Area Bar) 슬라이더를 마우스로 드래그하여 확대/축소합니다. ❷ 키보드의 + 를 누르면 편집 기준선을 중심으로 확대되고, - 를 누르면 편집 기준선을 중심으로 축소됩니다. ❸ Alt 를 누른 상태로 타임라인 위에서 마우스 휠 버튼을 스크롤하면 마우스 포인터 위치를 기준으로 확대/축소됩니다.

한눈에 실습 | Add Track 기능으로 트랙 추가하기

준비 파일 프리미엄 프로/Chapter 02/인터페이스_익히기4.prproj
핵심 기능 Add Tracks, 트랙 추가하기

[Timeline] 패널에서 작업할 때 가장 중요한 것은 트랙(Track)의 구조와 원리를 이해하는 것입니다. 트랙은 비디오나 오디오 클립을 배치하는 공간으로, 최대 99개까지 생성할 수 있습니다. **인터페이스_익히기4.prproj** 준비 파일을 불러옵니다.

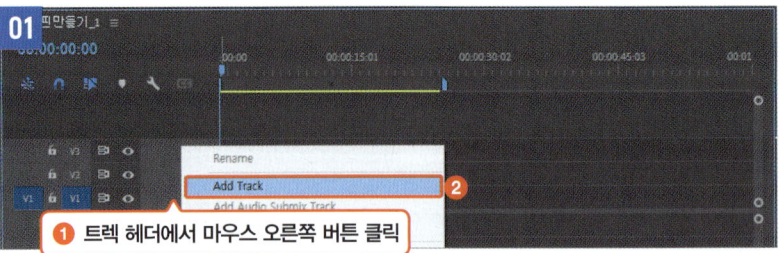

마우스 오른쪽 버튼을 클릭한 위치를 기준으로 비디오나 오디오 트랙 한 개가 추가됩니다. [Add Tracks]를 선택하면 [Add Tracks] 대화상자가 나타나고, 각 항목을 지정하여 필요한 만큼 트랙을 추가할 수 있습니다.

① 트랙 헤더에서 마우스 오른쪽 버튼 클릭

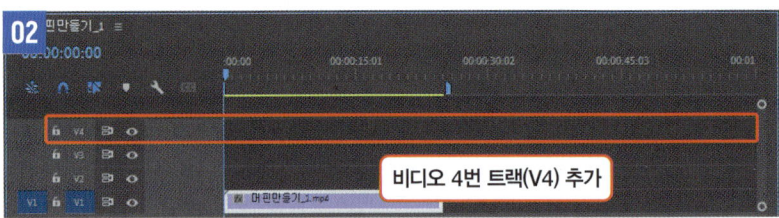

비디오 4번 트랙(V4) 추가

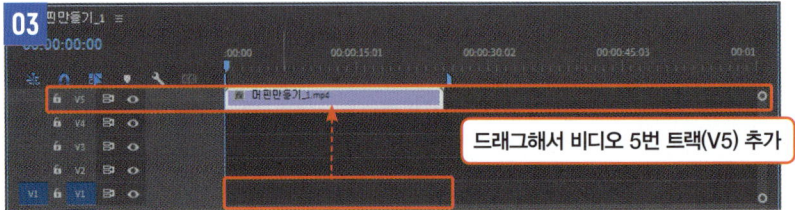

드래그해서 비디오 5번 트랙(V5) 추가

클립을 트랙의 빈 곳으로 옮겨 간단하게 트랙을 추가할 수도 있습니다. 컷 편집 작업을 진행할 때 편리하게 이용할 수 있는 방법입니다.

기능 꼼꼼 익히기 🎤 [Add Tracks] 대화상자 살펴보기

① **Video Tracks** | 비디오 트랙을 추가하는 옵션입니다. [Add]에서 값을 지정하여 추가할 트랙의 개수를 설정합니다. [Placement]에서는 트랙이 추가될 위치를 선택합니다. 비디오 트랙에서는 맨 위에 배치된 클립이 최종 결과물로 표시되기 때문에 트랙의 배치에 신경 써야 합니다.

② **Audio Tracks** | 오디오 트랙을 추가하는 옵션입니다. 비디오 트랙은 새로 추가하는 트랙이 위로 추가되지만 오디오 트랙은 아래로 추가되며 트랙의 위치가 최종 결과에 영향을 주지 않습니다.

③ **Audio Submix Tracks** | 오디오 서브믹스 트랙 관련 옵션입니다. 세부 옵션 내용은 [Audio Tracks]와 동일합니다.

④ **Track Type** | 오디오 트랙 옵션에만 있는 항목으로 [Stereo], [5.1], [Adaptive] 등 오디오 트랙 속성을 선택합니다.

한눈에 실습 | Delete Track 기능으로 트랙 삭제하기

준비 파일 프리미어 프로/Chapter 02/인터페이스_익히기4.prproj
핵심 기능 Delete Tracks, 트랙 삭제하기

[Timeline] 패널에서 트랙을 삭제해보겠습니다. 트랙을 삭제하면 트랙에서 작업한 결과물도 함께 지워지니 실무에서 트랙을 삭제할 때는 주의를 기울여야 합니다.

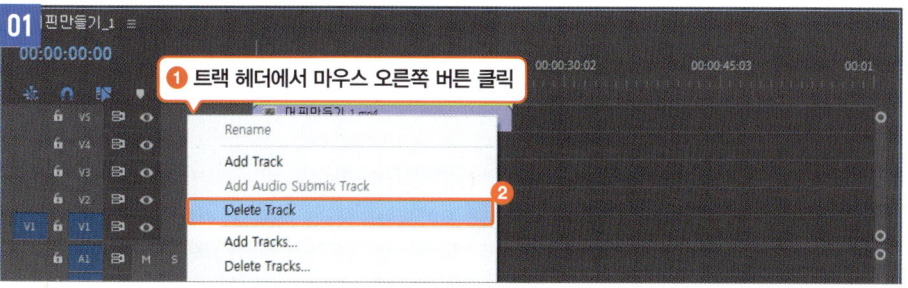

① 트랙 헤더에서 마우스 오른쪽 버튼 클릭
② Delete Track

[Delete Tracks]를 선택하면 여러 개의 트랙을 선택적으로 삭제할 수 있습니다.

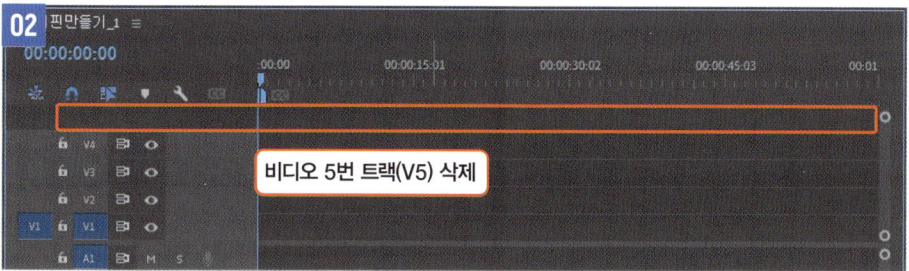

비디오 5번 트랙(V5) 삭제

트랙을 추가/삭제할 때 트랙 헤더를 클릭하는 위치에 따라 비디오 트랙과 오디오 트랙을 추가/삭제할 수 있습니다. 이때 [Add Tracks], [Delete Tracks] 기능을 이용하면 비디오와 오디오 트랙을 동시에 조작할 수 있습니다.

기능 꼼꼼 익히기 | [Delete Tracks] 대화상자 살펴보기

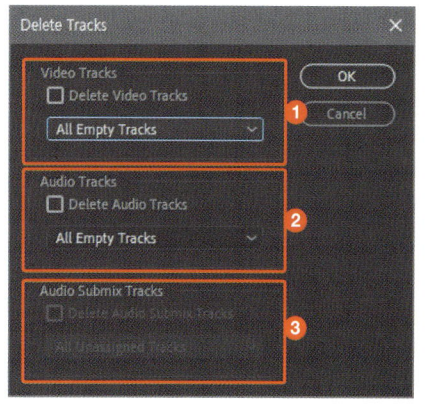

① **Video Tracks** | 비디오 트랙을 삭제하는 옵션입니다. [Delete Video Tracks]에 체크하면 비디오 트랙을 삭제할 수 있습니다. 옵션을 [All Empty Tracks]로 설정하면 비어 있는 모든 트랙을 삭제합니다. 옵션 메뉴에서 삭제하려는 트랙을 선택할 수 있습니다.

② **Audio Tracks** | 오디오 트랙을 삭제하는 옵션입니다. 선택 항목 내용은 [Video Tracks] 항목과 동일합니다.

③ **Audio Submix Tracks** | 오디오 서브믹스 트랙과 관련된 옵션입니다. 선택 항목은 [Video Tracks] 항목과 동일합니다. [Audio Submix Tracks]는 [All Empty Tracks]가 아닌 [All Unassigned Tracks]로 선택되어 있습니다.

영상 편집이 쉬워지는 클립 배치하기

타임라인에서 클립의 배치는 매우 중요합니다. 영상 편집은 클립 하나만으로 작업하기 힘들기 때문에 여러 개의 클립이 필요하고 여기에 이펙트와 타이틀, 자막, 로고 등 다양한 효과가 들어갑니다. 따라서 클립을 트랙에 어떻게 배치하는가에 따라 결과물의 완성도가 달라집니다. 비디오 트랙에 배치된 클립은 맨 위(높은 번호)에 위치한 것이 최종 화면에서 가장 앞에 보여집니다. 이런 특징을 이용하여 상위 트랙의 클립에 블렌딩 효과를 적용하거나 레이어를 사용한 자막, 워터마크 등 다양한 연출을 적용할 수 있습니다.

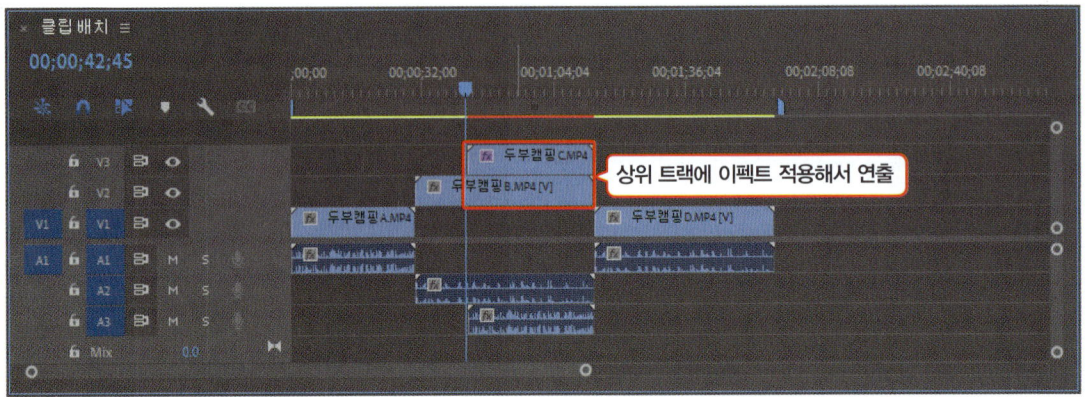

오디오 트랙은 트랙의 위치에 따른 출력 결과에 영향을 미치지 않으므로 트랙별로 다양한 소리를 믹싱하여 더욱 효과적인 음향을 연출할 수 있습니다.

▲ 하위 트랙(V1~V2)의 클립

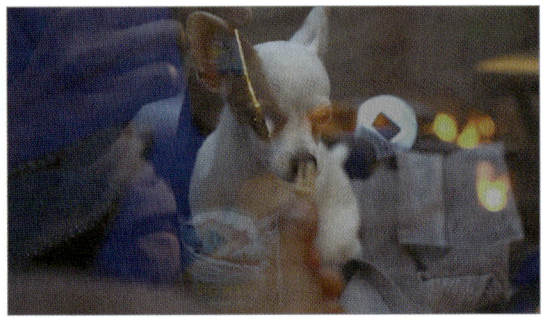

▲ 이펙트가 적용되어 겹쳐 전환되는 연출

▲ 상위 트랙(V3)의 클립

트랙 높이 변경하기

트랙의 기본 높이는 비디오 클립의 섬네일을 확인하거나 오디오 클립의 웨이브폼 레벨(파형)을 확인하기에는 어려우므로 마우스 휠 버튼을 이용해 트랙의 높이를 변경합니다. 높이를 변경하려는 트랙의 헤더에 마우스 포인터를 옮기고 Alt 를 누른 상태로 마우스 휠 버튼을 스크롤하면 해당 트랙의 높이를 자유롭게 변경할 수 있습니다. Shift 를 누른 상태로 스크롤하면 비디오나 오디오 트랙 전체의 높이를 조정할 수 있습니다. 트랙 헤더에서 트랙의 경계 부분을 드래그하여 트랙 높이를 좀 더 세밀하게 조정할 수도 있습니다.

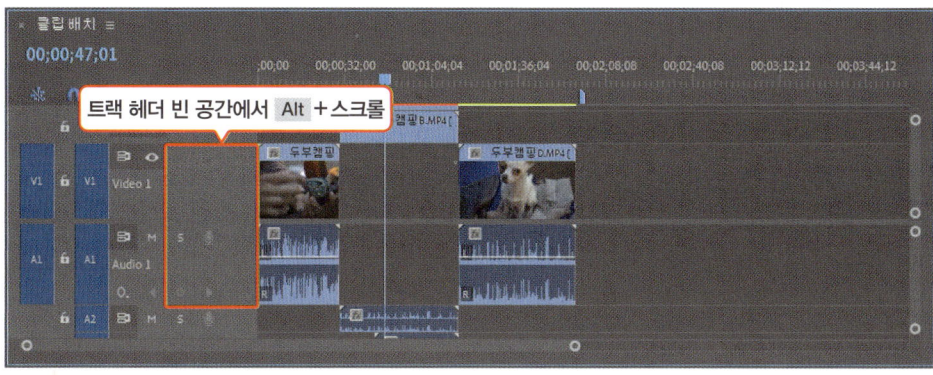

트랙의 수가 많아 [Timeline] 패널에서 한눈에 보이지 않을 때는 패널의 작업 영역에서 Ctrl 을 누른 상태로 마우스 휠 버튼을 스크롤하면 트랙의 화면이 위아래로 이동하여 상위 또는 하위에 있는 트랙을 확인할 수 있습니다. 트랙의 오른쪽 끝에 있는 스크롤바를 사용해도 화면을 이동할 수 있습니다.

트랙 헤더 알아보기

트랙 헤더는 트랙 타기팅(Track Targeting)과 같은 트랙과 관련된 기능이 모여 있는 영역입니다. 트랙 타기팅 옵션은 단축키를 사용하여 영상 소스를 추가하고 방향키를 사용하여 타임라인의 편집 기준선을 이동할 때 중요한 역할을 합니다.

① **소스 패칭(Source Patching)** | [Source] 패널에서 작업한 영상 소스를 [Timeline] 패널로 직접 드래그하지 않고 버튼이나 단축키(, 또는 .)로 추가하거나 [Program] 패널로 드래그하여 추가할 때 클립이 배치될 트랙을 설정합니다. [Source Patching] 옵션은 [Source] 패널에 영상이 있는 경우에만 활성화됩니다.

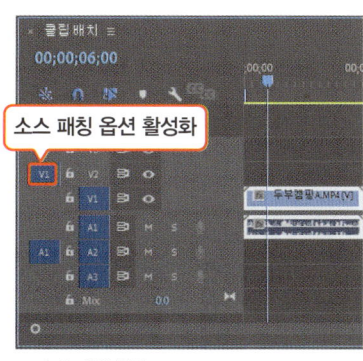

▲ 소스 패칭 준비

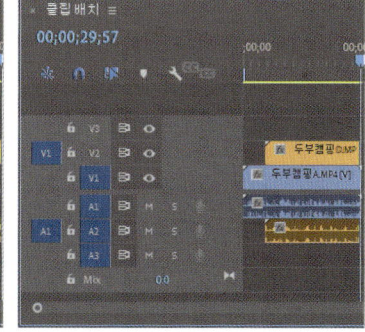

▲ 인서트 삽입   ▲ 오버라이트 삽입

② **트랙 잠금(Track Lock)** | 트랙을 편집 불가능한 상태로 잠금 설정합니다. 트랙을 잠금 상태로 설정하면 해당 트랙에 빗금이 표시되면서 작업을 할 수 없습니다.

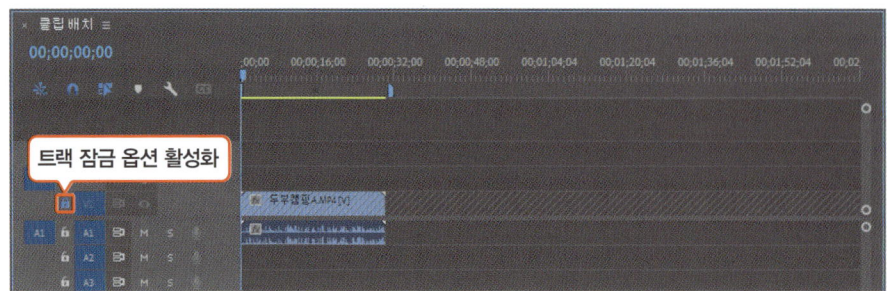

③ **트랙 타기팅(Track Targeting)** | ↑, ↓ 를 눌러 클립의 인 점, 아웃 점으로 편집 기준선을 이동할 때, 포함하거나 제외할 트랙을 설정합니다. 트랙 타기팅이 비활성화된 트랙은 방향키를 이용해 인 점과 아웃 점으로 이동할 수 없습니다. 아래 그림을 보면 비디오 1번 트랙(V1)과 3번 트랙(V3)의 [Track Targeting] 옵션이 활성화되어 있습니다. 비활성화된 비디오 2번 트랙(V2)은 편집 기준선의 타기팅이 적용되지 않습니다.

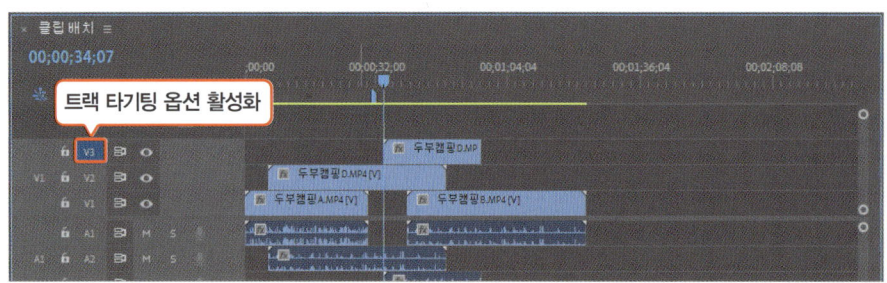

④ **토글 싱크 잠금(Toggle Sync Lock)** | [Ripple Delete], [Trim] 등 편집 과정에서 다른 트랙과의 동기화 움직임을 설정합니다. 아래 그림을 보면 비디오 1번 트랙(V1) 클립의 가운데 공간을 없애기 위해 마우스 오른쪽 버튼을 클릭한 후 [Ripple Delete]를 클릭하면 클립의 가운데 공간이 삭제되고 모든 트랙의 클립이 동일하게 이동합니다. 하지만 아래 그림의 비디오 2번 트랙(V2)과 오디오 2번 트랙(A2)의 [Toggle Sync Lock] 옵션을 비활성화해 동기화 설정을 잠그면 해당 트랙은 트랙 간의 동기화 움직임에 영향을 받지 않습니다.

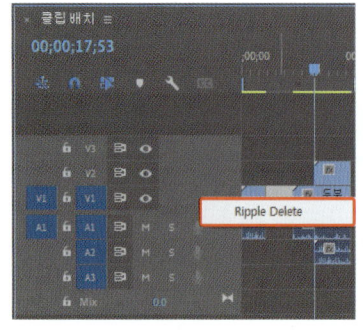
▲ 클립 가운데 공간 삭제

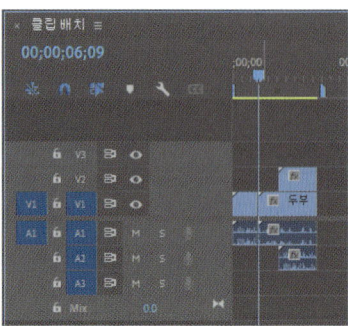
▲ 모든 트랙이 동일하게 이동

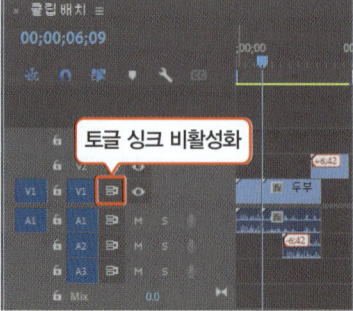
▲ 비디오 1번 트랙만 이동

⑤ **트랙 아웃풋(Toggle Track Output)** | 해당 트랙의 결과물을 표시하거나 숨깁니다.

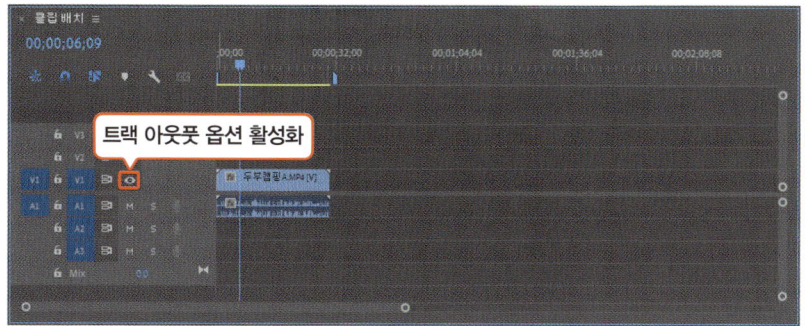

⑥ **메뉴 커스터마이징하기** | 트랙 헤더의 메뉴를 추가/삭제합니다. ❶ 헤더의 오른쪽 공간을 마우스 오른쪽 버튼으로 클릭하고 ❷ [Customize]를 클릭합니다.

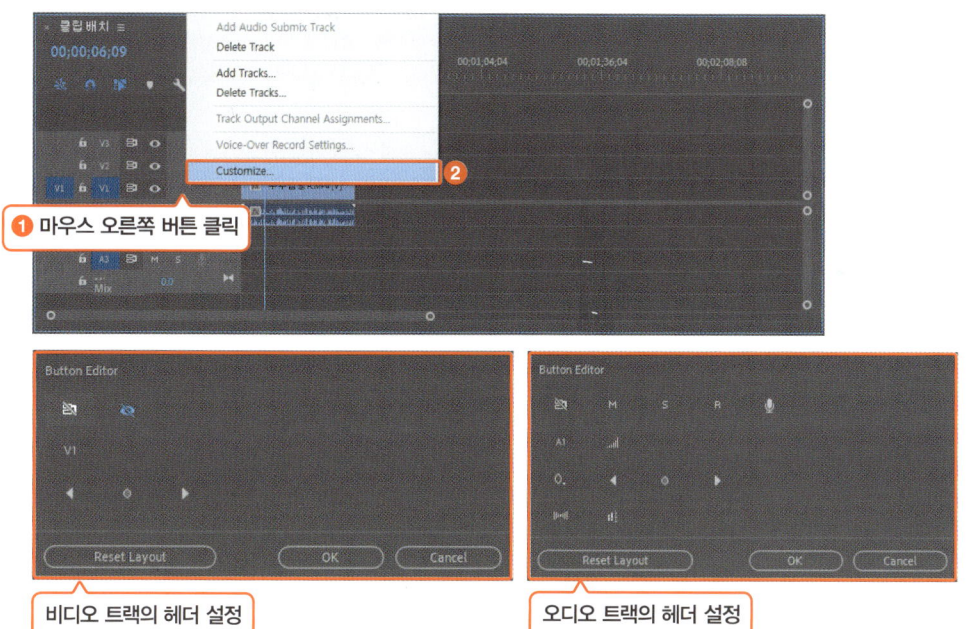

⑦ **Mute Track, Solo Track** | 오디오 트랙 헤더의 Mute Track M은 해당 트랙의 오디오를 음소거하고, Solo Track S은 해당 트랙의 오디오만 재생합니다. Solo Track S을 활성화하면 다른 트랙은 자동으로 음소거됩니다.

기본 작업 영역 구성 외 패널 알아보기

기본 작업 영역에는 나타나지 않지만 프리미어 프로에는 작업에 필요한 여러 가지 패널이 있습니다. 메뉴바에서 [Window] 메뉴를 클릭하면 실행 가능한 패널의 목록이 나타납니다.

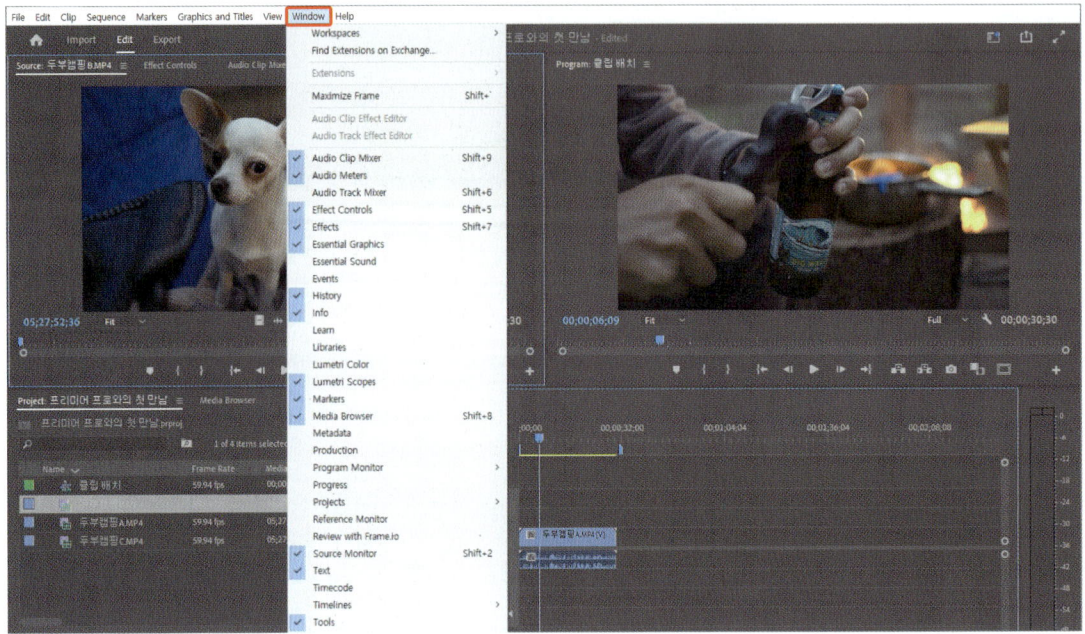

01 [Audio Track Mixer] 패널 | 영상 전체의 볼륨 혹은 트랙별 마스터 볼륨(Master Volume) 레벨을 표시합니다. 팬(Pan), 밸런스(Balance) 등 오디오 믹싱을 제어하며 트랙에 오디오 이펙트를 적용할 수 있습니다.

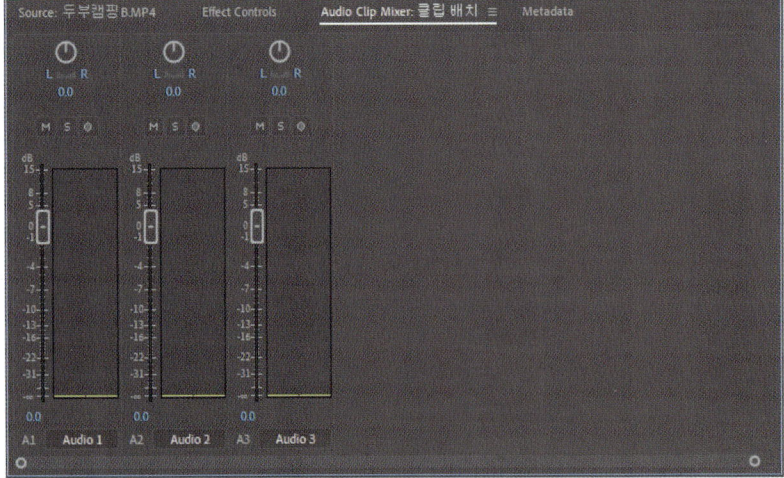

02 [Essential Graphics] 패널 | 모션 그래픽 템플릿(.mogrt)을 적용하고 수정할 수 있는 패널입니다. 자체 제작한 템플릿 파일을 불러오거나 어도비 스톡(Adobe Stock)에서 제공하는 템플릿을 사용할 수 있습니다.

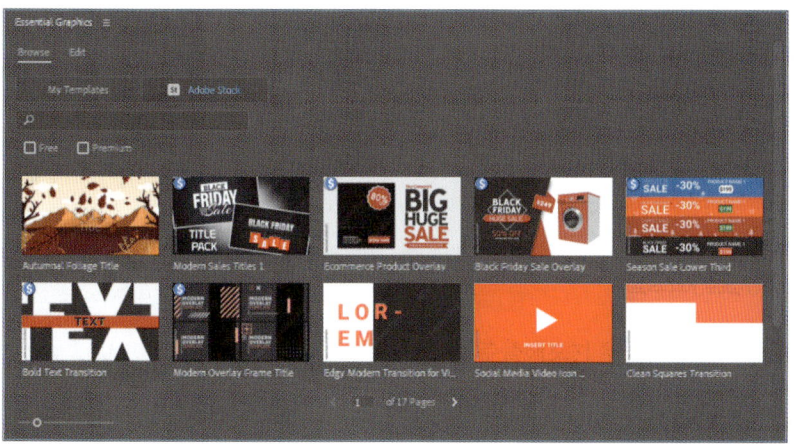

03 [Essential Sound] 패널 | 오디오 파일의 믹싱 작업을 간편하게 진행할 수 있는 패널입니다. 믹싱 작업이 필요한 클립을 유형에 따라 Dialogue(대화), Music(음악), SFX(효과음), Ambience(환경음) 중에서 선택하여 사운드 믹싱 작업을 진행합니다. [Browse] 탭을 활용하면 어도비 스톡(Adobe Stock)에서 여러 가지 오디오 소스를 불러올 수도 있습니다.

04 [Events] 패널 | 작업 중 발생하는 경고, 오류 메시지의 내용 정보를 표시하는 패널입니다.

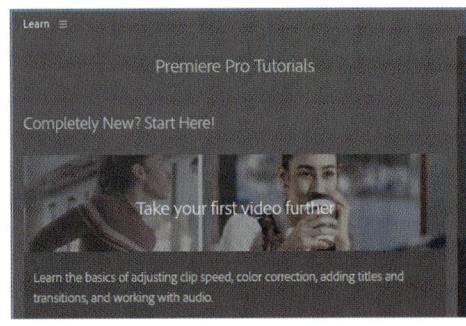

05 **[Learn] 패널** | 프리미어 프로를 처음 시작할 때 필요한 기본적인 튜토리얼을 제공합니다.

06 **[Lumetri Color] 패널** | 영상에 색보정 이펙트를 적용할 수 있는 [Lumetri Color]를 직관적으로 컨트롤합니다. 개별 클립과 마스터 클립 모두 조정이 가능합니다.

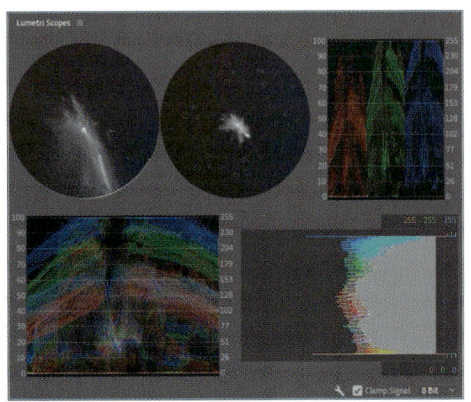

07 **[Lumetri Scopes] 패널** | 컬러 그레이딩(색보정) 작업 시 장면의 채널별 색상과 루마 정보를 다양한 스코프(Scope) 형태로 보여주어 세밀한 색보정 작업을 도와줍니다.

08 [Progress] 패널 | Auto Reframe, Proxy 파일 생성 등의 작업 진행 상태나 진행률을 표시합니다.

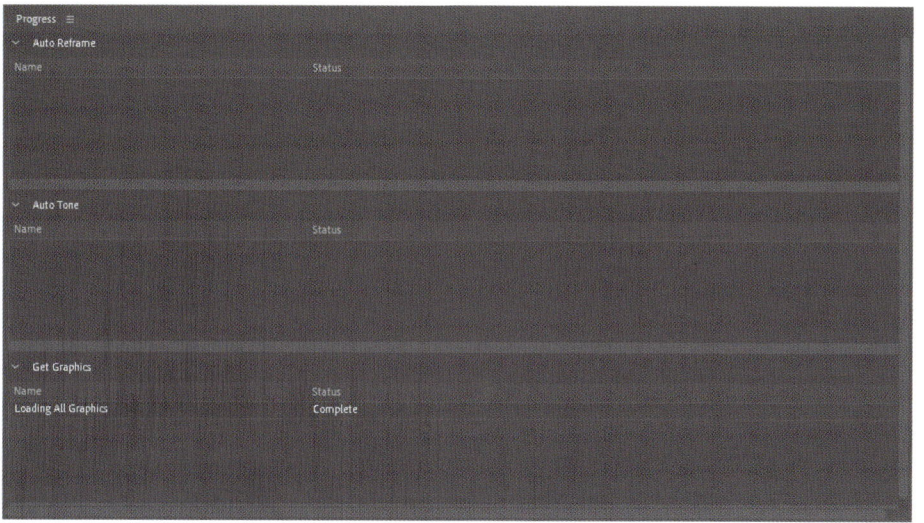

09 [Reference Monitor] 패널 | [Program] 패널과 연동하여 영상의 흐름과 톤을 조정하는 데 도움을 주는 패널입니다. Gang to Program Monitor 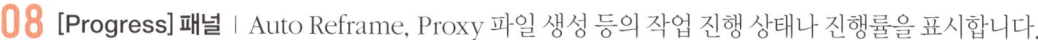를 클릭해 편집 기준선의 움직임 동기화를 해제할 수 있습니다.

10 [Timecode] 패널 | 현재 편집 기준선의 타임코드와 시퀀스의 길이 정보 등을 별도로 표시하는 패널입니다. 외부 모니터를 사용하여 다른 사람들과 타임코드 정보를 손쉽게 공유할 수 있습니다.

클립을 재생할 때 Spacebar 와 Enter 의 차이

[Timeline] 패널에서 영상 클립을 재생할 때는 Spacebar 나 Enter 를 누릅니다. 두 단축키의 차이점을 이해하려면 작업 영역바 아래에 표시되는 색의 의미를 먼저 알아야 합니다. [Timeline] 패널에 클립을 배치하면 작업 영역바 아래에 노란색 또는 빨간색으로 재생 영역이 표시됩니다.

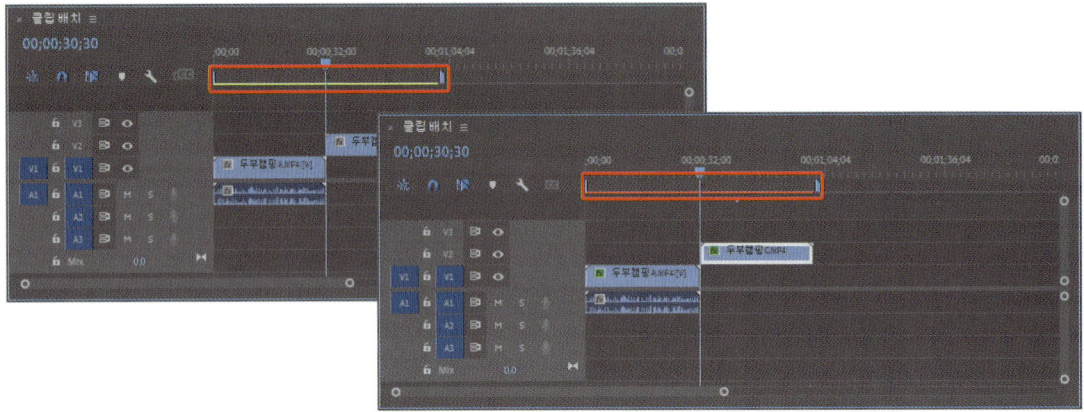

작업 영역바의 아래 영역이 노란색으로 표시될 때는 Spacebar 를 눌러 미리 보기를 재생하는 데 아무런 문제가 없습니다. 하지만 작업 영역바 아래가 빨간색으로 표시될 때는 영상 자체의 용량이 매우 크거나 클립에 이펙트가 적용된 것입니다. 이 표시는 '원활하게 재생하려면 렌더링 작업이 필요하다'라는 의미입니다. 이때는 Enter 를 사용해 렌더링 작업을 진행해야 합니다. Enter 는 [Sequence]-[Render Effects in Work Area] 메뉴의 단축키입니다.

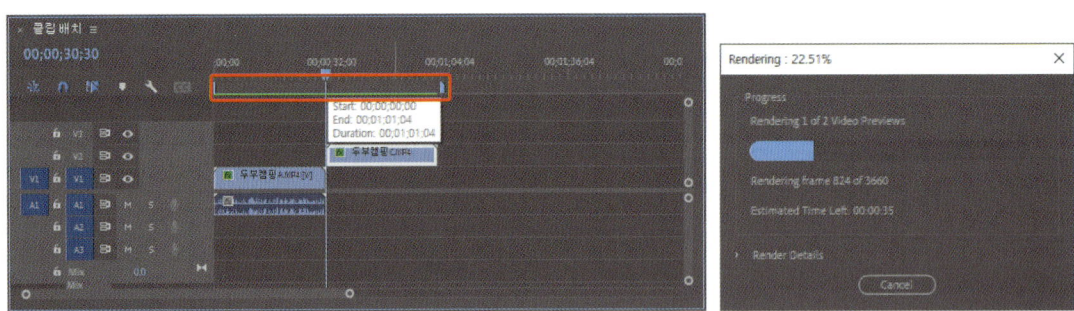

렌더링 작업이 완료된 후에는 작업 영역바 아래가 초록색으로 변하며, Spacebar 를 눌러 [Timeline] 패널의 미리 보기를 원활하게 재생할 수 있습니다. 간혹 빨간색으로 표시되었더라도 클립에 적용된 이펙트가 간단하거나 컴퓨터 하드웨어가 고사양일 때는 굳이 렌더링 과정을 거치지 않아도 원활하게 재생할 수 있습니다. 작업을 진행하면서 상황에 맞게 두 단축키를 사용합니다.

LESSON 04
편리한 작업을 위한 인터페이스 다루기
내 마음대로 패널과 작업 영역 조정하기

내 마음대로 패널 바꾸기

프리미어 프로에서 작업 영역의 패널(패널 그룹)은 사용자가 원하는 대로 추가하거나 삭제할 수 있으며 위치와 크기 또한 작업 스타일에 맞게 변경할 수 있습니다.

간단 실습 | 패널 추가/제거하기

준비 파일 프리미어 프로/Chapter 02/작업모드.prproj

작업모드.prproj 준비 파일을 불러옵니다. 색보정에 필요한 패널을 추가해보겠습니다.

01 ❶ [Window] 메뉴를 클릭하면 현재 활성화된 모든 패널을 확인할 수 있습니다. 이름에 체크된 패널이 현재 활성화된 패널입니다. ❷ 패널을 추가하기 위해 [Lumetri Color]를 클릭합니다.

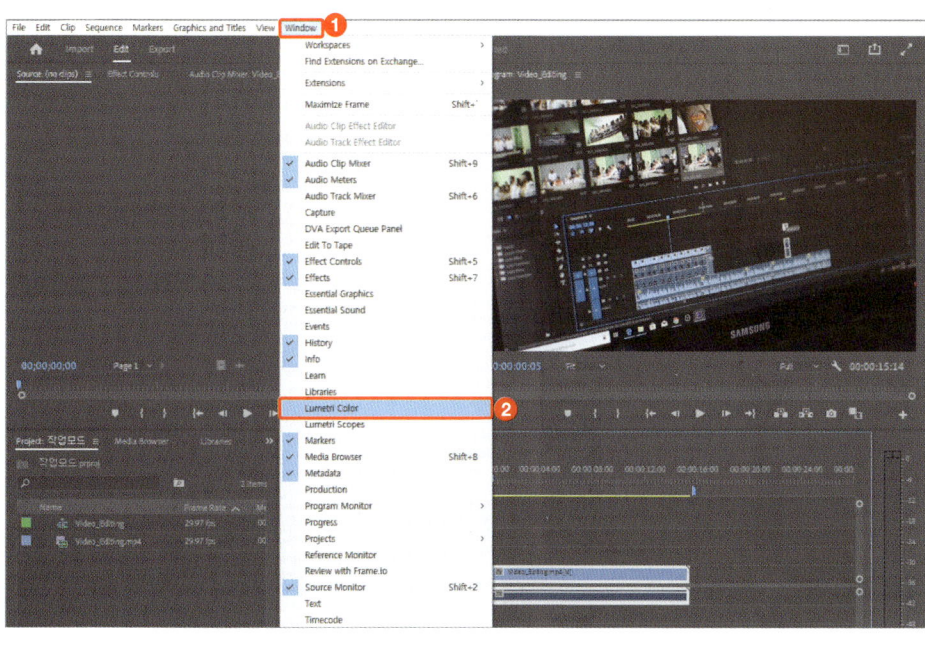

02 색보정 작업을 위한 [Lumetri Color] 패널이 작업 영역에 추가됩니다. 이처럼 작업 중 필요한 패널을 자유롭게 추가하며 작업 영역을 구성할 수 있습니다.

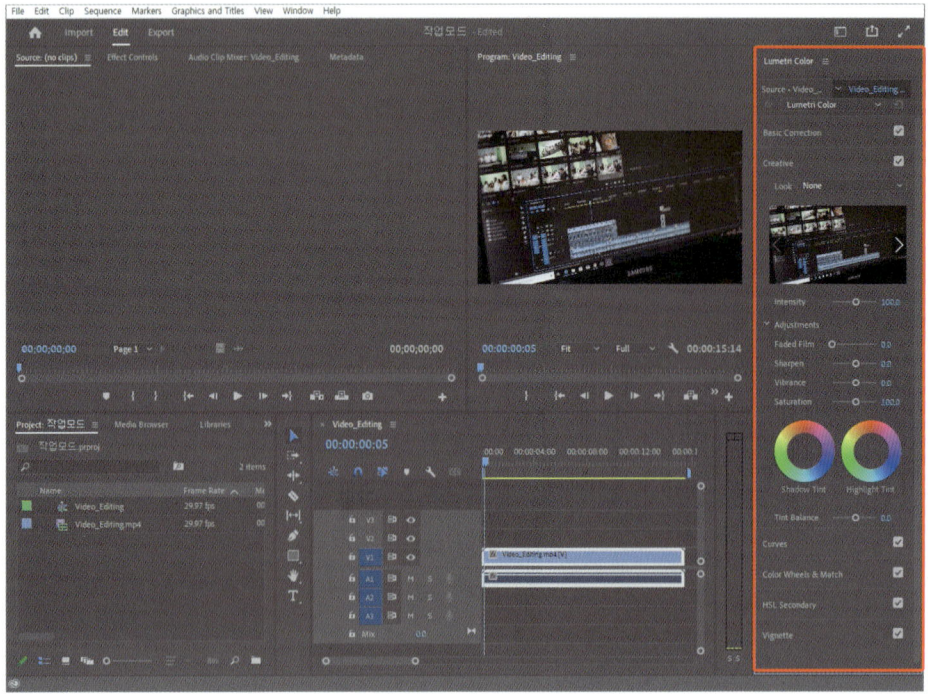

03 ❶ 필요 없는 패널을 제거할 때는 패널 이름 탭의 옵션 ■을 클릭하고 ❷ [Close Panel]을 클릭합니다.

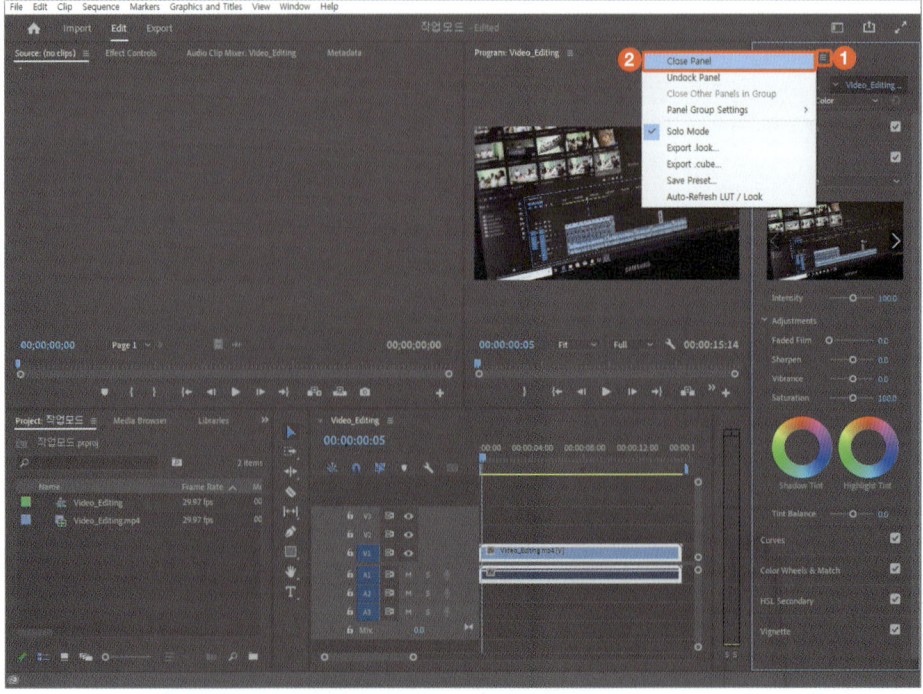

간단 실습 | 패널 크기 조정하기

준비 파일 프리미어 프로/Chapter 02/작업모드.prproj

패널과 패널 혹은 패널 그룹 사이에 마우스 포인터를 가져가면 이중 화살표 모양으로 변합니다. 이 상태에서 패널 경계를 드래그하면 패널(패널 그룹)의 크기를 자유롭게 조정할 수 있습니다. **작업모드.prproj** 준비 파일에서 계속 진행합니다.

01 [Source] 패널과 [Program] 패널 사이에 마우스 포인터를 가져가면 이중 화살표 모양으로 변합니다. 이 상태에서 좌우로 드래그하여 패널 크기를 변경합니다.

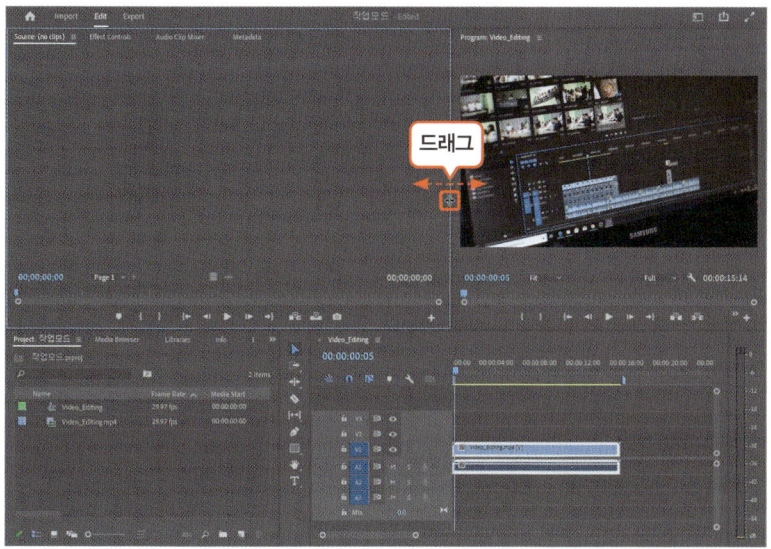

02 세 개 이상의 패널이 교차하는 지점에 마우스 포인터를 가져가면 십자형 화살표 모양으로 변합니다. 이 상태에서도 패널(패널 그룹)의 크기를 조정할 수 있습니다.

> **간단 실습** 　**패널 위치 이동하기**
>
> **준비 파일** 프리미어 프로/Chapter 02/작업모드.prproj

패널의 위치를 이동할 때는 패널 상단의 패널 이름 탭을 드래그하여 이동합니다. **작업모드.prproj** 준비 파일에서 계속 진행합니다.

01 [Source] 패널의 이름 탭을 클릭한 채 [Program] 패널에서 보라색으로 표시되는 영역으로 드래그합니다.

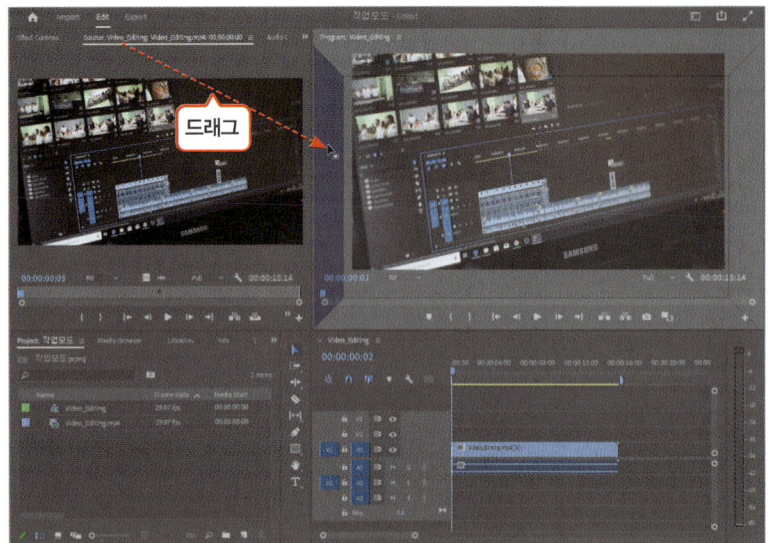

> 상하좌우의 보라색 영역은 패널의 영역을 분할해서 배치할 위치입니다.

02 [Source] 패널의 위치가 이동하였습니다.

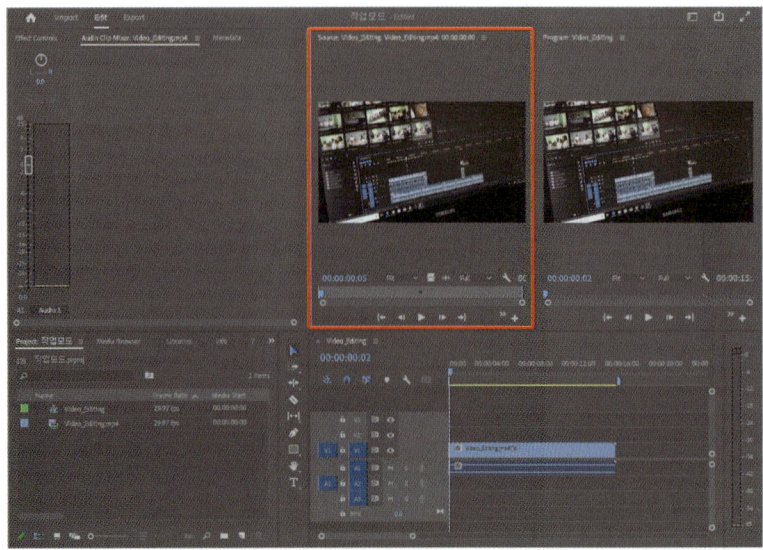

> [Window]-[Workspaces]-[Reset to Saved Layout] 메뉴를 선택하거나 Alt + Shift + 0 을 누르면 패널 위치가 초기화됩니다.

간단 실습 — 패널 그룹 만들기, 해제(분리)하기

준비 파일 프리미어 프로/Chapter 02/작업모드.prproj

패널의 위치를 이동할 때 패널의 중앙 또는 패널 이름 영역으로 옮기면 해당 패널들이 패널 그룹으로 형성됩니다. **작업모드.prproj** 준비 파일에서 계속 진행합니다.

01 ❶ [Source] 패널의 이름 탭을 드래그하여 [Program] 패널의 중앙으로 이동합니다. ❷ 또는 패널 위의 이름 영역으로 드래그해 이동합니다.

02 [Source] 패널과 [Program] 패널이 패널 그룹으로 형성됩니다.

03 패널 그룹에서 분리하려는 패널을 다른 패널과 겹치지 않는 영역(파란색 표시가 나오지 않는 곳)으로 드래그하면 해당 패널을 분리하여 독립적인 패널 창으로 배치할 수 있습니다.

프리미어 프로를 전체 화면으로 작업할 경우 다른 패널과 겹치지 않는 부분을 찾거나 프리미어 프로 영역 밖으로 패널을 이동하는 작업이 쉽지 않습니다. 이때는 패널의 옵션 ■을 클릭하고 [Undock Panel]을 선택하면 패널을 쉽게 분리할 수 있습니다.

기능 꼼꼼 익히기 🎙 │ 패널(패널 그룹) 보기 방법 설정하기

패널 이름 탭의 옵션 ■을 클릭해 패널 혹은 패널 그룹의 보기 설정을 변경할 수 있습니다.

01 패널 메뉴

❶ Close Panel
❷ Undock Panel
❸ Close Other Panels in Group
❹ Panel Group Settings

❶ **Close Panel** │ 해당 패널을 닫습니다.
❷ **Undock Panel** │ 해당 패널을 독립된 패널로 분리합니다.
❸ **Close Other Panels in Group** │ 패널이 패널 그룹에 속해 있는 경우 해당 패널을 제외한 나머지 패널을 그룹에서 닫습니다.
❹ **Panel Group Settings** │ 패널 그룹과 관련된 설정 메뉴입니다.

02 패널 그룹 설정(Panel Group Settings)

❶ Close Panel Group
❷ Undock Panel Group
❸ Maximize Panel Group
❹ Stacked Panel Group
❺ Solo Panels in Stack
✓ ❻ Small Tabs

❶ **Close Panel Group** │ 해당 패널 그룹을 닫습니다.
❷ **Undock Panel Group** │ 해당 패널 그룹을 독립된 패널 그룹으로 분리합니다.
❸ **Maximize Panel Group** │ 해당 패널 그룹을 전체 화면으로 변경합니다. 전체 화면 상태에서는 해당 메뉴의 이름이 [Restore Panel Group Size]로 변경되며 패널 그룹의 크기를 원상태로 복구합니다. 단축키 ~를 사용하여 편리하게 해당 기능을 활용할 수 있습니다. 다시 돌아올 때도 ~를 눌러줍니다.
❹ **Stacked Panel Group** │ 해당 패널 그룹을 층 구조로 배열합니다.
❺ **Solo Panels in Stack** │ [Stacked Panel Group]을 실행하여 패널 그룹을 층 구조로 변경하였을 때 해당 옵션의 체크를 해제하면 패널의 열림과 닫힘이 다른 패널에 영향을 주지 않습니다.
❻ **Small Tabs** │ 패널의 이름 영역 크기를 변경합니다.

기능 꼼꼼 익히기 | 패널 그룹 내에서 패널 간 이동하기

패널 그룹의 이름 탭 영역에서 원하는 패널을 클릭하거나 마우스 휠을 스크롤하여 다른 패널로 이동할 수 있습니다.

패널 그룹에 여러 개의 패널이 있어 이름 영역에 모두 표시되지 않을 경우에는 확장 ▶▶ 을 클릭해 그룹에 포함된 패널의 목록을 확인할 수 있습니다.

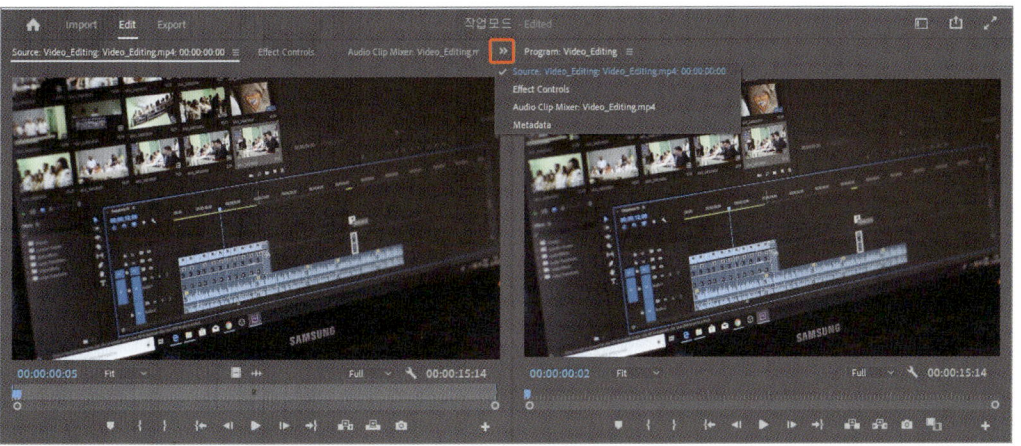

패널 그룹 안에서 패널 이름 탭을 클릭하고 드래그하면 그룹 내에서 패널의 순서를 변경할 수 있습니다.

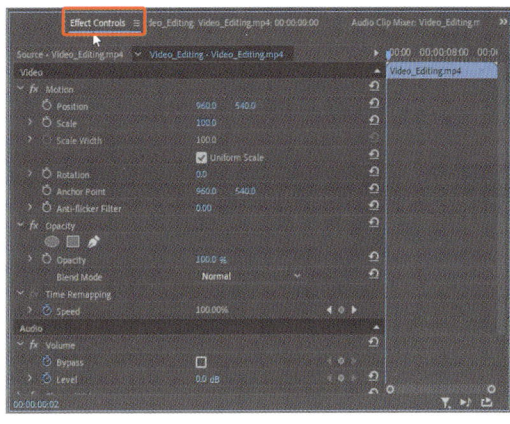

작업 영역 모드 다루기

프리미어 프로를 실행하면 기본적으로 [Editing] 모드 Alt + Shift + 6 로 설정된 작업 영역이 나타납니다. [Editing] 모드는 기본적인 편집 작업에 편리한 구성으로 [Source] 패널 그룹, [Program] 패널, [Project] 패널 그룹, [Timeline] 패널, [Audio Meters] 패널과 도구 패널로 구성되어 있습니다.

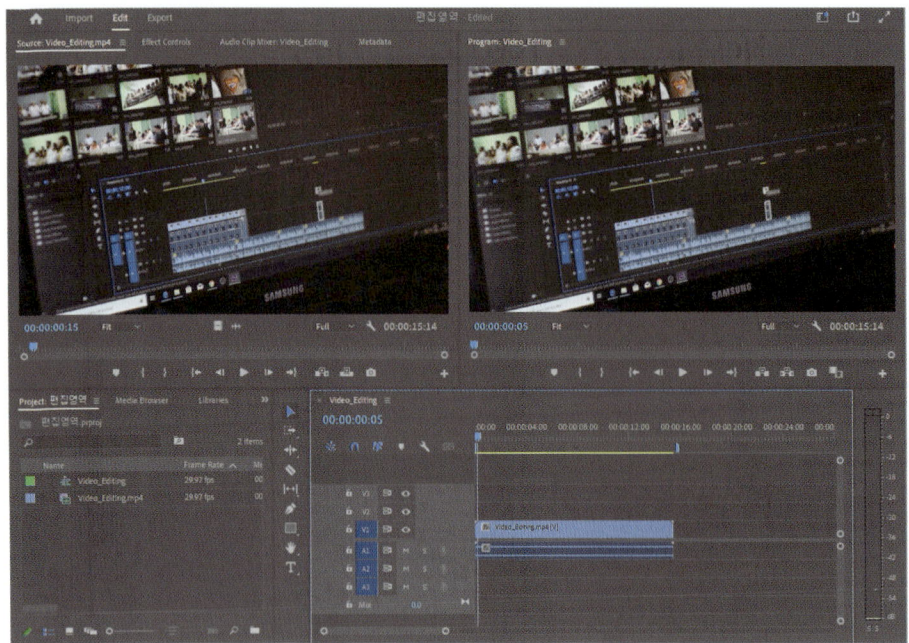

◀ [Editing] 모드의 기본 구성 화면

작업 영역 모드를 변경하려면 [Window]-[Workspaces] 메뉴에서 원하는 작업 모드를 선택합니다.

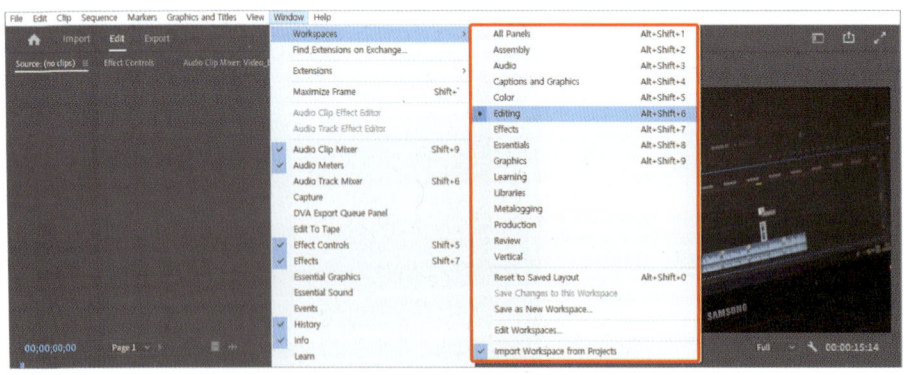

또는 빠른 기능 탭에서 Workspaces ▭를 클릭한 후 원하는 모드로 변경할 수 있습니다.

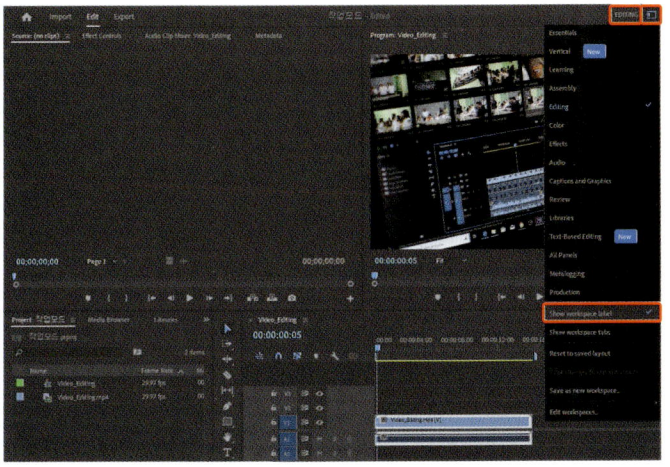

Workspaces □를 클릭한 후 [Show workspace label]에 체크하면 현재 작업 영역 모드의 이름이 표시됩니다.

Workspaces □를 클릭한 후 [Show workspace tabs]에 체크하면 작업 영역 모드 탭이 표시됩니다. 드래그하거나 클릭해 빠르게 변경할 수 있습니다.

[Edit Workspaces]를 클릭하면 원하는 작업 영역 모드만 표시되도록 설정할 수 있습니다.

기능 꼼꼼 익히기 🎙 작업 영역 모드 상세히 알아보기

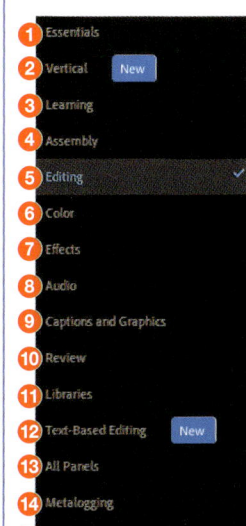

❶ **Essentials** | 편집 작업에 필요한 필수 패널로 구성된 작업 영역 모드입니다.
❷ **Vertical** | 세로형 영상 편집에 적합한 형태의 작업 영역 모드입니다.
❸ **Learning** | [Learn] 패널에서 튜토리얼을 확인할 수 있는 작업 영역 모드입니다.
❹ **Assembly** | 많은 양의 리소스를 활용하여 가편집을 진행하기에 적합한 작업 영역 모드입니다.
❺ **Editing** | 컷 편집 작업에 적합한 작업 모드. 프리미어 프로의 기본 작업 영역 모드입니다.
❻ **Color** | 색 보정 작업에 최적화된 작업 영역 모드입니다.
❼ **Effects** | 이펙트 작업을 손쉽게 진행할 수 있는 작업 영역 모드입니다.
❽ **Audio** | 사운드 작업에 필요한 패널들이 활성화된 작업 영역 모드입니다.
❾ **Captions and Graphics** | 자막 작업 및 모션 템플릿, 그래픽 파일 작업에 적합한 작업 영역 모드입니다.
❿ **Review** | Frame.io와 연동하여 소스의 가편집을 빠르게 진행할 수 있는 작업 영역 모드입니다. 촬영 리소스를 옮기는 추가적인 작업, 장소의 제약이 없어집니다.

⑪ **Libraries** | [Libraries] 패널에서 소스 검색 및 추가 등의 작업을 진행할 수 있는 작업 영역 모드입니다.
⑫ **Text-Based Editing** | 영상의 오디오(대사, 내레이션)를 기반으로 하는 텍스트를 자동으로 생성하고 편집하는 작업에 적합한 작업 영역 모드입니다.
⑬ **All Panels** | 프리미어 프로의 모든 패널을 표시하는 작업 영역 모드입니다.
⑭ **Metalogging** | 소스의 메타데이터를 확인하기 편리한 작업 영역 모드입니다.
⑮ **Production** | 팀 작업 등의 대규모 작업에서 프로젝트를 체계적으로 관리하기 좋은 구성의 작업 영역 모드입니다.

변경한 작업 영역 저장하고 원래대로 되돌리기

변경한 작업 영역을 저장하고 싶다면 [Window]-[Workspace]-[Save as New Workspace] 메뉴를 선택하여 해당 작업 구성을 저장한 후 필요에 따라 자유롭게 사용할 수 있습니다. [Save Change to this Workspace] 메뉴로 저장할 경우 현재 적용되어 있는 작업 영역 설정에 덮어쓰이게 되므로 주의합니다. 기본 프리셋 작업 영역에 덮어쓰기가 적용되지 않았다면 [Reset to Saved Layout] Alt + Shift + 0 을 선택해 기본 작업 영역으로 복구할 수 있습니다.

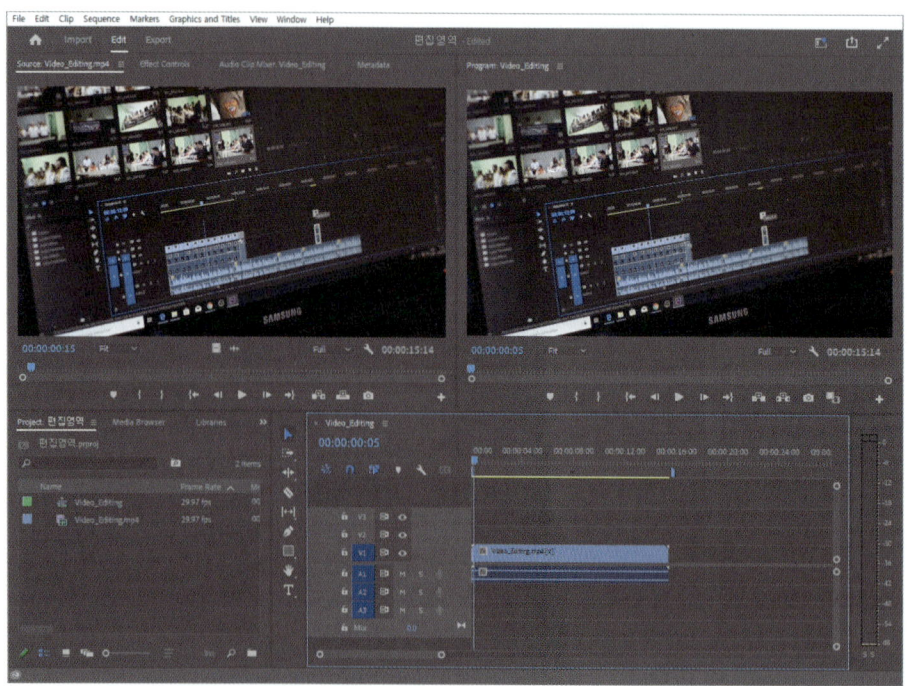

▲ 기본 작업 영역으로 복구

LESSON 05

영상 소스와 프로젝트 파일 관리하기

작업이 쉬워지는 파일 관리하기

프로젝트 파일과 소스가 저장된 위치

프리미어 프로는 프로젝트 파일에 소스 파일을 저장하는 것이 아니라 원본 소스 파일의 경로를 저장합니다. 따라서 프로젝트에 삽입된 소스 파일의 저장 위치가 작업 중간에 달라져서는 안 됩니다.

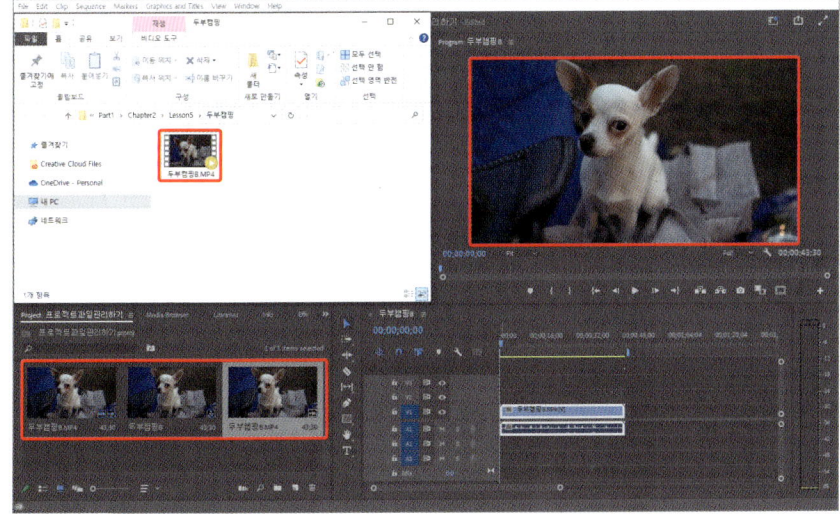

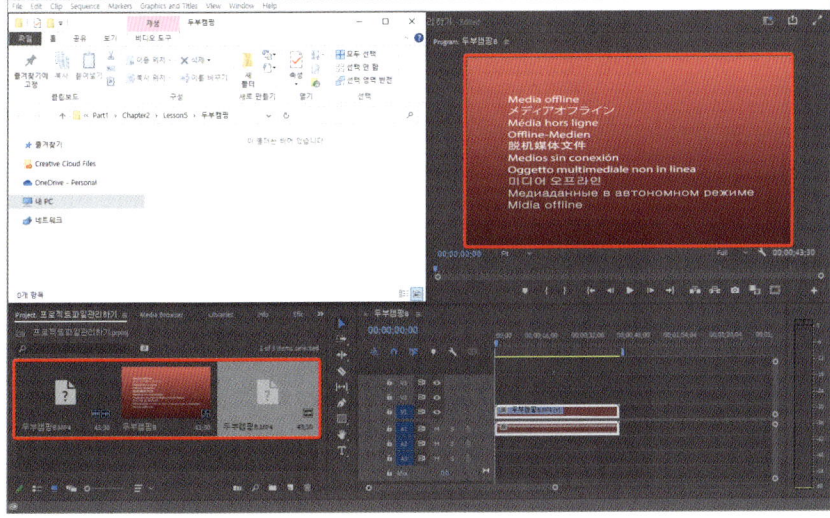

소스 파일의 저장 위치가 중간에 달라진 경우 연결이 유실되며 프로젝트 파일에서 소스가 출력되지 않습니다. 018쪽을 참고하여 연결 유실된 미디어 파일을 찾을 수 있습니다.

간단실습 소스가 저장된 위치 찾기

준비 파일 프리미어 프로/Chapter 02/프로젝트파일관리하기.prproj

작업 중 필요하다면 언제든지 원본 소스의 파일 위치를 찾아볼 수 있습니다. **프로젝트파일관리하기.prproj** 준비 파일을 불러옵니다.

01 ❶ [Project] 패널에서 위치를 찾을 영상 소스를 마우스 오른쪽 버튼으로 클릭하고 ❷ [Reveal in Explorer]를 클릭합니다.

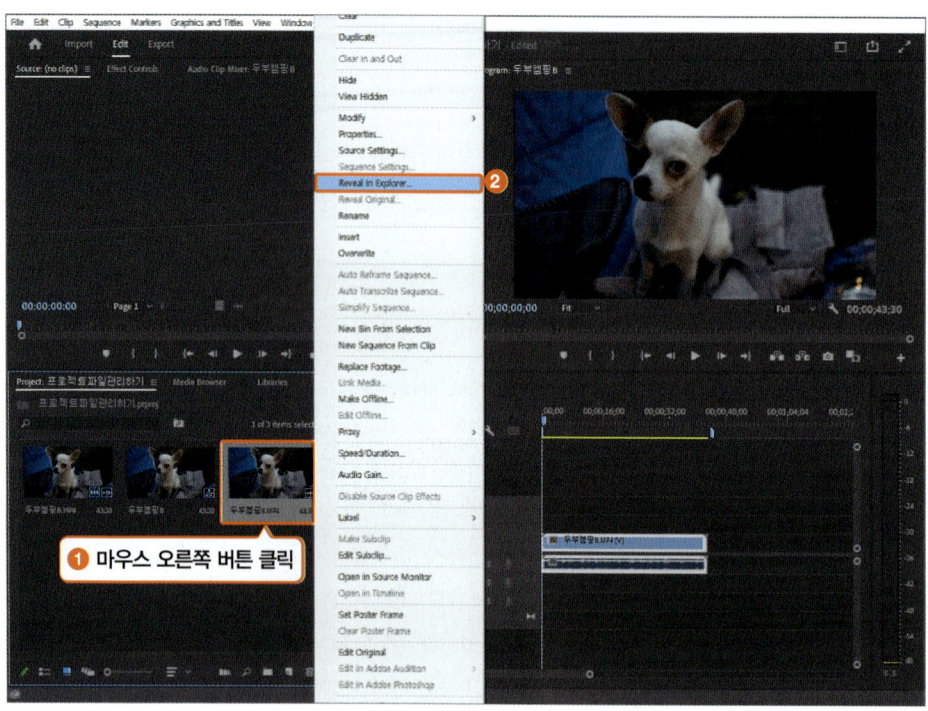

02 해당 영상 소스가 저장된 폴더가 새 창으로 열리면서 영상 소스의 파일 위치를 확인할 수 있습니다.

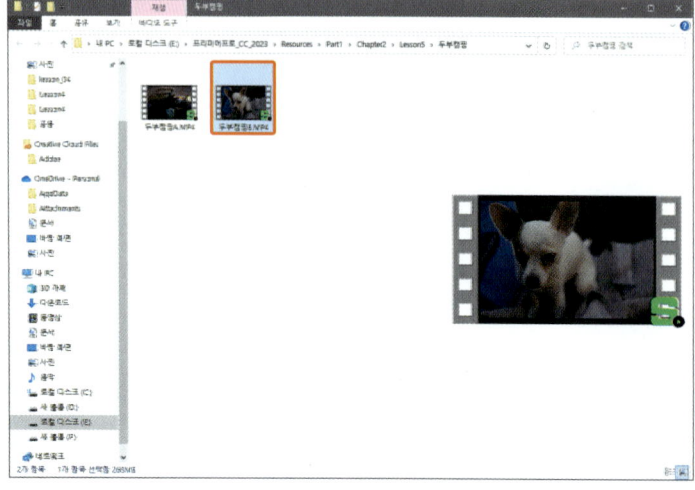

간단 실습 프로젝트 파일이 저장된 위치 찾기

준비 파일 프리미어 프로/Chapter 02/프로젝트파일관리하기.prproj

영상 소스가 저장된 위치를 찾을 수 있듯이 작업하고 있는 프로젝트의 저장 위치를 찾을 수도 있습니다. 여러 개의 프로젝트를 동시에 작업할 경우에도 프로젝트의 저장 위치를 찾는 방법은 동일합니다. **프로젝트파일관리하기.prproj** 준비 파일에서 계속 진행합니다.

01 ❶ 프로젝트 이름 옆의 옵션■을 클릭하고 ❷ [Reveal Project in Explorer]를 클릭합니다

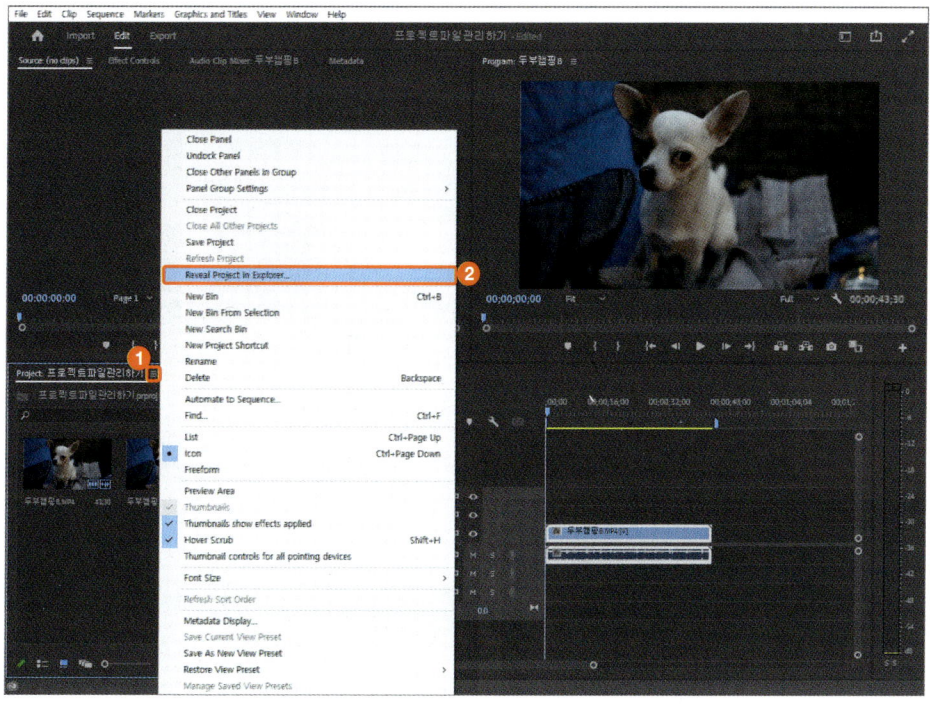

02 새 창이 열리면서 프로젝트가 저장된 위치를 확인할 수 있습니다.

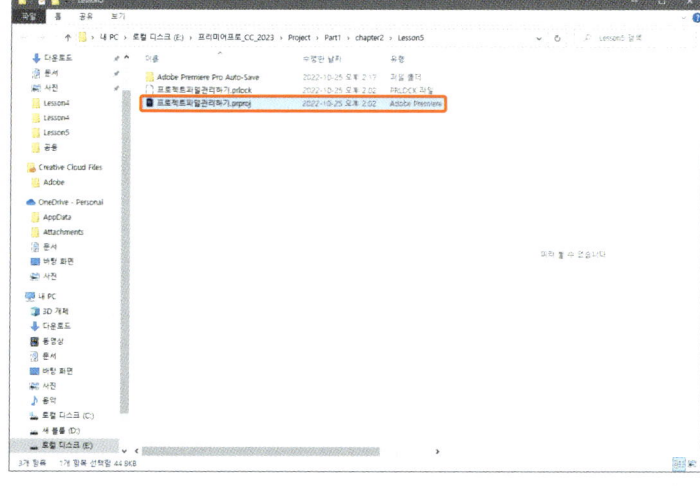

한눈에 실습 소스 파일 교체하기

준비 파일 프리미어 프로/Chapter 02/프로젝트파일관리하기.prproj
핵심 기능 작업 소스 교체, Replace Footage

작업을 진행하다 보면 소스 파일을 교체해야 하는 상황이 발생합니다. 사용 중인 소스 클립을 변경하거나 수정된 디자인 소스 등을 적용하는 상황입니다. 물론 다른 이름으로 저장한 후 [Project] 패널로 불러와 작업을 진행해도 문제없지만, 교체가 필요한 소스 파일을 더 이상 사용하지 않거나 [Project] 패널에 있는 소스 파일의 양이 많아 패널이 복잡하다면 작업이 번거로울 수 있으므로 필요한 소스 파일만 간단하게 교체해봅니다.

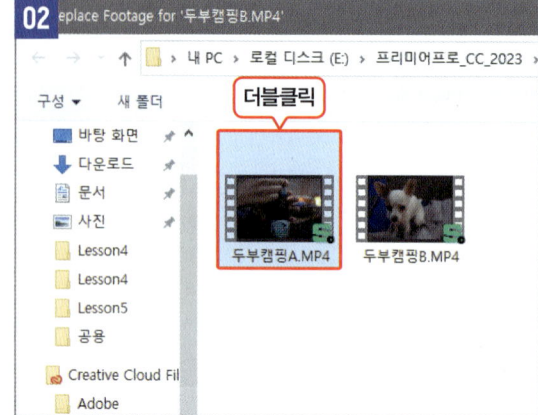

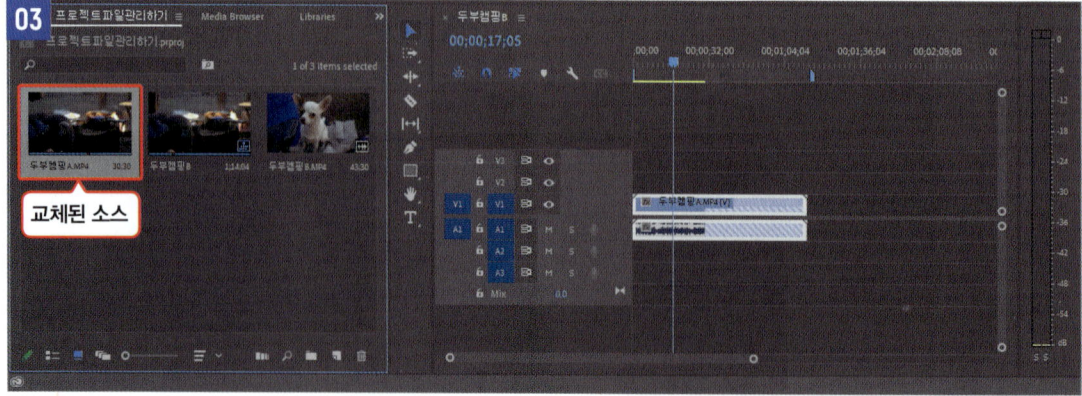

소스의 교체는 영상 클립뿐만 아니라 오디오 파일, 이미지 파일 등 [Project] 패널에 불러올 수 있는 모든 소스 파일에 동일한 방법으로 적용할 수 있습니다.

기능 꼼꼼 익히기 | [Project] 패널에서 소스 아이콘 알아보기

[Project] 패널에서 소스 섬네일의 오른쪽 하단에 표시된 아이콘이 무엇을 뜻하는지 각각 알아보겠습니다.

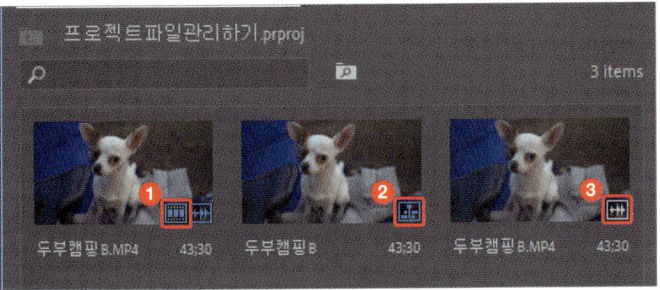

① 필름 모양 아이콘으로 [Timeline] 패널에 해당 리소스가 삽입되어 있음을 의미하며 웨이브폼 아이콘으로 오디오가 포함되었음을 의미합니다.
② 시퀀스임을 의미합니다.
③ 오디오가 포함되어 있으나 사용하지 않고 있음을 의미합니다.

프로젝트 파일 공유로 협업하기

영상을 편집할 때 다른 작업자와 협업으로 진행하는 경우가 많습니다. 다른 사람과의 협업을 위해 프리미어 프로 프로젝트를 공유하는 방법을 알아보겠습니다.

① **프리미어 프로 프로젝트만 공유** | 작업에 사용된 소스(영상, 이미지, 오디오 파일 등)를 상대방도 보유하고 있다면 프리미어 프로 프로젝트만 공유하여 작업을 진행할 수 있습니다. 단, 소스 위치는 다시 설정해야 합니다.

② **프로젝트와 리소스 폴더를 공유** | 상대방이 소스를 가지고 있지 않을 때 프로젝트 파일과 사용된 소스 파일이 같은 폴더에 저장되어 있다면 해당 폴더 채로 공유하여 작업을 진행합니다.

③ **Project Manager 기능을 활용하여 공유** | 사용된 소스가 여러 경로에 분산되어 있어 하나의 폴더에 모으기 어려운 상황이라면 [File]-[Project Manager] 메뉴를 선택하여 프로젝트와 소스 파일을 취합하는 과정을 거친 후 해당 폴더를 공유합니다.

기능 꼼꼼 익히기 | 프리미어 프로 프로젝트 파일의 원리

영상 파일은 용량이 큽니다. 고사양의 카메라로 촬영한 영상 원본 소스의 경우 몇 기가바이트(GB)를 훌쩍 넘기기도 하지만 프리미어 프로에서 저장한 프로젝트 파일 용량은 생각보다 작습니다. 프리미어 프로의 작업 방식 때문입니다. 프리미어 프로는 원본 소스가 위치한 경로를 프로젝트 파일에 연결하여 작업을 진행합니다. 프리미어 프로에서 편집 또는 효과가 적용된 영상 소스들의 원본을 확인해보면 원본 영상 자체에는 아무런 변화가 없는데, 이 역시 같은 이유입니다.

 **프로젝트 매니저 사용하기**

준비 파일 프리미어 프로/Chapter 02/프로젝트파일관리하기.prproj
핵심 기능 프로젝트 매니저

프로젝트 매니저 기능을 활용하면 여러 폴더에 흩어진 원본 소스 파일을 하나의 폴더에 모을 수 있습니다. 다른 사람과 프로젝트를 공유할 때 누락되는 소스 파일 없이 온전하게 공유하거나, 편집 작업이 끝난 프로젝트 파일을 완전한 상태로 구성하고 보관할 때 사용하면 유용한 기능입니다.

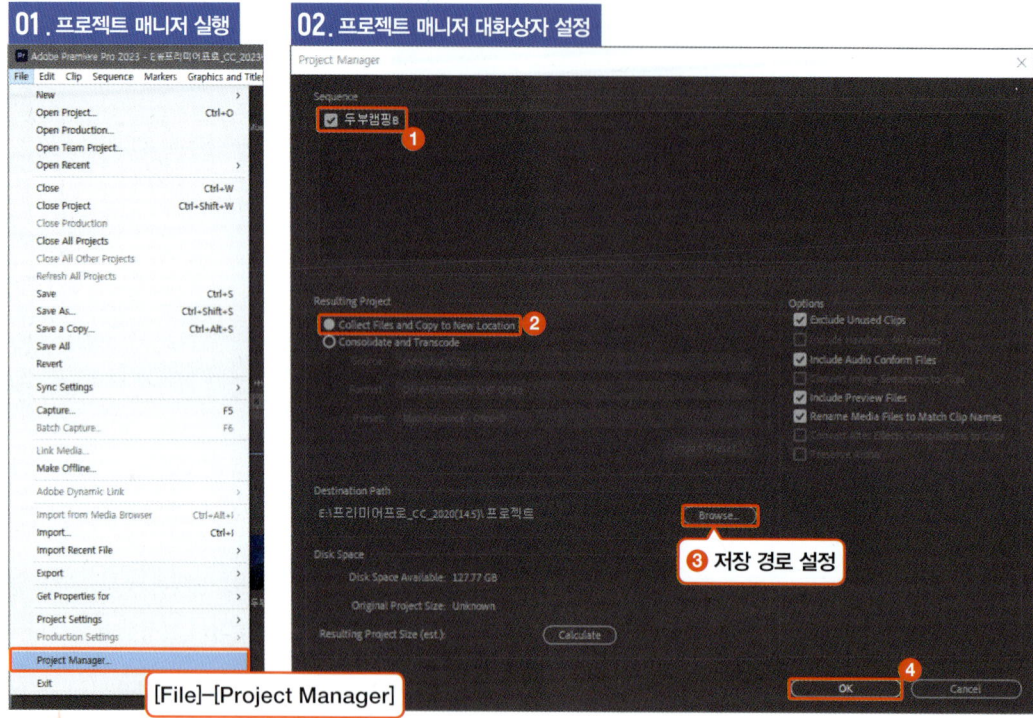

[Resulting Project] 항목에서 [Collect Files and Copy to New Location]을 선택하면 지정한 저장 경로에 원본 소스 파일을 모아 복사하게 됩니다.

한눈에 실습 팀 프로젝트 만들기

준비 파일 프리미어 프로/Chapter 02/프로젝트파일관리하기.prproj
핵심 기능 공동 작업 시작하기

[New]-[Team Project] 메뉴를 선택하여 새로운 팀 프로젝트를 만들고 공동으로 작업을 진행할 사용자를 추가하거나 제거하여 프로젝트에 참여할 구성원을 설정합니다. 팀 프로젝트는 실시간으로 프로젝트가 진행되는 과정을 확인할 수 있습니다.

01. 팀 프로젝트 생성

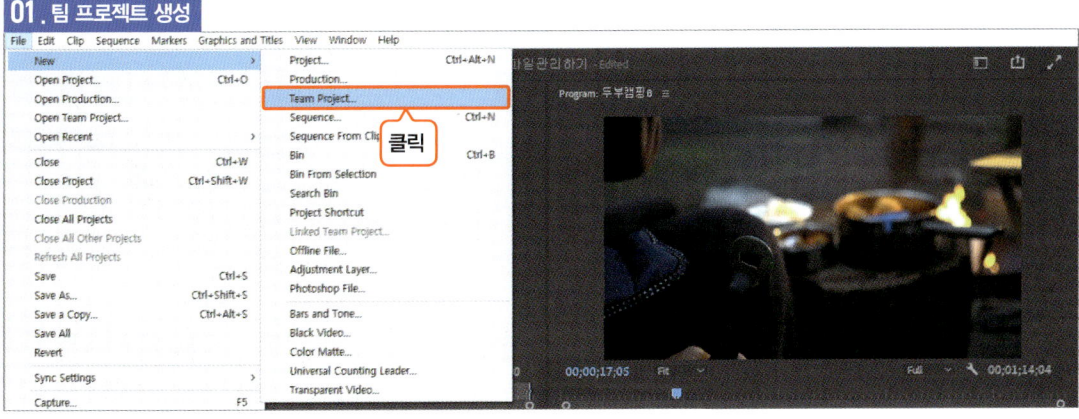

02. 팀 프로젝트 설정

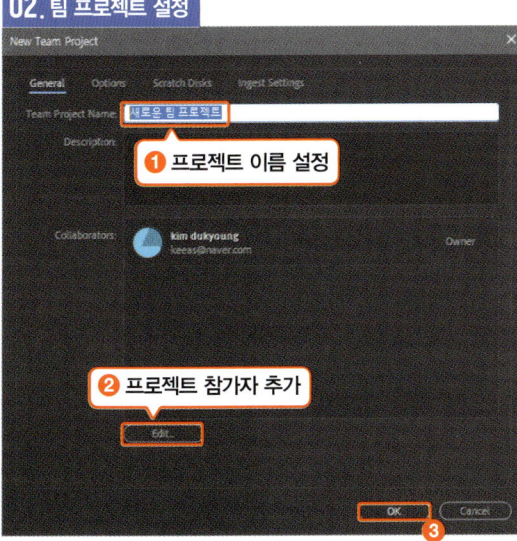

03. 협업 사용자 표시

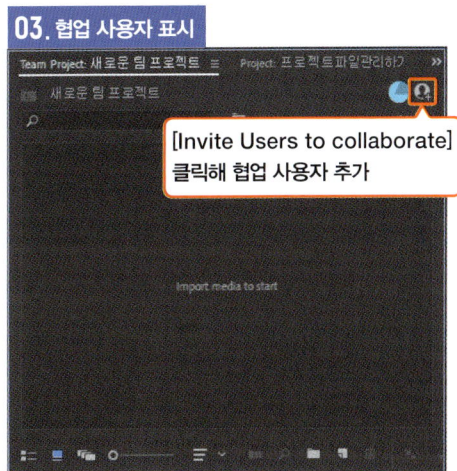

프리미어 프로에서는 영상 소스를 자르고 옮기는 컷 편집뿐만 아니라
영상 소스의 크기나 위치를 조절하고 회전하는 등
키프레임을 이용한 애니메이션을 적용할 수 있습니다.
실습을 통해 영상을 좀 더 다채롭게 만들어주는
각종 기능과 이펙트의 활용법을 익히면
보다 감각적인 영상을 연출할 수 있습니다.
이번 CHAPTER에서는 남들보다 좀 더 멋진 영상을
만드는 방법에 대해 알아보겠습니다.

CHAPTER 03

프리미어 프로
영상 편집하기

LESSON 01 빠른 영상 편집을 위한 프리미어 프로 편집 도구

이것만 쓸 줄 알아도 기본 편집 완전 정복

도구 패널 기본 기능 알아보기

도구 패널은 편집 작업을 진행할 때 사용되는 도구들이 모여 있는 패널입니다. 대부분 [Timeline] 패널에서 사용하지만 일부 도구는 [Program] 패널에서 사용되기도 합니다. 편집 작업에 유용하게 사용되는 도구들인 만큼 각 도구의 기능을 충분히 이해하고 숙지해야 합니다.

도구 패널 한눈에 살펴보기

도구 패널에 있는 각 도구의 기능을 알아보겠습니다. 표시되어 있는 도구가 많은 양은 아니지만 영상을 다루는 프로그램의 특성상 도구의 기능을 정확하게 이해하고 익숙해져야 편집 작업이 빠르고 쉬워집니다.

이동, 선택

① **선택 도구(Selection Tool)** `V` | 클립을 선택, 이동하거나 키프레임 조정하기 ★중요

② **트랙 셀렉트 포워드 도구(Track Select Forward Tool)** `A` | 선택한 클립을 포함하여 맨 뒤쪽 클립까지 모두 선택하기 ★중요

자르기, 편집

③ **리플 에디트 도구(Ripple Edit Tool)** `B` | 인접한 클립에 영향을 주지 않으면서 선택한 클립의 길이를 자유롭게 조절하기

④ **자르기 도구(Razor Tool)** `C` | 원하는 부분을 클릭하여 클립 자르기 ★중요

편집점 조정

⑤ **슬립 도구(Slip Tool)** `Y` | 인접한 클립에 영향을 주지 않고 선택한 클립의 인 점과 아웃 점을 조정하기

그리기 요소

⑥ **펜 도구(Pen Tool)** `P` | [Program] 패널에서 자유 곡선을 이용해 패스(Path)로 이루어진 그래픽 요소 생성하기

⑦ **사각형 도구(Rectangle Tool)** | [Program] 패널에 사각형의 그래픽 요소 생성하기

화면 조작 ⑧ **핸드 도구(Hand Tool)** H | [Timeline] 패널의 전체 시퀀스 스크롤하기

텍스트 요소 ⑨ **타입 도구(Type Tool)** T | [Program] 패널에 텍스트 그래픽 요소 생성하기 ★중요

이동, 선택 도구

① **선택 도구(Selection Tool)** V | 편집 작업의 기본 도구입니다. [Timeline] 패널에서 클립을 선택하고 이동하거나 [Effect Controls] 패널에서 키프레임을 조정하는 등 가장 많은 작업에 사용합니다. ★중요

② **트랙 셀렉트 포워드 도구(Track Select Forward Tool)** A | 선택한 클립을 포함해 맨 뒤쪽 클립까지 모두 선택합니다. Shift 를 누른 상태에서 클릭하면 해당 클립이 배치된 트랙의 클립만 선택합니다. ★중요

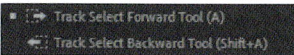

- **트랙 셀렉트 백워드 도구(Track Select Backward Tool)** Shift + A | 선택한 클립을 포함하여 맨 앞쪽의 클립까지 모두 선택합니다.

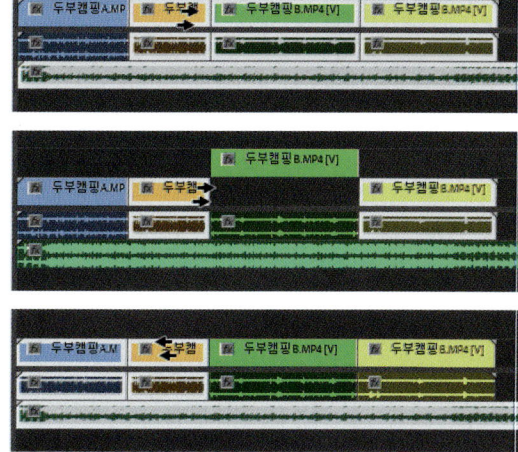

자르기, 편집 도구

③ **리플 에디트 도구(Ripple Edit Tool)** B | 인접한 클립에 영향을 주지 않으면서 선택한 클립의 길이를 자유롭게 조절합니다. 시퀀스 전체 길이에 영향을 주며 빈 공간 없이 클립의 길이를 조절할 수 있습니다.

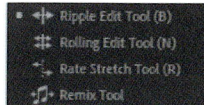

- **롤링 에디트 도구(Rolling Edit Tool)** N | 인접한 클립에 영향을 주면서 선택한 클립의 길이를 자유롭게 조절합니다. 시퀀스 전체 길이에 영향을 주지 않습니다.
- **레이트 스트레치 도구(Rate Stretch Tool)** R | 클립을 늘이거나(슬로우 모션) 줄여서(패스트 모션) 재생 속도를 자유롭게 조절합니다.

- **리믹스 도구(Remix Tool)** | 오디오 클립의 길이를 자유롭게 조절하고 길이에 맞도록 자동으로 리믹스를 진행합니다.

④ **자르기 도구(Razor)** `C` | 원하는 부분을 클릭하여 클립을 자릅니다. `Shift` 를 누른 상태에서 클릭하면 해당 위치의 모든 트랙에 있는 클립을 자릅니다. ★중요

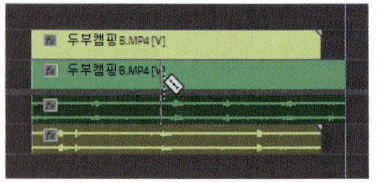

편집점 조정 도구

⑤ **슬립 도구(Slip Tool)** `Y` | 인접한 클립에 영향을 주지 않고 선택한 클립의 인 점과 아웃 점을 조정합니다.

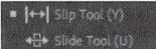

- **슬라이드 도구(Slide Tool)** `U` | 선택한 클립의 길이를 유지한 상태로 클립의 위치를 조정합니다. 인접한 클립의 길이에 영향을 줍니다.

그리기 요소 도구

⑥ **펜 도구(Pen Tool)** `P` | [Program] 패널에서 자유 곡선을 이용하여, 수정 가능한 패스(Path)로 이루어진 그래픽 요소를 생성합니다.

- **사각형 도구(Rectangle Tool)** | [Program] 패널에 사각형의 그래픽 요소를 생성합니다.
- **타원 도구(Ellipse Tool)** | [Program] 패널에 원형의 그래픽 요소를 생성합니다.
- **다각형 도구(Polygon Tool)** | [Program] 패널에 다각형의 그래픽 요소를 생성합니다.

화면 조작 도구

⑦ **핸드 도구(Hand Tool)** `H` | [Timeline] 패널의 전체 시퀀스를 스크롤할 때 사용합니다. 왼쪽과 오른쪽으로 이동하면서 시퀀스의 내용을 확인합니다. 또한 [Source] 패널과 [Program] 패널의 화면 확대 상태에서 화면을 이동할 때 사용합니다.

- **줌 도구(Zoom Tool)** `Z` | [Timeline] 패널의 작업 화면을 확대(클릭) 또는 축소(`Alt`+클릭)합니다. 화면의 일부분을 드래그하면 해당 부분을 자세히 볼 수 있습니다.

텍스트 요소 도구

⑧ **타입 도구(Type Tool)** `T` | [Program] 패널에 텍스트 그래픽 요소를 생성합니다.

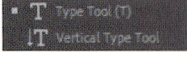

- **세로 타입 도구(Vertical Type Tool)** | [Program] 패널에 세로 형태 텍스트(세로 쓰기) 그래픽 요소를 생성합니다.

영상 편집의 기본 익히기

영상을 자르고, 이동하고, 이어 붙이기

영상 자르기와 이동하기

프리미어 프로의 가장 기본적인 편집 작업인 영상 자르기와 자른 영상을 원하는 위치로 이동하여 편집하는 방법을 알아보겠습니다. 사용하는 도구는 선택 및 이동에 사용하는 선택 도구▶ V 와 영상을 자를 때 사용하는 자르기 도구✂ C 입니다.

간단 실습 | 영상 자르고 옮기기

준비 파일 프리미어 프로/Chapter 03/영상편집기본익히기.prproj

여러 개의 영상 클립 중 원하는 영상을 자르고 이동하는 방법을 알아보겠습니다. **영상편집기본익히기.prproj** 준비 파일을 엽니다.

01 영상을 자를 위치를 지정합니다. 여기서는 **00:00:30:04** 지점으로 편집 기준선을 위치했습니다.

> 영상을 자를 위치의 타임코드를 알고 있다면 [Timeline] 패널의 타임코드 영역에 직접 입력하여 편집 기준선을 이동할 수 있습니다.

프리미어 프로로 영상 편집하기 | **CHAPTER 03** **143**

02 ❶ C 를 눌러 자르기 도구 를 선택하고 ❷ 편집 기준선에서 클릭해 영상을 자릅니다.

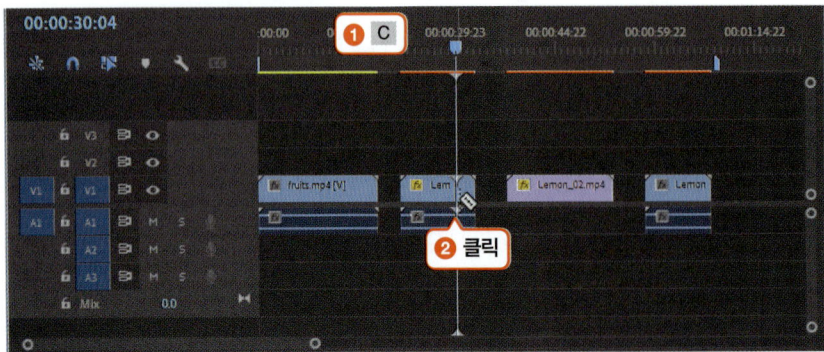

03 ❶ V 를 눌러 선택 도구 를 선택합니다. ❷ 잘린 영상 클립의 뒷부분을 클릭한 후 Delete 를 눌러 삭제합니다.

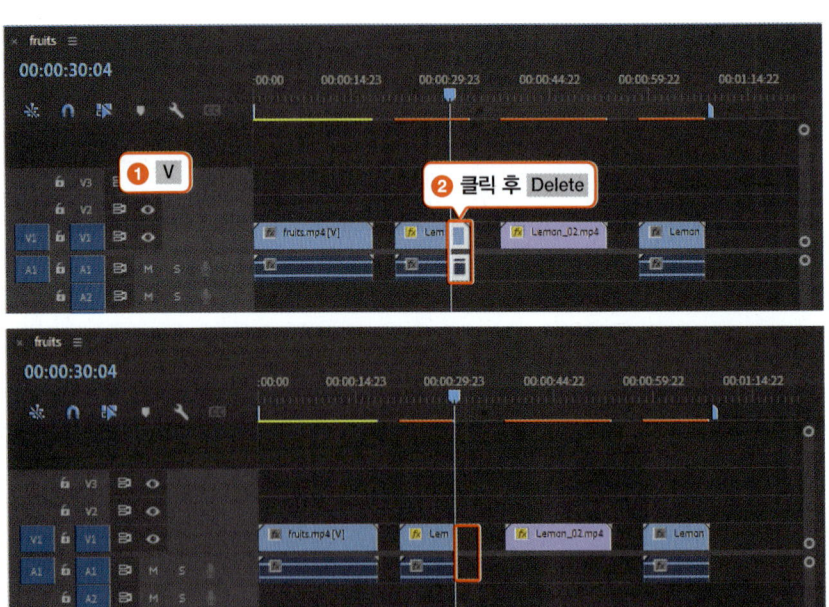

04 [Lemon_02.mp4] 클립을 드래그하여 앞의 클립에 연결되도록 이동합니다.

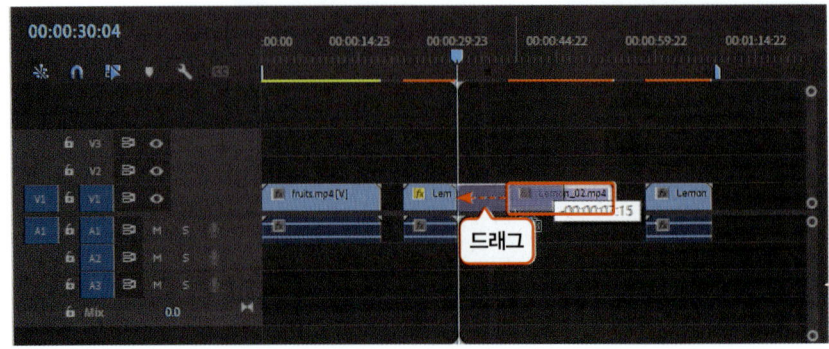

여러 개의 클립을 동시에 선택하고 싶을 때는 Shift 를 누른 상태로 클릭해 선택합니다.

기능 꼼꼼 익히기 🎤 　비디오 클립과 오디오 클립이 같이 움직이지 않는 문제 해결하기

클립을 이동할 때 비디오 클립과 오디오 클립이 같이 움직이지 않는다면 링크드 셀렉션 (Linked Selection) 기능이 활성화되어 있는지 확인합니다. 링크드 셀렉션 기능이 활성화되어 있지 않다면 비디오 클립과 오디오 클립이 함께 선택되지 않습니다. 또 링크드 셀렉션이 활성화되어 있더라도 Alt 를 누른 상태로 클립을 선택하면 비디오(또는 오디오) 클립을 개별적으로 선택할 수 있습니다.

기능 꼼꼼 익히기 🎤 　스냅(Snap) 기능 알아보기

스냅(Snap) S 은 자석처럼 붙는다는 의미입니다. 스냅 기능이 활성화된 상태에서 자르기 도구로 편집 기준선의 가까운 곳을 클릭하면 편집 기준선과 마우스 포인터의 위치가 정확하게 일치하지 않아도 자동으로 편집 기준선의 위치를 자릅니다. 클립을 이동할 때도 인접한 클립의 인 점(또는 아웃 점)의 클립 사이에 공백 없이 연결되도록 검은색 가이드라인 표시와 함께 밀착되는 기능이 구현됩니다.

영상 이어 붙이기

영상 클립 사이의 공백을 지워주는 [Ripple Delete] 기능을 알아보겠습니다. 영상 클립을 개별적으로 이동하는 번거로움 없이 간단하게 실행하는 기능으로, 두 가지 방법으로 실행할 수 있습니다. 리플 삭제 기능을 사용할 때는 영상 클립 간에 간섭이 생기지 않도록 트랙 정리에 유의하며 작업을 진행해야 합니다.

간단실습　클립 사이의 공백 없애기

준비 파일 프리미어 프로/Chapter 03/영상편집기본익히기.prproj

01 **영상편집기본익히기.prproj** 준비 파일에서 계속 진행합니다. 클립을 삭제하거나 이동한 후 생긴 클립 사이의 빈 공간을 지우면서 뒤쪽 클립을 앞의 클립으로 붙여보겠습니다. 클립 사이의 공백 부분을 클릭합니다.

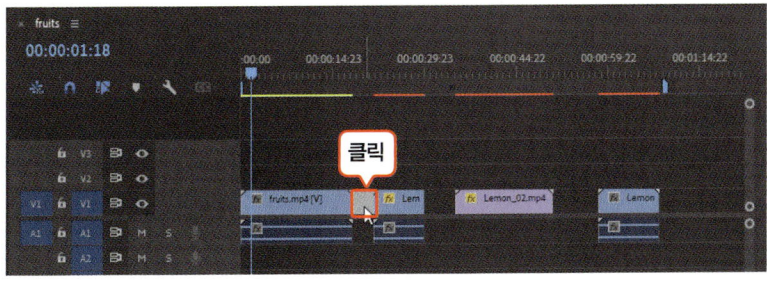

02 ❶ [Edit]-[Ripple Delete] 메뉴를 선택합니다. ❷ 공백이 삭제되고 뒤에 있던 클립이 바로 이어집니다.

03 ❶ 또는 클립 사이의 공백을 마우스 오른쪽 버튼으로 클릭합니다. ❷ [Ripple Delete]를 클릭합니다.

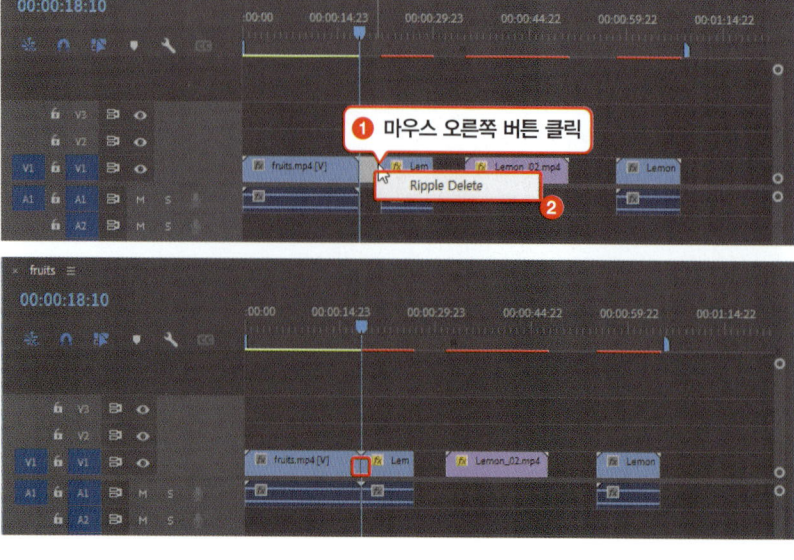

여러 개의 공백 한번에 지우기

여러 개의 공백을 한번에 지우고 싶다면 [Timeline] 패널이 활성화된 상태에서 [Sequence]-[Close Gap] 메뉴를 선택합니다. 한번에 여러 개의 공백이 삭제됩니다. 이때 특정 클립이 선택되어 있지 않은 상태여야 한다는 점을 주의합니다.

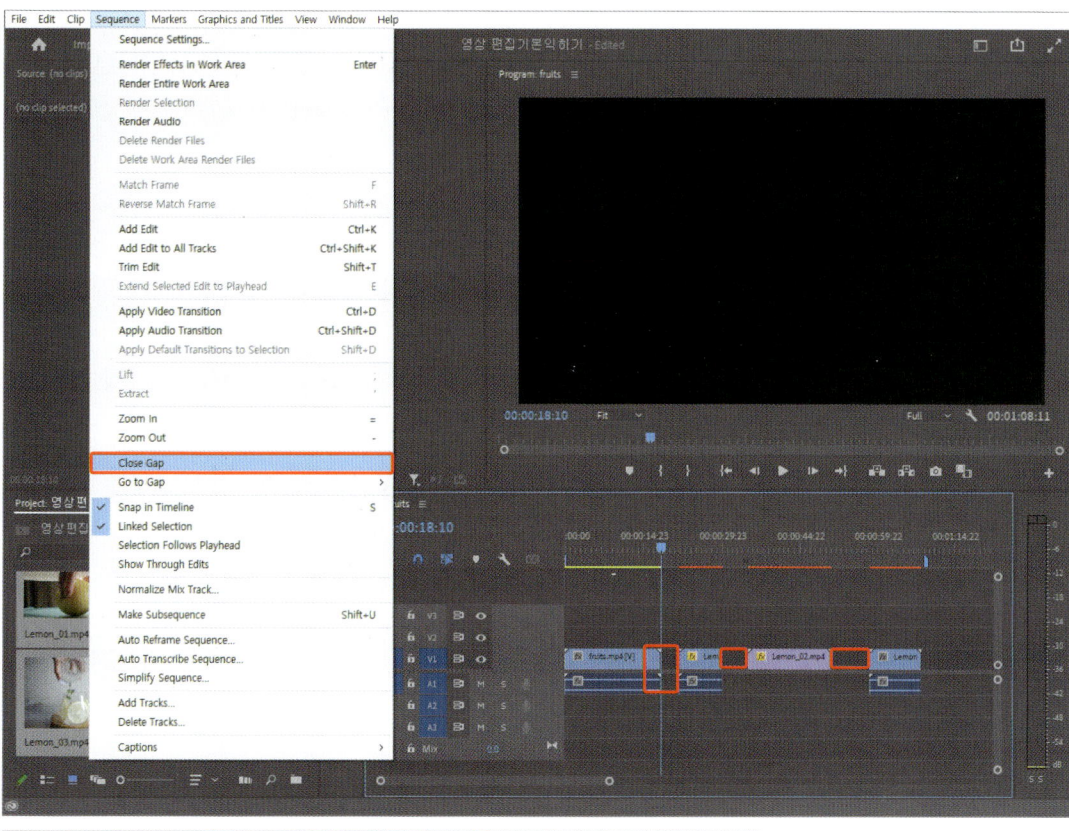

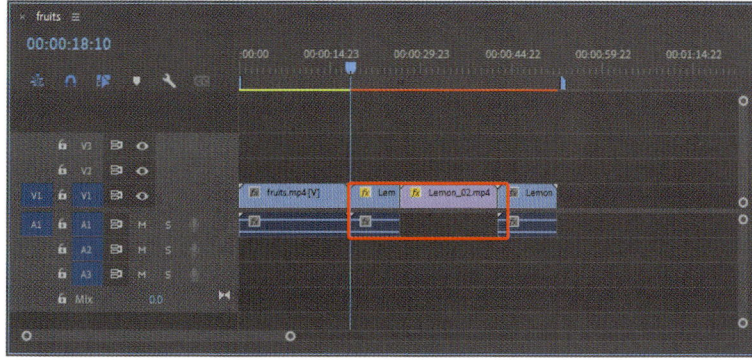

LESSON 03 영상 트랙에 레이어 추가하기

트랙에 컬러매트 레이어 배치하기

간단 실습   컬러매트 레이어 만들기

준비 파일 프리미어 프로/Chapter 03/컬러매트.prproj

Color Matte(컬러매트) 레이어를 생성하고 영상 클립의 상단 또는 하단 트랙에 배치하여 다양하게 활용하는 방법을 알아보겠습니다. **컬러매트.prproj** 준비 파일을 불러옵니다.

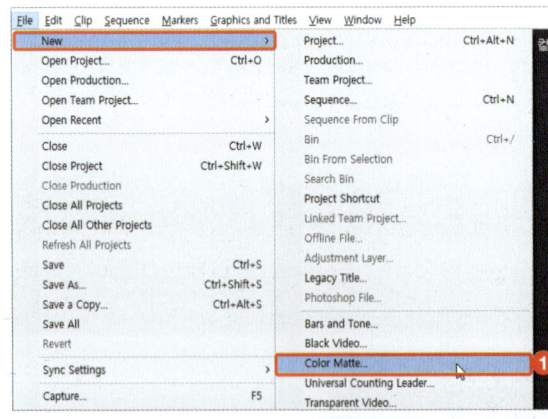

01 ❶ 컬러매트는 [File]-[New]-[Color Matte] 메뉴를 선택하여 생성하거나 ❷ [Project] 패널 오른쪽 아래의 New Item 을 클릭하고 ❸ [Color Matte]를 클릭하여 생성할 수도 있습니다.

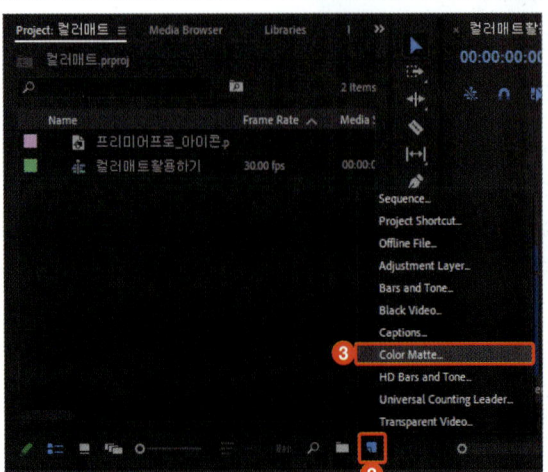

148   프리미어 프로 | 쉽고 빠른 프리미어 프로 레시피

02 [Color Matte]를 실행하면 [New Color Matte] 대화상자가 나타납니다. 컬러매트의 기본 세팅은 현재 작업 중인 시퀀스의 세팅(해상도, 프레임 레이트, 픽셀 비율)과 동일한 값으로 설정되어 있습니다. 설정값을 확인한 후 [OK]를 클릭합니다.

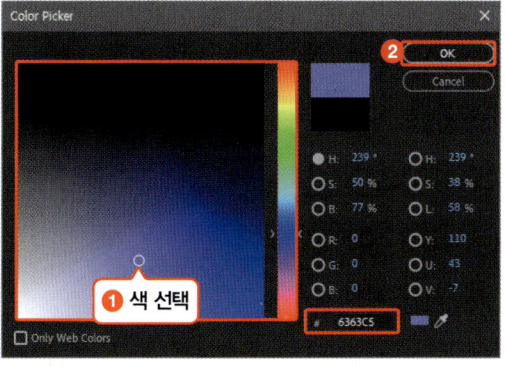

03 [Color Picker] 대화상자가 나타납니다. ① 원하는 색을 선택하고 ② [OK]를 클릭해 색을 결정합니다. 예제에서는 컬러코드(#)에 **6363C5**를 입력해 색을 선택했습니다.

[Color Picker] 대화상자는 색을 선택하는 거의 모든 작업에 사용되는 대화상자입니다. 오른쪽의 슬라이더에서 색을 선택한 후 왼쪽의 팔레트에서 명도와 채도를 결정하거나 HSB, HSL, RGB, YUV 등 다양한 방식의 색 체계를 선택할 수도 있습니다. 디지털 영상 작업에서는 RGB가 가장 많이 쓰입니다. 원하는 색의 코드를 알고 있다면 [#] 입력란에 직접 코드를 입력해 색을 선택할 수도 있으며, 오른쪽의 ▨를 클릭하여 원하는 색상을 선택할 수도 있습니다.

04 ① [Choose Name] 대화상자가 나타나면 컬러매트의 이름을 입력합니다. 예제에서는 **Blue Color Matte**로 입력했습니다. ② [OK]를 클릭해 컬러매트를 생성합니다. ③ [Project] 패널을 확인하면 동일한 이름의 컬러매트가 생성된 것을 확인할 수 있습니다.

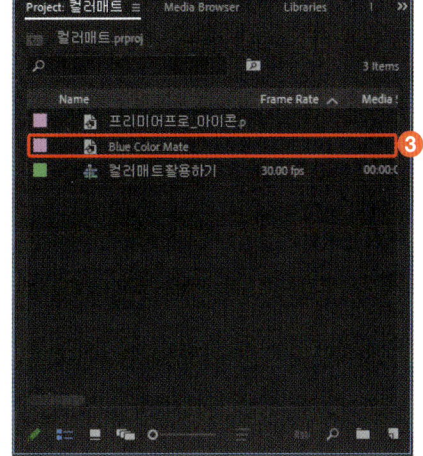

05 생성된 컬러매트는 [Project] 패널에서 해당 소스를 더블클릭한 후 [Color Picker] 대화상자에서 다른 색으로 변경할 수 있습니다.

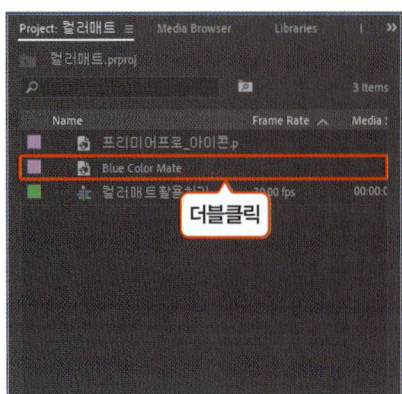
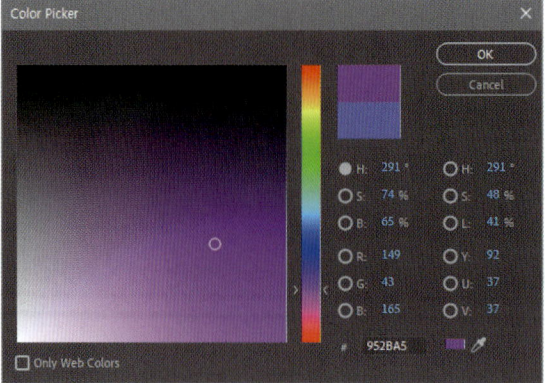

간단실습 컬러매트 레이어를 배경으로 사용하기

배경이 투명한 영상이나 이미지 등을 이용하여 작업할 때 소스 트랙 아래의 트랙에 컬러매트를 배치하여 배경색으로 사용할 수 있습니다. 앞서 실습한 **컬러매트.prproj** 준비 파일에서 계속 진행합니다.

01 [Project] 패널에서 **프리미어프로_아이콘.png** 소스를 [Timeline] 패널의 비디오 2번 트랙(V2)으로 드래그합니다.

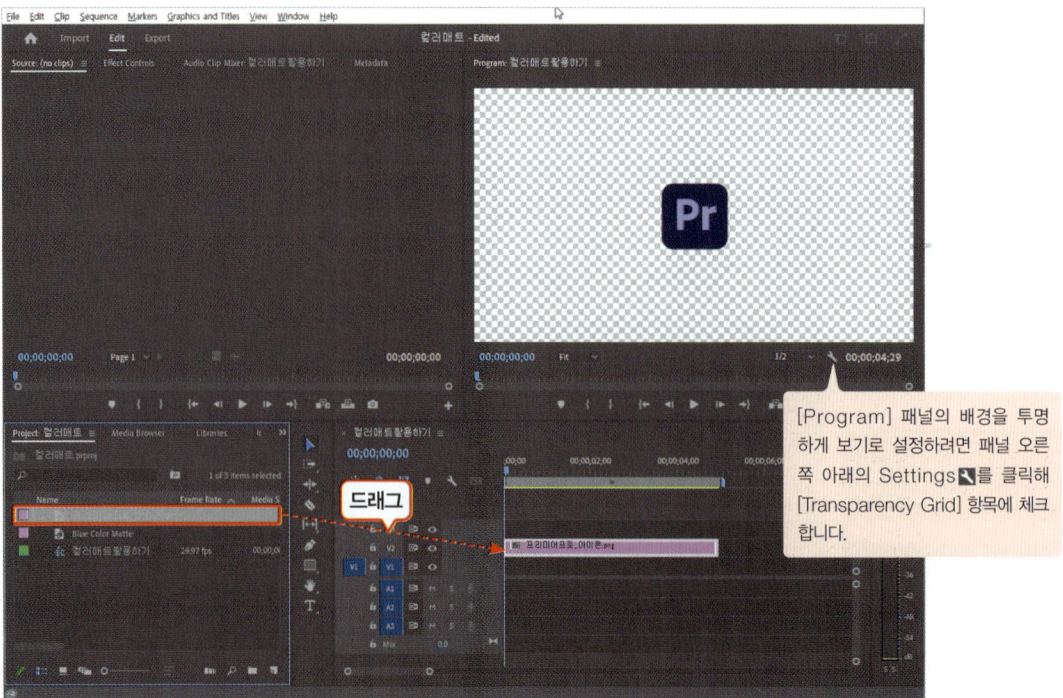

[Program] 패널의 배경을 투명하게 보기로 설정하려면 패널 오른쪽 아래의 Settings를 클릭해 [Transparency Grid] 항목에 체크합니다.

02 [Project] 패널에서 **Blue Color Matte** 컬러매트를 [Timeline] 비디오 1번 트랙(V1)에 배치합니다. 컬러매트가 적용된 배경은 [Program] 패널에서 프리미어 프로 아이콘 이미지 아래에 나타납니다.

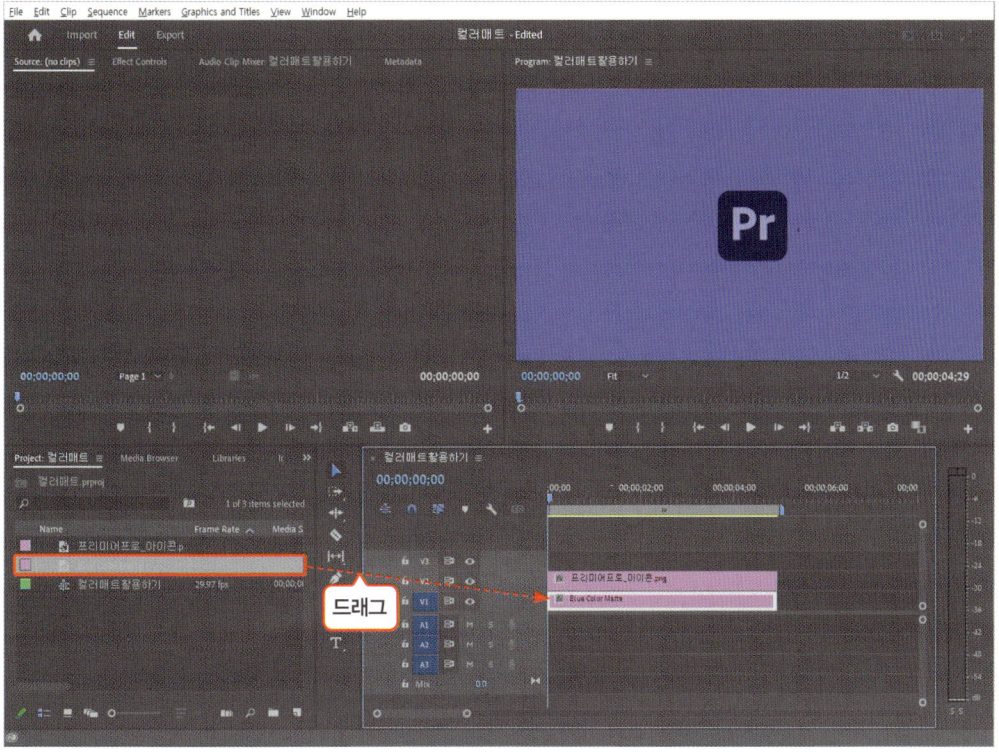

컬러매트 레이어로 블랙 디졸브 효과 적용하기

준비 파일 프리미어 프로/Chapter 03/젤리커플.prproj

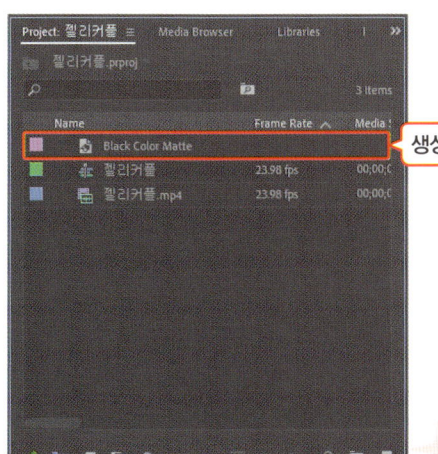

01 젤리커플.prproj 준비 파일을 열고 [Project] 패널에서 검은색 배경의 **Black Color Matte** 컬러매트를 생성합니다.

검은색의 컬러코드는 000000입니다.

02 ① 젤리커플.mp4 소스를 [Timeline] 패널의 비디오 1번 트랙(V1)에 배치하고 ② **Black Color Matte** 레이어 소스를 비디오 2번 트랙(V2)에 배치합니다. 이때 [Black Color Matte] 클립을 [젤리커플.mp4] 클립의 끝점과 일치하도록 배치합니다.

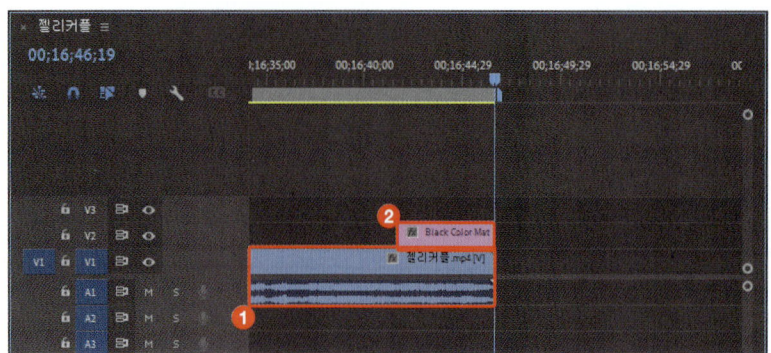

03 영상에서 블랙 디졸브가 시작할 지점을 설정합니다. 여기서는 인사가 마무리되는 **00:16:35:04** 지점을 블랙 디졸브가 시작될 지점으로 선택했습니다. [Black Color Matte] 클립을 드래그하여 **00:16:35:04** 지점으로 이동합니다.

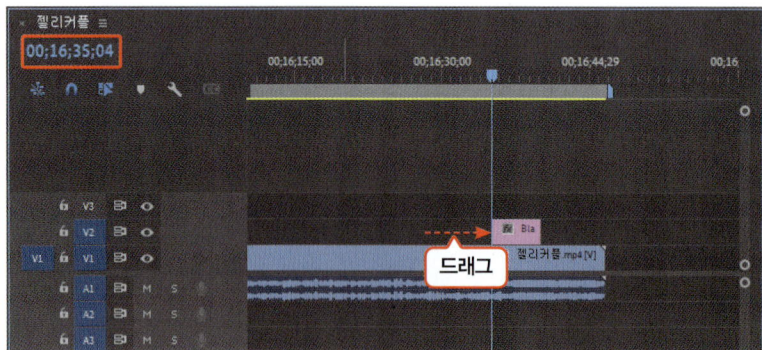

04 블랙 디졸브 효과가 시작되는 지점을 확인하기 위해 비디오 2번 트랙(v2)의 👁 를 클릭하여 보이지 않도록 설정합니다.

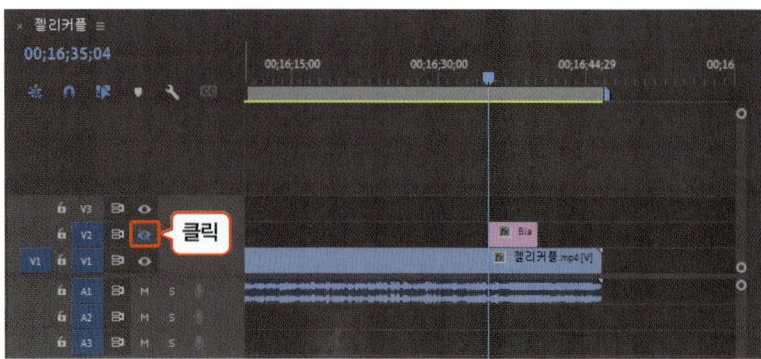

05 ① [Timeline] 패널에서 [Black Color Matte] 클립을 선택하고 ② [Effect Controls] 패널을 활성화합니다. ③ [Opacity] 항목에서 클립의 인 점에 키프레임을 생성(◉을 클릭)하고 ④ 수치를 **0%**로 설정합니다. ⑤ 아웃 점에 키프레임을 생성하고 수치를 **100%**로 설정합니다.

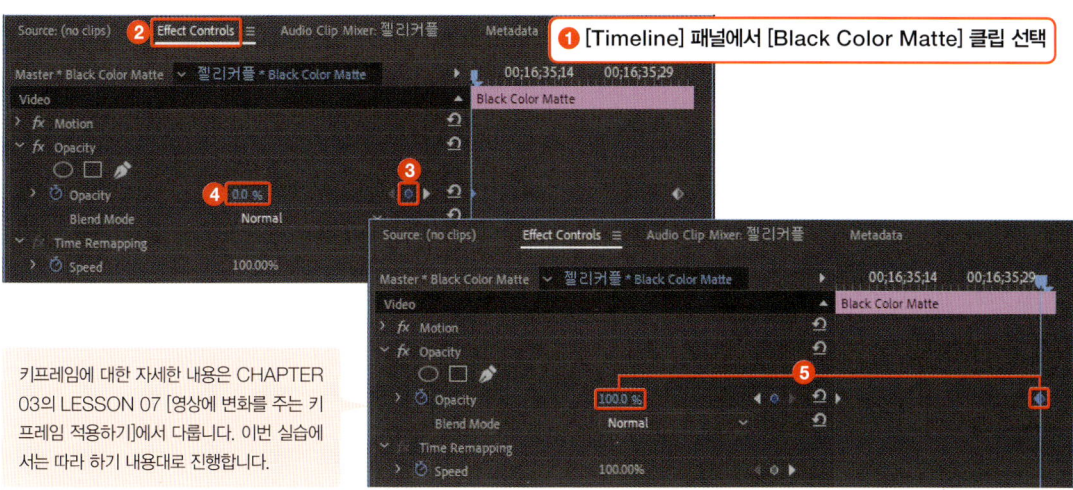

키프레임에 대한 자세한 내용은 CHAPTER 03의 LESSON 07 [영상에 변화를 주는 키프레임 적용하기]에서 다룹니다. 이번 실습에서는 따라 하기 내용대로 진행합니다.

06 ① 비디오 2번 트랙(V2)의 ◉을 클릭합니다. ② C 를 눌러 자르기 도구 ◆ 를 선택합니다. ③ [젤리커플.mp4] 클립을 **00:16:40:03** 지점에서 자른 후 ④ 잘린 클립의 뒷부분은 Delete 를 눌러 삭제합니다.

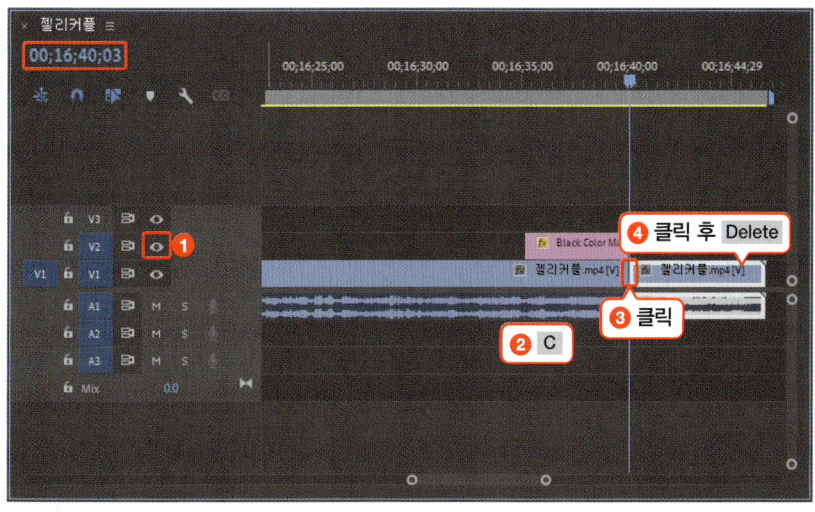

컬러매트를 이용한 블랙 디졸브 효과는 작업 시퀀스에 트랙이 많은 경우 모든 트랙에 효과를 한번에 적용할 때 유용합니다.

기능 꼼꼼 익히기 | 레이어 파일, 이미지 파일의 기본 길이 설정 확인하고 변경하기

레이어 소스, 이미지 파일의 기본 삽입 길이(Duration)는 5초로 설정되어 있습니다. [Edit]–[Preferences]–[Timeline] 메뉴를 선택하고 [Preferences] 대화상자가 나타나면 [Still Image Default Duration] 항목에서 기본 길이 설정을 변경할 수 있습니다. 레이어 파일, 이미지 파일과 같은 이미지 클립은 정지되어 있으므로 영상 클립과 다르게 얼마든지 길이를 늘이고 줄일 수 있습니다.

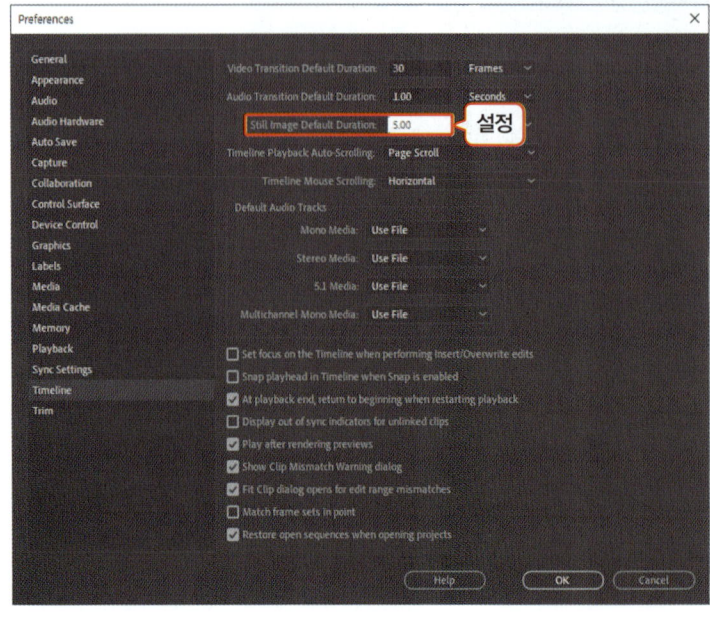

멀티 트랙에서 영상 편집하기

여러 개의 영상 자르고 편집하기

멀티 트랙 사용하기

여러 개의 클립을 이용하여 영상 편집을 진행할 때 트랙을 효과적으로 활용하는 방법을 알아보겠습니다. [Timeline] 패널에서 클립을 이동하는 경우 클립이 겹칠 때 기존의 클립 위에 이동한 클립이 덮어씌워지는 현상이 발생합니다. 이때 멀티 트랙 편집 방법을 사용하면 이러한 현상을 방지하여 영상 편집을 수월하게 진행할 수 있습니다.

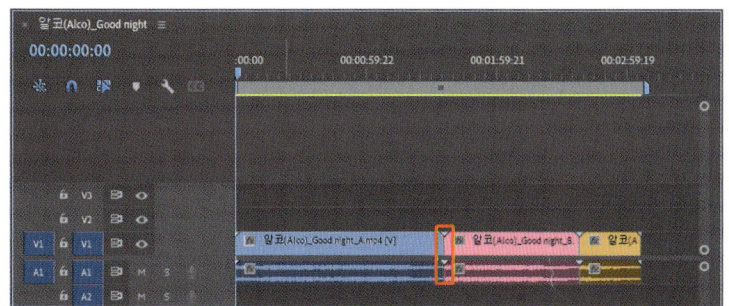

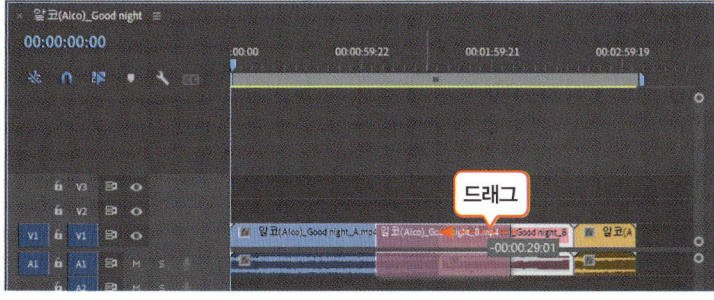

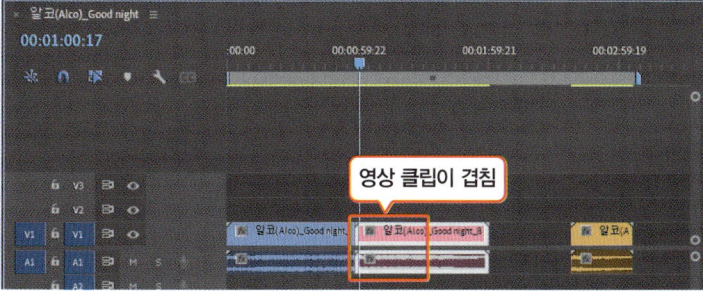

▲ 여러 개의 클립을 하나의 타임라인에 배치하면 클립을 옮길 때 겹쳐진 부분의 클립에 덮어씌워지는 현상이 발생합니다.

간단 실습 — 멀티 트랙으로 영상 배치하기

준비 파일 프리미어 프로/Chapter 03/멀티트랙.prproj

01 **멀티트랙.prproj** 준비 파일을 불러옵니다. 영상 소스 클립을 [Timeline] 패널에 아래 그림과 같이 배치합니다.

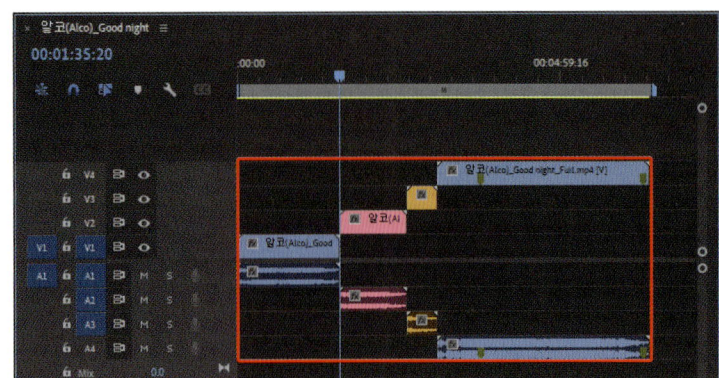

[Timeline] 패널에는 기본적으로 비디오, 오디오 각각 세 개의 트랙이 있습니다. [Source] 패널에서 영상 소스를 비디오 트랙 상단의 빈 공간에 드래그하면 새 트랙을 쉽게 추가할 수 있습니다.

트랙	영상 소스
비디오 1번 트랙(V1)	알코(Alco)_Goog nignt_A.mp4
비디오 2번 트랙(V2)	알코(Alco)_Goog nignt_B.mp4
비디오 3번 트랙(V3)	알코(Alco)_Goog nignt_C.mp4
비디오 4번 트랙(V4)	알코(Alco)_Goog nignt_Full.mp4

[Project] 패널에서 [Timeline] 패널의 트랙으로 직접 배치하는 경우에는 비디오 클립과 오디오 클립이 각각 선택하는 트랙에 배치됩니다. 다만 [Timeline] 패널에 이미 배치된 클립의 트랙을 변경할 때는 비디오 클립과 오디오 클립을 모두 다른 트랙으로 배치해야 합니다.

02 각 클립의 내용을 확인하면서 필요한 부분을 자르고 이동하여 편집을 진행합니다. 멀티 트랙을 이용하면 다른 트랙을 덮어쓰지 않으면서 영상을 중첩하여 작업할 수 있습니다. 또한 컷이 변하는 지점의 클립을 이동하면서 자유롭게 변경할 수도 있습니다. 트랙에 중첩된 클립들을 한번에 잘라야 하는 경우에는 C 를 눌러 자르기 도구 를 선택한 후 Shift 를 누른 상태에서 클릭합니다.

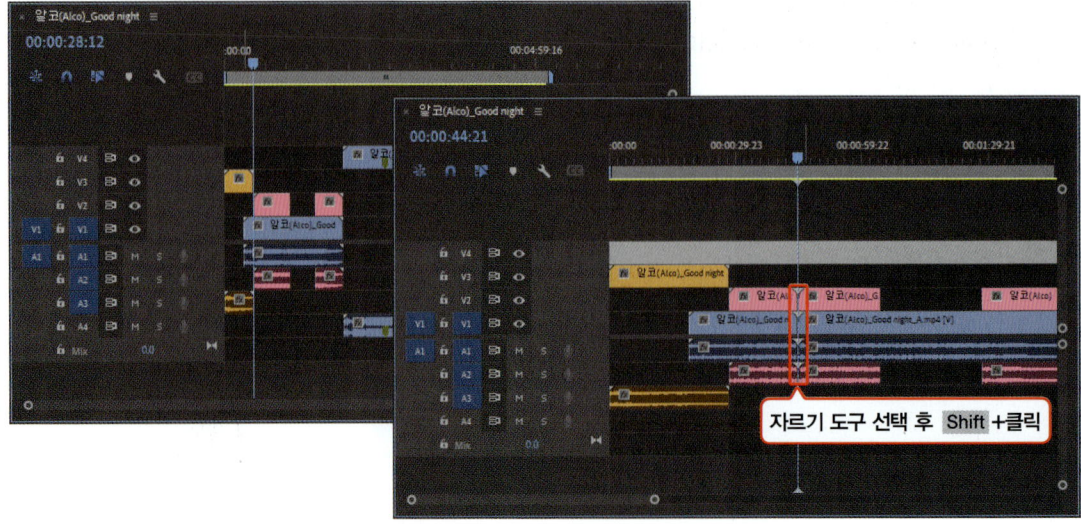

자르기 도구 선택 후 Shift +클릭

다양하게 영상 가공하기

위치, 크기, 회전, 불투명도 조정하기

영상을 가공하는 [Effect Controls] 패널 알아보기

모든 영상 클립, 소스, 시퀀스 등은 [Effect Controls] 패널에서 여러 가지 옵션을 활용해 다양하게 변형할 수 있습니다. 먼저 Position(위치), Scale(크기), Rotation(회전), Opacity(불투명도) 설정을 변경하여 영상을 가공해보겠습니다. [Effect Controls] 패널에서 변경된 옵션값은 Reset Effect 를 클릭하면 언제든 기본값으로 되돌릴 수 있습니다.

간단 실습 | 영상 소스 크기 변경하기

준비 파일 프리미어 프로/Chapter 03/영상 가공하기.prproj

먼저 화면에 표시되는 영상의 크기를 변경해보겠습니다. 영상 크기는 [Effect Controls] 패널-[Motion]-[Scale]에서 변경할 수 있습니다. **영상 가공하기.prproj** 예제 파일을 불러옵니다.

01 비디오 2번 트랙(V2)의 [travel.mp4] 클립을 클릭합니다.

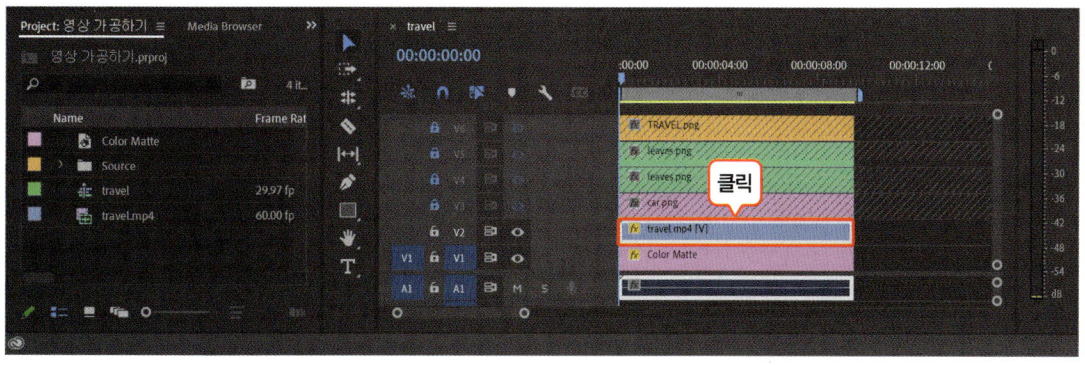

02 [Effect Controls] 패널-[Scale]에 89.3을 입력합니다. 영상의 크기가 줄어듭니다.

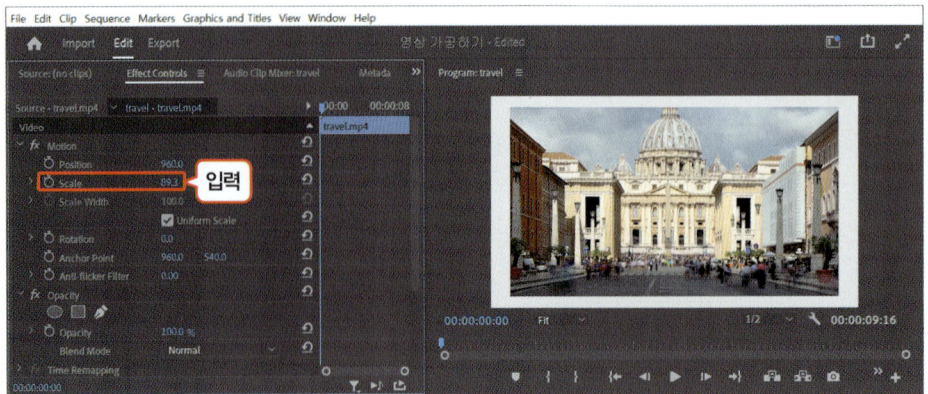

기능 꼼꼼 익히기 🎤 가로세로 각각 다른 비율로 크기 조정하기

가로세로를 각각 다른 비율로 조정하려면 [Uniform Scale]의 체크를 해제합니다. [Scale] 항목이 [Scale Height](높이)와 [Scale Width](넓이)로 나누어지며 각각 조정할 수 있습니다.

기능 꼼꼼 익히기 🎤 [Program] 패널에서 크기 변경하기

[Program] 패널에서 영상 및 소스의 크기를 변경하고 싶을 때는 [Program] 패널에서 소스를 더블클릭하거나 [Effect Controls] 패널에서 속성 항목(여기서는 [Scale])을 클릭한 후 [Program] 패널에서 꼭짓점을 드래그해 변경할 수 있습니다.

---

03 크기를 변경한 비디오 2번 트랙(V2)의 [travel.mp4] 클립은 🔓를 클릭해서 잠궈🔒 줍니다.

간단 실습 영상 소스 위치 변경하기

준비 파일 프리미어 프로/Chapter 03/영상 가공하기.prproj

이번에는 [Effect Controls] 패널-[Motion]-[Position]에서 값을 조정해 영상 위치를 변경해보겠습니다. **영상 가공하기.prproj** 준비 파일에서 계속 진행합니다.

01 ❶ [Timeline] 패널에서 비디오 3번 트랙(V3)의 [car.png] 클립을 잠금 해제하고 ❷ 를 클릭해 활성화합니다. ❸ [Effect Controls] 패널-[Position]의 값을 확인합니다.

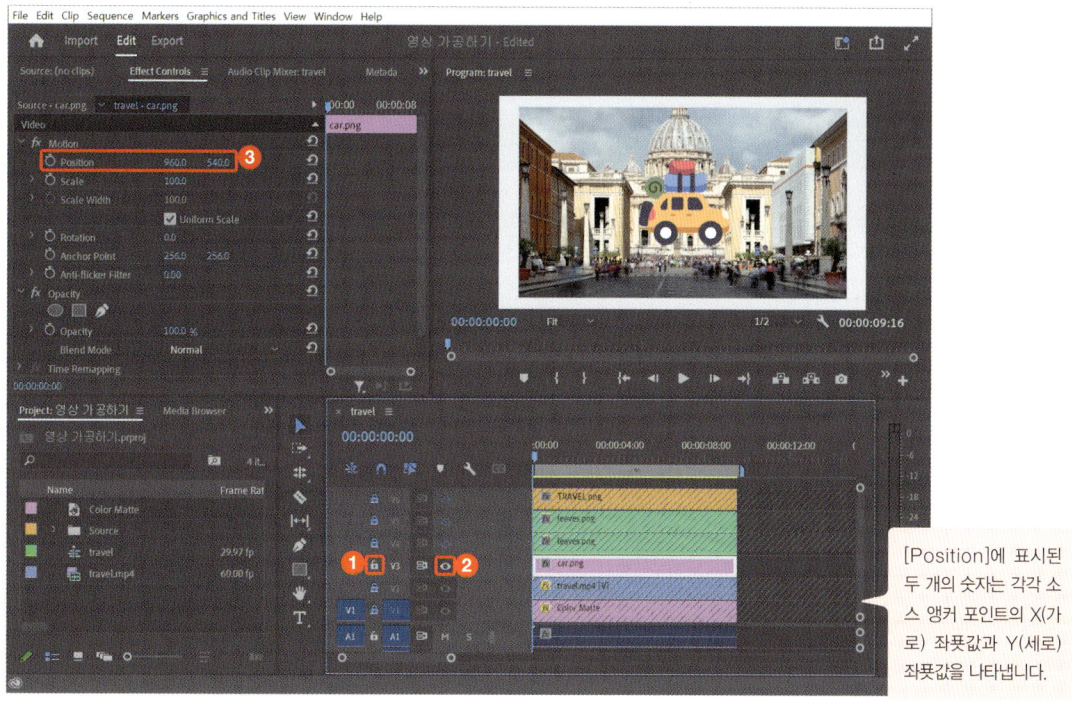

[Position]에 표시된 두 개의 숫자는 각각 소스 앵커 포인트의 X(가로) 좌푯값과 Y(세로) 좌푯값을 나타냅니다.

02 화면의 왼쪽 하단으로 자동차를 옮겨보겠습니다. ❶ [Position]의 X(가로) 좌푯값을 **157.7**로 Y(세로) 좌푯값을 **911.3**으로 설정합니다. ❷ 좌측 하단에 자동차가 배치됩니다.

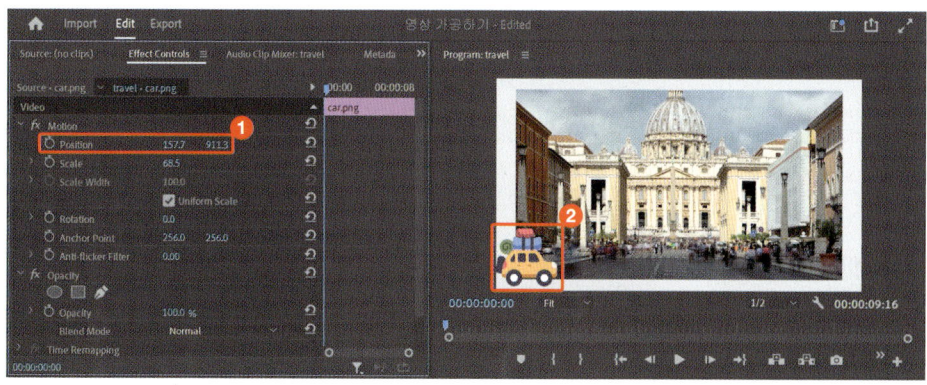

03 [Program] 패널을 확인하며 자동차의 크기를 조정해봅니다. 여기서는 [Scale] 값을 68.5로 설정했습니다.

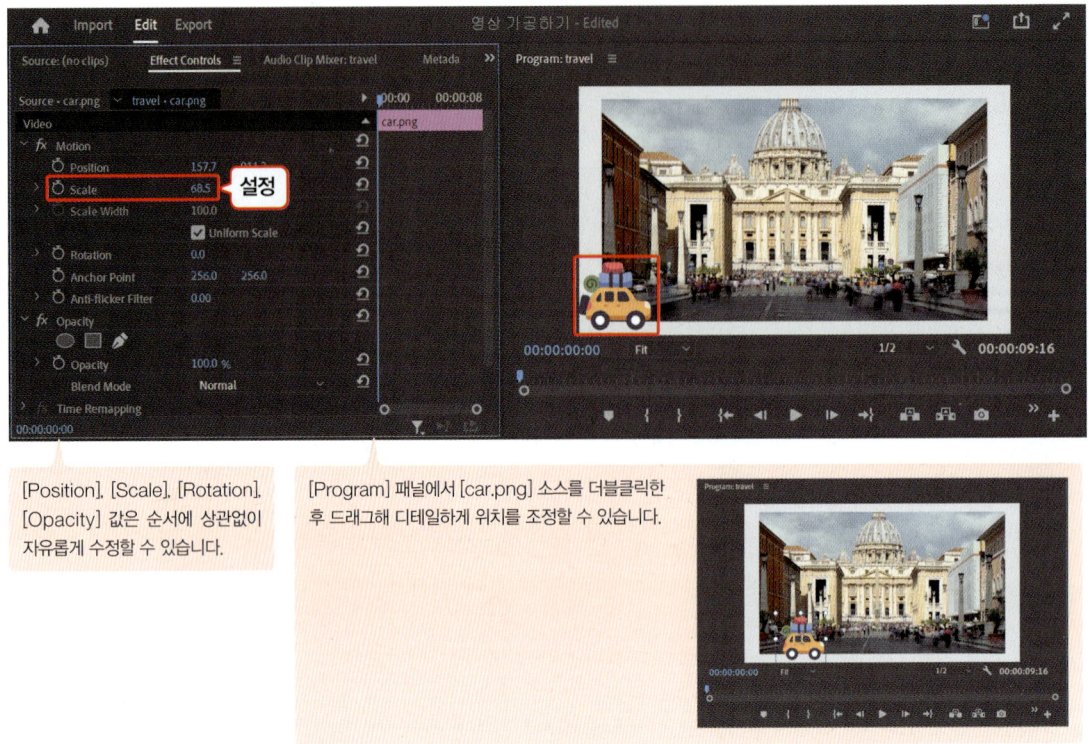

[Position], [Scale], [Rotation], [Opacity] 값은 순서에 상관없이 자유롭게 수정할 수 있습니다.

[Program] 패널에서 [car.png] 소스를 더블클릭한 후 드래그해 디테일하게 위치를 조정할 수 있습니다.

04 작업이 완료된 비디오 3번 트랙(V3)의 [car.png] 클립은 🔒를 클릭해서 잠궈🔒줍니다.

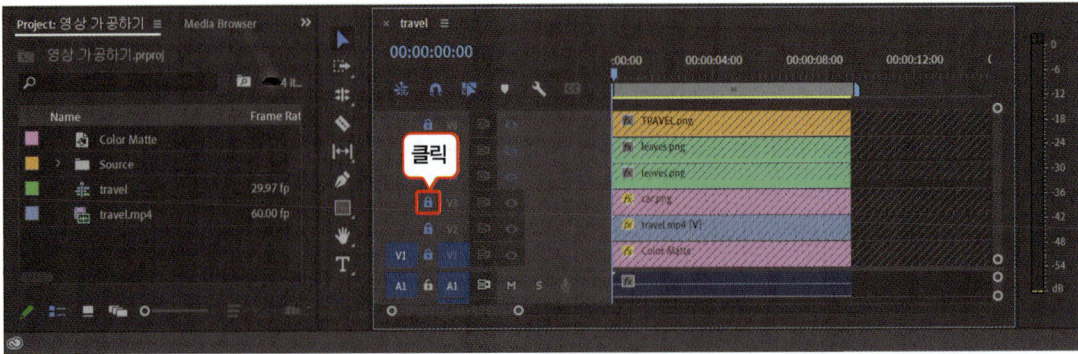

한눈에 실습 영상 소스 회전 변경하기

준비 파일 프리미어 프로/Chapter 03/영상 가공하기.prproj
핵심 기능 드래그로 영상 소스 회전, Rotation

촬영된 원본 영상이나 소스를 회전하고 싶을 때는 [Program] 패널에서 소스를 직접 조정하거나 [Effect Controls] 패널-[Motion]-[Rotation]의 값을 조정합니다. **영상 가공하기.prproj**에서 계속 진행합니다.

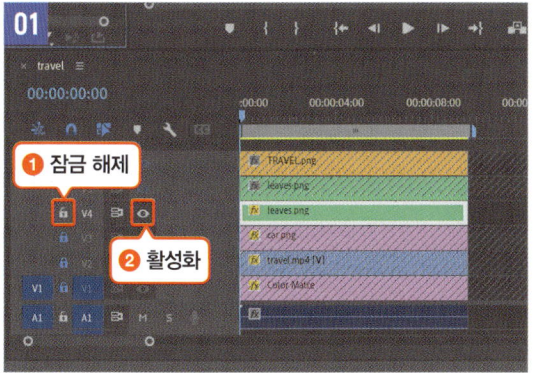

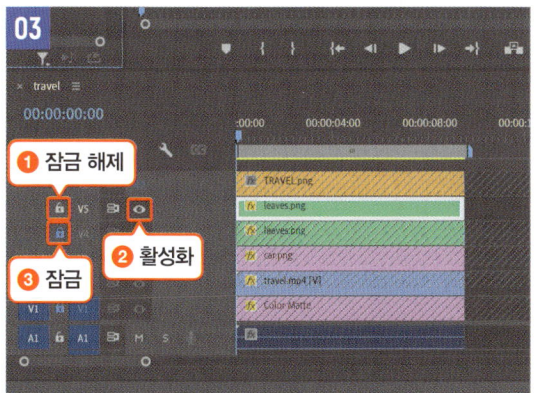

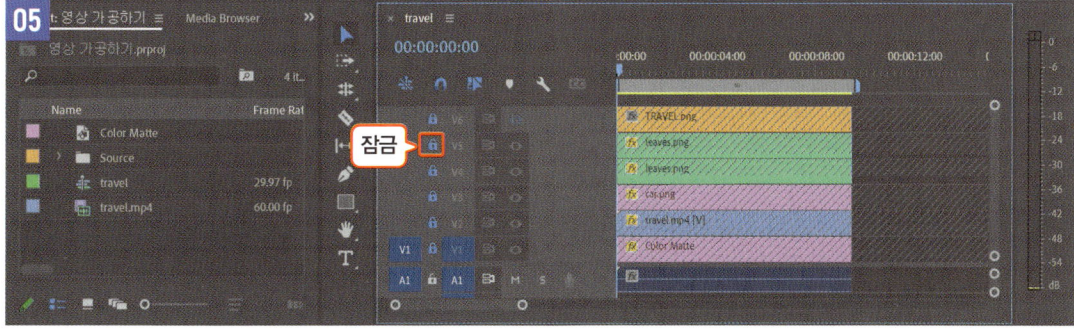

한눈에 실습 | 영상 소스 불투명도 변경하기

준비 파일 프리미어 프로/Chapter 03/영상 가공하기.prproj
핵심 기능 불투명도, Opacity

[Effect Controls] 패널-[Opacity]-[Opacity]에서 영상 또는 소스의 불투명도를 변경할 수 있습니다. **영상 가공하기.prproj**에서 계속 진행합니다.

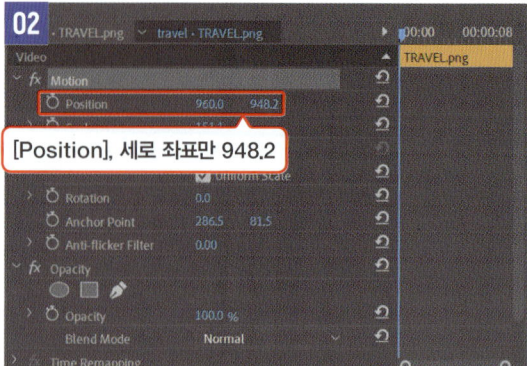

기능 꼼꼼 익히기 | 불투명도에 따른 영상 소스 미리 보기

[Opacity]는 소스의 불투명한 정도를 의미하므로 100%일 때 가장 선명하게 보입니다.

LESSON 06
재미 있는 효과를 연출하는 마스크 다루기
마스크 활용해 합성하기

마스크의 기본 옵션 알아보기

마스크는 조절점과 조절점을 연결한 패스(Path)로 구성되어 있으며 원하는 형태를 만들 수 있는 세 가지 기본 형태(원형, 사각형, 자유 곡선)를 지원합니다. 마스크를 생성하면 생성된 패스 안쪽이 보이며 [Inverted] 옵션에 체크하여 노출되는 영역을 반전할 수 있습니다. 마스크의 크기와 모양은 다양하게 변경할 수 있으며 마스크의 크기가 변하는 애니메이션을 구성하거나 다른 소스와 합성하는 등 재미있는 효과를 연출할 수 있습니다.

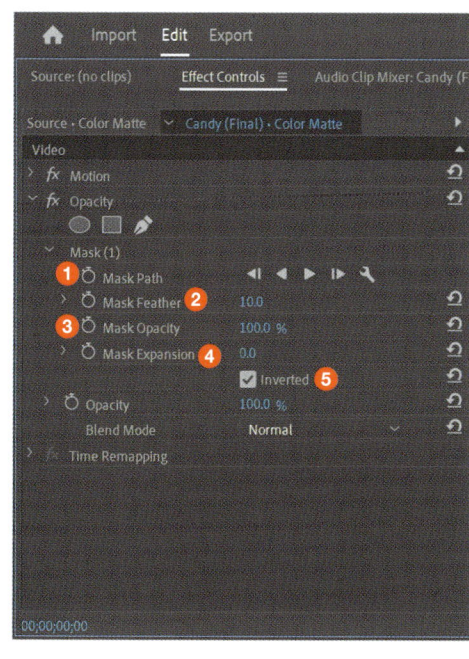

① **Mask Path** | 마스크 패스를 제어하는 부분입니다. [Program] 패널에서 작업한 마스크에 키프레임을 적용하거나 트래킹(Tracking, 추적) 작업을 할 수 있습니다.

② **Mask Feather** | 마스크 패스 경계 부분의 부드러운 정도를 조절합니다.

③ **Mask Opacity** | 마스크 영역의 불투명도를 조절합니다.

④ **Mask Expansion** | 마스크 영역의 보이는 정도를 조절합니다. 0일 경우 마스크 패스와 1:1 비율로 노출되고, 0보다 커지면 패스 영역보다 노출 영역이 커집니다. 0보다 작아지면 패스 영역보다 노출 영역이 작아집니다.

⑤ **Inverted** | 마스크 패스의 노출 영역을 반전시킵니다.

[Program] 패널에서 마스크 조절하기

[Effect Controls] 패널에서 값을 조절하는 방법 외에도 [Program] 패널에서 마스크 옵션을 직관적으로 조절할 수 있습니다. [Effect Controls] 패널에서 [Mask] 항목을 선택하면 [Program] 패널에 해당 마스크의 패스와 조절점이 표시됩니다.

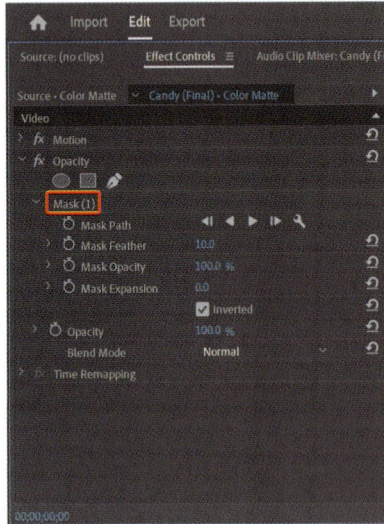 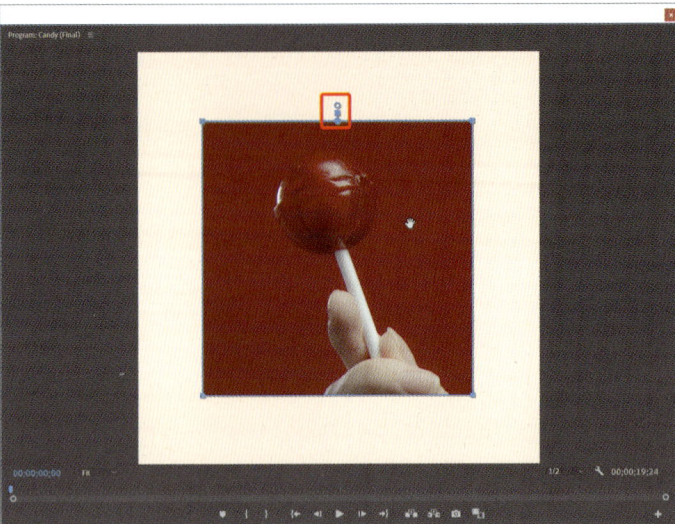

[Program] 패널에서 패스의 네 조절점을 드래그해 마스크의 형태와 크기를 변경할 수 있습니다. 이때 가장 위의 원형 조절점을 드래그하면 [Mask Feather]의 범위를 변경할 수 있고, 중간의 사각형 조절점을 드래그하면 [Mask Expansion]의 범위를 조절할 수 있습니다. 마스크 영역 안쪽에 마우스 포인터를 위치하고 마우스 포인터가 손 모양으로 변하면 드래그해서 마스크 영역의 위치를 이동할 수도 있습니다.

간단 실습 | 마스크 기능으로 액자 연출하기

준비 파일 프리미어 프로/Chapter 03/마스크활용하기.prproj

마스크 기능을 활용하여 액자 느낌의 디자인을 연출해보겠습니다. 마스크는 컬러매트, 동영상, 이미지 파일 등 다양하게 적용할 수 있습니다. **마스크활용하기.prproj** 준비 파일을 불러옵니다.

01 ① 비디오 2번 트랙(V2)의 [Color Matte] 레이어를 클릭한 후 ② [Effect Controls] 패널에서 [Opacity] 항목의 Create 4-point polygon mask ■를 클릭합니다. [Program] 패널에 마스크 패스와 사각형 영역이 나타납니다.

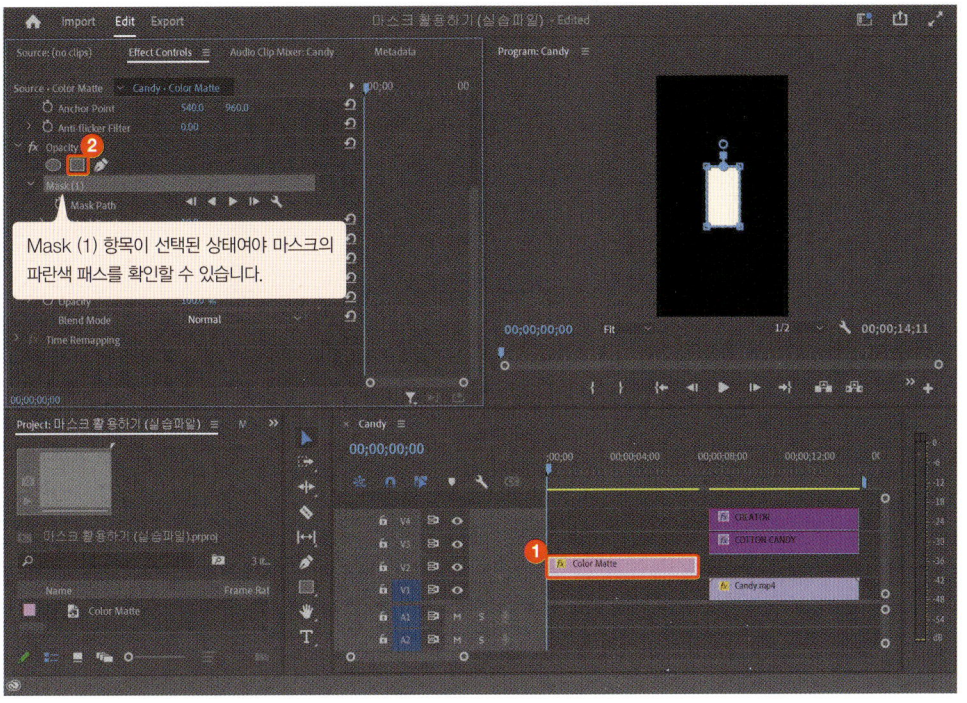

02 마스크 영역의 각 조절점을 드래그해서 크기를 키울 수도 있지만 모양이 어긋나기 쉽습니다. 반듯하게 조절하기 위해 조절점을 먼저 선택한 후 단축키를 사용합니다. ① 두 개의 조절점을 드래그해서 선택한 후 ② `Shift` + `↑` 를 눌러 마스크 영역의 크기를 넓혀줍니다. ③ 아래쪽 조절점도 같은 방법으로 선택한 후 `Shift` + `↓` 를 눌러 영역을 넓혀줍니다.

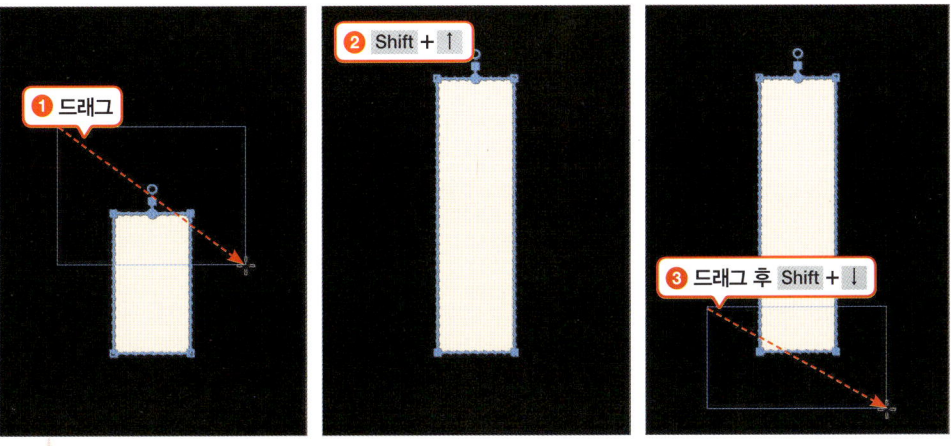

마스크 패스의 위치를 옮길 때 `Shift` 를 누른 상태에서 방향키를 누르면, 10px씩 반듯하게 이동하여 더 빠르게 작업할 수 있습니다. 방향키만 누르면 1px씩 이동합니다. `Shift` 를 누르지 않고도 패스를 이동할 수 있습니다.

03 ❶ 왼쪽 조절점도 같은 방법으로 선택한 후 Shift + ← 를 누르고 ❷ 오른쪽 조절점도 같은 방법으로 선택한 후 Shift + → 를 눌러 전체 영역을 넓힙니다.

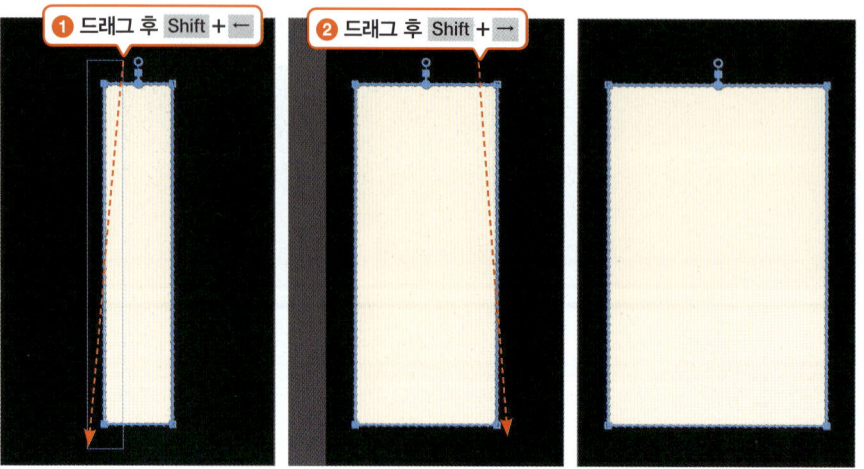

04 [Mask (1)]-[Inverted]에 체크하면 마스크 영역이 반전되어 나타납니다.

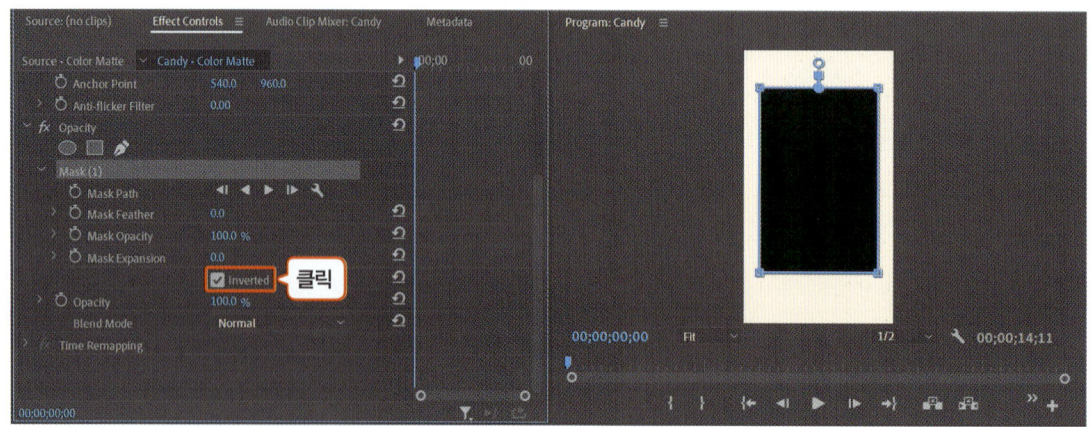

05 ❶ 비디오 2번 트랙(V2)을 잠그고 ❷ 비디오 1번 트랙(V1)에 미리 준비한 [Candy.mp4] 영상 클립을 시작 부분으로 드래그합니다.

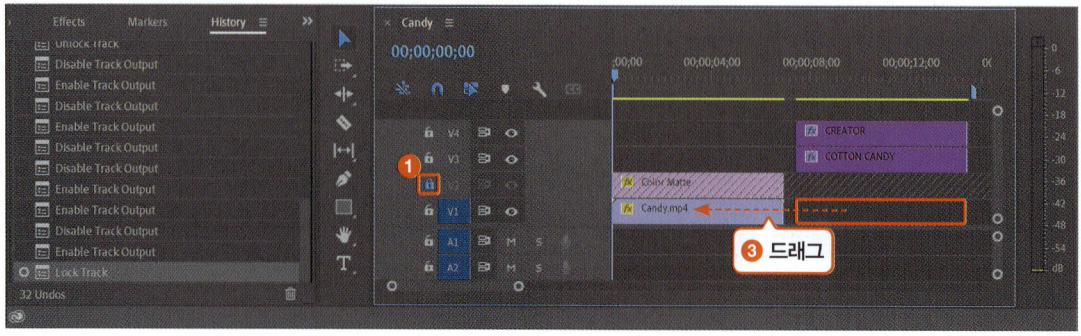

06 [Effect Controls] 패널에서 [Candy.mp4] 영상 클립의 크기와 위치를 자유롭게 바꿔줍니다. 여기서는 [Scale]은 **122**, [Position]은 **466.5, 900**으로 설정했습니다.

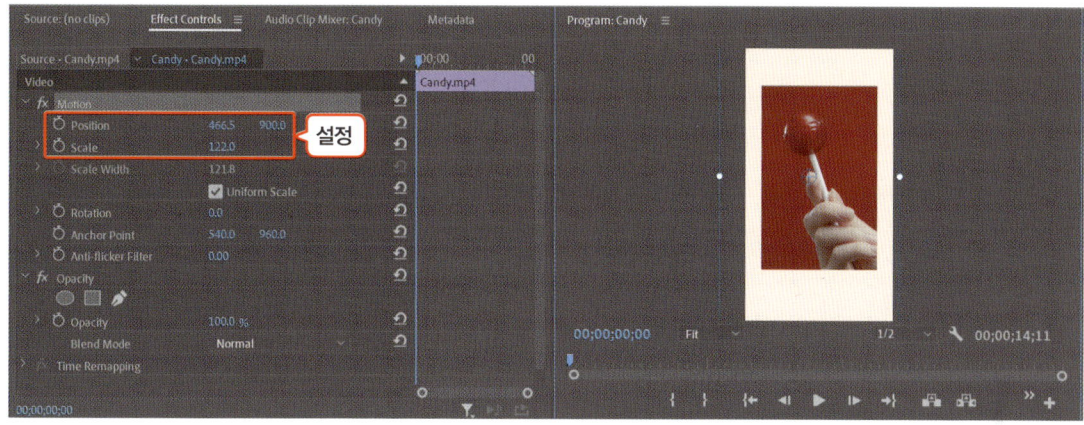

07 비디오 3번 트랙(V3), 비디오 4번 트랙(V4)에 미리 준비한 레이어를 시작 부분으로 드래그해 마스크를 활용한 액자 형태의 연출을 완성합니다.

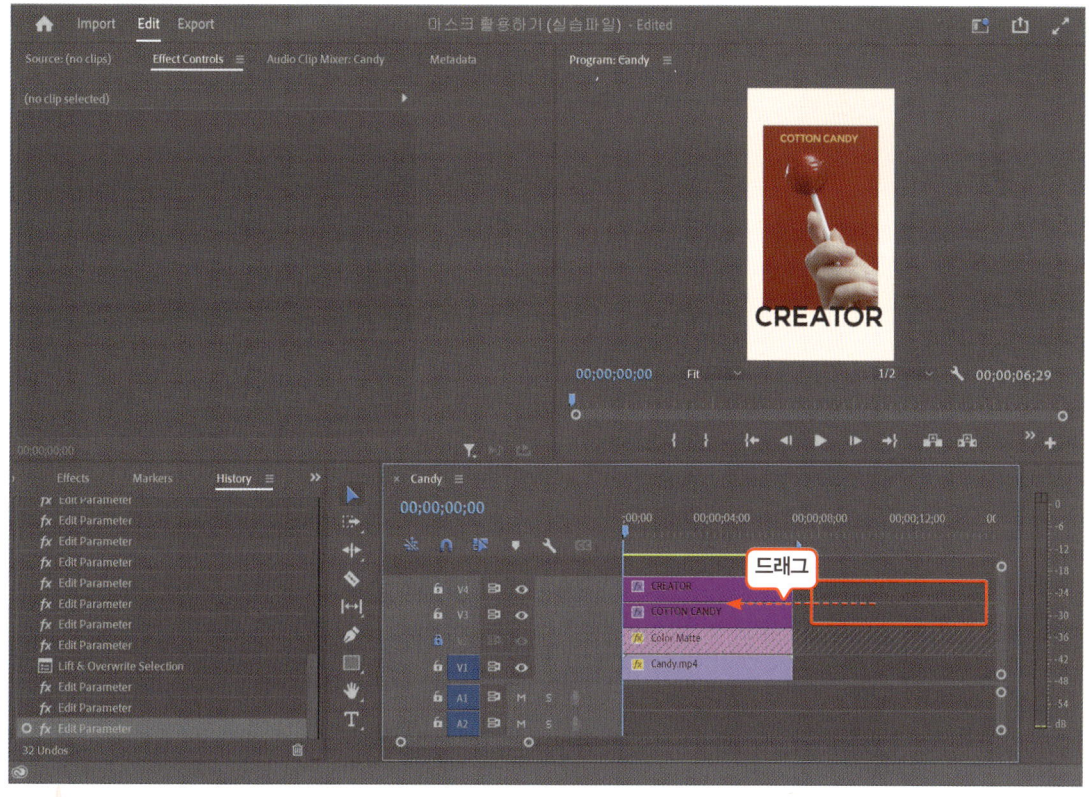

영상이나 이미지 파일을 교체해서 응용해봅니다. 소스 파일을 교체하는 방법은 134쪽에서 확인할 수 있습니다.

한눈에 실습 다양한 형태로 마스크 조정하기

준비 파일 프리미어 프로/Chapter 03/마스크속성조절.prproj
핵심 기능 Mask Feather, Mask Opacity, Mask Expansion

마스크의 각 항목값을 자유롭게 설정해 마스크 형태를 조정합니다. 준비 파일을 열고 각 이미지의 값을 참고하여 [Effect Controls] 패널에서 조절해봅니다.

준비 파일 불러오기, 기본값

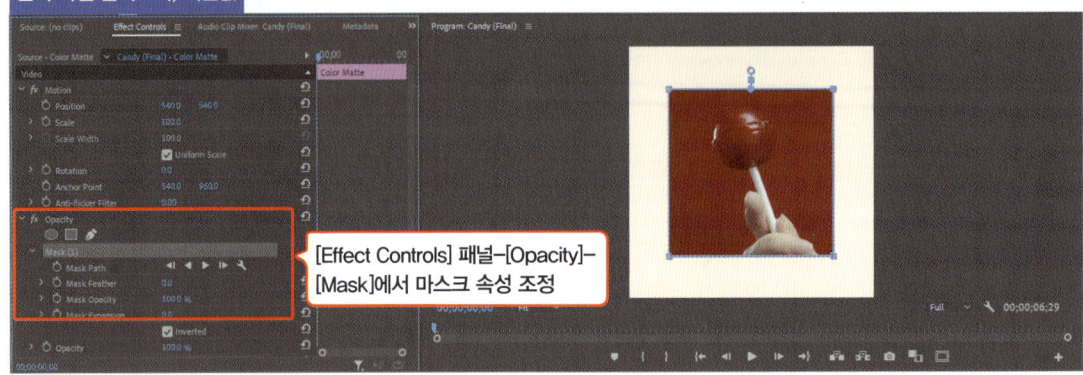

[Effect Controls] 패널–[Opacity]–[Mask]에서 마스크 속성 조정

▲ [Mask Feather] 10

▲ [Mask Feather] 50

▲ [Mask Feather] 100

▲ [Mask Opacity] 50

▲ [Mask Expansion] 50

LESSON 07 영상에 변화를 주는 키프레임 적용하기

키프레임 활용해 연출하기

키프레임 기본 익히기

키프레임(Keyframe)은 속성값의 변화가 있는 프레임을 말합니다. 효과가 시작되고 끝나는 기준점이나 이펙트 중 변화가 있는 지점을 표시합니다. 키프레임은 영상에 효과를 적용할 때 반드시 필요한 기능이므로 잘 이해하고 숙지해야 합니다. 클립이나 효과의 속성값에 키프레임을 적용하면 더욱 다양하게 영상을 연출할 수 있습니다.

간단 실습 | 키프레임 만들고 위치 이동하기

준비 파일 프리미어 프로/Chapter 03/키프레임적용하기.prproj

영상에 효과를 적용하는 키프레임을 만들고 위치를 이동해보면서 키프레임의 기본 사용 방법을 알아보겠습니다. **키프레임적용하기.prproj** 준비 파일을 불러옵니다.

01 ① 편집 기준선을 시퀀스의 시작 지점에 위치한 후 ② 비디오 2번 트랙(V2)의 [FOREST] 텍스트 클립을 클릭합니다. ③ ④ [Effect Controls] 패널에서 [Position]과 [Opacity]의 Toggle animation 을 각각 클릭해 현재 위치에 키프레임을 만듭니다.

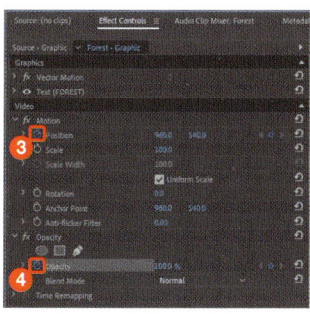 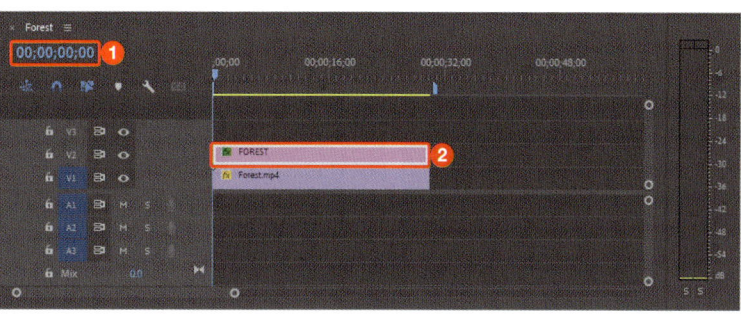

02
① 편집 기준선을 00;00;02;00 지점에 위치한 후 ②③ [Position]과 [Opacity]의 Add/Remove Keyframe ◎을 클릭해 키프레임을 추가합니다.

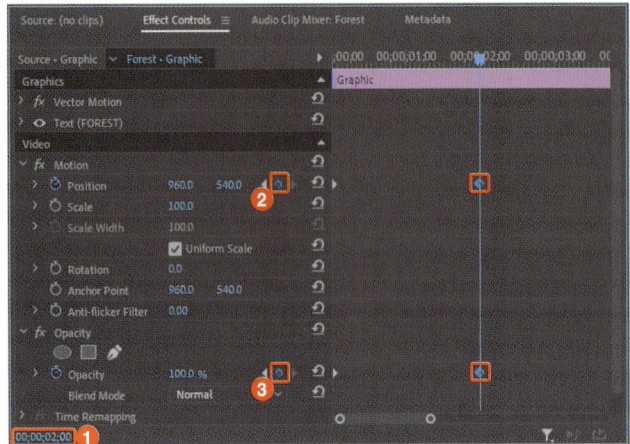

03
① Go to Previous Keyframe ◀을 클릭해서 앞쪽 키프레임으로 이동합니다. ② [Position]의 Y값을 500으로 변경합니다. ③ [Opacity]는 0%로 변경합니다.

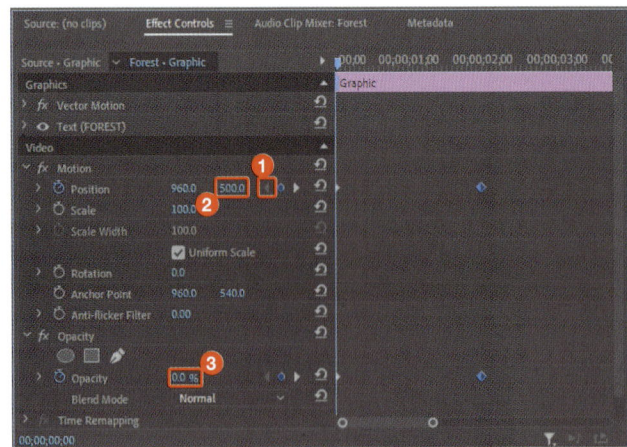

뒤쪽 키프레임으로 이동할 때는 Go to Next Keyframe ▶을 클릭합니다.

04
Spacebar 를 눌러 텍스트가 등장하는 모션을 확인합니다.

05 ① 이어서 편집 기준선을 **00;00;06;00** 지점에 위치한 후 ② [Position]과 [Opacity]의 Add/Remove Keyframe 을 클릭해 키프레임을 추가합니다.

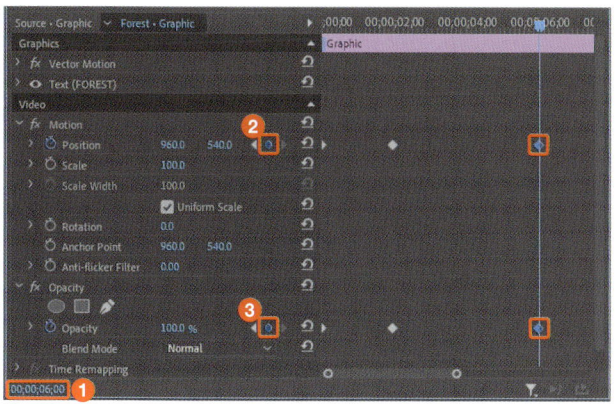

06 ① 편집 기준선을 **00;00;07;00** 지점에 위치한 후 ② [Position] Y값을 **580**으로 변경합니다. ③ [Opacity]는 **0%**로 변경합니다.

> 키프레임이 생성된 상태에서 해당 속성값을 변경하면 편집 기준선 위치에 자동으로 키프레임이 생성됩니다.

07 텍스트 모션 시작과 끝의 길이가 같도록 설정하겠습니다. ① 편집 기준선을 00;00;08;00 지점에 위치한 후 ② [Effect Controls] 패널에서 마지막 키프레임을 드래그해 모두 선택합니다. ③ 선택된 키프레임을 편집 기준선이 있는 **00;00;08;00** 지점으로 드래그합니다.

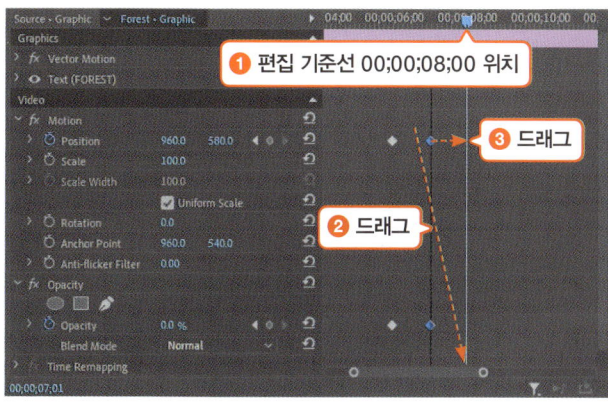

기능 꼼꼼 익히기 ▶ 클립에서 직접 키프레임 확인하기

키프레임은 [Timeline] 패널에서도 확인할 수 있습니다. 키프레임이 적용된 클립의 ﬁ를 마우스 오른쪽 버튼으로 클릭한 후 [Motion]에서 키프레임이 적용된 속성을 클릭하면 속성의 키프레임 정보가 클립에 표시됩니다.

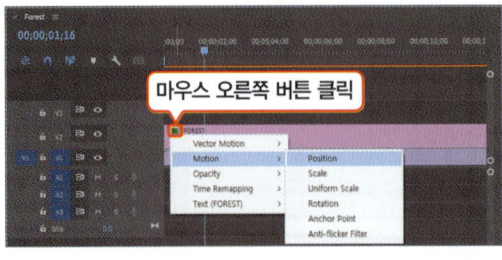
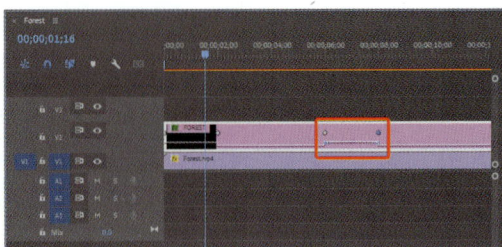

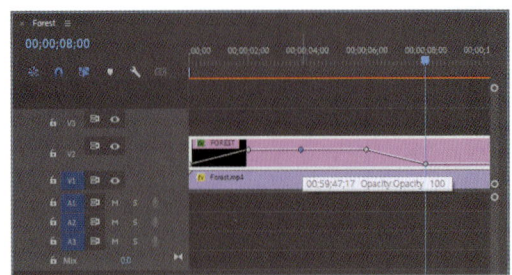

클립에 표시된 키프레임을 드래그해 위치나 값을 변경할 수 있습니다. 또한 일부 속성은 클립에 표시된 라인에서 Ctrl 을 누른 채 클릭해 직접 키프레임을 추가할 수도 있습니다.

간단 실습 키프레임 보간하기

준비 파일 프리미어 프로/Chapter 03/키프레임적용하기.prproj

키프레임을 보간해서 움직임에 텐션을 주는 방식으로 조금 더 완성도 있는 모션 작업을 진행해보겠습니다. **키프레임적용하기.prproj** 준비 파일에서 계속 진행합니다.

01 ❶ [Effect Controls] 패널에서 [Position]에 적용된 키프레임을 모두 선택합니다. ❷ 마우스 오른쪽 버튼을 클릭한 후 ❸ [Temporal Interpolation]-[Bezier]를 클릭합니다.

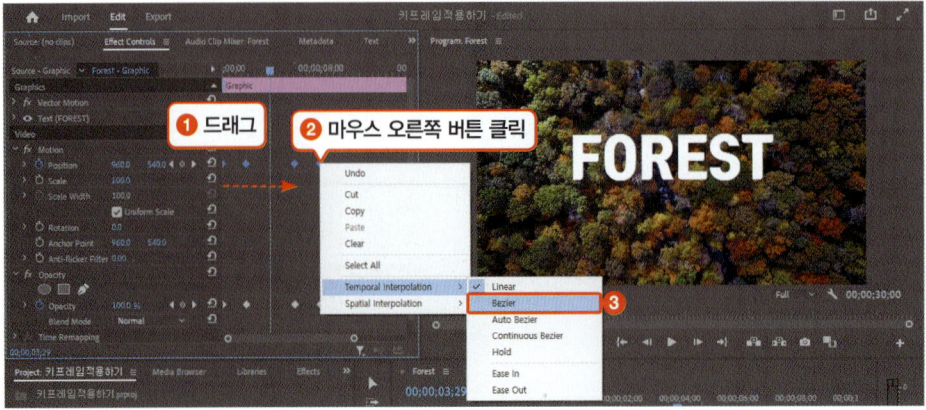

02 ❶ [Position]을 확장합니다. ❷ 키프레임에 표시된 파란색 핸들을 드래그해 키프레임 그래프를 조정합니다.

수치의 변동폭이 많지 않은 경우 그래프 곡선의 변화가 잘 보이지 않습니다. 이때는 [Timeline] 패널에서 클립에 직접 표시되는 키프레임을 함께 확인하며 진행합니다.

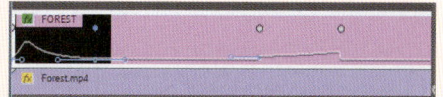

03 키프레임 그래프를 다양한 형태로 조정해보면서 변화하는 느낌을 확인합니다.

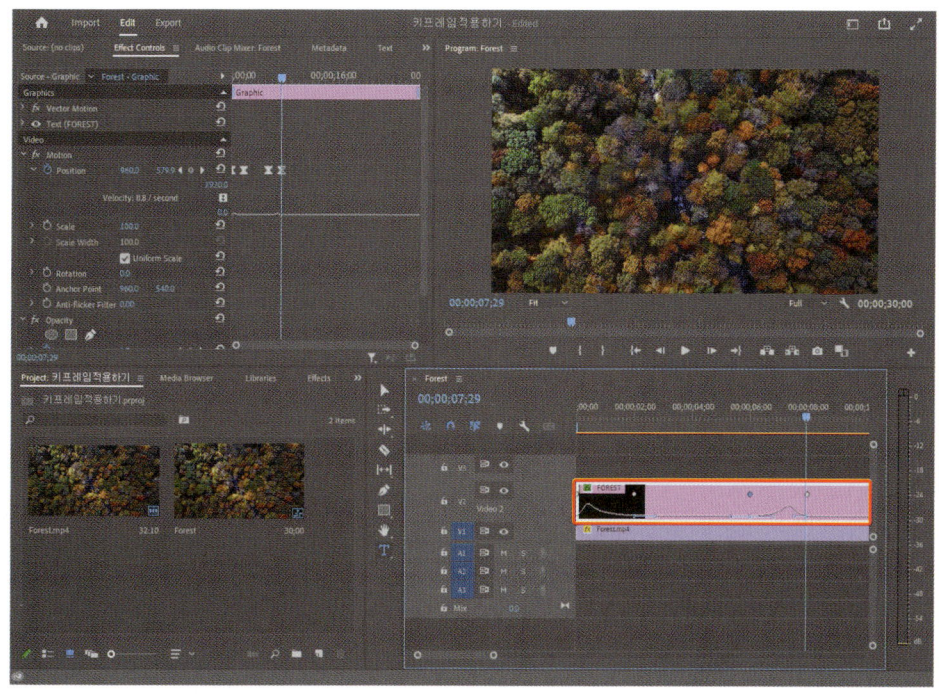

기능 꼼꼼 익히기 | 키프레임 보간

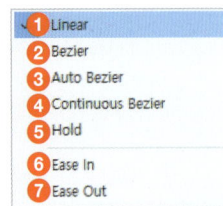

키프레임으로 지정한 속성값은 일정한 속도로 변화합니다. 이렇게 등속도로 움직이는 경우 움직임이 부자연스럽게 느껴집니다. 키프레임 보간은 두 키프레임 사이를 연결하는 그래프를 조정하여 가속도를 주거나 다양한 느낌을 연출할 수 있게 도와줍니다.

① Linear | 키프레임을 생성하면 기본으로 적용되는 보간 방법입니다. 키프레임 사이의 움직임이 일정한 속도로 표현됩니다. 키프레임은 다이아몬드 모양으로 표시됩니다.

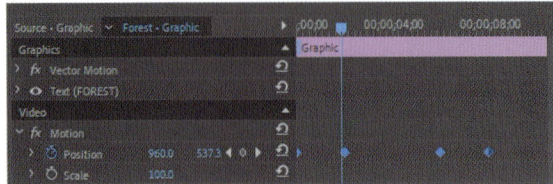

② Bezier | 키프레임에 생성되는 핸들을 이용해 사용자가 임의로 그래프를 조정하면서 움직임 속도를 조절할 수 있습니다. 가장 많이 사용되는 보간 방법입니다. 키프레임은 모래 시계 모양으로 표시됩니다.

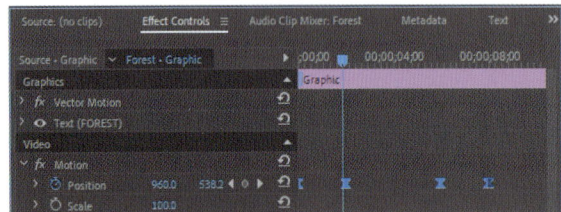

③ Auto Bezier | 키프레임 사이의 그래프를 자동으로 조정하여 부드러운 움직임을 만들어줍니다. 키프레임은 원 모양으로 표시됩니다.

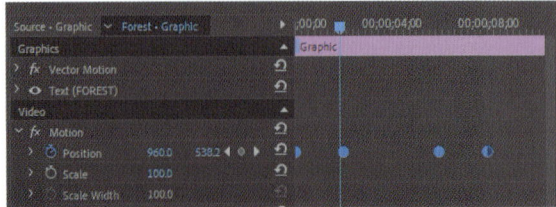

④ Continuous Bezier | [Auto Bezier]와 비슷한 보간을 보여줍니다. 한쪽 키프레임의 그래프 모양을 변경하면 부드러운 전환이 유지되도록 다른 쪽 키프레임의 모양이 변경됩니다. 키프레임 모양은 [Bezier]와 동일한 모래 시계 모양으로 표시됩니다.

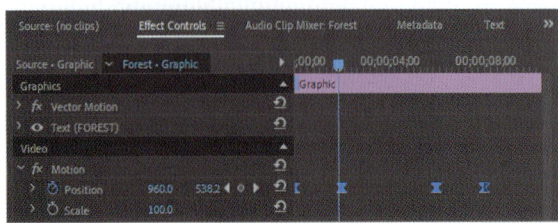

❺ **Hold** | 키프레임 사이의 움직임을 연속으로 보여주지 않고 키프레임이 적용된 위치에서만 해당 속성값을 변경합니다. 키프레임은 오각형 모양으로 표시됩니다.

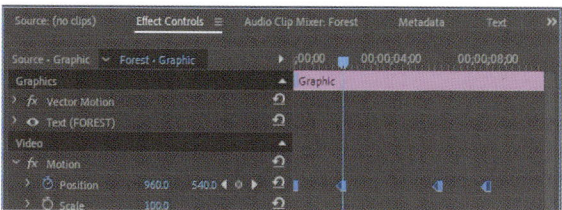

❻ **Ease In** | 움직임이 시작하는 키프레임에 주로 사용합니다. 키프레임으로부터 멀어지면서 속도가 증가합니다.
❼ **Ease Out** | 움직임이 끝나는 키프레임에 주로 사용합니다. 키프레임으로 접근할수록 속도가 낮아집니다.

기능 꼼꼼 익히기 ▶ 시간을 이용한 보간과 공간을 이용한 보간

[Position] 항목은 보간 설정 항목이 두 개의 방식으로 나누어져 있습니다.

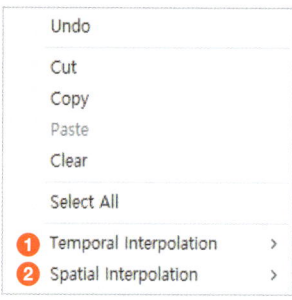

❶ **Temporal Interpolation(시간 보간)** | 키프레임 사이의 시간 속성을 보간하는 방식입니다. 가장 기본적인 보간 방식입니다.

❷ **Spatial Interpolation(공간 보간)** | 키프레임 사이의 공간 속성을 보간하는 방식입니다. [Position] 항목과 같이 공간적인 움직임을 조정할 수 있는 이펙트에 사용합니다. [Program] 패널에 표시되는 궤적을 따라 작업합니다.

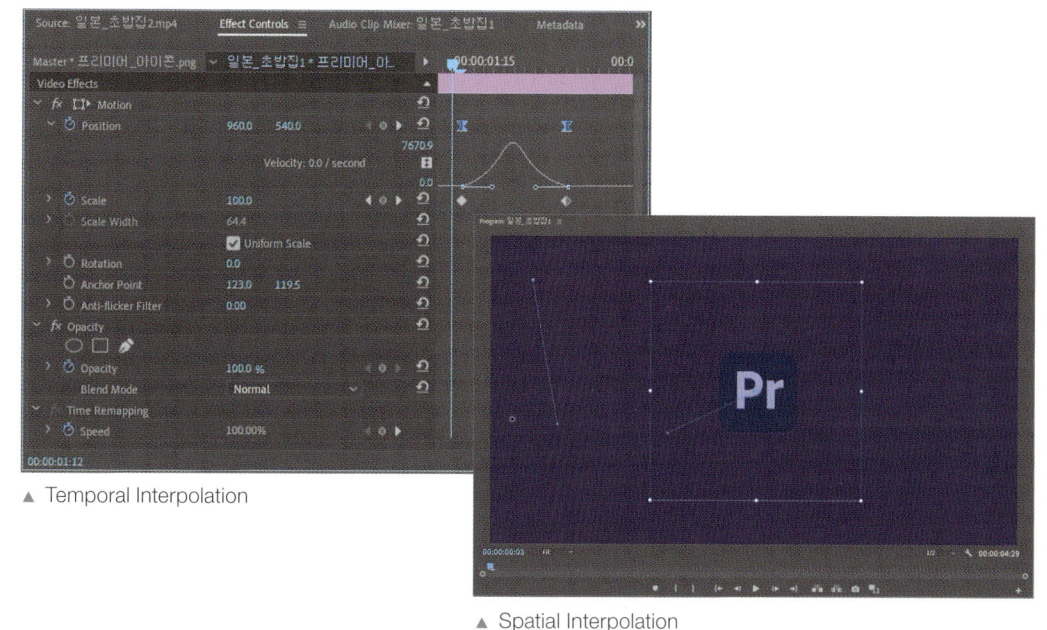

▲ Temporal Interpolation

▲ Spatial Interpolation

LESSON 08
포토샵 이미지 삽입하여 편집하기
레이어가 살아 있는 포토샵 이미지 파일 활용하기

프리미어 프로는 포토샵이나 일러스트레이터에서 작업한 파일을 임포트(Import)하여 이미지 소스로 사용할 수 있습니다. 특히 이런 파일 형식은 한 장의 단독 이미지가 아닌 레이어를 그대로 사용할 수 있기 때문에 이미지 소스를 더욱 다양하게 활용할 수 있습니다.

간단 실습 | 포토샵 이미지 삽입하고 다양하게 꾸미기

준비 파일 프리미어 프로/Chapter 03/PSD활용.prproj

프리미어 프로에서 포토샵 파일을 불러온 후 영상에 활용해보겠습니다. **PSD활용.prproj** 준비 파일을 엽니다.

01 예제 파일 폴더에서 **화면장식.psd** 파일을 드래그하여 [Project] 패널에 삽입합니다. psd 파일 형식은 어도비 포토샵 전용 파일 형식입니다.

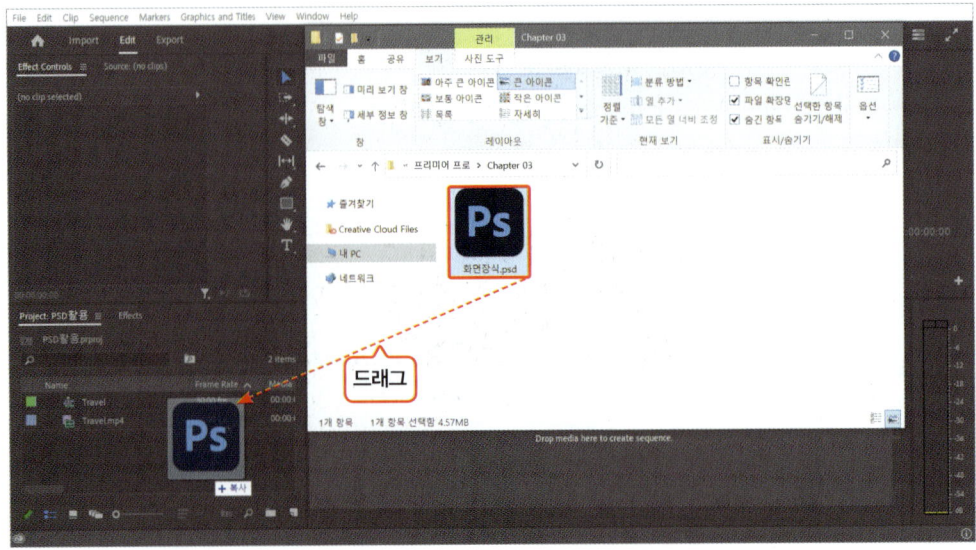

02 레이어가 있는 psd 파일을 임포트하면 [Import Layered File] 대화상자가 나타납니다. ❶ [Import As]에서 [Individual Layers]를 클릭하고 ❷ [OK]를 클릭합니다. ❸ [Project] 패널에 임포트한 psd 파일 이름의 빈(Bin)이 생성되고 레이어 이미지가 각각 임포트됩니다.

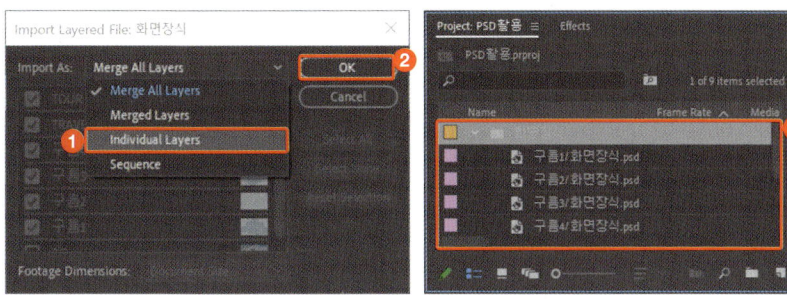

03 [Timeline] 패널에 다음과 같은 순서로 클립을 배치합니다.

배치해야 하는 클립이 많을 때는 작업 영역 모드를 변경하거나 인터페이스 크기를 자유롭게 조절하며 작업합니다.

비디오 2번 트랙(V2)	구름1/화면장식.psd	비디오 5번 트랙(V5)	구름4/화면장식.psd
비디오 3번 트랙(V3)	구름2/화면장식.psd	비디오 6번 트랙(V6)	TOUR/화면장식.psd
비디오 4번 트랙(V4)	구름3/화면장식.psd	비디오 7번 트랙(V7)	TRAVEL/화면장식.psd

기능 꼼꼼 익히기 🎙 **[Import Layered File] 대화상자의 임포트 옵션**

[Import Layered File] 대화상자에서는 레이어가 있는 파일(특히 psd 파일 형식)을 어떤 방식으로 임포트할 것인지 지정할 수 있습니다. 이미지를 사용하려는 용도에 따라 옵션을 선택하고 [OK]를 클릭하면 이미지가 임포트됩니다.

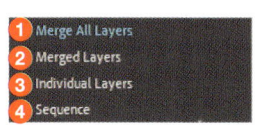

❶ **Merge All Layers** | 모든 레이어를 한 장의 스틸 이미지(정지 사진)로 합친 후 임포트합니다.

❷ **Merged Layers** | 선택한 레이어를 합친 후 임포트합니다.

❸ **individual Layers** | 각 레이어를 살린 상태로 임포트합니다. 이때는 원본 소스에서 레이어별로 이름이 구분되어 있어야 합니다. 레이어 이름이 동일한 경우에는 최상위에 있는 이미지 한 장만 임포트합니다.

❹ **Sequence** | [Individual Layers] 옵션과 동일하게 개별 레이어로 이루어진 스틸 이미지로 시퀀스를 생성합니다. [Timeline] 패널의 트랙에 시퀀스 파일을 배치하고 시퀀스를 더블클릭하면 시퀀스의 구성을 확인할 수 있습니다. 이때 [Timeline] 패널의 Insert and overwrite sequences as nests or individual clips가 활성화되어 있는지 확인합니다. 기본값은 활성화된 상태이며, 비활성화된 상태에서는 클립이 각각의 트랙에 삽입되지 않습니다.

04 각 트랙의 클립에 다음과 같이 키프레임을 적용합니다.

키프레임을 적용할 때는 각각의 클립을 타임라인에서 선택한 후 [Effect Controls] 패널에서 설정합니다. [Position], [Scale]은 [Motion]의 하위 항목입니다.

클립 이름	속성	인 점 시간	인 점 속성값	아웃 점 시간	아웃 점 속성값
구름1/화면장식	Position	00:00:00:26	2850, 540	00:00:02:20	960, 540
구름2/화면장식	Position	00:00:01:01	2850, 540	00:00:03:02	960, 540
구름3/화면장식	Position	00:00:00:03	-960, 540	00:00:02:19	960, 540
구름4/화면장식	Position	00:00:00:18	-960, 540	00:00:02:19	960, 540

클립 이름	속성	인 점 시간	인 점 속성값	중간 점 시간	중간 점 속성값	아웃 점 시간	아웃 점 속성값
TOUR/화면장식	Scale	00:00:02:19	0	00:00:03:00	110	00:00:03:07	100
TRAVEL/화면장식	Scale	00:00:02:07	0	00:00:02:18	110	00:00:02:25	100

05 ❶ [Timeline] 패널에서 이미지 클립을 모두 선택한 후 ❷ 마우스 오른쪽 버튼을 클릭하고 ❸ [Nest]를 클릭합니다. ❹ [Nested Sequence Name] 대화상자가 나타나면 [Name]에 **타이틀모션**을 입력하고 ❺ [OK]를 클릭해 Nest 시퀀스를 만듭니다.

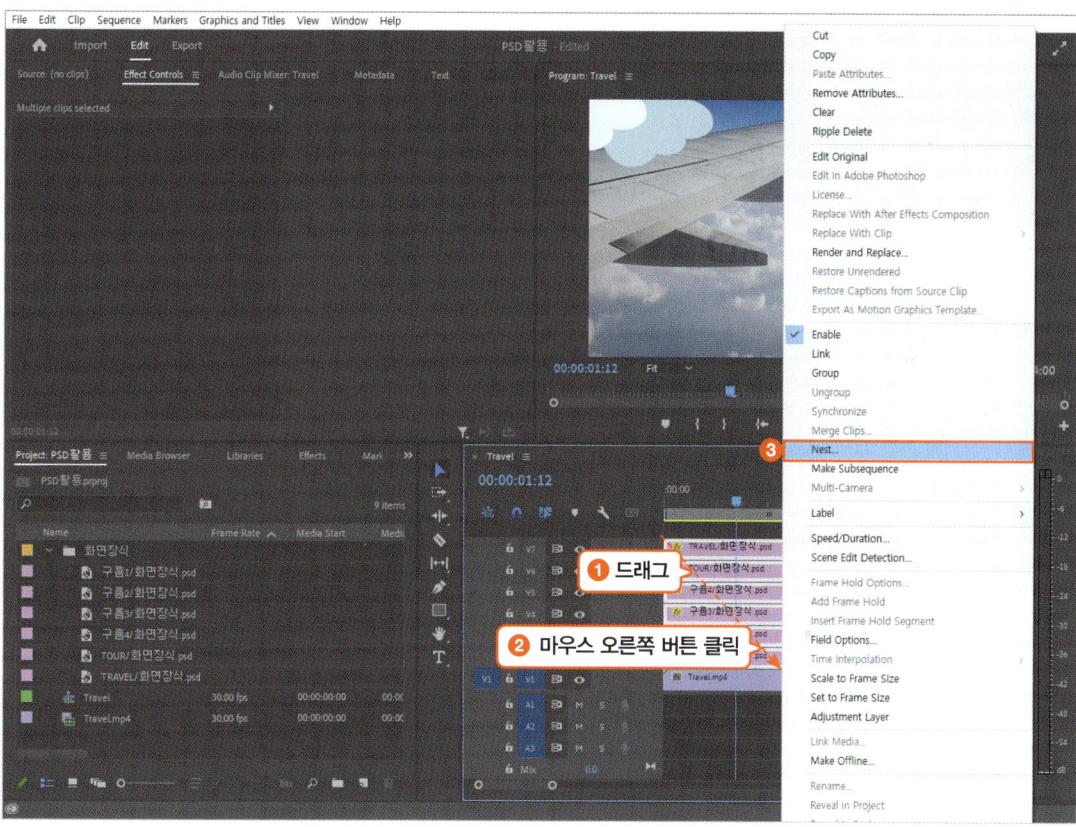

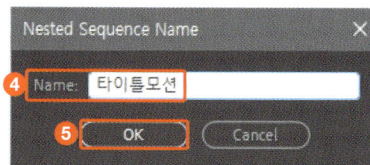

Nest는 여러 개의 클립을 하나의 시퀀스로 묶는 그룹화 기능입니다. [Nest]로 묶인 시퀀스를 더블클릭하면 Nest 시퀀스 안에 있는 각각의 클립을 편집할 수 있습니다. 이미 작업을 끝낸 트랙이나 동일한 종류를 통합하려는 트랙을 하나의 Nest 시퀀스로 묶으면 별도의 시퀀스처럼 관리할 수 있습니다.

06 [타이틀모션] 클립의 길이를 영상 클립의 길이에 맞도록 조정하여 [Timeline] 패널을 정리합니다.

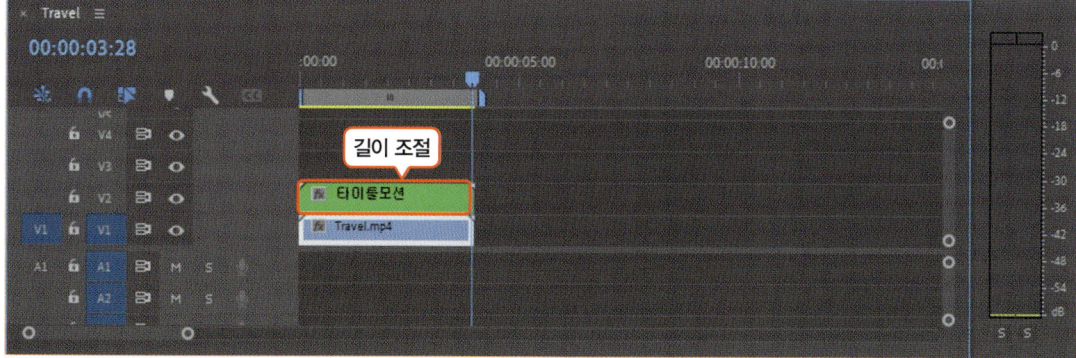

07 Spacebar 를 눌러 미리 보기를 재생해봅니다.

LESSON 09 비디오 트랜지션 알아보기

비디오 트랜지션 알아보고 적용하기

잘 편집된 여러 가지 영상을 살펴보면 다양한 효과가 적용되면서 장면이 전환되는 경우를 쉽게 확인할 수 있습니다. 이러한 장면 전환 효과를 트랜지션(Transition)이라고 합니다. 트랜지션은 크기나 위치, 불투명도 변화, 화면 교차 등 수많은 전환 효과로 만들 수 있으며, 영상 흐름이 자연스럽게 이어지도록 하거나 이야기에 설득력을 보완하는 등 다양한 목적으로 사용합니다.

비디오 트랜지션과 클립 핸들 다루기

비디오 트랜지션은 비디오 클립이 연결되는 부분에 적용하며 두 개의 클립을 이어주도록 사용합니다. 이때 트랜지션이 적용되는 구간만큼 비디오 클립의 인 점 앞부분과 아웃 점 뒷부분의 여유 길이가 필요한데, 이 구간을 클립 핸들이라고 합니다.

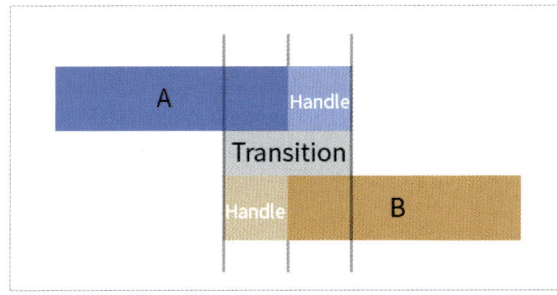

▲ 비디오 트랜지션의 기본 형태

만약 트랜지션 적용 구간에 핸들의 길이가 충분하지 않을 경우 오른쪽 그림과 같은 경고 메시지가 나타납니다.

▲ 핸들 길이가 부족할 경우 나타나는 경고 메시지

비디오 트랜지션 종류 한번에 살펴보기

프리미어 프로에서 기본적으로 제공하는 비디오 트랜지션은 [Effects] 패널-[Video Transitions]에서 확인할 수 있습니다.

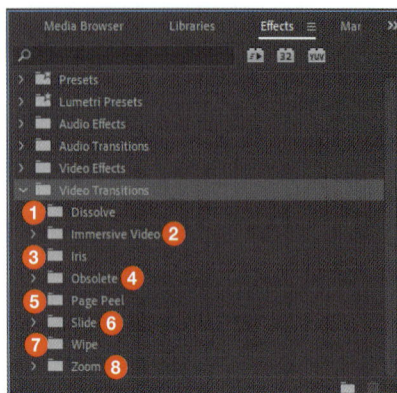

① **Disslove** ｜ 두 개의 영상이 겹쳐지면서 장면 전환
② **Immersive Video** ｜ VR 영상에 적용하는 트랜지션
③ **Iris** ｜ 영상이 열리거나 닫히며 장면 전환
④ **Obsolete** ｜ 별도의 카테고리에 편성되지 않은 트랜지션
⑤ **Page Peel** ｜ 종이를 넘기듯이 장면 전환
⑥ **Slide** ｜ 영상이 밀리면서 장면 전환
⑦ **Wipe** ｜ 영상이 닦이는 느낌으로 장면 전환
⑧ **Zoom** ｜ 영상을 확대/축소하며 장면 전환

장면을 겹쳐 전환하는 Dissolve 트랜지션

① **Additive Dissolve** ｜ 두 영상의 밝은 부분이 더 밝게 겹쳐지면서 장면을 전환합니다. ★중요

② **Cross Dissolve** ｜ 두 영상의 불투명도가 변하면서 장면을 전환합니다. 일반적으로 가장 많이 사용하는 트랜지션으로, 프리미어 프로의 기본 트랜지션으로 설정되어 있습니다. ★중요

③ **Dip to Black** ｜ 화면이 점점 어두워졌다가 밝아지면서 장면을 전환합니다.
④ **Dip to White** ｜ 화면이 점점 밝아졌다가 어두워지면서 장면을 전환합니다.
⑤ **Film Dissolve** ｜ 필름이 교차되는 것처럼 장면을 전환합니다.
⑥ **Morph Cut** ｜ 이어지는 두 장면의 대응점을 찾아 연산하여 자연스러운 모핑 효과로 전환합니다. 인터뷰 영상 등 배경이 고정된 영상에 적합합니다.
⑦ **Non-Additive Dissolve** ｜ 불규칙한 디졸브 효과가 적용되면서 장면을 전환합니다.

한눈에 실습 | Cross Dissolve 트랜지션으로 자연스러운 시간 흐름 연결하기

준비 파일 프리미어 프로/Chapter 03/비디오트랜지션.prproj
핵심 기능 Cross Dissolve 트랜지션, 기본 트랜지션

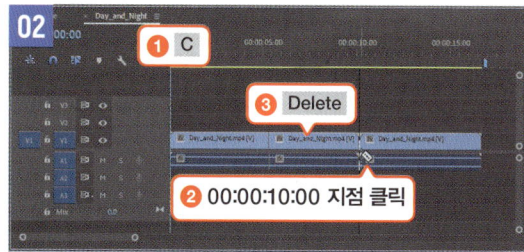

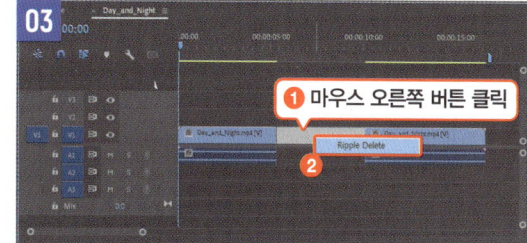

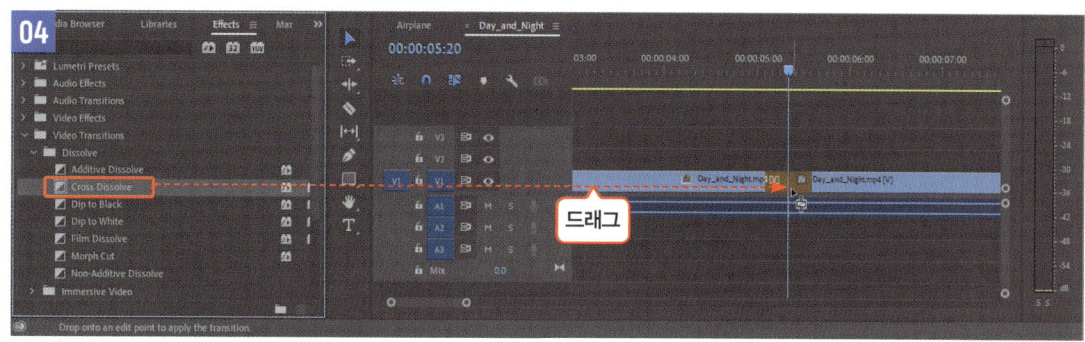

Cross Dissolve 트랜지션의 효과로 일몰 시간을 빠르게 건너 뛰고 밤으로 전환됩니다. 이처럼 장면과 장면이 연결될 때의 부자연스러운 느낌을 줄이면서 장면을 전환하려면 Cross Dissolve 트랜지션을 사용하는 것이 좋습니다.

한눈에 실습 인터뷰 영상의 점프 컷을 자연스럽게 연결하기

준비 파일 프리미어 프로/Chapter 03/비디오트랜지션.prproj
핵심 기능 Morph Cut 트랜지션

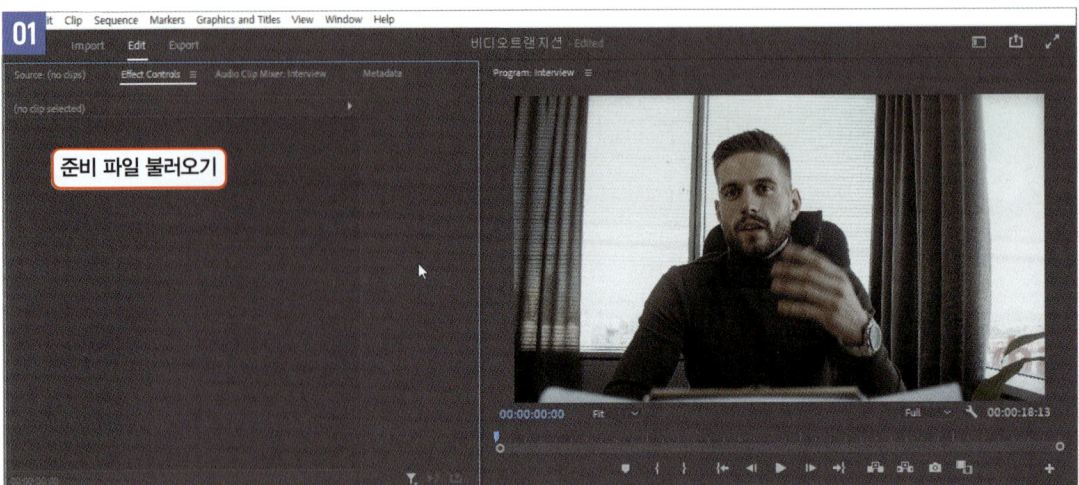

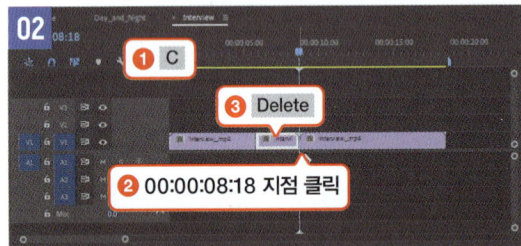

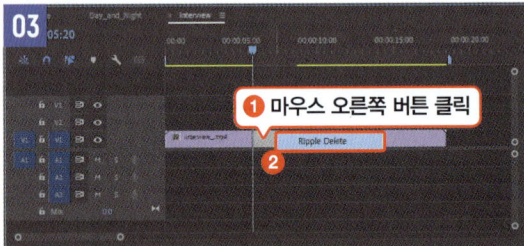

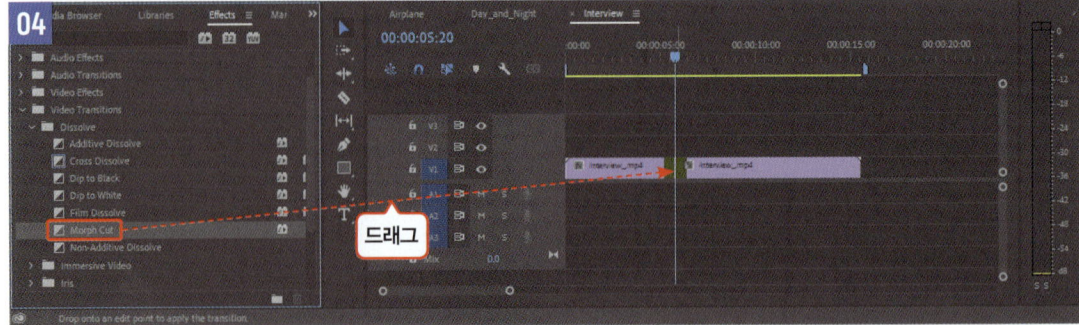

효과를 적용하기 위해 연산하는 시간이 필요하며 [Program] 패널에서 연산 중임을 확인할 수 있습니다. 트랜지션을 적용한 후에는 Enter 를 눌러 시퀀스를 렌더링해 효과 구간을 미리 볼 때 딜레이를 방지합니다.

기능 꼼꼼 익히기 🎙 트랜지션 적용 구간이 느려지는 문제 해결하기

영상 편집 작업을 하다 보면 트랜지션이 적용된 구간이 느려지는 현상이 발생할 수 있습니다. 이때는 먼저 ① 효과가 적용된 구간을 잘라 ② [Nest]로 묶은 후 ③ [Speed/Duration] 기능을 활용하여 적절하게 속도를 조정한 후 트랙을 정리하면 됩니다.

VR 영상에 사용하는 Immersive Video 트랜지션

① **VR ChromaLeaks** | 화면의 밝은 영역(Luma)을 기준으로 빛이 노출되는 효과가 적용되면서 장면을 전환합니다.

② **VR Gradient Wipe** | 그레이디언트 속성을 활용하여 자연스럽게 장면을 전환합니다. 그레이디언트 소스는 레이어를 지정하거나 특정 이미지를 선택할 수 있습니다.

③ **VR Iris Wipe** | 조리개가 열리듯이 원형 형태로 장면을 전환합니다.

④ **VR Light Leaks** | 빛이 새는 듯한 효과가 적용되면서 장면을 전환합니다.

⑤ **VR Light Rays** | 빛이 쏟아지는 효과가 적용되면서 장면을 전환합니다.

⑥ **VR Mobius Zoom** | 줌 효과가 적용되면서 장면을 전환합니다.

⑦ **VR Random Blocks** | 불규칙한 순서로 블록이 등장하면서 장면을 전환합니다.

⑧ **VR Spherical Blur** | 화면이 원형으로 회전하면서 장면을 전환합니다.

영상이 열리거나 닫히면서 전환되는 Iris 트랜지션

① **Iris box** | 사각형 모양으로 열리거나 닫히면서 장면을 전환합니다.
② **Iris Cross** | 십자가 모양으로 열리거나 닫히면서 장면을 전환합니다. ★중요

③ **Iris Diamond** | 마름모(다이아몬드) 모양으로 열리거나 닫히면서 장면을 전환합니다.
④ **Iris Round** | 원형으로 열리거나 닫히면서 장면을 전환합니다.

독특한 전환 효과를 주는 Obsolate 트랜지션

① **Cube Spin** | 정육면체가 회전하는 듯한 느낌으로 장면을 전환합니다.
② **Flip Over** | 화면이 180° 회전하면서 장면을 전환합니다.
③ **Gradient Wipe** | 화면을 대각선을 쓸면서 장면을 전환합니다.

종이를 넘기듯이 장면을 전환하는 Page Peel 트랜지션

① **Page Peel** | 얇은 껍질이 벗겨지듯이 휘어지며 장면을 전환합니다. ★중요

② **Page Turn** | 페이지가 접히는 느낌으로 장면을 전환합니다. 뒷면은 전환되는 화면이 반전되어 보입니다. ★중요

영상을 밀면서 장면을 전환하는 Slide 트랜지션

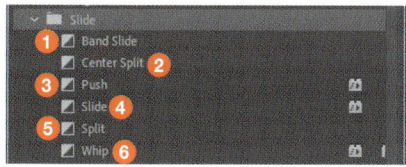

① **Band Slide** | 사각형의 밴드가 등장하면서 장면을 전환합니다. 밴드의 개수와 등장 방향, 테두리 두께와 색상을 자유롭게 설정할 수 있습니다. ★중요

② **Center Split** | 화면을 중앙을 기준으로 영상을 네 조각으로 나누고, 밀려나가거나 등장하면서 장면을 전환합니다.

③ **Push** | 한 영상으로 다른 영상을 밀어내면서 장면을 전환합니다. ★중요

④ **Slide** | 한 영상이 다른 영상 위로 미끄러지듯 덮이면서 장면을 전환합니다.

⑤ **Split** | 절반으로 나뉜 영상이 열리거나 닫히면서 장면을 전환합니다.

⑥ **Whip** | 영상이 오른쪽으로 쓸리듯 닦이면서 장면을 전환합니다.

영상을 닦아내며 장면을 전환하는 Wipe 트랜지션

① **Band Wipe** | 사각형의 밴드 모양으로 화면이 닦이면서 장면을 전환합니다. 밴드의 방향, 개수, 테두리 색상, 테두리 두께 등 옵션을 설정할 수 있습니다.

② **Barn Doors** | 화면이 좌우 또는 상하로 열리거나 닫히듯이 닦이면서 장면을 전환합니다.

③ **Checker Wipe** | 체크무늬 모양으로 화면이 닦이면서 장면을 전환합니다.

④ **CheckerBoard** | 체크무늬 모양으로 화면이 나타나면서 장면을 전환합니다.

⑤ **Clock Wipe** | 화면 중앙을 기준으로 시계 바늘이 돌아가듯 화면이 닦이면서 장면을 전환합니다.

⑥ **Insert** | 화면의 코너에서 다른 화면이 삽입되듯이 장면을 전환합니다.

⑦ **Paint Splatter** | 화면에 페인트가 뿌려지듯 장면을 전환합니다. ★중요

⑧ **Pinwheel** | 풍차가 돌아가듯 회전하면서 장면을 전환합니다.

⑨ **Radial Wipe** | 화면 코너를 중심으로 회전하듯 닦이면서 장면을 전환합니다.

⑩ **Random Blocks** | 체크무늬가 불규칙하게 나타나면서 장면을 전환합니다.

⑪ **Random Wipe** | 체크무늬가 설정한 방향을 채워지면서 장면을 전환합니다.

⑫ **Spiral Boxes** | 나선형으로 움직이는 사각형 형태로 화면이 닦이면서 장면을 전환합니다.

⑬ **Venetian Blinds** | 블라인드를 치듯 장면을 전환합니다.

⑭ **Wedge Wipe** | 화면의 중앙을 기준으로 부채꼴 모양으로 닦이면서 장면을 전환합니다.

⑮ **Wipe** | 화면이 직선 형태로 닦이면서 장면을 전환합니다.

⑯ **Zig-Zag Blocks** | 화면이 지그재그로 닦이면서 장면을 전환합니다.

영상을 확대/축소해 장면을 전환하는 Zoom 트랜지션

① **Cross Zoom** | 화면을 확대했다가 축소하면서 장면을 전환합니다. 확대/축소의 기준점을 설정할 수 있습니다. ★중요

기능 꼼꼼 익히기 | 트랜지션 설정과 조작 더 알아보기

적용된 트랜지션 설정 변경하기

트랜지션 클립을 선택한 후 [Effect Controls] 패널에서 트랜지션의 설정을 변경할 수 있습니다.

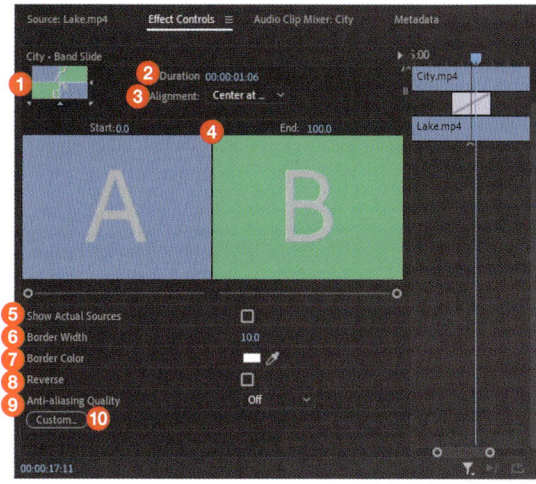

❶ 트랜지션이 등장하는 방향을 설정합니다.
❷ 트랜지션의 길이를 설정합니다.
❸ 트랜지션이 적용되는 위치를 설정합니다.
❹ 트랜지션의 인 점과 아웃 점을 설정합니다.
❺ 작업 중인 실제 소스의 화면을 확인합니다.
❻ 테두리 두께를 설정합니다.
❼ 테두리 색상을 설정합니다.
❽ 트랜지션 효과를 반전합니다.
❾ 안티 앨리어싱(계단 현상 감소)의 품질을 설정합니다.
❿ 밴드(바_Bar) 개수를 설정합니다.

트랜지션의 기본 길이 설정하기

비디오 트랜지션의 기본 길이는 30fps입니다. ❶ [Edit]-[Preferences]-[Timeline] 메뉴를 선택한 후 ❷ [Preferences] 대화상자의 [Video Transition Default Duration]에서 원하는 길이로 설정할 수 있습니다.

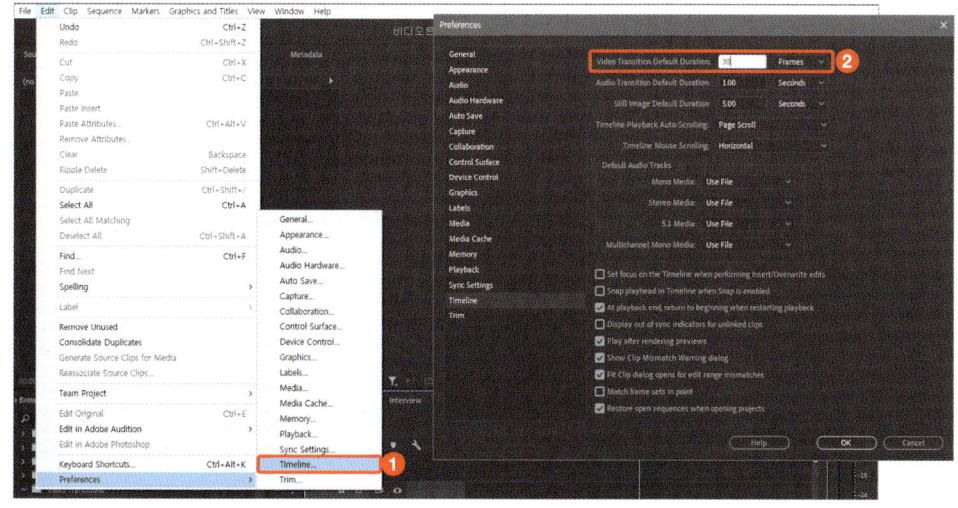

트랜지션 길이와 위치 변경하기

적용한 트랜지션은 [Timeline] 패널과 [Effect Controls] 패널에서 길이와 위치를 변경할 수 있습니다. [Timeline] 패널에서 트랜지션의 길이를 변경할 때는 클립을 선택한 후 트랜지션의 앞 또는 뒤쪽 부분을 드래그합니다. 이때는 트랜지션의 인 점과 아웃 점이 동시에 변경됩니다.

[Effect Controls] 패널에서는 트랜지션 클립의 길이가 드래그하는 방향에 따라 인 점 또는 아웃 점 한쪽으로만 길이를 변경할 수 있으며 [Duration]에 값을 입력하면 인 점과 아웃 점을 동시에 변경할 수 있습니다.

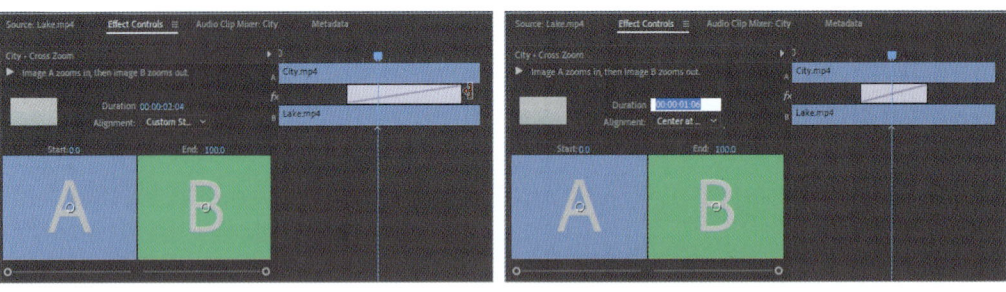

[Timeline] 패널에서 트랜지션의 위치를 변경할 때는 트랜지션 클립을 클릭한 채 드래그합니다. [Effect Controls] 패널에서도 트랜지션 클립을 드래그해 위치를 변경할 수 있습니다.

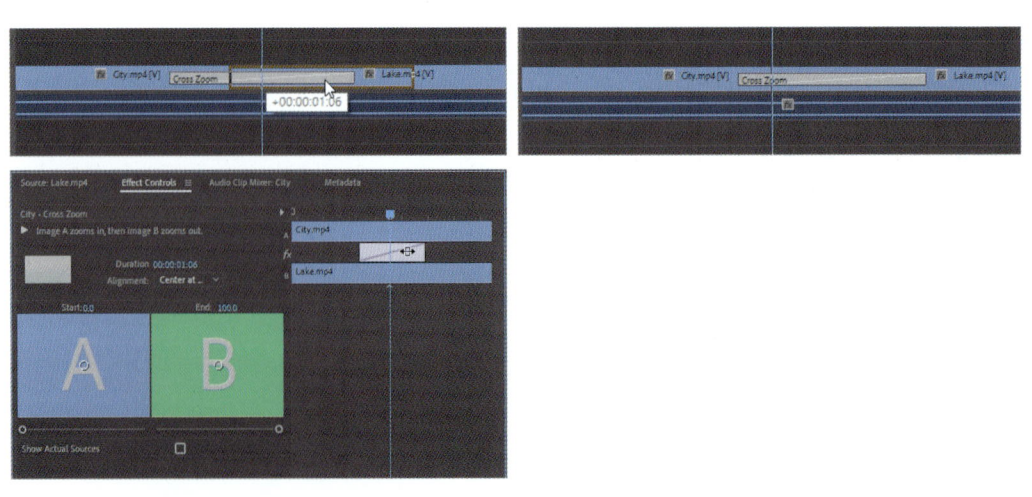

LESSON 10 비디오 이펙트 알아보기

다양한 비디오 이펙트 알아보기

비디오 이펙트 활용하기

프리미어 프로에서 제공하는 이펙트는 그 종류와 개수가 매우 많습니다. 이번 레슨에서는 프리미어 프로의 수많은 이펙트 중에서 자주 사용되고 활용도가 높은 대표적인 이펙트를 몇 가지 소개하고 간단한 실습으로 이펙트를 적용해봅니다.

비디오 이펙트 한눈에 살펴보기

비디오 이펙트는 [Effects] 패널의 [Video Effects]에서 확인할 수 있으며 원하는 이펙트를 [Timeline] 패널의 클립으로 드래그하여 간단하게 적용할 수 있습니다.

① **Adjust(효과 보정)** | 클립의 색상, 콘트라스트, 레벨, 밝기 등을 보정하기

② **Blur & Sharpen(흐림 및 선명 효과)** | 화면을 흐리게 또는 선명하게 조정하여 이미지를 강조하기

③ **Channel(채널 효과)** | 색상에 있는 채널(Red, Green, Blue, Alpha)을 분리하여 채널 별로 색상을 보정하거나 다른 트랙과 합성하여 효과를 연출하기

④ **Color Correction(색상 교정 효과)** | 색상을 보정하기

⑤ **Distort(왜곡 효과)** | 이미지를 왜곡하여 다양한 효과를 연출

⑥ **Generate(생성 효과)** | 기존의 이미지를 사용하여 만드는 것이 아닌 새로운 효과 생성하기

⑦ **Image Control(이미지 제어 효과)** | 이미지 효과 조정하기

⑧ **Immersive Video** | VR 영상에 효과 적용하기

⑨ **Keying(키잉 효과)** | 크로마키 촬영 등 합성을 전제로 촬영한 영상에서 배경 화면이나 불필요 부분 제거하기

⑩ **Noise & Grain(노이즈, 그레인 효과)** | 이미지에 노이즈 추가 효과 적용하기

⑪ **Obsolete** | 활용도가 낮거나 별도의 카테고리에 편성되지 않은 효과 적용하기

⑫ **Perspective(원근 효과)** | 이미지에 원근 적용하기
⑬ **Stylize(스타일화 효과)** | 시각적 효과 적용하기
⑭ **Tim(시간 효과)** | 클립의 시간 조정하기
⑮ **Transform(변형 효과)** | 이미지 변형과 관련된 효과 적용하기
⑯ **Transition(전환 효과)** | 장면 전환과 관련된 효과, 영상 보다는 이미지에 적용하여 주로 사용함
⑰ **Utility** | 작업에 필요한 유틸리티 카테고리
⑱ **Video** | 비디오 정보를 표기함

실무에 주로 사용하는 Adjust 이펙트

- **Level** | 화면의 전체와 각 색상 채널(Red, Green, Blue)별 인풋/아웃풋 레벨과 감마(Gamma)의 값을 조절하여 밝고 어두운 부분을 보정합니다.

- **Lighting Effects** | 광원의 크기, 색상, 형태 등을 설정하여 조명을 비춘 효과를 표현합니다. 최대 다섯 개까지 조명을 추가할 수 있습니다.

실무에 주로 사용하는 Blur & Sarpen 이펙트

- **Camera Blur** | 카메라의 초점이 벗어난 효과를 표현합니다. 키프레임 애니메이션으로 포커스 인/아웃 효과를 연출할 수 있습니다.
- **Gaussian Blur** | 이미지 전반에 걸쳐 부드러운 흐림 효과를 표현하며 노이즈를 제거합니다.

실무에 주로 사용하는 Color Correction 이펙트

- **Brightness & Contrast** | 명도와 대비를 조정하여 이미지를 보정합니다. 이미지의 모든 픽셀값을 동시에 조정하며 간단한 이미지 색상을 보정할 때 간편하게 사용할 수 있습니다.

- **Lumetri Color** | 다양한 스타일로 색상을 보정합니다. 226쪽에서 더 자세히 알아볼 수 있습니다.

- **Tint** | 이미지의 블랙 영역과 화이트 영역을 설정한 색상의 혼합 결과로 나타냅니다.

실무에 주로 사용하는 Distort 이펙트

- **Corner Pin** | 이미지의 각 모서리에 생성되는 핀(Pin)으로 이미지를 비틀거나 확대/축소하며 자유롭게 변형합니다.
- **Magnify** | 이미지의 부분 또는 전체 영역을 원이나 사각형 형태로 확대합니다.

- **Warp Stabilizer** | 촬영할 때 발생한 카메라의 미세한 흔들림을 보정합니다.

실무에 주로 사용하는 Generate 이펙트

- **Lens flare** | 카메라 렌즈로 발행하는 빛의 굴절 효과인 플레어를 생성합니다.

> [Generate] 이펙트는 대부분 새로운 이미지를 생성하므로 영상에 바로 적용하지 않고 새 레이어를 만들어 효과를 적용한 후 원본 레이어와 블렌딩 모드로 연출하는 것이 더욱 효율적입니다.

실무에 주로 사용하는 Keying 이펙트

- **Color Key** | 지정한 색상의 픽셀을 지웁니다. 녹색 혹은 파란색 배경에서 촬영되는 크로마키 영상의 배경색을 지우는 작업에 사용합니다.

- **Track Matte Key** | 매트로 사용하려는 클립이 있는 트랙을 지정하여 결과를 나타냅니다. 텍스트 영역에만 영상이 보이는 효과 등 다양한 연출에 많이 사용합니다.

실무에 주로 사용하는 Perspective 이펙트

- **Drop Shadow** | 이미지에 그림자를 추가합니다.

실무에 주로 사용하는 Stylize 이펙트

- **Mosaic** | 이미지를 모자이크 처리합니다.

 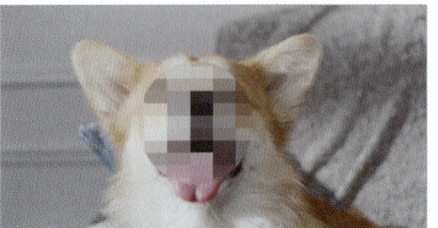

기능 꼼꼼 익히기 | 알파 매트(Alpha Matte), 루마 매트(Luma Matte)

매트(Matte) | 레이어의 투명도를 결정하는 데 사용되는 소스입니다.

▲ 원본 이미지

알파(Alpha) | 일반적으로 화면은 빨간색(Red), 초록색(Green), 파란색(Blue) 세 개의 빛을 합성하여 이미지를 만듭니다. RGB 세 개의 채널 외에 흑백으로 구성된 네 번째 채널이 있습니다. 이를 알파(Alpha) 또는 알파 채널이라고 합니다. 알파 채널에서의 하얀색(White) 영역은 채널의 정보값이 있음(보이는)을 의미하고, 검은색(Black) 영역은 채널의 정보값이 없는 투명한 영역임을 의미합니다. 알파 채널을 가지고 있는 이미지는 RGB 세 개의 채널 외에 알파 채널의 정보를 가지고 있으므로 채널별로 8비트, 총 32비트 이미지가 됩니다. 흔히 쓰이는 .png, .tga, .tif 확장자의 파일 형식은 알파 채널을 포함하는 이미지 저장 방식입니다.

▲ 알파 매트 소스

▲ 알파 매트 적용

루마(Luma) | 흑백이나 색이 없는 부분의 밝기차에 대한 정보를 말합니다. 검은색 영역은 정보가 없는 것으로 처리하고 하얀색은 정보가 있는 것으로 처리하는 것은 알파 채널과 동일합니다. 그러나 루마 채널의 경우 흑과 백의 중간 단계인 회색(Gray) 영역까지 표현합니다. 이미지의 불투명도는 이 회색 영역의 명도에 따라 결정됩니다.

▲ 루마 매트 소스

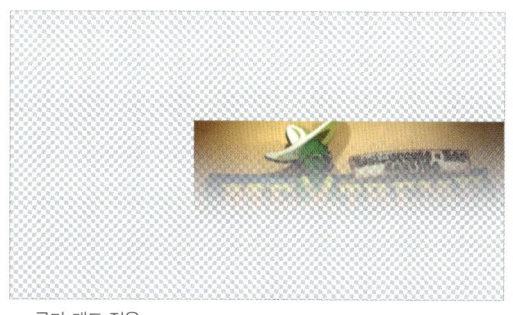

▲ 루마 매트 적용

실무에 주로 사용하는 Transform 이펙트

- **Auto Reframe** | 영상 속에 움직이는 피사체를 자동으로 추적하여 영상 비율에 맞춰 중앙에 고정되도록 해줍니다.

> **기능 꼼꼼 익히기** 🎤 **피사체를 자동으로 추적하기**
>
> [Auto Reframe] 이펙트는 16:9 비율의 영상을 9:16 혹은 1:1 비율과 같이 조절할 때 피사체를 자동으로 인식하여 화면의 정중앙에 오도록 맞춰줍니다. 일반적으로 비율이 다른 영상을 사용할 때는 영상 상하에 검은 여백이 생기지만 [AutoReframe] 이펙트를 적용하면 분석을 진행하여 자동으로 영상 비율을 조정해줍니다. 분석이 완료된 후 [Effect Controls] 패널을 확인하면 [Motion] 항목이 비활성화되며 [Auto Refreme] 항목에서 영상의 크기나 위치, 회전을 조정할 수 있게 됩니다.
>
>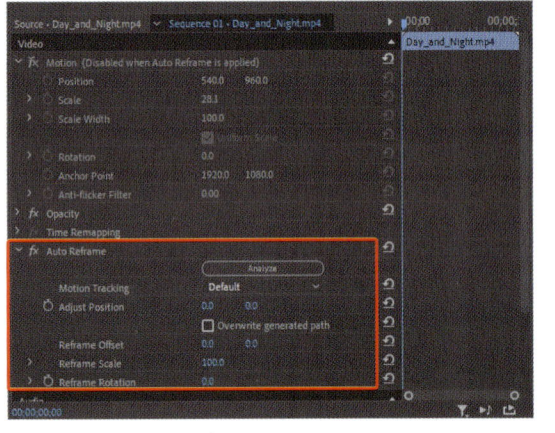

비디오 이펙트 자세히 알아보기

❶ [Effect Controls] 패널에서 비디오 이펙트 항목의 Set Up 을 클릭하면 해당 이펙트를 조정할 수 있는 별도의 대화상자가 나타납니다. 미리 보기 화면과 속성값 정보가 이미지나 히스토그램으로 표시되어 직관적으로 속성을 컨트롤할 수 있습니다. ❷ Reset 은 이펙트의 값을 기본값으로 되돌릴 때 사용합니다.

한눈에 실습 포커스를 맞추며 시작되는 영상 인트로 만들기

준비 파일 프리미어 프로/Chapter 03/비디오이펙트.prproj
핵심 기능 Camera Blur

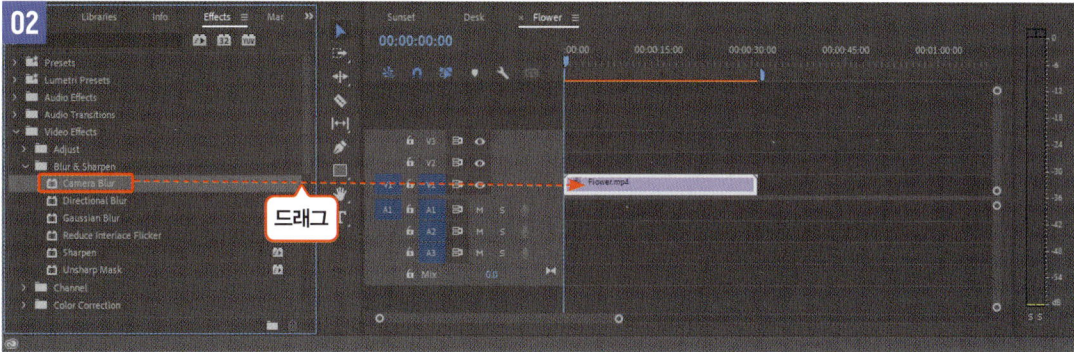

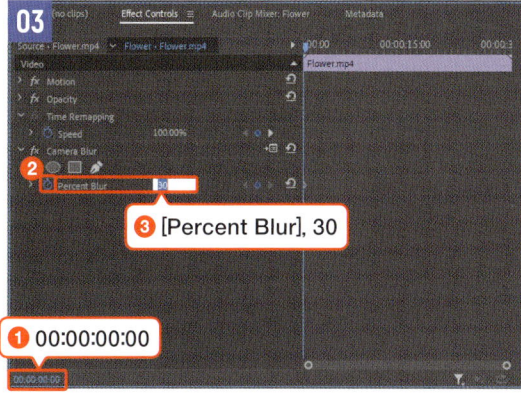

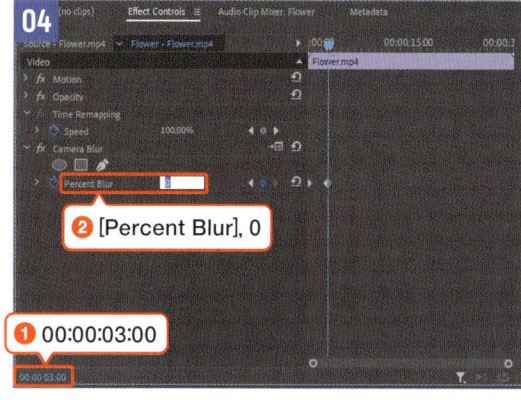

 **영상과 이미지의 꼭짓점 조정하기**

준비 파일 프리미어 프로/Chapter 03/비디오이펙트.prproj
핵심 기능 Corner Pin

01 준비 파일 불러오기

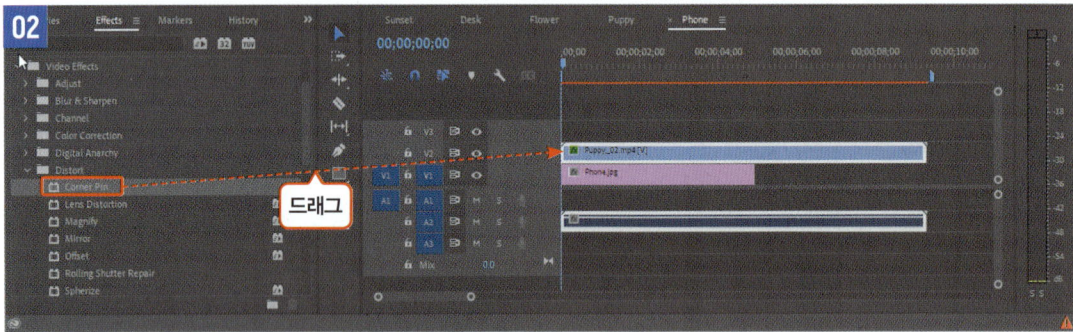

02 드래그

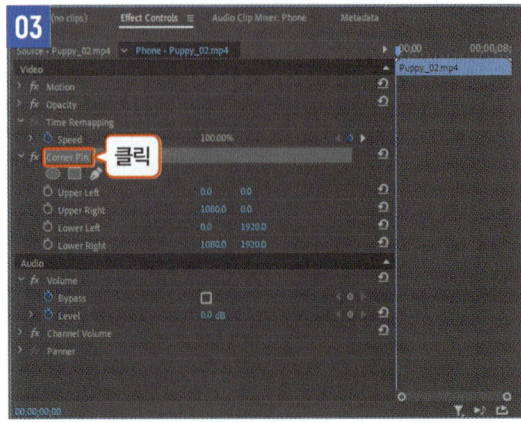

03 클릭

04 핸들 조정

[Corner Pin] 이펙트를 사용할 때는 소스의 크기와 위치에 따라서 [Motion] 항목의 [Position], [Scale]을 함께 조정하여 적용합니다.

한눈에 실습 트랙매트 효과로 원하는 모양의 마스크 만들기

준비 파일 프리미어 프로/Chapter 03/비디오이펙트.prproj
핵심 기능 Track Matte

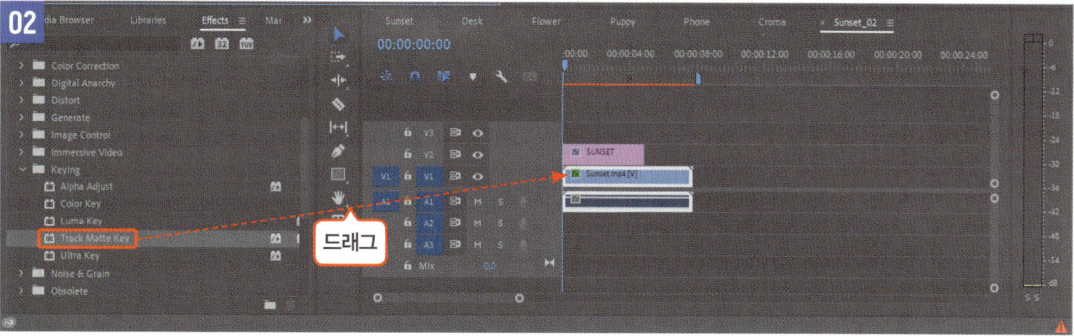

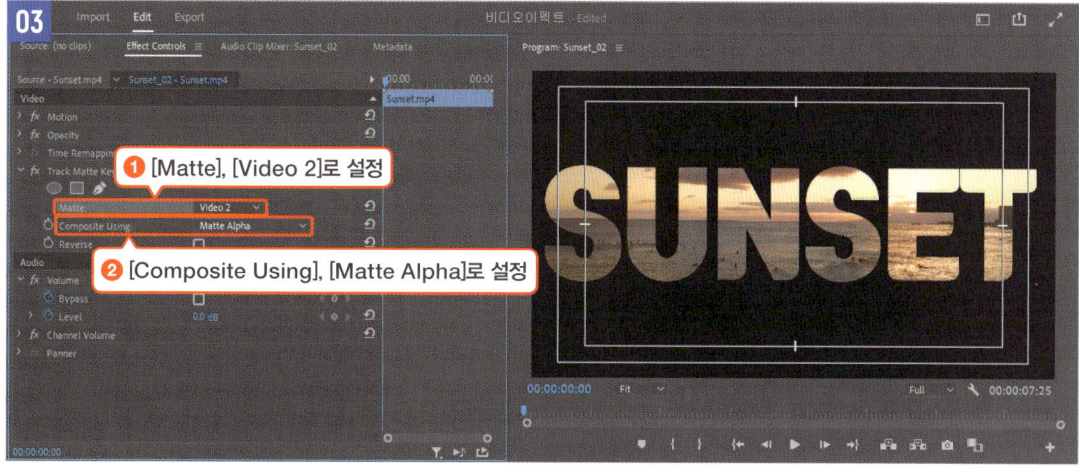

유튜브 영상이나 TV 프로그램에서 빼놓을 수 없는 요소가 바로 자막입니다.
자막은 영상에 삽입된 음성을 눈으로 볼 수 있도록 하는 기능은 물론
부가적인 정보를 전달하거나, 영상 전체의 분위기를 좌우하는 등
자막만으로도 영상이 전달하는 정보와 분위기를 크게 바꿀 수 있습니다.
영상에 어울리는 적절한 자막을 만드는 방법과
자동 자막 기능을 활용하는 방법에 대해 알아보겠습니다.

CHAPTER 04

다양한 형태의
자막 만들기

LESSON 01 다양한 유튜브 자막 만들기

타이프 도구로 자막 디자인하기

프리미어 프로에서는 여러 가지 형태의 다양한 자막을 영상에 추가할 수 있습니다. 일반적으로 타이프 도구를 활용해 직접 자막을 추가하거나 [Text] 패널의 기능을 활용해 생성합니다. 타이프 도구를 활용하면 [Program] 패널에서 실시간으로 자막을 입력하며 수정할 수 있어 빠르고 편리합니다. 자막을 자유롭게 디자인할 수도 있습니다. 이번에는 타이프 도구의 기본 활용 방법을 배워보겠습니다.

> 기존 자막 작업에 사용하던 레거시 타이틀 기능은 프리미어 프로 최신 버전에서 더 이상 사용할 수 없습니다.

간단 실습 | 타이프 도구로 기본 자막 만들기

준비 파일 프리미어 프로/Chapter 04/기본자막만들기.prproj

타이프 도구 **T** 를 이용하여 자막을 만들어보겠습니다. 해당 예제에는 발렌타인드림에서 제공하는 아임크리 수진체 폰트가 적용되어 있습니다. **기본자막만들기.prproj** 준비 파일을 불러옵니다.

01 ❶ Workspaces ▣를 클릭하고 ❷ 프리미어 프로 작업 영역 모드를 [Captions and Graphics]로 변경합니다.

02 ① T를 눌러 타이프 도구 T를 선택하면 마우스 포인터가 모양으로 변경됩니다. ② [Program] 패널에서 텍스트를 삽입할 위치에 클릭합니다. ③ 예제에서는 캐주얼한 느낌의 '일상회화, 틀리기 쉬운 문법'이라는 자막을 만들어보겠습니다. 우선 **일상회화**를 입력합니다.

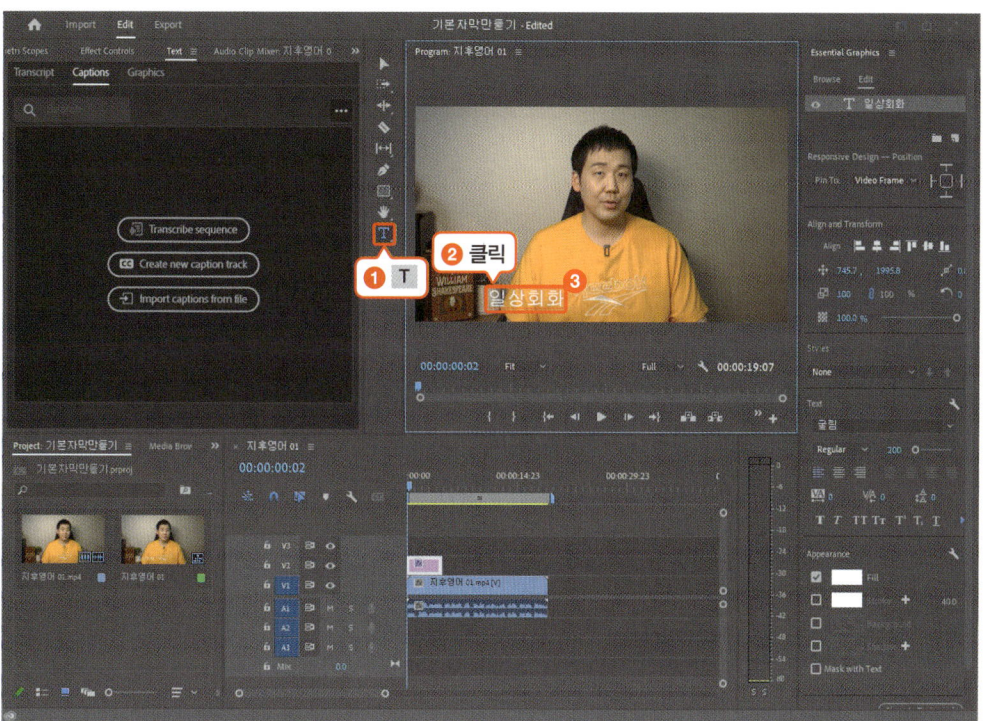

03 원하는 곳에 텍스트를 배치해도 되지만 예제에서는 화면 왼쪽 아래에 글자를 배치하겠습니다. 텍스트의 위치는 [Essential Graphics] 패널의 [Align and Transform]에서 정확하게 설정할 수 있습니다. 예를 들어 [Align Center Vertically]를 클릭하면 화면에서 세로를 기준으로 중앙에 정렬할 수 있습니다.

[Essential Graphics] 패널에서는 선택된 개체의 다양한 스타일 옵션을 설정할 수 있습니다. 이때 스타일을 조절할 개체는 [Program] 패널 혹은 [Essential Graphics] 패널의 [Edit] 탭에서 선택되어 있어야 합니다.

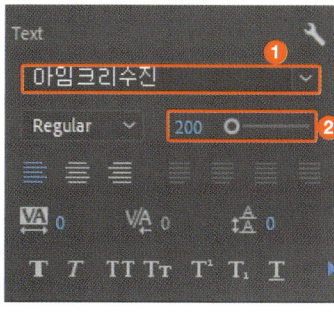

04 [Text] 항목에서 폰트와 크기를 조정해보겠습니다. ① 예제에서는 [아임크리수진]으로 폰트를 설정하고 ② 크기는 200으로 설정합니다.

예제에 사용된 폰트 외에도 원하는 폰트를 선택해 작업해도 됩니다. 'ImcreSoojin' 폰트는 아임크리수진체 다운로드 페이지(https://imcrefont.com)에 접속한 후 다운로드해 사용할 수 있습니다.

05 ❶ [Appearance] 항목에서 [Fill], [Stroke] 항목에 각각 체크하고 ❷ 원하는 색으로 변경합니다. ❸ [Stroke]의 굵기는 40으로 설정합니다.

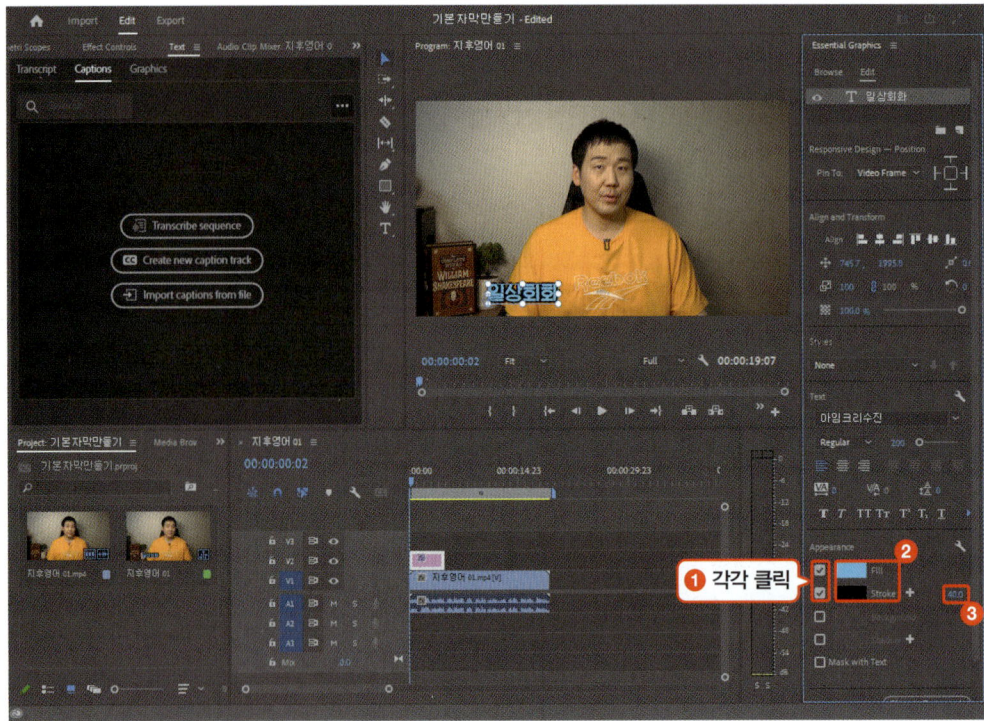

[Color Picker] 대화상자가 나타나면 [#] 입력란에 컬러코드를 입력해 직접 선택할 수도 있습니다. 예제에서 [Fill] 항목의 색은 **00CAFC**로 입력하고, [Stroke] 항목의 색은 **000000**으로 입력합니다.

06 ❶ [Shadow] 항목에 체크한 후 색과 ❷ [Opacity], [Angle], [Distance], [Size], [Blur] 항목은 아래의 표를 참조해 각각 설정합니다. 텍스트 클립이 완성됩니다.

설정	값	설정	값
Shadow 색	000000	Distance	30
Opacity	100	Size	10
Angle	135	Blur	0

[Shadow]는 그림자를 설정하는 항목입니다. Opacity는 불투명도, Angle은 그림자의 각도, Distance는 그림자의 거리, Size는 크기, Blur는 흐림 정도를 의미합니다.

07

❶ [Essential Graphics] 패널에서 [일상회화] 개체를 클릭하고 ❷ Ctrl + C , Ctrl + V 를 차례대로 눌러 복제합니다. ❸ 도구 패널에서 선택 도구 ▶ 를 클릭한 후 ❹ [Program] 패널에서 복제한 자막을 옆으로 드래그합니다.

08

❶ T 를 눌러 타입 도구 T 를 선택한 후 ❷ 복제한 **일상회화** 텍스트를 **틀리기 쉬운** 텍스트로 수정합니다. ❸ 텍스트의 크기를 150으로 설정하고 ❹ [Fill] 항목에서 색을 FFFFFF로 설정합니다.

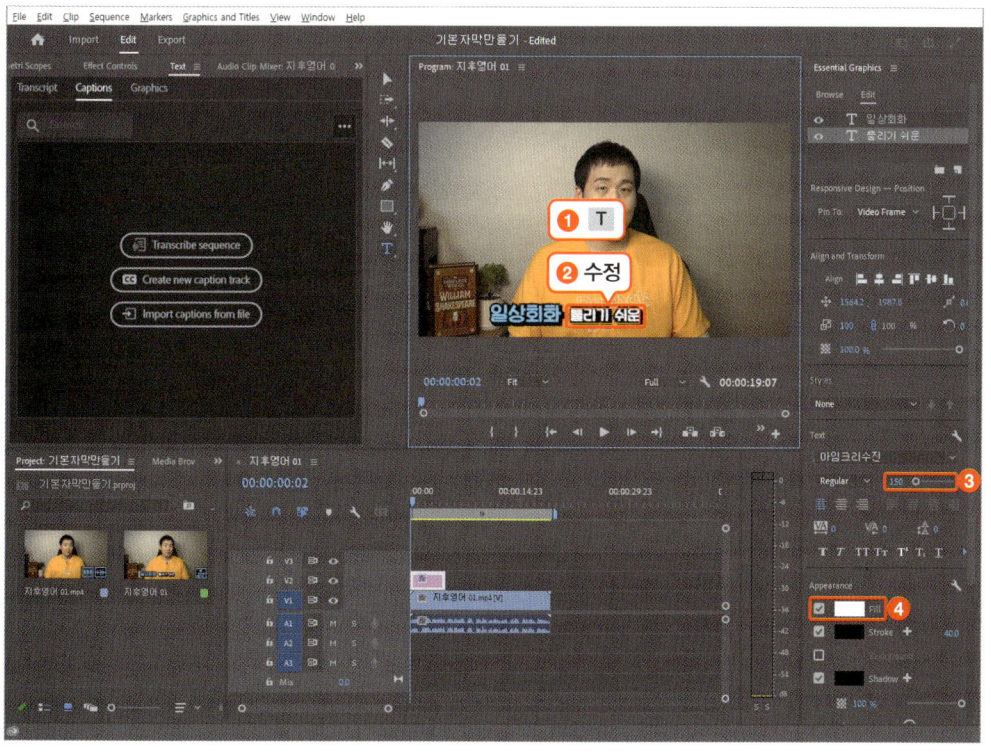

09 ❶ **일상회화** 텍스트를 한 번 더 복제한 후 ❷ **문법** 텍스트로 수정합니다.

> [Program] 패널에서 텍스트를 선택한 후 Ctrl + C , Ctrl + V 를 차례대로 눌러 간단하게 복사하고 붙여 넣을 수도 있습니다.

> 텍스트를 배치할 때 Ctrl 을 누른 상태에서 드래그하면 빨간색 가이드라인이 표시되어 다른 자막과 같은 높이로 위치를 맞출 수 있습니다.

간단 실습 　반응형 디자인 자막 만들기

사각형 도형을 이용해 자막 박스를 만들어 텍스트 배경으로 배치하고 텍스트 길이에 따라 자막 박스의 너비도 같이 변하는 반응형 디자인 자막을 만들어보겠습니다.

01　앞선 실습에 이어서 계속 진행합니다. ❶ 다시 **일상회화** 텍스트를 복제하고 ❷ **유의하세요!** 텍스트로 수정합니다. ❸ [Stroke]와 [Shadow] 항목의 체크를 해제하고 ❹ [Fill]의 색상을 어두운 색 계열로 수정한 후 ❺ 글자 크기를 **120**으로 설정합니다. ❻ [Program] 패널에 있는 **일상회화** 텍스트 위에 배치하겠습니다.

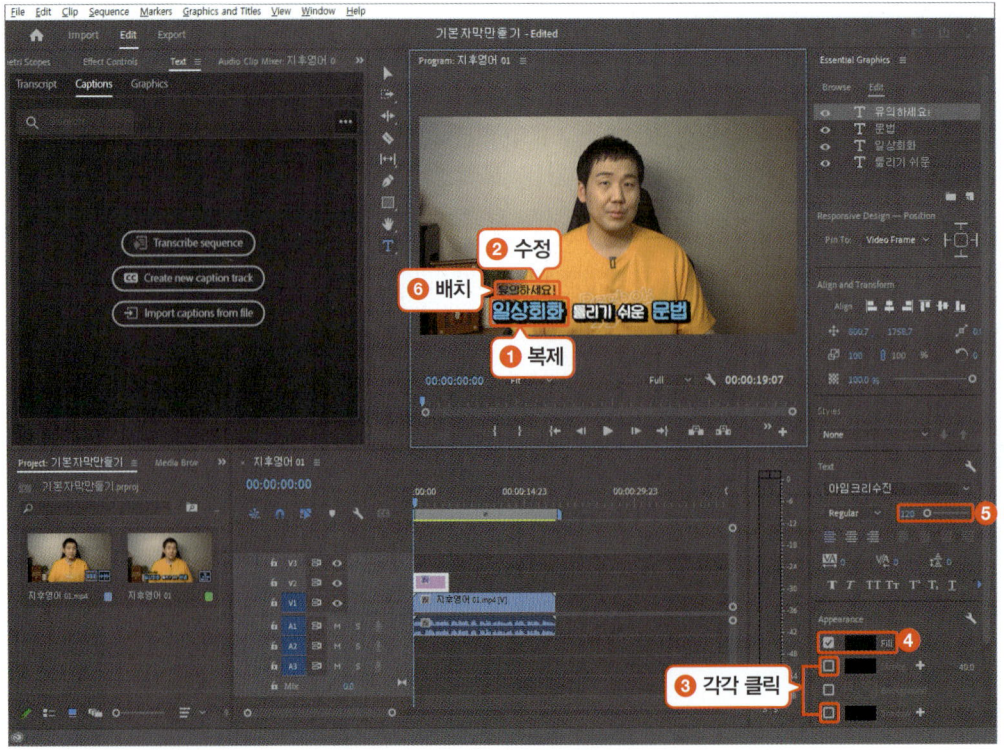

02 ❶ **유의하세요!** 텍스트가 선택된 상태에서 도구 패널의 사각형 도구■를 클릭합니다. ❷ [Program] 패널에서 **유의하세요!** 텍스트를 감싸도록 드래그해 사각형 개체를 그립니다.

03 [Appearance] 항목에서 [Fill]의 색을 수정해 자막 박스를 원하는 색으로 변경합니다.

04 [Essential Graphics] 패널의 [Edit]에는 현재 편집 기준선 위치에 삽입된 다양한 개체가 표시됩니다. 목록에서 가장 아래에 위치한 개체일수록 [Program] 패널에서 뒤쪽에 배치됩니다. [Essential Graphics] 패널의 [Edit] 탭에서 [Shape 01] 개체를 드래그해 [Text] 개체 아래로 위치합니다.

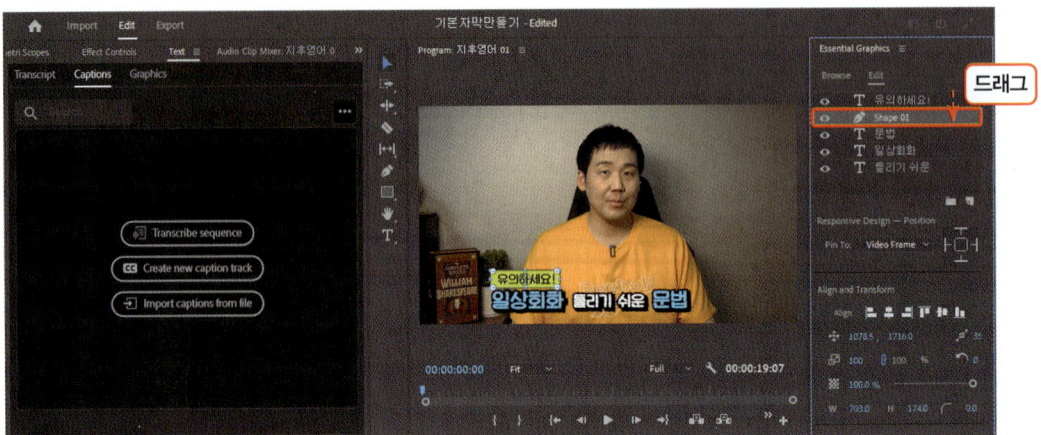

05 텍스트 길이가 늘어남에 따라 자막 박스의 너비가 자동으로 조절되도록 하겠습니다. ❶ [Edit] 탭에서 [Shape 01] 개체를 클릭합니다. ❷ [Responsive Design - Position] - [Pin To] 항목에서 [Shape 01]이 어떤 개체의 영향을 받을 것인지 선택합니다. 예제에서는 **유의하세요!** 텍스트의 영향을 받도록 지정하겠습니다. ❸ 자막 박스가 **유의하세요!** 텍스트의 가운데를 기준으로 늘어나게 설정하기 위해 ■를 클릭합니다. 텍스트를 수정하면 박스의 너비가 텍스트 길이에 따라 변형됩니다.

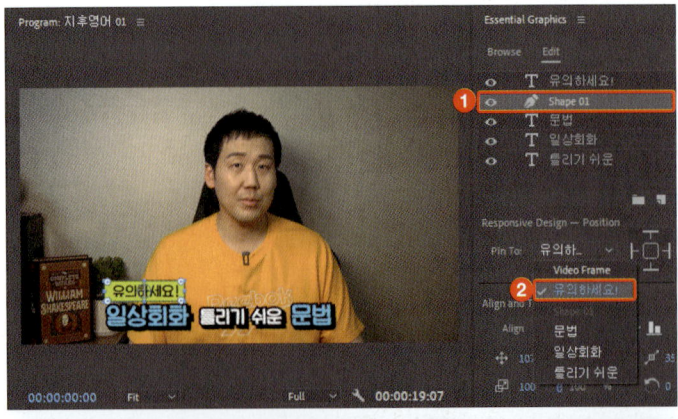

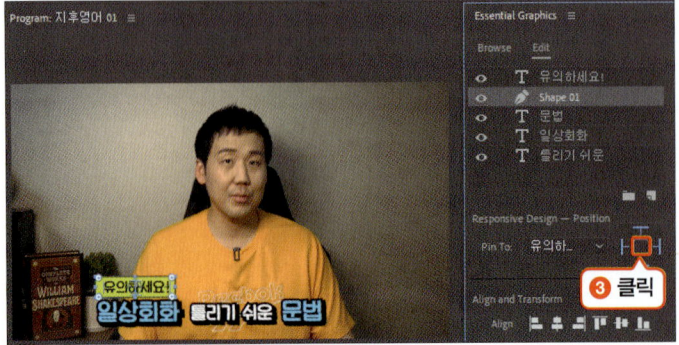

[Pin To]는 각각 선택한 항목의 어느 위치를 중심으로 할지 기준을 맞추는 기능입니다. 각각의 부분을 클릭해 기준이 될 위치를 설정할 수 있습니다. ■는 중심, ■는 상단, ■는 오른쪽, ■는 하단, ■는 왼쪽입니다.

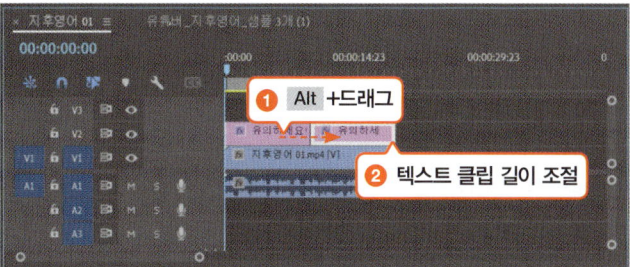

06 자막의 스타일을 일부만 수정하여 영상의 뒷부분에 삽입해보겠습니다. ① [Timeline] 패널에서 텍스트 클립을 Alt 를 누른 채 드래그하여 복사한 후 ② 두 개의 텍스트 클립의 길이를 영상의 타이밍에 맞게 적절히 조절합니다.

07 편집 기준선을 두 번째 자막 클립의 위치로 이동합니다.

08 ① 일상회화 텍스트를 절대로, 틀리기 쉬운 텍스트를 영어는으로 아래 그림과 같이 수정해줍니다. 어렵지 않아요. 텍스트는 앞서 실습한 방법과 같은 방식으로 [Essential Graphics] 패널에서 텍스트를 복제한 후 수정합니다. ② 필요 없는 자막은 목록에서 삭제하거나 를 클릭해 숨길 수 있습니다. 문법 텍스트는 숨김 처리합니다.

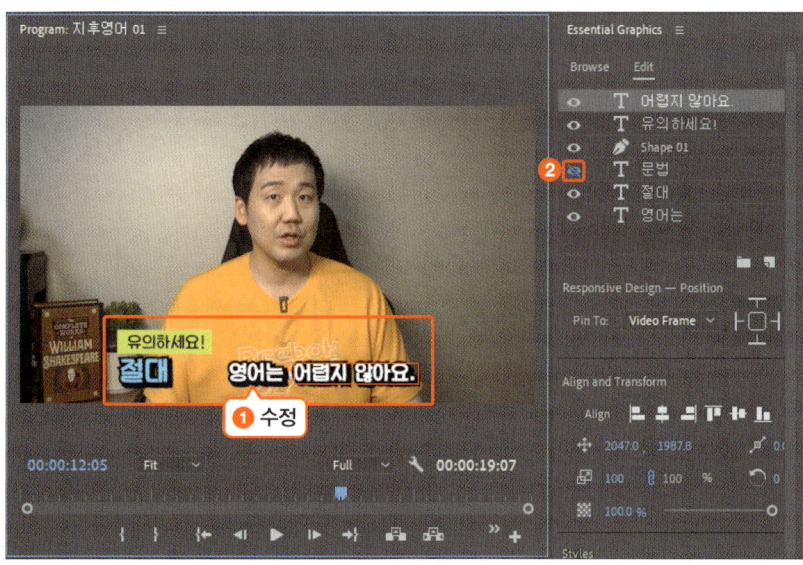

09 ① 유의하세요! 텍스트는 So easy~ 텍스트로 수정한 후 ② 자막을 어울리는 위치에 배치합니다. 자막 박스인 [Shape 01] 개체는 So easy~ 텍스트에 고정되어 있으므로 [Shape 01]이 아닌 So easy~ 텍스트를 움직입니다. 완성된 영상을 재생해 자막이 어떻게 구현되었는지 확인해봅니다.

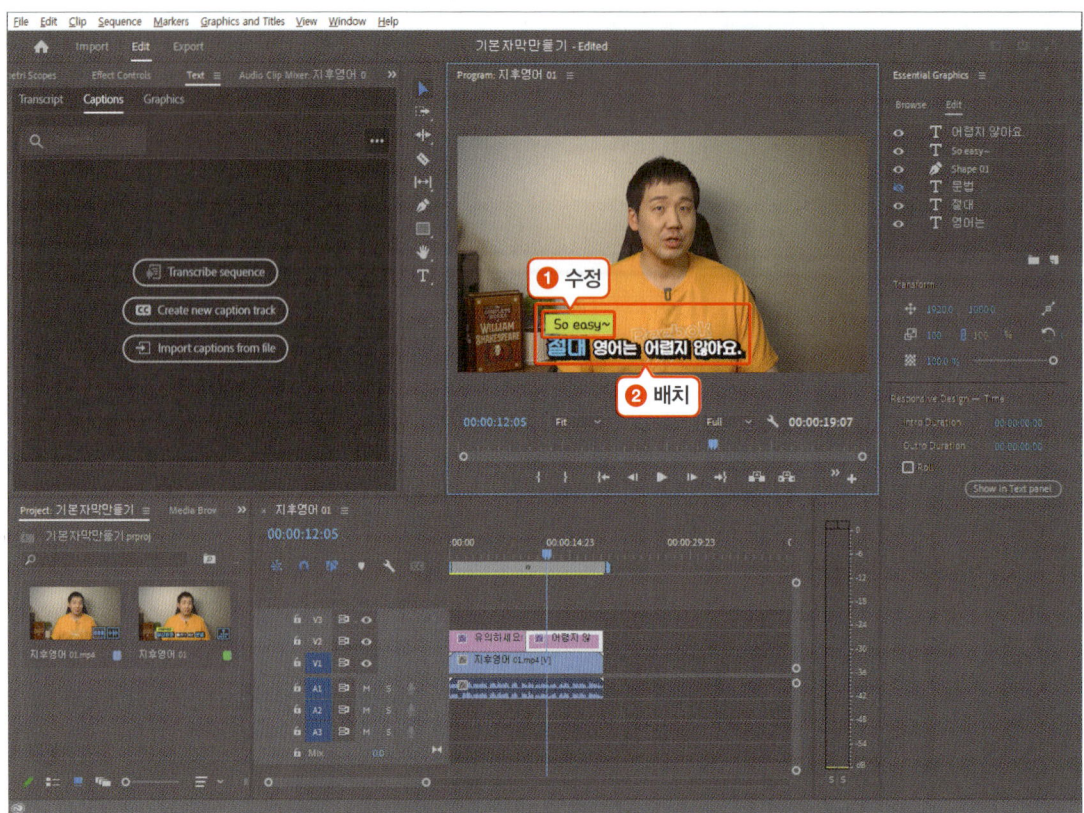

LESSON 02
음성 인식으로 자동 자막 만들기
클립의 음성을 인식해 자막 생성하기

프리미어 프로의 [Captions and Graphics] 작업 영역 모드는 클립에 포함된 음성 파일을 인식하여 자막을 자동으로 생성하고 영상에 자막을 적용하기 편리한 설정으로 구성되어 있습니다. 자막의 생성 및 적용은 [Text] 패널에서 진행합니다.

간단 실습 │ 자동으로 자막 생성하기

준비 파일 프리미어 프로/Chapter 04/자동자막.prproj

01 **자동자막.prproj** 준비 파일을 불러옵니다. 작업 영역 모드가 [Captions and Graphics]가 아니라면 128쪽을 참고해 작업 영역 모드를 설정합니다.

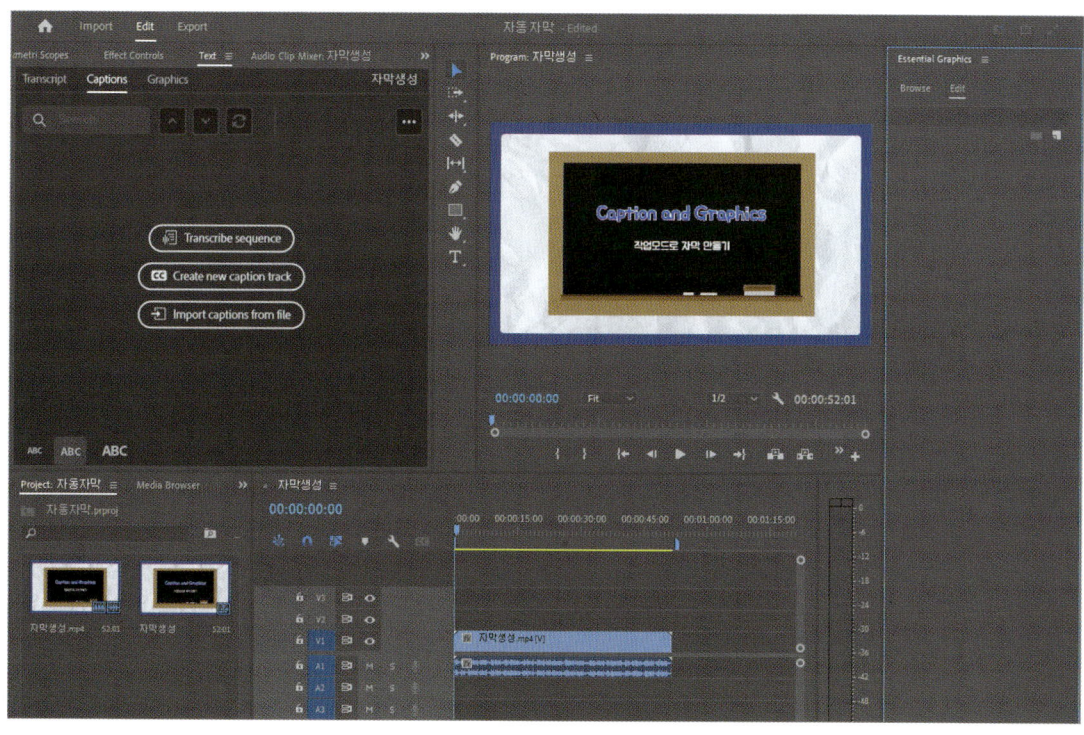

02 ① 자막을 생성하려는 클립을 모두 선택한 후 ② [Text] 패널에서 [Transcribe sequence]를 클릭합니다.

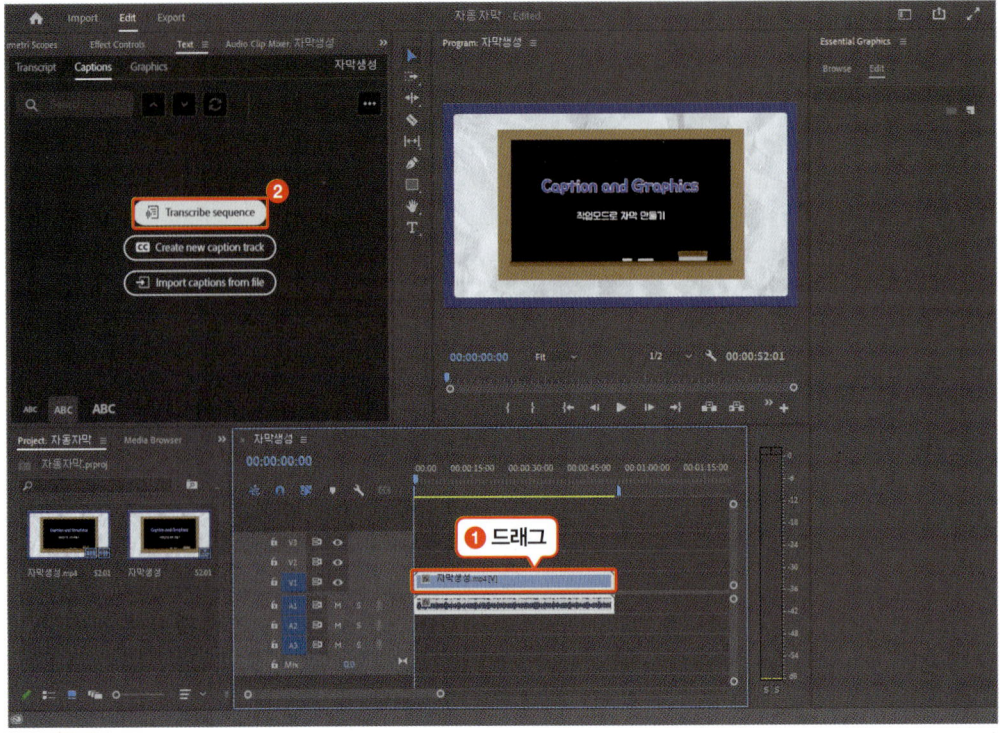

선택된 클립의 오디오 트랙을 기준으로 자막을 생성합니다. 따라서 자동 자막 생성 전에 영상의 편집이 완료되어야 합니다.

03 ① [Create transcript] 대화상자가 나타나면 [Language]에서 자막 언어를 [Korean]으로 설정한 후 ② 자막을 생성하려는 오디오 트랙을 선택합니다. ③ [Transcribe]를 클릭하여 자막을 생성합니다.

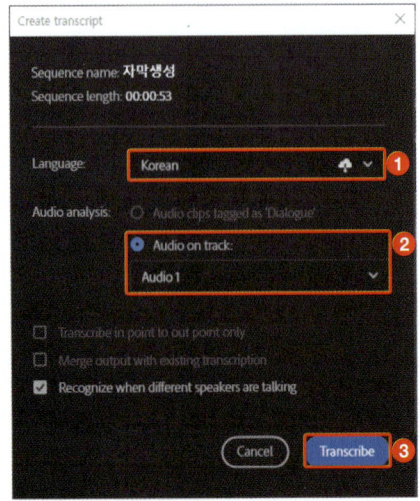 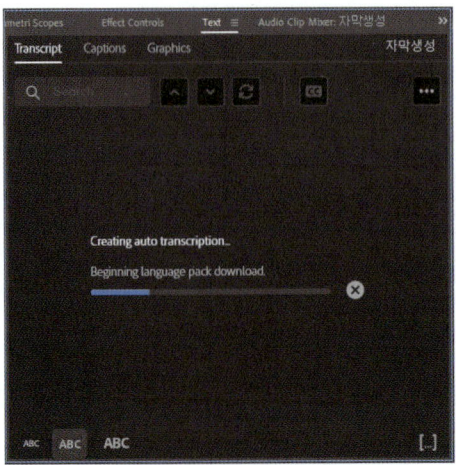

04 클립의 오디오를 기준으로 자막이 생성됩니다. 완성된 자막을 확인해보면 결과가 조금 미흡합니다. 현재는 한국어와 영어가 섞여 있거나 발음이 부정확한 부분까지 보완하여 완벽한 결과물을 만들어주지 못하므로 사용자가 확인하고 수정하는 작업이 필요합니다.

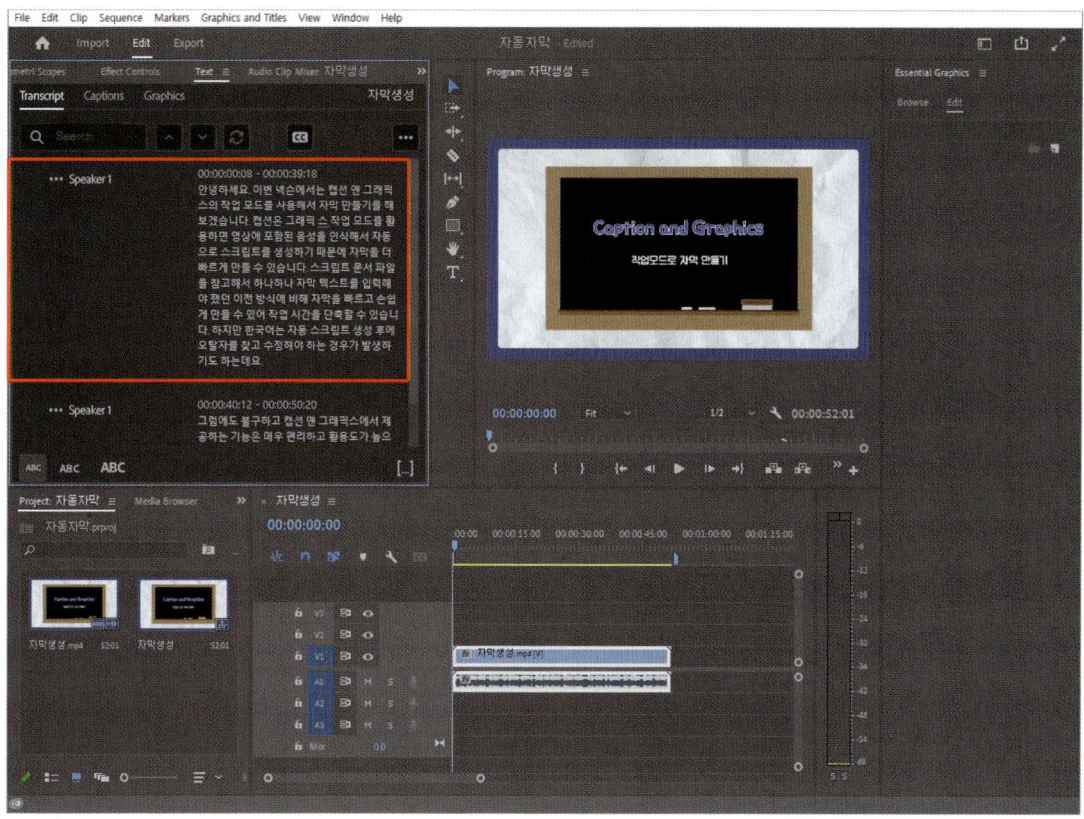

[Timeline] 패널에서 시퀀스를 재생하거나 편집 기준선을 이동하면 [Text] 패널에서 해당 위치의 자막이 선택됩니다. 반대로 [Text] 패널에서 자막을 클릭하면 편집 기준선의 위치가 자막의 위치로 이동되어 편하게 수정할 수 있습니다.

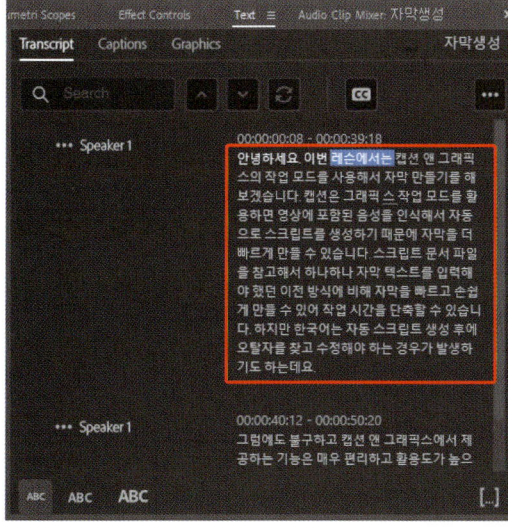

05 자동으로 생성된 자막에서 실제 음성과 다른 부분을 수정합니다.

06 스크립트를 자막으로 적용하기 위해 ❶ Create captions CC 를 클릭합니다. ❷ [Create captions] 대화상자가 나타나면 화면에 적용할 옵션을 설정하고 [Create]를 클릭합니다.

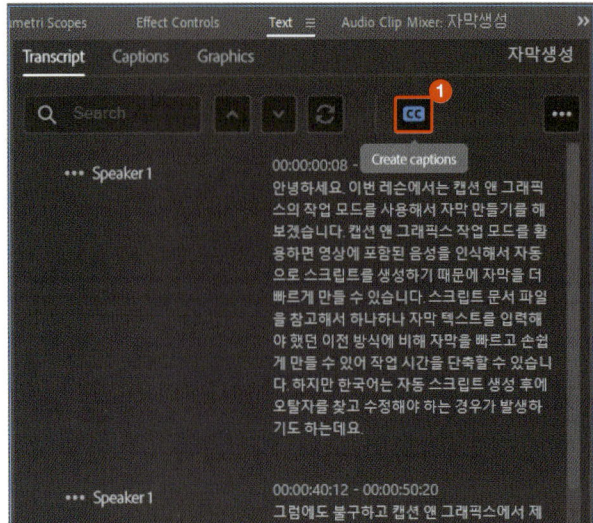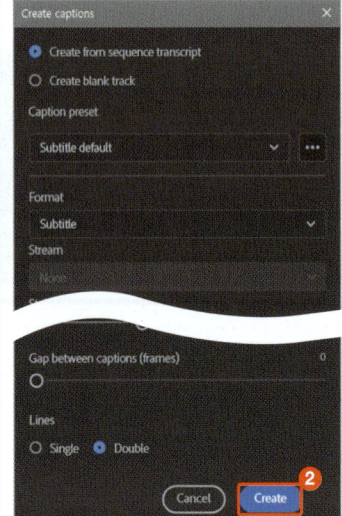

기능 꼼꼼 익히기 🎤 자동 자막 옵션 알아보기

[Create captions] 대화상자에서 자동 자막의 옵션을 조절하여 다양한 형태로 활용할 수 있습니다.

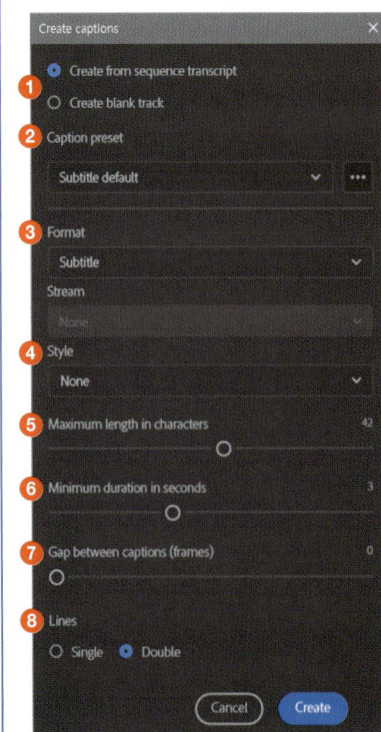

❶ 자막을 어느 위치에 생성할지 선택합니다. [Create from sequence transcript](시퀀스 스크립트에서 만들기), [Create blank track](빈 트랙 만들기) 중에서 선택합니다.

❷ **Caption preset** | 자막 사전 설정을 선택합니다. 기본값을 유지합니다.

❸ **Format** | 자막의 형식을 설정합니다. 기본값을 유지합니다.

❹ **Style** | 자막의 스타일(디자인)을 설정합니다. 저장한 스타일이 있다면 적용할 수 있습니다.

❺ **Maximum length in characters** | 자막에 노출되는 최대 글자 수를 설정합니다.

❻ **Minimum duration in seconds** | 자막이 노출되는 최소 시간을 설정합니다.

❼ **Gap between captions(frames)** | 자막 사이의 노출 간격을 설정합니다.

❽ **Lines** | 자막의 줄 수를 설정합니다.

07 적용된 자막을 확인하면서 보완할 부분을 찾아 수정합니다. 여기서는 두 줄로 생성된 자막을 한 줄로 수정해보겠습니다. ❶ 2번 자막을 클릭해 자막을 나눌 부분으로 편집 기준선을 위치합니다. ❷ [Text] 패널에서 Split caption 을 클릭하면 자막이 나눠집니다.

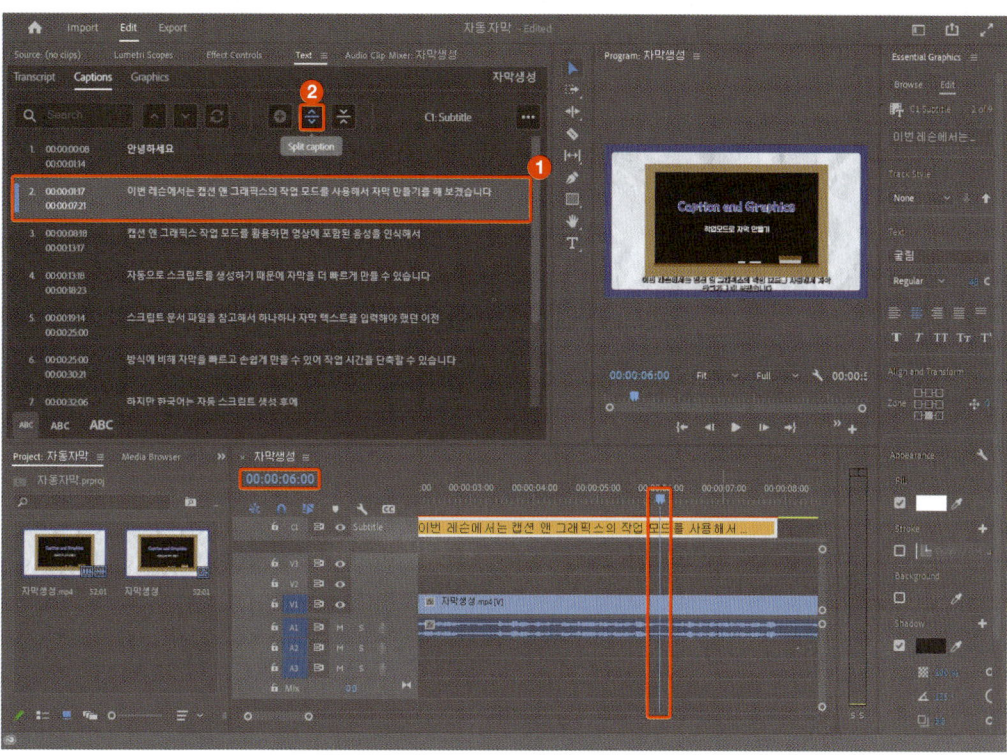

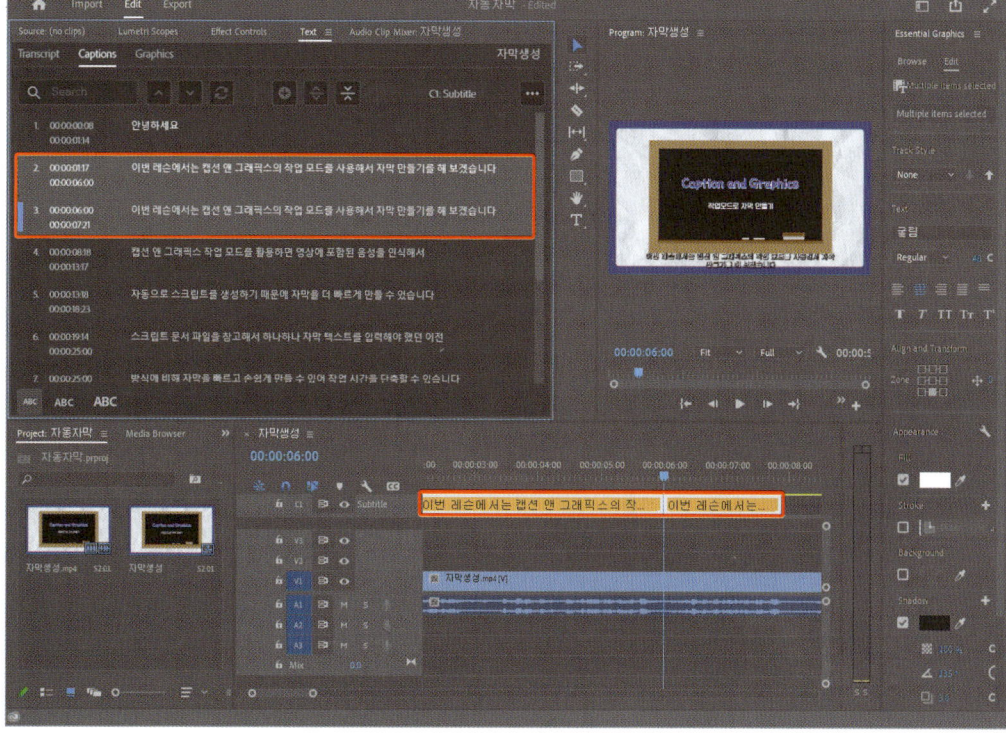

08 스크립트를 더블클릭하여 클립의 오디오에 맞춰 자막의 스크립트를 수정합니다.

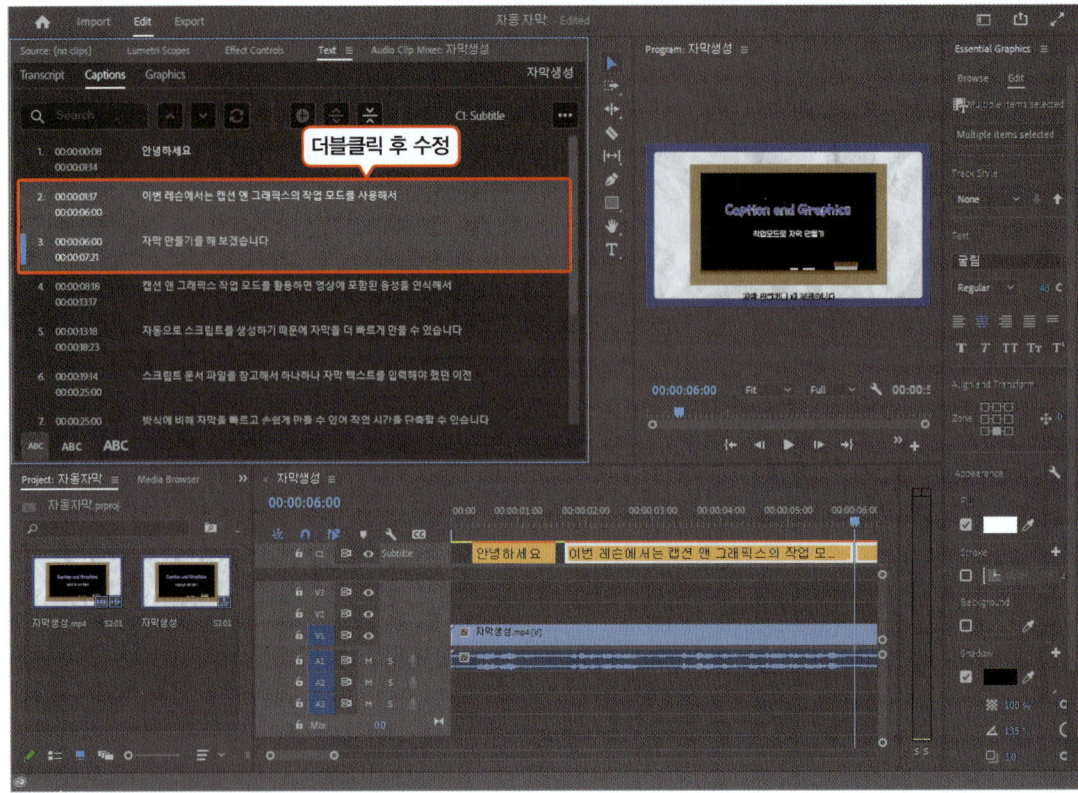

Merge captions를 클릭하여 분리된 자막을 합칠 수도 있습니다.

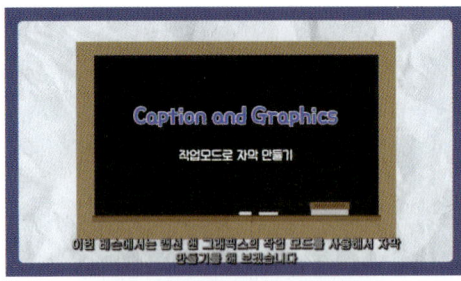
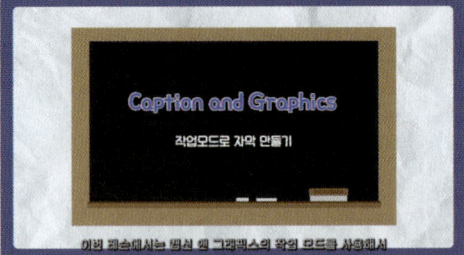

간단 실습 | 자동으로 생성된 자막 스타일 디자인하기

준비 파일 프리미어 프로/Chapter 04/자막스타일.prproj

기본으로 적용되는 자막 파일은 가장 기본적인 디자인으로 적용되어 가독성 및 심미성이 많이 부족합니다. 적용된 자막 파일의 디자인을 수정하고 수정된 디자인을 적용하는 방법, 본인만의 디자인 스타일을 저장하고 적용하는 방법을 알아보겠습니다. **자막스타일.prproj** 준비 파일을 불러옵니다.

01 ① [Text] 패널에서 디자인을 적용하려는 자막을 클릭합니다. ② 자동으로 [Essential Graphics] 패널-[Edit] 탭이 활성화됩니다.

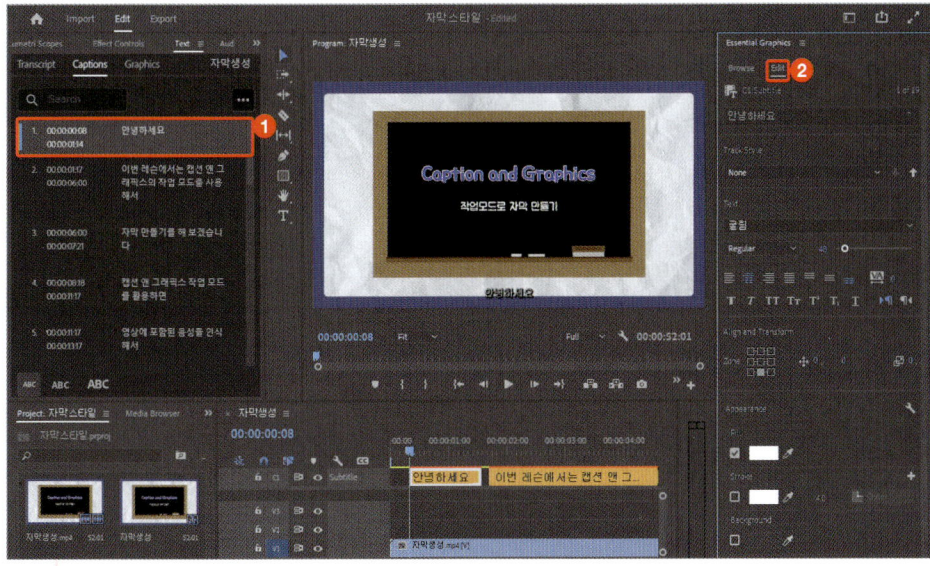

[Edit] 탭이 나타나지 않으면 작업 영역 모드를 [Captions and Graphics]로 변경한 후 자막을 클릭하거나 직접 [Edit] 탭을 클릭합니다.

02 [Edit] 탭-[Text] 항목에서 원하는 폰트 및 크기 등을 설정합니다. ① 여기서는 폰트를 [나눔고딕], ② 크기는 60으로 설정하였습니다.

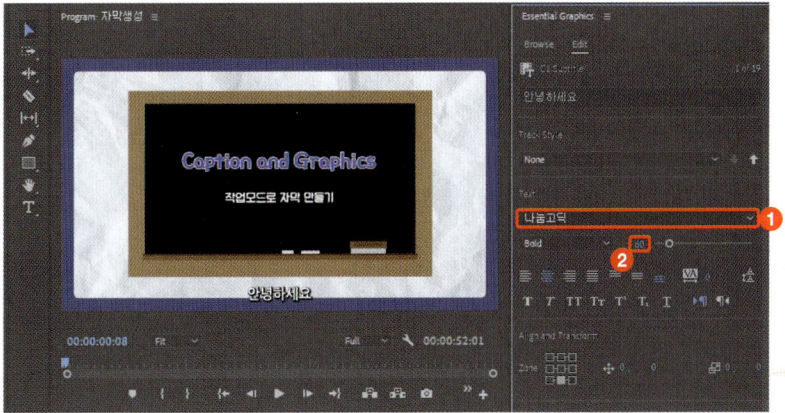

[Align and Transform]에서 자막의 위치를 조정할 수 있습니다.

03 [Appearance] 항목에서 자막의 색상과 스트로크, 배경과 그림자를 설정합니다. ❶ 여기서는 [Background]에 체크하여 검은색으로 설정하고 ❷ [Opacity]는 100%, [Size]는 13, [Corner Radius]는 8로 설정했습니다.

기능 꼼꼼 익히기 | 자막에 둥근 모서리 효과 추가하기

[Background] 항목-[Corner Radius]에서 자막 배경 모서리에 라운드 효과를 적용할 수 있습니다.

▲ 값이 0일 때　　　▲ 값이 25일 때　　　▲ 값이 50일 때

04 ❶ 자막의 디자인 작업이 완료되었다면 [Track Style]을 클릭하고 ❷ [Create Style]을 클릭합니다. ❸ [New Text Style] 대화상자가 나타나면 스타일의 이름을 입력하고 ❹ [OK]를 클릭합니다.

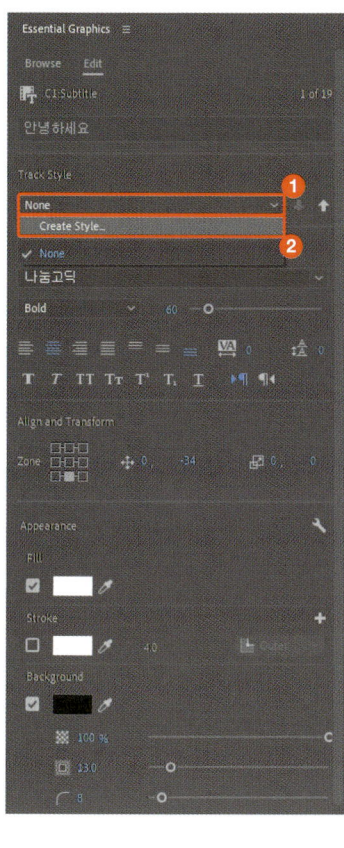

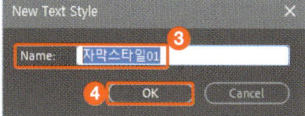

05 새롭게 만든 스타일이 저장되며 나머지 자막도 변경된 디자인이 자동으로 적용됩니다.

저장한 스타일은 새로운 자막을 만들 때 처음부터 적용할 수도 있습니다.

LESSON 03 응용 자막 만들기

마스크 효과가 적용된 자막 만들기

 투명한 자막 타이틀 만들기

준비 파일 프리미어 프로/Chapter 04/응용자막.prproj

마스크 기능을 활용하면 텍스트 안에 영상 배경이 들어간 감각적인 영상을 만들 수 있습니다. **응용자막.prproj** 준비 파일을 불러옵니다.

01 ❶ [Project] 패널에서 New Item을 클릭한 후 ❷ [Color Matte]를 클릭합니다.

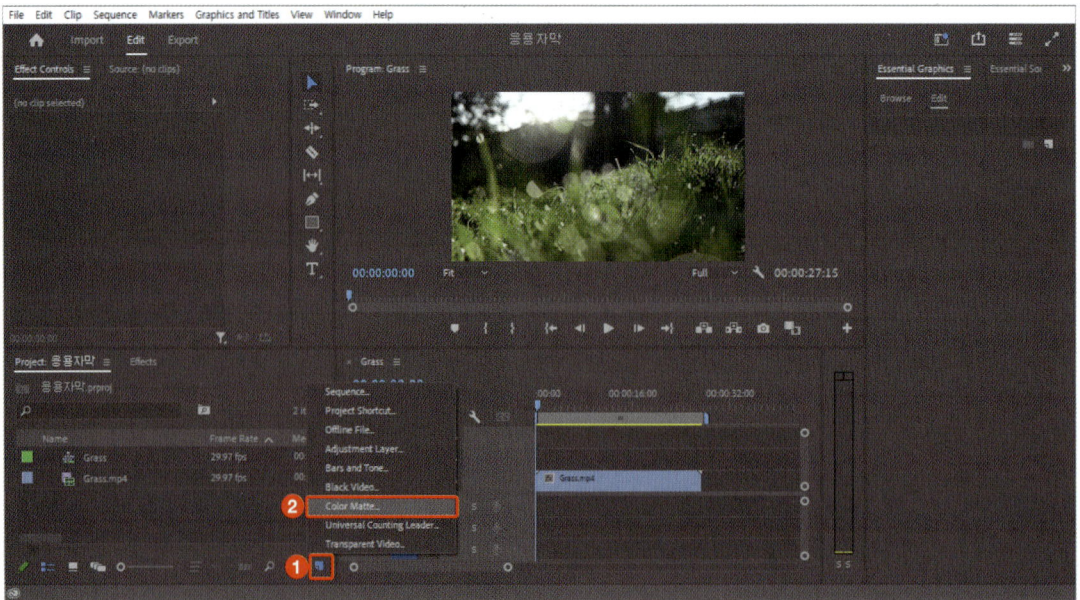

02 ❶ [New Color Matte] 대화상자에서 [OK]를 클릭합니다. ❷ [Color Picker] 대화상자에서 원하는 색을 선택합니다. 예제에서는 연두색(EBFFE6)을 선택했습니다. ❸ [OK]를 클릭합니다. ❹ [Choose Name] 대화상자가 나타나면 이름을 입력합니다. 예제에서는 **BG**를 입력했습니다. ❺ [OK]를 클릭합니다.

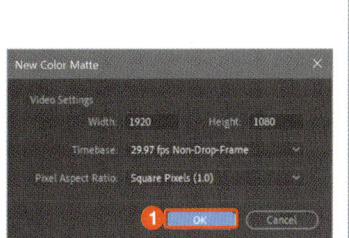
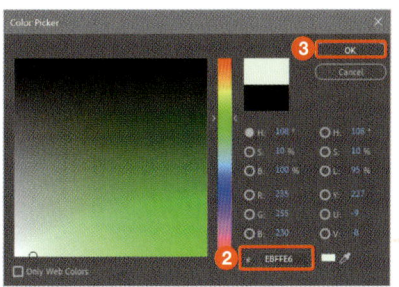
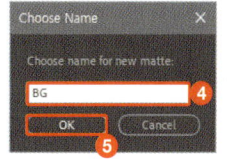

컬러매트는 시퀀스 설정과 동일하게 자동으로 설정됩니다.

03 ❶ 생성된 컬러매트 소스를 비디오 2번 트랙(V2)으로 드래그합니다. ❷ 클립의 오른쪽 끝을 드래그하여 영상 클립의 길이와 컬러매트 클립의 길이를 맞춰줍니다.

04 ❶ 도구 패널에서 타입 도구를 클릭하고 ❷ [Program] 패널에서 **Healing**을 입력합니다. 이때 텍스트의 크기나 폰트는 자유롭게 설정해도 됩니다. ❸ 도구 패널에서 선택 도구를 클릭합니다.

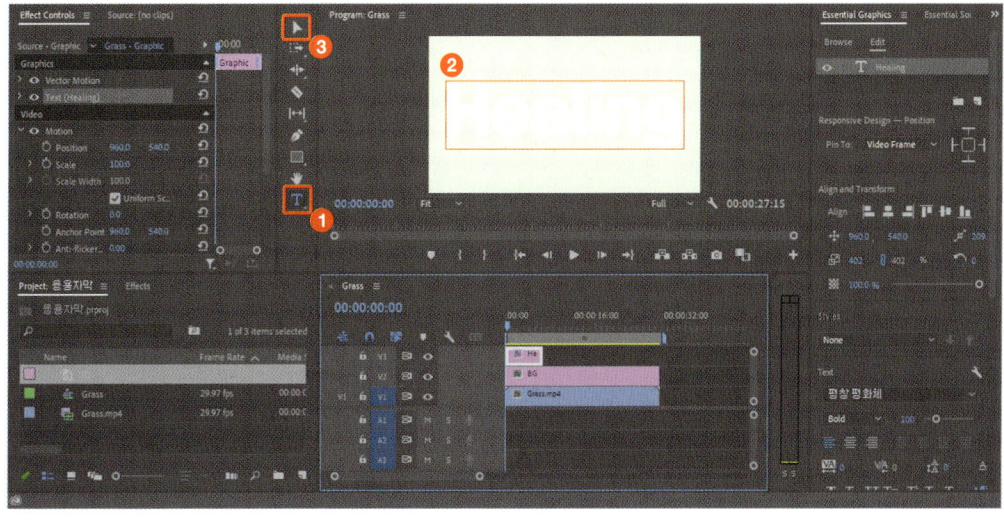

05 [Essential Graphics] 패널-[Align and Transform]에서 ❶ [Align Center Horizontally], ❷ [Align Center Vertically]를 각각 클릭해 타이틀이 중앙에 위치하도록 조정합니다. 텍스트의 색상은 변경하지 않아도 작업 진행에 문제 없습니다.

06 [Effects] 패널에서 [Video Effects]-[Keying]-[Track Matte Key]를 찾아 [BG] 클립으로 드래그합니다.

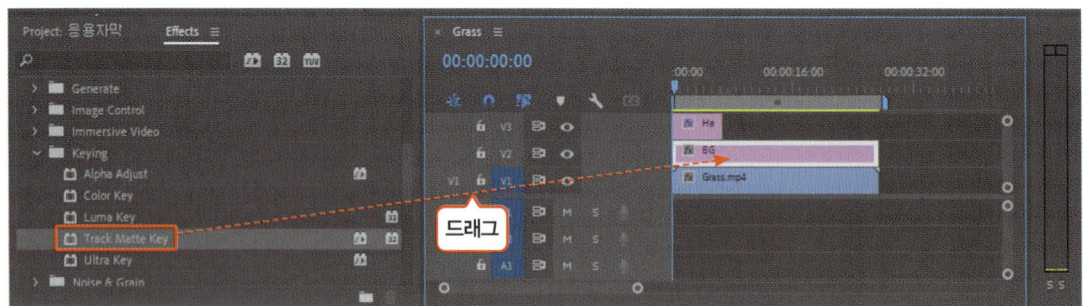

07 [Effect Controls] 패널에서 [Track Matte Key]-[Matte]는 [Video 3], [Composite Using]은 [Matte Alpha]로 설정합니다. 트랙 매트를 적용한 비디오 트랙의 위치를 설정하는 옵션입니다.

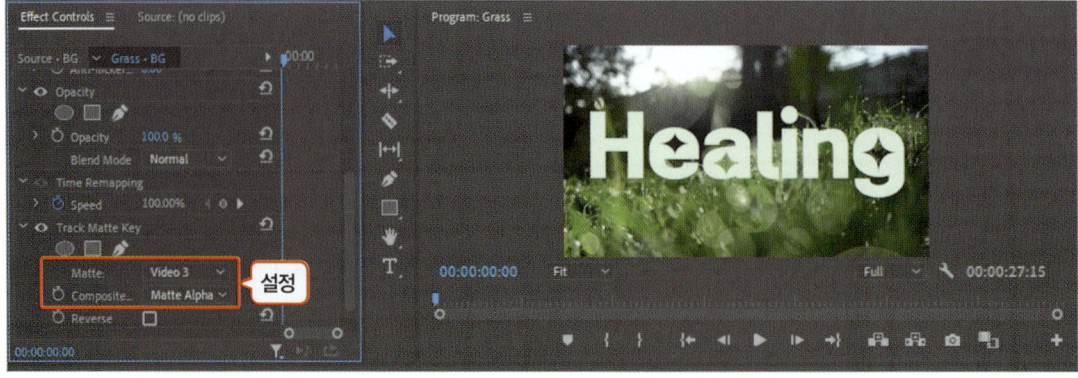

08 이펙트가 적용되면 [Reverse]에 체크하여 적용 영역을 반전시킵니다. 투명 자막이 완성됩니다.

09 [BG] 클립의 [Opacity]를 조정하면 영상을 조금 더 보기 좋게 만들 수 있습니다.

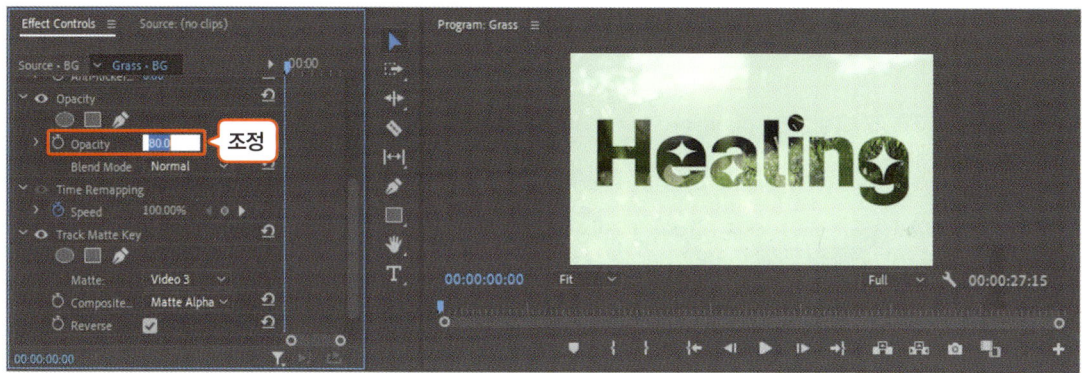

촬영한 영상의 색감이 마음에 들지 않거나,
혹은 영상의 분위기를 바꾸고 싶을 때 색보정 기능을 사용합니다.
프리미어 프로는 일반적인 색보정 기능은 물론,
각종 프리셋을 활용한 간단한 색보정부터
루메트리 컬러와 블렌드 모드를 이용한
고급 색보정 기능까지 모두 제공합니다.
간단한 색보정을 통해 영상의 분위기를 바꾸고,
다양한 느낌을 연출하는 방법에 대해 알아보겠습니다.

CHAPTER 05

색보정으로
영상 분위기 바꿔보기

프리미어 프로 색보정 완전 정복

루메트리 컬러로 색보정하기

루메트리 컬러(Lumetri Color)는 프리미어 프로에서 전문가처럼 색보정을 할 수 있도록 도와주는 기능입니다. 채도와 밝기 조절은 물론 영상의 노출, 하이라이트까지 다양한 요소를 직접 조정할 수 있습니다. [Lumetri Color] 패널의 다양한 항목을 살펴보면서 색보정을 위한 기능을 알아보겠습니다.

Basic Correction 항목 알아보기

영상의 색보정에서 가장 기본적인 부분을 조정할 수 있습니다. 너무 밝거나 어두운 영상을 교정하고 색조, 노출, 조명에 관련된 조정을 할 수 있습니다.

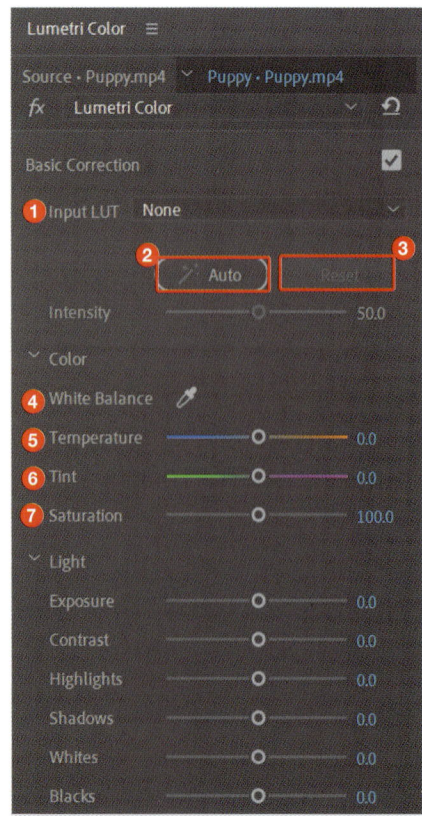

① **Input LUT(LUT 입력)** | 프리미어 프로에서 기본으로 제공하는 색보정 설정을 적용할 수 있습니다. [Intensity]를 조정해 적용 정도를 조절합니다.

② **Auto(자동 설정)** | 프리미어 프로에서 자동으로 색을 조정합니다.

③ **Reset(다시 설정)** | 설정한 모든 설정을 원래대로 되돌립니다.

④ **White Balance(화이트밸런스)** | 스포이트를 활용해 회색이나 흰색 부분을 선택하여 맨눈으로 보는 색감을 맞출 때 사용합니다.

⑤ **Temperature(온도)** | 화면의 색온도를 조정합니다.

⑥ **Tint(색조)** | 녹색, 자홍색을 슬라이더로 조정합니다.

> 모든 색보정 효과는 각 항목의 조정 슬라이더를 좌우로 드래그하여 원하는 결과에 맞게 컨트롤할 수 있습니다. 슬라이더 옆에 값을 입력할 수도 있습니다.

⑦ **Saturation(채도)** | 비디오의 전반적인 채도를 조정합니다.

> [Light]에는 영상의 명암 조정 옵션이 모여 있습니다. 밝고 어두운 영역을 조정할 때 사용합니다.

LUT 프리셋으로 색보정하기

준비 파일 프리미어 프로/Chapter 05/LUT색보정.prproj
핵심 기능 Input LUT, 프리셋 색보정

자동 설정 기능을 적용해보고 옵션을 세부 조정해보면서 너무 어둡거나 균형이 맞지 않는 영상의 색을 보정합니다.

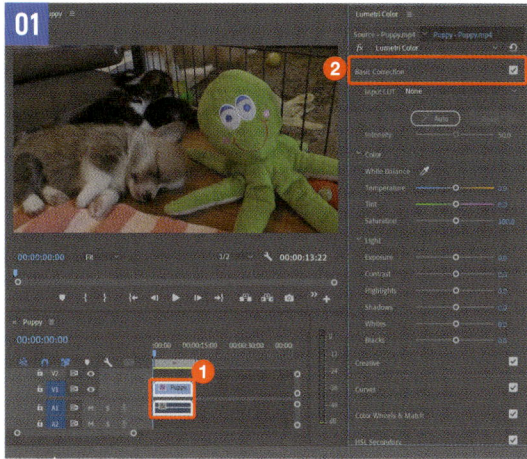

[Lumetri Color] 패널은 색보정할 클립을 선택해야 활성화됩니다.

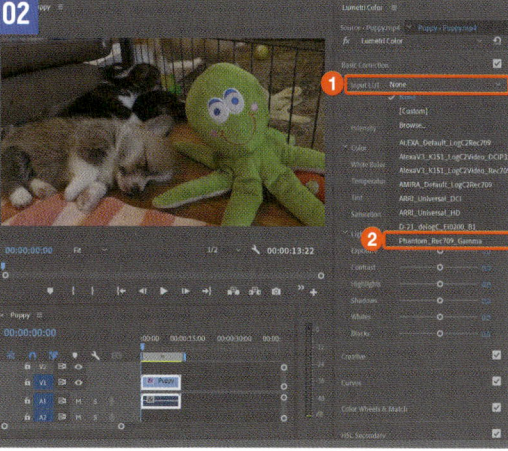

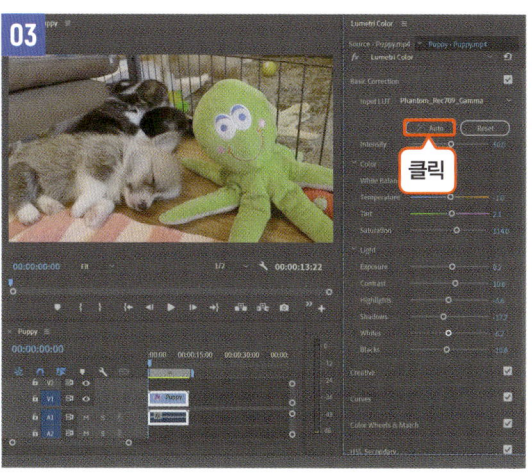

클릭

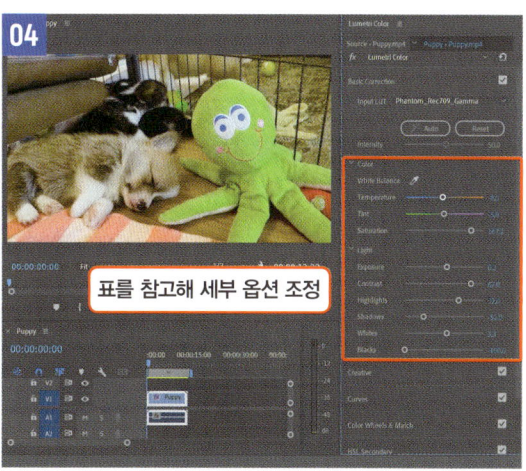

표를 참고해 세부 옵션 조정

[Color]			[Light]					
[Temperature]	[Tint]	[Saturation]	[Exposure]	[Contrast]	[Highlights]	[Shadows]	[Whites]	[Black]
−8	−5	167.2	0.2	62	32	−52	3.3	−100

색보정으로 영상 분위기 바꿔보기 | **CHAPTER 05** **227**

Creative 항목 알아보기

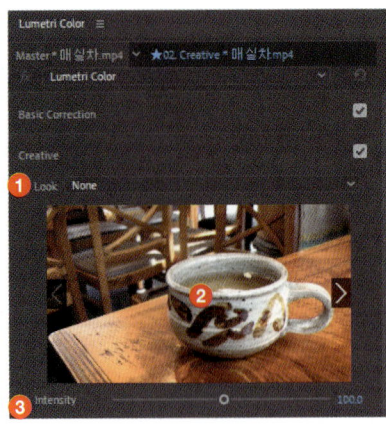

프리미어 프로에서 제공하는 색보정 프리셋을 골라서 적용할 수 있습니다. 각 프리셋을 설정한 후에도 [Adjustments] 메뉴에서 세부 설정이 가능합니다.

① **Look** | 원하는 색보정 프리셋을 목록에서 선택합니다.

② **미리 보기** | 좌우 화살표를 넘기면서 프리셋을 미리 확인하며 선택할 수 있고, 화면을 클릭하면 현재 선택된 비디오 클립 혹은 보정 레이어, 이미지에 바로 적용할 수 있습니다.

③ **Intensity(강도)** | 프리셋의 적용 강도를 조절합니다.

기능 꼼꼼 익히기 — 컬러 캐스트 알아보기

컬러 캐스트는 화면에 원하지 않은 특정 색상이 전체적으로 나타나는 현상을 말합니다. 컬러 캐스트 보정은 물체 본래의 색에 맞도록 불필요한 색을 선택하고 색 조합을 줄여가며 보정합니다. 아래 예시는 주황색 빛이 영상 전체에 컬러 캐스트된 상황에서 [WB Selector]의 스포이트로 하늘을 선택한 후 최대한 주황색이 줄어들도록 조정한 예입니다.

▲ 컬러 캐스트 보정 전

▲ 컬러 캐스트 보정 후

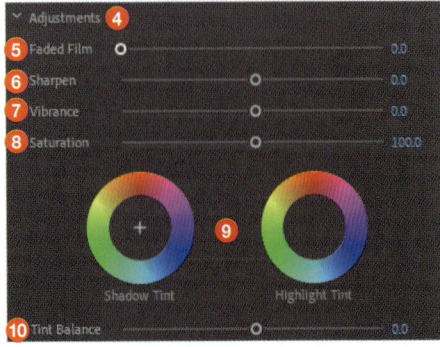

④ **Adjustments(조정)** | 프리셋이 적용된 상태에서 채도나 색조 균형을 세부적으로 조정하는 메뉴입니다.

⑤ **Faded Film(빛바랜 필름)** | 비디오에 빛이 바랜 필름 효과를 적용합니다.

⑥ **Sharpen(선명)** | 영상을 선명하게 만들거나 흐리게 조정합니다.

⑦ **Vibrance(활기)** | 채도가 낮은 색의 채도를 조정합니다. 높은 채도의 색은 거의 영향을 받지 않습니다.

⑧ **Saturation(채도)** | 비디오의 전반적인 채도를 조정합니다.

⑨ **Shadow Tint & Highlight Tint(색조 원반)** | 어두운 영역과 밝은 영역의 색조값을 조정합니다.

⑩ **Tint Balance(색조 균형)** | 비디오 색조의 균형을 맞춥니다.

한눈에 실습 | Creative 항목으로 빛바랜 필름 효과 적용하기

준비 파일 프리미어 프로/Chapter 05/빛바램필름효과.prproj
핵심 기능 Creative 색보정, 필름 효과

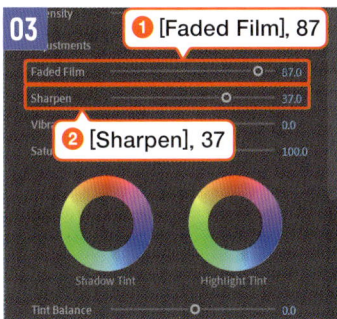

❶ [Faded Film], 87
❷ [Sharpen], 37

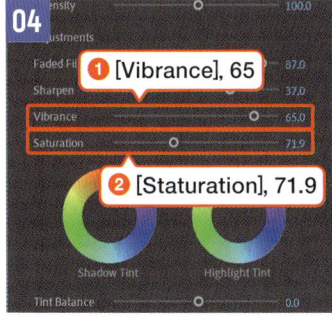

❶ [Vibrance], 65
❷ [Staturation], 71.9

❶ [Shadow Tint] 휠 가운데 클릭
❷ 녹색과 푸른색 사이 클릭하여 어두운 영역이 푸른빛을 띄도록 보정

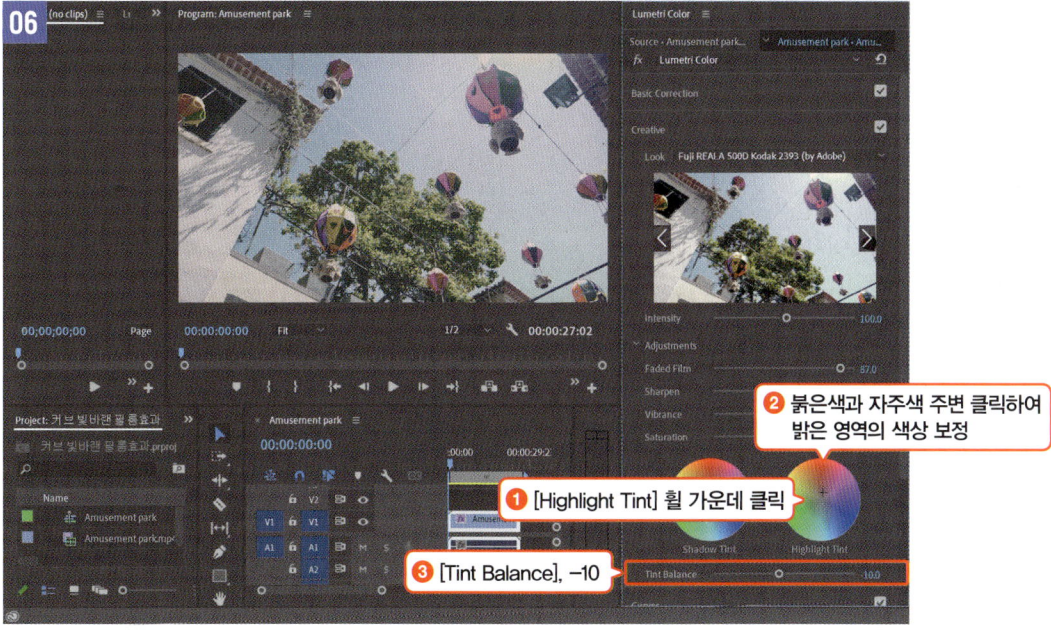

❷ 붉은색과 자주색 주변 클릭하여 밝은 영역의 색상 보정
❶ [Highlight Tint] 휠 가운데 클릭
❸ [Tint Balance], −10

Curves 항목 알아보기

사용자가 직접 색보정과 관련된 곡선을 조정해 색이나 밝기를 조절합니다. 곡선을 클릭하고 조절점을 드래그하여 조정하고, Ctrl 을 누른 상태에서 조절점을 클릭해 삭제합니다. 곡선 영역에서 상단은 밝은 영역을, 하단은 어두운 영역을 나타냅니다.

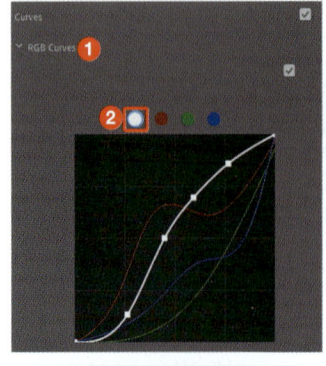
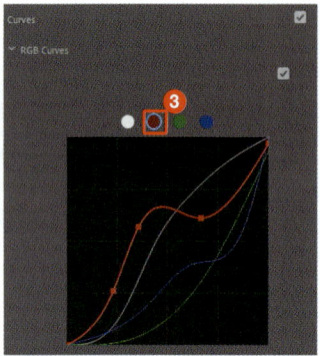

① **RGB Curves(RGB 곡선)** | 각 색감마다 정해진 곡선을 편집하여 영상의 밝기나 색조 범위를 조정합니다. 체크하거나 해제하여 [RGB Curves]의 적용 전후를 확인할 수 있습니다.

② **White** | 마스터 곡선이며 전체 영상의 명도를 조절합니다.

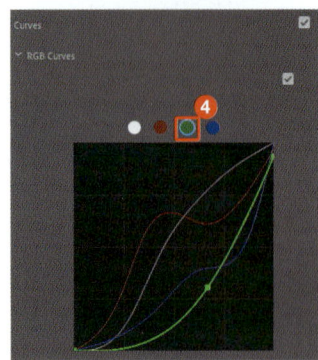
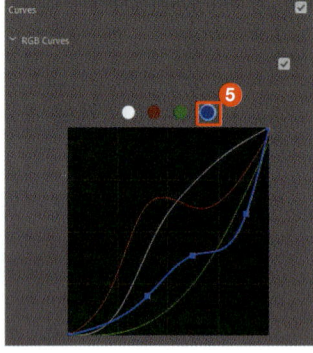

③ **Red** | 붉은색 계열의 명도를 조절합니다.

④ **Green** | 녹색 계열의 명도를 조절합니다.

⑤ **Blue** | 파란색 계열의 명도를 조절합니다.

⑥ **Hue Saturation Curves(색조 채도 곡선)** | 다양한 유형의 곡선을 기반으로 더욱 디테일한 색보정을 할 수 있습니다. 스포이트를 활용하면 특정 색을 선택해 해당 색만 조정할 수 있습니다. 선택하지 않으면 영상 전체의 색조를 조절합니다.

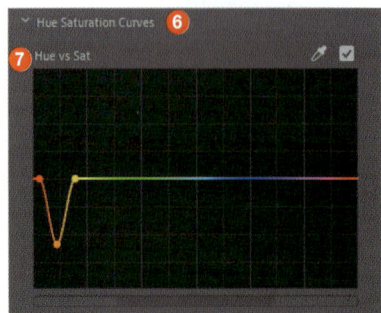

⑦ **Hue vs Sat(색조 대 채도)** | 특정 색을 선택하고 채도를 조절하는 곡선입니다.

▲ 은행잎의 노란색을 선택하고 노란색의 채도만 낮췄습니다.

⑧ **Hue vs Hue(색조 대 색조)** | 특정 색을 선택하고 색조를 조절하는 곡선입니다.

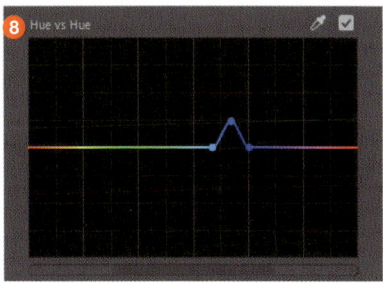

▲ 하늘의 파란색을 선택하고 색조 조절로 초록색 하늘을 만들었습니다.

⑨ **Hue vs Luma(색조 대 루마)** | 특정 색을 선택하고 그 색의 밝기(명도)를 조절하는 곡선입니다.

▲ 하늘의 파란색은 명도를 낮추고, 은행잎의 노란색은 명도를 높였습니다.

⑩ **Luma vs Sat(루마 대 채도)** | 특정 명도를 선택하고 그 명도에 해당되는 부분의 채도를 조정하는 곡선입니다.

▲ 상대적으로 어두운 명도 범위를 선택하고 채도를 조금 높였습니다.

⑪ **Sat vs Sat(채도 대 채도)** | 채도 범위을 선택하고 그 채도를 조정하는 곡선입니다.

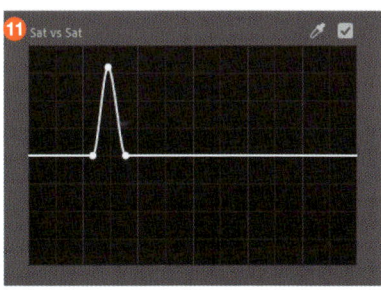

▲ 채도가 높지 않은 하늘을 선택해 채도를 높여 푸른 하늘을 구현했습니다.

곡선을 만들 수 있는 조절점은 직접 클릭해 추가하거나 스포이트로 특정 영역을 선택하여 추가합니다. 그 밖에도 다양한 조정 방법이 있습니다. ❶ `Shift` 를 누른 상태에서는 조절점을 위, 아래로만 이동할 수 있습니다. ❷ 조절점을 제거하려면 `Ctrl` 을 누른 상태에서 클릭합니다. ❸ 모든 조절점을 제거하고 싶다면 조절점 하나를 선택하고 더블클릭합니다. ❹ 해당 곡선의 색보정 전후를 확인하려면 오른쪽 위에 ☑를 체크하거나 해제합니다.

한눈에 실습 RGB Curves 활용하여 특정 컬러 보정하기

준비 파일 프리미어 프로/Chapter 05/커브색보정.prproj
핵심 기능 RGB Curves, 특정 컬러 보정

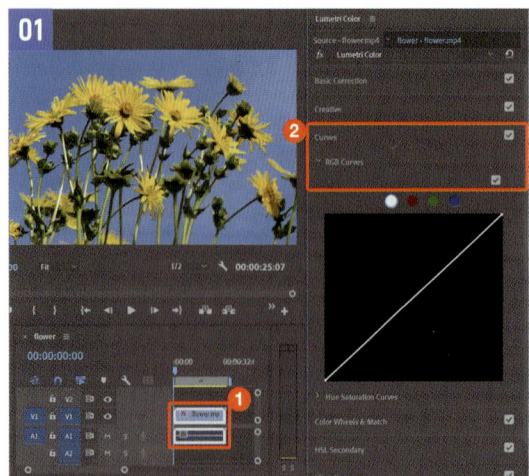

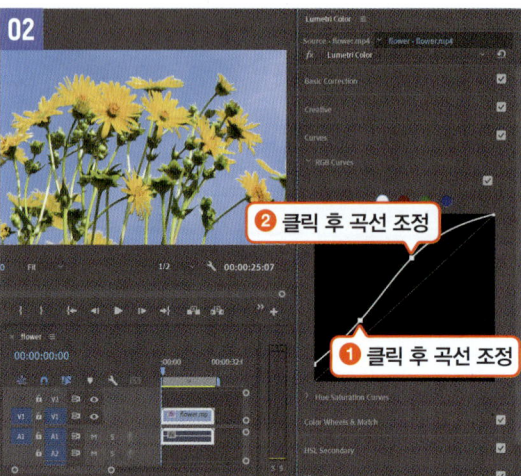

한눈에 실습 | Hue Saturation Curves 사용하기

준비 파일 프리미어 프로/Chapter 05/커브색보정.prproj
핵심 기능 Hue Saturation Curves, 색조 및 채도 보정

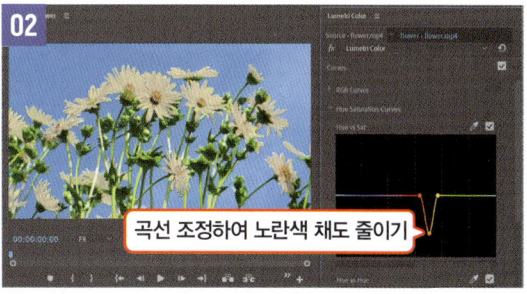

색보정으로 영상 분위기 바꿔보기 | **CHAPTER 05** 233

Color Wheels & Match 항목 알아보기

Color Wheels & Match를 사용하면 어두운 영역, 중간 영역, 밝은 영역의 색조와 밝기를 손쉽게 조정할 수 있습니다.

① **Color Match(색상 일치)** | 현재 작업 중인 시퀀스의 다른 두 장면을 나란히 비교합니다. 여러 장면의 색상 및 명도를 비교하면서 색보정을 할 수 있습니다.

② **Comparison View(비교 보기)** | 색보정하려는 장면과 다른 장면을 비교할 수 있습니다. [Comparison View]를 클릭하면 [Program] 패널에 두 개의 미리 보기 화면이 배치됩니다. ⓐ [Reference] 아래의 슬라이더를 좌우로 드래그해 현재 시퀀스 내에서 비교하려는 장면을 고를 수 있습니다. ⓑ [Current]에서는 현재 색보정을 진행하는 화면이 보입니다. ⓒ [Current]는 타임라인에서 편집 기준선에 위치한 장면입니다.

③ **Face Detection(얼굴 감지)** | 화면에 나타난 얼굴 영역의 색을 인지해 피부 톤을 높은 품질로 유지하면서 색보정을 할 수 있습니다.

④ **Apply Match(일치 적용)** | [Current] 화면을 [Reference]에 맞추어 자동으로 Color Wheel을 조정합니다. [Comparison View]가 활성화된 상태에서 가능합니다.

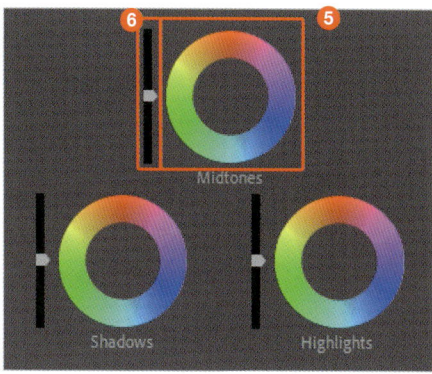

⑤ **Color Wheel(색상 휠)** | 각 영역마다 색조를 조절합니다.
- **Midtones** | 중간 톤의 색조와 밝기를 조절합니다.
- **Shadows** | 어두운 톤의 색조와 밝기를 조절합니다.
- **Highlights** | 밝은 톤의 색조와 밝기를 조절합니다.

⑥ **Slider(슬라이더)** | 각 영역마다 밝기를 조정합니다. 가운데가 빈 휠(원반)은 조정되지 않은 상태입니다. 휠(원반)의 가운데를 드래그하여 원하는 색상으로 조정합니다. 슬라이더도 똑같이 드래그할 수 있습니다. 휠(원반)을 더블클릭하면 초기화됩니다.

간단 실습 | 밝은 영역, 중간 영역, 어두운 영역 각각 색보정하기

준비 파일 프리미어 프로/Chapter 05/컬러휠색보정.prproj

밝은 영역과 중간 영역, 어두운 영역을 각각 다르게 색보정해서 몽환적인 분위기를 연출해보겠습니다. **컬러휠색보정.prproj** 준비 파일을 불러옵니다.

01 ① 비디오 1번 트랙(V1)에서 **00:00:30:11** 지점에 위치한 두 번째 [blue.mp4] 클립을 클릭합니다. ② [Lumetri Color] 패널-[Color Wheels & Match]를 활성화합니다.

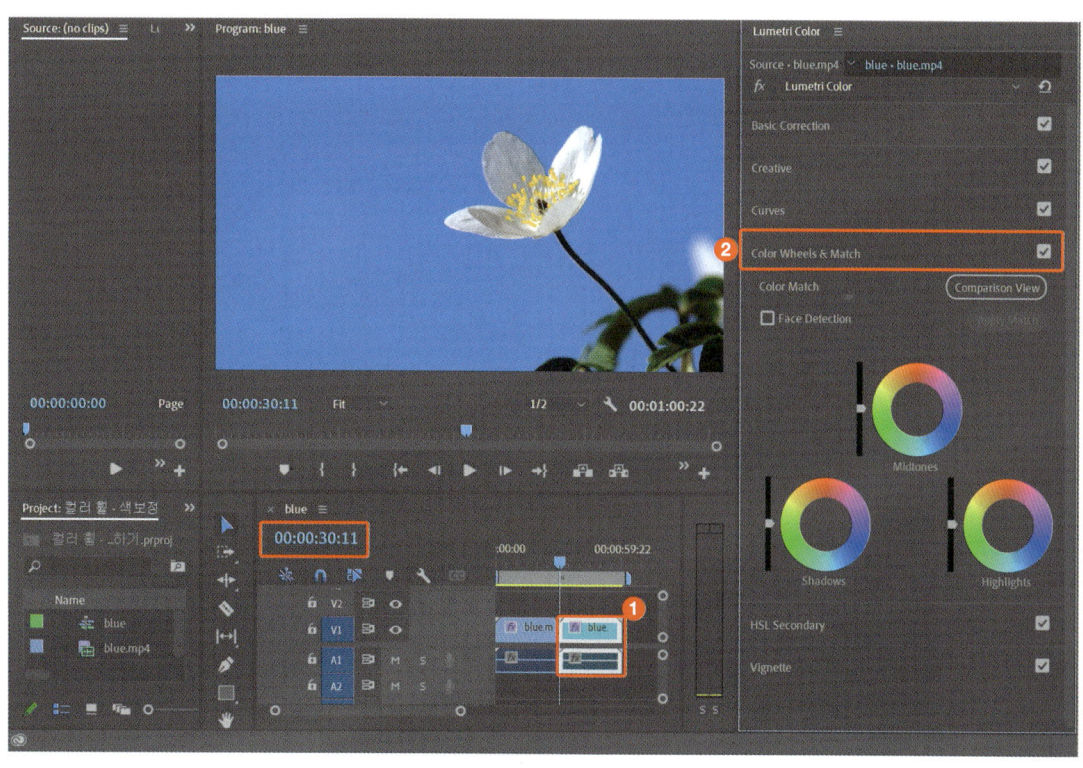

02 먼저 밝은 영역을 색보정해보겠습니다. ❶ [Highlights] 휠에서 노란색과 주황색 근처를 클릭하고 ❷ 슬라이더를 위로 드래그합니다. 밝은 영역이 화사하게 변합니다.

03 이번에는 중간 영역을 색보정해보겠습니다. ❶ [Midtones] 휠에서 노란색 부분을 클릭하고 ❷ 슬라이더를 위로 드래그하여 화사하게 해줍니다.

04 마지막으로 어두운 영역을 색보정해보겠습니다. ❶ [Shadows] 휠에서 연두색에 가까운 노란색을 클릭하고 ❷ 슬라이더를 위로 드래그하여 어두운 느낌을 지워주고 색보정을 완료합니다.

기능 꼼꼼 익히기 🎙 [Comparison View]를 활용해 비교하며 색보정하기

[Color Match]–[Comparison View]를 클릭하면, 화면이 좌우로 나뉘어 표시됩니다. 오른쪽에는 현재 색보정이 진행되는 영상 클립이 나타나고, 왼쪽에서는 내가 원하는 시간의 영상 클립을 볼 수 있습니다. 여러 영상을 작업할 때 각각의 영상 클립이 비슷한 분위기로 색보정되고 있는지 비교하기 좋은 기능입니다.

색보정으로 영상 분위기 바꿔보기 | **CHAPTER 05** **237**

HSL Secondary(HSL 보조) 항목 알아보기

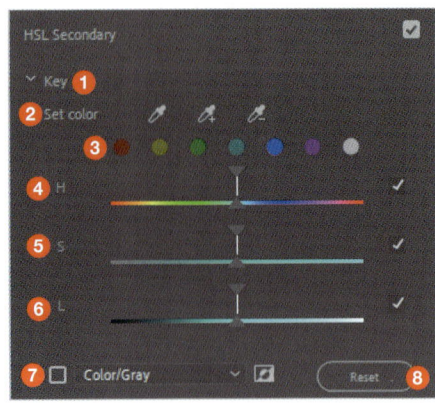

① **Key(키)** | 원하는 색상 범위를 선택하고 다양하게 색보정합니다. 스포이트와 H, S, L 슬라이더를 사용하여 색보정할 색상 범위를 선택합니다.

② **Set color** | 스포이트를 사용하여 원하는 색상 범위를 선택합니다. 더하기나 빼기 스포이트로 선택 영역을 늘리거나 줄일 수 있습니다.

③ **색상 범위 사전 설정** | 각 색상 단추를 누르면 해당 색상 범위가 자동으로 선택됩니다.

④ **H 슬라이더(Hue)** | 보정할 색상 범위를 선택합니다.

⑤ **S 슬라이더(Saturation)** | 보정할 채도 범위를 선택합니다.

⑥ **L 슬라이더(Light)** | 보정할 밝기 범위를 선택합니다.

해당 슬라이더를 더블클릭하면 각각 슬라이더를 초기화할 수 있습니다. 슬라이더의 가운데를 드래그하여 옮길 수 있으며, 상단 삼각형을 드래그하여 선택 범위를 늘리거나 줄일 수 있습니다. 하단 삼각형을 드래그하여 색상 선택의 경계를 조절할 수 있습니다.

⑦ **선택된 이미지 범위 보기** | 체크하거나 체크를 해제하여 선택된 이미지 영역을 확인할 수 있습니다. Color/Gray, Color/Black, White/Black으로 선택할 수 있습니다. 반전 📄을 클릭하면 현재 선택된 이미지 상태가 반전되어 보여집니다.

⑧ **Reset(다시 설정)** | [Key]-[Set color]의 모든 설정을 원래대로 되돌립니다.

⑨ **Refine(다듬기)** | 선택한 영역의 노이즈, 흐림을 조정할 수 있습니다.

⑩ **Denoise(노이즈 제거)** | 영상의 노이즈를 제거합니다.

⑪ **Blur(흐림 효과)** | 영상에 흐림 효과를 적용합니다.

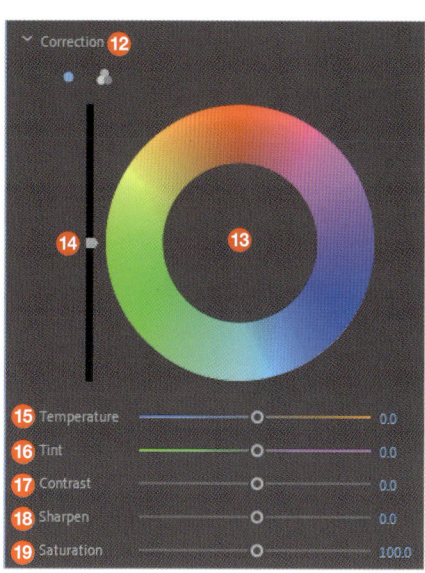

⑫ **Correction(교정)** | 선택한 범위의 색상을 보정합니다.
⑬ **Color Wheel(색상 원반)** | 변경하고 싶은 색상을 원반에서 선택합니다.
⑭ **Slider(슬라이더)** | 밝기를 조정합니다.
⑮ **Temperature(온도)** | 선택 영역의 색상 온도를 조정합니다.
⑯ **Tint(색조)** | 선택 영역의 색조를 조정합니다.
⑰ **Contrast(대비)** | 밝은 영역과 어두운 영역의 대비를 늘리거나 줄입니다.
⑱ **Sharpen(선명)** | 선택 영역의 선명도를 조정합니다.
⑲ **Saturation(채도)** | 선택 영역의 채도를 조정합니다.

간단 실습 HSL 색보정으로 얼굴 피부 톤 보정하기

준비 파일 프리미어 프로/Chapter 05/HSL색보정.prproj

HSL Secondary의 색보정을 활용해 인물 얼굴의 피부 톤을 보정해보겠습니다. **HSL색보정.prproj** 준비 파일을 불러옵니다.

01 ❶ 비디오 1번 트랙(V1)에서 [girl.mp4] 클립을 클릭합니다. ❷ [Lumetri Color] 패널의 [HSL Secondary] 항목을 활성화합니다.

02 먼저 색을 보정할 색상 톤을 선택해야 합니다. ❶ 인물의 피부를 보정할 것이므로 [Key]-[Set Color]의 스포이트 🖋를 클릭한 후 ❷ 피부의 중간 밝기를 나타내는 목 부분을 클릭합니다. ❸ [Set Color]의 [H], [S], [L]에 선택 범위에 따른 슬라이더가 표시되면 [H] 슬라이더의 조절점을 드래그해 범위를 넓혀봅니다.

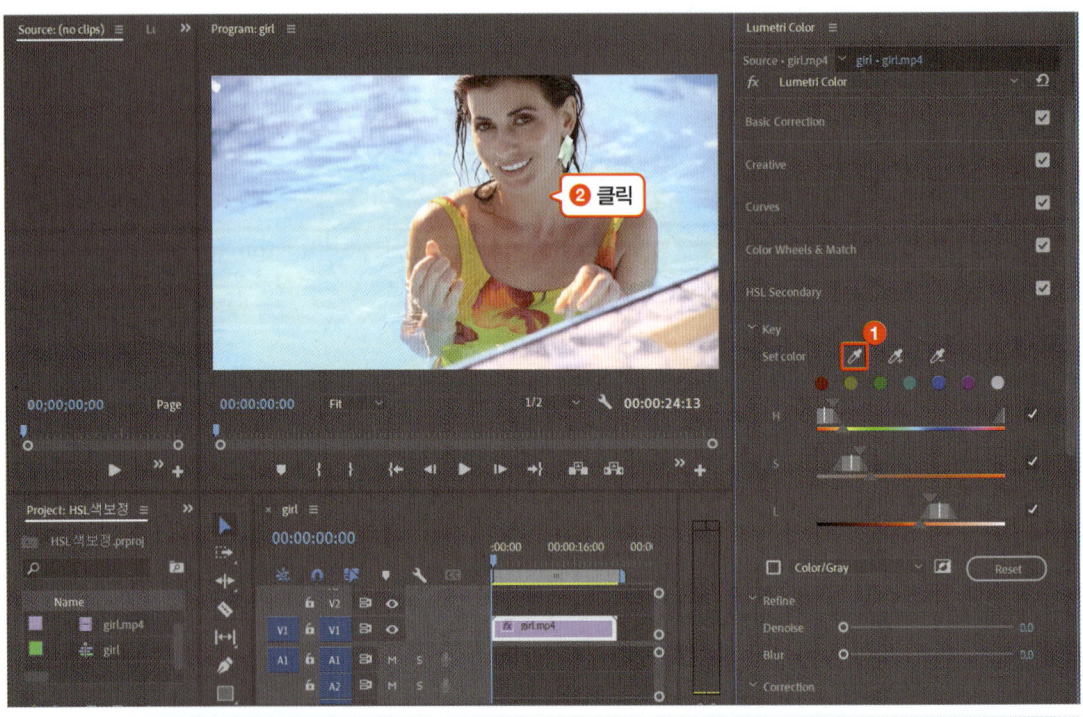

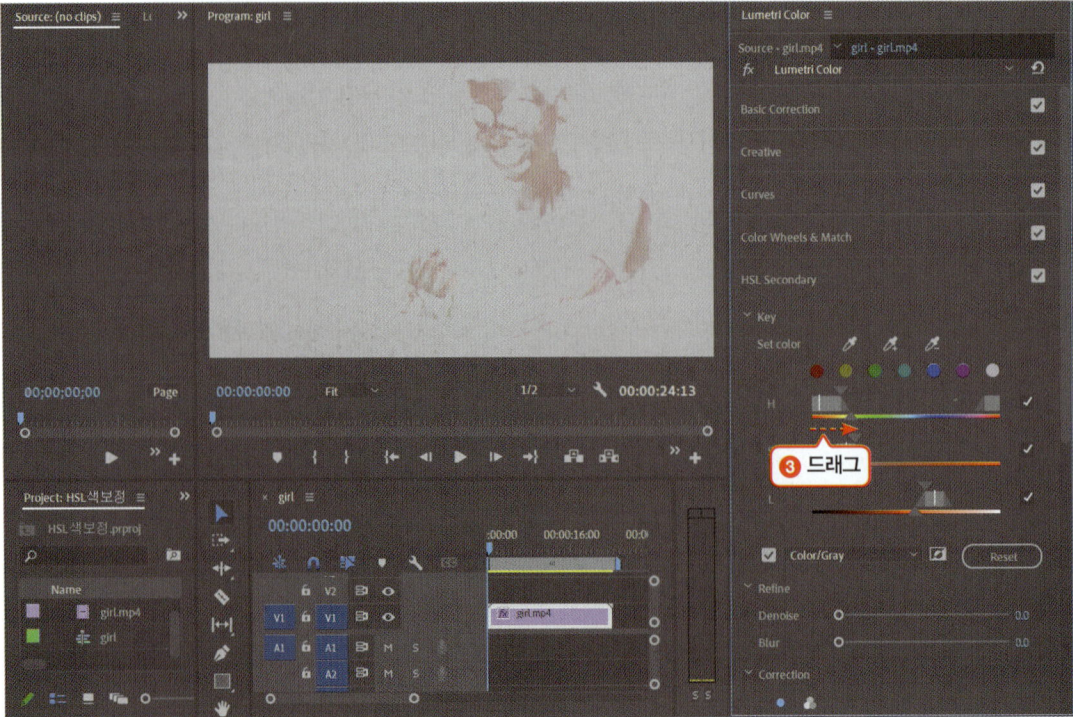

슬라이더를 조절하는 동안에는 자동으로 [Color/Gray] 옵션이 적용됩니다.

03

❶ 선택 범위를 쉽게 보기 위해 [Color/Gray]에 체크합니다. ❷ [S] 슬라이더의 조절점을 드래그해 범위를 넓힙니다. ❸ 슬라이더 가운데 부분을 클릭한 후 피부 범위가 더 잘 잡히는 위치로 드래그합니다.

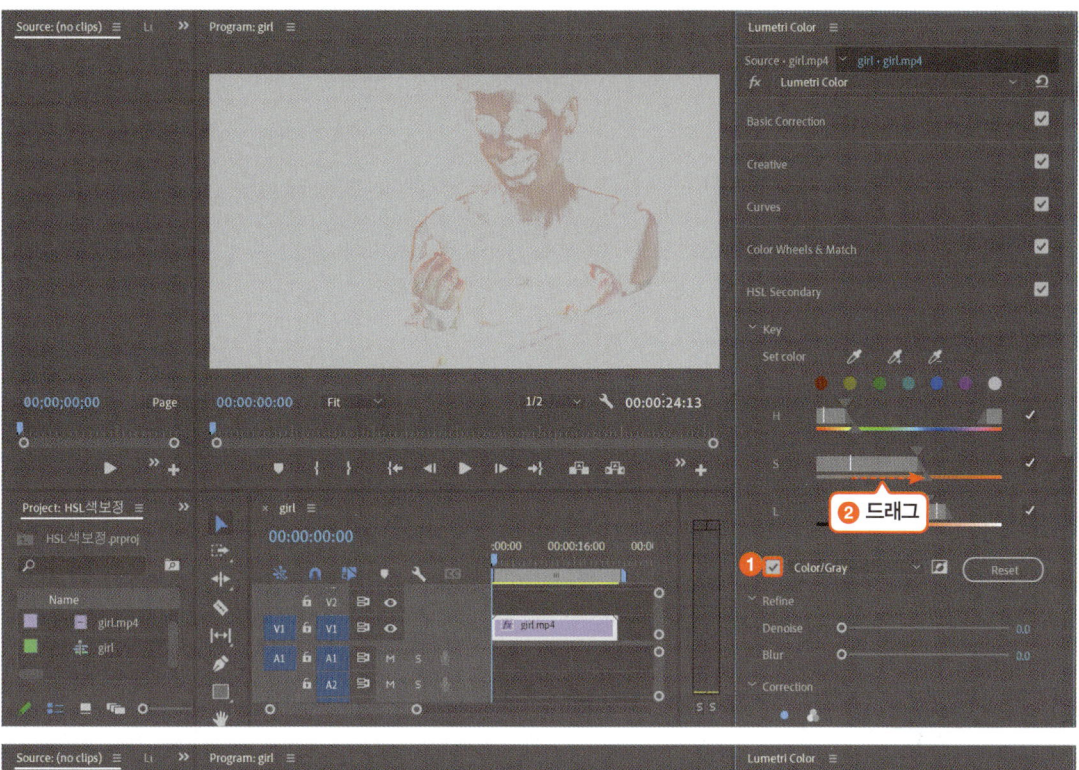

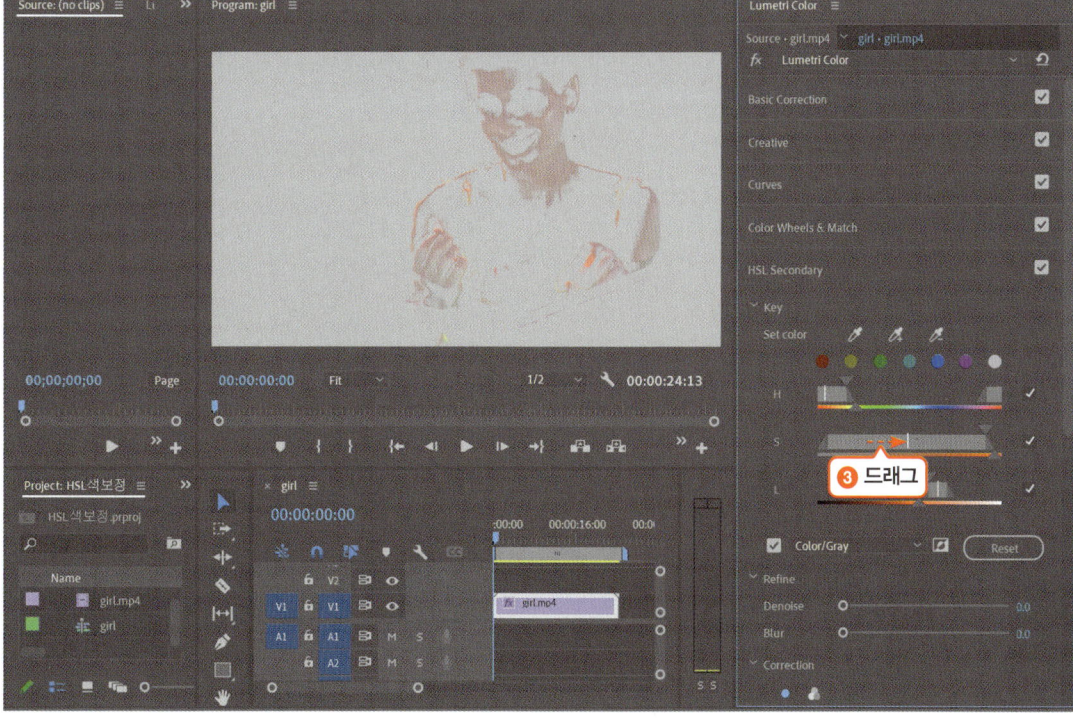

04 피부 톤을 보정하기 위해 노란색 영역을 선택 범위에서 삭제해야 합니다. ❶ [Set Color]에서 🖋를 클릭하고 ❷ 수영복의 노란색 부분을 클릭합니다. 노란색 범위가 제외되고 슬라이더의 범위가 변경됩니다.

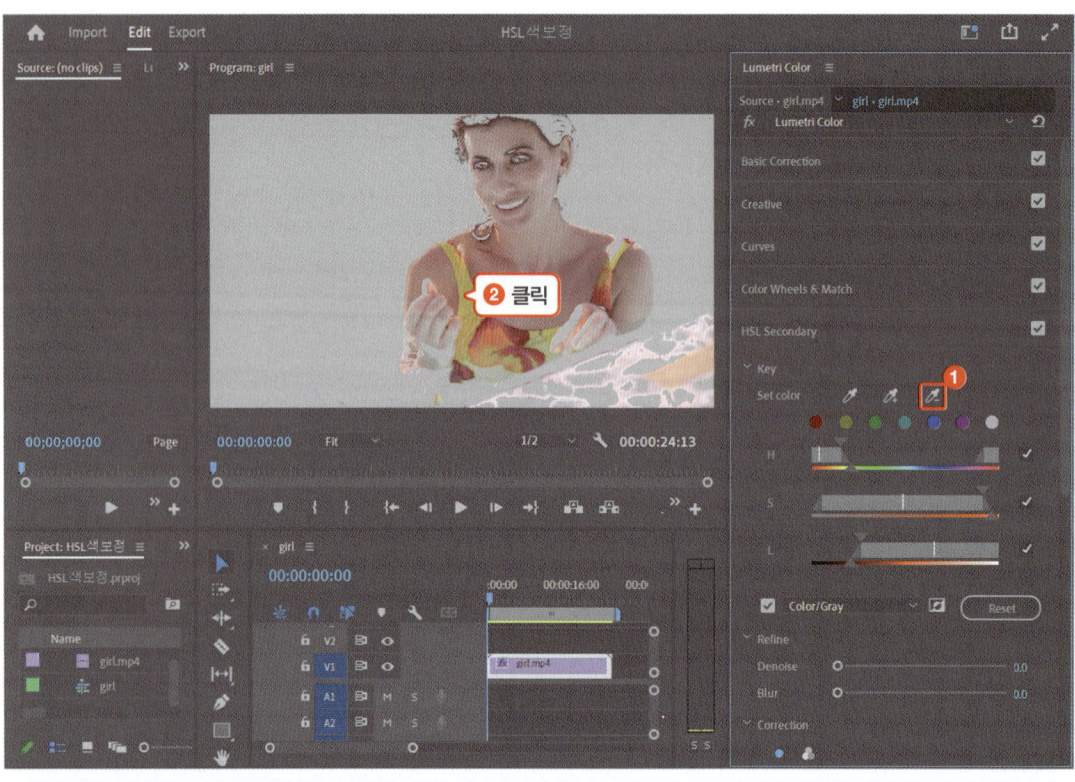

05 수영복의 남은 영역도 범위에서 삭제해보겠습니다. ❶ [Set Color]에서 스포이트를 선택하고 ❷ 빨간색 꽃무늬를 클릭합니다. 빨간색 범위가 제외되고 슬라이더의 범위가 변경됩니다.

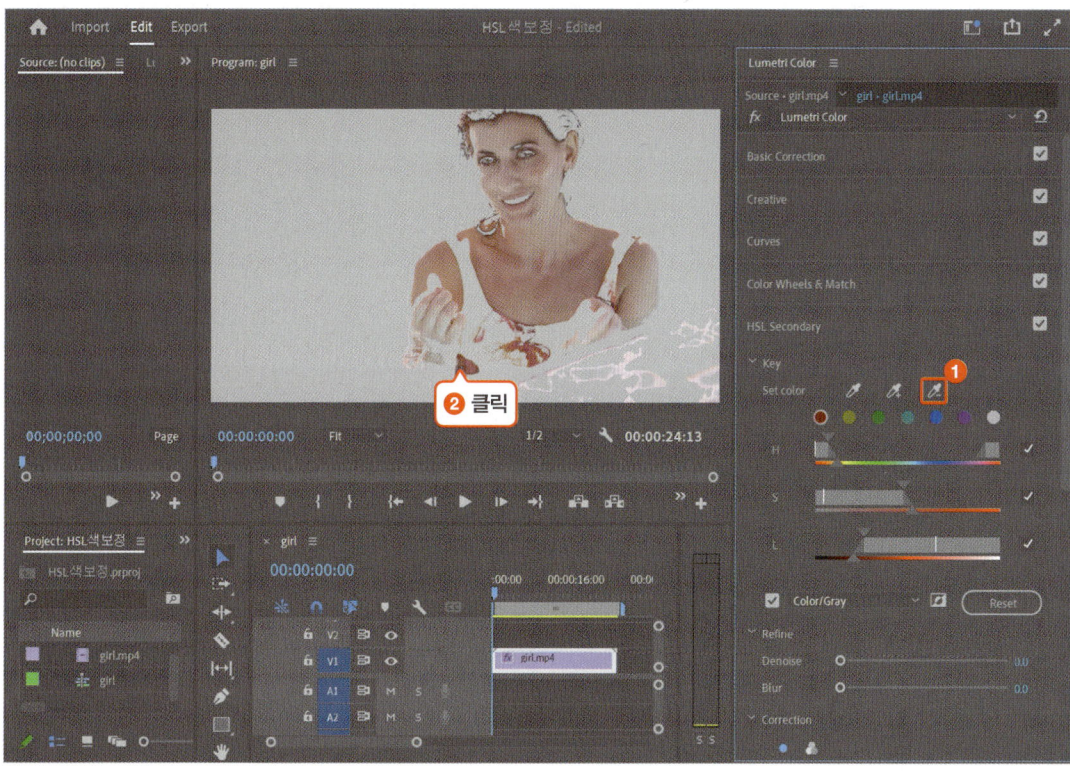

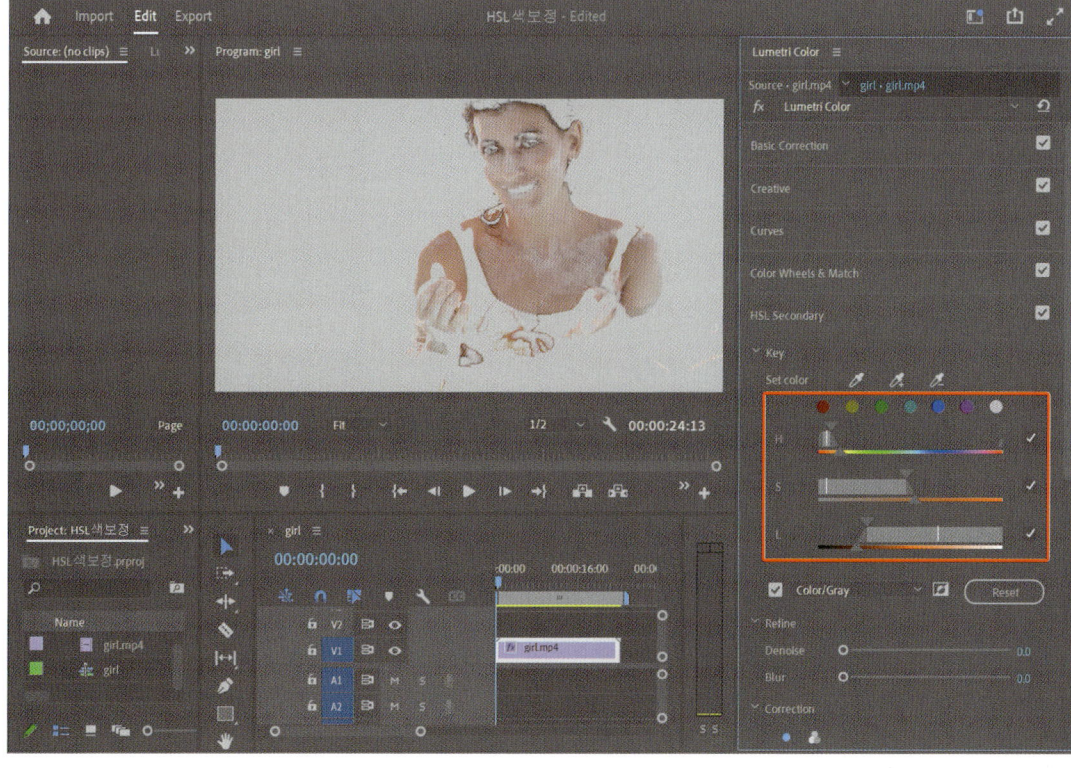

06 [Refine]-[Blur]를 5.8로 설정해 선택 범위의 경계선을 부드럽게 풀어줍니다.

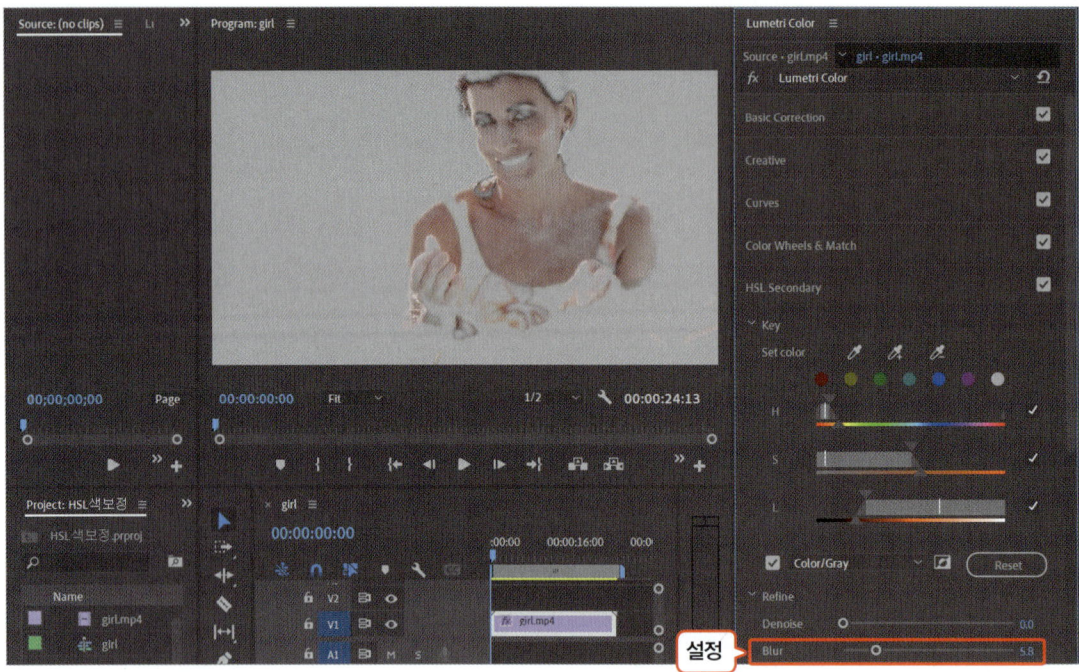

07 ❶ [Correction]-[Shadows] 휠과 ❷ [Midtones] 휠의 슬라이더를 올려 밝게 조정하고 ❸ [Highlights] 휠의 슬라이더는 내려서 톤을 어둡게 조정해 차분한 느낌이 들도록 합니다.

Vignette 항목 알아보기

비네팅(Vignette)은 사진이나 영상의 외곽, 모서리가 어둡게 나타나는 현상을 말합니다. 보통 카메라의 렌즈, 필터 문제로 발생하지만 필요에 따라 영상의 분위기를 바꾸기 위해 적용하기도 합니다. 가장자리의 비네팅 크기, 모양, 밝기의 양을 조절할 수 있습니다.

▲ 비네팅 적용 전

▲ 비네팅 적용 후

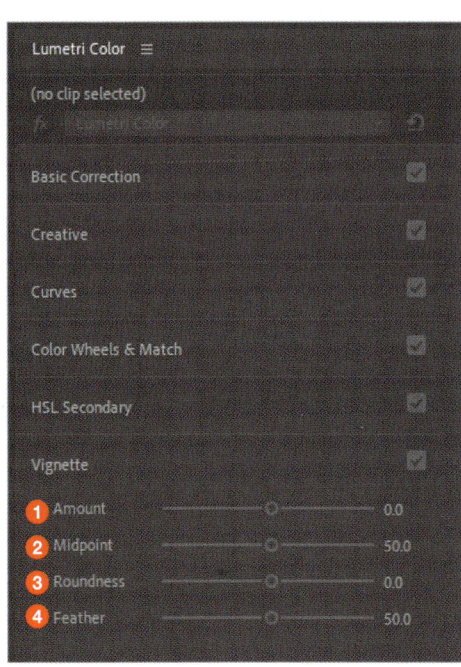

① **Amount(양)** | 비네팅의 밝기 또는 어둡기의 양을 조정합니다.

② **Midpoint(중간점)** | 비네팅이 적용될 범위의 너비를 조정합니다.

③ **Roundness(원형률)** | 비네팅 영역 가장자리에 나타난 원 범위의 크기를 조정합니다.

④ **Feather(페더)** | 비네팅 영역의 가장자리를 흐리게 하거나 선명하게 조정합니다.

한눈에 실습 영상에 비네팅 적용하기

준비 파일 프리미어 프로/Chapter 05/비네팅색보정.prproj
핵심 기능 비네팅, Vignette

비네팅을 잘 응용하면 이미지 외곽에 어둡거나 밝은 효과를 적용할 수 있습니다. 다양한 분위기를 연출할 수 있도록 두 가지 결과를 살펴봅니다. **비네팅색보정.prproj** 준비 파일을 불러옵니다.

효과 1 - 필름 카메라 테두리 효과

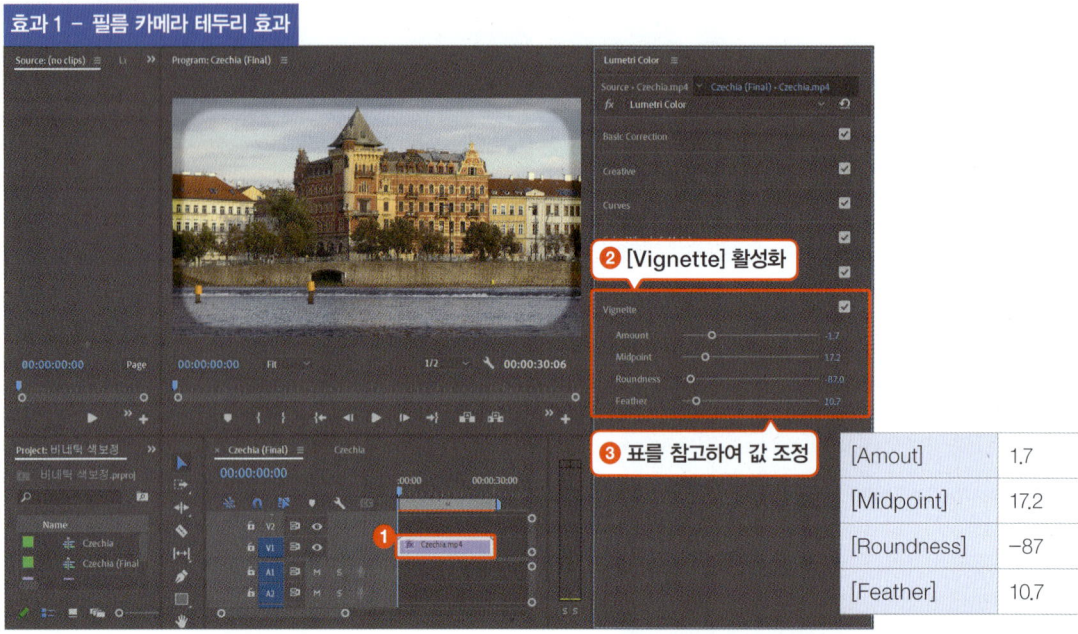

[Amout]	1.7
[Midpoint]	17.2
[Roundness]	−87
[Feather]	10.7

효과 2 - 원형으로 감싸는 로모 효과

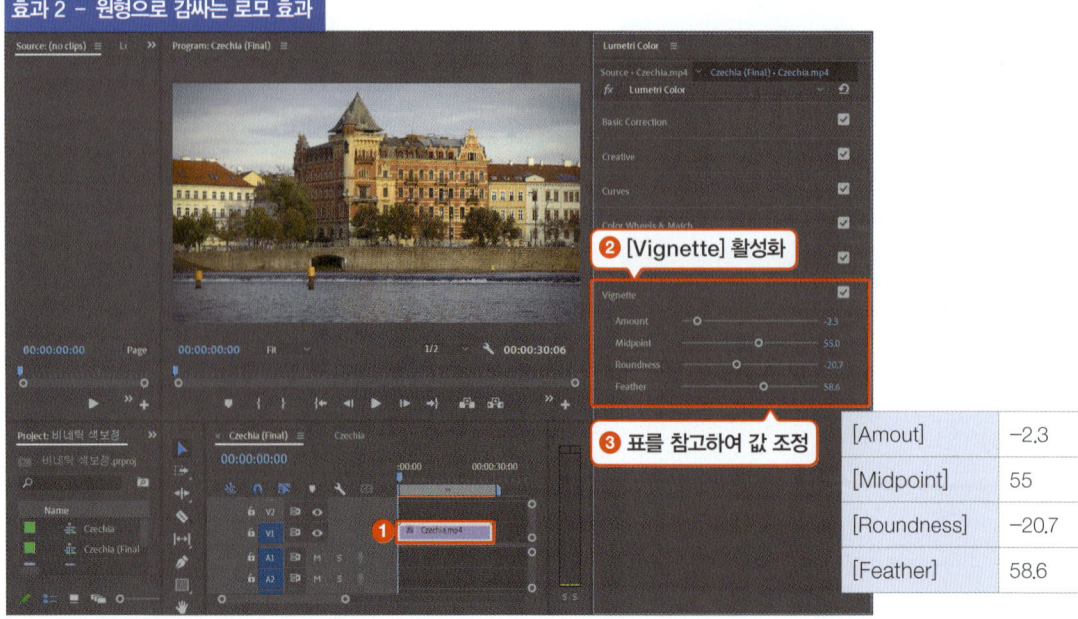

[Amout]	−2.3
[Midpoint]	55
[Roundness]	−20.7
[Feather]	58.6

LESSON 02 보정 레이어로 색보정하기

보정 레이어에 루메트리 컬러 적용하기

보정 레이어 사용하기

영상에 색보정 작업을 할 때 색보정 효과를 영상 클립에 바로 적용할 수도 있지만, 여러 클립을 이어서 하나의 영상을 완성하는 편집 작업의 특성 때문에 보정 레이어(Adjustment layer)를 따로 만들어서 적용하기도 합니다. 또한 색보정이 적용된 상태에서 영상 미리 보기를 실행하면 재생 속도가 많이 느려집니다. 따라서 색보정 레이어를 비활성화하거나 트랙을 꺼둔 상태로 미리 보기를 실행하면 보다 편리합니다. 이처럼 별도의 트랙에 보정 레이어를 생성하고 색보정 효과를 추가하면 보다 효율적으로 작업할 수 있습니다.

간단 실습 보정 레이어 추가하고 색보정하기

준비 파일 프리미어 프로/Chapter 05/기본색보정.prproj

보정 레이어를 추가해 색보정을 준비해보겠습니다. **기본색보정.prproj** 준비 파일을 불러옵니다.

01 ❶ [Project] 패널 아래의 New Item 을 클릭한 후 ❷ [Adjustment Layer]를 클릭합니다. [Adjustment Layer] 대화상자가 나타납니다. 보정 레이어는 작업 중인 시퀀스와 똑같은 설정으로 생성됩니다. ❸ [OK]를 클릭합니다.

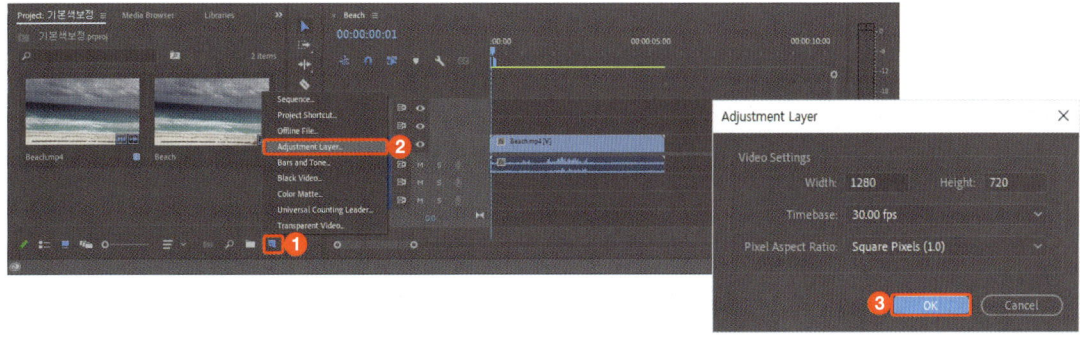

02 ① [Project] 패널에 **Adjustment Layer** 소스가 생성됩니다. 생성된 소스를 드래그해 비디오 2번 트랙(V2)으로 드래그합니다. [Adjustment Layer]는 항상 색을 보정하려는 비디오 트랙 위에 배치합니다. ② [Timeline] 패널에 배치된 [Adjustment Layer] 클립의 끝부분을 드래그해 비디오 1번 트랙(V1)에 있는 동영상과 길이를 똑같이 맞춥니다.

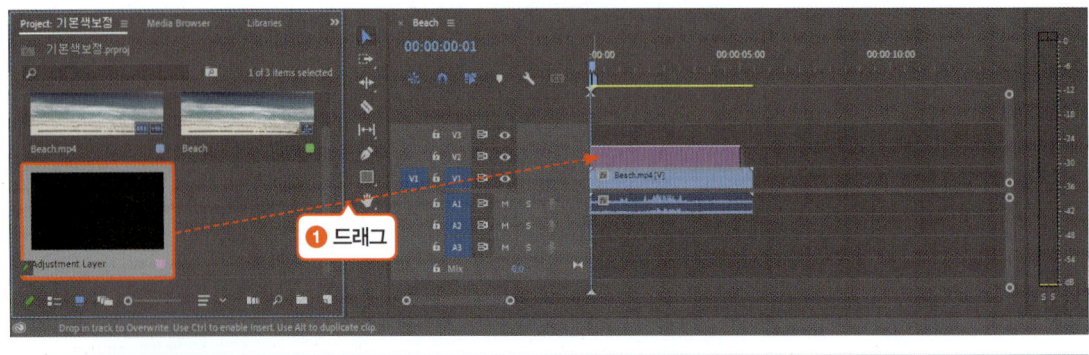

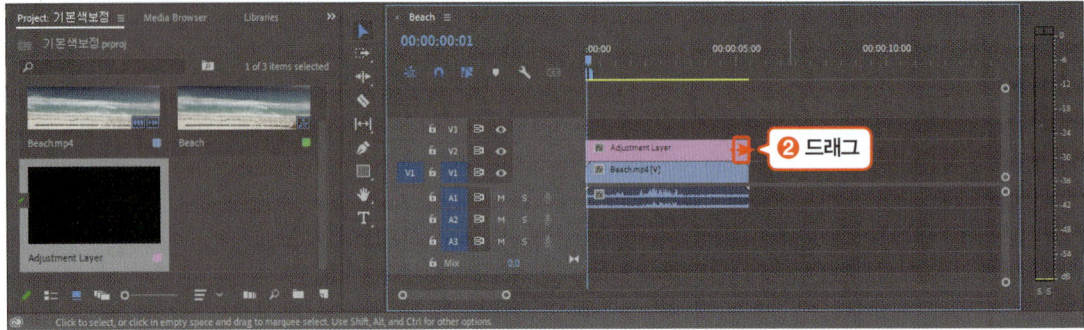

03 ① 프리미어 프로 상단의 Workspaces를 클릭하고 ② [Color]를 클릭해 작업 영역 모드를 변경합니다.

04 ❶ [Timeline] 패널의 비디오 2번 트랙(V2)에 위치한 [Adjustment Layer] 클립을 선택하면 [Lumetri Color] 패널이 활성화됩니다. ❷ [Creative] 항목에 체크하여 목록을 펼칩니다. ❸ [Look] 항목에서 ❹ 원하는 보정 프리셋을 선택합니다. 실습에서는 [SL CLEAN FUJI C]를 선택했습니다.

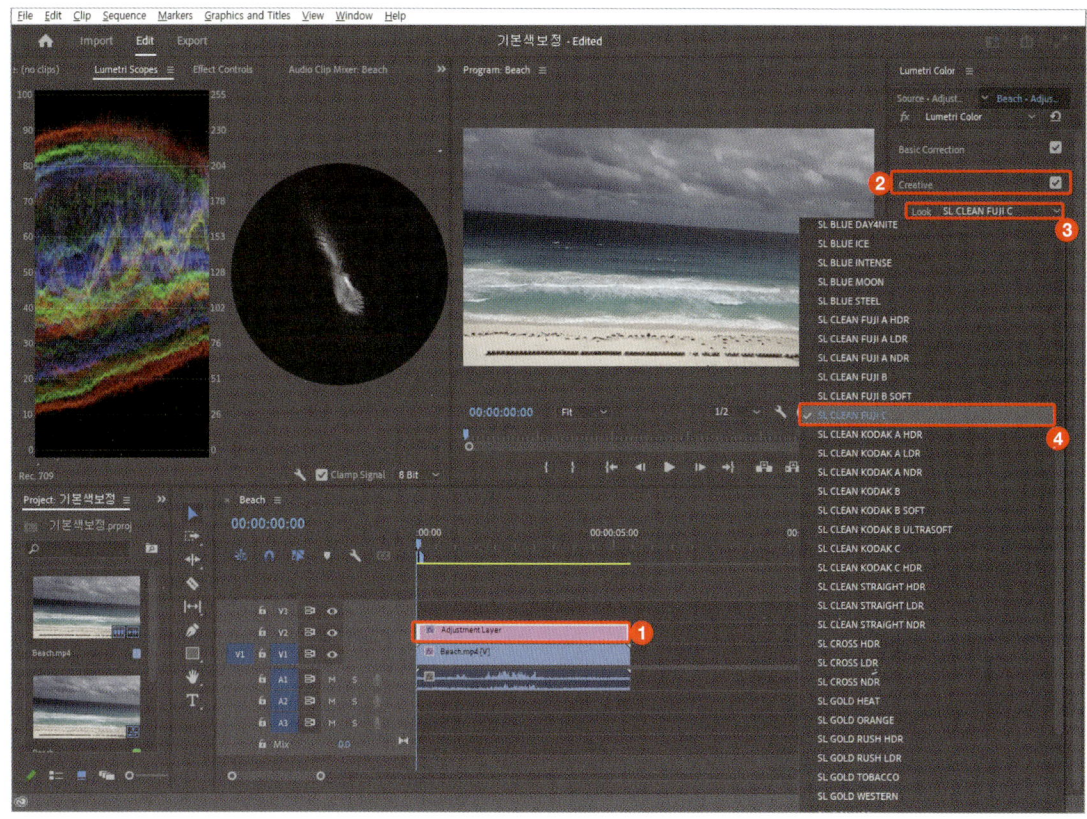

기능 꼼꼼 익히기 🎙️ 색보정 효과 미리 보기

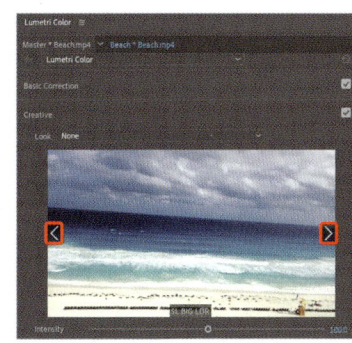

[Look] 항목을 선택하기 전에 미리 확인하려면 '축소판 뷰어'를 확인합니다. 화면의 양쪽 화살표를 눌러가면서 미리 보기를 진행할 수 있습니다. 미리 보기에 표시된 설정이 마음에 들면 화면을 클릭해 바로 적용할 수 있습니다.

05 [Look]을 선택한 후 [Creative]의 [Intensity]와 [Adjustments] 항목을 아래 표와 같이 설정합니다. 이처럼 [Look] 프리셋을 선택한 후 [Adjustment] 항목의 세부 설정을 조정해 원하는 대로 바꿀 수 있습니다.

항목	설정값
[Intensity]	160
[Faded Film]	0
[Sharpen]	6
[Vibrance]	50
[Saturation]	130

06 ❶ [Vignette] 항목에 체크하고 ❷ 각 항목을 아래 표와 같이 설정합니다. [Vignette]는 동영상 주변부의 어둡고 밝은 정도를 설정할 수 있는 비네팅 항목입니다. 예제에서는 외곽선을 어둡게 눌러주는 효과가 나타나도록 적용했습니다.

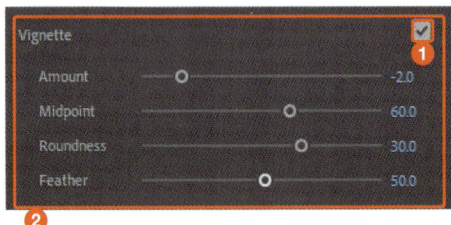

항목	설정값
[Amount]	-2.0
[Midpoint]	60
[Roundness]	30
[Feather]	50

07 [Timeline] 패널의 비디오 2번 트랙(V2)의 ◉를 클릭해 활성화, 비활성화하면서 색보정 차이를 확인합니다.

LESSON 03 블렌드 모드로 색보정하기

보케 효과를 적용해 영상에 감성 더하기

보케로 영상 블렌딩하기

색보정에는 프리미어 프로에서 기본적으로 제공되는 보정 효과를 적용할 수도 있지만, 다양한 영상 소스와 블렌딩 모드를 이용해 색을 보정할 수도 있습니다. 이번 LESSON에서는 다양한 빛이 흐릿하게 표현된 보케(Bokeh) 영상을 원본 소스에 블렌딩해 색보정을 해보겠습니다. 보케는 렌즈의 초점을 의도적으로 나가게 촬영한 영상을 의미합니다. 이러한 영상 소스를 사용하여 블렌딩 모드를 적용하면 영상을 더욱 감성적으로 표현할 수 있습니다.

간단 실습 | 블렌드 모드 적용하기

준비 파일 프리미어 프로/Chapter 05/블렌드모드.prproj

원본 소스에 보케 영상을 적용해보겠습니다. **블렌드모드.prproj** 준비 파일을 불러옵니다.

01 ❶ Ctrl + I 를 누르고 ❷ [Import] 대화상자가 나타나면 예제 폴더에서 **보케.mp4** 파일을 선택한 후 ❸ [열기]를 클릭합니다.

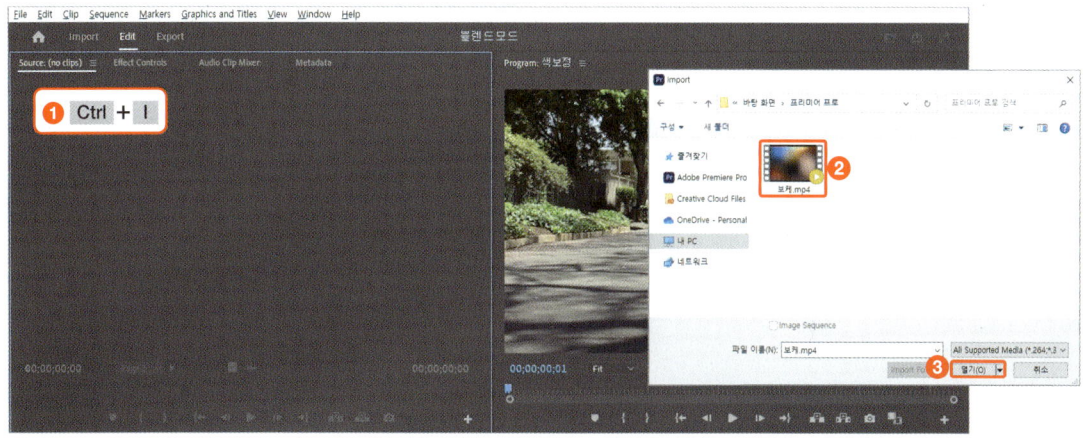

기능 꼼꼼 익히기 | 유튜브 영상 소스 활용하기

이번 실습에서 사용하는 예제 영상 소스는 Free HD Stock Footage 유튜브 채널에서 보케 영상 소스를 찾아 다운로드한 영상입니다. 유튜브에서 Colorful Bokeh Light – Free HD Stock Footage를 검색한 후 다운로드할 수 있으며 다운로드한 영상 소스의 이름은 구분하기 쉽도록 **보케.mp4**로 변경합니다. 유튜브에서 영상을 다운로드하는 방법은 034쪽을 참고합니다.

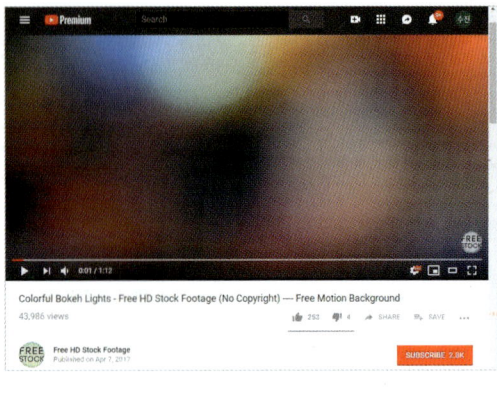

유튜브에는 여러 가지 영상 소스를 무료로 제공하는 채널이 있습니다. 해당 채널의 영상은 상업적으로 재판매, 재배포하거나, 본인이 만들었다고 하지 않는 이상 영상 편집에 어떻게 사용해도 무방합니다. 각 유튜브 채널, 영상 페이지의 설명마다 사용 범위 및 편집 가능 범위에 대한 공지가 있으니 꼼꼼하게 확인한 후 활용하는 것이 좋습니다.

02 ❶ [Timeline] 패널의 비디오 2번 트랙(V2)에 **보케.mp4** 소스를 드래그하여 배치합니다. ❷ [보케.mp4] 클립의 끝부분을 드래그하여 [색보정.mp4] 클립의 길이에 맞춰 줄여줍니다. ❸ [보케.mp4] 클립을 선택합니다.

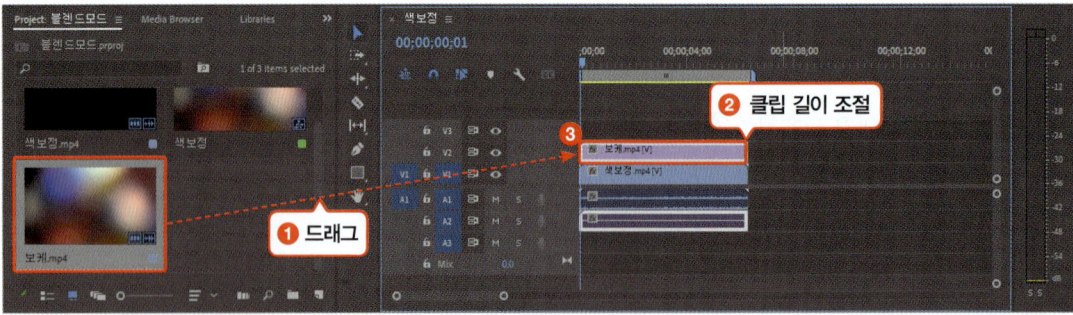

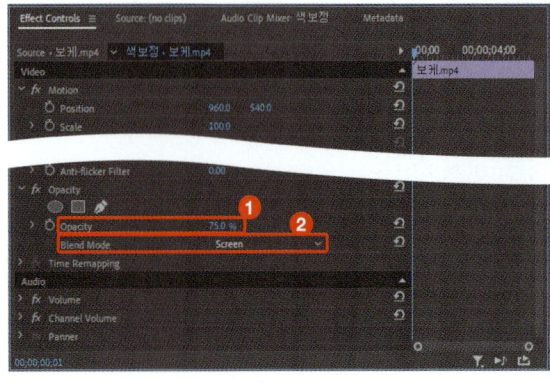

03 ❶ [Effect Controls] 패널에서 [Opacity] 항목의 [Opacity]를 **75%**로 설정하고, ❷ [Blend Mode]는 [Screen]으로 설정합니다.

04 Spacebar 를 눌러 미리 보기를 재생해 스크린 효과가 적용된 영상을 확인합니다. [Blend Mode]의 다양한 옵션을 변경해보며 영상 소스가 어떻게 적용되는지 확인합니다.

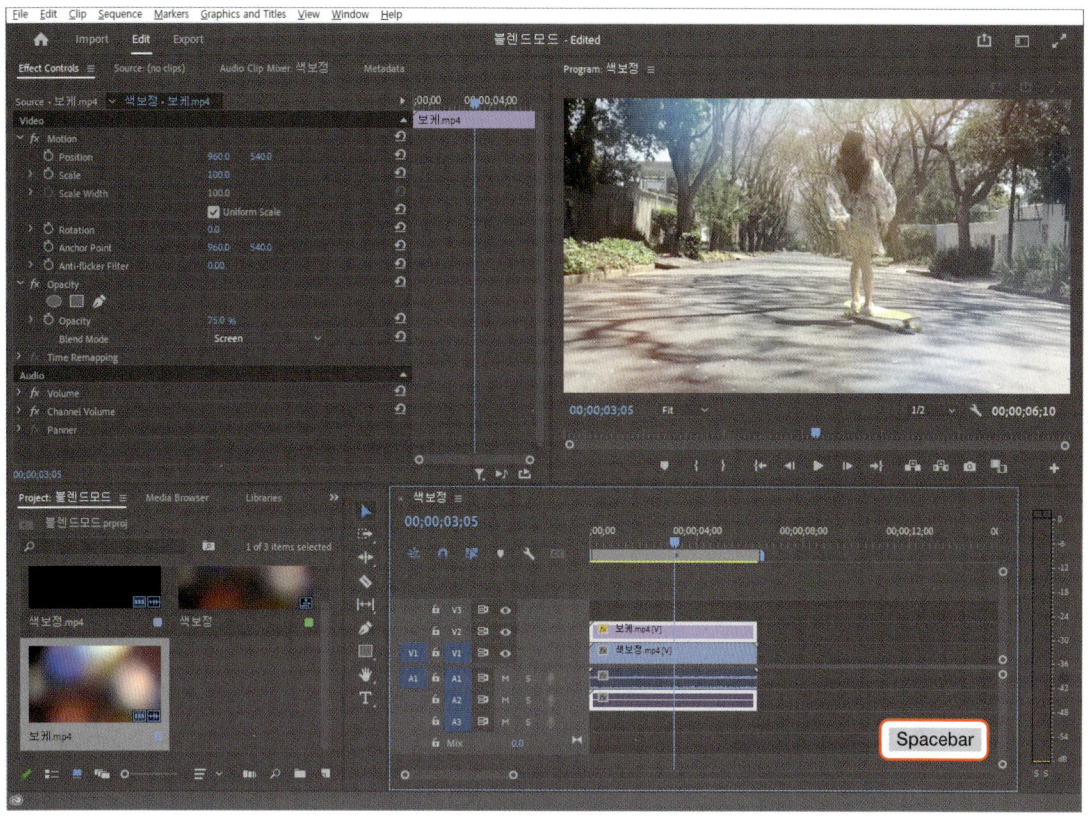

> **기능 꼼꼼 익히기** 🎤 **블렌드 모드 알아보기**
>
> [Opacity] 항목에서는 다양한 블렌드 모드(Blend Mode)를 제공합니다. 블렌드 모드는 두 개 이상의 비디오 영상 클립을 중첩하여 작업할 때에 다양한 시각적 효과를 낼 수 있는 기능입니다. 원본 영상 클립(타임라인에서 아래 트랙에 위치해 색 혼합의 대상이 되는 클립)의 트랙 위에 소스 클립(블렌드 모드를 적용할 클립)을 배치한 후 [Program] 패널에 나타나는 결과를 보면서 소스 클립의 블렌드 모드와 Opacity 수치를 변경하여 원하는 결과를 만듭니다.
>
> 　　　
>
> ▲ 블렌드 영상 소스　　　　　　　　　　▲ 원본 영상
>
> **Normal Category** | 소스 클립의 [Opacity]가 100%면 결과는 소스 클립 원본 그대로 보입니다.
> - **Normal** | 소스 클립의 색상이 그대로 유지되며 기본 클립의 색상은 무시됩니다. 기본 설정인 블렌드 모드입니다.

▲ Normal-Opacity 100%   ▲ Normal-Opacity 50%

Dissolve | 소스 클립의 색상이 그대로 나타납니다. [Normal] 모드와 달리 소스 클립의 [Opacity]를 100% 이하로 낮추면 소스 클립의 일부 픽셀들이 불규칙하게 투명해지며 기본 클립과 혼합됩니다.

▲ Dissolve-Opacity 100%   ▲ Dissolve-Opacity 50%

Subtractive Category | 페인트나 안료를 혼합하는 방식처럼 어두운 결과 색을 도출하는 혼합 방식입니다.

- **Darken** | 소스 클립과 기본 클립의 색상 채널 중 더 어두운 값이 결과 색상으로 보입니다.
- **Multiply** | 두 클립의 색상 채널값을 곱한 후 픽셀의 최댓값으로 나눈 값의 색상이 표현됩니다. 전체적인 장면에서 색상이 어두워집니다.

▲ Darken   ▲ Multiply

- **Color Burn** | 겹쳐지는 클립의 색상, 채도가 강하게 표현됩니다. 흰색은 투명해집니다.
- **Linear Burn** | 흰색을 제외한 모든 클립의 색상 명도를 낮춰 전체적으로 어둡게 표현됩니다.

▲ Color Burn   ▲ Linear Burn

- **Darker Color** | 두 클립 중 어두운 클립의 색상만 나타냅니다.

Additive Category | 빛을 혼합하는 방식처럼 밝은 색을 도출하는 혼합 방식입니다.
- **Lighten** | 클립의 색상이 밝으면 섞이고, 어두우면 투명해집니다. 클립의 색상이 전체적으로 밝게 표현됩니다.
- **Screen** | 클립의 겹친 부분이 더 밝게 표현됩니다. 검은색은 겹치는 색상이 그대로 표현됩니다.

▲ Lighten

▲ Screen

- **Color Dodge** | 클립의 겹친 이미지 색상은 밝게, 채도는 약하게 표현됩니다. 겹치는 색상은 그대로 표현됩니다.
- **Linear Dodge(Add)** | 검은색을 제외한 모든 색상의 밝기를 높입니다.

▲ Color Dodge

▲ Linear Dodge(Add)

- **Lighter Color** | 두 클립 중 밝은 클립의 색상만 표현됩니다.

Complex Category | 빛을 복합적으로 합하는 방식으로 강한 색상, 어두운 색상을 도출하는 혼합 방식입니다.
- **Overlay** | 두 클립의 색이 서로 반반씩 겹치는 느낌입니다. 밝은 색상은 더 밝게, 어두운 색상은 더 어둡게 표현됩니다.
- **Soft Light** | 색상이 부드럽게 섞입니다. 회색보다 밝으면 더 밝게, 회색보다 어두우면 더 어둡게 표현됩니다.

▲ Overlay

▲ Soft Light

- **Hard Light** | 강한 조명을 비추는 것처럼 표현됩니다. 색상이 강하게 섞이며 검은색이나 흰색 모두에 아무런 변화가 없습니다.
- **Vivid Light 50%** | 회색보다 밝으면 대비가 감소되어 밝아지고, 50% 회색보다 어두우면 대비가 증가되어 어둡게 표현됩니다. 전체적으로 변색된 느낌이 듭니다.

▲ Hard Light   ▲ Vivid Light 50%

- **Linear Light** | 밝기의 대비가 명확하게 표현됩니다.
- **Pin Light** | [Darken] 모드와 [Lighten] 모드가 합쳐진 효과입니다. 검은색이나 흰색 모두에 아무런 변화가 없습니다.

▲ Linear Light   ▲ Pin Light

- **Hard Mix** | 클립의 색상이 거칠게 혼합되어 색상 대비가 커집니다.

▲ Hard Mix

Difference Category | 두 클립의 색상 차이를 이용하여 색상을 도출하는 혼합 방식입니다.

- **Difference** | 두 클립의 밝기를 기준으로 밝은 부분이 강한 보색으로 표현됩니다. 검은색은 아무런 변화가 없습니다.
- **Exclusion Difference** | 모드와 비슷하지만 좀 더 부드럽고 약하게 표현됩니다.

▲ Difference   ▲ Exclusion Difference

- **Subtract** | 기본 색상에서 혼합 색상을 빼 어둡게 표현됩니다.
- **Divide** | 기본 색상에서 혼합 색상을 나눠 밝게 표현됩니다.

▲ Subtract

▲ Divide

HSL Category | 두 클립 중 한 클립이 다른 클립의 색상에 영향을 주는 혼합 방식입니다.
- **Hue** | 하위 클립의 색상을 상위 클립 색상으로 변경합니다. 색상값만 변하여 표현됩니다.
- **Saturation** | 상위 클립의 채도에 영향을 받으며 하위 클립의 명도와 색상이 상위 클립의 채도에 더해져서 나타납니다.
- **Color** | 하위 클립의 명도에 영향을 받으며 상위 클립의 채도와 색상이 하위 클립의 명도에 더해져서 표현됩니다.
- **Luminosity** | 상위 클립의 명도에 영향을 받으며 하위 클립의 채도와 색상이 상위 클립의 명도에 더해져서 표현됩니다.

▲ Hue

▲ Saturation

▲ Color

▲ Luminosity

오디오는 잘 구성된 영상이라면 빠질 수 없는 요소입니다.
프리미어 프로는 영상 편집에 최적화된 오디오 편집 기능을 통해
영상의 느낌을 한껏 살려볼 수 있는 다양한 기능을 지원합니다.
오디오 효과를 이용해 영상에 녹음된 소리를 더욱 잘 들리도록 만들거나,
영상에 배경음악과 효과음을 삽입해 분위기를 연출할 수 있습니다.
오디오를 잘 활용하면 영상의 퀄리티를 높일 수 있습니다.

CHAPTER 06

사운드
편집하기

사운드 편집의 기초 이해하기

작업 영역 살펴보고 간단하게 사운드 편집하기

오디오 사운드 편집하기

프리미어 프로에서 사운드를 편집하는 방법은 비디오를 편집하는 방법과 거의 동일합니다. 오디오 클립을 [Timeline] 패널에 배치한 후 자르기 도구로 자르고 선택 도구로 원하는 위치로 이동하면서 손쉽게 편집할 수 있습니다.

간단실습 | 오디오 파일을 이용한 기본적인 편집하기

준비 파일 프리미어 프로/Chapter 06/사운드편집_1.prproj

오디오 파일을 이용한 기본적인 편집 방법을 알아보겠습니다. **사운드 편집_1.prproj** 준비 파일을 불러옵니다.

01 [Project] 패널에서 **Summer Bliss.wav** 파일을 [Timeline] 패널의 오디오 2번 트랙(A2)으로 드래그하여 삽입합니다.

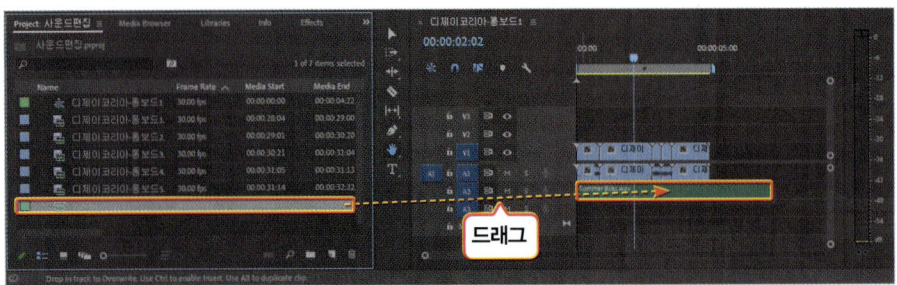

트랙에 배치한 오디오 클립에 파일 이름이 표시되지 않는다면 [Timeline] 패널의 Timeline Display Settings 를 클릭하고 [Show Audio Names]에 체크합니다.

02 오디오 2번 트랙(A2)의 사운드만 들으면서 편집하기 위해 비디오 클립에 포함된 오디오는 음소거합니다. 오디오 2번 트랙(A2)의 트랙 헤더에서 Solo Track `S`을 클릭하여 해당 트랙의 사운드만 활성화합니다.

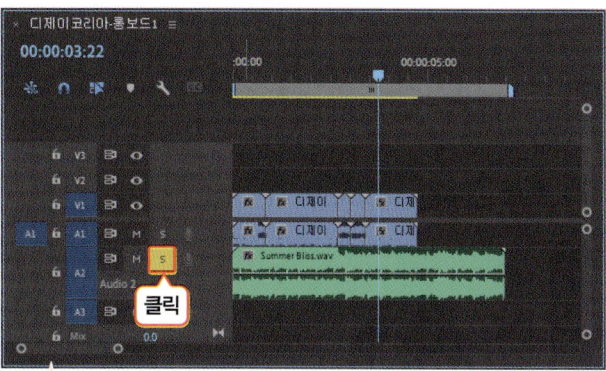

> 오디오 1번 트랙(A1)의 트랙 헤더에서 Mute Track `M`을 클릭해도 비디오 클립의 오디오를 음소거할 수 있습니다.

03 ❶ 편집 기준선을 **00:00:02:24** 위치로 이동한 후 ❷ `C`를 눌러 자르기 도구를 선택하고 ❸ 오디오 클립을 자릅니다.

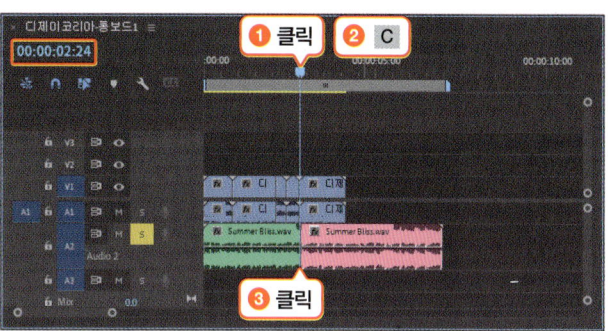

04 ❶ `V`를 눌러 선택 도구로 전환하고 ❷ 잘려진 클립의 앞부분을 선택한 후 ❸ `Delete`를 눌러 클립을 삭제합니다. ❹ 남은 오디오 클립을 앞으로 드래그해 비디오 클립의 길이와 일치하도록 배치합니다.

 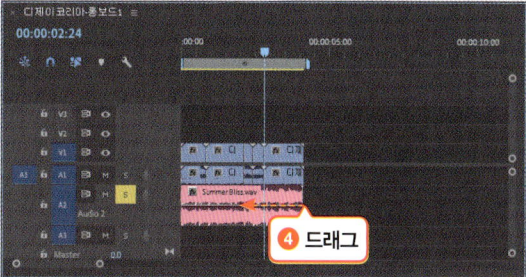

기능 꼼꼼 익히기 🎙 오디오 파일 사용 시 주의사항

오디오 파일(음원 파일)은 저작권에 신경 써야 합니다. 개인 소장용 영상이나 외부에 공개하지 않는 습작이라면 저작권을 크게 신경 쓰지 않아도 됩니다. 하지만 인터넷 공개나 상업적 용도로 제작한 영상일 경우에는 사용한 음원의 저작권 문제를 반드시 확인하고 해결한 후에 작업을 진행합니다. 무료 음원일 경우 해당 음원의 사용 가능 범위를 꼼꼼하게 체크하고, 유료 음원의 경우 사용 용도에 따른 정식 비용을 지불하여 문제가 발생하지 않도록 해야 합니다.

오디오 클립의 기본 속성 알아보기

단순히 오디오 클립을 영상 클립의 길이에 맞게 잘라서 맞추는 작업만으로는 영상에 사운드를 제대로 입혔다고 할 수 없습니다. 사운드의 전체적인 밸런스는 물론이고 영상의 시작과 끝에 맞춰 볼륨을 조절하는 등 영상의 흐름에 따라 오디오 클립을 다듬어야 합니다. 여기에서는 오디오 클립이 가지고 있는 기본 속성을 알아보겠습니다. 오디오 클립의 기본 속성은 [Effect Controls] 패널의 [Audio Effects] 항목에 표시됩니다.

① **Volume** | 오디오 클립의 레벨값을 설정합니다. −281.1dB(최저)~15dB(최고) 사이에서 표시합니다.
② **Channel Volume** | 왼쪽/오른쪽 양 채널에서 각 레벨값을 설정합니다.
③ **Panner** | [Balance] 항목에서 왼쪽/오른쪽 채널의 밸런스를 조정합니다.

간단 실습   키프레임을 이용하여 페이드 아웃 효과 적용하기

준비 파일 프리미어 프로/Chapter 06/사운드편집_2.prproj

사운드 페이드 아웃 효과는 사운드가 점점 작아지며 끝나는 효과입니다. 영상이 끝나는 지점에 페이드 아웃 효과를 적용해보겠습니다. **사운드편집_2.prproj** 준비 파일을 불러옵니다.

01 ① 마지막 비디오 클립이 시작되는 **00:00:02:24** 지점으로 편집 기준선을 이동합니다. ② 오디오 2번 트랙(A2)의 클립을 선택합니다.

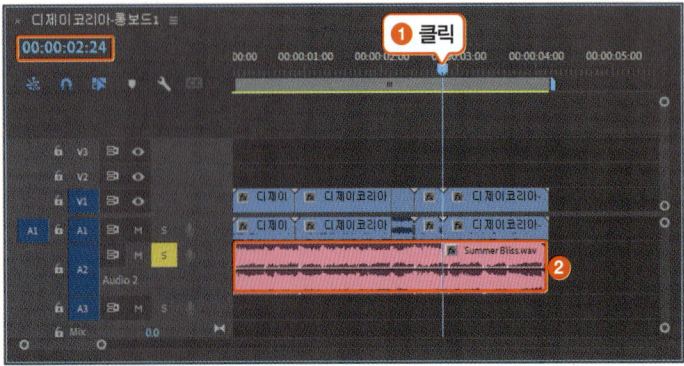

02 [Effect Controls] 패널의 [Volume]-[Level] 항목의 Add/Remove Keyframe ◎을 클릭하여 현재 편집 기준선 위치(00:00:02:24)에 키프레임을 생성합니다.

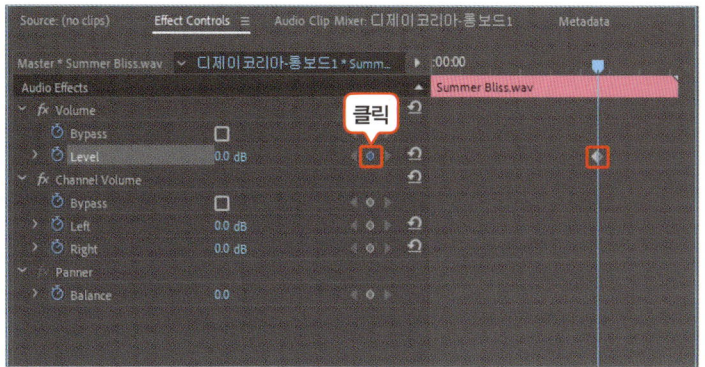

03 ❶ 편집 기준선의 위치를 클립의 끝 지점으로 이동한 후 ❷ [Level] 항목의 키프레임을 추가합니다.

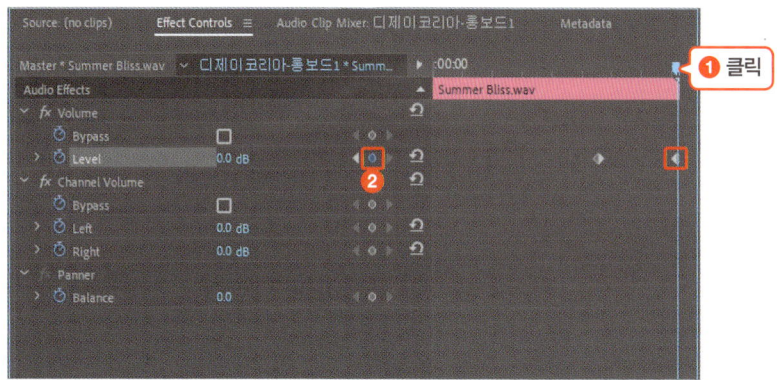

04 ❶ [Level] 항목의 ▶를 클릭해 그래프를 엽니다. ❷ 마지막 키프레임의 값을 최저(-281.1dB)로 낮춥니다. ❸ `Spacebar` 를 눌러 시퀀스를 플레이합니다. 오디오 볼륨이 작아지면서 끝나는지 확인합니다.

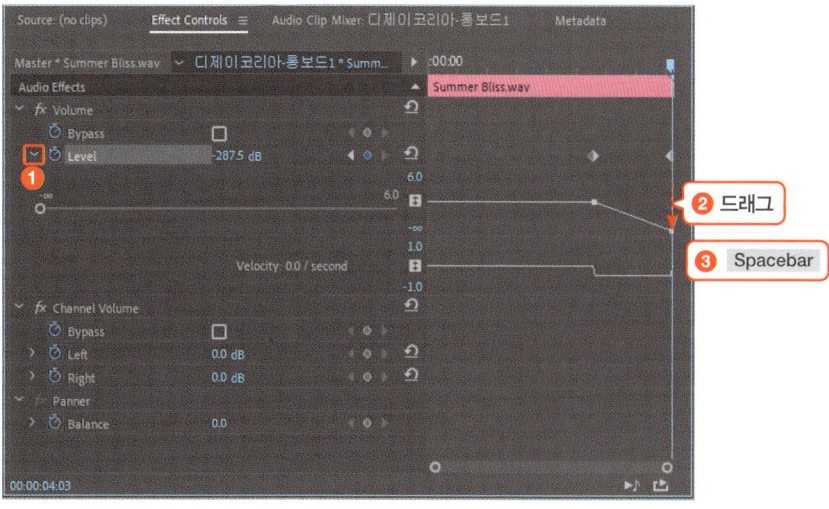

오디오 클립 볼륨 조절하기

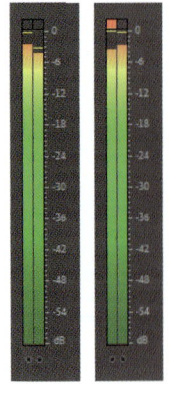

오디오 클립을 사용하여 사운드 편집을 진행할 때 [Audio Meters] 패널을 잘 활용해야 합니다. [Audio Meters] 패널은 재생하는 사운드의 레벨값을 그레이디언트 그래프 형식으로 표시하며 재생 시 귀로 잡아내지 못하는 부분, 즉 최고점을 초과했을 때 위쪽 클리핑 영역을 붉은색으로 표시합니다. 레벨값이 최대치를 초과하면 클리핑 노이즈가 생기거나 사운드가 깨끗하게 들리지 않을 수 있으므로 오디오 클립의 볼륨을 적절하게 조절해야 합니다.

간단 실습 | 오디오 클립에서 직접 레벨 조절하기

준비 파일 프리미어 프로/Chapter 06/사운드편집_3.prproj

사운드편집_3.prproj 준비 파일을 불러옵니다.

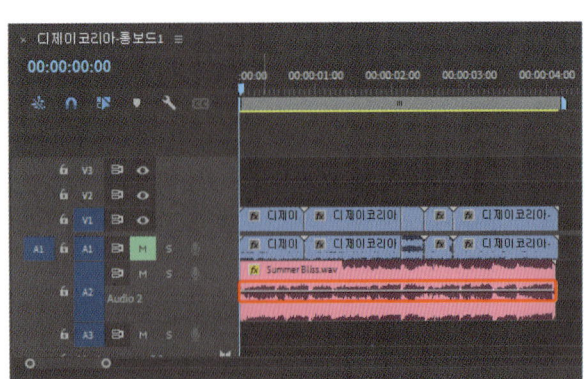

01 [Timeline] 패널에서 오디오 트랙을 확대하면 오디오 클립의 가운데를 위아래로 나누는 라인을 확인할 수 있습니다. 이 라인은 앞서 살펴본 클립의 기본 속성을 타임라인에서 직접 조절할 수 있는 컨트롤 라인입니다. 기본 설정은 레벨값으로 설정되어 있습니다.

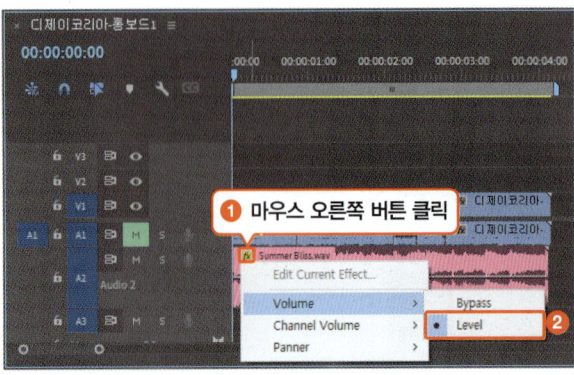

02 해당 라인이 Level 컨트롤 라인인지 확인해보겠습니다. ① 오디오 클립 왼쪽 위의 fx 를 마우스 오른쪽 버튼으로 클릭합니다. ② [Volume]-[Level]에 체크되어 있는지 확인합니다. 같은 방법으로 컨트롤 라인의 속성을 다른 설정으로 변경할 수 있습니다.

03 드래그를 이용하여 오디오 클립의 Level 컨트롤 라인을 위아래로 움직여 오디오 클립의 볼륨 레벨을 조절합니다. 위로 드래그하면 레벨값이 올라가고, 아래로 드래그하면 레벨값이 내려갑니다.

Audio Gain 이용하여 조절하기

오디오 게인(Audio Gain)을 이용하면 오디오 클립의 입력 레벨을 참조하여 볼륨을 조절할 수 있습니다. 또 오디오 게인을 사용하면 여러 개의 오디오 클립 볼륨을 일관성 있게 변경할 수 있습니다. 오디오 게인은 [Effect Controls] 패널에서 [Level] 값을 조정하는 것과는 별개로 최종 결과에 적용되어 나타납니다. 오디오 게인의 변화는 오디오 클립의 오디오 파형으로 확인할 수 있습니다.

① 볼륨을 조절하려는 오디오 클립을 [Timeline] 패널에서 클릭한 후 ② 마우스 오른쪽 버튼을 클릭하고 ③ [Audio Gain]을 클릭합니다. ④ [Audio Gain] 대화상자가 나타나면 원하는 옵션을 조절하여 적용합니다. [Audio Gain]의 옵션을 살펴보겠습니다.

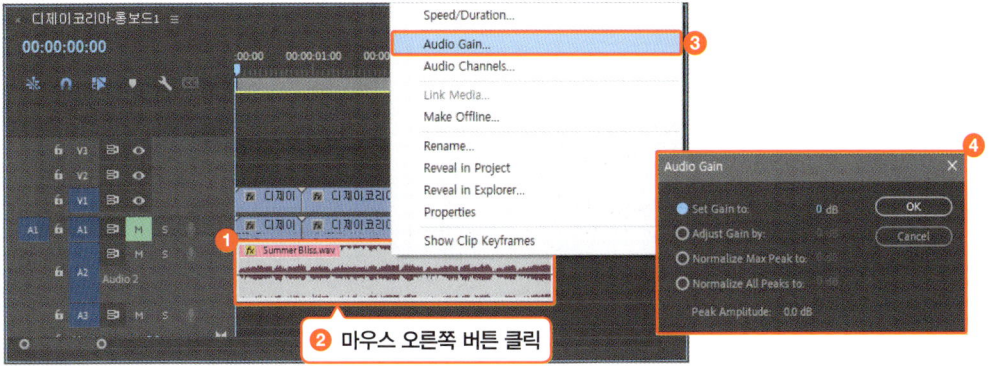

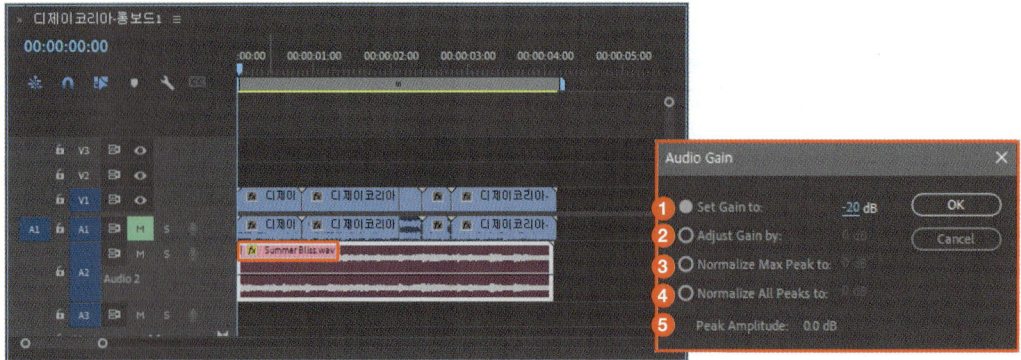

① **Set Gain to** | 오디오 클립의 게인값을 사용자가 지정한 dB값으로 변경합니다. 게인값은 -96dB~96dB 사이에서 설정할 수 있습니다.

② **Adjust Gain by** | 사용자가 지정한 수치를 해당 오디오 클립에 적용하여 결과를 나타냅니다. 예를 들어 -5dB를 입력하면 오디오 클립의 기본 게인값에서 -5dB가 적용된 결과가 나타납니다. 여러 오디오 클립에 동시에 적용할 수 있으며, 해당 값은 각 오디오 클립의 기본값에 대응하여 결과를 산출합니다.

③ **Normalize Max Peak to** | 선택한 오디오 클립의 최고점을 사용자가 지정한 dB로 설정합니다. 예를 들어 오디오 클립의 최고 진폭이 -5dB일 때 [Normalize Max Peak to]를 0.0dB로 설정하면 +5dB만큼 게인이 조절됩니다. 여러 개의 오디오 클립에 이 항목을 적용하면 최고 진폭인 오디오 클립을 기준으로 동일한 오디오 게인의 값을 적용하여 각 오디오 클립 간의 게인 차이를 유지하면서 변경할 수 있습니다.

④ **Normalize All Peaks to** | 모든 오디오 클립의 최고점을 사용자가 지정한 dB값으로 설정합니다. 각 오디오 클립에 적용되는 게인값은 오디오 클립의 기본 게인값을 기준으로 합니다.

⑤ **Peak Amplitude** | 해당 클립의 볼륨 최고점과 오디오 클립의 볼륨 차이를 표시합니다. 예를 들어 -1dB 라고 표시되어 있다면 최고점과의 차이가 1이라는 뜻으로 클립의 오디오 게인값을 1dB만큼 올려주면 최고점에 도달합니다.

[Audio Track Mixer] 패널

[Audio Track Mixer] 패널은 [Timeline]의 오디오 트랙별로 레벨과 밸런스를 조정하거나 마스터 볼륨을 조정합니다. 또한 트랙에 필요한 이펙트를 적용하거나 센드(Sends)를 활용하여 트랙을 다채롭게 믹싱할 수 있습니다.

[Audio Track Mixer] 패널에서 오디오 이펙트 적용하기

[Audio Track Mixer] 패널에서는 오디오 개별 클립이 아닌 오디오 트랙 전체에 이펙트를 적용할 수 있습니다.

01 [Audio Track Mixer] 패널의 왼쪽 위에 있는 Show/Hide Effects and Sends를 클릭하여 이펙트/센드 영역을 표시합니다.

02 fx로 표시된 부분이 오디오 이펙트를 적용할 수 있는 영역으로 최대 다섯 개의 서로 다른 오디오 이펙트를 적용할 수 있습니다.

03 트랙 출력 할당 영역에서 해당 이펙트의 세부 항목을 설정하고 이펙트를 적용/해제할 수 있습니다.

[Audio Track Mixer] 패널에서 서브믹스 트랙 활용하기

두 개 이상의 트랙에 동일한 오디오 이펙트를 적용해야 하는 경우 서브믹스(Submix) 트랙을 생성한 후 [Audio Track Mixer] 패널의 센드 영역에서 오디오 트랙을 할당하면 한 번의 작업으로 편리하게 오디오 이펙트를 적용할 수 있습니다.

01 ① [Audio Track Mixer] 패널의 센드 영역에서 오른쪽 화살표를 클릭하고 ② [Create Stereo Submix]를 클릭해 새로운 스테레오 서브믹스 트랙을 생성합니다.

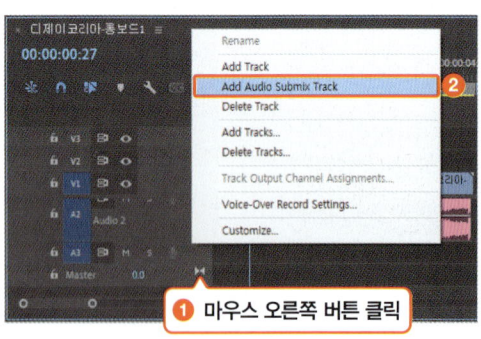

02 스테레오 서브믹스 트랙을 생성하는 다른 방법도 있습니다. ① [Timeline] 패널의 오디오 트랙 헤더 위치에서 마우스 오른쪽 버튼을 클릭한 후 ② [Add Audio Submix Track]을 클릭합니다.

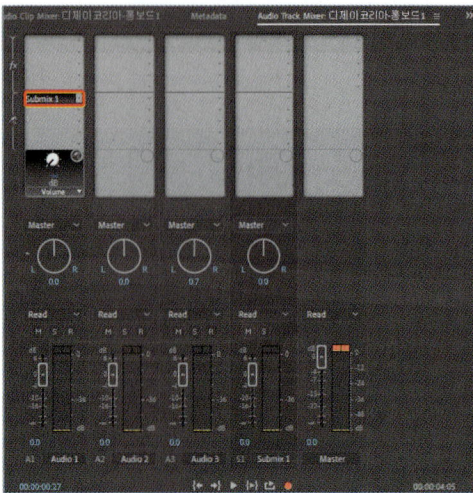

03 생성된 서브믹스 트랙은 [Audio Track Mixer] 패널과 [Timeline] 패널에서 확인할 수 있습니다.

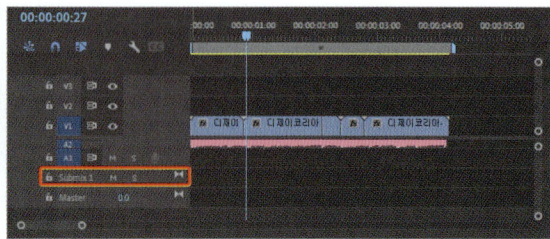

04 ① [Audio Track Mixer] 패널의 오디오 1번 트랙(A1)과 오디오 2번 트랙(A2)의 센드 영역을 [Submix1]로 설정합니다. ② 서브믹스 1번 트랙(S1)의 이펙트 영역에서 원하는 오디오 이펙트를 설정합니다. ③ 오디오 1번 트랙(A1)과 오디오 2번 트랙(A2)에 간편하게 동일한 이펙트가 적용됩니다.

05 ① 서브믹스 트랙은 [Timeline] 패널의 서브믹스 트랙 헤더를 마우스 오른쪽 버튼으로 클릭하고 ② [Delete Track]을 클릭해 삭제할 수 있습니다.

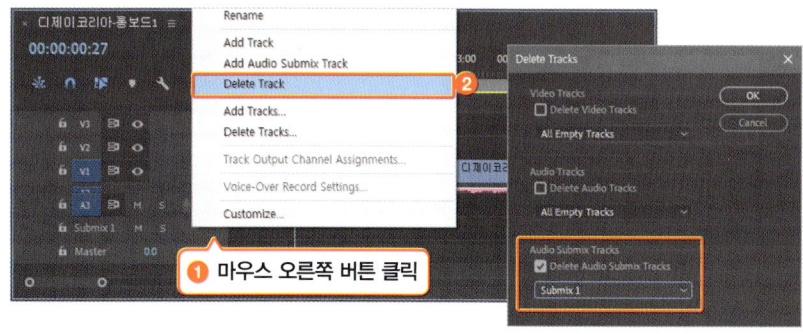

[Delete Tracks]를 클릭하면 나타나는 [Delete Tracks] 대화상자의 [Audio Submix Tracks] 항목에서 지우려는 서브믹스 트랙을 선택한 후 [OK]를 클릭해도 됩니다.

[Audio Clip Mixer] 패널

[Audio Clip Mixer] 패널은 [Timeline] 패널의 편집 기준선이 위치한 지점의 오디오 클립 정보를 표시하며 오디오 클립을 개별적으로 조절합니다. 클립의 볼륨과 밸런스를 조절하며 패널에서 직접 키프레임을 적용할 수 있습니다.

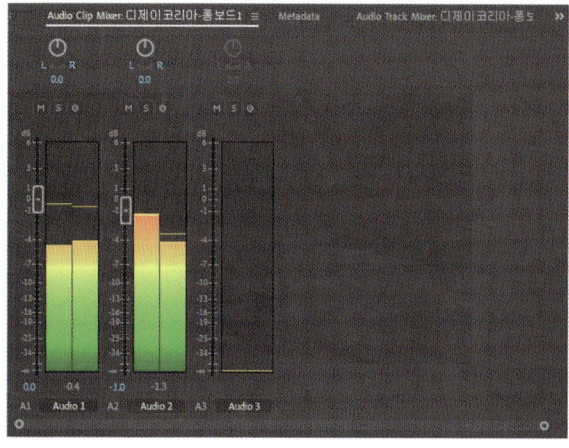

간단실습 [Audio Clip Mixer] 패널에서 키프레임 적용하기

준비 파일 프리미어 프로/Chapter 06/사운드편집_4.prproj

[Audio Clip Mixer] 패널에서 키프레임을 적용하여 오디오 2번 트랙(A2)의 사운드를 페이드 아웃해보겠습니다. **사운드편집_4.prproj** 준비 파일을 불러옵니다.

01 사운드가 점점 줄어들도록 설정하기 위해 [Timeline] 패널에서 편집 기준선을 **00:00:02:24** 지점에 위치합니다.

> 오디오 트랙의 높이를 넓힐 때는 트랙 헤더에 마우스 포인터를 위치시키고 Alt 를 누른 상태에서 마우스 휠 버튼을 위로 스크롤합니다.

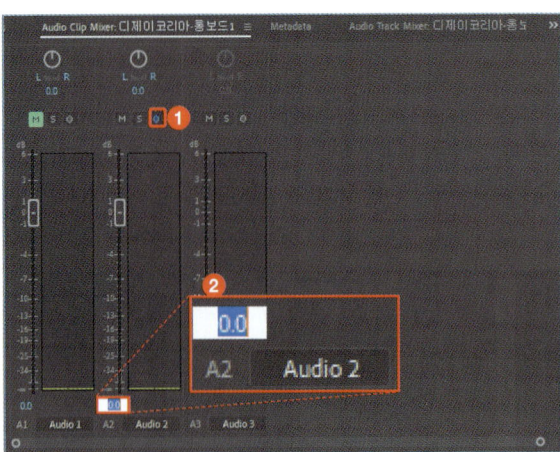

02 ❶ [Audio Clip Mixer] 패널의 [Audio 2] 믹서에서 Write Keyframes ◎를 클릭한 후 ❷ 오디오 레벨값을 0으로 입력합니다.

> Write Keyframes가 ◎로 활성화되어 있으면 클릭하지 않습니다.

03 볼륨 페이드 아웃을 설정하겠습니다. ❶ [Timeline] 패널의 편집 기준선을 오디오 클립이 끝나는 지점인 **00:00:04:03**으로 이동한 후 ❷ [Audio Clip Mixer] 패널의 볼륨 컨트롤을 아래로 드래그하여 최솟값으로 설정합니다.

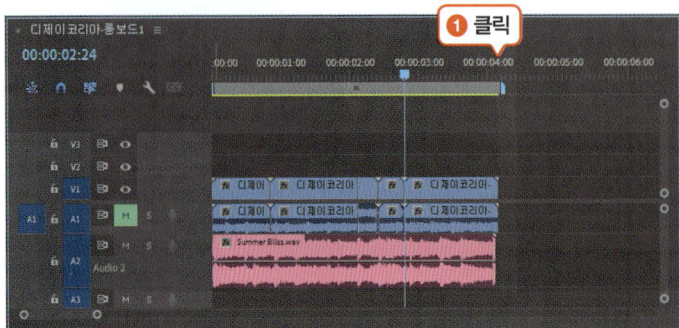
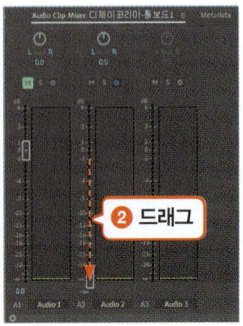

04 오디오 클립에 키프레임이 보이지 않는다면 키프레임 설정을 확인합니다. ❶ 를 마우스 오른쪽 버튼으로 클릭하고 ❷ [Volume]-[Level]로 설정되어 있는지 확인합니다. ❸ [Timeline] 패널의 오디오 2번 트랙(A2)에 키프레임이 적용된 것을 확인할 수 있습니다.

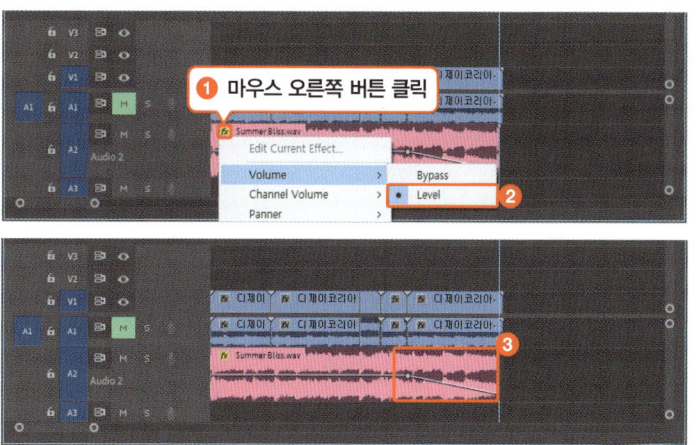

05 ❶ 적용된 키프레임을 삭제하려면 오디오 클립에서 키프레임을 마우스 오른쪽 버튼으로 클릭하고 ❷ [Delete]를 클릭합니다.

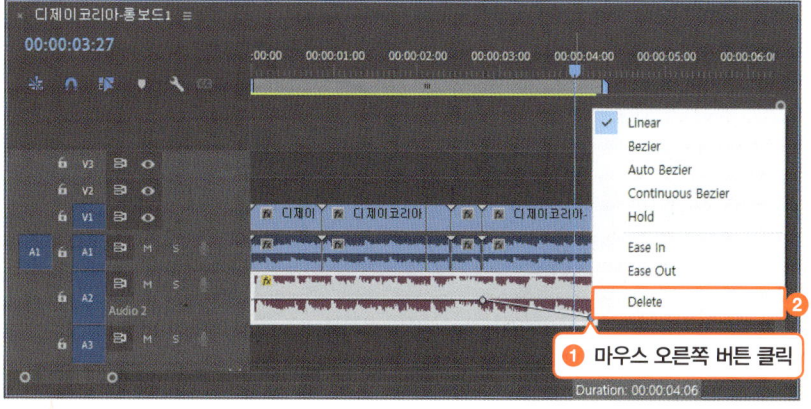

키프레임을 선택하고 Delete 를 눌러 삭제하거나 [Effect Controls] 패널에서 키프레임을 삭제할 수도 있습니다.

LESSON 02

오디오 파형을 보면서 사운드 편집하기

오디오 클립의 파형 확인하고 작업하기

오디오 클립 파형 확인하기

사운드 작업할 때 오디오 클립의 파형(Waveform)을 눈으로 확인하면서 작업하면 좀 더 손쉽게 사운드의 편집 지점을 찾을 수 있습니다. 오디오 파형은 [Timeline] 패널에서 Timeline Display Settings 를 클릭하고 [Show Audio Waveform]에 체크하여 보이게 하거나 숨길 수 있습니다.

간단 실습 | 오디오 파형을 보면서 사운드 편집하기

준비 파일 프리미어 프로/Chapter 06/사운드편집_5.prproj

여러 개의 효과음이 취합되어 있는 오디오 클립에서 오디오 파형을 이용하여 원하는 부분을 잘라내 영상에 추가해보겠습니다. **사운드편집_5.prproj** 준비 파일을 불러옵니다.

01 ❶ [Project] 패널의 **Effect Sound.wav** 소스를 [Timeline] 패널 오디오 3번 트랙(A3)에 배치합니다. ❷ 효과음을 잘 들을 수 있도록 오디오 3번 트랙(A3)을 제외한 나머지 오디오 트랙은 Mute Track M 을 클릭해 음소거합니다.

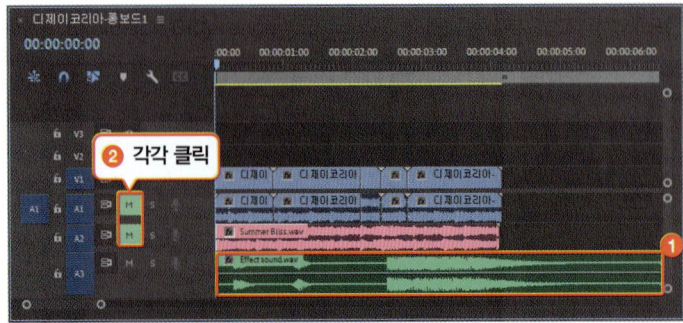

02 클립의 네 가지 효과음 중에서 두 번째 효과음을 잘라내어 사용해보겠습니다. ① 오디오 파형이 커지는 두 번째 지점(00:00:01:04)으로 편집 기준선을 이동한 후 ② C 를 눌러 자르기 도구 를 선택하고 ③ 클립을 자릅니다.

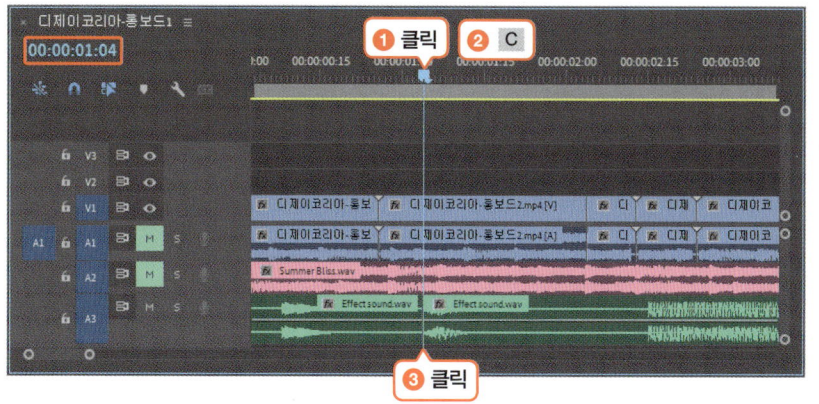

03 오디오 파형이 작아진 부분보다 조금 더 뒤쪽(00:00:02:01)을 잘라줍니다. 사운드 파일은 파형으로는 보이지 않는 잔여음이 있는 경우가 있습니다. 오디오 파형이 작아진 부분부터 바로 자르면 사운드가 뚝 끊어져 어색하게 들리는 경우가 있으므로 미리 들어보며 클립의 자를 지점을 선택합니다.

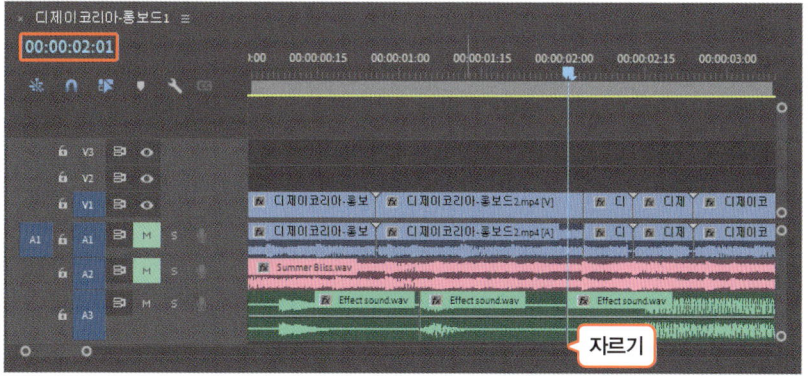

04 사용할 오디오 클립을 제외하고 앞뒤의 남은 클립을 삭제합니다.

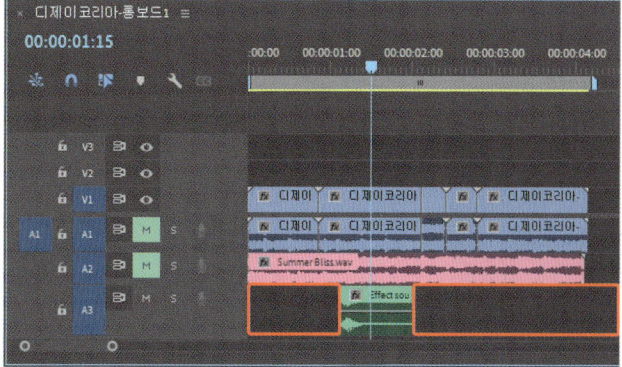

05 효과음 오디오 클립의 시작 위치를 비디오 클립의 첫 번째 경계 부분(00:00:00:26)과 일치하도록 이동합니다. 이때 편집 기준선을 배치하려는 곳에 위치시킨 상태에서 드래그하면 편리합니다.

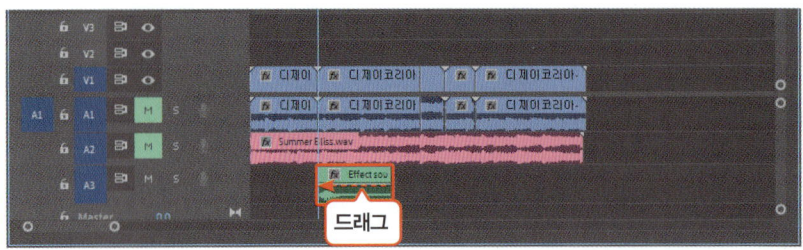

06 효과음 오디오 클립을 비디오 클립의 나머지 경계 부분과도 일치하도록 각각 복사하여 이동합니다. 트랙 내에서 Alt 를 누른 상태로 클립을 드래그하면 클립이 복사됩니다.

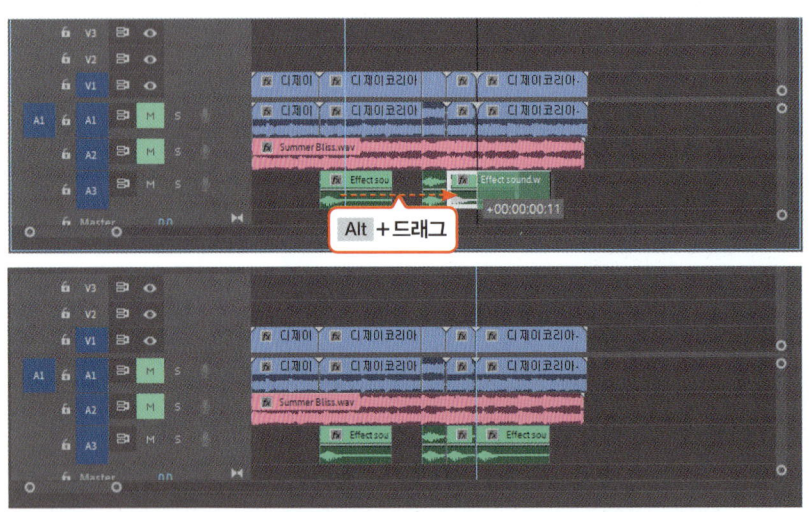

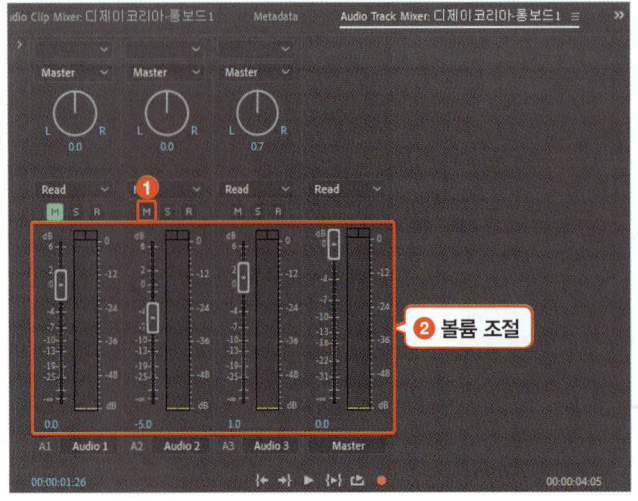

07 ❶ [Audio Track Mixer] 패널에서 오디오 2번 트랙(A2)의 음소거를 해제하고 시퀀스를 플레이합니다. ❷ 배경음악과 효과음이 잘 들릴 수 있도록 각 트랙의 레벨을 조절합니다.

> 오디오 파형을 보면서 오디오 클립을 편집하면 영상과 사운드의 싱크를 맞추거나 다양한 사운드를 편집, 믹싱할 때 수월하게 작업할 수 있습니다. 간단 실습에 제공된 오디오 소스 외에도 다양한 형태의 오디오 소스를 편집해보세요.

오디오 트랜지션 알아보기

오디오 트랜지션 적용하고 응용하기

오디오 트랜지션

두 개 이상의 오디오 클립을 연결하여 사운드 편집을 진행할 때 오디오를 자연스럽게 전환하려면 오디오 트랜지션을 적용합니다. 오디오 클립을 자연스럽게 연결할 수 있는 오디오 트랜지션을 알아보겠습니다. 오디오 트랜지션은 [Effects] 패널의 [Audio Transitions]-[Crossfade] 목록에서 확인할 수 있으며 원하는 오디오 트랜지션을 선택해 적용합니다.

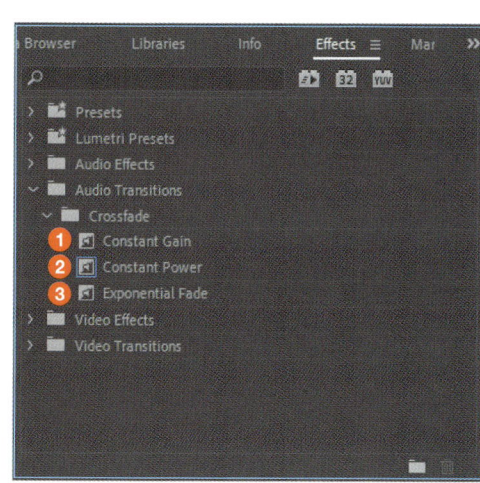

① **Constant Gain** | 두 클립 간의 오디오가 전환될 때 일정한 속도로 페이드 인, 페이드 아웃됩니다. 경우에 따라 오디오가 갑자기 전환되는 것처럼 들릴 수도 있습니다.

② **Constant Power** | 두 클립 간의 오디오가 전환될 때 첫 번째 클립의 오디오는 천천히 감소하다가 전환이 끝나는 시점에서 빠르게 감소합니다. 두 번째 클립의 오디오는 빠르게 증가하다 전환이 끝나는 시점에서 천천히 증가합니다.

③ **Exponential Fade** | 두 클립 간의 오디오가 전환될 때는 완만한 로그 곡선을 따라 전환됩니다. 첫 번째 클립의 오디오가 천천히 페이드 아웃하고 두 번째 클립의 오디오 역시 천천히 페이드 인합니다. 앞의 두 효과와는 다르게 첫 번째 오디오 클립과 두 번째 오디오 클립의 사운드가 겹치는 부분이 존재하지 않습니다.

간단 실습 | Constance Power로 자연스러운 오디오 전환하기

준비 파일 프리미엄 프로/Chapter 06/오디오트랜지션.prproj

자연스러운 오디오 전환을 위해 오디오 트랜지션을 적용해보겠습니다. **오디오트랜지션.prproj** 준비 파일을 불러옵니다.

01 [Effects] 패널-[Auido Transisions]-[Corssfade]-[Constance Power]를 오디오 클립이 연결되는 부분으로 드래그하여 오디오 트랜지션 효과를 적용합니다.

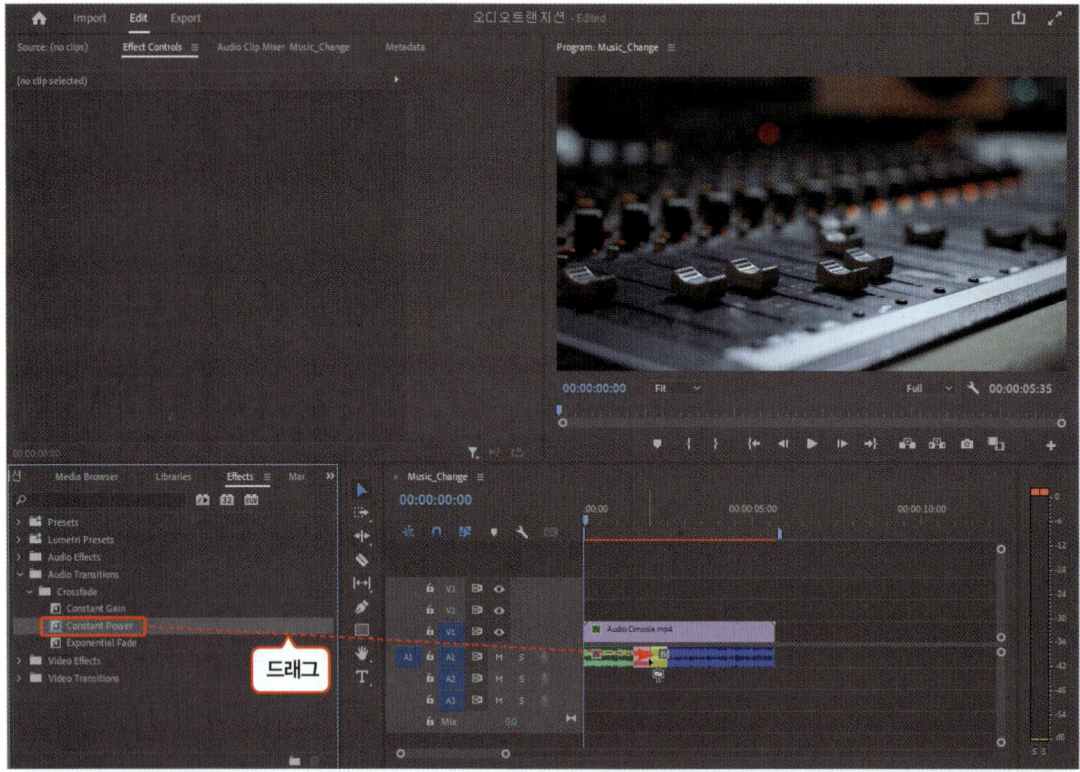

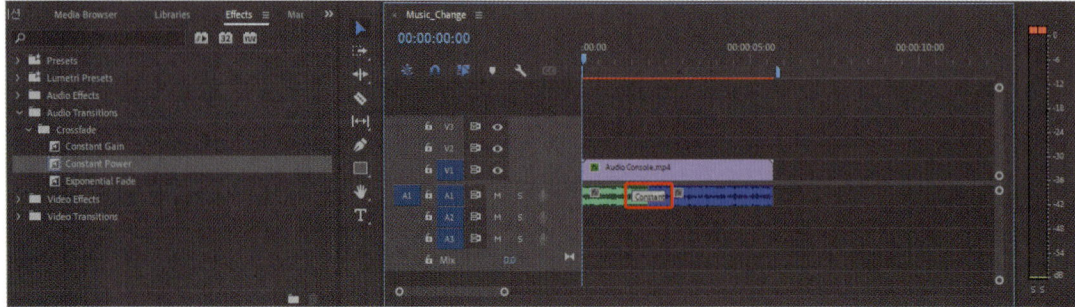

오디오 클립이 교차하는 부분을 클릭한 후 기본 오디오 트랜지션을 적용하는 단축키 Ctrl + Shift + D 를 눌러 오디오 트랜지션을 적용할 수도 있습니다.

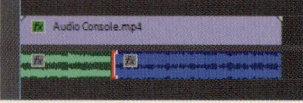

02 ❶ 영상에서 움직임이 시작되는 부분으로 편집 기준선을 위치합니다. 여기서는 **00:00:01:28** 지점입니다. ❷ 트랜지션을 클릭한 후 ❸ [Effect Controls] 패널에서 트랜지션의 시작 부분을 편집 기준선의 위치로 드래그합니다.

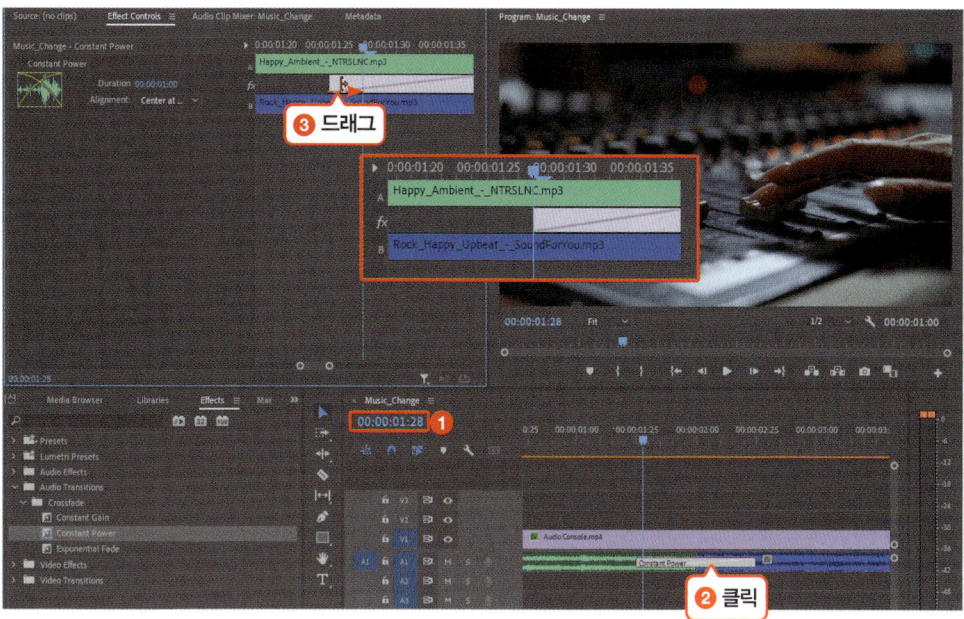

03 ❶ 이번에는 움직임이 끝나는 부분으로 편집 기준선을 위치합니다. 여기서는 **00:00:02:21** 지점입니다. ❷ 트랜지션을 클릭한 후 ❸ 클립의 길이를 조정합니다.

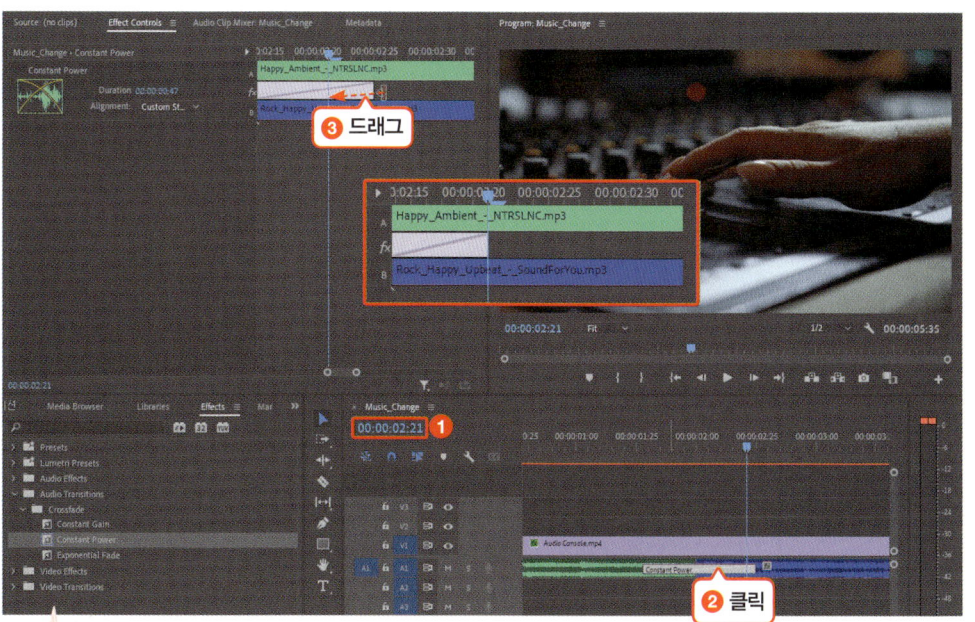

트랜지션의 인 점과 아웃 점의 길이를 각각 조정하기 위해 [Effect Controls] 패널에서 작업을 진행했습니다. 인 점과 아웃 점의 길이를 동일하게 조정해도 괜찮을 때는 [Timeline] 패널에서 조정 작업을 진행해도 좋습니다. 오디오 트랜지션의 위치를 변경할 때는 [Timeline] 패널 또는 [Effect Controls] 패널에서 트랜지션 클립을 선택하고 직접 드래그하여 원하는 위치로 이동합니다.

오디오 트랜지션 기본 길이 설정하기

오디오 트랜지션의 기본 길이는 1초로 설정되어 있습니다. 기본 길이 설정을 변경하려면 [Edit]–[Preferences]–[Timeline] 메뉴를 선택한 후 [Preferences] 대화상자에서 [Aideo Transition Default Duration]의 값을 조정합니다.

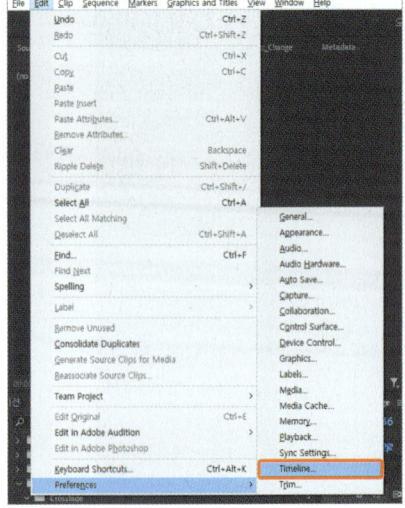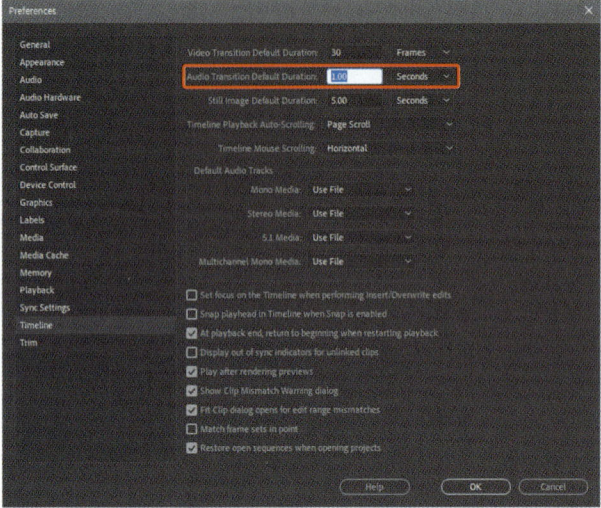

LESSON 04 오디오 이펙트 알아보기

오디오 이펙트로 다양한 오디오 효과 적용하기

오디오 이펙트 활용하기

프리미어 프로에서 제공하는 오디오 이펙트를 활용하여 풍성하고 명료한 오디오 효과를 연출할 수 있습니다. 실무에서 주로 사용하는 오디오 이펙트를 중심으로 알아보겠습니다.

오디오 이펙트 한눈에 살펴보기

오디오 이펙트는 [Effects] 패널의[Audio Effects]에서 확인할 수 있습니다. 적용을 원하는 오디오 이펙트를 선택하고 [Timeline] 패널의 오디오 클립으로 드래그하면 손쉽게 적용할 수 있습니다.

① **Amplitude and Compression** | 오디오 진폭 및 압축

② **Delay and Echo** | 오디오 지연 및 에코

③ **Filter and EQ** | 오디오 필터 및 이퀄라이저

④ **Modulation** | 오디오 조정

⑤ **Noise Reductios/Restoration** | 오디오 소음 감소/복원

⑥ **Reverb** | 오디오 반향

⑦ **Special** | 특별한 효과 모음

⑧ **Streo Image** | 스테레오 이미지

⑨ **Time and Pitch** | 오디오 시간과 피치

실무에 주로 사용하는 Amplitude and Compression 오디오 이펙트

- **DeEsser** | 시빌리언스 노이즈를 줄이거나 제거합니다. 노이즈의 주파수, 성별 선택 등의 프리셋을 선택하거나 적용 주파수 범위를 사용자가 설정할 수 있습니다. ★중요

> 시빌리언스 노이즈는 공기가 치아 사이를 통과하면서 발생하는 마찰음입니다. S-, T-로 시작하는 단어나 ㅊ, ㅋ, ㅌ 등 센소리의 시작 부분에서 생기는 '스-'와 같은 소리를 말합니다.

- **Dynamics** | 오디오를 조정하기 위해 독립적으로 사용하거나 결합할 수 있는 컨트롤 세트를 제공하며 다양한 프리셋을 제공합니다.
- **Hard Limiter** | 사운드 믹싱 작업을 끝낸 후 설정된 레벨의 보호 기능을 설정할 수 있습니다. 오디오 파라미터에서 피크를 넘지 않도록 제한을 걸어주며 주로 마스터 트랙에서 최종 안전 장치로 활용합니다.
- **Multiband Compressor** | Low, Mid, High 영역의 밴드 컨트롤이 포함된 밴드 압축기입니다. 사운드를 조금 더 명확하게 만듭니다.

실무에 주로 사용하는 Delay and Echo 오디오 이펙트
- **Delay** | 지정한 시간 이후 오디오의 동일한 사운드를 재생하는 지연 효과입니다. [Delay] 항목의 최댓값은 2초입니다.

실무에 주로 사용하는 Filter and EQ 오디오 이펙트
- **Notch Filter** | 최대 여섯 개의 사용자 정의 주파수 영역을 제거할 수 있습니다. 지정한 주파수 영역만 조정할 수 있으며 협소한 주파수 영역을 제거하는 데 유용합니다.
- **Parametric Equalizer** | 주파수, Q, 게인 설정을 자유롭게 설정하여 톤 이퀄라이제이션을 최대한으로 제어할 수 있습니다. 음조를 균일하게 제어하고 하이 패스, 로우 패스를 조정해 사운드를 먹먹하게 하거나 명료하게 만듭니다.

실무에 주로 사용하는 Noise Reductios/Restoration 오디오 이펙트
- **DeNise** | 실시간으로 노이즈를 줄입니다. 주파수 전체 영역의 노이즈를 제거하거나 Low, Mid, High 영역을 선택하여 부분적으로 제거할 수 있습니다. 제거된 노이즈를 별도로 들을 수도 있습니다. ★중요

실무에 주로 사용하는 Reverb 오디오 이펙트
- **Studio Reverb** | 공간에서 재생되는 오디오 사운드를 시뮬레이션한 후 반향 효과를 원본 클립에 적용합니다. 프리셋을 이용하여 신호와 방향 사이의 거리와 사운드 흡음 정도, 반향 면적(공간의 크기) 등을 적용해 커스터마이징할 수 있습니다.

실무에 주로 사용하는 Special 오디오 이펙트
- **Vocal Enhancer** | 오디오 클립에서 더빙된 사운드의 품질을 향상시킵니다. 남성과 여성 음성의 오디오를 서로 최적화하거나 음악과 배경의 오디오를 서로 최적화할 수 있습니다.

간단 실습 | 오디오 클립의 내레이션 보이스를 명료하게 수정하기

준비 파일 프리미어 프로/Chapter 06/오디오이펙트.prproj

녹음된 영상에서 오디오 클립의 내레이션 보이스를 명료하게 들리도록 프리셋을 활용해 오디오 이펙트를 적용해보겠습니다. **오디오이펙트.prproj** 준비 파일을 불러옵니다.

01 [Effects] 패널-[Audio Effect]-[Amplitude and Conpression]-[Multiband Compressor]를 [Timeline] 패널의 오디오 클립에 드래그해 오디오 이펙트를 적용합니다.

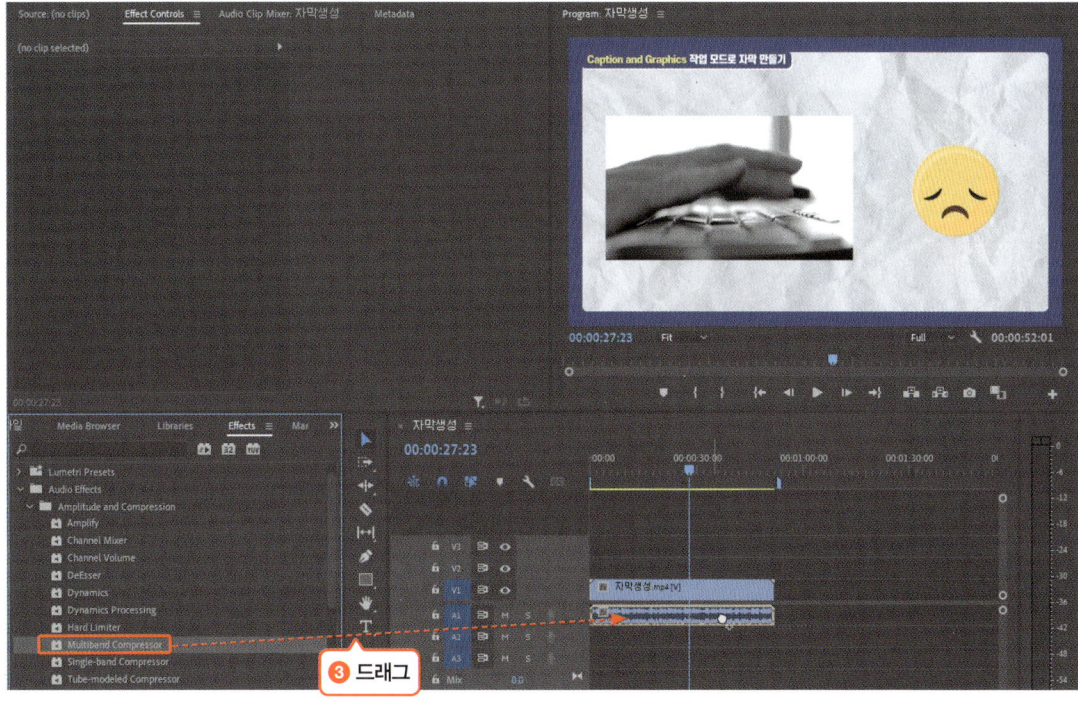

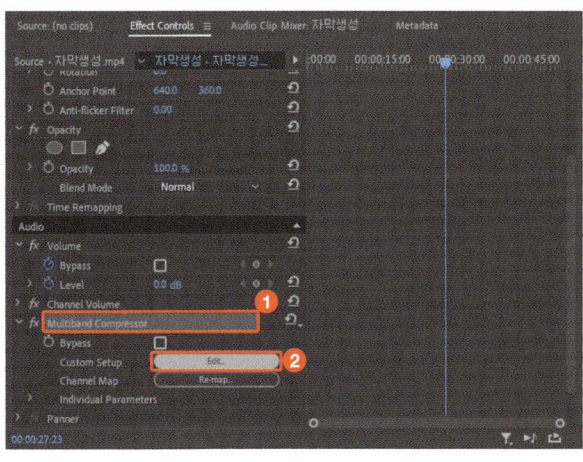

02 ❶ [Effect Controls] 패널의 [Audio]-[Multiband Compressor]를 클릭한 후 ❷ [Custom Setup]-[Edit]를 클릭하면 오디오 이펙트를 편집할 수 있는 [Clip Fx Editor-Multiband Compressor] 대화상자가 나타납니다.

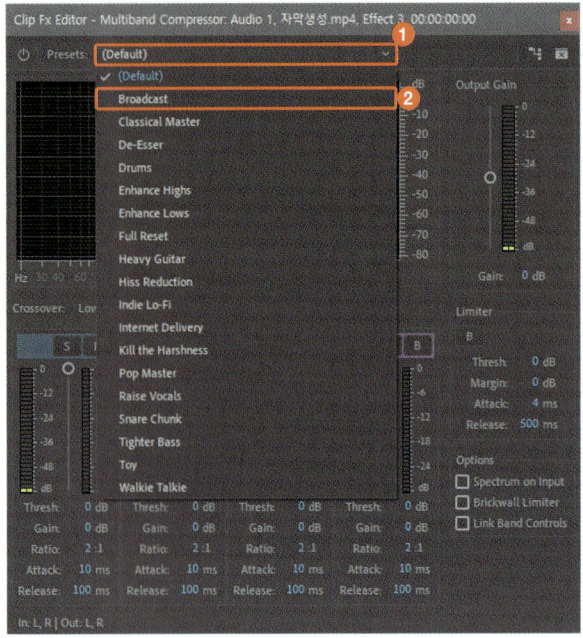

03 ❶ [Clip Fx Editor-Multiband Compressor] 대화상자의 [Presets]을 클릭한 후 ❷ [Broadcast] 또는 [Pop Master]를 클릭해 적용합니다. 재생해보면 음성이 명료해지는 것을 확인할 수 있습니다.

기능 꼼꼼 익히기 🎙 오디오 이펙트의 [Custom Setup] 항목

여러 종류의 오디오 이펙트 중 [Custom Setup] 항목이 표시된 오디오 이펙트는 해당 항목의 [Edit]를 클릭하여 오디오 이펙트를 편집할 수 있는 별도의 대화상자를 불러올 수 있습니다. [Clip Fx Editor] 대화상자에서 프리셋을 빠르게 적용하거나 그래프 또는 파라미터를 직관적으로 확인하면서 효과를 적용하고 컨트롤할 수 있습니다.

기능 꼼꼼 익히기 🎙 사용되지 않는 오디오 이펙트 알아보기

이전 버전에서 작업한 프리미어 프로 프로젝트 파일에 오래된 이펙트가 적용된 경우 해당 이펙트를 변경할 것인지 확인하는 메시지가 표시됩니다. 이때 [OK]를 클릭하면 새로운 버전의 효과로 변경되어 작업을 진행할 수 있습니다.

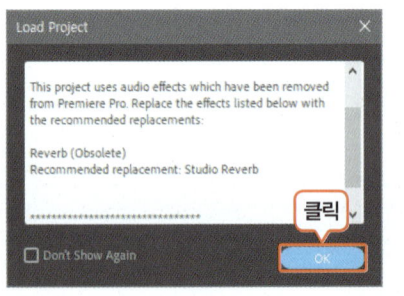

간단실습 오디오 클립의 노이즈 제거하기

준비 파일 프리미어 프로/Chapter 06/오디오이펙트.prproj

오디오 클립에 노이즈가 포함되어 있다면 오디오 이펙트를 활용해 간단하게 노이즈를 제거할 수 있습니다. **오디오이펙트.prproj** 준비 파일에서 계속 진행합니다.

01 [Effects] 패널 - [Audio Effects] - [Noise Reduction/Restoration] - [DeNiose]를 [Timeline] 패널의 오디오 클립에 드래그해 오디오 이펙트를 적용합니다.

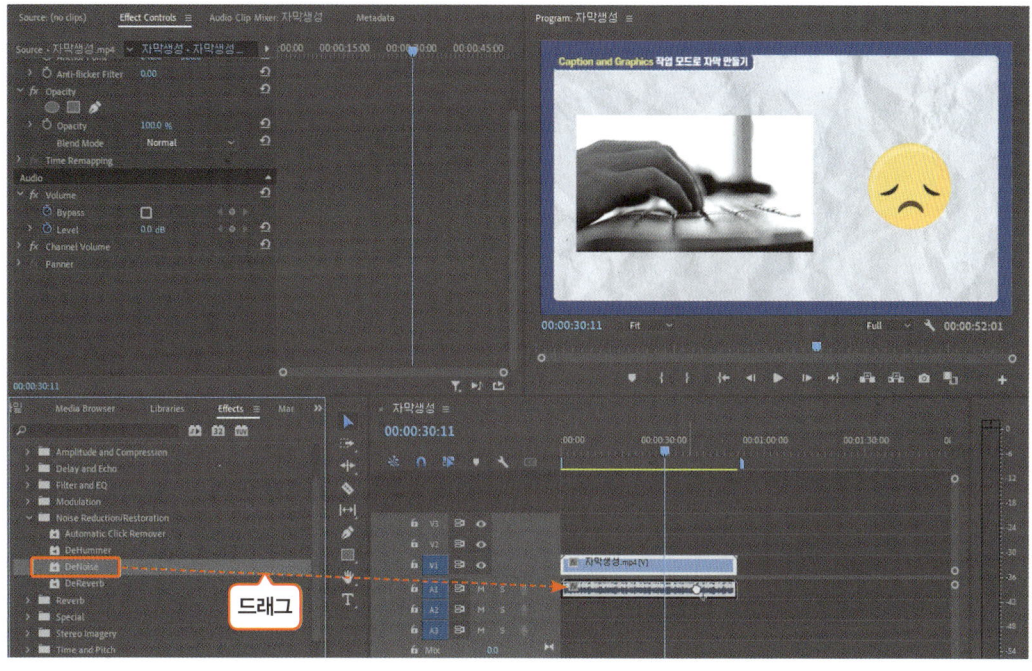

02 ❶ [Effect Controls] 패널의 [DeNoise] - [Costom Setup] - [Edit]를 클릭해 [Clip Fx Editor - Denoise] 대화상자를 불러옵니다. ❷ [Amount]의 값을 조정하면서 제거할 노이즈의 양을 설정합니다.

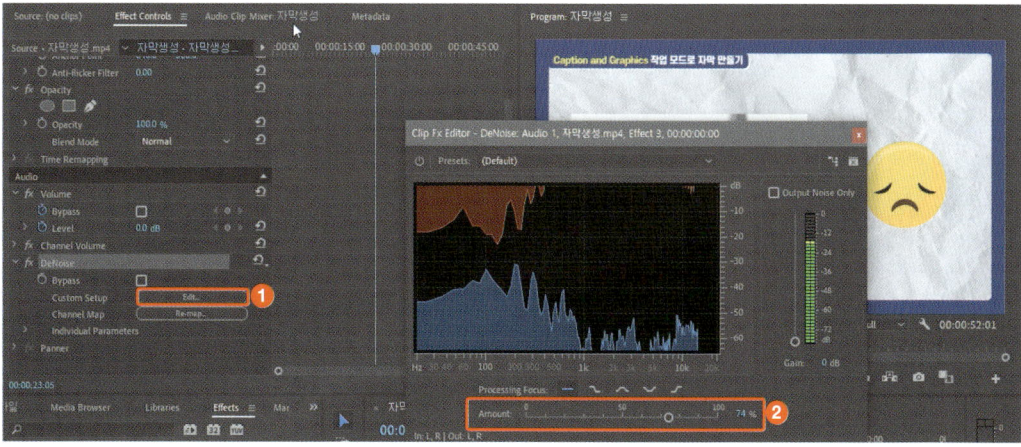

 ## Auto-Match(Ducking) 기능으로 볼륨 조절하기

준비 파일 프리미어 프로/Chapter 06/Audio Ducking.prproj

대화나 내레이션이 있는 영상에서 배경 사운드의 볼륨을 타이밍에 맞춰 낮추는 기능에 대하여 알아보겠습니다. Audio Ducking.prproj 준비 파일을 불러옵니다.

01 ① [Timeline] 패널에서 오디오 2번 트랙(A2)의 클립을 드래그해 모두 선택하고 ② [Essential Sound] 패널에서 [Dialogue]를 클릭하여 유형을 지정합니다.

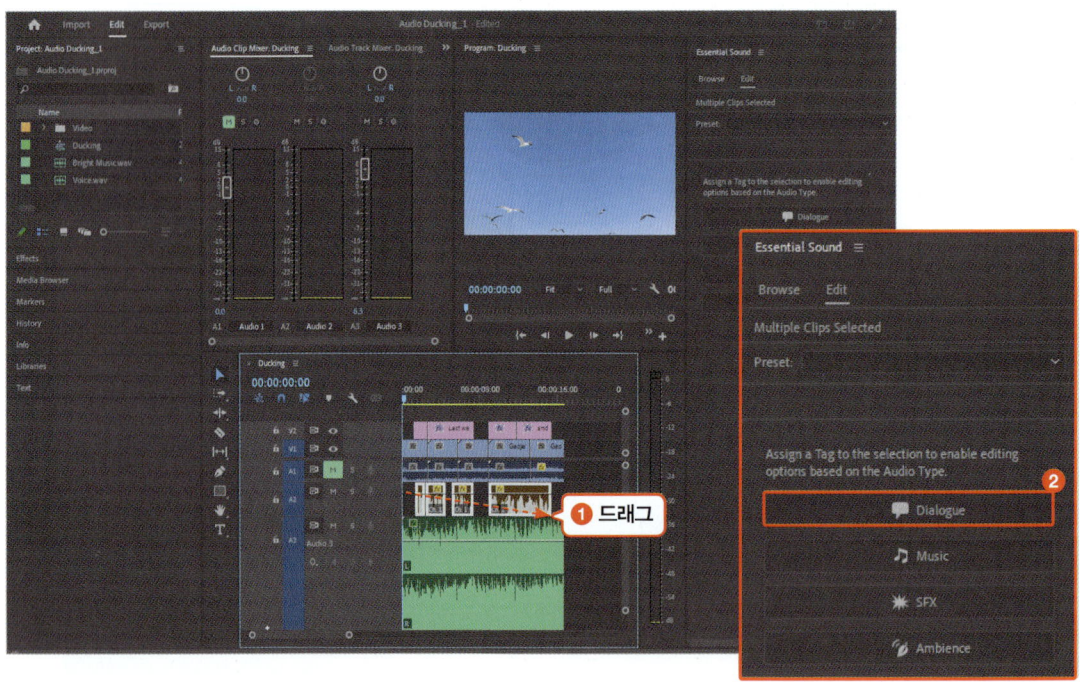

02 [Essential Sound] 패널의 [Loudness] 항목에서 [Auto-Match]를 클릭하여 볼륨 레벨을 자동으로 일치시킵니다. 반드시 필요한 작업은 아니지만 평준화된 사운드를 얻기 위해 진행합니다.

03 ❶ 오디오 3번 트랙(A3)의 클립을 클릭하고 ❷ [Essential Sound] 패널에서 [Music]을 클릭하여 유형을 지정합니다.

 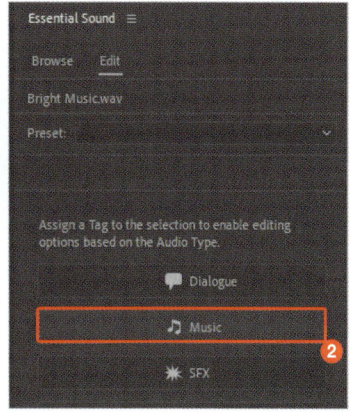

04 [Essential Sound] 패널의 [Loudness] 항목에서 [Auto-Match]를 클릭하여 사운드를 자동으로 일치시킵니다.

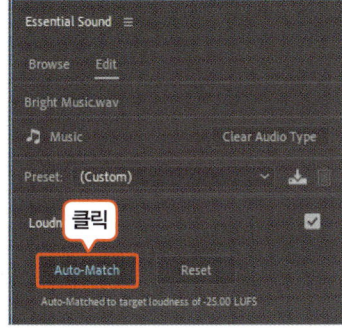

05 ❶ [Essential Sound] 패널의 [Ducking]에 체크합니다. ❷ [Duck against] 항목에서 대상으로 지정할 오디오 유형을 선택합니다. 대화 또는 내레이션과 연동하여 음악의 볼륨을 조절해야 하므로 Dialogue(대화)🗨를 클릭합니다. ❸ [Sensitivity(민감도)]를 조절합니다. 수치가 높을수록 대상 트랙의 사운드에 민감하게 반응합니다. ❹ [Duck Amount(감소량)]를 조절합니다. 줄어드는 사운드의 볼륨 레벨을 결정합니다. ❺ [Fades(페이드)]를 조절합니다. [Fast]에 가까울수록 볼륨이 줄어드는 속도가 빠릅니다.

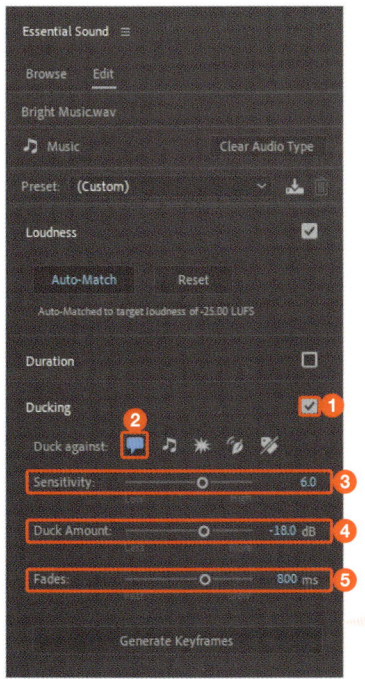

[Duck against] 항목의 오디오 유형은 다음과 같습니다. Dialogue(대화)🗨, Music(음악)🎵 SFX(사운드 효과)✳, Ambience(주변음)🍃, without assigned Audio Type(태그되지 않은 클립)🎬까지 총 다섯 개의 유형이 있으며 지정할 유형을 중복 선택할 수 있습니다.

06 [Essential Sound] 패널에서 [Ducking] 항목의 [Generate Keyframes]를 클릭합니다.

07 오디오 3번 트랙(A3)의 클립을 확인해보면 오디오 2번 트랙(A2)의 클립이 있는 위치와 대응하여 사운드가 있는 부분에서 볼륨 레벨이 작아지는 키프레임이 생성되었습니다.

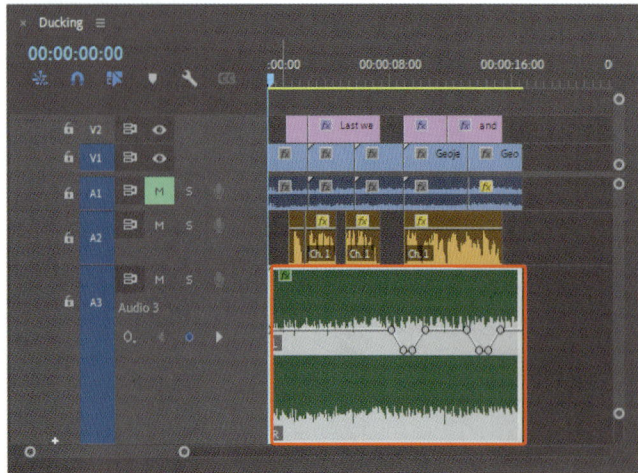

[Essential Sound] 패널 알아보기

[Essential Sound] 패널은 영상의 사운드 작업을 손쉽게 진행할 수 있는 기능을 제공하며 [Edit] 탭에서는 오디오 클립의 유형을 지정하고 사운드 효과를 컨트롤합니다.

① **Dialogue(대화)** | 대화나 내레이션과 같은 사운드와 관련된 효과를 적용합니다.

② **Music(음악)** | 배경음악과 같은 음악 사운드와 관련된 효과를 적용합니다.

③ **SFX(사운드 효과)** | 효과음 사운드와 관련된 효과를 적용합니다.

④ **Ambience(주변음)** | 공간음이나 주변 환경 사운드와 관련된 효과를 적용합니다.

[Browse] 탭에서는 어도비 스톡(Adobe Stock)과 연동하여 영상에 필요한 음원을 찾아보고 적용할 수 있는 기능을 지원합니다.

기능 꼼꼼 익히기 | 오디오 클립의 유형별 기능 알아보기

01 Dialogue(대화)

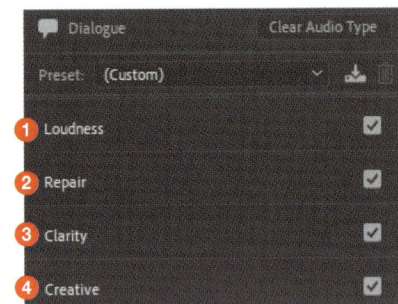

❶ **Loudness(음량)** | 프리미어 프로가 자동으로 일치시키는 음량 레벨(LUFS)로 매치하거나 해제합니다.
❷ **Repair(복구)** | Reduce Noise, Reduce Rumble, DeHum, DeEss, Reduce Reverb 등과 같이 잡음을 줄이는 이펙트를 컨트롤합니다.
❸ **Clarity(선명도)** | Dynamics, EQ, Enhance Speech 등 대화 오디오의 선명함을 향상시키는 이펙트를 컨트롤합니다.
❹ **Creative(크리에이티브)** | Reverb 효과를 컨트롤합니다.

02 Music(음악)

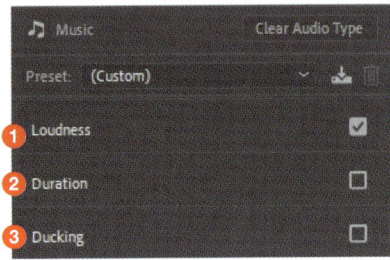

❶ **Loudness(음량)** | 프리미어 프로가 자동 일치시키는 음량 레벨(LUFS)로 매치하거나 해제합니다.
❷ **Duration(지속 시간)** | 오디오 클립 사운드의 재생 시간을 컨트롤합니다. [Remix] 기능을 활용하여 클립의 사운드를 더욱 자연스럽게 늘이거나 줄일 수 있습니다.
❸ **Ducking(더킹)** | 지정한 유형의 클립과 대응하여 볼륨을 낮추는 키 프레임을 자동으로 생성합니다.

03 SFX(사운드 효과)

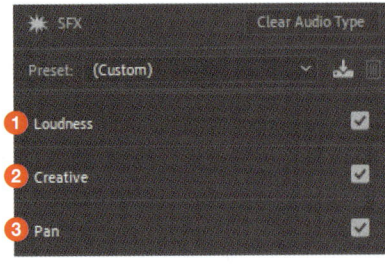

❶ **Loudness(음량)** | 프리미어 프로가 자동으로 일치시키는 음량 레벨(LUFS)로 매치하거나 해제합니다.
❷ **Creative(크리에이티브)** | Reverb 효과를 컨트롤합니다.
❸ **Pan(팬)** | 사운드의 방향성을 컨트롤합니다.

04 Ambience(주변음)

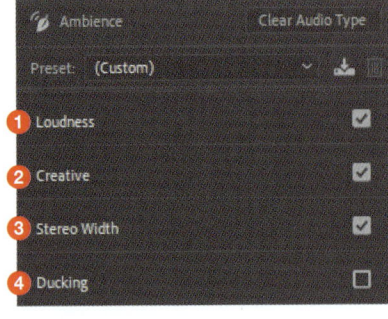

❶ **Loudness(음량)** | 프리미어 프로가 자동으로 일치시키는 음량 레벨(LUFS)로 매치하거나 해제합니다.
❷ **Creative(크리에이티브)** | Reverb 효과를 컨트롤합니다.
❸ **Stereo Width(스테레오 폭)** | 개별 음성이 스테레오 필드에 배치되는 방식을 컨트롤합니다.
❹ **Ducking(더킹)** | 지정한 유형의 클립과 대응하여 볼륨을 낮추는 키 프레임을 자동으로 생성합니다.

기능 꼼꼼 익히기 | 불필요한 소리를 줄이기

Dialogue(대화) 유형의 [Repair] 기능을 사용하면 영상을 촬영할 때 대화나 내레이션에 삽입된 잡음, 울림, 험 노이즈 등의 불필요한 소리를 제외시킬 수 있습니다. [Reduce Noise]는 잡음, [Reduce Rumble]은 뭉그러지는 소리, [DeHum]은 험 노이즈, [DeEss]는 시빌리언스 노이즈, [Reduce Reverb]는 반향(울림)을 각각 컨트롤합니다. 수치를 얼마나 적용하는가에 따라 원본 사운드도 달라질 수 있기 때문에 조금씩 적용하며 미리 확인하는 것을 권장합니다.

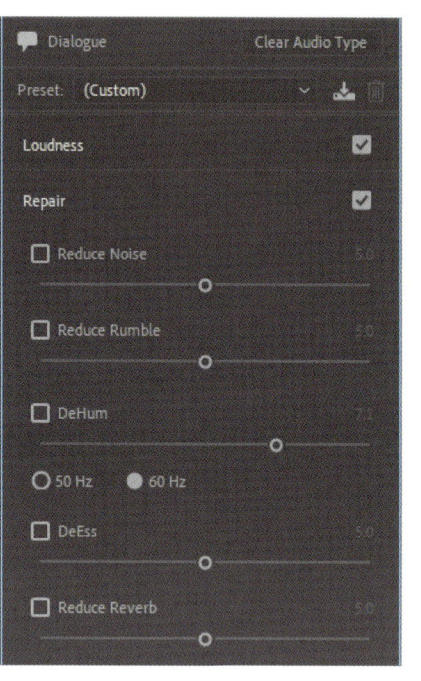

LESSON 05 오디오 리믹스하기

영상 클립 길이에 맞춰 오디오 클립 자동으로 조정하기

[Remix]는 오디오 클립의 길이를 영상 클립의 길이에 맞춰 자동으로 조정해주는 기능입니다. 길이를 조정할 때 클립을 나누는 조각([Segments]) 항목과 [Variations]를 설정하여 리믹스되는 사운드의 분위기를 조절할 수 있습니다.

간단 실습 영상 길이에 맞게 자동으로 사운드 리믹스하기

준비 파일 프리미어 프로/Chapter 06/리믹스.prproj

영상 클립의 길이에 맞게 오디오 클립의 길이가 자연스럽게 조정되도록 사운드를 자동으로 리믹스해보겠습니다. **리믹스.prproj** 준비 파일을 불러옵니다.

01 ❶ [Timeline] 패널에서 오디오 2번 트랙(A2)의 오디오 클립을 클릭합니다. ❷ 마우스 오른쪽 버튼을 클릭합니다. ❸ [Remix]-[Enable Remix]를 클릭합니다.

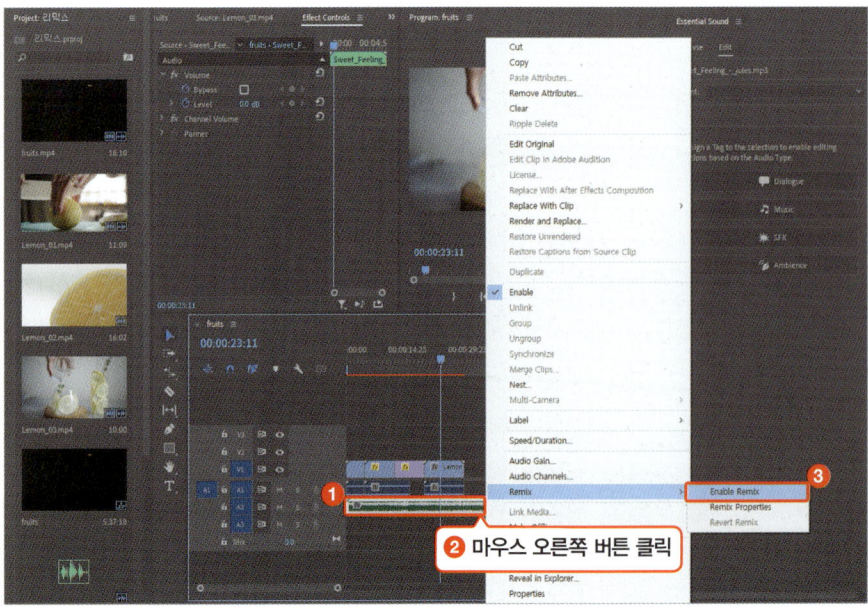

02 ❶ [Essential Sound] 패널이 활성화되면 [Edit] 탭-[Duration]-[Target Duration]에서 오디오 클립의 리믹스 길이를 설정합니다. 여기서는 **00:00:30:00**으로 설정했습니다. ❷ 사운드 클립이 자동으로 편집되며 영상 길이에 최적화된 상태로 리믹스됩니다.

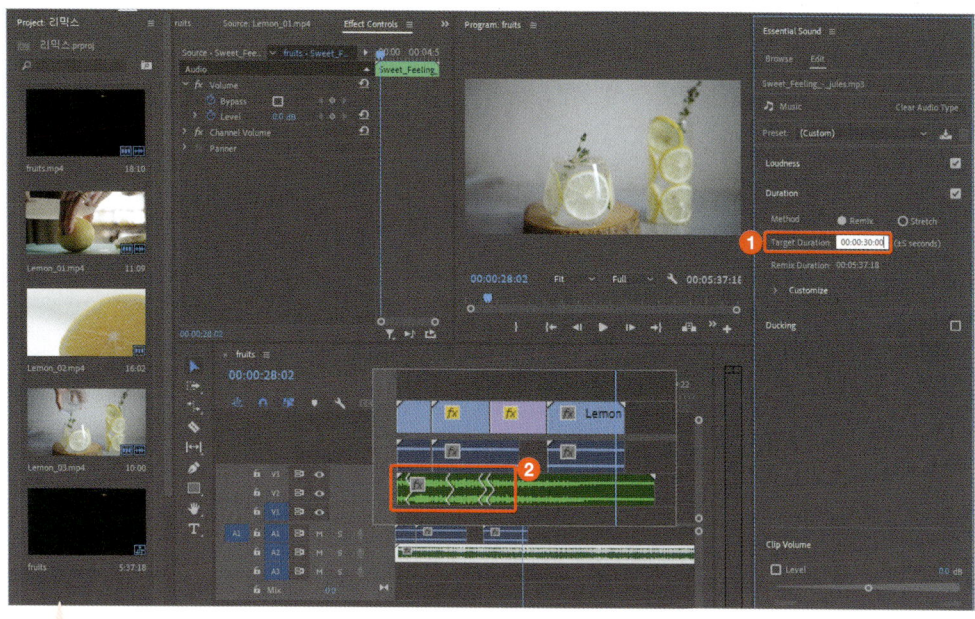

오디오 클립은 원본 사운드의 비트를 기준으로 리믹스되므로 입력한 [Target Duration]의 길이와 정확하게 일치하지 않는 경우가 발생할 수도 있지만 정상입니다. [Customize]에서 [Segments]와 [Variations]의 값을 조절하여 다른 분위기로 리믹스할 수도 있습니다.

03 ❶ 리플 에디트 도구를 길게 클릭한 후 ❷ 하위 메뉴에서 리믹스 도구를 클릭합니다. ❸ 오디오 클립을 직접 드래그해 리믹스를 적용할 수 있습니다. 리믹스 도구로 리믹스한 클립도 [Essential Sound] 패널에서 리믹스 관련 설정을 변경할 수 있습니다.

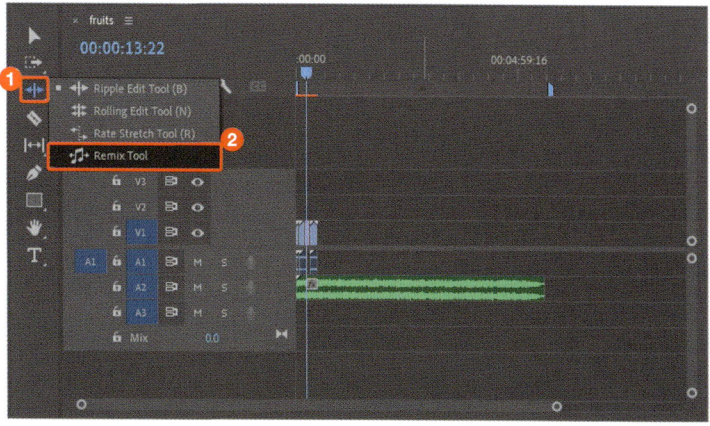

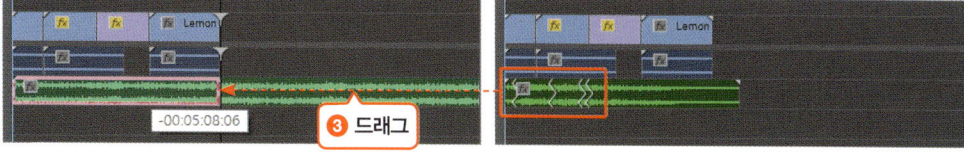

기능 꼼꼼 익히기 | [Duration] 항목의 옵션 알아보기

사운드 클립의 길이를 조정하는 [Duration] 항목의 옵션을 알아보겠습니다.

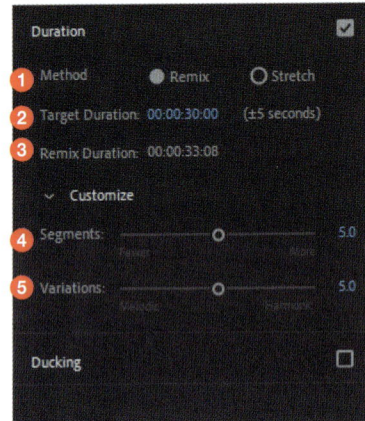

① **Method** | 오디오 클립의 길이 줄이거나 늘이기(Remix) 또는 길이 늘이기(Stretch)를 선택합니다.

② **Target Duration** | 오디오 클립의 길이를 타임코드로 설정합니다.

③ **Remix Duration** | 최종적으로 리믹스된 오디오 클립의 길이를 표시합니다.

④ **Segments** | 오디오 클립을 리믹스할 때 사용되는 세그먼트 조각 길이를 설정합니다. [More]에 가까울수록 많은 조각을 사용하고 [Fewer]에 가까울수록 적은 조각을 사용하여 리믹스합니다. 오디오 클립의 스타일과 분위기에 맞춰 조절하면 보다 효과적으로 리믹스할 수 있습니다.

⑤ **Variations** | 오디오 파일의 특색에 따라 리믹스합니다. [Melodic(음색)]과 [Harmonic(배음)] 중 가깝게 설정하는 위치에 따라 리믹스된 사운드의 분위기가 달라집니다.

기능 꼼꼼 익히기 | 무료 음원 다운로드하기

다음의 웹사이트는 무료로 음원 다운로드 서비스를 제공합니다. 무료 음원은 개인 소장 용도나 비상업적 용도로 사용할 경우 대부분 자유롭게 사용할 수 있습니다. 하지만 음원을 상업적 용도로 사용하거나 웹사이트 정책에 따라 라이선스가 필요한 곳에 사용할 경우 비용이 발생합니다. 음원을 사용할 때는 항상 저작권에 주의하기 바랍니다.

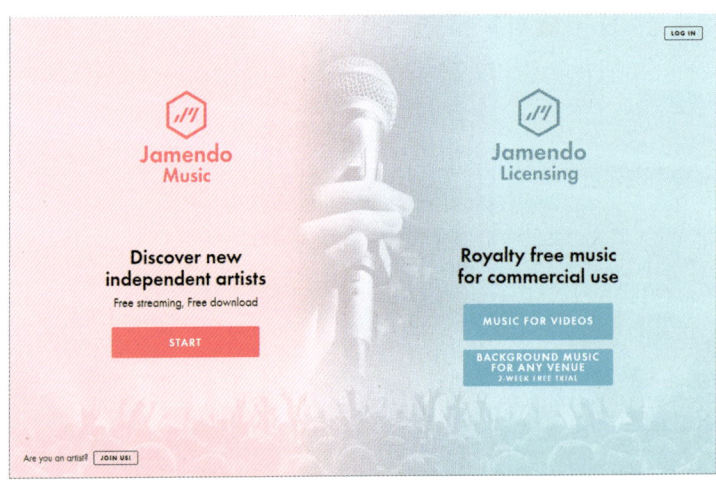

▲ 자멘도(https://www.jamendo.com)

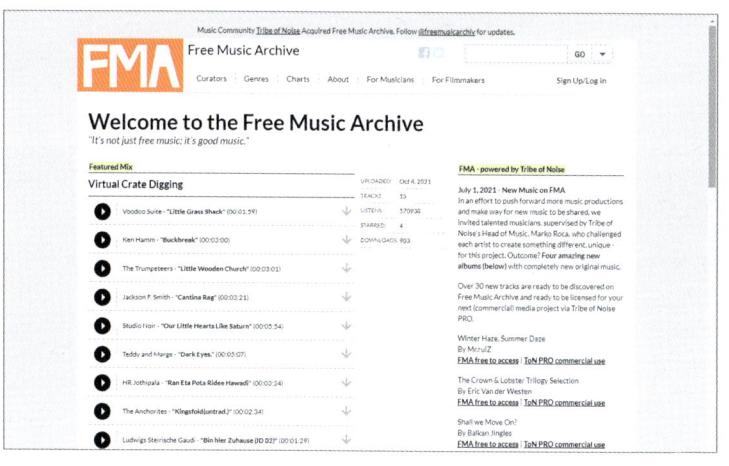

▲ Free Music Archive(https://freemusicarchive.org)

▲ 유튜브 오디오 라이브러리(https://www.youtube.com/audiolibrary)

유튜브에 로그인해야 사용할 수 있습니다.

프리미어 프로에서 편집한 영상은 프로젝트 파일로 저장됩니다.
프로젝트 파일은 동영상 파일 형식이 아니므로 유튜브 등
SNS에 업로드할 수 없습니다.
편집이 완료된 프로젝트 파일은 내보내기 기능을 이용해 영상 파일의
형태로 출력해야 비로소 완성됩니다.
이번 CHAPTER에서는 편집이 완료된 프로젝트 파일을
동영상 파일로 내보내는 과정부터 프리셋을 이용해 SNS 업로드 양식에
맞는 영상을 출력하는 다양한 방법까지 모두 알아보겠습니다.

CHAPTER 07

프리미어 프로
영상 출력하기

LESSON 01 영상 출력의 기본기 익히기

영상 출력 범위 설정과 출력 방법 알아보기

편집 작업이 모두 끝난 프로젝트는 동영상 파일로 출력해야 합니다. 이때 완성 영상의 시작과 끝 범위를 설정하지 않고 곧바로 출력하면 영상이 잘리거나 예상치 못한 검은 화면이 나타나는 등 문제가 생길 수 있습니다. 영상 출력 범위를 설정하는 방법부터 알아보겠습니다.

[Timeline] 패널에서 영상 출력 범위 설정하기

❶ 영상 편집을 완료한 후 [Timeline] 패널 탭을 마우스 오른쪽 버튼으로 클릭합니다. ❷ [Work Area Bar]를 클릭하면 편집한 영역까지 자동으로 작업 영역바가 설정됩니다. ❸ 작업 영역바의 앞부분 또는 뒷부분을 드래그해 영역을 조절할 수 있습니다. 이렇게 조절한 영역은 최종 출력할 영상의 시작과 끝 범위와 동일합니다.

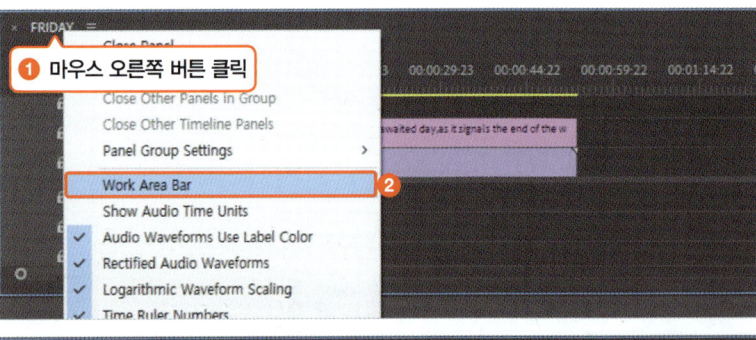

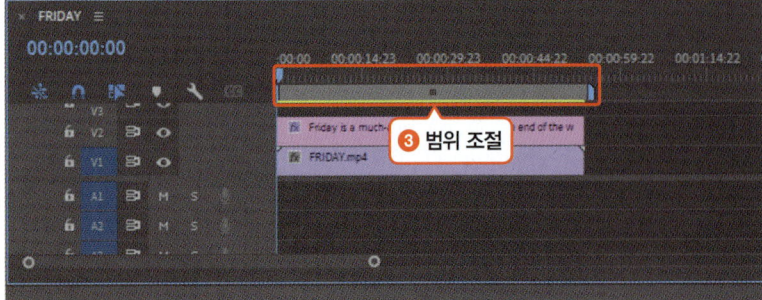

출력 화면의 기본 사용법 익히기

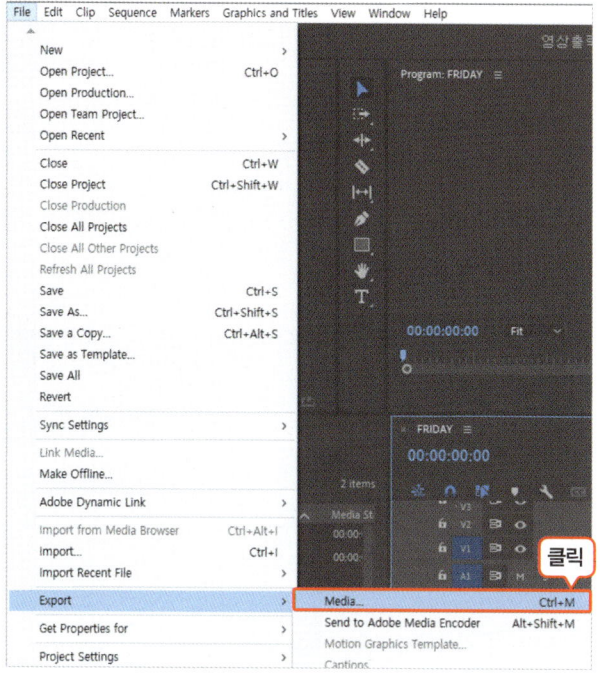

편집 작업이 모두 끝난 프로젝트를 최종 영상물로 내보내려면 [Timeline] 패널의 시퀀스를 [Export] 화면에서 출력(Export)해야 합니다. [Export] 화면은 상단의 [Export] 탭을 클릭하거나 [File] - [Export] - [Media] 메뉴를 선택하면 나타납니다.

[Export] 화면은 크게 세 영역으로 구분되어 있습니다. ❶ 왼쪽 [Source] 영역에서는 완성한 영상을 PC에 저장하거나 다양한 SNS에 곧바로 업로드하도록 설정할 수 있습니다. ❷ 가운데 [Settings] 영역에서는 최종 결과물의 코덱과 파일 정보를 설정하고 출력 프리셋을 선택할 수 있습니다. ❸ 오른쪽 [Preview] 영역에서는 작업이 완료된 시퀀스의 최종 결과물을 확인하면서 보이는 영역과 전체 재생 시간 관련 정보를 설정하고 영상 출력을 시작할 수 있습니다.

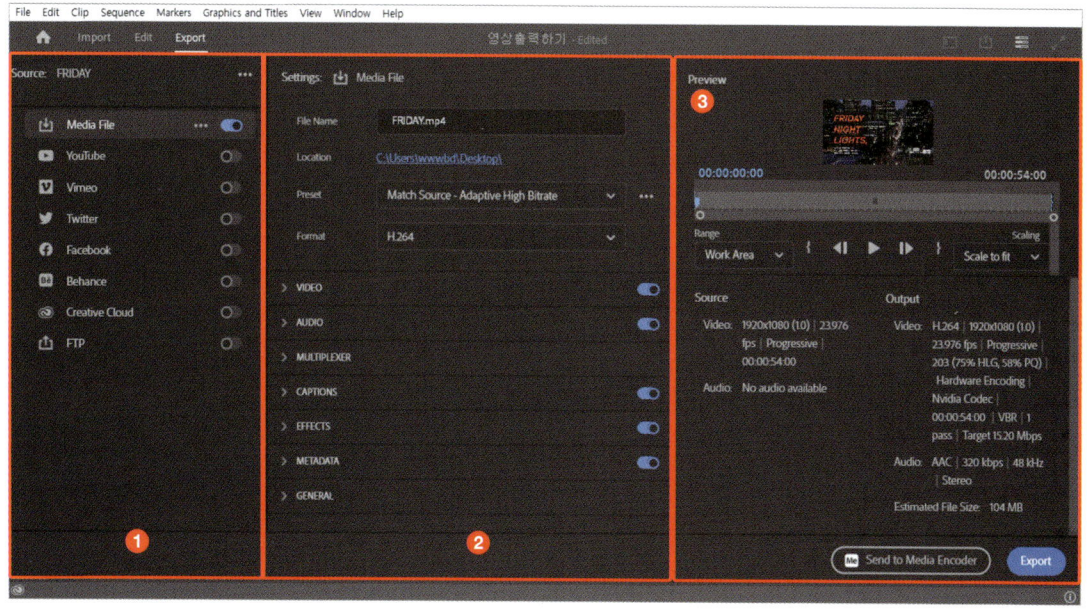

편집한 시퀀스를 최종 영상물로 출력할 때 [Export] 화면의 설정 영역에서 비디오 및 오디오 코덱과 최종 결과물의 해상도, 영상에 포함시킬 정보를 설정할 수 있습니다. 각 메뉴의 기능과 설정 방법을 잘 알아야 다양한 방법으로 출력할 때 정확하게 설정할 수 있습니다.

영상 출력 설정 알아보기

영상 출력 시 보편적으로 사용하는 H.264 포맷을 기준으로 설명합니다. 만약 다른 영상 포맷을 선택하는 경우 세부 항목이 달라질 수 있습니다.

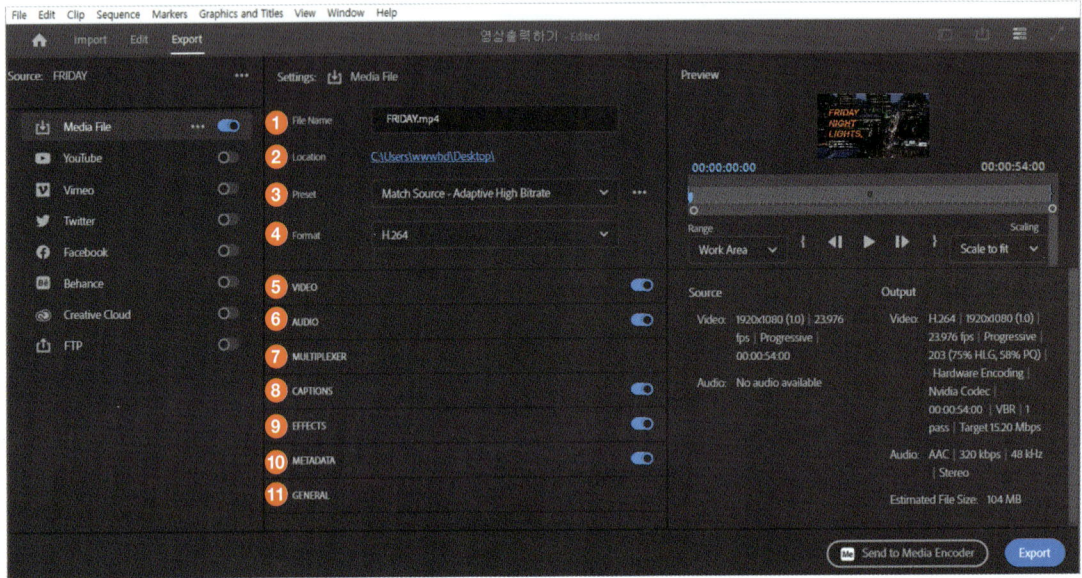

① **File Name** | 출력 영상의 이름을 설정합니다.

② **Location** | 파란색으로 표시된 파일 이름을 클릭하여 영상의 저장 경로를 선택할 수 있습니다.

③ **Preset** | 영상 출력 시 자주 사용하는 출력 설정을 선택할 수 있습니다. [Format] 항목에서 먼저 원하는 코덱을 설정한 후 [Preset]에서 세부 설정을 선택합니다. ■을 클릭하면 나타나는 메뉴에서 [Save preset]을 클릭해 현재 출력 설정을 프리셋으로 저장하거나 [Import presets]를 클릭해 외부의 프리셋을 가져올 수 있습니다. [More presets]를 클릭하면 나타나는 [Preset Manager] 대화상자에서 더 많은 프리셋을 확인할 수 있습니다.

④ **Format** | 이미지의 형식이나 비디오 또는 오디오 코덱을 설정합니다. 이미지 형식으로는 PNG, JPEG 등이 있으며 비디오 코덱으로는 AVI, H.264 등이 대표적입니다.

⑤ **VIDEO** | 출력할 파일의 비디오 코덱, 해상도, 프레임 레이트 등의 세부 정보를 설정합니다.

⑥ **AUDIO** | 출력할 파일의 오디오 코덱, 채널 등 세부 정보를 설정합니다.

⑦ **MULTIPLEXER** | 코덱에서 입력되는 다중 입력 신호 중 원하는 입력 신호를 선택하여 출력하는 옵션입니다. 선택한 입력 신호에 따라 출력되는 파일의 확장자가 달라집니다.

⑧ **CAPTIONS** | 시퀀스에 자막이 있을 때 출력 방식을 선택합니다.

⑨ **EFFECTS** | 출력하는 영상에 여러 가지 이펙트를 적용합니다.

⑩ **METADATA** | 메타데이터 속성을 추가할 수 있습니다. 영상 클립 자체에 다양한 속성을 표기할 수 있는 기능입니다.

> 메타데이터란 파일에 대한 설명을 제공하는 데이터입니다. 비디오 날짜, 재생 시간, 파일 유형 등의 정보를 기본으로 제공하고 속성, 위치, 작성자, 저작권 등의 세부 사항을 추가할 수 있습니다.

⑪ **GENERAL** | 기타 출력에 필요한 일반적인 설정을 할 수 있습니다.

영상 출력 설정의 세부 항목 알아보기

[VIDEO] 탭에는 영상을 출력할 때 필요한 세부 항목이 기본적으로 포함되어 있습니다. 출력할 파일의 비디오 코덱, 해상도, 프레임 레이트 등 다양한 정보를 설정합니다. [VIDEO] 탭의 세부 항목을 살펴보겠습니다.

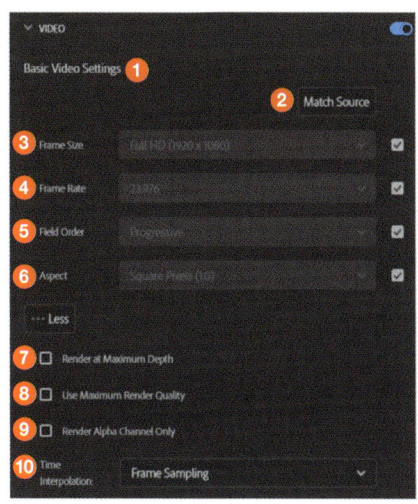

① **Basic Video Settings** | 기본적인 비디오 항목과 관련된 옵션을 설정합니다.

② **Match Source** | 항목에 체크하면 시퀀스와 동일하거나 가장 비슷한 옵션의 코덱으로 기타 설정이 자동 적용됩니다.

③ **Frame Size** | 출력 영상의 가로세로 해상도를 설정합니다.

④ **Frame Rate** | 출력 영상의 초당 프레임 수(fps)를 설정합니다.

⑤ **Field Order** | 모니터나 TV 화면에 영상 정보를 보여주는 방식을 선택할 수 있습니다. 일반적으로 [Progressive]를 사용합니다.

⑥ **Aspect** | 화면을 구성하는 픽셀의 가로세로 비율을 설정합니다. [Square Pixels (1.0)]를 주로 사용합니다. 이 설정이 잘못될 경우 영상이 눌리거나 찌그러진 비율로 출력될 수 있으니 주의가 필요합니다.

⑦ **Render at Maximum Depth** | 최대 심도로 렌더링합니다. 편집한 해상도와 다른 해상도로 영상을 출력할 때 화질을 개선하는 데 도움을 주는 옵션입니다. 렌더링 시간이 오래 걸릴 수 있습니다.

⑧ **Use Maximum Render Quality** | 영상의 화질을 최상의 설정으로 렌더링합니다. 렌더링 시간이 오래 걸릴 수 있습니다.

⑨ **Render Alpha Channel Only** | 영상의 알파 채널만 출력합니다. 인물이나 물체는 그대로 두고 배경만 투명하게 만들었을 때 해당 옵션을 선택하여 출력하는 경우가 많습니다.

⑩ **Time Interpolation** | 입력 프레임률이 출력 프레임률과 일치하지 않을 때 인접 프레임을 혼합하여 보다 부드러운 동작을 만듭니다.

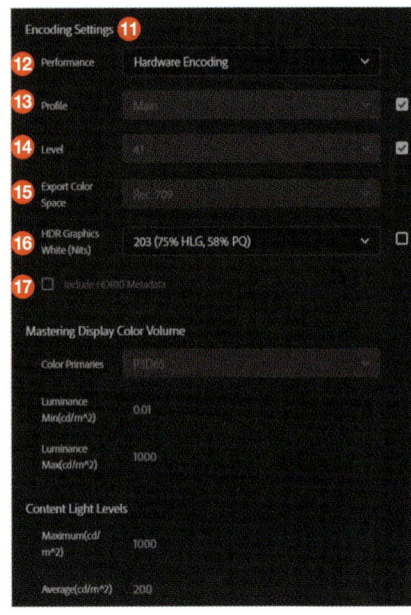

⑪ **Encoding Settings** | 인코딩 옵션을 설정합니다. 고급 사용자 또는 전문가용 항목입니다.

⑫ **Performance** | 인코딩 퍼포먼스를 설정합니다. 빠른 인코딩을 위해 하드웨어 인코딩을 사용하며, 소프트웨어 인코딩을 선택하면 하드웨어 인코딩이 사용 불가능하므로 인코딩 시간이 늘어날 수 있습니다.

⑬ **Profile** | 비트레이트와 압축 포맷의 프로파일을 지정합니다. 비트 전송률의 범위를 제한하고 압축 알고리즘 및 크로마 형식과 같은 다른 속성을 제어합니다.

⑭ **Level** | 영상을 출력할 때 인코딩 한계를 설정합니다. [Level]의 값이 높을수록 고화질의 영상을 출력할 수 있습니다.

⑮ **Export Color Space** | 색상 공간을 출력하는 기능입니다. 일반적인 경우라면 별도로 설정할 필요는 없습니다.

⑯ **HDR Graphics White (Nits)** | 모니터 장비가 달라져도 눈으로 보는 영상 화면은 비슷하도록 밝기를 지정할 때 사용합니다.

⑰ **Include HDR10 Metadata** | 정적 메타데이터 정보를 포함시키는 설정입니다.

- **HDR10(정적 메타데이터)** | 장면이 바뀌어도 동일한 컬러와 밝기를 사용하는 메타데이터입니다.
- **HDR10+(동적 메타데이터)** | 장면마다 동적으로 메타데이터를 설정하여 어둡거나 밝은 화면에서 선명하고 균형 잡힌 화면을 볼 수 있습니다.

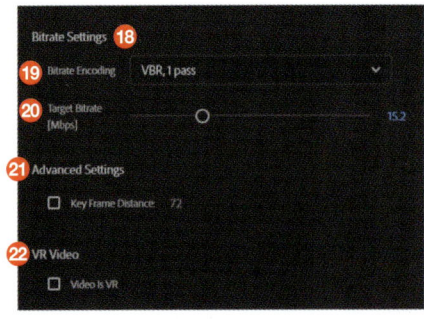

⑱ **Bitrate Settings** | 비트레이트 옵션을 설정합니다. 비트레이트가 높을수록 더 밀도 있는 화질의 영상이 되며 출력물의 용량도 커집니다.

⑲ **Bitrate Encoding** | 비트레이트 인코딩 방식을 설정합니다. 고정된 값으로만 인코딩할지, 장면에 따라 융통성 있게 인코딩할지, 1회 인코딩으로 마칠지, 여러 차례 반복하여 고화질로 출력할지 등을 설정할 수 있으며 옵션에 따라 각각 다른 화질로 출력됩니다.

- **CBR(Constant Bit Rate, 고정 비트레이트)** | 설정된 값을 기준으로 일정하게 압축합니다.
- **VBR, 1 pass(Variable Bit Rate, 가변 비트레이트)** | 설정된 값을 기준으로 데이터가 많이 필요한 곳과 적게 필요한 곳을 구분하여 효율적으로 데이터를 할당하여 압축합니다. 한 번의 인코딩 과정을 거칩니다.
- **VBR, 2 pass(Variable Bit Rate, 가변 비트레이트)** | VBR, 1 pass와 마찬가지로 설정된 값을 기준으로 데이터가 많이 필요한 곳과 적게 필요한 곳을 구분하여 효율적으로 데이터를 할당하여 압축합니다. 두 번에 걸쳐 인코딩을

진행합니다. 자세한 연산을 거치기 때문에 화질은 좋아지지만 다른 옵션에 비해 렌더링 시간이 오래 걸립니다.

⑳ **Target Bitrate [Mbps]** ㅣ 1초당 처리할 평균 데이터의 값을 설정합니다. 값이 높을수록 화질도 높아지고, 용량도 더 커집니다.

㉑ **Advanced Settings – Key Frame Distance** ㅣ 키프레임 간의 거리를 설정할 수 있습니다. 거리가 멀수록 영상의 전체적인 품질을 향상시킬 수 있지만 효과가 크지는 않습니다.

㉒ **VR video – Video is VR** ㅣ 편집한 영상이 VR용 영상이라면 체크한 후 출력합니다.

소리(Audio) 출력 설정의 세부 항목 알아보기

[AUDIO] 탭에서는 출력할 파일의 오디오 코덱, 채널 등 소리에 대한 세부 정보를 설정합니다.

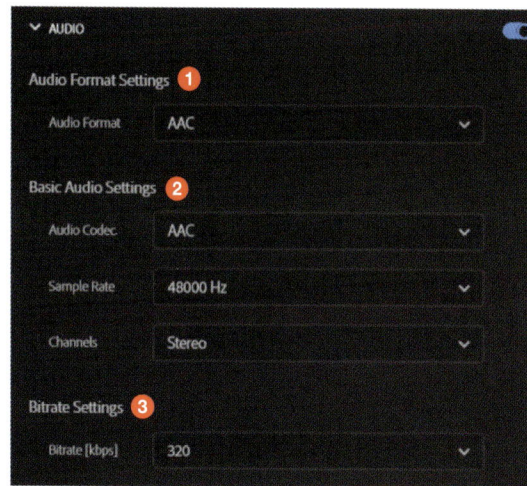

① **Audio Format Settings** ㅣ 출력하려는 오디오의 포맷을 설정합니다.

② **Basic Audio Settings** ㅣ 기본적인 오디오 정보를 설정합니다.

③ **Bitrate Settings** ㅣ 1초당 처리할 오디오 데이터 비율을 설정합니다. [Bitrate [kbps]]를 16~320까지 선택할 수 있습니다.

[Audio Format Settings]에서 [AAC] 포맷이 아닌 [MPEG] 포맷을 설정할 경우 [Advanced Settings] 항목이 추가되며 다양한 고급 설정을 할 수 있습니다. 고급 사용자나 전문가용 옵션이므로 특별한 설정 없이 [AAC] 포맷의 기본값을 사용하는 것이 좋습니다.

자막(Caption) 출력 설정의 세부 항목 알아보기

[CAPTIONS] 탭은 프로젝트에서 시퀀스에 자막(Caption)을 추가했을 경우에 활성화됩니다. 자막의 출력 방식을 선택할 수 있습니다.

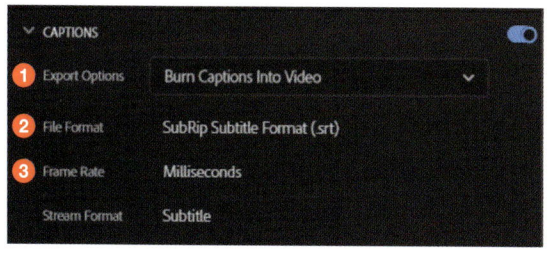

① **Export Options** ㅣ 자막의 출력 방식을 설정합니다. 영상과 함께 출력하거나 별도의 사이드카(자막) 파일로 출력할 수 있습니다. 열린 자막(Open Caption) 방식으로 편집한 경우 사이드카 파일을 출력하는 옵션이 나타나지 않습니다.

② **File Format** ㅣ 폐쇄 자막(Close Caption) 파일의 출력 형식을 나타냅니다.

③ **Frame Rate** | 폐쇄 자막(Close Caption) 파일의 초당 프레임수(fps)를 나타냅니다.

열린 자막(Open Caption)이란 영상 자체에 자막을 입혀 작업한 경우를 말합니다. 반대로 자막 기능을 활용해 작업하여 영상에서 자막의 표시를 선택할 수 있는 자막의 경우 폐쇄 자막(Close Caption)이라고 합니다. 자막과 영상이 분리된 파일로 있는지 여부를 생각하면 쉽습니다.

기능 꼼꼼 익히기 | 자막 출력 방식 자세히 알아보기

자막을 효율적으로 관리하려면 영상을 출력할 때 별도의 자막 파일을 함께 출력하는 것이 좋습니다. [Export Options]에서 자막의 출력 방식을 설정할 수 있습니다.

① **Create Sidecar File** | 영상은 영상대로 출력하고 사이드카 파일을 함께 생성합니다. 동영상 파일(.mp4)과 함께 별도의 사이드카 자막 파일(.srt)을 생성할 수 있습니다. 영상 플레이어에서 동영상 파일을 실행하면 자막 파일을 자동으로 불러와 출력합니다.

② **Burn Captions Into Video** | 영상에 캡션이 추가된 상태로 동영상 파일을 출력합니다. 별도의 자막 파일을 만들지 않고 영상 자체에서 자막을 표시합니다.

이펙트 출력 설정의 세부 항목 알아보기

[EFFECTS] 탭에서는 출력하는 영상에 여러 가지 이펙트를 적용할 수 있습니다.

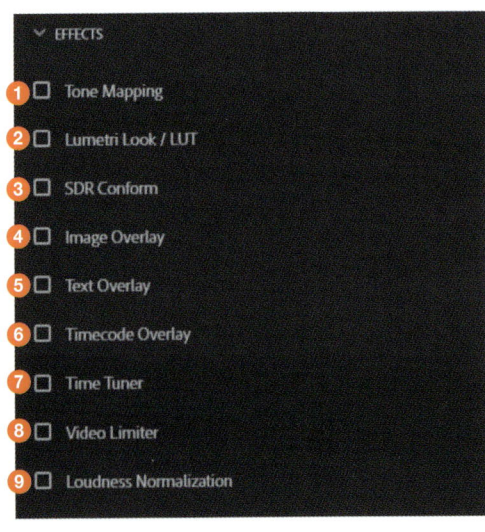

① **Tone Mapping** | 출력되는 이미지의 기본 톤 보정을 합니다. 노출, 밝은 영역의 채도를 수정할 수 있습니다. ★CC 2024 신기능

② **Lumetri Look / LUT** | 기본으로 제공되는 다양한 색보정 프리셋을 적용하거나 [Select]를 클릭하여 Looks 또는 LUT(룩 업 테이블) 파일을 삽입하고 적용할 수 있습니다.

③ **SDR Conform** | HDR 미디어를 SDR 미디어로 내보낼 때 사용합니다.

④ **Image Overlay** | 이미지를 선택하여 화면 위에 중첩합니다. 이미지의 위치와 크기, 불투명도를 조정할 수 있습니다.

⑤ **Text Overlay** | 시퀀스의 이름이나 출력될 파일 이름, 사용자 입력 텍스트를 화면에 중첩합니다. 텍스트의 위치와 크기, 불투명도를 조정할 수 있습니다.

⑥ **Timecode Overlay** | 타임코드를 화면에 중첩하여 표시합니다. 타임코드의 위치와 크기, 불투명도를 조정할 수 있으며 타임코드의 노출 형식을 변경할 수 있습니다.

⑦ **Time Tuner** | 영상의 퀄리티를 유지하면서 미리 설정해놓은 길이에 따라 영상 시간을 조정합니다.

⑧ **Video Limiter** | 비디오 이펙트의 [Video Limiter] 효과를 출력 설정에 적용하고 조정합니다.

⑨ **Loudness Normalization** | 방송용 영상에 적합하도록 오디오 레벨 평준화 기능을 설정합니다.

기타 출력 설정의 세부 항목 알아보기

[MULTIPLEXER] 탭은 코덱에서 입력되는 다중 입력 신호 중 원하는 입력 신호를 선택하여 출력하는 옵션입니다. 선택한 입력 신호에 따라 출력되는 파일의 확장자가 달라집니다.

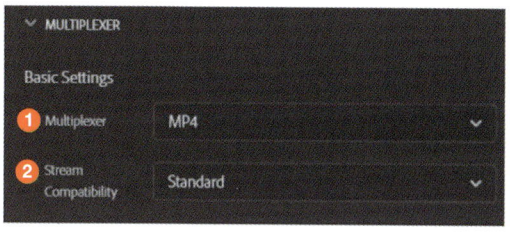

① **Multiplexer** | 설정한 코덱에서 출력할 수 있는 신호를 설정합니다.

② **Stream Compatibility** | 파일 재생 장치에 따른 호환성을 쉽게 설정합니다.

[METADATA] 탭에서는 출력할 영상 파일에 대한 설명, 정보를 입력합니다. 날짜, 지속 시간, 파일 형식과 같은 기본 메타데이터 속성부터 위치, 감독, 저작권 등과 같은 세부 정보도 추가할 수 있습니다.

① **Export Options** | 메타데이터 표기를 위한 출력 옵션을 설정합니다.

- **Create Sidecar File** | 사이드카 파일(자막 파일)을 만들 수 있습니다.
- **Minimum required** | 최소 사항 옵션입니다. 선택 시 [Set Start Timecode] 옵션만 선택할 수 있으며 [Meta data Dialog]에서도 다른 옵션을 선택할 수 없습니다.

② **Include markers** | 클립 및 시퀀스의 마커 정보를 출력할 동영상에 포함시킵니다.

③ **Set Start Timecode** | 출력하는 동영상 정보에 타임코드를 추가할 수 있습니다.

④ **Metadata Dialog** | [Export Options]에서 [Create Sidecar File]을 선택하면 활성화됩니다. 메타데이터의 다양한 항목을 선택하거나 입력할 수 있습니다. 영상의 정보, 속성에 표기되는 항목입니다.

[GENERAL] 탭은 출력할 때 유용한 기능 몇 가지를 설정할 수 있는 일반 탭입니다.

① **Import into project** | 영상 출력이 끝난 다음 완성된 동영상 파일을 프로젝트로 가져오는 옵션입니다.

② **Use Previews** | 렌더링 속도를 높이기 위한 옵션이지만 화질이 조금 떨어질 수 있습니다. 파일 전체를 출력하지 않고 [Preview] 영역에서 미리 보기로 확인 가능한 부분만을 렌더링합니다. 작업한 시퀀스를 내보낼 때만 적용됩니다.

③ **Use Proxies** | 프록시 미디어를 사용하여 더 빠르게 렌더링할 수 있습니다.

미리 보기 영역 알아보기

[Preview] 영역에는 시퀀스 작업 시 설정한 값과 동일한 결과물이 표시됩니다. 미리 보기 재생, 출력 범위 설정, 영상 소스나 아웃풋에 관련된 정보를 표시해주는 영역입니다.

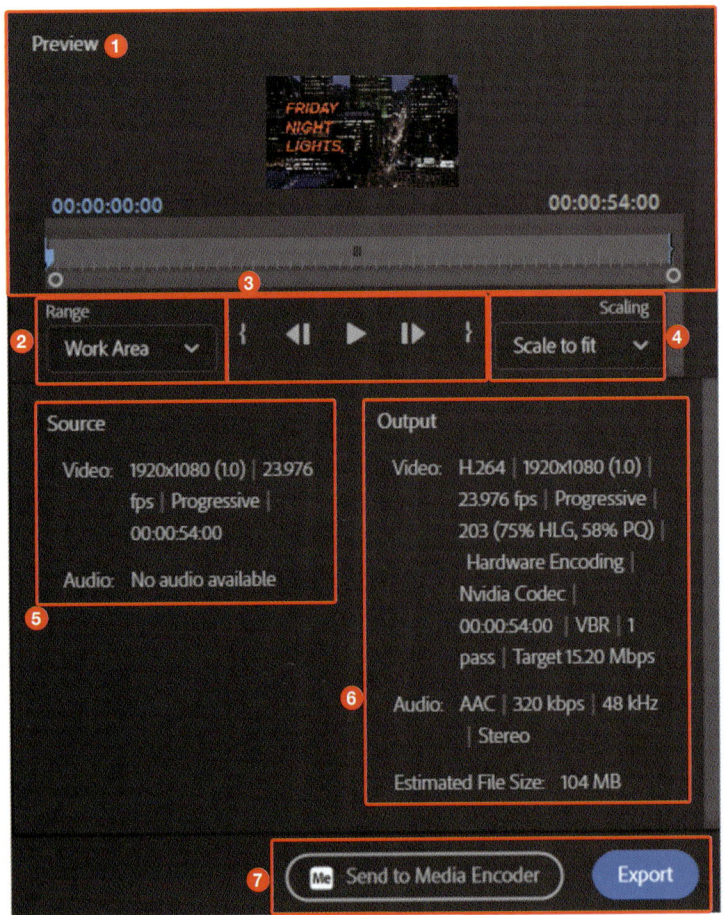

① **Preview** | 시퀀스에서 편집한 작업물과 같은 화면이 미리 보기로 표시됩니다.

② **Range** | 영상 출력 범위를 설정합니다.
- **Entire Source** | 영상 출력(Export)을 실행한 시퀀스의 소스 전체를 렌더링합니다.
- **Source In/Out** | 영상 출력(Export)을 실행한 시퀀스의 소스를 인 점부터 아웃 점까지 렌더링합니다.
- **Work Area** | [Timeline] 패널에 설정되어 있는 [Work Area] 영역을 렌더링합니다. 일반적으로 가장 많이 사용하는 옵션입니다.
- **Custom** | 작업자가 임의로 렌더링 작업을 진행할 구간을 설정합니다. 시간 표시자 양쪽 끝의 삼각형을 드래그하여 렌더링 구간을 설정하거나 in Point █ 혹은 Out Point █를 드래그하여 헤더가 위치한 부분을 인 점과 아웃 점으로 설정할 수 있습니다. 이 기능은 Play 영역의 In Point Button █과 Out Point Button █으로도 설정할 수 있습니다.

③ **Play Area** | 출력될 영상의 최종 결과물을 미리 보기 위한 재생 버튼 영역입니다.

④ **Scaling** | [Output] 탭의 [Source Scaling] 설정을 사용하여 크롭된 소스의 크기를 변경할 수 있습니다.
- **Scale To Fit** | 완성된 소스를 화면 중앙에 위치시킵니다. 소스의 비율은 유지됩니다.
- **Scale To Fill** | 화면의 중앙을 기준으로 소스가 꽉 차도록 크기를 변경합니다. 소스의 비율은 유지됩니다.
- **Stretch To Fill** | 소스를 화면에 꽉 차도록 늘입니다. 소스의 비율이 변경됩니다.

⑤ **Source** | 현재 편집 완료된 소스의 비디오 정보, 오디오 정보를 표기합니다.

⑥ **Output** | 출력될 아웃풋의 비디오 코덱 정보, 오디오 정보 및 예상되는 비디오 용량을 표시합니다.

⑦ **Export** | [Send to Media Encoder]로 어도비 미디어 인코더를 사용하거나 즉시 출력할 수 있습니다.

LESSON 02 어도비 미디어 인코더 알아보기

다양한 형태로 미디어 파일 인코딩하기

어도비 미디어 인코더는 프리미어 프로, 애프터 이펙트와 같은 어도비 비디오 및 오디오 편집 프로그램의 인코딩 엔진 역할을 합니다. 편집 프로그램에서 작업이 완료된 파일에 다양한 설정을 적용하여 손쉽게 인코딩해 출력할 수 있습니다. 또한 일반 미디어 파일을 다른 형식의 미디어 파일로 인코딩하기에도 좋습니다.

어도비 미디어 인코더

어도비 미디어 인코더는 인코딩 기능만 지원하여 영상을 편집할 수는 없지만 다양한 형태의 미디어 파일을 빠르게 출력하고 확인하는 데 매우 효과적입니다. 프리미어 프로의 [Export Settings] 대화상자에서 [Queue]를 클릭하면 어도비 미디어 인코더가 실행되고 해당 파일이 [Queue](대기열) 패널에 자동으로 추가됩니다. 물론 어도비 미디어 인코더를 독립적으로 실행하여 원하는 프리미어 프로 프로젝트나 애프터 이펙트 컴포지션, 기타 미디어를 자유롭게 추가/삭제할 수도 있습니다.

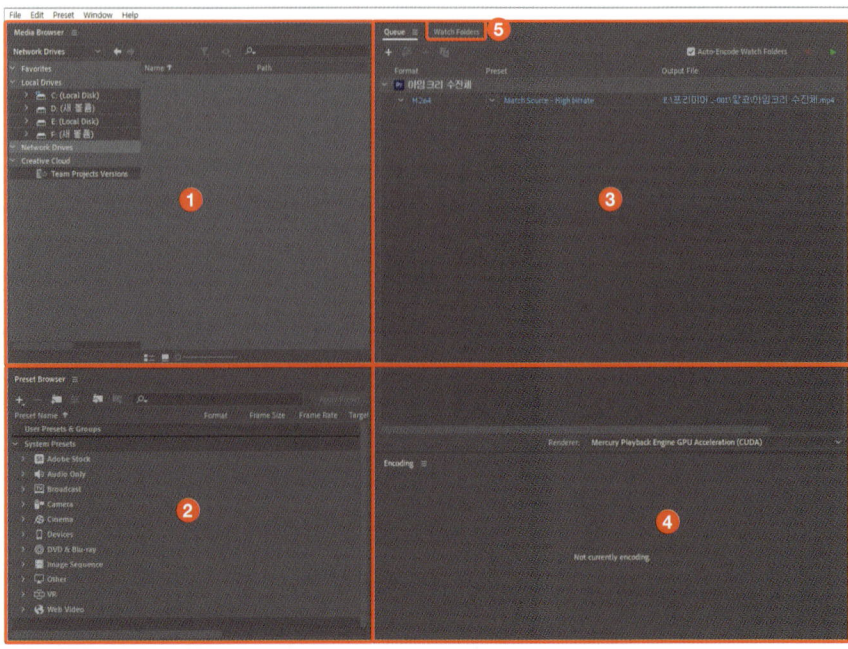

미디어 인코더는 크게 네 개의 작업 영역으로 구분되어 있습니다. 주로 사용하는 패널은 다섯 개입니다.

① **[Media Browser] 패널** ㅣ 인코딩을 진행하려는 프로젝트나 미디어 파일을 손쉽게 검색합니다.

② **[Preset Browser] 패널** ㅣ 내보내기(Export) 설정을 간소화하는 다양한 프리셋을 제공합니다. 출력하려는 미디어 파일의 사용 용도 및 재생 장치별 다양한 카테고리로 분류하여 인코딩 작업 시 손쉽게 선택, 적용할 수 있습니다.

③ **[Queue] 패널** ㅣ 인코딩 작업을 진행하는 소스를 표시하는 패널로 비디오/오디오 파일이나 프리미어 프로 시퀀스, 에프터 이펙트 컴포지션을 추가/삭제할 수 있습니다.

④ **[Encoding] 패널** ㅣ 인코딩 작업이 진행되는 소스의 렌더링 진행 상황과 파일에 관련된 간단한 정보를 실시간으로 표시합니다.

⑤ **[Watch Folders] 패널** ㅣ PC 내에 설정된 [Watch Folders(감시 폴더)]에 위치하는 소스를 설정된 [Export Settings]에 따라 자동으로 인코딩합니다. [Queue] 패널과 패널 그룹화가 되어 있습니다.

어도비 미디어 인코더의 패널 자세히 알아보기

어도비 미디어 인코더의 패널 중 추가적인 설명이 필요한 패널을 알아보겠습니다.

[Preset Browser] 패널

프리셋은 [Queue] 패널에서 소스 파일을 선택한 후 적용하려는 프리셋을 더블클릭하거나 [Queue] 패널의 소스 파일로 직접 드래그하여 프리셋을 적용할 수 있습니다. 패널 오른쪽 위의 [Apply Preset]을 클릭해도 프리셋을 추가할 수 있습니다.

① **Create New Preset** ㅣ 새로운 설정의 인코딩용 프리셋을 생성합니다. 새롭게 생성된 프리셋은 [User Presets & Groups] 카테고리에 추가됩니다.

② **Delete Preset** ㅣ [User Presets & Groups]에 생성된 프리셋 또는 프리셋 그룹을 삭제합니다.

③ **Create New Preset Group** ㅣ 새로운 프리셋 그룹을 생성합니다.

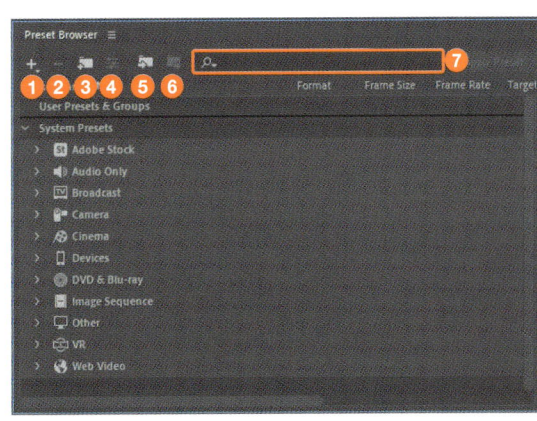

④ **Preset Settings** ㅣ 프리셋 설정을 변경합니다.

⑤ **Import Preset** ㅣ 확장자가 .epr인 프리셋 파일을 불러옵니다.

⑥ **Export Preset** ㅣ 프리셋 설정을 프리셋 파일로 외부에 저장합니다.

⑦ **Find Box** ㅣ 프리셋 파일을 빠르고 편하게 찾을 수 있는 기능을 제공합니다.

[Queue] 패널(대기열 패널)

[Queue] 패널에서는 인코딩 대기 중인 파일 이름과 파일의 포맷, 프리셋, 저장될 위치를 확인/변경할 수 있습니다. 푸른색으로 표시된 포맷과 프리셋은 이름 왼쪽의 ⌵를 클릭하여 다른 항목으로 설정을 변경할 수 있습니다. 포맷과 프리셋의 이름을 직접 클릭한 후 [Export Settings] 대화상자에서 변경할 수도 있습니다.

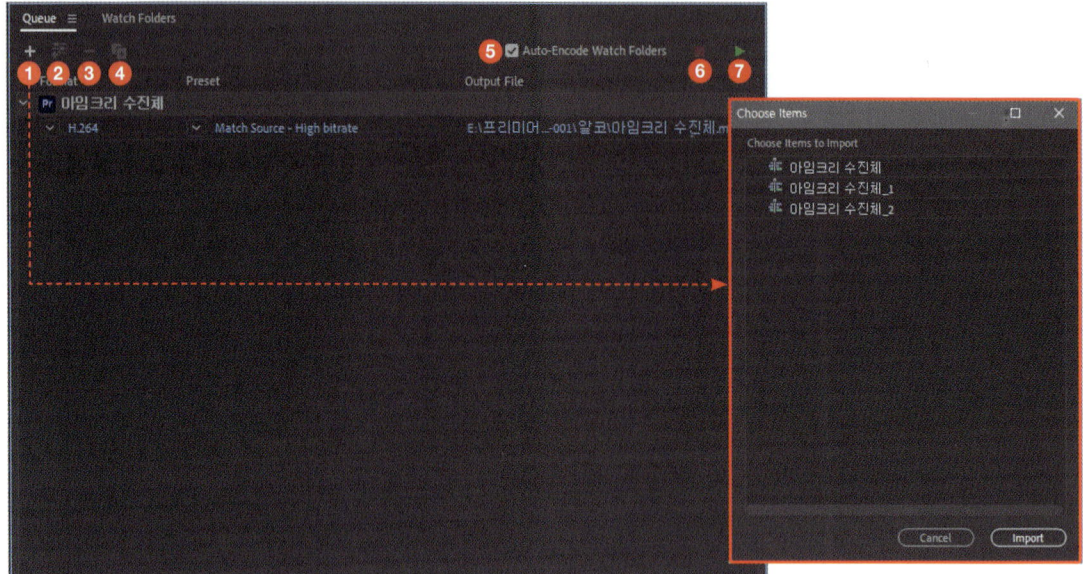

① **Add Source** ➕ | [Queue] 패널에 인코딩을 진행할 파일을 추가합니다. [File]-[Add Source] Ctrl + I 메뉴를 선택해도 됩니다. 프리미어 프로젝트에 여러 개의 시퀀스가 있는 경우 원하는 시퀀스만을 선택하여 추가하거나 모두 선택(Ctrl +파일 클릭)하여 파일을 추가합니다.

② **Add Output** | 선택한 소스 파일에 내보내기 설정(Export Setting)을 추가합니다.

③ **Remove** ➖ | 인코딩할 파일의 내보내기 설정 또는 소스 파일을 삭제합니다.

④ **Duplicate** | 인코딩할 파일의 내보내기 설정 또는 소스 파일을 복제합니다.

⑤ **Auto-Encode Watch Folders** | 해당 옵션을 체크할 경우 PC에 설정된 [Watch Folders] 폴더에 추가되는 파일을 자동으로 인코딩하여 출력합니다.

⑥ **Stop Queue** | 파일의 인코딩을 중지합니다.

⑦ **Start Queue** ▶ | 파일의 인코딩을 시작합니다.

[Watch Folders] 패널에 대기열 추가하기

01 Add Folder ➕ 를 클릭하여 [Watch Folders]의 대상 폴더로 설정할 경로를 지정합니다. 프리셋을 사용하거나 사용자 지정으로 출력 설정을 선택하여 [Watch Folders] 폴더 내에 있는 미디어 파일의 출력 포맷을 설정합니다.

02 인코딩이 필요한 파일을 앞서 지정한 [Watch Folders] 폴더에 배치합니다.

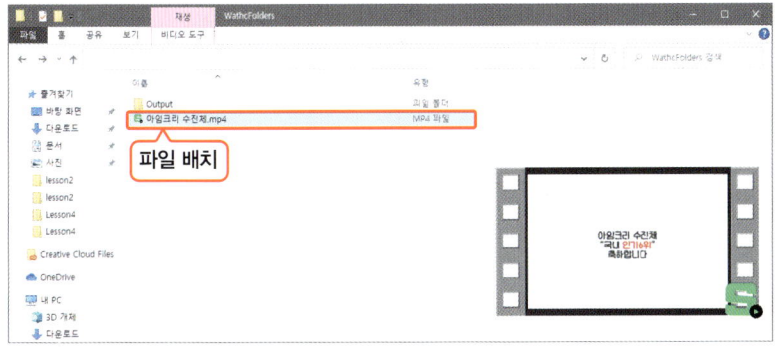

인코딩 작업이 완료된 파일은 별도의 저장 경로를 지정하지 않을 경우 [Watch Folders]의 [Output] 폴더에 저장됩니다.

03 ❶ [Queue] 패널에 [Watch Folders] 폴더로 이동한 파일이 자동으로 대기열에 등록되면 ❷ Start Queue ▶ 를 클릭해 해당 파일을 인코딩합니다.

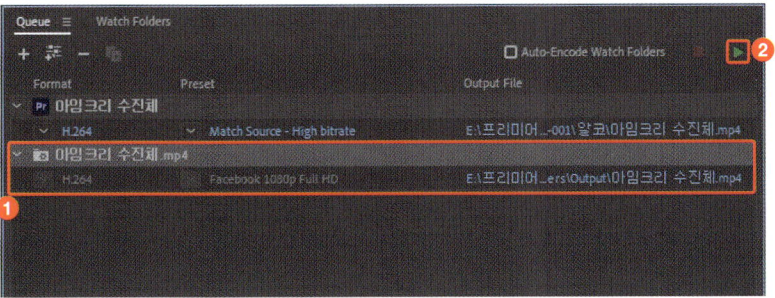

간단 실습 | 어도비 미디어 인코더로 출력하기

준비 파일 프리미어 프로/Chapter 07/내보내기_2.prproj

어도비 미디어 인코더를 이용하여 프리미어 프로 시퀀스를 유튜브와 비메오, 페이스북 업로드용으로 인코딩해보겠습니다. **내보내기_2.prproj** 준비 파일을 불러옵니다.

01 ① [Queue] 패널의 대기열에서 파일의 포맷 영역을 선택하고 ② Duplicate 를 두 번 클릭해 세팅 메뉴를 두 개 추가합니다.

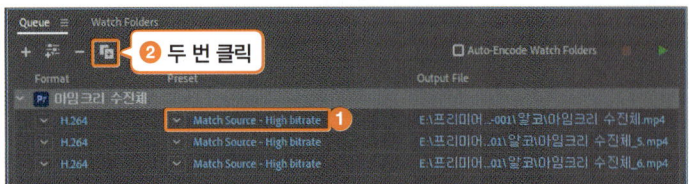

02 ① [Preset Browser] 패널을 선택하고 ② [System Presets]-[Web Video]-[Social Media] 항목에서 각 미디어에 맞는 프리셋 파일을 [Queue] 패널 소스 파일의 세팅 영역으로 드래그하여 설정을 변경합니다. 예제에서는 [YouTube 1080p Full HD], [Vimeo 1080p Full HD], [Facebook 1080p Full HD]를 적용했습니다. 각각 유튜브, 비메오, 페이스북의 1080p 해상도에 최적화된 프리셋 옵션입니다.

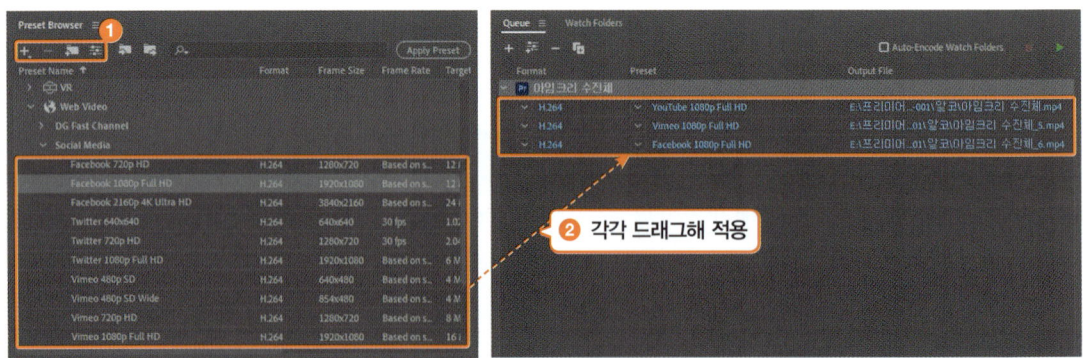

03 ① [Output File] 영역의 파일 이름을 클릭하여 저장될 경로와 파일 이름을 변경하고 ② Start Queue 를 클릭해 인코딩을 실행합니다.

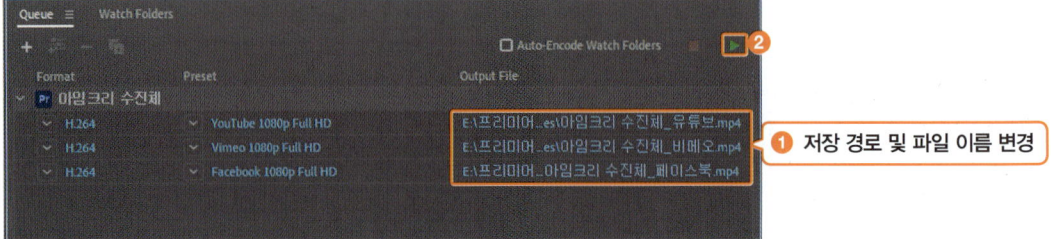

LESSON 03 최종 편집 결과물 출력하기

영상 파일로 출력하기

프리미어 프로에서 작업이 완료된 시퀀스를 최종 미디어 파일로 출력할 수 있습니다. 프리미어 프로에서 편집 작업이 끝난 1080p 해상도의 최종 결과물을 내보내기(Export) 기능을 활용해 원본 그대로 내보내거나 해상도를 줄여 내보내는 방법에 대해 알아보겠습니다. 1080p 해상도는 유튜브 등 스트리밍 사이트에서 가장 많이 사용되는 해상도입니다.

간단 실습 ─ 미디어 파일로 출력하기

준비 파일 프리미어 프로/Chapter 07/내보내기_3.prproj

최종 미디어 파일로 출력하기 위해 **내보내기_3.prproj** 준비 파일을 불러옵니다.

01 ❶ [Timeline] 패널을 클릭하고 ❷ 시퀀스를 출력하기 위해 상단에서 [Export]를 클릭합니다.

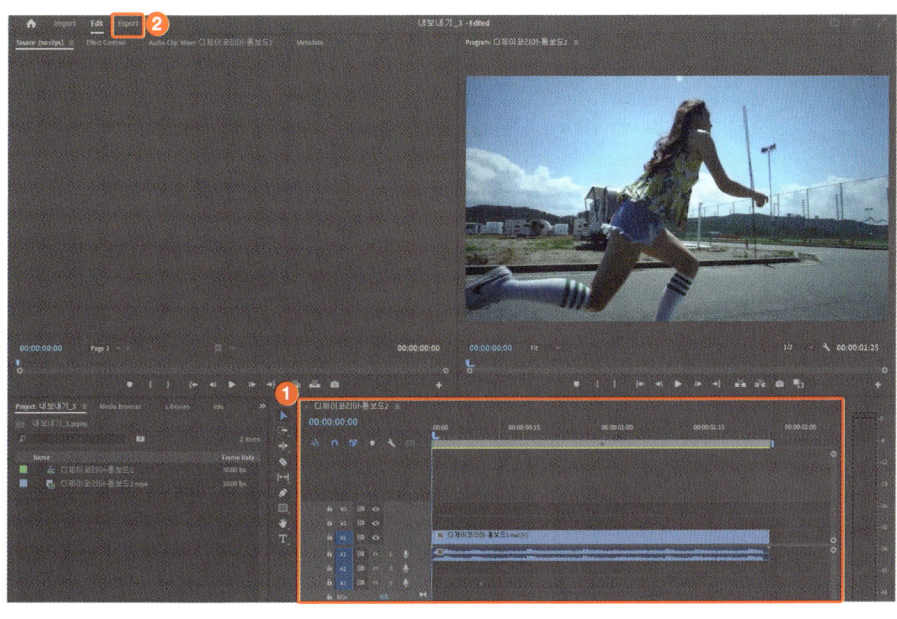

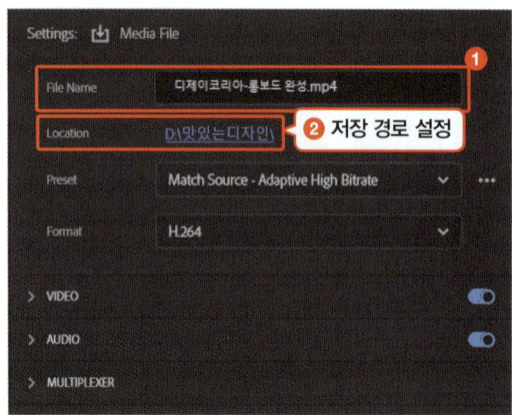

02 ❶ [Settings] 영역의 [File Name]에 영상 파일 이름을 입력합니다. ❷ [Location]에서 파일이 저장될 경로를 설정합니다.

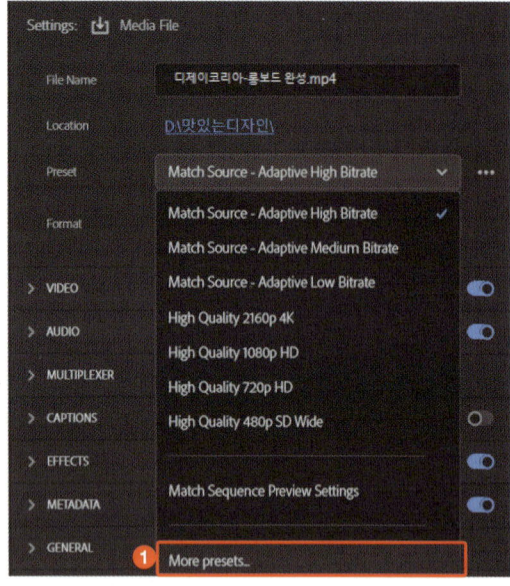

03 ❶ [Preset]에서 [More presets]를 클릭합니다. ❷ [Preset Manager] 대화상자가 나타나면 유튜브에 업로드하기 좋은 프리셋을 선택하기 위해 검색란에 Youtube를 입력합니다. ❸ 사용한 영상 소스의 해상도에 맞는 설정을 클릭합니다. 여기서는 [Youtube 1080p Full HD]를 선택했습니다. ❹ [OK]를 클릭합니다.

간단하게 설정하고 싶다면 [Preset]에서 [High Quality 1080p HD]를 선택합니다.

[Format]은 [H.264]로 자동 설정됩니다.

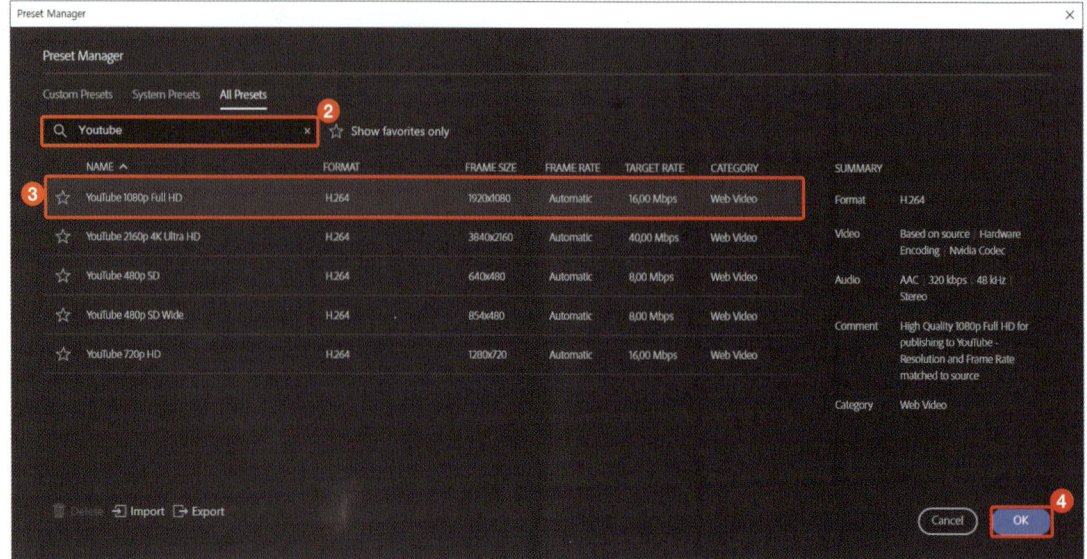

04

❶ [VIDEO] 탭을 활성화합니다. ❷ 현재 설정은 유튜브용 1080p 해상도에 맞춰 최적화된 상태이므로 [Frame Size](해상도)가 1920×1080으로 자동 설정되는 것을 확인할 수 있습니다. ❸ [Export]를 클릭해 시퀀스를 프리미어 프로에서 바로 출력합니다.

원본 시퀀스와 일괄적으로 설정값을 맞추려면 [Match Source]를 클릭합니다. [Preset]의 설정이 [Custom]으로 바뀝니다.

기능 꼼꼼 익히기 | 해상도를 변경해서 영상 출력하기

[Frame Size]에서 4K부터 SD 해상도까지 시퀀스나 영상 소스 설정과 별도로 내가 원하는 해상도를 선택해 영상을 출력할 수 있습니다. 기본 해상도와 별개로 출력하기를 원한다면 [Custom] 항목을 선택합니다. [W]에는 가로 해상도, [H]에는 세로 해상도가 표시됩니다. 이때 잠금 상태에서 한쪽 해상도를 수정하면 비율에 맞게 반대쪽 해상도가 자동으로 변경됩니다. 반대로 풀림 상태라면 비율에 상관없이 내가 입력한 값으로 자유롭게 해상도를 설정할 수 있습니다.

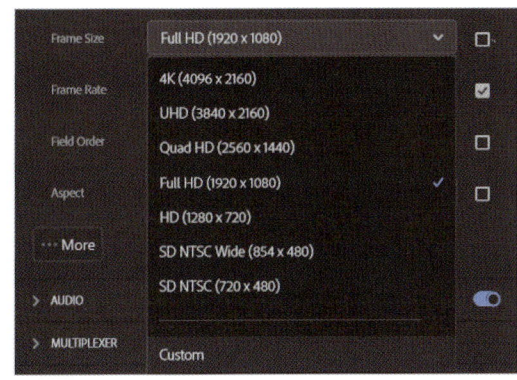 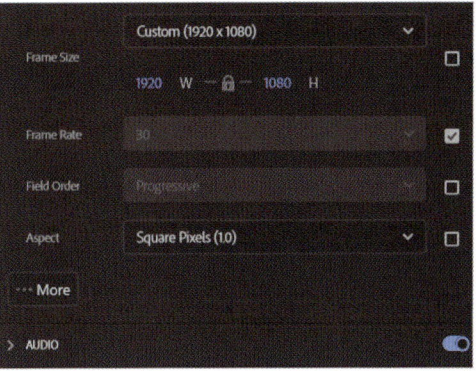

프리미어 프로 **실속 단축키**

도구 관련

`V` 선택 도구	`Y` 슬립 도구
`A` 트랙 셀렉트 포워드 도구	`U` 슬라이드 도구
`Shift` + `A` 트랙 셀렉트 백워드 도구	`P` 펜 도구
`B` 리플 에디트 도구	`H` 핸드 도구
`N` 롤링 에디트 도구	`Z` 줌 도구
`R` 레이트 스트레치 도구	`T` 타이프 도구
`C` 자르기 도구	

프로젝트 관련

`Ctrl` + `Alt` + `N` 새로운 프로젝트 만들기	`Ctrl` + `Alt` + `S` 복사본 저장하기
`Ctrl` + `N` 새로운 시퀀스 만들기	`F5` 캡처하기
`Ctrl` + `B` 새로운 빈 만들기	`F6` 일괄 캡처하기
`Ctrl` + `O` 프로젝트 파일 불러오기	`Ctrl` + `Alt` + `I` 미디어 브라우저에서 가져오기
`Ctrl` + `Shift` + `W` 프로젝트 닫기	`Ctrl` + `I` 파일 가져오기
`Ctrl` + `W` 닫기	`Ctrl` + `M` 미디어 파일로 내보내기
`Ctrl` + `S` 저장하기	`Ctrl` + `Shift` + `H` 선택 파일 속성 보기
`Ctrl` + `Shift` + `S` 다른 이름으로 저장하기	`Ctrl` + `Q` 프로그램 종료하기

파일 관련

`Ctrl` + `Z` 실행 취소하기	`Ctrl` + `V` 붙여넣기
`Ctrl` + `Shift` + `Z` 다시 실행하기	`Ctrl` + `Shift` + `V` 인서트로 붙여넣기
`Ctrl` + `X` 잘라내기	`Ctrl` + `A` 모두 선택하기
`Ctrl` + `Alt` + `V` 속성 붙여넣기	`Ctrl` + `Shift` + `A` 모두 선택 해제하기
`Delete` 삭제하기	`Ctrl` + `F` 찾기
`Shift` + `Delete` 타임라인 빈 공간 제거(Ripple Delete)	

Ctrl + Shift + /	복제하기	Ctrl + E	원본 편집하기
Ctrl + C	복사하기	Ctrl + Alt + K	키보드 단축키 설정하기

클립 관련

Ctrl + U	하위 클립 만들기	Ctrl + L	링크
Shift + G	오디오 채널 수정하기	Ctrl + G	그룹 만들기
Ctrl + R	클립 속도/지속 시간	Ctrl + Shift + G	그룹 해제하기
Shift + E	사용	, / .	인서트/오버라이트하기

시퀀스 관련

Enter	작업 영역의 효과 렌더링하기	E	선택한 편집을 재생 헤드로 확장하기
F	프레임 일치시키기	;	리프트
Shift + R	프레임 반대로 일치시키기	'	익스트랙트
Shift + K	편집 추가하기	=	확대
Ctrl + Shift + K	모든 트랙에 편집 추가하기	-	축소
Shift + T	편집 트리밍하기	S	스냅
Shift + D	선택 영역에 기본 트랜지션 적용하기		
Ctrl + D	비디오 트랜지션 적용하기		
Ctrl + Shift + D	오디오 트랜지션 적용하기		
Shift + ;	시퀀스의 다음 간격으로 이동하기		
Ctrl + Shift + ;	시퀀스의 이전 간격으로 이동하기		

그래픽 관련

[Essential Graphics] 패널에서 Ctrl + T	타이프 도구
[Essential Graphics] 패널에서 Ctrl + Alt + E	원형 도구
[Essential Graphics] 패널에서 Ctrl + Alt + R	사각형 도구

마커 관련

`I` 인 점 설정하기	`Ctrl` + `Shift` + `O` 아웃 점 삭제하기
`O` 아웃 점 설정하기	`Ctrl` + `Shift` + `X` 인 점·아웃 점 삭제하기
`X` 클립 전체 표시하기	`M` 마커 생성하기
`/` 선택한 클립 전체 표시하기	`Shift` + `M` 다음 마커로 이동하기
`Shift` + `I` 인 점으로 이동하기	`Ctrl` + `Shift` + `M` 이전 마커로 이동하기
`Shift` + `O` 아웃 점으로 이동하기	`Ctrl` + `Alt` + `M` 선택한 마커 삭제하기
`Ctrl` + `Shift` + `I` 인 점 삭제하기	`Ctrl` + `Alt` + `Shift` + `M` 모든 마커 삭제하기

패널 관련

`Alt` + `Shift` + `0` 기본 작업 영역으로 다시 설정	`Shift` + `8` 미디어 브라우저 패널
`Shift` + `9` 오디오 클립 믹서 패널	`Shift` + `4` 프로그램 모니터 패널
`Shift` + `6` 오디오 트랙 믹서 패널	`Shift` + `1` 프로젝트 패널
`Shift` + `5` 이펙트 컨트롤 패널	`Shift` + `2` 소스 모니터 패널
`Shift` + `7` 이펙트 패널	`Shift` + `3` 타임라인 패널

오디오 트랙 믹서 패널

`Ctrl` + `Alt` + `T` 트랙 표시하기/숨기기

`Ctrl` + `Shift` + `I` 입력 신호만 미터에 표시하기

`Ctrl` + `L` 반복 재생하기

캡처 패널

`V` 비디오 기록하기	`W` 끝 지점으로 이동하기
`A` 오디오 기록하기	`G` 기록하기
`E` 꺼내기	`←` 이전 단계
`F` 앞으로 감기	`→` 다음 단계
`R` 되감기	`S` 정지
`Q` 시작 지점으로 이동하기	

기타 편집 관련

`[` 클립 볼륨 레벨 낮추기	`Shift` + `←` 앞으로 5프레임 이동하기
`Shift` + `[` 클립 볼륨 레벨 많이 낮추기	`Shift` + `→` 뒤로 5프레임 이동하기
`]` 클립 볼륨 높이기	`Home` 시퀀스 시작 클립으로 이동하기
`Shift` + `]` 클립 볼륨 레벨 많이 높이기	`End` 시퀀스 끝 클립으로 이동하기
`Shift` + `=` 모든 트랙 확장하기	`Shift` + `Home` 선택한 클립의 시작점으로 이동하기
`Shift` + `-` 모든 트랙 축소하기	`Shift` + `End` 선택한 클립의 끝점으로 이동하기
`Ctrl` + `Shift` + `E` 프레임 내보내기	`Shift` + `` ` `` 활성화되어 있는 패널 최대화·복원하기
`Q` 현 위치를 이전 편집 지점으로 이동하기	`` ` `` 포인터가 위치한 패널 최대화·복원하기
`Shift` + `Q` 이전 편집 지점을 현 위치로 확장하기	`Shift` + `K` 미리 보기 재생하기
`W` 다음 편집 지점을 현 위치로 이동하기	
`Shift` + `W` 다음 편집 지점을 현 위치로 확장하기	
`Ctrl` + `Shift` + `Spacebar` 시작점에서 끝점까지 재생하기	
`Shift` + `Spacebar` 시작점에서 끝점까지 재생(프리롤/포스트롤 포함)하기	
`↑` 클립의 시작점으로 이동하기	`Shift` + `Spacebar` 재생·정지하기
`↓` 클립의 끝점으로 이동하기	**프로젝트 패널에서** `Ctrl` + `F` 검색하기
`←` 앞으로 한 프레임 이동하기	`Ctrl` + `9` 모든 오디오 대상 전환하기
`→` 뒤로 한 프레임 이동하기	`Ctrl` + `` ` `` 전체 화면
`D` 편집 기준선 위치의 클립 선택하기	`Shift` + `0` 멀티 카메라 뷰 켜기/끄기
소스 모니터 패널 활성화 상태에서 `Ctrl` + `↓` 다음 클립 선택하기	
소스 모니터 패널 활성화 상태에서 `Ctrl` + `↑` 이전 클립 선택하기	
`K` 재생 정지하기	**트림 모드에서** `Ctrl` + `↑` 뒤로 트리밍
`J` 역재생하기	`Shift` + `T` 트리밍 유형 전환하기
`Shift` + `L` 느리게 재생하기	**트림 모드에서** `Ctrl` + `Shift` + `←` 뒤로 많이 트리밍
`Shift` + `J` 느리게 역재생하기	**트림 모드에서** `Ctrl` + `→` 앞으로 트리밍
`Ctrl` + `O` 모든 비디오 대상 전환하기	**트림 모드에서** `Ctrl` + `Shift` + `→` 앞으로 많이 트리밍

이펙트 패널

| `Ctrl` + `/` 사용자 정의 새로운 빈 만들기 | `Backspace` 사용자 정의 항목 삭제하기 |

미디어 브라우저 패널

Shift + O	소스 모니터 패널에서 열기
Shift + ←	디렉토리 목록 선택하기
Shift + →	미디어 목록 선택하기

히스토리 패널

←	이전 단계
→	다음 단계
Backspace	삭제하기

타임라인 패널

Alt + [	작업 영역바 시작점 설정하기
Alt +]	작업 영역바 끝점 설정하기
Alt + →	선택한 클립을 뒤로 1프레임 이동
Alt + Shift + →	선택한 클립을 뒤로 5프레임 이동
Alt + ←	선택한 클립을 앞으로 1프레임 이동
Alt + Shift + ←	선택한 클립을 앞으로 5프레임 이동
Alt + Shift + ,	선택한 클립을 앞으로 5프레임 밀기
Alt + .	선택한 클립을 뒤로 1프레임 밀기
Alt + Shift + .	선택한 클립을 뒤로 5프레임 밀기
Ctrl + Alt + ←	선택한 클립을 앞으로 1프레임 밀어 넣기
Ctrl + Alt + Shift + ←	선택한 클립을 앞으로 5프레임 밀어 넣기
Ctrl + Alt + →	선택한 클립을 뒤로 1프레임 밀어 넣기
Alt + ,	선택한 클립을 앞으로 1프레임 밀기
Ctrl + Alt + Shift + →	선택한 클립을 뒤로 5프레임 밀어 넣기

프로젝트 패널

`Ctrl` + `B`	새로운 빈 만들기
`Ctrl` + `Page Up`	리스트 뷰
`Ctrl` + `Page Down`	아이콘 뷰
아이콘 뷰 상태에서 `Shift` + `H`	마우스 포인터로 미리 보기/끄기
`Shift` + `[`	화면 확대하기
`Shift` + `]`	화면 축소하기

기타

| `Ctrl` + `Alt` + `K` | 단축키 설정(Keyboard Shortcuts) |

※ 이 책의 단축키는 IBM PC 기준입니다. MacOS 사용자는 `Ctrl` 을 `command` 로, `Alt` 를 `option` 으로 바꿔서 사용하면 됩니다.

애프터 이펙트에 처음 입문하는 독자라면
프로그램이 낯설고 생소해 막연한 두려움을 느낄 수도 있고
과연 이 프로그램을 잘 다룰 수 있을지 걱정이 앞설 수도 있습니다.
애프터 이펙트라는 프로그램을 독학으로 공부할 수 있는 것인지,
어떻게, 얼마나 공부해야 잘 다룰 수 있는지 문의하는 독자도 많습니다.
실력 있는 모션 그래픽 아티스트가 되는 길은 어렵습니다.
그러나 애프터 이펙트라는 도구만 얘기한다면
저는 이렇게 말하고 싶습니다. 목표를 세우되, 서두르지 마세요.
당장 멋져 보이는 효과나 트렌디한 스타일에 초점을 두는 것보다는
애니메이션 이론의 이해를 토대로 두고 자연스러운 키프레임 설정과 같은
기초부터 시작하는 것이 좋습니다.
유행하는 효과를 적용하는 프로젝트를 기획하는 것이 아니라
내 프로젝트에 어울리는 효과를 적용해야 합니다.
프로그램 학습이 다소 지루하더라도 중요한 내용이 많습니다.
자신감을 가지고 기초부터 탄탄히 학습한다면
애프터 이펙트는 절대 어렵지 않습니다.

PART 02

쉽고 빠른
애프터 이펙트 레시피

완성도 높은 모션 그래픽을 디자인하기 위해 꼭 알아야 할
기초 지식을 소개합니다. 먼저 애프터 이펙트를 가장 많이 활용하는
모션 그래픽 분야의 트렌드와 작업 방법에 대해 알아보고
애프터 이펙트의 기본 인터페이스와 필수 패널, 도구 등을 살펴본 후
기능을 실습해보겠습니다.

CHAPTER 01

애프터 이펙트
CC 2024 시작하기

모션 그래픽 디자인 알아보기

모션 그래픽과 디자인 트렌드 알아보기

모션 그래픽 디자인 트렌드 읽기

디자인 트렌드는 최근의 문화, 예술, 미디어, 기술 발전 동향에 큰 영향을 받습니다. 기본적으로 디자인 트렌드의 수명을 1~2년 정도로 보지만 디테일만 변할 뿐 큰 흐름은 그보다 오래 지속됩니다. 이러한 디자인 트렌드는 모션 그래픽을 포함한 다양한 미디어 디자인에 많은 영향을 미칩니다. 모션 그래픽은 방송 영역 외에도 비디오 프로덕션, 웹디자인, 광고는 물론, 모바일에 이르기까지 다양한 분야에 활용되며 트렌드를 주도하고 있습니다. 모션 그래픽은 작은 인 앱 애니메이션에서 프로모션 비디오에 이르기까지 모든 산업 및 비즈니스 유형에서 마케팅을 지배합니다. 모션 그래픽 분야의 트렌드는 계속 바뀌지만, 그 중심에는 언제나 '창의성(Creativity)'과 시각적 즐거움을 선사하는 '디자인' 그리고 참신한 '기술력'이 있습니다.

① 3D 디자인

모던 테크놀로지는 3D 그래픽을 보다 쉽고 빠르게 만들 수 있는 환경을 제공합니다. 영화 프로덕션이나 게임 제작 등에 활용되는 마야, 맥스 등과 같은 하이엔드급 3D 소프트웨어들은 비용은 물론 학습이나 경험에 많은 제약이 있었습니다. 하지만 최근에는 Spline과 같은 브라우저 기반의 3D 디자인 툴과 같이 누구나 쉽게, 무료 또는 저비용으로 3D 요소들을 만들 수 있는 환경이 되었습니다. 또한 어도비 소프트웨어에서도 3D 기능을 지속적으로 업데이트하거나 3D 소프트웨어와의 호환도 개선하고 있습니다. 3D 디자인에 대한 수요가 어느 때보다 높은 만큼 모션 그래픽 프로젝트에서도 간단한 3D 요소들이 활용되고 있음은 물론, 하이퍼 리얼리즘 3D도 다시금 부상하고 있습니다.

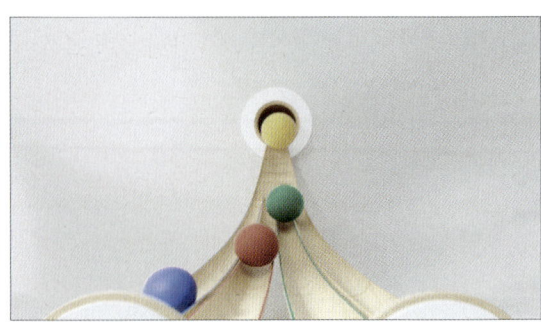

@VantageFilms / 이미지 출처: https://vimeo.com/732144578

@LUMA iDEA/이미지 출처 : https://vimeo.com/726713371

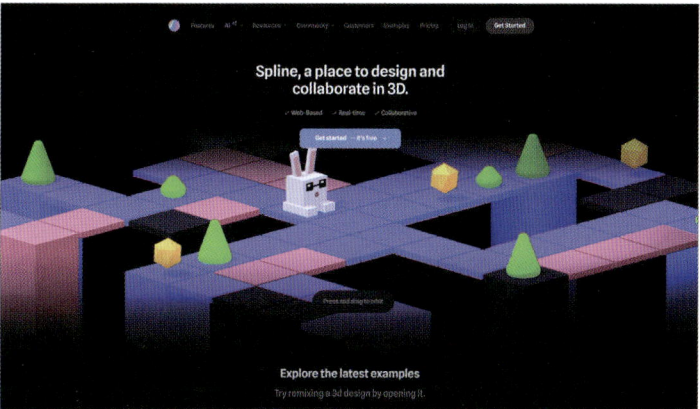

이미지 출처 : https://spline.design

② 믹스드 미디어(Mixed Media)

두 가지 이상의 제작 방식을 함께 사용하는 믹스드 미디어 방식은 유니크하고 재미있는 접근이 가능하기 때문에 창작자들이 선호하는 오랜 제작 방식 중 하나입니다. 2024년에는 보다 실험적이고 새로운 방식의 믹스드 미디어가 시도될 것으로 보입니다. 2D과 3D의 결합이 수월해졌을 뿐 아니라 휴대용 태블릿 장비의 보급으로 프레임 바이 프레임 애니메이션의 접근이 쉬워졌습니다. 그래서 두세 가지를 혼합한 기존의 제작 방식에서 풍부한 미디어를 제한없이 혼합해 리얼 라이프와 판타지 월드를 결합한 즐거운 상상을 마음껏 표현할 수 있습니다.

@1stAveMachine BA / 이미지 출처 : https://www.behance.net/gallery/173626265/Gatorade-The-Way-To-Be-Great

@1stAveMachine BA / 이미지 출처 : https://www.behance.net/gallery/178268337/ESPN-One-App-One-Tap-Phase-4

③ 전통적인 기술과 핸드메이드 애니메이션

전통적인 방식으로 제작한 일러스트레이션과 디지털 툴로 제작한 애니메이션의 결합은 오랜 시간 사랑받아 온 트렌드입니다. 좀 더 다양한 방식으로 두 개의 매체가 결합되어 애니메이터가 원하는 것은 무엇이든 만들 수 있으며 관객과 즐겁게 소통할 수 있습니다. 어린 시절 우리 모두를 즐겁게 해주었던 전통적인 방식으로 제작된 디즈니 애니메이션과 같은 2D 애니메이션과 새로운 매체의 결합을 통하여, 모션 그래픽은 애니메이션을 흡수하고 확장된 방식을 보여주고 있습니다.

@We Are Alive / 이미지 출처 : https://vimeo.com/448222743

④ 모어 앤 모어(more&more)

최근 몇 년 동안 모션 그래픽 시장에서 매우 큰 트렌드였던 미니멀리즘에 반대되는 방식이 눈에 띄기 시작합니다. 미니멀리즘의 기조는 좀 더 실험적이고 디테일이 추가된 형태로 유지되면서 헤비 디자인도 늘어나고 있는 추세로 보입니다. 2024년에는 화면 전체를 활용한 세밀하고 상세한 그래픽이 인기를 끌 것입니다. 이러한 헤비 그래픽을 조화롭게 잘 활용한다면 관객의 관심을 더 오랫동안 사로잡아 마케팅과 판촉의 목적을 향상시킬 수 있습니다.

@Hye jin/이미지 출처 : https://www.youtube.com/watch?v=j8Jg4pbbEpk

⑤ 몰입형 체험 그래픽(Immersive Experinces)

인터렉티브 미디어나 인스톨레이션과 같은 영상은 예술적인 형태로 시작되었으나 근래에는 강력한 마켓팅 툴로서 상업적인 형태로 진화하고 있습니다. 많은 기업이나 브랜드들이 이러한 몰입형 체험 프로젝트를 통하여 경험의 방식으로 소비자들에게 어필하고 있습니다.

@Nerea Sevillano/이미지 출처 : https://vimeo.com/674424367

⑥ 좀 더 밀접해진 AI

어도비 2024 업데이트에서 애프터 이펙트는 물론 대부분의 앱에서의 최대 화두는 역시 AI였습니다. 특히 생성형 채우기는 포토샵 출시 이후 가장 혁신적이라 불리는 업데이트 내용으로, Adobe Firefly를 기반으로 텍스트만 입력하면 자동으로 이미지와 배경을 생성할 뿐 아니라 이미지를 확장하거나 제거할 수 있습니다. 이를 활용하여 우리는 보다 적은 시간과 노력으로 수많은 상상의 나래를 펼치고, 다양한 실험을 통해 새로운 창작물을 구현할 수 있게 되었습니다. 2024년에는 이러한 AI 기반의 다양한 기술을 활용한 새로운 룩의 디자인이 많이 선보일 것으로 예측됩니다.

모션 그래픽 실무 제작 과정

실무 워크플로 한눈에 이해하기

개인 작업을 위주로 하는 작가주의적 모션 그래픽 디자이너도 있지만, 대부분의 모션 그래픽 디자이너들은 방송국이나 포스트 프로덕션 등에서 팀을 이루어 작업합니다. 이렇게 제작한 모션 그래픽 작품은 대부분 상업 예술로 활용되며, 다른 디자인 분야와 마찬가지로 클라이언트에게 작업을 의뢰받아 목적에 맞게 기획, 제작됩니다. 영상 콘텐츠 수요가 증가하면서 모션 그래픽 분야도 다양화되고 있습니다. 텔레비전 콘텐츠나 영화의 일부분, 또는 텔레비전 광고, 비디오 프로덕션이 주를 이루던 과거와는 달리 웹이나 모바일 등 다양한 플랫폼으로 적용 범위가 확대되고 있습니다. 따라서 프로젝트의 성격에 따라 제작 과정 또한 매우 다양합니다. 또 1인 제작인지, 팀 프로젝트인지, 2D와 3D의 협업인지, 비디오 프로덕션과의 협업인지에 따라서도 제작 과정은 달라집니다. 이번 LESSON에서는 뮤직비디오를 예시로 실무 워크플로를 Pre-Production(사전 제작)과 Production(제작) 단계로 나누어 알아보겠습니다.

https://vimeo.com/15995539에서 예시의 〈필베이-샴푸를 마시면〉 뮤직비디오를 확인할 수 있습니다.

Pre-Production(사전 제작)

제작 회의

제작 회의에는 클라이언트와 제작 감독, 실무 제작자 등이 참석합니다. 클라이언트와 제작자 단 두 명만 참석하기도 하고, 클라이언트팀과 제작팀 등 여러 명이 참석하기도 합니다. 해당 프로젝트의 기본 자료를 조사하는 과정과 제안서 등이 있어야 회의를 원활하게 진행할 수 있습니다. 여기서 주의할 점은 클라이언트는 이미지를 만드는 디자이너가 아니라는 것입니다. 제작자끼리 전문 용어를 사용해도 충분히 의사소통이 가능하지만 클라이언트는 용어 자체를 이해하지 못할 수도 있습니다. 이를 고려하여 시각적으로 바로 보여줄 수 있는 다양한 자료를 준비하는 것이 좋습니다.

프로젝트 분석

영상을 섹션으로 나누고 핵심 키워드, 개념, 아이덴티티(Identitiy)를 정리합니다. 이를 통해 중요 키워드와 메타포(Metaphor) 등을 단어로 도출합니다. 명사와 형용사 등을 이용하여 구체적인 사물, 분위기, 감정 등을 단어로 도출하고 각 단어를 표현할 수 있는 방법도 기록하면 좋습니다. 이 프로젝트에서는 가사와 리듬을 기준으로 마커를 설정하여 섹션을 나눈 후에 장면을 그룹으로 묶고 연상되는 이미지를 서술하는 방식으로 작업했습니다. 애프터 이펙트에서 [Audio]-[Waveform] 메뉴를 선택하고 오디오 레벨을 보면서 정확한 타이밍에 맞춰 마커를 설정한 후 마커에 가사를 입력하여 구간을 명확하게 나누었습니다.

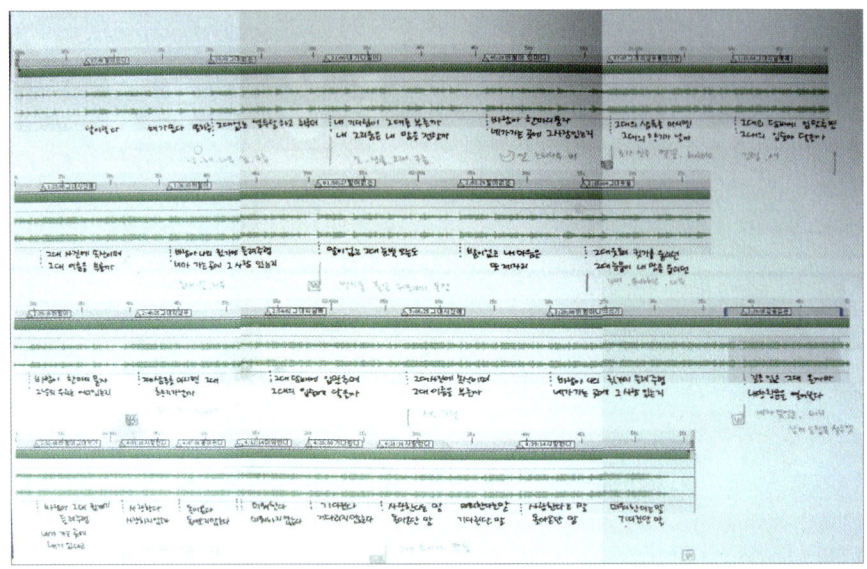

브레인스토밍(Brainstorming)

아이디어 도출을 위한 브레인스토밍을 통하여 마인드맵(Mind-map)을 제작합니다. 키워드, 메타포를 확장시키는 단계로 즉흥적으로 떠오르는 아이디어, 개념 등을 정리하여 주제를 설정하고 프로젝트의 콘셉트를 설정합니다.

이 프로젝트에서는 가사와 리듬에 따라서 섹션을 나누고 노래에서 느껴지는 감성 등을 떠올리며 작업했습니다. 브레인스토밍을 통하여 도출한 단어를 물체, 이미지, 색상, 감정, 장소와 같이 다섯 가지 섹션으로 분류하고 단어를 시각적으로 표현할 수 있는 방식을 설정했습니다.

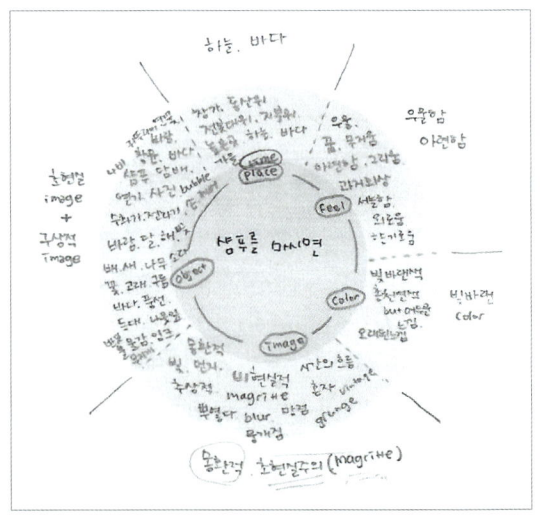

브레인스토밍을 통하여 마인드맵을 제작할 때 도움을 줄 수 있는 여러 가지 애플리케이션을 활용하면 보다 편리하게 진행할 수 있습니다.

Miro

무료 회원 가입 후 사용할 수 있으며 웹은 물론, 모바일 애플리케이션에서도 활용할 수 있습니다. 브레인스토밍 외에도 리서치나 플래닝 등 다양한 용도로 활용할 수 있습니다. 활용도 높은 템플릿들을 무료로 제공하고 있어 프레젠테이션용으로 활용하기에도 적합합니다.

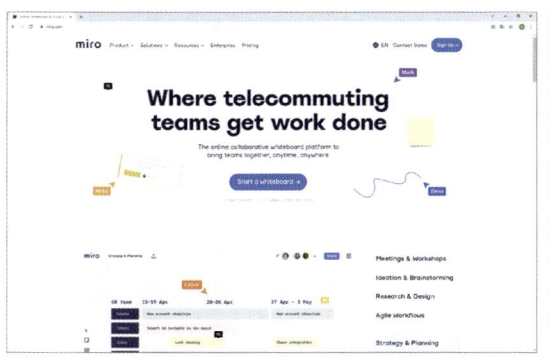 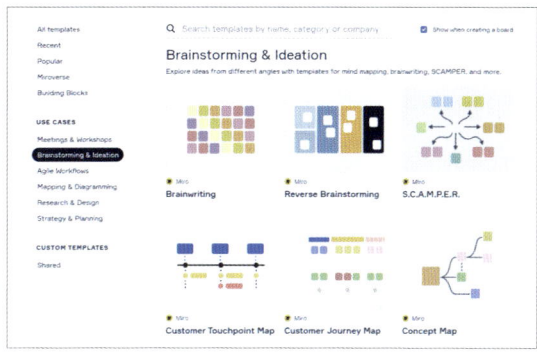

MIRO | https://miro.com/   Brainstorming & Ideation에서 다양한 템플릿을 활용

Mindmeister

한글 페이지를 지원하며 역시 무료 회원 가입 후 사용할 수 있습니다. 사용이 쉽고 간편하며 친구, 동료와 마인드맵을 공유하거나 실시간으로 협업할 수 있는 기능을 제공합니다. 내장 프레젠테이션 모드를 지원하므로 슬라이드쇼를 이용하여 쉽고 빠르게 프레젠테이션할 수 있습니다.

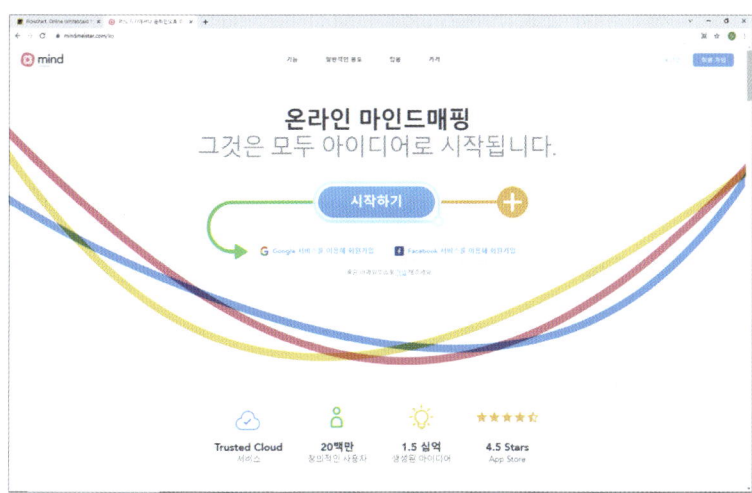

Mindmeister | https://www.mindmeister.com/ko

무드보드(Moodboard)

무드보드란 특정 스타일이나 개념을 한눈에 알아볼 수 있는 시각적 자료 모음입니다. 시각적 자료란 사진, 스케치, 일러스트, 회화, 건축물, 인쇄물과 같이 시각적으로 보여지는 것들을 말합니다. 디자이너, 일러스트레이터, 사진 작가, 영화 제작자 등 모든 유형의 크리에이티브 전문가는 아이디어의 '느낌'을 전달하기 위해 무드보드를 만듭니다.

무드보드는 디자인 기획에서 감정과 의도를 설명하는 데 도움될 수 있습니다. 특히 클라이언트에게 디자인 콘셉트를 이해시키기 위한 필수적인 단계이며, 전체적인 무드와 톤 앤 매너를 시각화하는 과정입니다. 무드보드를 만들면 생각, 아이디어, 폰트, 컬러 및 모드를 한곳에 수집하여 일관된 디자인 개념을 정의할 수 있습니다. 이렇게 정의된 시각 요소를 통해 컬러 팔레트를 만들고 제한된 컬러를 사용하면 디자인의 통일성을 연출할 수 있습니다. 다음과 같은 웹사이트나 모바일 애플리케이션을 활용하여 보다 쉽고 빠르게 무드보드를 제작할 수 있습니다.

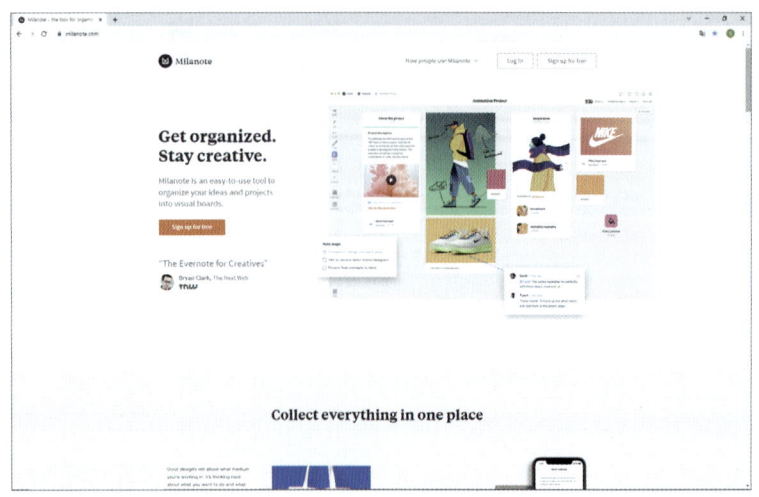

Milanote | https://milanote.com/

이 프로젝트에서는 브레인스토밍을 통해 도출한 단어와 무드, 작업 방식 등으로 섹션을 나누어 이미지 레퍼런스를 검색해 무드보드를 제작했습니다. 웹에서 검색한 이미지를 따로 저장하거나 정리할 필요 없이 드래그&드롭 방식으로 편리하게 삽입할 수 있습니다.

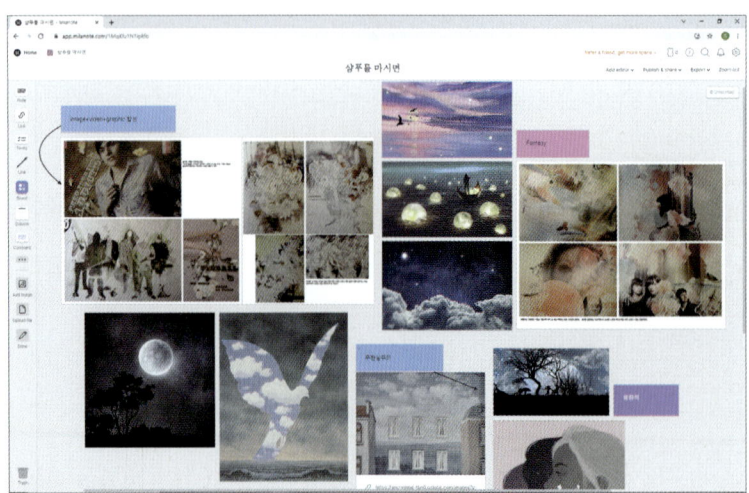

▲ 웹이나 잡지 등에서 서치한 이미지 레퍼런스 무드보드

스케치(Sketch)

모션 그래픽 프로젝트 제작 과정에서 스케치 과정이 항상 중요한 것은 아닙니다. 하지만 이 프로젝트와 같이 그래픽 이미지 제작이 필수적인 경우에는 꼭 필요한 과정입니다. 도출한 키워드, 콘셉트 아이디어, 무드보드를 통하여 시각화된 이미지를 프로젝트에 맞게 스케치하는 단계로 언어를 시각화하는 단계라고 할 수 있습니다. 완성 컷은 아니므로 연필이나, 기타 디지털 툴을 활용하여 자유롭게 그려보면 됩니다.

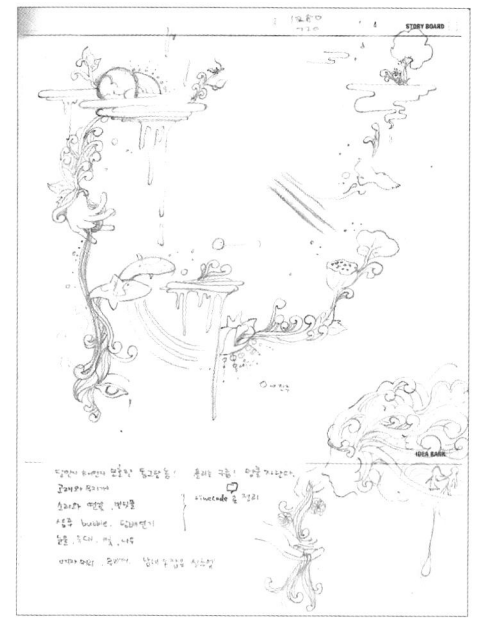

스토리보드(Storyboard)

스토리보드는 정보를 시각적으로 표시하는 강력한 방법으로 내러티브를 계획하는 그래픽 구성 단계입니다. 영화나 드라마, 또는 애니메이션과 같은 장르의 스토리보드는 확실한 양식을 가지고 있으나 모션 그래픽에서의 스토리보드는 프로젝트의 성격에 따라 비교적 자유롭게 그려도 좋습니다. 장면 연출에 대한 기록으로 접근하여 그래픽, 레이아웃, 카메라 무빙, 카메라 샷, 시간, 트랜지션과 효과 등 주요 정보를 글과 그림으로 기록합니다. 디테일한 비주얼 노트를 포함하면 더욱 좋습니다. 손으로 그리거나 컴퓨터 등에서 디지털 방식으로 제작할 수 있습니다.

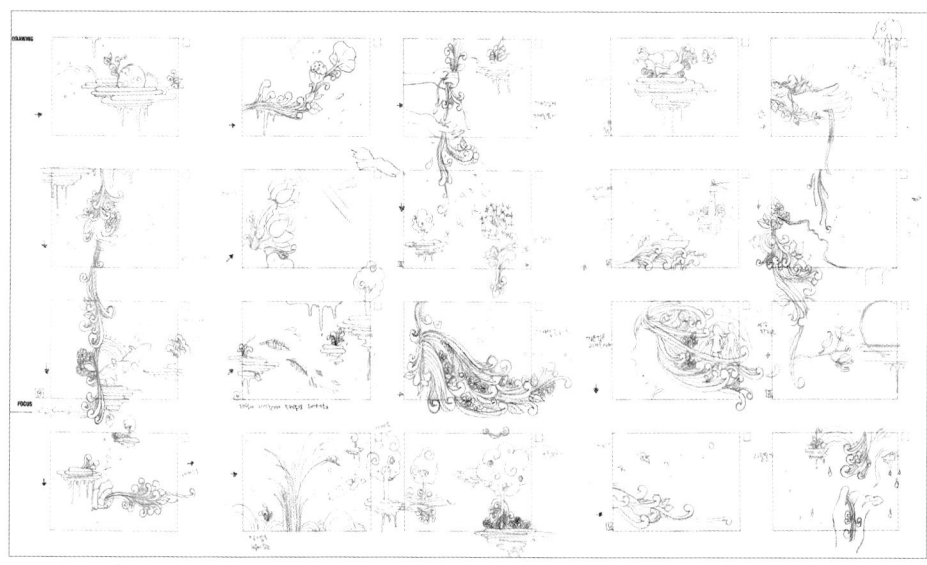

▲ 손으로 그린 스토리보드

스타일 프레임(Style Frame)

스타일 프레임이란 완성 영상의 스냅샷을 말합니다. 완성된 비디오를 어떻게 시각화할지 스틸 이미지(정지 이미지)로 제작해보는 단계입니다. 이 단계는 스케치 수준의 러프 컷이 아닌 풀 컬러의 완성 컷 수준으로 제작해야 합니다. 스토리보드의 모든 장면을 제작하는 것이 좋지만, 작업 일정상 어렵다면 인트로 장면과 주제가 잘 드러나는 가장 중요한 장면, 그리고 만약 타이틀 디자인이라면 로고가 삽입된 장면 정도를 작업하는 것이 좋습니다. 스타일 프레임은 일러스트일 수도 있고 렌더링된 이미지일 수도 있습니다. 따라서 일러스트레이터, 포토샵과 같은 프로그램으로 제작하거나 애프터 이펙트에서 직접 제작할 수도 있습니다. 이 프로젝트에서는 1차로 포토샵에서 제작하고, 애프터 이펙트에서 최종 완성했습니다.

▲ 포토샵에서 제작한 1차 스타일 프레임

▲ 애프터 이펙트에서 완성한 최종 스타일 프레임

스토리 릴(Story Reel)

스토리 릴은 원래 애니메이션 제작 용어입니다. 애니메이션에서의 스토리 릴이란 스토리보드의 그림들을 순차적으로 연결하되 적절한 시간을 부여하여 전체 타이밍을 조절하고 장면의 러프한 편집을 통하여 완성 애니메이션의 흐름을 살펴보는 과정입니다. 영화나 드라마와 같은 장르에서는 이러한 과정을 프리 비즈(Pre-Visualization)라고 하며, 촬영 전 머릿속으로 구상한 이미지를 컴퓨터로 러프하게 구현하여 제작 단계에서 시행착오를 최소화하는 작업 과정을 말합니다. 모션 그래픽 프로젝트에서 스토리 릴을 제작해보면 각 장면에 얼마만큼의 시간을 배분할지에 대한 힌트를 얻을 수 있습니다. 스토리보드의 장면, 스케치, 스타일 프레임 등을 시간의 흐름에 맞게 연결하고 필요한 경우 러프한 트랜지션을 삽입하여 동영상으로 제작해보면서 영상의 맥락을 맞춰봅니다.

Production(제작)

소스 이미지 제작

프로젝트의 기획에 맞는 제작 방식을 채택하여 그래픽 이미지를 제작합니다. 소스 이미지 제작에 다양한 프로그램을 활용할 수 있지만 애프터 이펙트와의 호환은 같은 어도비 프로그램인 일러스트레이터와 포토샵이 가장 좋습니다.

이 프로젝트에서는 수채화 물감으로 배경을 그리고, 일러스트 작가와 협업하여 포토샵에서 대부분의 그래픽 소스들을 제작했습니다. 카메라가 연결되는 장면은 하나의 파일에 레이어를 분리하여 제작합니다.

▲ 수채화로 그린 배경 이미지

▲ 포토샵에서 이미지 제작

애니메이션 및 시각 효과 프로덕션

제작한 소스 이미지를 애프터 이펙트로 불러와 애니메이션과 시각 효과를 작업합니다. 스토리보드와 스타일 프레임을 수시로 확인하면서 제작 계획에 따라 순차적으로 작업합니다. 이 프로젝트에서는 카메라의 무빙이 끊김 없이 연결되는 구성이기 때문에 소스 작업부터 애니메이션까지 다양한 방향의 카메라 무빙이 자연스럽게 연결되도록 하는 것이 중요했습니다. 몽환적인 무드를 살리기 위하여 다양한 글로우 및 파티클 효과 등을 활용했습니다.

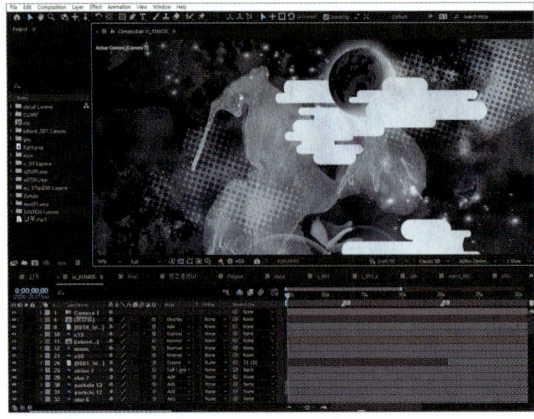
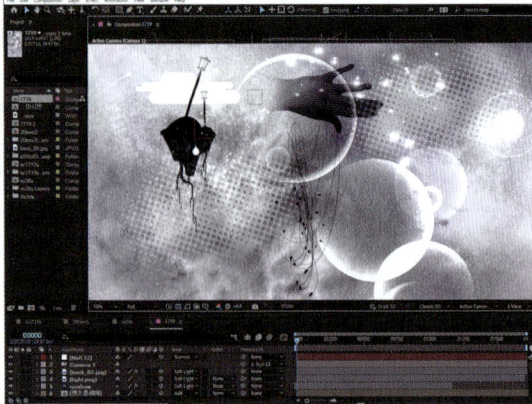

▲ 애프터 이펙트에서 애니메이션 작업

▲ 완성된 동영상의 스틸 컷

LESSON 03 애프터 이펙트와의 첫 만남

인터페이스와 주요 패널 알아보기

애프터 이펙트 인터페이스

애프터 이펙트를 실행하면 ❶ 메뉴를 선택하는 메뉴바와 ❷ 도구를 선택하는 도구바, ❸ 프로젝트에 사용할 다양한 미디어 파일을 불러오고 관리하는 [Project] 패널, ❹ 컴포지션의 작업 결과를 확인하고 애니메이션 작업을 수행하는 [Composition] 패널, ❺ 레이어 형태로 배치한 미디어 파일에 키프레임을 설정하여 애니메이션 작업을 수행하는 [Timeline] 패널, ❻ 작업에 필요한 다양한 패널 등이 화면에 표시됩니다.

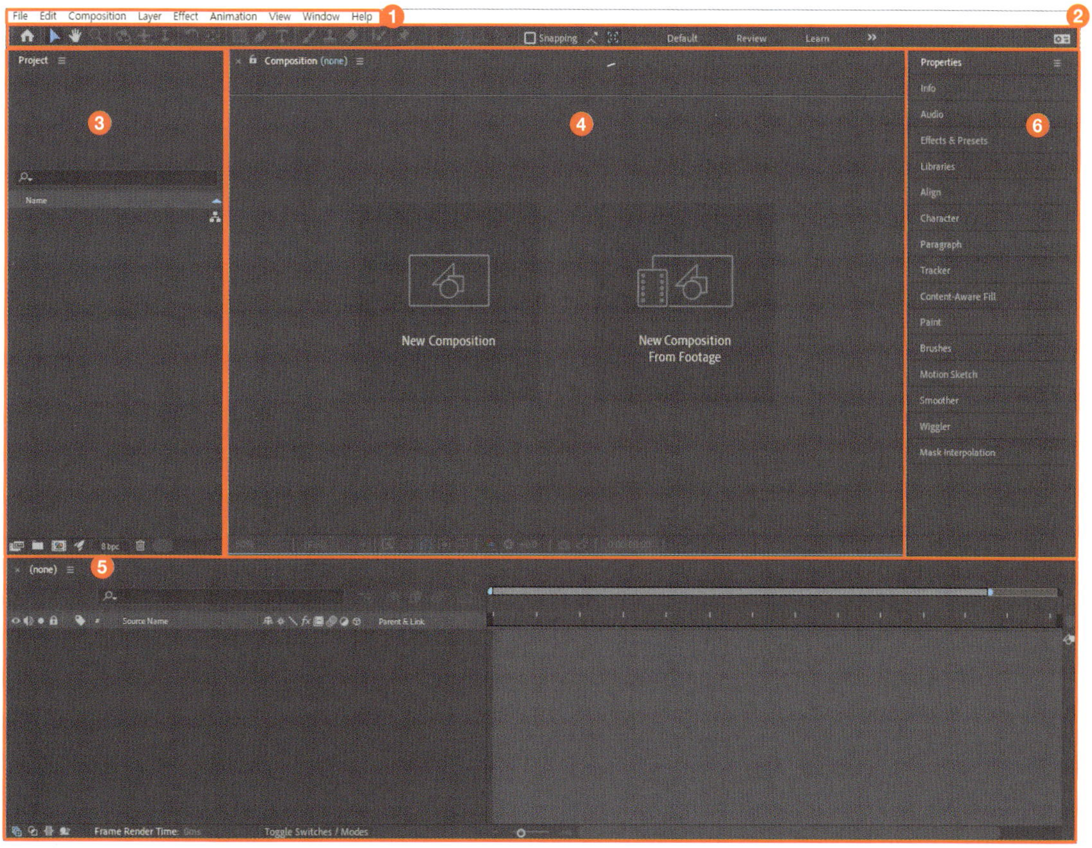

워크 스페이스를 모두 보기(All Panels)로 설정한 이미지로 다른 워크 스페이스 설정한 경우 화면과 다르게 표시될 수 있습니다. 화면과 동일하게 보려면 [Window]-[Workspace]-[All Panels]를 선택합니다.

다양한 도구의 집합체, 도구바

도구바(Tools Bar)에 있는 도구 아이콘을 이용하여 오브젝트를 선택하거나 회전, 이동, 확대할 수 있으며, 마스크, 텍스트 등을 생성할 수 있습니다. 도형 도구, 펜 도구를 이용하여 마스크나 셰이프 레이어를 만들 수 있고, 문자 도구를 이용하여 [Composition] 패널에 텍스트를 입력할 수도 있습니다. 도구의 기능을 알아보겠습니다.

① **홈 도구** | 클릭하면 [Home] 대화상자가 나타납니다. 최근 파일에 대한 정보를 볼 수 있고 새로운 프로젝트를 만들거나 프로젝트를 열 수 있습니다. 또한 어도비에서 제공하는 다양한 학습 내용을 확인할 수 있습니다.

② **선택 도구(Selection Tool)** V | 오브젝트를 선택할 때 사용합니다.

③ **손바닥 도구(Hand Tool)** H | [Composition] 패널에서 화면을 이동할 수 있습니다.

④ **돋보기 도구(Zoom Tool)** Z | 작업 화면을 확대/축소하여 볼 수 있습니다.

⑤ **카메라 회전 도구(Orbit Camera Tool)** 1 | 카메라가 궤도를 돌듯이 회전합니다.

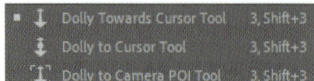

- **Orbit Around Cursor Tool** | 카메라가 마우스 포인터를 중심으로 회전합니다.
- **Orbit Around Scene Tool** | 카메라가 장면을 중심으로 회전합니다.
- **Orbit Around Camera POI** | 카메라의 Point of Interest를 중심으로 회전합니다.

⑥ **카메라 이동 도구(Pan Camera Tool)** 2 | 카메라를 상하좌우로 이동합니다.

- **Pan Under Cursor Tool** | 카메라가 마우스 포인터를 기준으로 이동합니다.
- **Pan Camera POI Tool** | 카메라의 Point of Interest를 기준으로 이동합니다.

⑦ **돌리 도구(Dolly Tool)** 3 | 카메라를 줌 인(Zoom In)하거나 줌 아웃(Zoom Out)합니다.

- **Dolly Towards Cursor Tool** | 카메라가 마우스 포인터를 향하여 줌 인, 또는 줌 아웃합니다.
- **Dolly to Cursor Tool** | 카메라가 마우스 포인터를 중심으로 줌 인, 또는 줌 아웃합니다.
- **Dolly to Camera POI Tool** | 카메라의 Point of Interest를 기준으로 줌 인, 또는 줌 아웃합니다.

⑧ **회전 도구(Rotation Tool)** W | 선택한 오브젝트를 회전합니다.

⑨ **중심점 도구(Pan Behind Tool, Anchor Point Tool)** Y | 오브젝트의 중심점(Anchor Point)을 옮깁니다.

⑩ **도형 도구(Figure Tool)** Q | 여러 가지 모양의 도형으로 마스크를 생성하거나 셰이프 레이어를 만듭니다. 사각형, 모서리가 둥근 사각형, 원형, 다각형, 별 모양 등을 만들 수 있습니다.

⑪ **펜 도구(Pen Tool)** G | 펜으로 자유롭게 모양을 그려 마스크를 생성하거나 셰이프 레이어를 만듭니다. 다음 하위 메뉴를 선택할 수 있습니다.

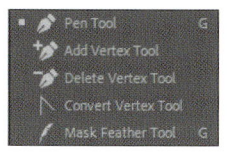

- **Add Vertex Tool** | 조절점(Vertex)을 추가합니다.
- **Delete Vertex Tool** | 조절점을 지웁니다.
- **Convert Vertex Tool** | 조절점의 베지에 핸들을 생성하거나 제거하여 조절합니다. 점과 점 사이의 선을 직선에서 곡선으로, 곡선에서 직선으로 변경할 수 있습니다.
- **Mask Feather Tool** | 마스크의 부분 영역에서 세부적으로 [Feather] 값을 조절할 수 있습니다.

⑫ **문자 도구(Type Tool)** Ctrl + T | [Composition] 패널에서 직접 텍스트를 생성합니다. 가로 또는 세로로 텍스트를 입력할 수 있습니다.

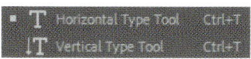

- **Horizontal Type Tool** | 가로 텍스트를 입력합니다.
- **Vertical Type Tool** | 세로 텍스트를 입력합니다.

⑬ **브러시 도구(Brush Tool)** Ctrl + B | [Layer] 패널에서 페인트 효과를 적용해 그림을 그리거나 로토 브러시 도구와 함께 사용합니다.

⑭ **스탬프 도구(Clone Stamp Tool)** Ctrl + B | [Layer] 패널에서 복사하려는 원본 영역을 Alt 를 누른 채 클릭한 후 복사할 영역으로 드래그하면 해당 부분이 복사됩니다.

⑮ **지우개 도구(Eraser Tool)** Ctrl + B | [Layer] 패널에서 드래그하여 내용을 지웁니다.

⑯ **로토 브러시 도구(Roto Brush Tool)** Alt + W | 배경과 인물 또는 물체를 분리하여 합성할 때 유용합니다. 리파인 에지 도구(Refine Edge Tool)를 사용하면 에지의 디테일을 살릴 수 있습니다.

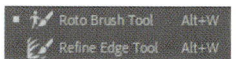

⑰ **퍼펫 핀 도구(Puppet Pin Tool)** Alt + P | 이미지에 관절을 추가하고 움직임을 만들 수 있습니다. 캐릭터 애니메이션을 제작하거나 휘는 동작 등을 만들 수 있습니다.

- **Puppet Position Pin Tool** | 기본형 퍼펫 기능으로 위칫값을 조절할 수 있습니다.
- **Puppet Starch Pin Tool** | 왜곡되는 부분이 있을 때 고정하는 용도로 사용합니다.
- **Puppet Bend Pin Tool** | 퍼펫 핀에 회전값이 추가되어 휘거나 비틀 수 있습니다.
- **Puppet Advanced Pin Tool** | 퍼펫 핀에 회전과 크기값이 추가되어 자유로운 형태로 변형할 수 있습니다.
- **Puppet Overlap Pin Tool** | 겹치는 영역의 앞뒤 위치를 지정할 수 있습니다.

⑱ **Snapping** | 오브젝트나 조절점 이동 시에 스냅할 수 있는 기능입니다.

3D 레이어 작업 도구

컴포지션에 3D 레이어가 포함되어 있을 경우에만 표시됩니다.

① **로컬 액시스 모드(Local Axis Mode)** | 3D 레이어의 표면에 축을 정렬합니다.

② **월드 액시스 모드(World Axis Mode)** | 컴포지션의 절대 좌표에 축을 정렬합니다.

③ **뷰 액시스 모드(View Axis Mode)** | 선택한 뷰에 축을 정렬합니다.

3D 레이어 선택 시 선택 도구의 조절 옵션입니다.

④ **유니버셜(Universal)** | 모든 방향으로 이동하거나 회전시킬 수 있습니다.

⑤ **포지션(Position)** 4 | 상하좌우로 이동할 수 있습니다. 크기 조절이나 회전은 할 수 없습니다.

⑥ **스케일(Scale)** 5 | 다양한 축으로 크기를 조절할 수 있습니다. 이동이나 회전은 할 수 없습니다.

⑦ **로테이션(Rotation)** 6 | 방향을 회전할 수 있습니다. 크기 조절이나 이동은 할 수 없습니다.

워크페이스 및 동기화 도구

⑧ 현재 워크스페이스 설정을 표시합니다. 클릭한 후 [Reset To Saved Layout]을 선택하면 워크스페이스를 초기화할 수 있습니다.

⑨ 화면에 표시되는 않는 모든 워크스페이스 설정을 확인하고 변경할 수 있습니다.

⑩ **동기화 설정** | [Preferences] 대화상자의 [Sync Settings]를 열어 싱크 설정을 수정하거나 현재 설정을 싱크할 수 있습니다.

⑪ **Search Help** | 검색어를 입력하고 Enter 를 누르면 어도비 도움말 페이지가 열립니다.

소스를 불러오고 관리하는 [Project] 패널

애프터 이펙트에서는 비디오는 물론, 각종 이미지, 오디오 등 다양한 미디어 소스를 활용하여 애니메이션 작업을 할 수 있습니다. 이때 작업에 사용할 소스 파일을 불러와 관리할 수 있는 패널이 바로 [Project] 패널입니다. 파일 성격에 따라 패널에 표시되는 아이콘 모양이 다르며, 이곳에서 각 파일의 여러 정보를 확인할 수 있습니다. 사용하는 소스가 많을 때는 폴더를 만들어 정리하거나 라벨(Label) 색상을 변경하여 쉽게 구분할 수 있습니다. 모션 그래픽 작업에서는 수많은 소스를 사용하므로 [Project] 패널을 잘 정리하는 습관이 필요합니다.

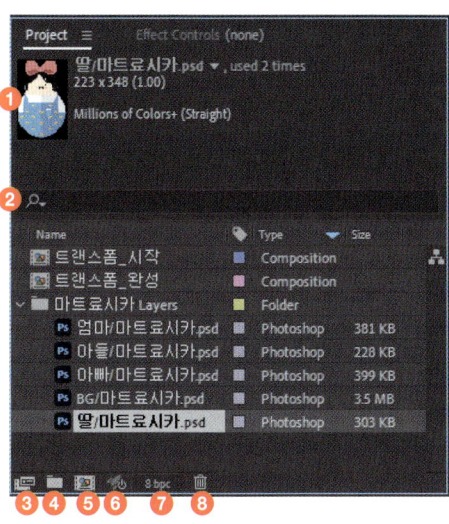

① **Source Thumbnail** | [Project] 패널에 있는 소스를 클릭하면 해당 파일의 섬네일이 표시되며 오른쪽에는 크기, 색상 정보 등이 표시됩니다.

② **Quick Search** | 소스명을 검색하여 찾을 수 있습니다. 원하는 소스를 찾기 어려울 때 유용합니다.

③ **Interpret Footage** | [Alpha], [Field] 등 옵션을 설정할 수 있으며 [Color Management]에서는 [Color Profile]을 설정할 수 있습니다.

④ **Create a new Folder** | [Project] 패널 안에 새로운 폴더를 생성합니다. 폴더에 작업 소스들을 드래그하여 정리할 수 있습니다.

⑤ **Create a new Composition** | 새로운 컴포지션을 생성합니다. 아이콘을 클릭하여 새로운 컴포지션을 만들거나 컴포지션 설정을 수정할 수 있습니다. [Project] 패널 안에 있는 소스를 이 아이콘 위로 드래그하면 소스 파일의 크기와 형식에 맞는 새로운 컴포지션을 만들 수 있습니다.

⑥ **Project Settings and Adjust Project Render Settings** | [Project Settings] 대화상자가 나타납니다. 타임 디스플레이나 색상, 오디오 등의 옵션을 설정할 수 있습니다.

⑦ **Color Depth** | 아이콘을 클릭하면 [Project Settings] 대화상자가 나타나고 [Color Depth] 등의 설정을 변경할 수 있습니다. Alt 를 누르고 클릭하면 8, 16, 32 bpc순으로 변경할 수 있습니다.

⑧ **Delete selected project items** | [Project] 패널에서 선택한 소스 파일을 삭제합니다.

애니메이션 작업을 확인하고 디자인하는 [Composition] 패널

애니메이션 작업을 미리 보기(프리뷰)할 수 있으며 실제 디자인 작업을 할 수 있습니다. 이 패널에서 직접 텍스트를 입력할 수 있고 오브젝트의 크기를 조절하거나 이동, 회전하는 등 실질적인 작업을 수행합니다.

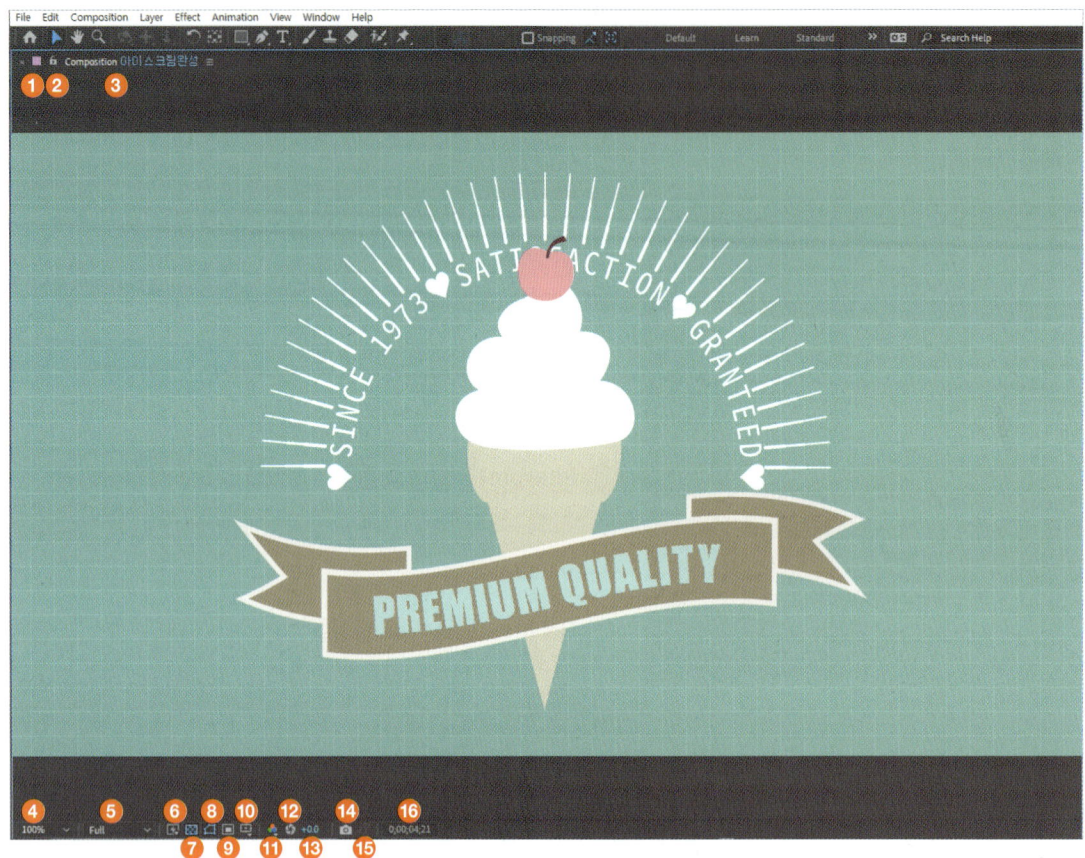

① **Label** | 컴포지션의 라벨 색상을 표시합니다.

② **Toggle Viewer Lock** | 화면을 잠글 수 있습니다. 잠금 설정을 하면 새로운 [Composition] 패널을 생성해도 잠금 설정한 패널이 재생됩니다.

③ **Triangle for opening viewer menu** | 컴포지션의 이름을 보여주며, 컴포지션의 열기, 잠그기, 닫기, 이동 등을 설정할 수 있습니다. 열려 있는 다른 컴포지션으로 이동할 수 있습니다.

④ **Magnification ratio popup** | [Composition] 패널의 확대/축소 비율을 지정합니다. 마우스 휠 버튼을 사용하면 편리합니다. 휠 버튼을 위로 올리면 확대, 아래로 내리면 축소됩니다. . , 로도 화면 비율을 조정할 수 있습니다. Alt + / 를 누르면 [Fit up to 100%]로 화면 비율이 조정됩니다.

⑤ **Resolution/Down Sample Factor Popup** | [Composition] 패널의 해상도를 설정합니다. Full=100%, Half=1/2, Third=1/3, Quater=1/4, Custom은 사용자가 지정합니다. 레이어가 많거나 이미지가 클 때는 완성한 애니메이션을 확인하는 시간이 길어집니다. 이때 해상도를 낮추면 컴퓨터가 처리하는 작업 속도를 빠르게 할 수 있습니다.

⑥ **Fast Previews** | 미리 보기 속성을 선택하여 미리 보기 속도를 빠르게 합니다.

⑦ **Toggle Transparency Grid** | 오브젝트의 알파값을 확인할 수 있으며 알파의 투명한 부분이 격자로 표시됩니다.

⑧ **Toggle Mask and Shape Path Visibility** | 오브젝트에 마스크를 적용할 때 마스크 패스를 표시하거나 감추는 속성을 설정합니다. 셰이프 레이어의 패스도 표시하거나 감춥니다.

⑨ **Region of Interest** | 클릭한 후 확인이 필요한 부분만 드래그로 지정하여 미리 보기하거나 렌더링할 수 있습니다. Alt +클릭하여 선택을 해제할 수 있습니다.

⑩ **Choose grid and guide options** | 그리드와 가이드라인을 표시하거나 감출 수 있고 Alt +클릭하여 [Title Safe/Action Safe] 가이드라인을 표시하거나 감출 수 있습니다. TV 등에서 화면의 일부분이 잘려나가거나 잘 읽히지 않는 문제를 방지하려면 제목은 [Title Safe] 가이드라인 안에서 작업하고 움직임이 적용되는 오브젝트는 [Action Safe] 안에서 작업합니다. 작업할 때는 [Title Safe/Action Safe] 가이드라인을 수시로 확인합니다.

▲ Proportional Grid 설정

▲ Grid 설정

▲ Title Safe/Action Safe 설정

Alt + ' 를 눌러 표시하거나 감출 수 있습니다.　　Ctrl + ' 를 눌러 표시하거나 숨길 수 있습니다.

⑪ **Show Channel and Color Management** | [Red], [Green], [Blue], [Alpha], [RGB Straight] 채널을 각각 확인할 수 있습니다. 현재 영상의 알파값을 확인하면서 작업할 때 유용합니다.

⑫ **Reset Exposure** | [Adjust Exposure]에서 설정한 노출값을 초기 설정값인 0으로 변경합니다.

⑬ **Adjust Exposure** +0.0 | 노출값을 직접 입력하여 설정합니다. 최종 렌더링에는 적용되지 않으며 미리 보기에서만 적용됩니다.

⑭ **Take Snapshot** | 현재 장면을 캡처합니다. 단축키 Shift + F5 ~ F8 을 활용하여 네 장까지 캡처할 수 있습니다.

⑮ **Show Last Snapshot** | 캡처한 장면을 이미지로 표시합니다. 단축키 F5 ~ F8 을 활용하여 네 장까지 캡처 이미지를 표시할 수 있습니다.

⑯ **Preview Time** 0;00;04;21 | 현재 시간을 보여줍니다. 원하는 시간으로 타임 인디케이터를 옮기려면 해당 부분을 클릭한 후 이동할 지점을 입력합니다. 타임코드나 프레임 형식으로 표시할 수 있습니다.

[Composition] 패널의 3D 레이어 작업 도구

컴포지션에 3D 레이어가 있는 경우 [Composition] 패널에 다수의 아이콘이 추가됩니다.

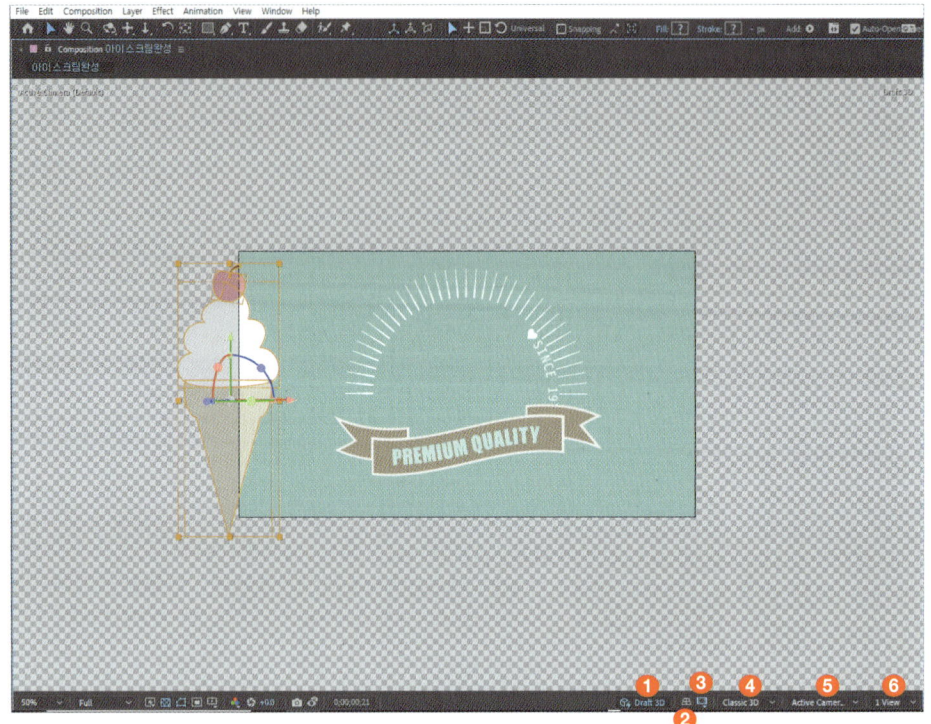

① **Draft 3D** | 3D 가속 미리 보기를 활성화/비활성화할 수 있습니다. 클릭하여 활성화할 경우 저화질로 표시되며 그림자 정보가 무시됩니다.

② **3D Ground Plane** | [Draft 3D]를 활성화했을 때만 사용할 수 있습니다. 클릭하여 활성화하면 바닥면에 그리드가 표시됩니다.

③ **Extended Viewer** | 컴포지션 밖의 영역도 보여주어 화면 밖에 위치한 2D또는 3D 레이어가 표시됩니다.

④ **3D Renderer** | 현재 선택한 3D 렌더러가 표시됩니다. [Cinema 4D] 렌더러로 변경하거나 [Render Options] 대화상자를 열 수 있습니다.

⑤ **3D View Popup** | 기본값은 [Active Camera]로 설정되어 있습니다. 선택한 카메라 뷰로 3D 작업을 확인할 수 있습니다. 메뉴에서 추가로 카메라를 만들거나 설정을 변경할 수도 있습니다.

⑥ **Select View Layout** | 3D 작업에서 카메라 뷰 레이아웃을 설정할 수 있습니다.

미디어 파일을 레이어 형태로 관리하는 [Timeline] 패널

미디어 파일을 레이어의 형태로 올려 작업하는 패널로, 각 레이어의 재생 시간을 설정하거나 키프레임을 생성하는 등 실질적인 애니메이션 작업을 하는 곳입니다.

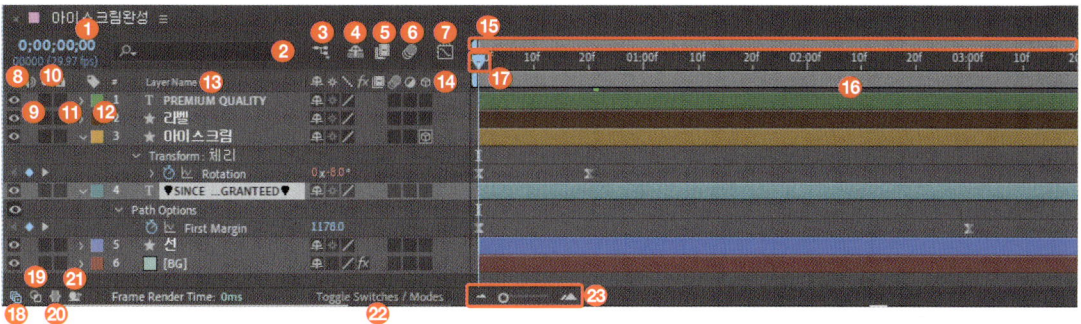

① **Current Time** | 타임 인디케이터가 있는 현재 시간을 알 수 있습니다. Ctrl 을 누른 채 클릭하여 타임코드, 프레임 형식으로 디스플레이 스타일을 변경할 수 있습니다.

② **Quick Search** | Ctrl + F 를 눌러 활성화시킨 후 레이어나 속성 등의 이름을 검색하여 찾을 수 있습니다.

③ **Composition Mini-Flowchart** | 컴포지션을 작은 플로우차트 형태로 보여줍니다.

④ **Hides all layers for which the 'Shy' switch is set** | [Timeline] 패널에서 숨기기 설정된 레이어를 감춥니다. 사용 중인 레이어가 많을 때 현재 작업 중인 레이어를 제외한 나머지 레이어의 [Shy] 옵션을 숨기기로 설정한 후 을 클릭하면 감출 수 있습니다. [Timeline] 패널에서만 감춰지며, [Composition] 패널에는 그대로 표시됩니다.

⑤ **Enables Frame Blending for all layers with the Frame Blend switch set** | 동영상에만 적용되며, 재생 속도 등을 조절한 후 활성화시키면 한층 부드러운 움직임을 만들 수 있습니다.

⑥ **Enables Motion Blur for all layers with the Motion Blur switch set** | 움직임이 있고 레이어의 모션 블러가 활성화되어 있는 레이어의 모션 블러를 표시합니다.

⑦ **Graph Editor** | 애니메이션을 그래프 형태로 보여줍니다. 그래프를 조절하여 애니메이션을 수정할 수 있습니다.

⑧ **Video** | 레이어를 화면에서 감추거나 다시 표시할 수 있습니다.

⑨ **Audio** | 오디오 정보가 있는 레이어에만 활성화되며 레이어의 오디오를 켜고 끕니다.

⑩ **Solo** | 선택한 레이어만 화면에 표시되고 나머지 레이어는 감춥니다.

⑪ **Lock** | 해당 레이어가 수정되지 않도록 잠급니다.

⑫ **Label** | 라벨 색상을 변경할 수 있습니다.

⑬ **Layer Name** | 레이어의 이름이나 소스의 이름을 보여줍니다. 클릭하면 [Source Name]이 나타납니다. 마우스 오른쪽 버튼을 클릭하고 [Rename]을 선택하거나, 레이어를 선택한 상태에서 Enter 를 누르

면 레이어 이름을 수정할 수 있습니다.

⑭ **ⓐⓑⓒⓓⓔⓕⓖⓗ** | [Timeline] 패널 전체가 아닌 각각의 레이어 설정입니다.

  ⓐ **Shy** | 레이어 숨기기를 활성화 또는 비활성화합니다.
  ⓑ **Collapse Transformations** | 3D 레이어를 포함한 컴포지션 레이어의 3D 성질을 유지하게 하거나, 벡터 레이어의 경우 래스터라이즈를 유지합니다.
  ⓒ **Quality and Sampling** | 미리 보기의 화질을 조절합니다.
  ⓓ **Effect** | 이펙트를 보여주거나 감춥니다.
  ⓔ **Frame Blending** | 프레임 혼합 설정입니다.
  ⓕ **Motion Blur** | 모션 블러를 활성화하거나 비활성화할 수 있습니다.
  ⓖ **Adjustment Layer** | 레이어를 감추며, 이 레이어에 적용된 효과가 하위 레이어에 적용됩니다.
  ⓗ **3D Layer** | 활성화하여 3D 레이어로 변환할 수 있습니다.

⑮ **Time Navigator** | 조절바를 드래그하면 시간 영역을 확대/축소/이동할 수 있습니다.

⑯ **Work Area** | 미리 보기할 때 원하는 영역을 지정할 수 있습니다.

⑰ **Current Time Indicator(CTI)** | 현재 화면에 표시되는 부분의 시간 위치입니다.

⑱ **Expand or Collapse the Layer Switches pane** | [Shy], [For Comp layer/For Vector Layer], [Quality and Sampling], [Effect], [Frame Blending], [Motion Blur], [Adjustment Layer], [3D Layer] 옵션을 표시하거나 감춥니다.

⑲ **Expand or Collapse the Transfer Controls pane** | [Blending Mode], [Preserve Underlying Transparency], [Track Matte] 옵션을 표시하거나 감춥니다.

⑳ **Expand or Collapse the In/Out/Duration/Stretch panes** | 레이어의 시간 속성인 [In], [Out], [Duration], [Stretch]를 표시하거나 감춥니다.

㉑ **Expand or Collapse the Render Time pane** | 실시간 렌더링에서의 지연 시간을 각 레이어별, 효과별로 표시하거나 감춥니다.

㉒ **Toggle Switches/Modes** `Toggle Switches / Modes` | [Layer Switches pane]과 [Transfer Controls pane]을 스위치합니다. 단축키 F4 를 이용할 수 있습니다.

㉓ **Zoom into frame level, or out to entire comp(in time)** | [Timeline] 패널을 확대하거나 축소합니다. 왼쪽 아이콘을 클릭하면 [Timeline] 패널 전체가 축소되고, 오른쪽 아이콘을 클릭하면 현재 시간을 기준으로 [Timeline] 패널이 확대됩니다. 가운데에 있는 조절점을 드래그하거나 +, - 를 눌러 확대 및 축소를 조절할 수 있습니다.

▲ 칼럼(Columns)을 마우스 오른쪽 버튼으로 클릭하고 모든 칼럼(열)을 다 확장한 경우

다양한 형태의 레이어 속성을 설정할 수 있는 [Properties] 패널

애프터 이펙트 CC 버전 23.6 이상에서만 확인할 수 있습니다.

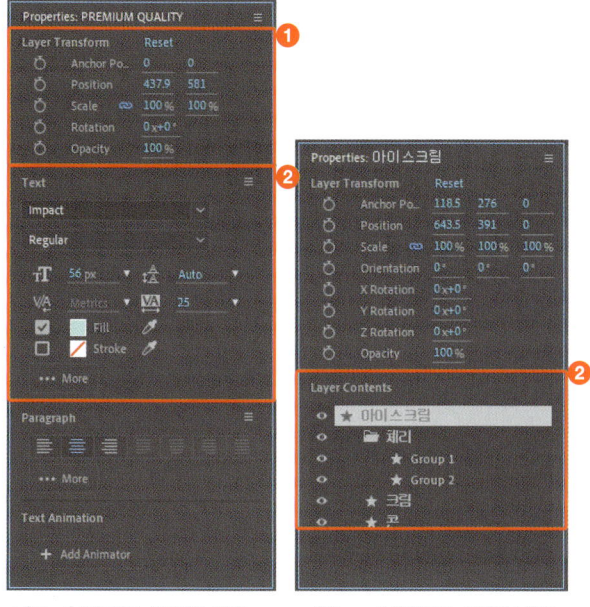

▲ [Text] 레이어를 선택했을 경우   ▲ [Shape] 레이어를 선택했을 경우

① **Layer Transform** | 레이어의 [Transform] 속성을 설정하고 스톱워치를 클릭하여 애니메이션 작업을 수행할 수 있습니다.

② 레이어의 형태에 따라 그 레이어의 개별 속성이 표시됩니다. [Text] 레이어를 선택하면 문자의 설정 속성이, 셰이프 레이어를 선택하면 [Layer Contents] 설정 속성이 표시됩니다.

정보를 확인하는 [Info] 패널, 오디오 옵션을 볼 수 있는 [Audio] 패널

[Standard] 레이아웃에서 같은 패널로 묶여 있습니다.

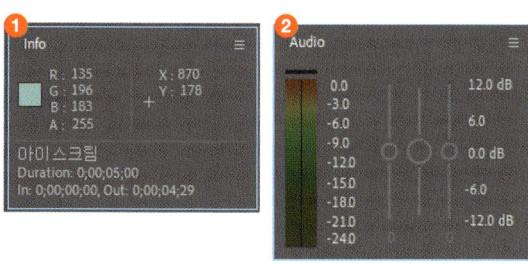

① **[Info] 패널** | [Composition] 패널에서 마우스 포인터가 있는 곳의 색상, 위치 등을 확인할 수 있습니다. 레이어가 선택되어 있는 경우 레이어의 이름과 시간, 정보 등이 표시됩니다.

② **[Audio] 패널** | 재생한 오디오의 볼륨을 확인하고 조절할 수 있습니다.

이펙트와 프리셋을 검색하고 적용할 수 있는 [Effects & Presets] 패널

▶을 클릭하여 원하는 이펙트, 프리셋을 찾거나 입력란에 검색어를 입력하여 찾을 수 있습니다. ▶을 클릭하면 해당 카테고리에 있는 다양한 이펙트들이 표시됩니다. 이펙트 앞에 있는 숫자는 해당 이펙트가 지원하는 색상 심도(Color Depth)를 뜻합니다. 이펙트를 선택하고 더블클릭하거나 드래그&드롭하는 방법으로 적용합니다.

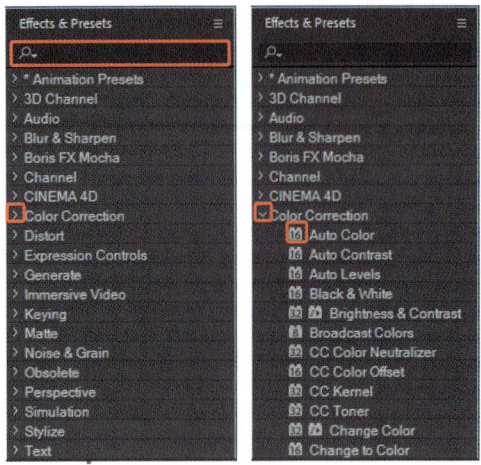

레이어의 정렬을 맞추는 [Align] 패널

[Align Layers to]는 한 개 이상의 레이어를 선택했을 때 활성화되며 [Composition]과 [Selection] 중 선택할 수 있습니다. [Composition]을 선택하면 선택한 레이어와의 정렬을 컴포지션과 맞출 수 있으며, 두 개 이상의 레이어를 선택하고 [Selection]을 선택하면 선택한 레이어들 간의 정렬을 맞출 수 있습니다.

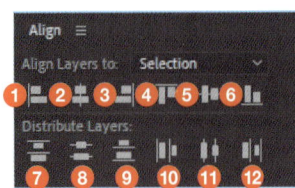

① **Align Left** ┃ 좌측 맞춤 정렬합니다.

② **Align Horizontally** ┃ 수평으로 맞춤 정렬합니다.

③ **Align Right** ┃ 우측 맞춤 정렬합니다.

④ **Align Top** ┃ 위쪽 맞춤 정렬합니다.

⑤ **Align Vertically** ┃ 수직으로 맞춤 정렬합니다.

⑥ **Align Bottom** ┃ 아래쪽 맞춤 정렬합니다.

[Distribute Layers]는 세 개 이상의 레이어를 선택했을 때 활성화되며 레이어들의 간격을 정렬하는 옵션입니다.

⑦ **Distribute Top** ┃ 레이어들의 맨 위 픽셀들의 간격을 균등하게 지정합니다.

⑧ **Distribute Vertically** ┃ 레이어들의 수직 중앙 픽셀들의 간격을 균일하게 정렬합니다.

⑨ **Distribute Bottom** ┃ 레이어들의 가장 아래쪽 픽셀들의 간격을 균등하게 정렬합니다.

⑩ **Distribute Left** | 레이어들의 가장 왼쪽 픽셀들의 간격을 균등하게 정렬합니다.

⑪ **Distribute Hotizontally** | 레이어들의 수평 중앙 픽셀들의 간격을 균일하게 정렬합니다.

⑫ **Distribute Right** | 레이어들의 가장 오른쪽 픽셀들의 간격을 균등하게 정렬합니다.

텍스트 스타일을 지정하는 [Character] 패널, [Paragraph] 패널

문자 도구를 이용해서 텍스트를 입력한 후 다양한 설정을 할 수 있습니다.

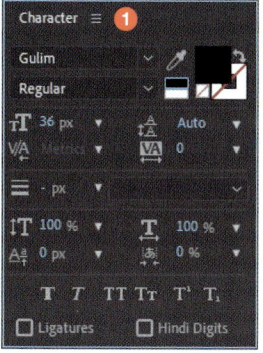
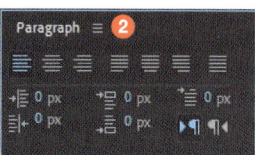

① **[Character] 패널** | 입력한 텍스트의 폰트, 크기, 색상, 자간, 행간, 자폭 등을 선택하여 적용합니다.
- **Set the font family** | 폰트 패밀리를 선택합니다.
- **Set the font style** | 폰트 스타일을 선택합니다.
- **Fill Color** | 면에 적용되는 색상 속성의 유무와 색상 (컬러코드)을 설정합니다.
- **Stroke Color** | 선에 적용되는 색상 속성의 유무와 색상(컬러코드)을 설정합니다.
- **Font Size** | 폰트 사이즈를 선택합니다.
- **Set the leading** | 글줄과 글줄 사이의 행간을 설정합니다.
- **Set the tracking** | 글자 사이의 간격을 설정합니다.

② **[Paragraph] 패널** | 문단 모양을 선택할 수 있습니다. 왼쪽 맞춤, 중앙 맞춤, 오른쪽 맞춤으로 설정할 수 있고 텍스트 입력 방향도 설정할 수 있습니다.

적용한 이펙트를 확인하고 조절하는 [Effect Controls] 패널

레이어에 이펙트를 적용하면 화면 왼쪽에 자동으로 표시되는 패널입니다. 레이어에 적용된 이펙트를 확인하려면 해당 레이어를 선택하고 F3 을 누릅니다. 이펙트마다 조절할 수 있는 옵션이 다르므로 세부 옵션은 실습으로 확인합니다.

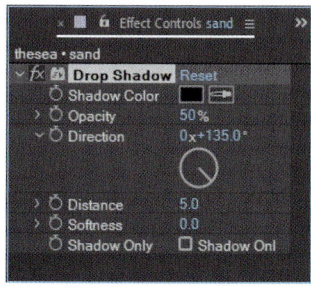

하나의 레이어만 보면서 작업할 수 있는 [Layer] 패널

[Timeline] 패널에서 레이어를 더블클릭하면 컴포지션 위치에 자동으로 열리며 로토 브러시 또는 트래킹 등의 작업을 할 때 자동으로 나타납니다. [Composition] 패널과 옵션이 다르게 표시됩니다.

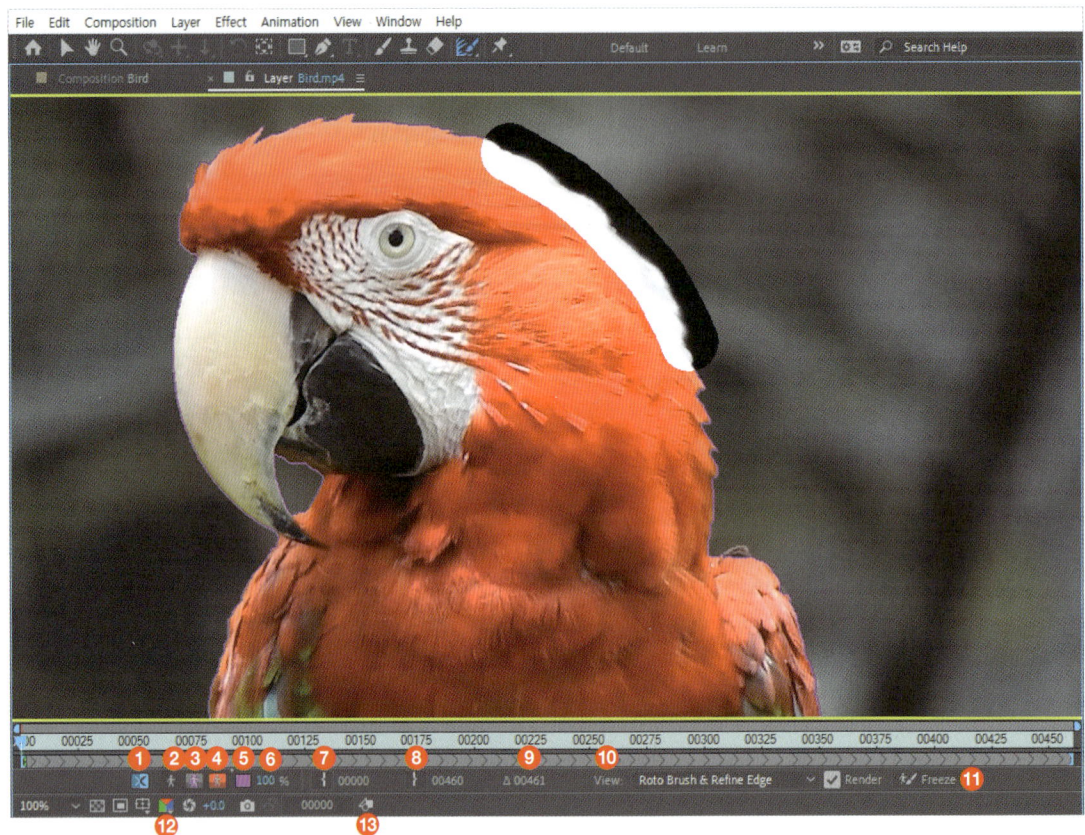

① **Toggle Refine Edge X-Ray** | 리파인 에지 작업 시 에지를 X-Ray처럼 보여줍니다.

② **Toggle Alpha** | 알파 채널 형식으로 보여줍니다. 블랙과 화이트 형식으로 나타납니다.

③ **Toggle Alpha Boundary** | 알파 채널을 바운더리 형식으로 보여줍니다.

④ **Toggle Alpha Overlay** | 알파에서 안 읽는 부분을 [Overlay]로 보여줍니다.

⑤ **Alpha Boundary/Overlay Color** | 알파값의 [Overlay] 색상을 설정합니다.

⑥ **100%** | 알파값의 [Overlay] 투명도를 설정합니다.

⑦ **{** | 작업의 시작점입니다.

⑧ **}** | 작업의 끝점입니다.

⑨ 전체 작업 길이입니다.

⑩ **View** | 기본은 [None]이며, [Roto Brush & Refine Edge], [Masks], [Motion Tracker Points], [Anchor Point Path] 등으로 선택할 수 있습니다.

⑪ **Freeze** | 로토 브러시나 리파인 에지의 확산을 메모리 캐시로 저장하고 잠급니다.

⑫ **Show Channel and Color Management Settings** | 알파나 컬러 채널을 선택해서 나타나게 하거나 컬러를 설정할 수 있습니다.

⑬ **Comp Button** | 작업 중인 레이어가 들어있는 컴포지션으로 돌아갑니다.

작업한 애니메이션을 확인하는 [Preview] 패널

작업한 애니메이션 결과를 확인할 때 사용합니다. 미리 보기에 대한 다양한 옵션을 설정할 수 있습니다.

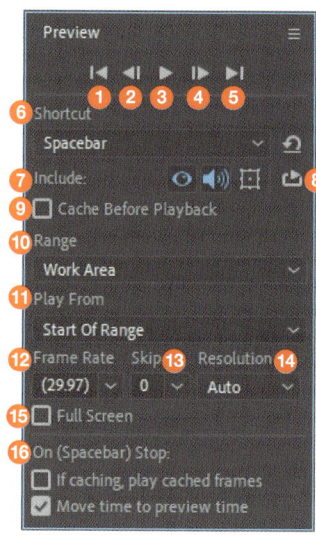

① | 컴포지션의 시작점으로 이동합니다.

② | 현재 시간에서 1프레임 앞으로 이동합니다.

③ | 재생합니다.

④ | 현재 시간에서 1프레임 뒤로 이동합니다.

⑤ | 컴포지션의 끝점으로 이동합니다.

⑥ **Shortcut** | 단축키로 재생을 설정할 수 있습니다. 기본은 Spacebar 이며 하위 메뉴에서 숫자패드의 0 등으로 변경하고 새로운 옵션을 설정할 수 있습니다.

⑦ **Include** | 재생할 항목을 선택할 수 있습니다. 오디오 아이콘을 비활성화하면 재생할 때 오디오가 재생되지 않습니다.

⑧ **Loop Options Play** | [once] 또는 [loop]로 선택할 수 있습니다.

⑨ **Cache Before Playback** | 재생하기 전에 메모리 캐시를 저장합니다.

⑩ **Range** | 재생할 범위를 선택합니다. [Work Area], [Entire Duration] 등으로 변경할 수 있습니다.

⑪ **Play From** | 재생을 시작하는 지점을 설정합니다. 기본은 [Start Of Range]이며 [Range]로 설정한 시작점부터 재생합니다. [Current Time]으로 설정을 변경하면 현재 시간부터 재생합니다.

⑫ **Frame Rate** | 1초에 재생되는 프레임 수입니다.

⑬ **Skip** | 건너뛰기를 뜻합니다. 0일 때는 [Frame Rate]에 설정한 값대로 프레임이 재생되고, 1일 때는 1프레임 재생 후 다음 1프레임은 건너뛰기합니다. 애니메이션이 끊기지만 미리 보기 시간을 단축할 수 있습니다.

⑭ **Resolution** | 해상도를 뜻합니다.

⑮ **Full Screen** | 활성화하면 풀 스크린으로 미리 보기합니다.

⑯ **On(Spacebar) Stop** | Spacebar 를 눌러 재생을 멈춥니다. 재생 도중에 Spacebar 를 누르면 누른 시점에서 재생이 멈춥니다.

애니메이션을 편집할 수 있는 [Graph Editor] 패널

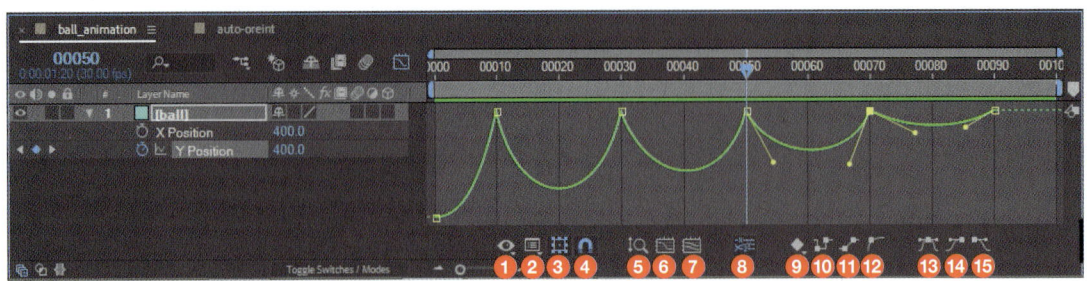

① **Choose which properties are shown in the graph editor** | 그래프 에디터에서 어떤 속성을 보여줄 것인지 선택할 수 있습니다. [Show Selected Properties]를 선택하면 선택한 속성만 나타나며, [Show Animated Properties]를 선택하면 애니메이션 속성을 모두 보여줍니다.

② **Choose graph type and options** | [Edit Speed Graph] 또는 [Edit Value Graph]를 선택할 수 있습니다. 스피드나 값을 그래프로 보면서 편집할 수 있습니다.

③ **Show Transform Box when multiple keys are selected** | 조절키를 여러 개 선택했을 때 박스 형태로 보여주는 옵션입니다.

④ **Snap** | 키프레임을 이동할 때 스냅이 적용됩니다.

⑤ **Auto-Zoom graph height** | 자동으로 높이가 확대됩니다.

⑥ **Fit selection to view** | 선택한 속성의 그래프가 [Graph Editor] 패널에 가득 차게 보여집니다.

⑦ **Fit all graphs to view** | 모든 그래프가 [Graph Editor] 패널에 가득 차게 보여집니다.

⑧ **Separate Dimensions** | 선택한 키프레임의 차원이 분리됩니다.

⑨ **Edit selected keyframes** | 선택한 키프레임을 편집할 수 있는 하위 메뉴가 있습니다.

⑩ **Convert selected keyframes to Hold** | 선택한 키프레임을 [Hold]로 변경합니다.

⑪ **Convert selected keyframes to Linear** | 선택한 키프레임을 [Linear]로 변경합니다.

⑫ **Convert selected keyframes to Auto Bezier** | 선택한 키프레임을 [Auto Bezier]로 변경합니다.

⑬ **Easy Ease** | 키프레임을 [Easy Ease]로 설정합니다.

⑭ **Easy Ease In** | 키프레임을 [Easy Ease In]으로 설정합니다.

⑮ **Easy Ease Out** | 키프레임을 [Easy Ease Out]으로 설정합니다.

작업 환경 설정하기

작업 공간(Workspace) 설정하기

애프터 이펙트는 다양한 패널을 이용하여 작업을 수행합니다. 그러므로 수많은 패널을 작업 내용에 맞도록 설정하고 작업하는 것이 효율적입니다. ❶ [Window]-[Workspace] 메뉴를 선택해 작업 공간을 선택할 수 있습니다. ❷ 기본형은 [Default] 구성이며 표준형인 [Standard] 구성도 활용도가 높습니다. 이 책의 예제 실습으로는 [Minimal] 구성이 주로 사용되었습니다. [Minimal] 구성은 작업에 가장 필수적이면서 최소한의 패널인 [Composition] 패널과 [Timeline] 패널로만 구성된 설정입니다. ❸ [Edit Workspaces] 메뉴를 선택하면 ❹ [Edit Workspaces] 대화상자가 나타납니다. 원하는 작업 공간 구성이 먼저 나타나도록 설정할 수 있습니다.

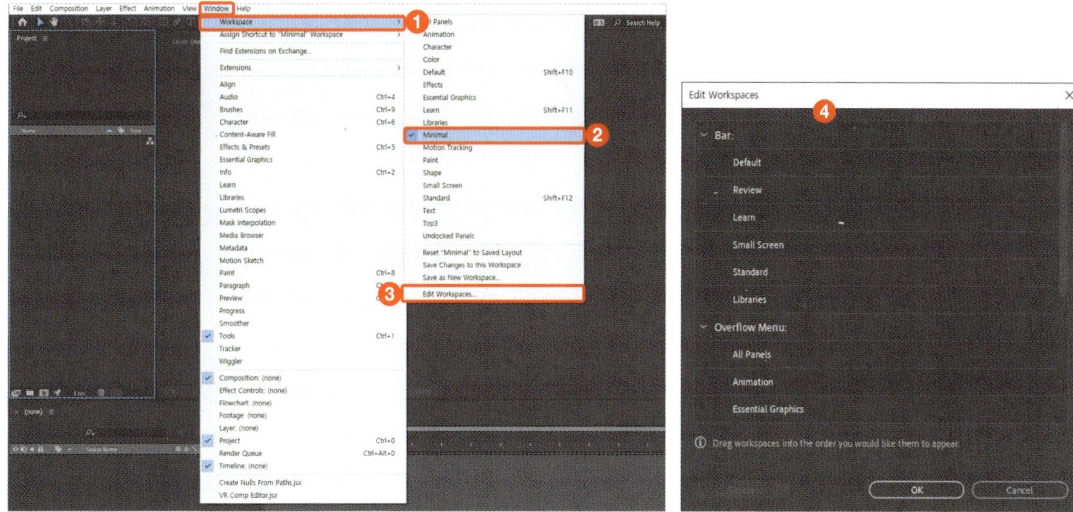

모니터 설정에 따라 도구바에서 바로 변경할 수도 있습니다. ❺ 기본값에서 패널의 구성이 달라졌을 경우 원래의 구성으로 돌아오려면 다음 그림과 같이 상단의 워크스페이스 영역의 ▣을 클릭한 후 ❻ [Reset to Saved Layout]을 선택하면 됩니다. 작업하는 도중에 필요한 패널이 사라졌을 때에도 빠르게 기본값으로 돌려놓을 수 있습니다.

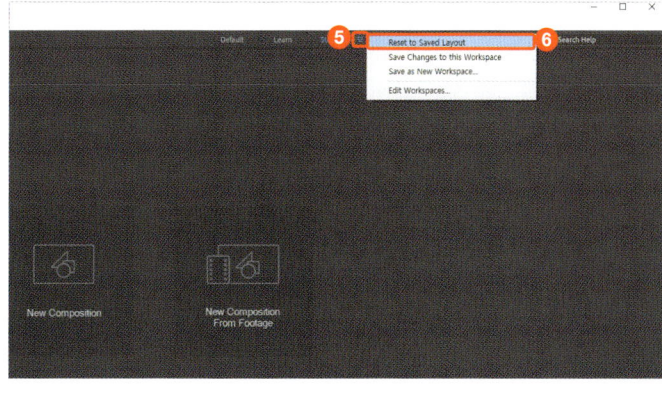

작업 환경(Preferences) 설정하기

메뉴바에서 [Edit]-[Preferences] 메뉴를 선택한 후 하위 메뉴를 선택하면 [Preferences] 대화상자가 나타납니다. 애프터 이펙트에 대한 전반적인 작업 환경을 설정할 수 있습니다.

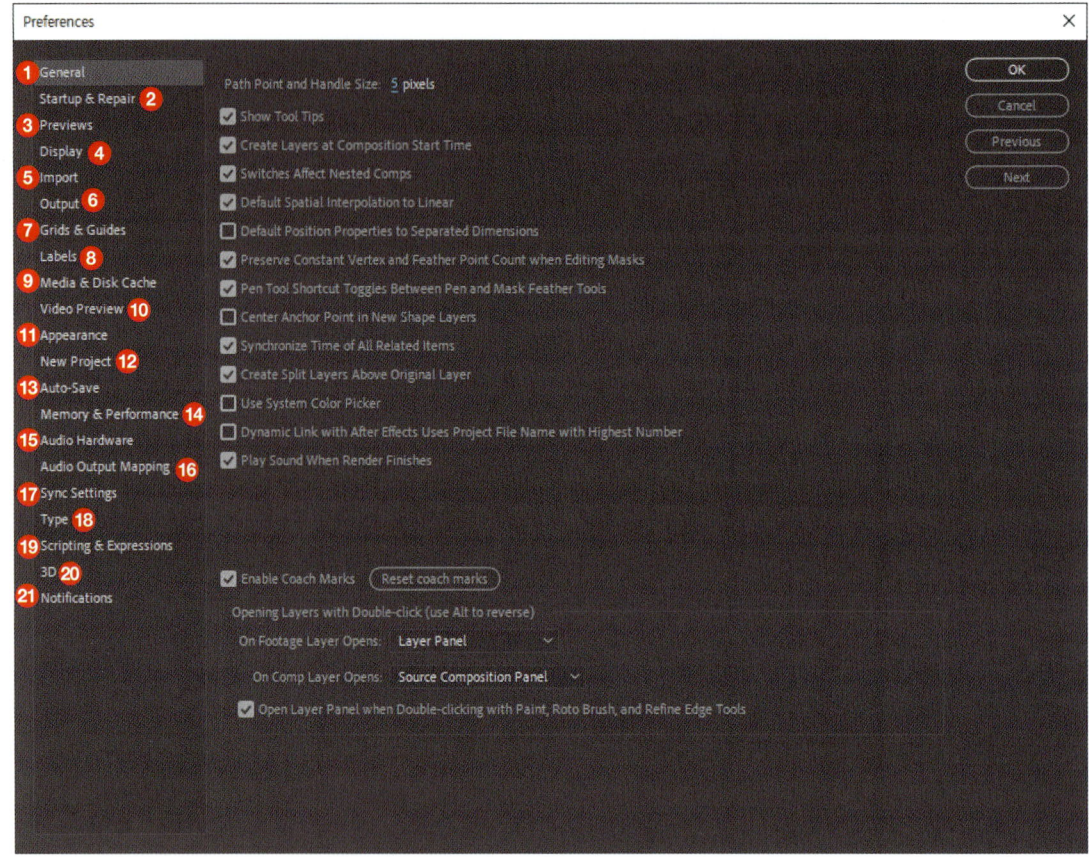

▲ [Preferences] 대화상자

① **General** | 레벨 조절, 도구 팁의 표시 유무 등 일반적인 옵션을 설정합니다.

② **Startup & Repair** | 프로그램을 시작할 때 [Home] 화면과 시스템 적합성 표시 유무를 선택할 수 있습니다. 또한 모든 디스크 캐시를 한번에 삭제할 수 있는 옵션이 있습니다.

③ **Previews** | 비디오와 오디오의 미리 보기 옵션을 설정합니다. [GPU Information]을 클릭하여 그래픽 카드 정보 등을 확인할 수 있습니다.

④ **Display** | 모션 패스 등의 디스플레이를 설정합니다.

⑤ **Import** | 이미지나 시퀀스 불러오기 옵션을 설정합니다.

⑥ **Output** | 내보내기 옵션을 설정합니다.

⑦ **Grids & Guides** | 그리드와 가이드라인의 색상과 간격 등을 설정합니다.

⑧ **Labels** | 라벨의 색상을 설정합니다.

⑨ **Media & Disk Cache** | 디스크 캐시를 활성화하고 디스크 캐시의 크기, 저장 위치를 설정할 수 있습니다.

⑩ **Video Preview** | 컴퓨터 모니터나 다른 디스플레이 장치로 비디오를 재생할 수 있도록 설정합니다.

⑪ **Appearance** | 인터페이스의 색상 등을 설정합니다.

⑫ **New Project** | 새로운 프로젝트 만들 때의 템플릿 옵션을 설정합니다.

⑬ **Auto-Save** | 자동 저장을 설정합니다.

⑭ **Memory & Performance** | 전체 사용 가능한 램(RAM)과 다른 애플리케이션에 할애할 수 있는 램 등을 설정합니다.

⑮ **Audio Hardware** | 오디오 장치를 설정합니다.

⑯ **Audio Output Mapping** | 스피커 등을 설정합니다.

⑰ **Sync Settings** | [Sync Settings]의 세부 옵션을 설정할 수 있습니다.

⑱ **Type** | 프리뷰 폰트 사이즈 등의 [Font Menu]를 설정할 수 있습니다.

⑲ **Scripting & Expressions** | [Expressions Editor] 메뉴에서 폰트 사이즈나 색상 등을 설정합니다.

⑳ **3D** | 카메라 내비게이션의 단축키 사용 유무 등을 선택할 수 있습니다.

㉑ **Notifications** | [Render Notifications]을 활성화하면 렌더 대기열에 컴포지션을 추가할 때 자동으로 알림을 표시합니다. 렌더 완료 알림이 크리에이티브 클라우드 앱을 통하여 데스크톱이나 모바일로 전송됩니다.

프로젝트(Project) 설정하기

[File]-[Project Settings] 메뉴를 선택하면 [Project Settings] 대화상자가 나타납니다. 타임 디스플레이나 색상, 오디오 등의 옵션을 설정할 수 있습니다. [Project] 패널에서 을 클릭해도 [Project Settings] 대화상자가 나타납니다.

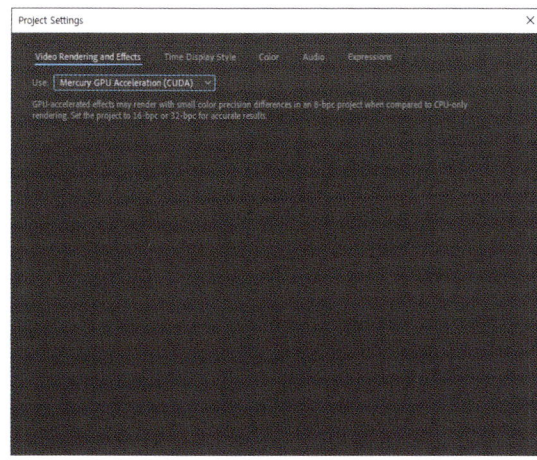

▲ [Video Rendering and Effects] : 비디오 렌더링 장치 선택

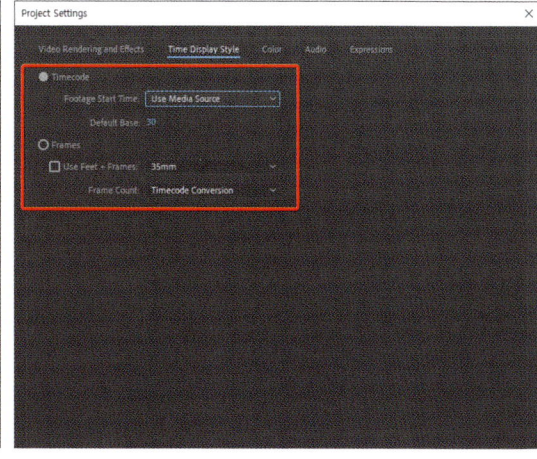

▲ [Time Display Style] 설정 : 시간 표시를 타임코드와 프레임 중 선택

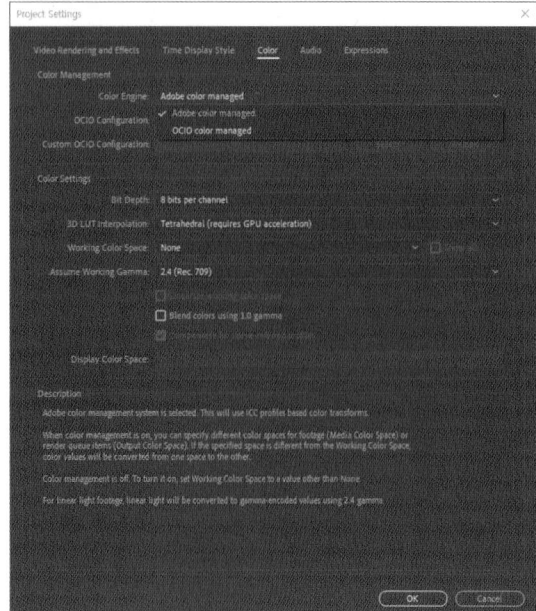
▲ [Color] 설정 : 색상 심도 등을 설정

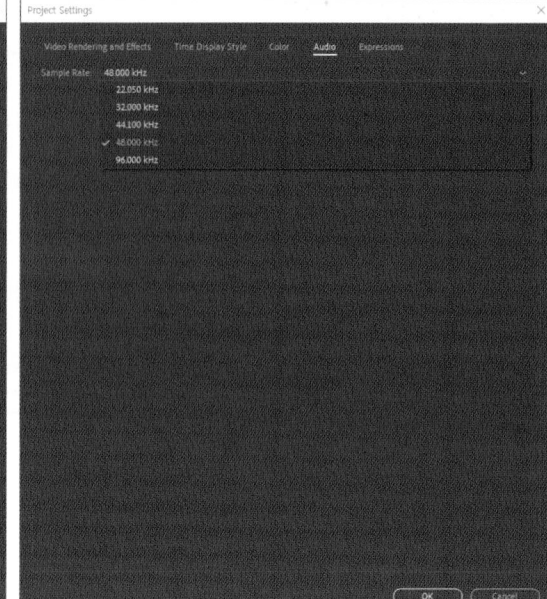
▲ [Audio] 설정

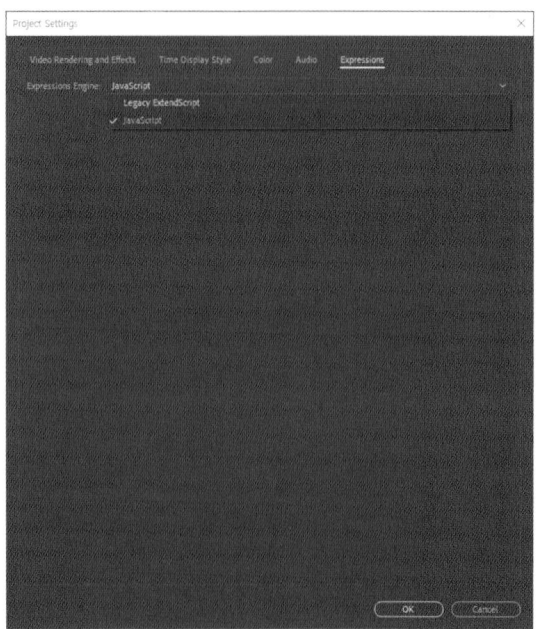
▲ [Expressions] 설정

단축키 확인하고 설정하기

메뉴바에서 [Edit]-[Keyboard Shortcuts] 메뉴를 선택하면 [Keyboard Shortcuts] 대화상자가 나타납니다. 다양한 패널의 단축키를 확인할 수 있으며 새로운 단축키를 설정하고 저장할 수 있습니다.

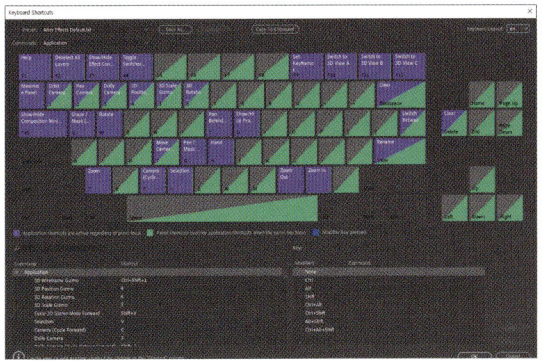 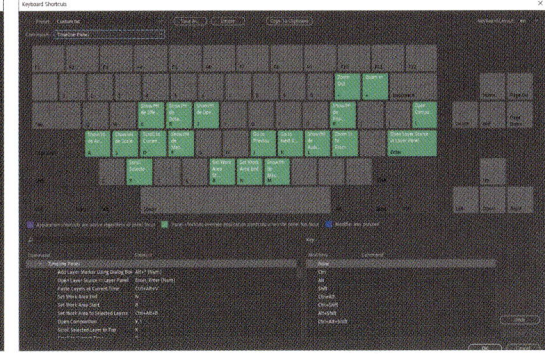

프로젝트 저장하기

① 메뉴바에서 [File]-[Save] Ctrl + S 메뉴를 선택합니다.

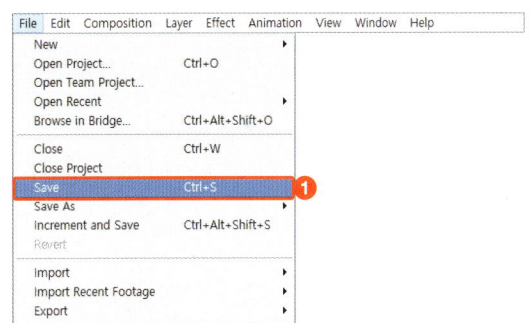

② [Save As] 대화상자가 나타나면 파일 이름을 입력하고 ③ [저장]을 클릭합니다. '입력한 이름.aep' 파일로 저장됩니다. aep 파일은 After Effects Project 파일이며 동영상 파일이 아니므로 프로그램을 열지 않고서는 동영상을 재생할 수 없습니다. 또한 불러온 모든 미디어 파일은 aep 파일에 저장되지 않고 경로만 저장됩니다. aep 파일은 하드 디스크에 저장할 수 있으며, Creative Cloud Files에도 저장할 수 있습니다.

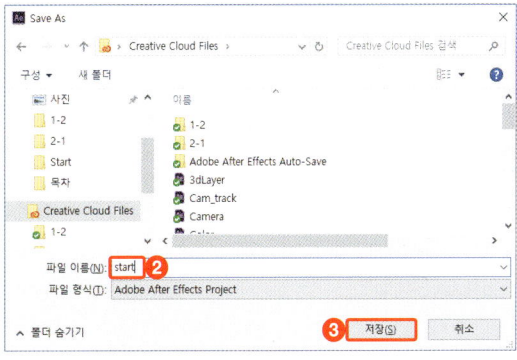

CHAPTER 01에서 애프터 이펙트의 인터페이스를 익혔다면
이제 본격적으로 간단한 기능을 실습하겠습니다.
프로젝트를 시작하기 전에 필수적으로 익혀야 하는
애프터 이펙트의 기본 기능을 알아보고 패널별로 꼭 알아야 할
다양한 기능과 렌더링하는 방법을 알아봅니다.

CHAPTER 02

애프터 이펙트
기본&핵심 기능 익히기

[Project] 패널 활용하기

다양한 형식의 미디어 파일 불러오고 프로젝트 시작하기

애프터 이펙트는 20개가 넘는 패널로 구성되어 있습니다. 워크스페이스를 효율적으로 사용하기 위해서는 수행하는 작업에 따라 꼭 필요한 패널만 열어두고 작업하는 것이 좋습니다. 애프터 이펙트 작업에서 핵심이 되는 패널은 [Project] 패널, [Composition] 패널, [Timeline] 패널입니다. [Project] 패널은 작업에 사용할 다양한 형태의 미디어 파일을 불러오고 관리하는 역할을 합니다. 미디어 파일의 포맷 또는 불러오기 옵션에 따라 불러오는 방법이 다릅니다. 따라서 [Project] 패널을 제대로 활용하기 위해서는 [Import] 메뉴를 잘 알아야 합니다. 같은 파일이라 하더라도 어떻게 불러왔느냐에 따라 전혀 다른 작업을 수행할 수 있기 때문에 파일 불러오기는 매우 중요합니다.

간단 실습 파일 불러오기

애프터 이펙트에서 이루어지는 대부분의 작업은 미디어 파일을 불러오며 시작합니다. 불러오기 옵션은 설정에 따라 다른 작업을 수행할 수 있으므로 예제를 시작하기 전에 꼭 알아두어야 합니다.

01 [File]-[Import] 메뉴를 선택합니다. [Import] 메뉴에서는 불러오기의 다양한 옵션을 선택할 수 있습니다. [File] 메뉴를 선택하여 미디어 파일을 불러옵니다.

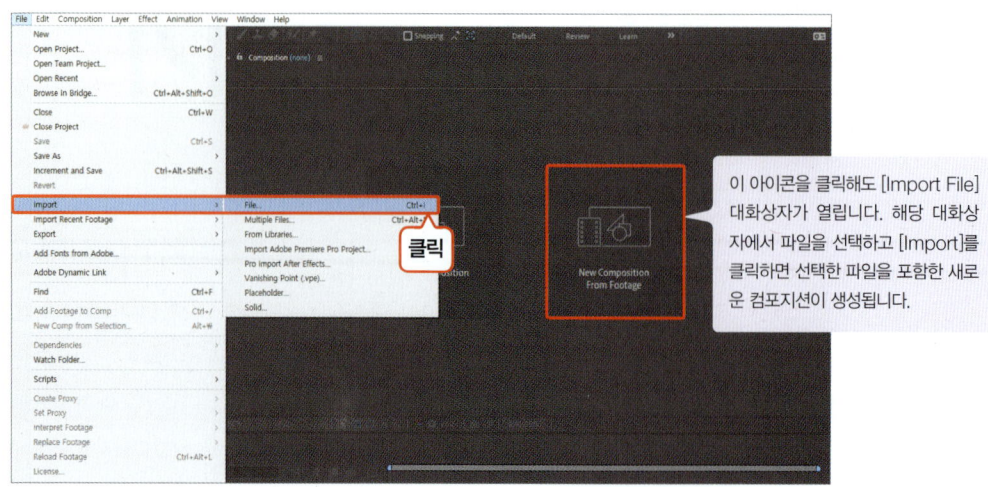

> **기능 꼼꼼 익히기** [File]-[Import]-[File] 메뉴를 빠르게 실행하는 방법
>
> ① 단축키 Ctrl + I 를 눌러 메뉴를 실행합니다.
> ② [Project] 패널의 빈 곳을 더블클릭합니다.
> ③ [Composition] 패널에서 [New Composition From Footage]를 클릭하여 미디어 파일을 불러와 그 파일이 삽입된 새로운 컴포지션을 만들어 프로젝트를 시작합니다.
> ④ 윈도우 탐색기 창에서 미디어 파일을 [Project] 패널로 드래그해 불러옵니다.

02 ① [Import File] 대화상자가 나타납니다. ② 불러올 파일을 선택하고 ③ [Import]를 클릭하면 [Project] 패널에 파일이 등록됩니다. ④ [Import Options]-[Create Composition]에 체크한 후 파일을 불러오면 [Project] 패널에 미디어 소스의 이름과 동일한 컴포지션이 등록되고 영상을 바로 확인할 수 있습니다.

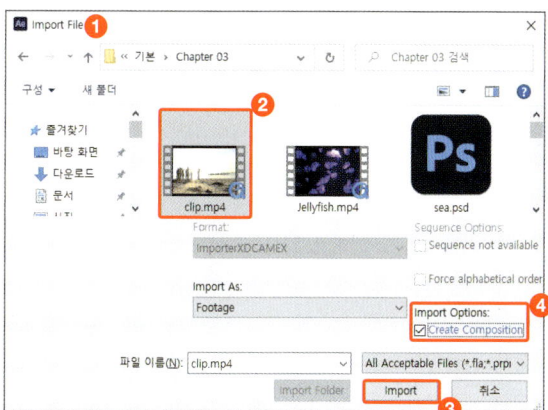

All Acceptable Files | [Import File] 대화상자에서 [All Acceptable Files]를 클릭해보면 불러올 수 있는 파일 포맷을 모두 확인할 수 있습니다. 다양한 이미지 포맷은 물론, 음악 파일, 동영상 파일, 프로젝트나 템플릿 파일 등을 불러올 수 있습니다. 미디어 파일을 [Project] 패널에 불러왔다고 해서 해당 미디어 파일이 애프터 이펙트에 저장되는 것은 아닙니다. 불러온 파일은 저장되어 있는 경로 안에 존재합니다. 따라서 애프터 이펙트에서 다양한 작업을 진행하고 저장했다 하더라도 그 프로젝트에 사용된 미디어 파일들이 함께 저장되지 않습니다. 프로젝트 파일을 다른 컴퓨터의 다른 경로에서 열거나 사용한 미디어 파일의 저장 경로를 변경했을 때는 애프터 이펙트에서 인식하지 못합니다. 미디어 파일 경로 재설정과 불러오기 문제 해결 방법은 이 책의 019쪽을 참고하세요.

▲ 애프터 이펙트 프로젝트에 불러올 수 있는 파일 포맷

간단 실습 | 레이어드 포토샵(Layered Photoshop, psd) 파일 불러오기

하나 이상의 레이어를 포함한 포토샵 파일(psd)을 불러오면 다양한 옵션 메뉴가 나타납니다. 옵션에 따라 수행하는 작업이 많이 달라지기 때문에 유의하여 설정해야 합니다.

[File] 메뉴로 불러오기

01 ❶ 메뉴바에서 [File]-[Import]-[File] Ctrl + I 메뉴를 선택합니다. ❷ [Import File] 대화상자가 나타나면 원하는 psd 파일을 선택하고 ❸ [Import]를 클릭합니다.

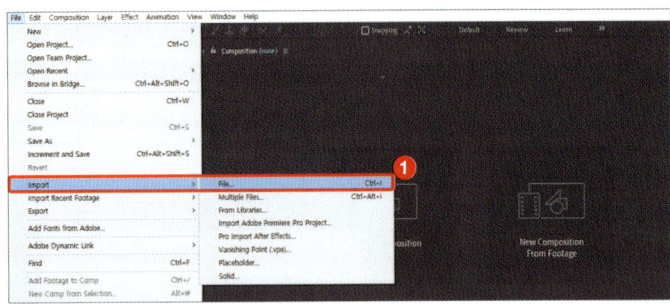

[Import File] 대화상자 알아보기

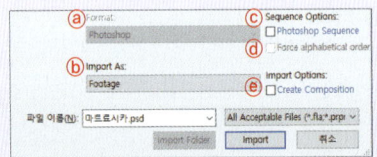

ⓐ **Format** | 선택한 파일의 포맷을 보여줍니다.
ⓑ **Import As** | 선택한 파일의 성격에 따라 불러오기 옵션을 선택할 수 있습니다.
ⓒ **Sequence Options** | 연속적인 파일이 있을 경우 자동으로 체크됩니다. psd, tiff, jepg, ai 등 다양한 이미지 포맷을 시퀀스로 불러올 수 있습니다. 시퀀스가 아닌 하나의 이미지만 불러오고 싶을 때는 체크를 해제해야 합니다.
ⓓ **Force alphabetical order** | 시퀀스가 숫자가 아닐 경우 알파벳 순서로 불러옵니다.
ⓔ **Import Options-Create Composition** | 선택한 파일이 삽입된 컴포지션이 자동으로 생성됩니다.

02 ❶ 대화상자가 나타나면 원하는 설정을 선택한 후 ❷ [OK]를 클릭합니다. 여기서는 [Import Kind]를 [Composition]으로, [Layer Options]를 [Merge Layer Styles into Footage]로 선택했습니다. ❸ 선택한 파일의 이름을 가지는 컴포지션이 생성되고 해당 컴포지션을 더블클릭해 열면 [Timeline] 패널에서 여러 개의 레이어가 삽입된 컴포지션을 확인할 수 있습니다.

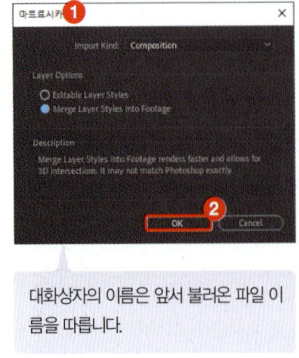

대화상자의 이름은 앞서 불러온 파일 이름을 따릅니다.

기능 꼼꼼 익히기 | psd 불러오기 대화상자 알아보기

[Import File] 대화상자에서 psd 파일을 선택하고 불러오면 psd 불러오기 대화상자가 나타납니다. [Import Kind] 항목을 기준으로 [Layer Options] 옵션에 대해 알아보겠습니다.

❶ Import Kind | [Footage]

[Layer Options] 항목

ⓐ **Merged Layers** | 여러 개의 레이어가 포함되어 있더라도 모든 레이어를 병합(Merge)하여 하나의 레이어로 불러옵니다.

ⓑ **Choose Layer: [레이어 이름]** | 여러 개의 레이어 중에서 선택한 레이어만 하나의 이미지 파일로 불러옵니다.

ⓒ **Footage Dimensions** | [Layer Size]와 [Document Size] 중 선택할 수 있습니다. [Layer Size]로 선택하면 이미지의 영역을 레이어의 영역과 동일하게 불러오며, [Document Size]로 선택하면 레이어 영역과 상관없이 문서 크기가 레이어 영역으로 설정됩니다.

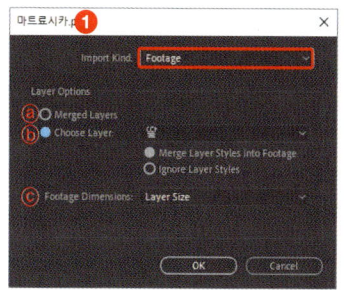

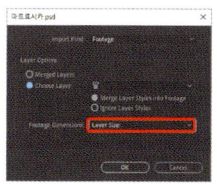  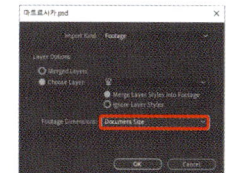 

▲ [Footage Dimensions]를 [Layer Size]로 선택 　　▲ [Footage Dimensions]를 [Document Size]로 선택

[Composition] 패널에서 [Toggle Transparency Grid]를 활성화한 이미지입니다.

❷ Import Kind | [Composition]

[Import Kind]를 [Composition]으로 선택하면 psd 파일에 삽입되어 있는 모든 레이어를 포함한 컴포지션을 생성하는 형태로 불러옵니다. 이때 컴포지션의 크기는 psd 파일의 문서 크기와 동일하게 설정됩니다.

[Layer Options] 항목

ⓐ **Editable Layer Styles** | 포토샵에서 설정한 레이어 스타일을 동일하게 보여주며, 수정할 수도 있습니다. 3D 레이어로 변환하면 레이어 스타일이 적용되지 않을 수 있습니다.

ⓑ **Merge Layer Styles into Footage** | 포토샵에서 설정한 레이어 스타일을 병합합니다. 렌더링 속도가 빠를 수 있으나, 포토샵에서의 결과와 완전히 똑같지 않을 수 있습니다.

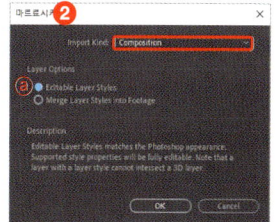 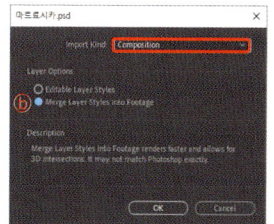

❸ Import Kind | [Composition - Retain Layer Sizes]

psd 파일에 삽입되어 있는 모든 레이어를 포함한 컴포지션을 생성하는 형태로 불러옵니다. 이때 [Layer Size]는 레이어 각각의 크기로 읽습니다. psd 파일을 불러올 때 가장 자주 사용되는 옵션입니다. [Layer Options] 항목은 ❷ Import Kind | [Composition] 항목과 동일합니다.

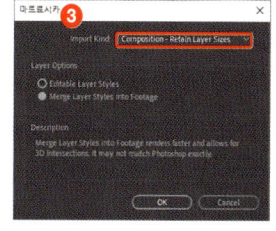

간단실습 일러스트레이터(ai) 파일 불러오기

01 ❶ [File]–[Import]–[File] Ctrl + I 메뉴를 선택합니다. ❷ [Import File] 대화상자가 나타나면 원하는 ai 파일을 선택하고 ❸ [Import]를 클릭합니다. 여기서 선택한 **pots.ai** 파일은 네 개의 레이어로 구성된 일러스트레이터 파일입니다.

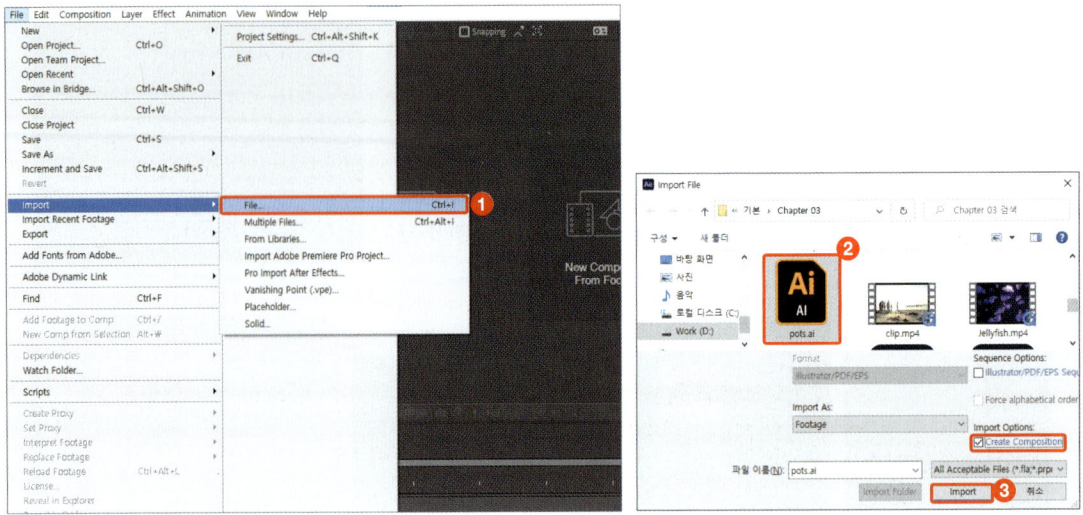

02 ❶ 불러오기 대화상자가 나타나면 원하는 설정을 선택한 후 ❷ [OK]를 클릭합니다. 여기서는 [Import Kind]를 [Footage]로, [Layer Options]는 [Merged Layers]로 선택했습니다. ❸ [Composition] 패널을 확인해보면 네 개의 레이어가 있는 파일이지만 하나의 레이어로 나타나는 것을 확인할 수 있습니다.

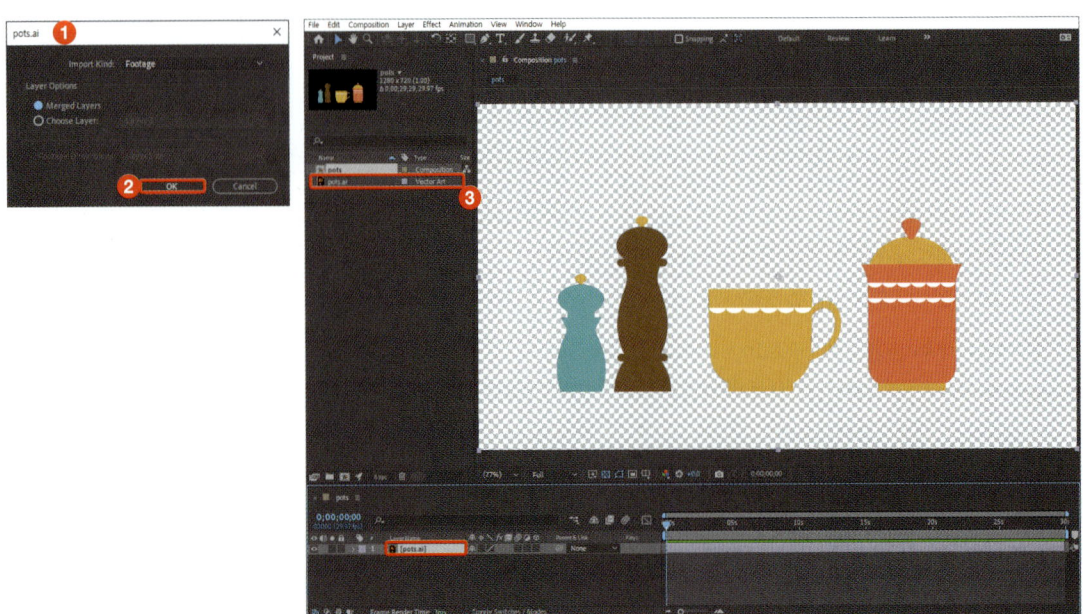

기능 꼼꼼 익히기 | ai 불러오기 대화상자 알아보기

[Import File] 대화상자에서 ai 파일을 선택하고 불러오면 ai 불러오기 대화상자가 나타납니다. [Import Kind] 항목을 기준으로 [Layer Options] 옵션에 대해 알아보겠습니다.

❶ Import Kind | [Footage]

  [Layer Options] 항목

  ⓐ **Merged Layers** | 여러 개의 레이어가 포함되어 있더라도 모든 레이어를 병합하여 하나의 레이어로 불러옵니다. 컴포지션 안에 그림은 모두 보이지만 레이어는 하나로 나타납니다. 각각의 그림을 따로 분리하여 움직일 수 없습니다.

  ⓑ **Choose Layer: [레이어 이름]** | 여러 개의 레이어 중에서 선택한 레이어만 병합하여 하나의 레이어로 불러옵니다.

  ⓒ **Footage Dimensions** | [Layer Size]와 [Document Size] 중 선택할 수 있습니다. [Layer Size]로 설정하면 이미지의 영역을 레이어의 영역과 동일하게 불러오며, [Document Size]로 선택하면 이미지의 크기와 상관없이 원본 파일의 문서 크기가 레이어의 크기로 설정됩니다.

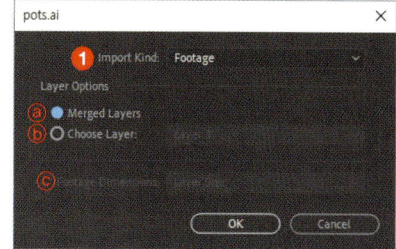

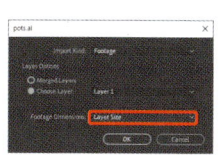  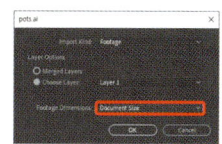 

▲ [Footage Dimensions]를 [Layer Size]로 선택　　　▲ [Footage Dimensions]를 [Document Size]로 선택

❷ Import Kind | [Composition]

[Import Kind]를 [Composition]으로 선택하면 ai 파일에 삽입되어 있는 모든 레이어를 포함한 컴포지션을 생성하는 형태로 불러옵니다. 이때 컴포지션의 크기는 ai 파일의 문서 크기와 동일하게 설정됩니다.

Footage Dimensions | [Layer Size]와 [Document Size] 중 선택할 수 있습니다. [Layer Size]로 설정하면 이미지의 영역을 레이어의 영역과 동일하게 불러오며, [Document Size]로 선택하면 이미지 크기와 상관없이 레이어의 영역이 문서의 크기로 설정됩니다.

  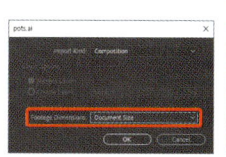 

▲ [Footage Dimensions]를 [Layer Size]로 선택　　　▲ [Footage Dimensions]를 [Document Size]로 선택

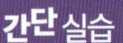 **여러 사진이 포함된 폴더를 불러와 포토 슬라이드쇼 만들기**

준비 파일 애프터 이펙트/Chapter 02/[photos] 폴더

01 ❶ [File]-[Import]-[File] Ctrl + I 메뉴를 선택합니다. ❷ [Import File] 대화상자가 나타나면 여러 개의 미디어 파일이 들어있는 [photos] 폴더를 선택합니다. ❸ [Create Composition]에 체크하여 컴포지션을 함께 생성하고 ❹ [Import Folder]를 클릭합니다.

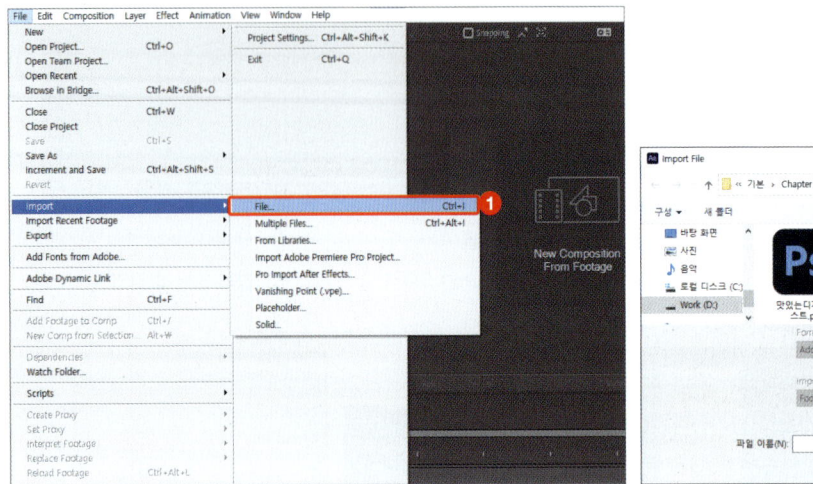

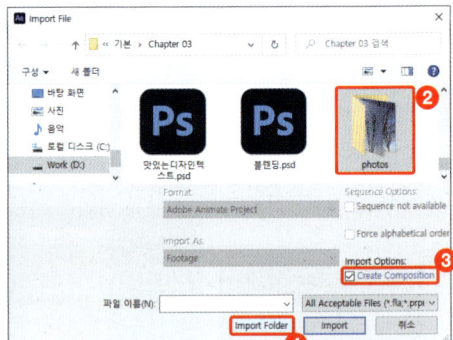

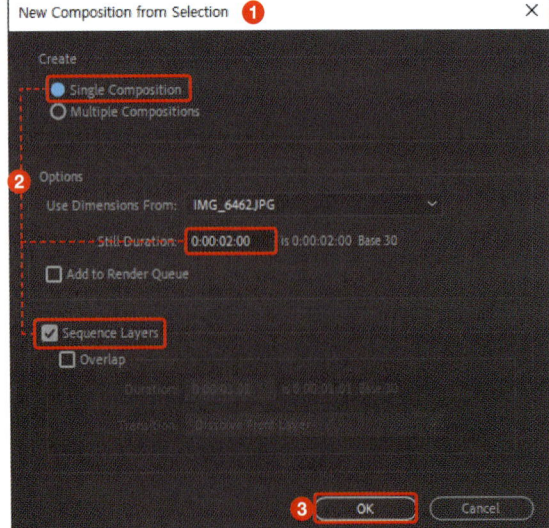

02 ❶ [New Composition from Selection] 대화상자가 나타납니다. ❷ [Create]는 [Single Composition]을 선택하고 [Options]-[Still Duration]은 **0:00:02:00** 지점으로 설정한 후 [Sequnece Layers]에 체크합니다. ❸ [OK]를 클릭합니다.

03 ❶ 폴더 안에 있는 모든 사진이 순차적으로 등장하도록 배치됩니다. ❷ Spacebar 를 누르면 포토 슬라이드쇼가 재생됩니다.

기능 꼼꼼 익히기 🏷️ [New Composition from Selection] 대화상자 알아보기

미디어 파일이 여러 개 있는 폴더를 선택하고 [Create Composition]에 체크하면 [New Composition from Selection] 대화상자가 나타납니다. [New Composition from Selection] 대화상자의 다양한 옵션을 설정하면 수많은 사진을 동영상으로 만드는 스톱모션이나 사진이 차례대로 나타나는 포토 슬라이드쇼 등을 제작할 때 매우 유용하게 활용할 수 있습니다.

❶ **[Create] 항목**
  ⓐ **Single Composition** | 폴더에 포함된 모든 파일이 하나의 컴포지션에 등록됩니다.
  ⓑ **Multiple Compositions** | 폴더에 포함된 모든 파일마다 각각의 컴포지션을 생성합니다.

❷ **[Options] 항목**
  ⓒ **Use Dimensions From** | 폴더에 포함된 파일 중 하나를 선택하여 그 파일과 같은 환경으로 공간이 설정됩니다.
  ⓓ **Still Duration** | 스틸 이미지가 있는 경우 스틸 이미지가 재생되는 시간을 설정할 수 있습니다.
  ⓔ **Add to Render Queue** | [Render Queue] 패널이 열리며 렌더링할 수 있습니다.

❸ **Sequence Layers** | 폴더에 포함된 모든 파일을 시퀀스로 배열할 수 있습니다.

[Overlap]에 체크하면 파일 간의 오버랩을 설정할 수 있으며 [Dissolve] 이펙트가 적용된 것처럼 레이어가 서서히 등장하고 사라지게 할 수 있습니다.

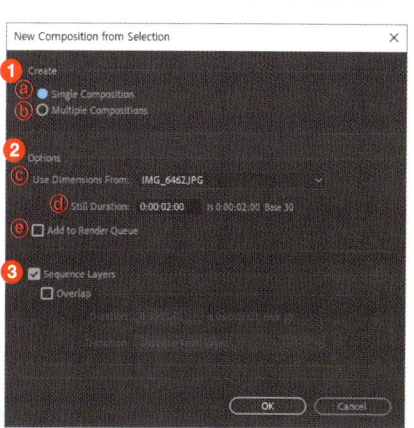

알파 채널을 포함한 파일 불러오기

준비 파일 애프터 이펙트/Chapter 02/Alpha02.tif

알파 채널을 가지고 있는 이미지 파일을 불러오면 알파 채널 설정 대화상자가 나타납니다. 'The item has an unlabeled alpha channel' 문구는 '이 아이템은 분류되지 않은 알파 채널을 가지고 있습니다'라는 의미이며, 다음 설정을 통해 알파 채널을 어떻게 인식할지 선택할 수 있습니다. [File]-[Import]-[File] Ctrl + I 메뉴를 선택해 준비 파일을 불러옵니다.

01 알파 채널 설정 대화상자가 나타납니다. ❶ [Ignore]를 선택하면 알파 채널을 무시합니다. ❷ [Composition] 패널에서 ▨을 클릭하면 알파 채널에서 투명한 부분이 격자 무늬로 표시되지만 알파 채널 무시하기로 불러오기하여 채널이 무시됩니다.

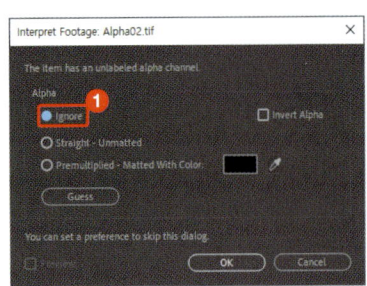 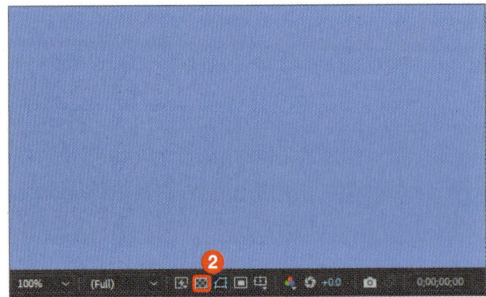

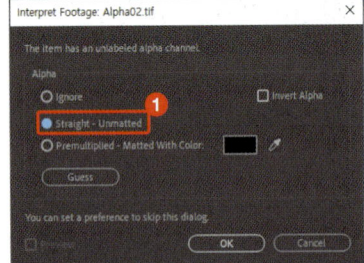

02 ❶ [Straight-Unmatted]를 선택하면 알파 채널을 그대로 인식합니다. ❷ 이때 ▨을 클릭하면 알파 채널이 투명(격자 무늬)하게 나타납니다.

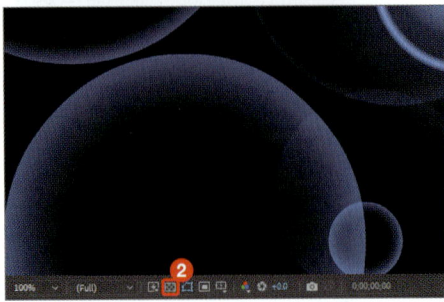 

03 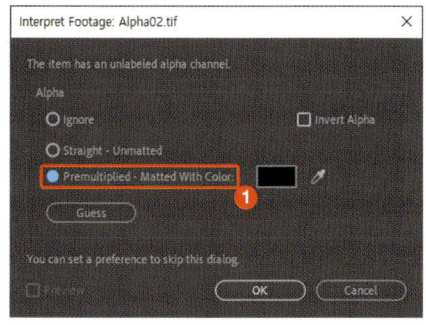 ❶ [Premultiplied-Matted With Color]를 선택하면 설정된 색상을 기준으로 알파 채널을 인식합니다. 알파 채널의 투명도가 완벽하게 투명하지도, 불투명하지도 않은 부분의 경우 선택한 색상에 따라 중간값이 다르게 생성될 수 있습니다. 다음 그림처럼 색상을 검은색으로 선택하면 투명도가 중간값인 영역이 회색에 가까운 색상으로 나타납니다. ❷ ▦ 을 클릭하면 알파 채널이 적용된 이미지를 확인할 수 있습니다.

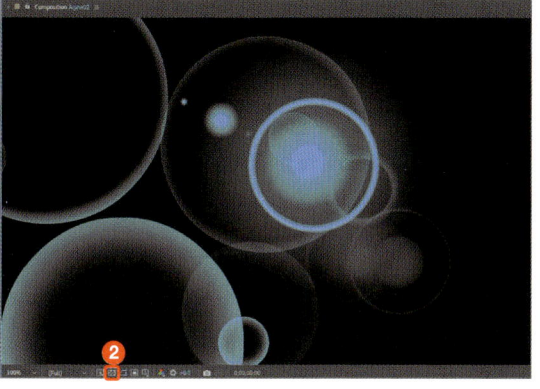
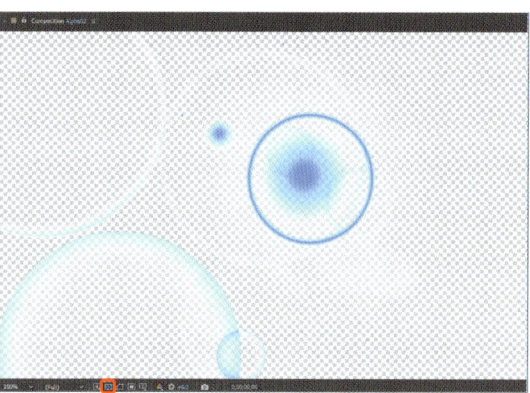

04 이미지를 불러와 [Project] 패널에 등록한 후에 알파 채널의 옵션에 변화를 줄 수도 있습니다. [Project] 패널에서 이미지 파일을 선택하고 마우스 오른쪽 버튼을 클릭한 후 [Interpret Footage]-[Main]을 선택합니다. [Interpret Footage] 대화상자가 나타나면 [Alpha]-[Straight-Unmatted]로 설정을 변경하고 [OK]를 클릭합니다. 이때 [Invert Alpha]에 체크하면 알파 채널을 반대로 읽습니다.

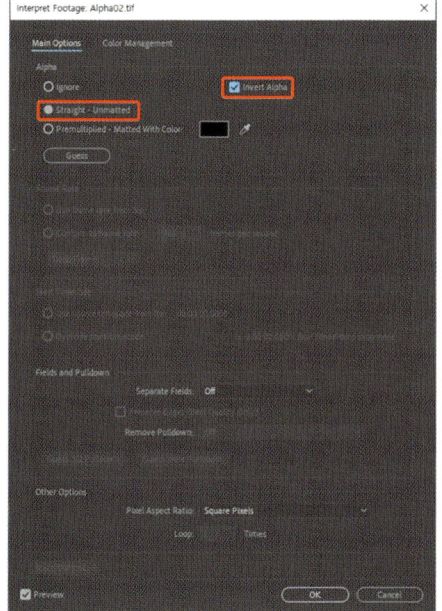

[Project] 패널 아래의 ▦ 을 클릭해도 [Interpret Footage] 대화상자가 나타납니다.

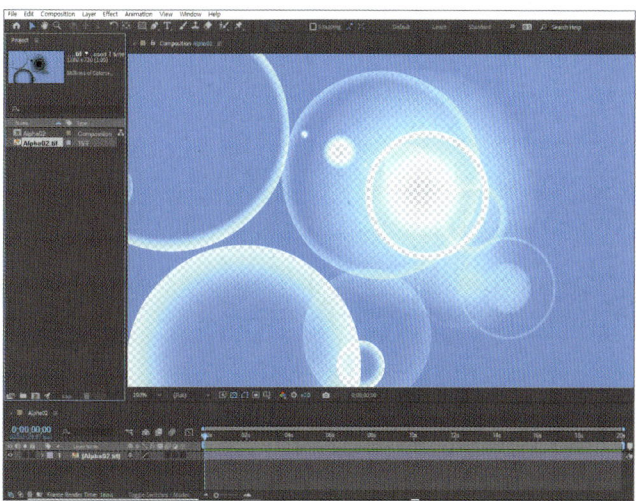

LESSON 02

[Composition] 패널 활용하기

컴포지션 새로 만들거나 수정하기

[Composition] 패널에서는 직접 텍스트를 입력하는 작업이나 오브젝트 크기를 조절하고 회전하는 작업, 도형 도구나 펜 도구를 이용하여 그림 또는 오브젝트를 그려 넣는 등의 실질적인 작업을 수행할 수 있습니다. 애니메이션이나 이펙트 등의 작업을 프리뷰하여 확인할 수도 있습니다. [Composition] 패널은 Viewport 기능을 하므로 '뷰포트'라고 지칭되기도 합니다. 하나의 프로젝트에 여러 개의 컴포지션을 만들 수 있고 컴포지션 안에 컴포지션을 삽입할 수도 있습니다. 이처럼 컴포지션은 패널의 이름이기도 하고, 동시에 작업의 단위로도 사용됩니다. 애프터 이펙트의 작업은 컴포지션을 만드는 것부터 시작됩니다.

간단 실습 | 컴포지션 새로 만들기

01 ❶ [Composition]-[New Composition] Ctrl + N 메뉴를 선택합니다. ❷ [Composition Settings] 대화상자가 나타납니다. 여기에서 컴포지션의 이름, 크기, 해상도, 길이 등 기본 옵션을 설정할 수 있습니다.

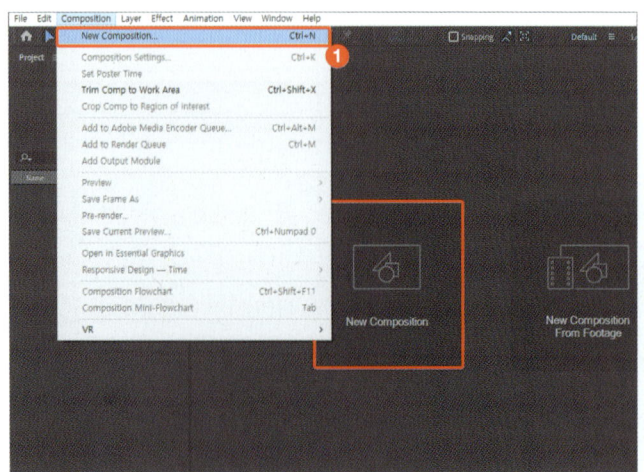
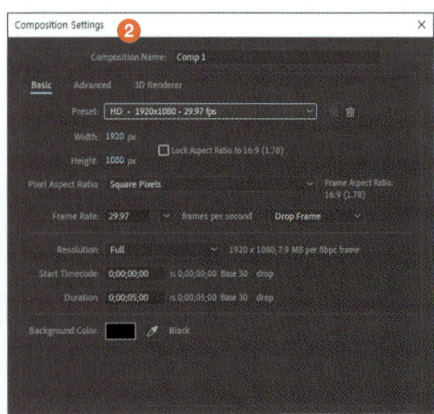

빈 [Composition] 패널에서 [New Composition]을 클릭해도 됩니다.

기능 꼼꼼 익히기 ❯ [Composition Settings] 대화상자 알아보기

[Composition Settings] 대화상자의 각 항목과 [Basic] 탭의 세부 옵션에 대해 알아보겠습니다.

❶ **Composition Name** | 컴포지션의 이름을 설정합니다. 첫 번째 설정 시 기본 이름은 'Comp 1'로 설정되며 변경할 수 있습니다.

❷ **Preset** | TV나 영화 또는 소셜 미디어 등의 다양한 포맷 종류를 설정합니다.

❸ **Width, Height** | 컴포지션의 가로와 세로 크기를 설정합니다.

❹ **Pixel Aspect Ratio** | 픽셀 종횡비를 설정합니다.

❺ **Frame Rate** | 1초에 몇 장의 이미지가 포함되는지 설정합니다. TV는 29.97F(프레임), 영화는 24F, 컴퓨터에서 재생할 비디오는 30F이 적합합니다.

❻ **Resolution** | 해상도를 설정합니다.

❼ **Timecode** | 시작 프레임을 설정합니다.

❽ **Duration** | 컴포지션의 길이를 설정합니다.

❾ **Background Color** | 배경색을 설정합니다.

[Frames per second]에 해당하는 소수점 단위로 끝나는 드롭 프레임(Drop Frame) 규격과 정수로 끝나는(Non-Drop Frame)은 컴퓨터 영상 재생에서는 크게 차이가 없지만 재생하는 매체에 따라 다르게 보일 수 있습니다. 이는 과거 TV 영상 신호 수신 규격에 따른 차이입니다. 현재는 간단하게 23.976fps는 24fps에, 29.97fps는 30fps에 대응한다고 생각하면 됩니다.

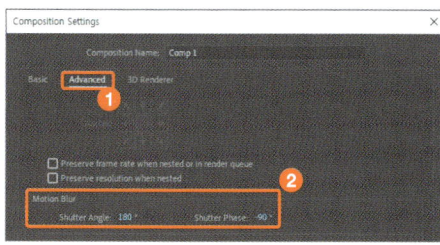

02 ❶ [Advanced] 탭을 클릭하면 ❷ [Motion Blur] 값을 설정할 수 있습니다.

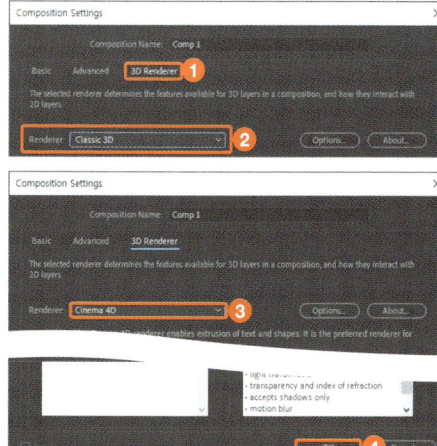

03 ❶ [3D Renderer] 탭을 클릭하면 ❷ [Renderer]를 선택할 수 있습니다. ❸ 기본 설정은 [Classic 3D]이며 3D 콘텐츠를 제작할 때는 [CINEMA 4D], 또는 [Advanced 3D]로 변경할 수 있습니다. ❹ [OK]를 클릭해 컴포지션을 만듭니다.

04 새로운 컴포지션이 생성됩니다. ❶ 설정을 변경하고 싶다면 [Composition]-[Composition Settings] Ctrl + K 메뉴를 선택합니다. ❷ [Composition Settings] 대화상자가 나타나면 이름은 물론, 모든 설정을 변경할 수 있습니다.

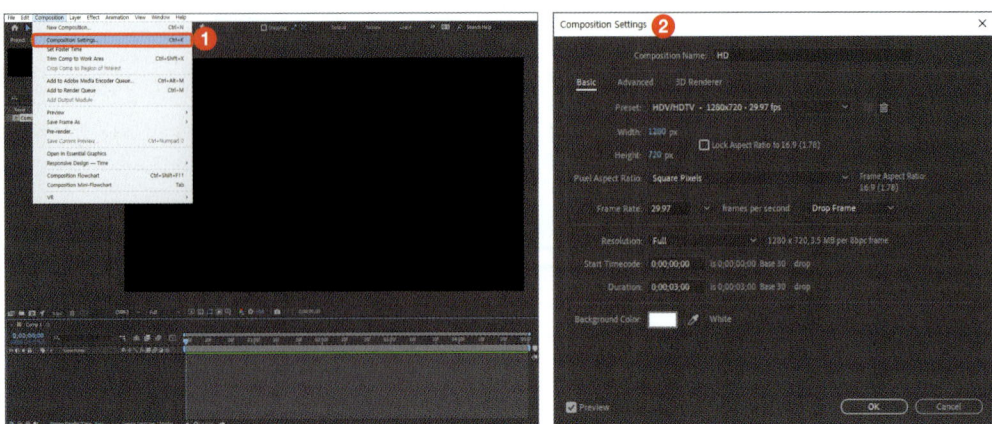

[Project] 패널의 미디어 파일을 컴포지션으로 등록하기

① [Timeline] 패널로 드래그하기

[Project] 패널에서 원하는 미디어 파일을 클릭하고 [Timeline] 패널로 드래그합니다. [Timeline] 패널에 파일의 이미지가 등록되고 [Composition] 패널 중앙에 이미지가 나타납니다.

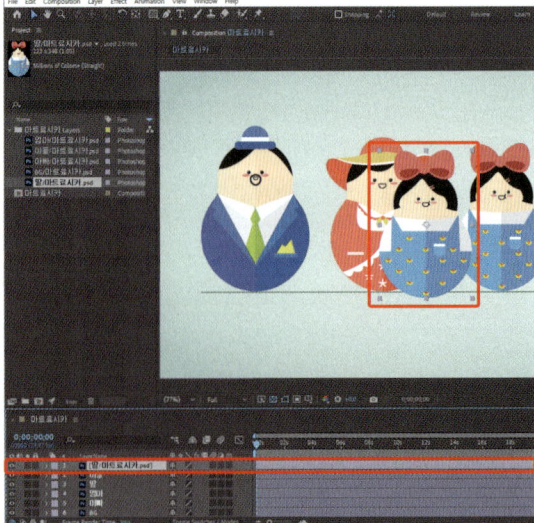

② [Composition] 패널로 드래그하기

[Project] 패널에서 미디어 파일을 클릭하고 [Composition] 패널로 드래그합니다. 정중앙이 아닌 원하는 위치에 배치할 수 있고 [Timeline] 패널에도 이미지가 등록됩니다. [Timeline] 패널에서는 가장 상위에 위치합니다.

③ 단축키 Ctrl + / 를 눌러 삽입하기

[Project] 패널에서 미디어 파일을 클릭하고 Ctrl + / 를 누르면 [Timeline] 패널에 이미지가 등록됩니다. [Composition] 패널 중앙에도 이미지가 나타납니다. 이 방법을 이용하면 선택한 파일이 [Timeline] 패널의 가장 상위에 위치합니다.

[Timeline] 패널 활용하기

타임 디스플레이 스타일 설정하고 세부 옵션 알아보기

[Timeline] 패널에서는 미디어 파일들을 레이어의 형태로 올려 작업합니다. 각 레이어의 재생 시간을 설정하거나 키프레임을 생성하는 등 애니메이션 작업을 할 수 있는 패널입니다. 실질적인 작업이 이루어지므로 매우 다양한 옵션과 기능이 있습니다. [Timeline] 패널은 효율적인 작업 공간을 확보하는 것이 매우 중요하므로 작업에 꼭 필요한 메뉴만 보이게 설정하는 것이 좋습니다.

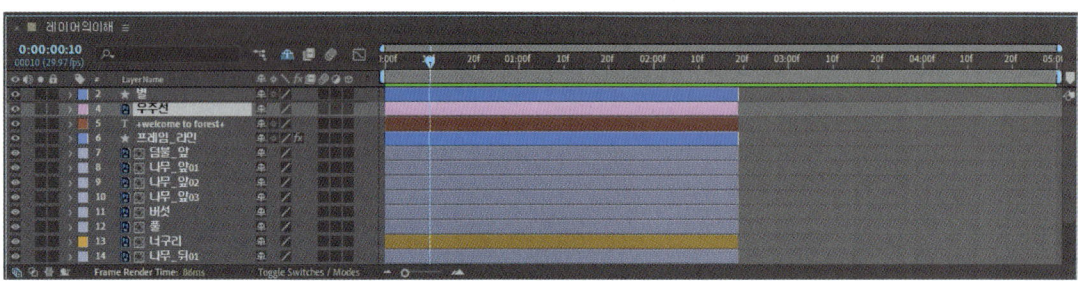

▲ [Timeline] 패널

타임 디스플레이 스타일 설정하기

애니메이션 작업에는 시간(Time)이 필수 요소입니다. 따라서 시간을 이동하고 스톱워치 를 클릭해 옵션 값을 기록하는 작업이 기본입니다. 시간을 이동하려면 [Timeline] 패널에서 을 클릭하고 이동하고자 하는 시간을 입력하거나 타임 인디케이터 를 드래그합니다. [Timeline] 상단에 있는 타임 룰러 영역을 클릭해도 해당 시간으로 이동합니다. 시간을 표시하는 방법을 타임 디스플레이(Time Display)라고 하며 타임코드(Timecode)나 프레임(Frames) 방식으로 설정할 수 있습니다.

[File]-[Project Settings] `Ctrl` + `Alt` + `Shift` + `K` 메뉴를 선택하면 [Project Settings] 대화상자가 나타납니다. 타임 디스플레이 스타일이나 색상, 오디오 등의 옵션을 설정할 수 있습니다.

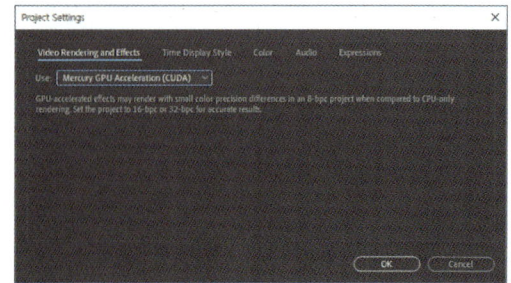

[Time Display Style] 탭을 클릭하면 타임 디스플레이 스타일을 타임코드(Timecode) 또는 프레임 (Frames) 방식으로 선택할 수 있습니다.

① **Timecode** | 시간을 타임코드 방식으로 표시합니다. [Footage Start Time]에서 [Use Media Source] 또는 [00:00:00:00]으로 선택할 수 있습니다.

② **Frames** | 시간을 프레임 단위로 표시합니다. [Use Feet + Frames]에서 촬영 장비의 스펙인 [16mm] 또는 [35mm]를 선택할 수 있습니다. [Frame Count]에서는 [Start at 0] 또는 [Start at 1]부터 시작하도록 선택할 수 있습니다.

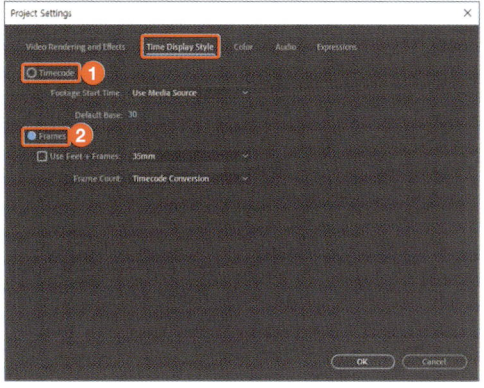

[Timeline] 패널에서 타임 디스플레이 스타일 설정하기

메뉴바에서 [File]-[Project Settings] 메뉴를 선택하지 않고도 [Timeline] 패널에서 쉽고 빠르게 타임 디스플레이 스타일을 설정할 수 있습니다. [Timeline] 패널에서 Ctrl 을 누른 채 시간 영역을 클릭하면 타임코드 스타일이나 프레임 스타일로 변경할 수 있습니다. 컴포지션의 프레임 레이트를 TV 포맷인 29.97fps로 설정했다면 아래와 같이 표시됩니다.

▲ [Frames]로 설정한 경우

▲ [Timecode]로 설정한 경우

▲ [Frames]로 설정하고 1초 지점으로 이동한 경우

[Timeline] 패널 확대/축소하기

프로젝트를 진행하다보면 타임 룰러 영역이 확대될 때가 있습니다. 필요에 의해 조절하기도 하지만 마지막으로 작업한 환경 설정의 영향으로 갑자기 확대되어 나타나는 경우도 있습니다. 이때는 ▬▬◯▬▬의 슬라이더를 좌우로 드래그하여 타임 룰러 영역을 확대/축소할 수 있습니다. 단축키 +, -를 이용하는 방법도 매우 편리합니다. +는 확대, -는 축소입니다. 컴포지션의 시작점부터 확대되지 않고 타임 인디케이터(CTI)의 위치를 중심으로 확대/축소됩니다.

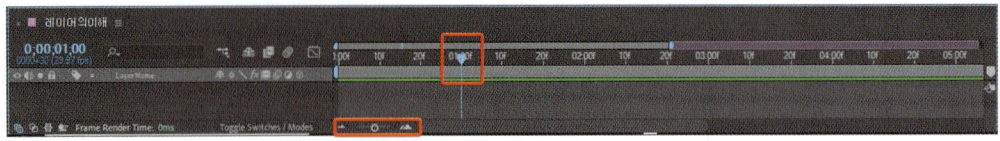

[Timeline] 패널의 옵션을 숨기거나 나타나게 하기

[Timeline] 패널에는 수많은 옵션이 있습니다. 작업 공간을 효율적으로 사용하려면 기본 옵션만 보이게 설정하여 작업하다가 필요한 경우에 그와 관련된 칼럼 옵션을 열어 작업하는 것이 좋습니다. [Timeline] 패널 가장 아래에 있는 세 개의 아이콘은 각각 다른 기능을 보여줍니다.

- **기본 확장** | 기본 확장 아이콘을 활성화합니다. 왼쪽부터 [Shy], [For Comp layer/For Vector Layer], [Quality and Sampling], [Effect], [Frame Blending], [Motion Blur], [Adjustment Layer], [3D Layer] 옵션을 표시합니다.

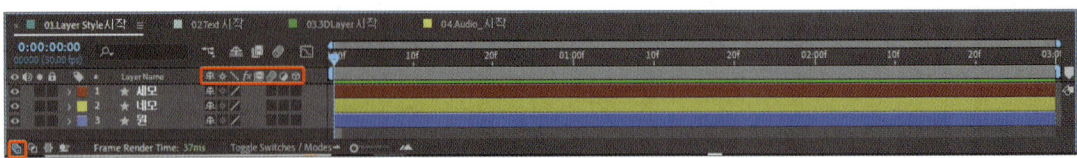

- **Modes 확장** | Modes 기능을 확장합니다. [Blending Mode], [Preserve Underlying Transparency], [Track Matte] 옵션을 표시합니다.

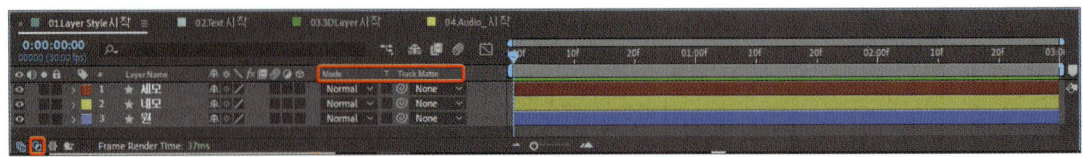

- **시간 속성 확장** | 시간 속성을 보여줍니다. [Stretch], [In], [Out], [Duration] 옵션을 표시합니다.

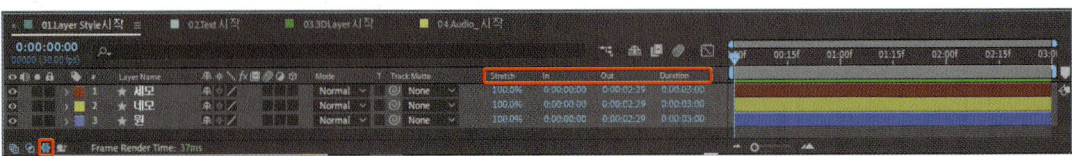

• **렌더 타임 확장** | 레이어별 렌더링 시간을 표시합니다.

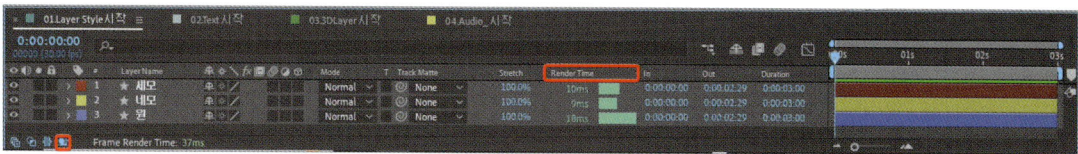

• **Toggle Switches / Modes** Toggle Switches / Modes | 기본 확장이 숨겨지고 Modes 기능이 확장됩니다. 단축키 F4 를 눌러 두 개의 모드를 변환할 수 있습니다.

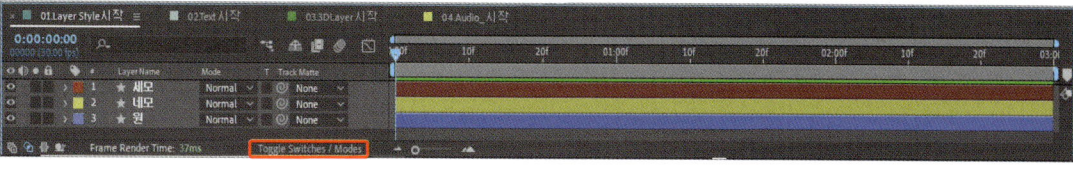

칼럼 옵션을 숨기거나 나타나게 할 수 있습니다. 레이어 이름의 칼럼 부분을 마우스 오른쪽 버튼으로 클릭하면 [Columns] 메뉴가 나옵니다. 필요한 메뉴를 선택하면 해당 옵션을 나타나게 하거나 숨길 수 있습니다.

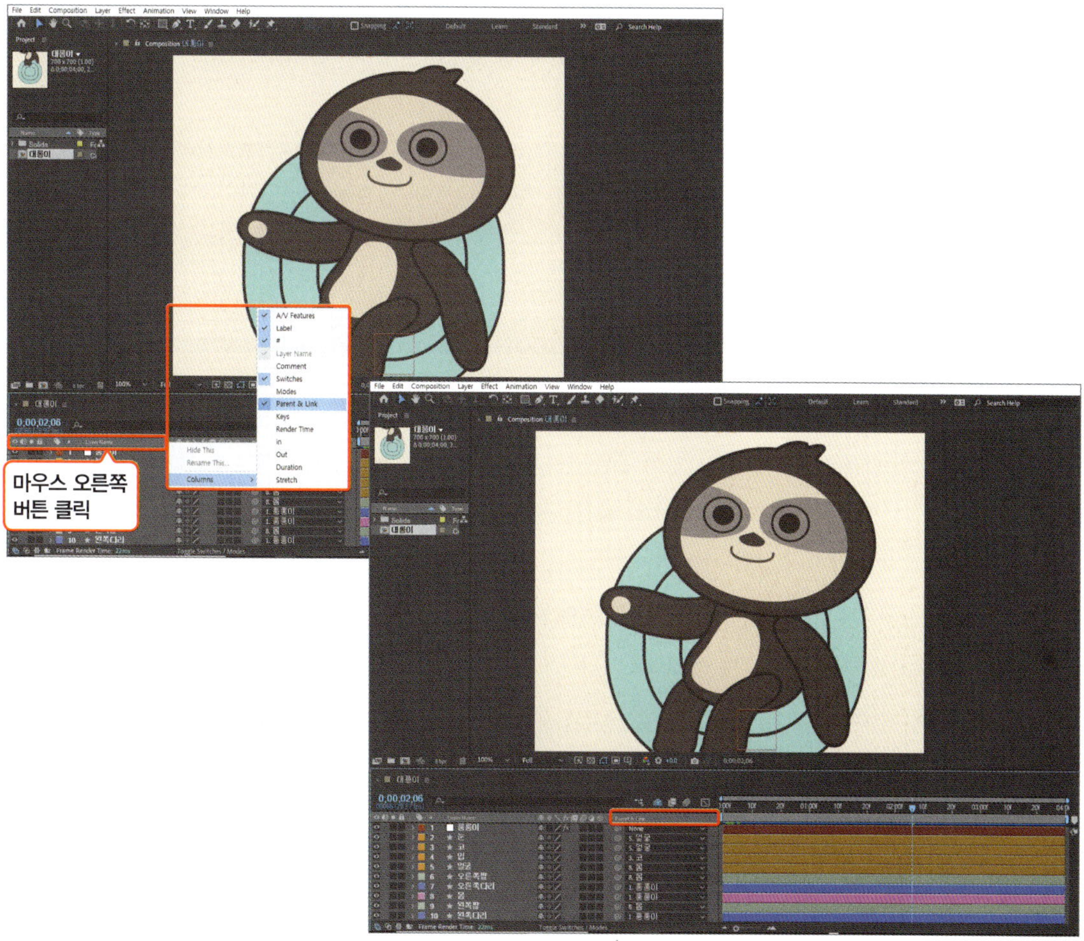

▲ [Parent & Link]를 선택한 경우

작업 공간을 효율적으로 사용하기 위해서 작업을 마친 옵션은 다시 감추어두는 것이 좋습니다. [Parent & Link] 칼럼을 마우스 오른쪽 버튼으로 클릭하고 [Hide This]를 선택하면 해당 옵션이 사라집니다. 작업 내용은 그대로 있으며 화면에 표시만 안 되는 것입니다. [Parent & Link] 옵션은 자주 활용하는 기능이므로 단축키 Shift + F4 를 외워두면 좋습니다.

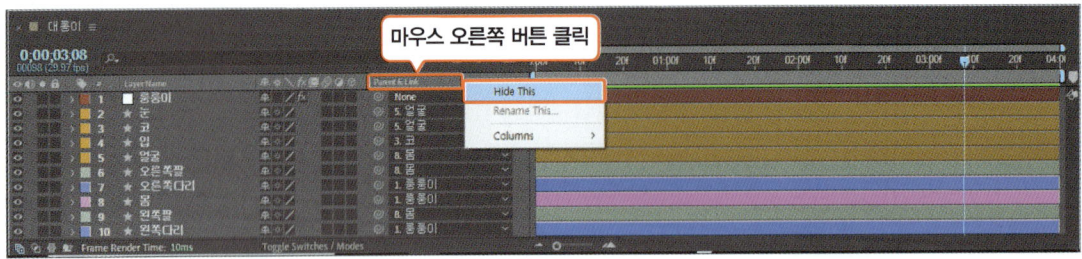

작업 영역(Work Area) 설정하고 프리뷰하기

모션 그래픽 애니메이션 작업은 수많은 키프레임을 포함하는 매우 섬세한 작업입니다. 작업 과정에서 셀 수 없이 많은 미리 보기를 하게 되며, 이러한 작업에 많은 시간이 소요됩니다. 따라서 미리 보기하려는 작업 영역을 따로 설정해놓는 것이 좋습니다. 처음 컴포지션을 생성하면 작업 영역(Work Area)이 컴포지션의 시작점부터 끝점까지 자동으로 설정됩니다.

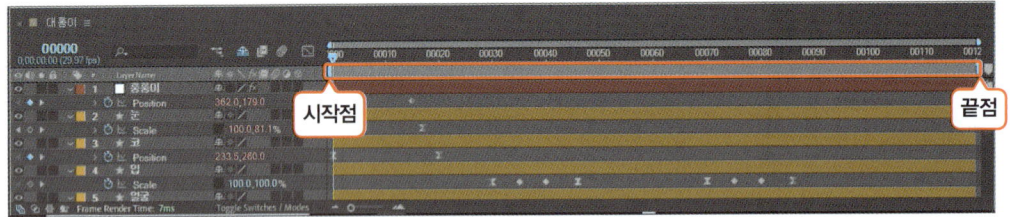

작업 영역을 좁게 설정하려면 타임 룰러 조절바의 왼쪽 끝과 오른쪽 끝을 드래그하여 조절합니다. 영역을 정확하게 설정하려면 단축키를 이용하는 것이 좋습니다. 단축키 B 와 N 을 눌러 작업 영역의 시작점과 끝점을 설정할 수 있습니다. 미리 보기 시작점으로 시간을 이동하고 B 를 누른 후 끝점으로 시간을 이동하여 N 을 누르면 해당 영역만 미리 보기됩니다.

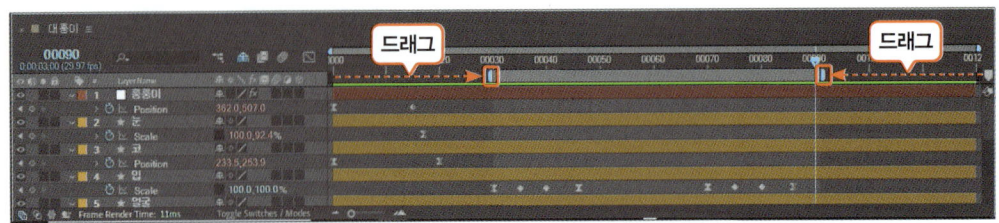

시작점과 끝점이 설정된 상태에서 렌더링을 실행하면 해당 부분만 렌더링되므로 렌더링 전 영역을 확인하거나 렌더링 옵션에서 렌더링 영역을 다시 설정해야 합니다.

컴포지션 마커 만들기

[Timeline] 패널에서는 수많은 레이어로 다양한 작업을 수행합니다. 중요한 내용은 마커(Marker)를 이용하여 기록해두면 편리합니다. 특히 뮤직비디오 같이 음악을 포함한 작업이나 키네틱 타이포그래피처럼 리듬에 맞추어 작업을 해야 할 때 마커는 필수적인 기능입니다. 마커를 생성하려면 [Timeline] 패널에서 오른쪽 끝에 있는 마커 빈을 원하는 지점으로 드래그합니다. 마커 빈을 클릭하면 타임 인디케이터가 있는 위치에 마커가 바로 생성됩니다. 생성된 마커를 더블클릭하면 [Composition Marker] 대화상자가 나타납니다. 길이나 코멘트 등을 입력할 수 있으며, 라벨 색상도 변경할 수 있습니다.

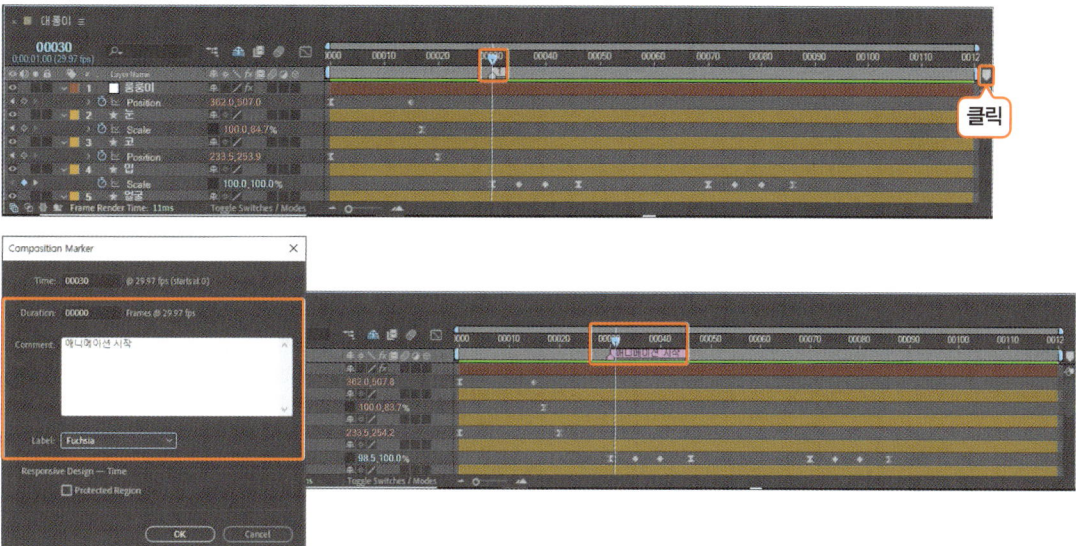

LESSON 04 렌더링하여 저장하기

동영상 파일로 저장하기

애프터 이펙트에서 애니메이션 작업 후 그대로 저장하면 aep 확장자를 가진 After Effect Project 파일로 저장됩니다. aep 파일은 동영상 포맷이 아니라 프로젝트 파일 형식입니다. 따라서 aep 파일 자체로는 동영상 재생 프로그램에서 작업물을 재생할 수 없습니다. 동영상으로 재생하기 위해서는 aep 파일을 저장한 후 렌더링(Rendering)하여 동영상 파일로 변환해야 합니다.

간단 실습 렌더링하기 ① Add to Render Queue

준비 파일 애프터 이펙트/Chapter 02/렌더링하기.aep

01 애니메이션 작업이 끝나면 [Composition]-[Add to Render Queue] `Ctrl` + `M` 메뉴를 선택합니다.

02

❶ [Render Queue] 탭이 나타납니다. [Render Settings]와 [Output Module]의 옵션을 설정합니다. [Render Settings]의 기본값은 [Best Settings]입니다. 모든 값을 최고 퀄리티로 설정하는 것입니다. ❷ 설정을 바꾸고 싶다면 [Best Settings]를 클릭합니다.

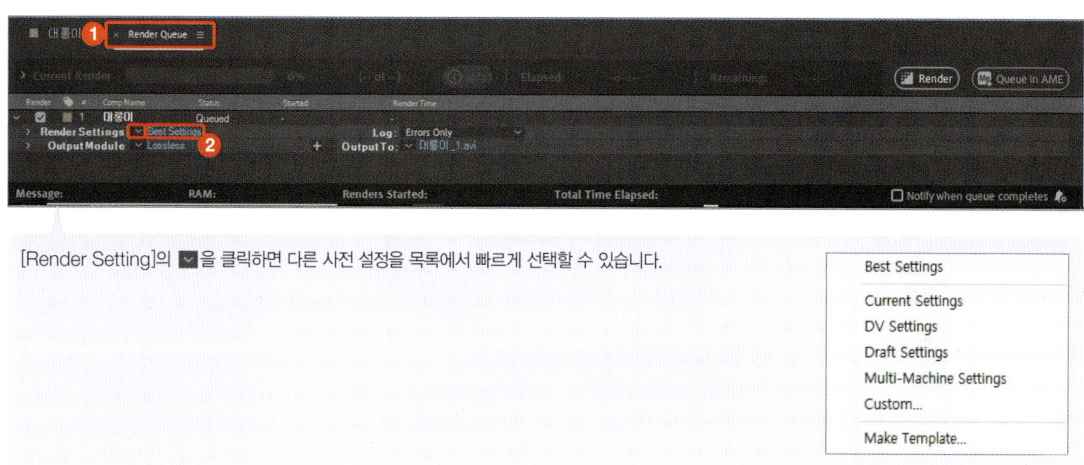

[Render Setting]의 ⌄을 클릭하면 다른 사전 설정을 목록에서 빠르게 선택할 수 있습니다.

03

❶ [Render Settings] 대화상자가 나타나면 용도에 따라 [Quality]와 [Resolution]을 설정하고 ❷ [OK]를 클릭합니다. [Quality]는 화질을 뜻하며 [Best]는 고화질을 의미합니다. [Resolution]은 통상적으로 해상도를 의미하나 여기서는 [Size], 즉 크기로 해석합니다. [Full]은 컴포지션의 오리지널 크기이며 [Half]는 컴포지션의 절반 크기로 렌더링됩니다.

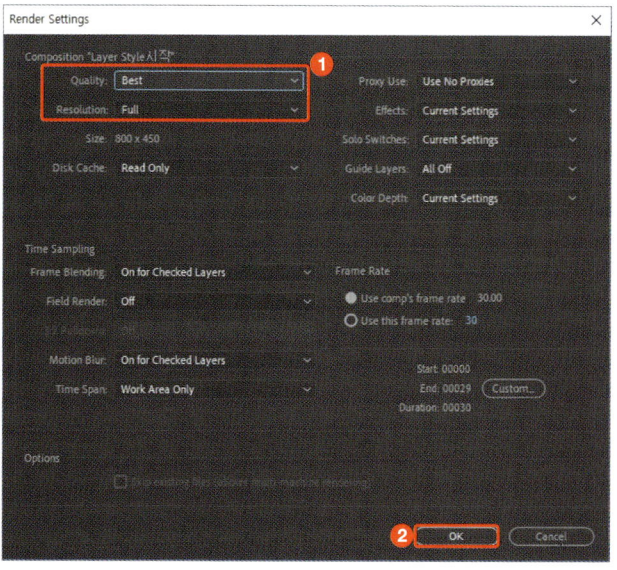

04 ❶ 동영상의 포맷과 코덱을 설정하기 위해 [Render Queue] 패널에서 [Output Module]의 ⌄을 클릭해 다른 사전 설정을 선택하거나 [Lossless]를 클릭합니다. ❷ [Output Module Settings] 대화상자가 나타나면 다음과 같이 설정하고 ❸ [OK]를 클릭합니다.

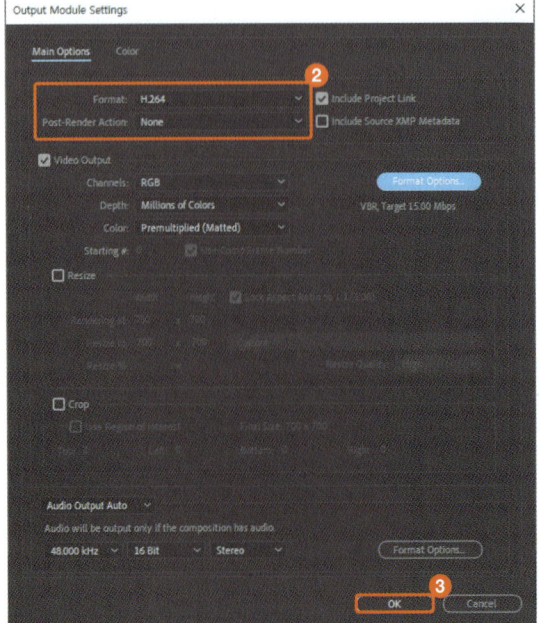

[Output Module] 오른쪽에 있는 ⌄을 클릭하면 다른 사전 설정을 빠르게 선택할 수 있습니다.

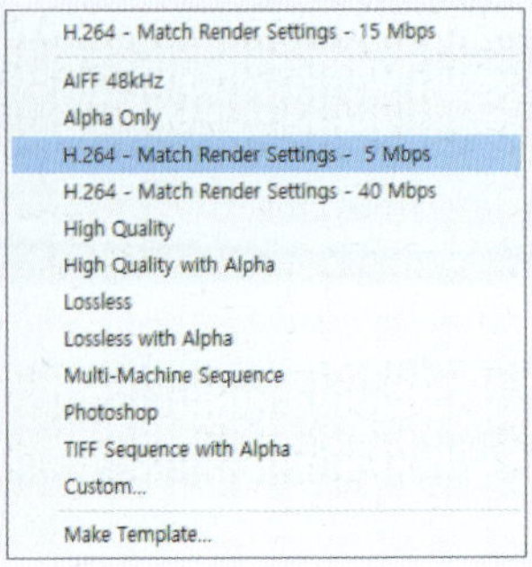

기능 꼼꼼 익히기 [Output Module Settings] 대화상자 알아보기

1. **Format** | 동영상의 포맷입니다. avi, mov 등 동영상 포맷을 선택할 수 있습니다.
2. **Post-Render Action** | 렌더링 후의 액션을 설정할 수 있습니다. [Import]를 선택하면 렌더링한 결과물이 [Project] 패널에 등록됩니다.
3. **Video Output-Channels** | RGB 영상, 알파 채널을 포함한 영상(RGB + Alpha), 알파 채널만 있는 영상 중에서 선택합니다.
4. **Video Output-Depth** | 색상 심도를 설정합니다.
5. **Video Output-Color** | Edge(가장자리나 색의 경계)를 처리하는 방식을 결정합니다. 알파값을 렌더링할 때 경계면을 부드럽게 하려면 [Premultiplied (Matted)]로 설정하면 좋습니다.
6. **Format Options** | 비디오 포맷 옵션입니다. 코덱 등을 설정할 수 있습니다.

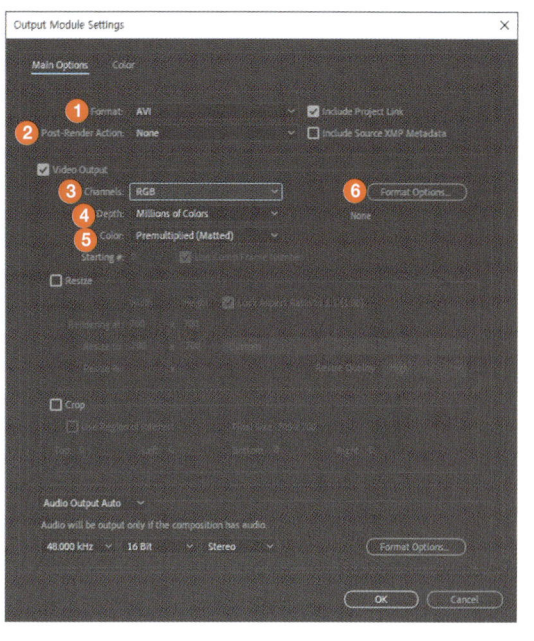

05 ① 설정이 끝나면 [Render]를 클릭해 파일의 저장 경로를 확인한 후 렌더링을 실행합니다. ② [Current Render]에서 렌더링 상태를 확인할 수 있으며 ③ [info]를 클릭하면 보다 상세한 정보가 표시됩니다. ④ [Pause]를 클릭해 잠시 멈추거나, [Stop]을 클릭해 작업을 취소할 수 있습니다. ⑤ [Render] 대신 [Queue in AME]를 클릭하면 어도비 미디어 인코더(Adobe Media Encoder) 프로그램이 열립니다.

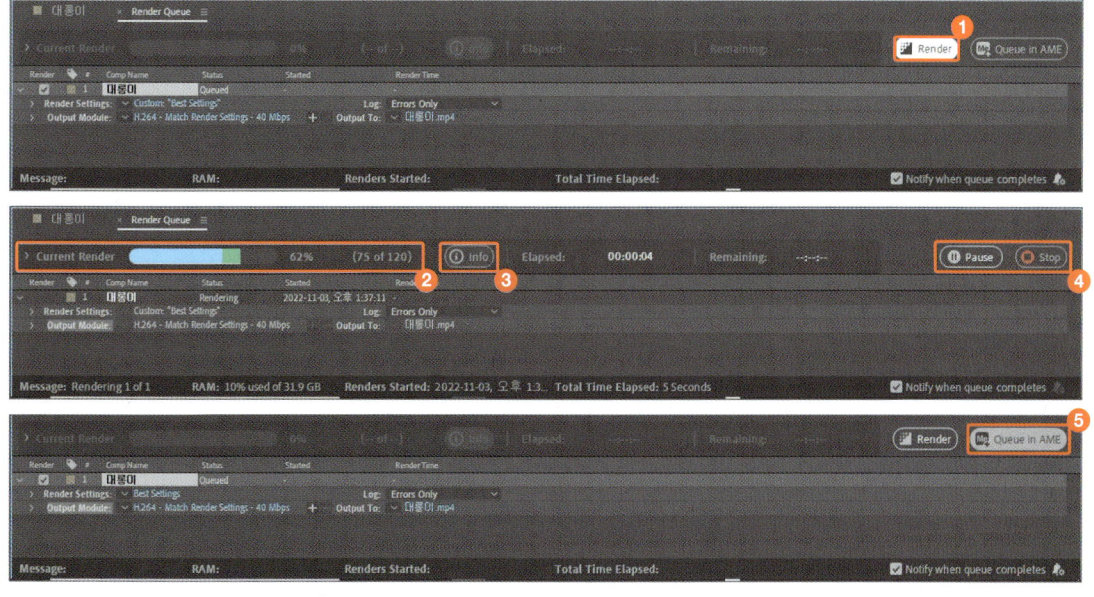

06 어도비 미디어 인코더가 열리면 [대기열] 패널에 선택한 컴포지션이 등록됩니다. [Render Queue] 패널에서 설정한 포맷이나 코덱 등은 무시되며, 어도비 미디어 인코더에서 마지막에 사용한 설정으로 초기화됩니다.

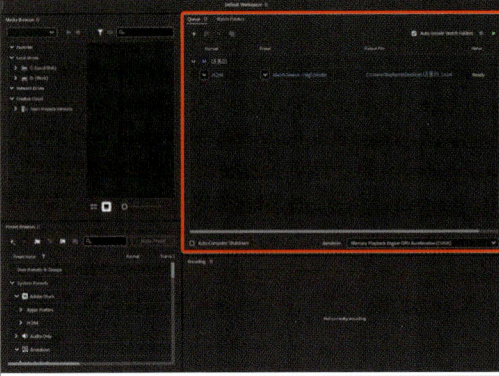

간단 실습   렌더링하기 ② Add to Adobe Media Encoder Queue

준비 파일 애프터 이펙트/Chapter 02/렌더링하기.aep

01 처음부터 어도비 미디어 인코더를 통해 렌더링할 수도 있습니다. [Composition]-[Add to Adobe Media Encoder Queue] `Ctrl` + `Alt` + `M` 메뉴를 선택합니다. 어도비 미디어 인코더(Adobe Media Encoder) 프로그램이 실행됩니다.

컴퓨터에 Adobe Media Encoder CC 프로그램이 설치되어 있지 않은 경우에는 이 메뉴를 사용할 수 없습니다. 애프터 이펙트 CC 2019 이상 버전부터 애프터 이펙트 프로그램을 설치하면 미디어 인코더도 자동으로 설치됩니다. 동영상 포맷 변환 등에 꼭 필요한 프로그램이니 설치되지 않았을 경우에는 Adobe Creative Cloud App을 통해 프로그램을 설치합니다.

02 ❶ 미디어 인코더가 실행되면 [대기열(Queue)] 패널에 컴포지션이 등록된 것을 확인할 수 있습니다.
❷ [형식(format)]이나 [사전 설정(preset)]을 클릭하면 ❸ [Dynamic Link 연결] 메시지가 나타났다 사라집니다.

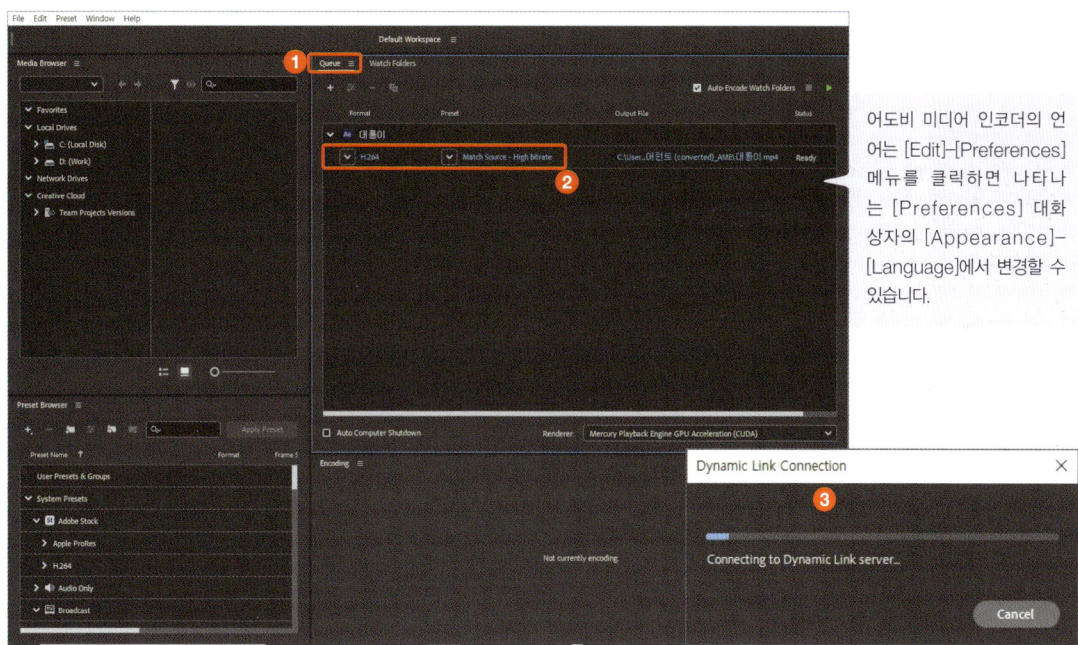

어도비 미디어 인코더의 언어는 [Edit]-[Preferences] 메뉴를 클릭하면 나타나는 [Preferences] 대화상자의 [Appearance]-[Language]에서 변경할 수 있습니다.

03 서버 연결 후 [내보내기 설정(Export Settings)] 대화상자가 나타납니다. 애프터 이펙트의 [Render Settings]보다 훨씬 다양한 동영상 포맷과 코덱이 있습니다. 원하는 포맷과 경로를 설정하고 인코딩하면 동영상으로 저장됩니다. [H.264] 포맷이 가장 많이 사용됩니다.

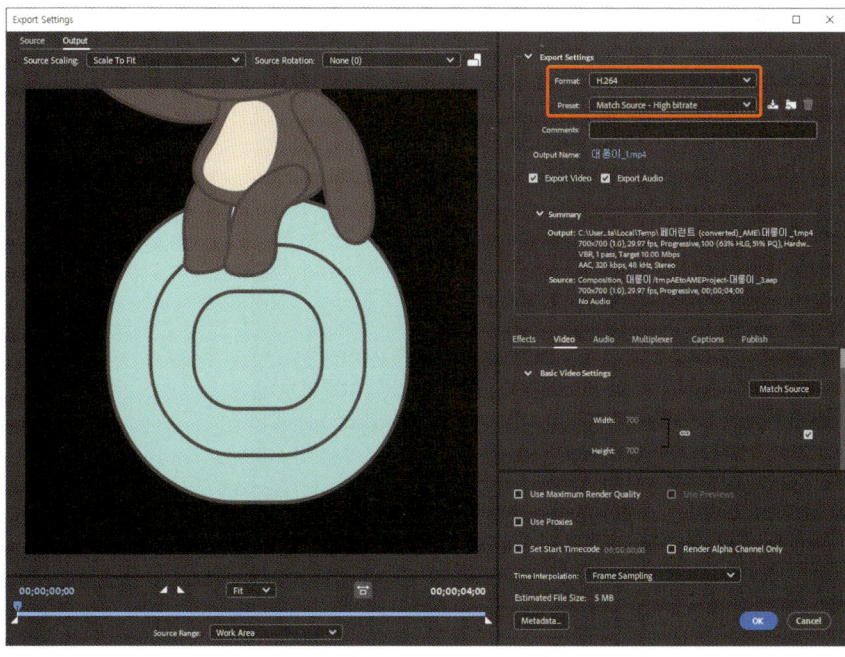

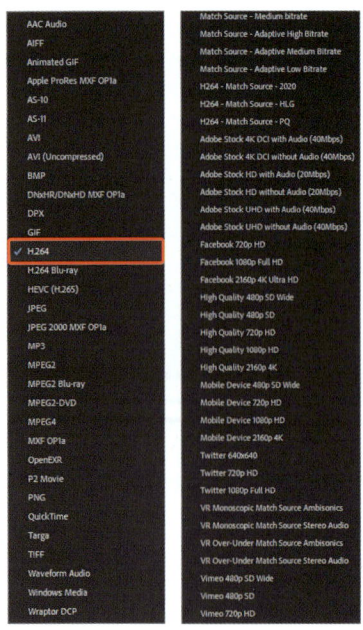

▲ 형식(Format)   ▲ 사전 설정(Preset)

사전 설정은 목적에 맞게 트위터, 유튜브, 비메오 등 SNS 채널에 최적화된 설정을 선택할 수 있습니다. [사전 설정(Presets)] 항목을 클릭하면 [Dynamic Link 연결] 대화상자가 나타나고 서버와 연결됩니다.

04 ① [내보내기 설정(Export Settings)]을 확장하면 [비디오(Video)], [오디오(Audio)] 등의 설정을 조절할 수 있습니다. ② [소스 일치(Match Source)]를 클릭하면 소스의 비디오 속성과 출력 속성이 일치하도록 자동으로 설정합니다. 모든 설정이 끝나면 [OK]를 클릭합니다.

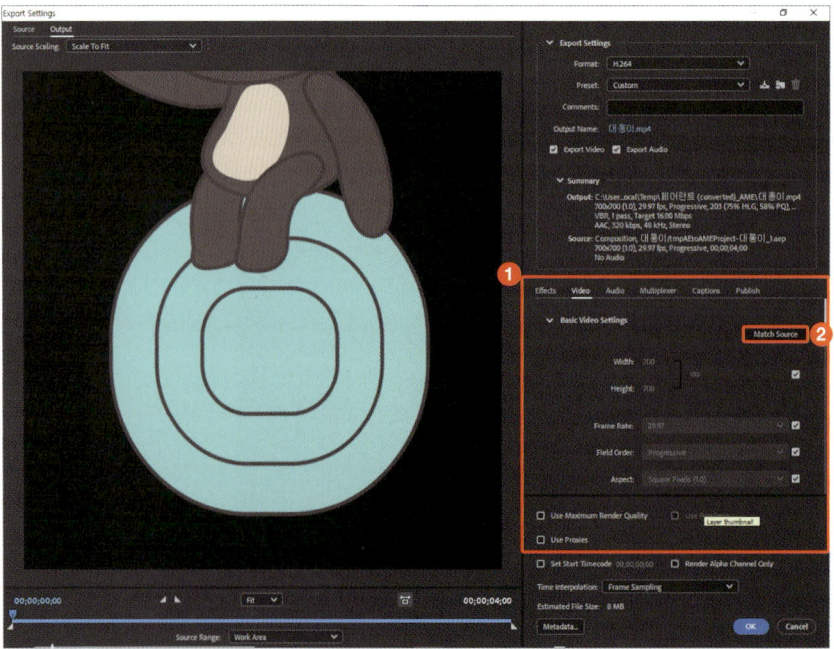

원본 컴포지션의 배경 색상은 베이지색 계열이었습니다. 그러나 렌더링 설정에서는 검은색으로 표시되며, 렌더링된 동영상 파일을 열어보면 검은색으로 표시됩니다. 이처럼 미디어 인코더에서는 애프터 이펙트의 컴포지션 색상이 무시됩니다. 배경 색상까지 렌더링해야 하는 경우에는 배경 색상과 동일한 솔리드 레이어를 배경 레이어로 만들어야 합니다.

05 사전 설정이 끝나면 화면 상단 오른쪽에 있는 대기열 시작 ▶을 클릭하거나 Enter 를 눌러 렌더링을 실행합니다. 모든 설정이 끝나면 [OK]를 클릭합니다.

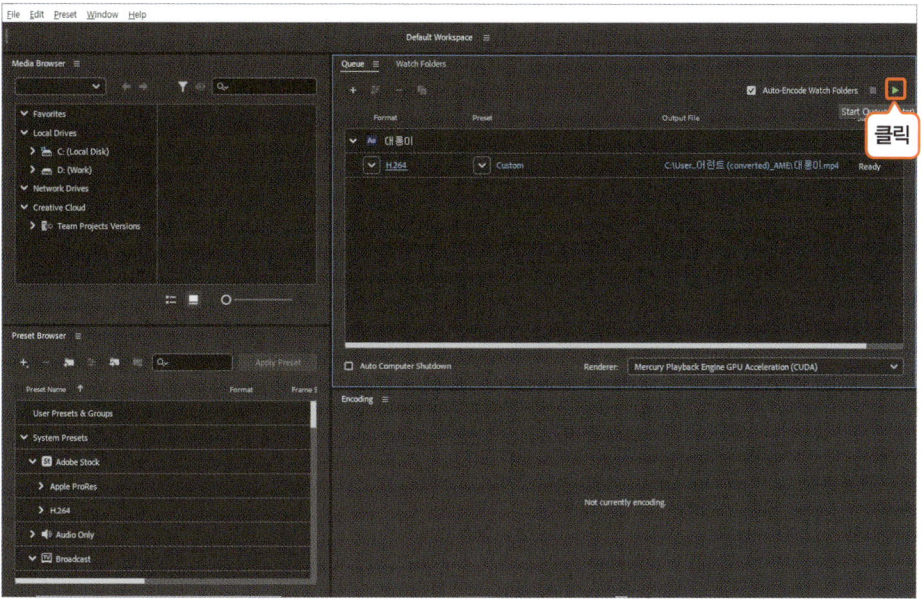

[Composition] 패널에서 미디어 소스를 직접 클릭한 후
위치, 크기, 회전 등은 옵션값을 변경하며 애니메이션 작업을 할 수도 있지만
실제 대부분의 애니메이션 작업은 [Timeline] 패널에서 이루어집니다.
[Timeline] 패널에서 레이어를 선택하여 여러 가지 방법으로
작업을 수행하므로, 레이어의 특성과 다양한 설정 및 표시 방법 등을
잘 알아야 작업 효율을 크게 높일 수 있습니다.

CHAPTER 03

애프터 이펙트
레이어 이해하기

LESSON 01 레이어 이해하기
애니메이션의 시작, 레이어의 모든 것

레이어(Layer)는 이미지를 편집하거나 그림을 그리는 그래픽 제작 프로그램에서 중요하게 사용되는 기능입니다. 레이어 기능은 종이에 그리는 디자인 작업과 컴퓨터 그래픽의 가장 큰 차이점을 만들어냅니다. 종이에 그림을 그릴 경우 하나의 종이에 모든 그래픽 오브젝트를 그리기 때문에 한 부분만 분리하여 수정할 수 없습니다. 레이어 기능을 사용하는 그래픽 프로그램에서는 레이어가 분할되어 있어 배경과 오브젝트 등을 따로 분리하여 움직이거나 수정할 수 있습니다.

레이어의 개념 이해하기

Ctrl + O 를 눌러 준비 파일을 불러온 후 레이어 개념을 이해해봅니다.

준비 파일 애프터 이펙트/Chapter 03/레이어의 이해.aep

[Timeline] 패널에 여러 개의 레이어가 있다면 가장 위에 위치한 레이어의 오브젝트가 [Composition] 패널에서 맨 앞에 드러납니다. 다음 그림을 보면 [Timeline] 패널의 [우주선] 레이어가 [Composition] 패널에서 둥근 테두리 앞에 보입니다. [Timeline] 패널에서 레이어의 순서를 바꾸면 [Composition] 패널에서 보이는 그림의 위치도 바뀝니다. 레이어의 순서를 바꾸려면 레이어의 이름을 원하는 위치로 드래그합니다. 여기에서는 [우주선] 레이어를 [프레임_라인] 레이어 아래로 드래그했습니다. [Composition] 패널을 확인하면 우주선 이미지([우주선] 레이어)가 둥근 테두리 이미지([프레임_라인] 레이어) 뒤로 나타납니다.

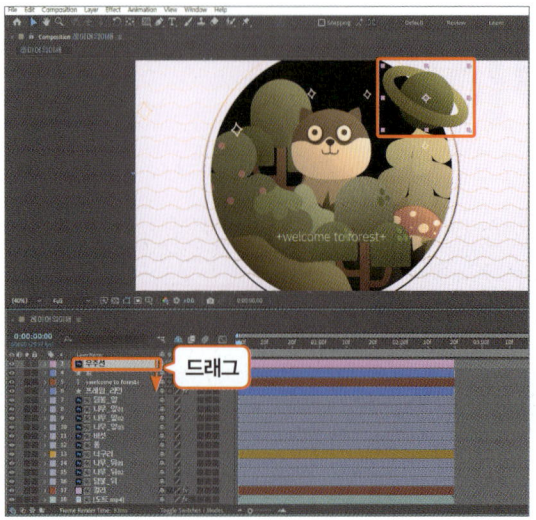

> **기능 꼼꼼 익히기** | **레이어 이동 단축키**
>
> 단축키를 이용하면 레이어를 편리하게 이동할 수 있습니다.
>
> **단축키로 레이어의 배치(순서) 변경하기**
> - `Ctrl` + `]` | 레이어를 한 칸 위로 이동하기
> - `Ctrl` + `[` | 레이어를 한 칸 아래로 이동하기
> - `Ctrl` + `Shift` + `]` | 레이어를 가장 위로 이동하기
> - `Ctrl` + `Shift` + `[` | 레이어를 가장 아래로 이동하기
>
> **단축키로 레이어 선택하기**
> - `Ctrl` + `↑` | 지금 선택한 레이어에서 한 칸 위에 있는 레이어 선택하기
> - `Ctrl` + `↓` | 지금 선택한 레이어에서 한 칸 아래에 있는 레이어 선택하기

레이어 시작점과 끝점 자유롭게 조작하기

레이어의 시작점과 끝점으로 이동하기

모든 레이어에는 시작(In)점과 끝(Out)점이 있습니다. 시작점과 끝점 사이를 길이(Duration)라고 합니다. 현재 시간을 작업하는 레이어의 시작점으로 이동하려면 `I` 를, 끝점으로 이동하려면 `O` 를 누르면 됩니다. `I` 는 In, `O` 는 Out을 뜻합니다.

이미지 레이어의 시작점과 끝점 조절하기

영상의 길이가 정해져 있는 비디오 푸티지와는 달리 이미지는 특정한 길이를 가지고 있지 않습니다. 따라서 손쉽게 이미지 레이어의 길이를 줄이거나 늘여 시작점과 끝점을 조절할 수 있습니다.

① **드래그하여 레이어의 시작점과 끝점 조절하기** | 레이어의 시작점과 끝점을 이동시키려면 레이어 막대의 양쪽 끝부분을 드래그합니다. 시간 정보를 가지는 동영상이 아닌 사진, 이미지, 솔리드 레이어나 셰이프 레이어의 경우에는 이러한 방식으로 길이를 자유롭게 조절할 수 있습니다.

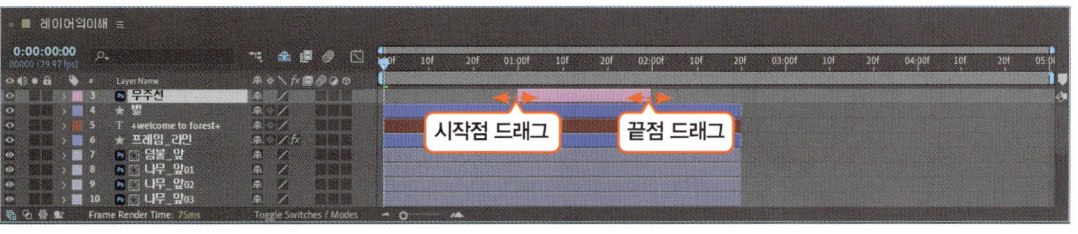

레이어 막대를 클릭하고 드래그하면 레이어의 시작점과 끝점이 동시에 이동합니다. 이때 레이어의 길이 (Duration)는 그대로 유지됩니다.

② **단축키로 레이어의 시작점과 끝점 조절하기** | 레이어의 길이를 유지하지 않고 시작점과 끝점을 정확한 시간으로 이동하려면 단축키를 이용하는 것이 좋습니다. 변경하고자 하는 레이어의 시작점으로 시간을 이동한 후 Alt + [를 누른 후 끝점으로 시간을 이동하고 Alt +] 를 누르면 시작점과 끝점이 변경됩니다.

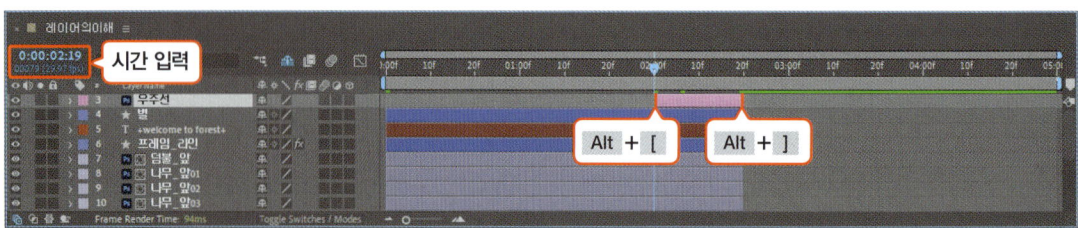

레이어를 트림(Trim)하지 않고 전체를 이동하는 단축키는 [,] 입니다. [를 누르면 레이어의 시작점이 현재 시간으로 이동하고,] 를 누르면 레이어의 끝점이 현재 시간으로 이동합니다. 전체 길이는 동일하게 유지됩니다.

End 나 Ctrl + Alt + → 를 누르면 컴포지션의 마지막 프레임으로 시간을 이동합니다. [Composition] 패널에서 배경을 제외한 이미지가 사라집니다. [Timeline] 패널을 보면 2초 20F 이후에는 레이어 막대가 없는 것을 확인할 수 있습니다. 이미지 레이어의 길이가 모두 2초 20F으로 지정되어 있기 때문입니다. 그림이 마지막까지 보이게 하려면 레이어의 길이를 늘여줍니다.

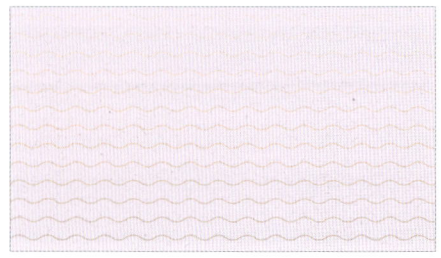

❶ Ctrl + A 를 눌러 모든 레이어를 선택하고 ❷ Alt +] 를 누르면 레이어의 끝점이 현재 타임 인디케이터 가 있는 컴포지션의 마지막 지점으로 변경됩니다. 모든 이미지가 컴포지션의 마지막까지 나타납니다.

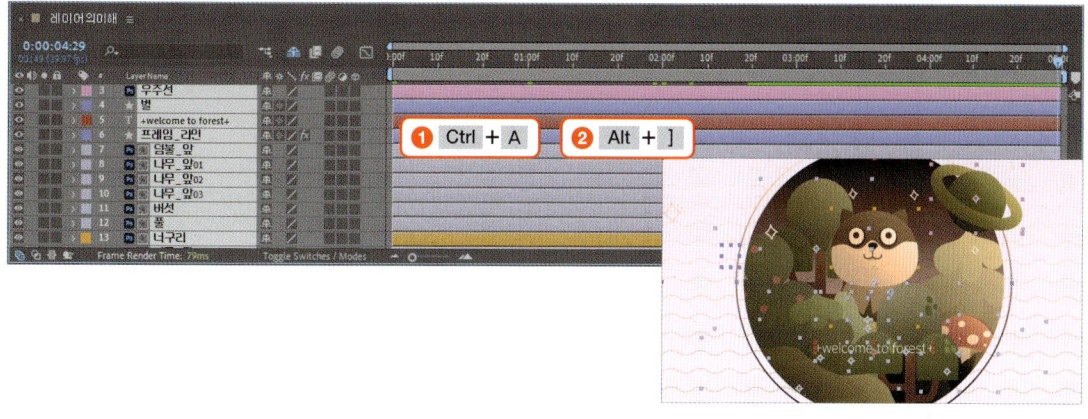

비디오 레이어의 시작점과 끝점 조절하기

비디오 레이어는 시간 속성을 가지고 있습니다. 비디오 레이어의 시작점과 끝점을 변경하는 방법은 이미지 레이어와 동일합니다. Alt + [를 누르면 타임 인디케이터 가 있는 시간으로 레이어의 시작점이 변경됩니다. Alt +] 를 누르면 타임 인디케이터 가 있는 시간으로 레이어의 끝점이 변경됩니다. 다음 그림과 같이 비디오 레이어의 시작점을 1초 지점으로 조절하면 비디오 앞의 1초는 재생되지 않습니다. 완전히 사라진 것은 아니므로 끝점을 다시 조절하여 원래의 길이로 늘여줄 수 있습니다. 영상의 재상 속도에는 변화가 없습니다.

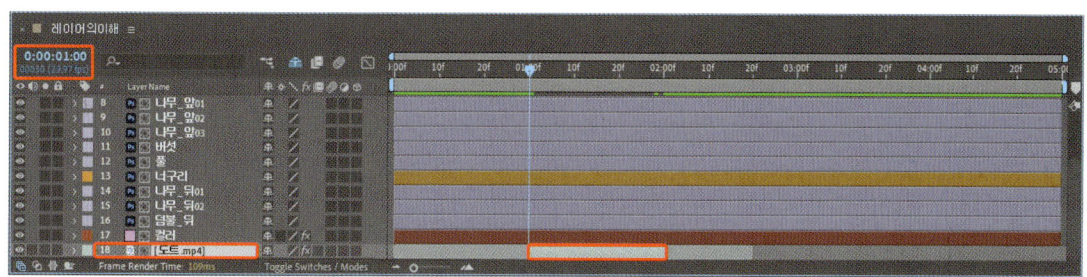

비디오의 끝점과 재생 속도 동시에 조절하기

Alt 를 누른 채 비디오 레이어의 끝점을 드래그하면 비디오의 끝점은 물론, 재생 속도를 함께 조절할 수 있습니다. 다음 그림과 같이 [도트.MP4] 레이어의 레이어 막대 오른쪽 끝을 Alt 를 누른 상태로 컴포지션의 끝점까지 드래그하면 비디오가 5초로 늘어나고 재생 속도는 2배 가까이 느려집니다.

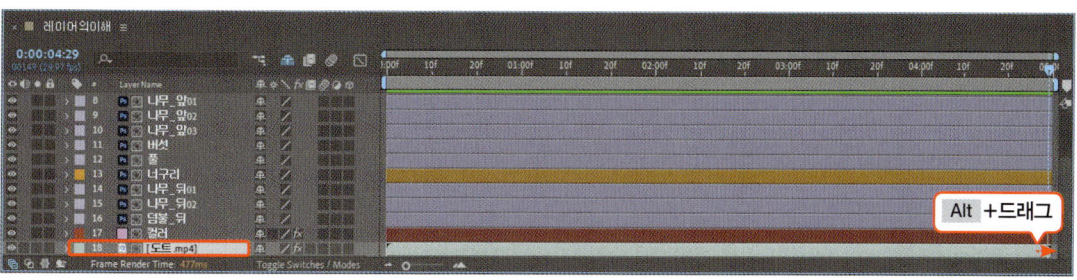

레이어 편집하기

애프터 이펙트에서는 레이어를 복사하거나 붙여 넣는 등의 기본적인 레이어 편집이 가능합니다. 또한 비디오를 편집하는 것처럼 레이어의 한 부분을 잘라낼 수도 있습니다. 레이어를 선택하고 [Edit] 메뉴를 선택하여 편집에 필요한 작업을 수행합니다. [Split Layer]를 적용하면 다음과 같이 레이어가 현재 시간을 기준으로 분리됩니다. 필요 없는 부분은 Delete 를 눌러 삭제할 수 있습니다.

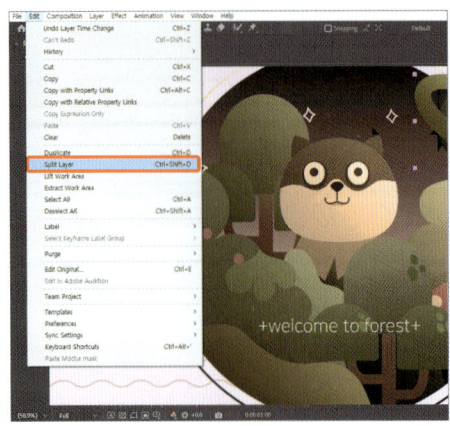

레이어 복사하기

[Edit] 메뉴에는 복사(Copy)와 복제(Duplicate)가 있습니다. 레이어를 포함한 다양한 요소들을 복사할 수 있는 점은 동일하지만 [Timeline] 패널에서 레이어를 복사할 때는 약간 차이가 있습니다. 레이어를 선택하고 [Duplicate]를 적용하면 선택한 레이어 바로 위에 복사된 레이어가 등록됩니다.

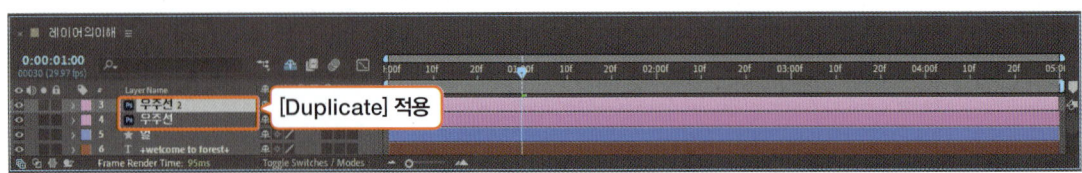

[Copy]의 경우 새로 만들어질 레이어의 순서를 고려하여 원하는 레이어를 선택하고 [Paste]를 적용하면, 원래 레이어의 위치와 상관없이 마지막에 선택한 레이어의 바로 위로 복사된 레이어가 생성됩니다. 예를 들어, ❶ [우주선] 레이어를 선택하고 Ctrl + C 를 눌러 복사한 후 ❷ [별] 레이어를 선택한 상태에서 Ctrl + V 를 누르면 ❹ [별] 레이어 위에 복사한 레이어가 생성됩니다.

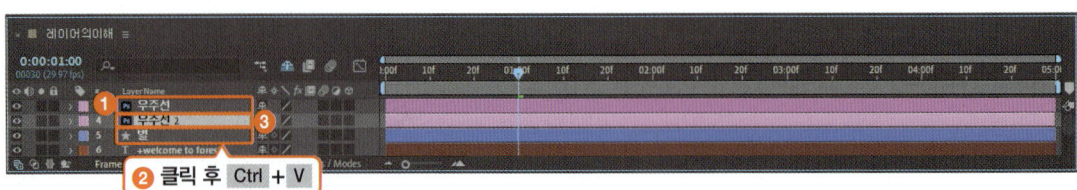

여러 개의 레이어를 차례대로 배치하기

시퀀스 레이어 기능을 이용하면 레이어를 손쉽게 배치할 수 있습니다. ❶ [나무_앞01] 레이어를 선택하고 ❷ Shift 를 누른 채 [나무_앞03] 레이어를 선택합니다. 세 개의 이미지 레이어가 선택됩니다. ❸ 마우스 오른쪽 버튼을 클릭해 ❹ [Keyframe Assistant]-[Sequence Layers]를 선택합니다. ❺ ❻ [Sequence Layers] 대화상자가 나타나면 [Overlap]과 [Transition] 옵션을 설정할 수 있습니다.

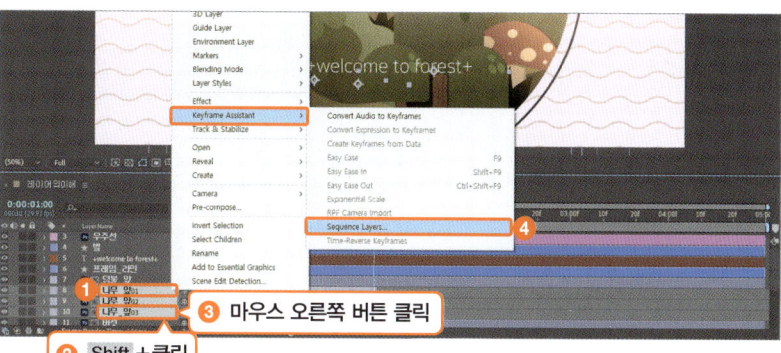

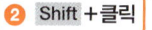

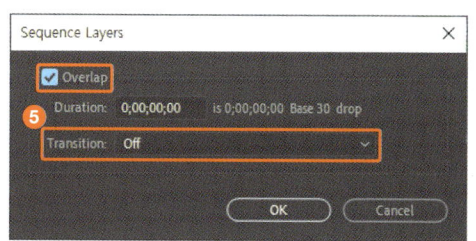

▲ 레이어 간의 오버랩이 없도록 설정

▲ 레이어 간의 오버랩을 1초로 설정하고 앞 레이어부터 디졸브되도록 설정

레이어 라벨 색상 수정하기

레이어는 종류에 따라 라벨 색상이 설정됩니다. [Edit]-[Preferences]-[Labels] 메뉴를 선택하여 라벨 색상을 확인하거나 수정할 수 있습니다. [Solid] 레이어는 [Red], [Shape] 레이어는 [Blue], [Video] 레이어는 [Aqua]가 기본 색상입니다. 레이어 종류에 따라 라벨 색상을 변경할 수 있으며 각 레이어의 라벨 색상을 임의로 변경할 수도 있습니다.

[Timeline] 패널에 너무 많은 레이어가 있을 경우에는 중요한 레이어에만 라벨 색상을 다르게 설정하여 작업하면 좋습니다. 변경하고자 하는 레이어의 ◻을 클릭해 색상을 변경할 수 있습니다.

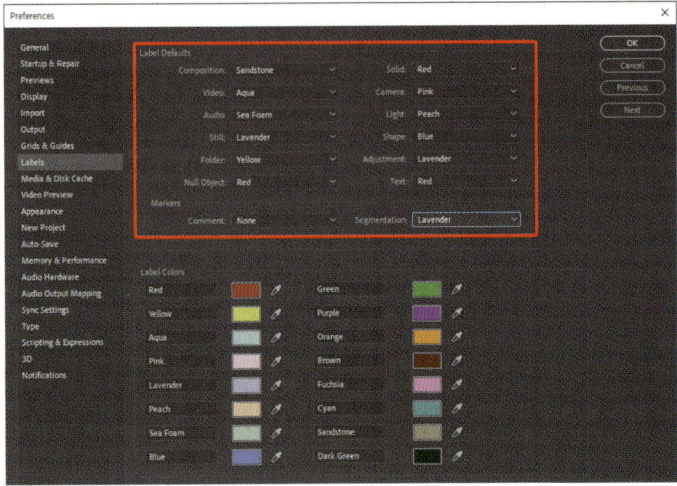

라벨 색상을 변경하면 레이어의 라벨 색상뿐만 아니라 레이어 막대 색상, 그리고 [Composition] 패널에 나타나는 이미지의 조절점 색상도 함께 변합니다.

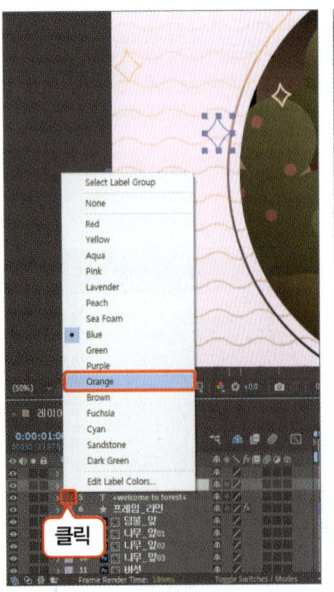

라벨 색상을 셰이프 레이어의 기본값인 [Blue]에서 [Orange]로 변경합니다.

라벨 아이콘을 클릭하고 [Select Label Group]을 클릭하여 같은 색상으로 지정된 다수의 레이어들을 한번에 선택할 수 있습니다.

Shy 기능으로 레이어 감추기

[Timeline] 패널에 레이어가 너무 많다면 작업하고자 하는 레이어를 찾기 어렵습니다. 이때 Shy 기능을 활용하면 작업이 필요 없거나 이미 작업이 완료된 레이어를 [Timeline] 패널에서 보이지 않게 설정할 수 있습니다. [Timeline] 패널에서만 감추어질 뿐, [Composition] 패널에서 그림이 사라지지는 않습니다. [Timeline] 패널을 보면 Shy 기능이 이미 활성화 되어 있습니다. 을 클릭하여 비활성화 하면 감춰져 있던 [포토필터] 레이어가 나타납니다.

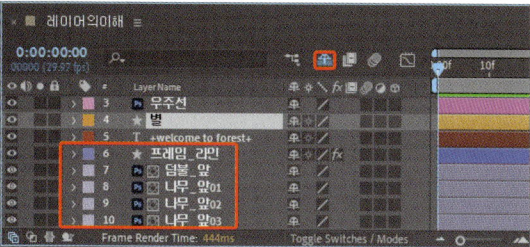 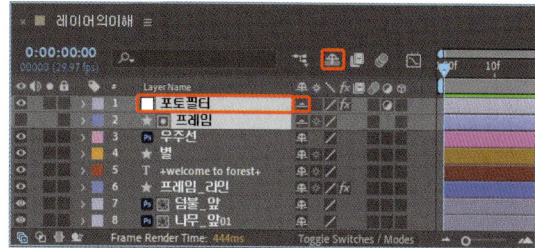

Pre-compose 기능으로 컴포지션 그룹 만들기

컴포지션에 너무 많은 레이어가 있다면 레이어를 작업 단위로 묶어주는 것이 좋습니다. 애프터 이펙트는 여러 레이어를 그룹으로 설정하는 [Group] 메뉴가 없기 때문에 컴포지션으로 만들어줘야 합니다. ❶ 그룹으로 묶을 레이어들을 모두 선택하고 ❷ 마우스 오른쪽 버튼을 클릭해 ❸ [Pre-compose] Ctrl + Shift + C 를 선택합니다. ❹ [Pre-compose] 대화상자가 나타납니다. ❺ 이름 등의 설정을 변경한 후 [OK]를 클릭합니다. ❻ [Timeline] 패널에서 선택했던 세 개의 레이어가 사라지고 [나무들] 컴포지션이 생겼습니다. ❼ [나무들] 컴포지션이 열립니다. 선택했던 세 개의 레이어를 포함하고 있습니다.

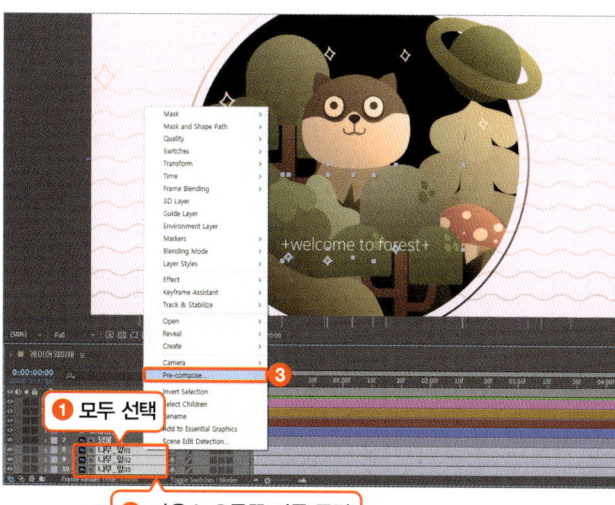 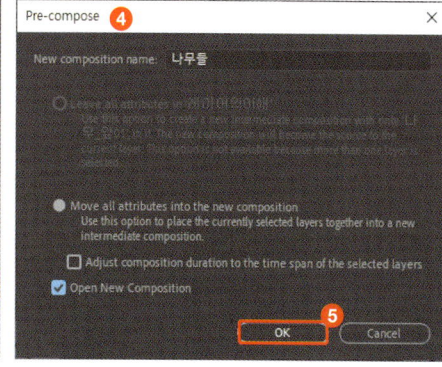

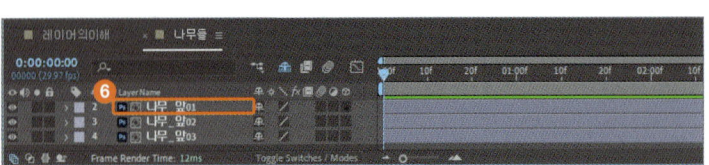

> **기능 꼼꼼 익히기** 🏷️ **[Pre-compose] 대화상자 알아보기**
>
> [Pre-compose] 메뉴를 선택하면 [Pre-compose] 대화상자가 나타납니다. 하나 또는 여러 개의 레이어를 포함한 새로운 컴포지션을 만들 수 있습니다. [Pre-compose] 대화상자의 옵션을 알아보겠습니다.
>
> ❶ **New composition name** | 새롭게 만들어질 컴포지션의 이름을 설정합니다.
>
> ❷ **Leave all attributes in** | 하나의 레이어만으로 Pre-compose 기능을 적용할 때 선택할 수 있는 옵션이며, 레이어의 설정값을 현재 컴포지션에 두고 레이어만 새로운 컴포지션으로 이동한다는 의미입니다.
>
> ❸ **Move all attributes into the new composition** | 여러 개의 레이어를 선택했을 경우 자동으로 적용되는 옵션이며, 레이어들의 모든 설정을 새로운 컴포지션으로 이동한다는 의미입니다.
>
>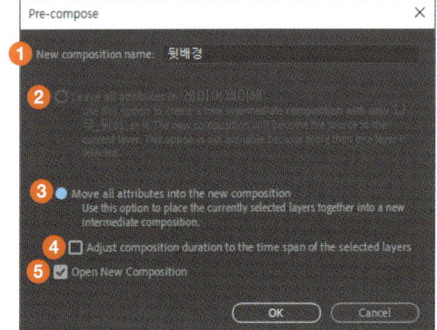
>
> ❹ **Adjust composition duration to the time span of the selected layers** | 새로 만들어지는 컴포지션의 길이를 현재 선택한 레이어의 길이로 조절합니다.
>
> ❺ **Open New Composition** | 새롭게 생성되는 컴포지션이 자동으로 열립니다.

레이어 검색하기

[Timeline] 패널에 너무 많은 레이어가 있으면 작업하고자 하는 레이어를 찾기 어렵습니다. 이때는 검색란에 레이어의 이름을 검색해서 작업할 수 있습니다. [Timeline] 패널의 검색란에 찾고 싶은 레이어의 이름을 입력하면 해당 레이어 하나만 볼 수 있습니다. 레이어의 이름뿐 아니라 옵션값이나 이펙트를 검색할 수도 있습니다. 레이어들을 선택하고 검색란에 **position**을 입력하면 선택한 레이어의 모든 [Position] 옵션을 한번에 볼 수 있습니다.

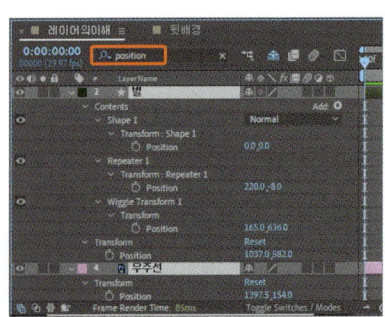

단축키 Ctrl + F 를 누르면 검색란이 바로 활성화됩니다.

기능 꼼꼼 익히기 | 레이어에 마커 생성하기

[Layer]-[Markers]-[Add Marker] 메뉴를 선택하거나 숫자패드에서  를 누르면 레이어에 마커가 생성됩니다. [Layer Marker] 대화상자에서 시간, 길이, 코멘트를 입력할 수 있으며 라벨 색상을 지정할 수도 있습니다. 지정한 마커는 레이어 막대 위에 표시됩니다. 마커에서 마커로 시간을 이동하려면 J , K 를 누릅니다.

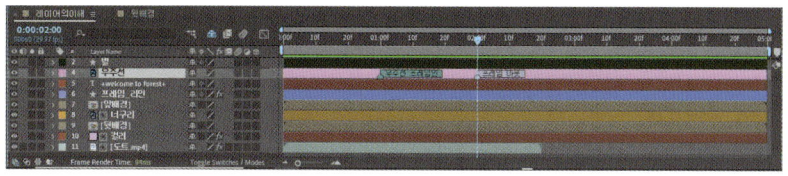

레이어 블렌딩 모드 적용하기

준비 파일 애프터 이펙트/Chapter 03/블렌딩모드.aep

모든 시각 레이어의 블렌딩 모드(Blending Mode)는 [Normal]로 설정되어 있습니다. [Normal]을 클릭하면 다양한 블렌딩 모드 메뉴가 나타납니다.

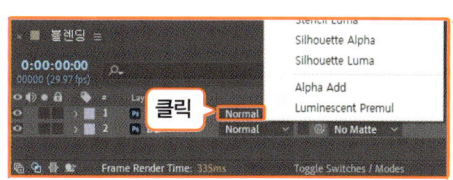

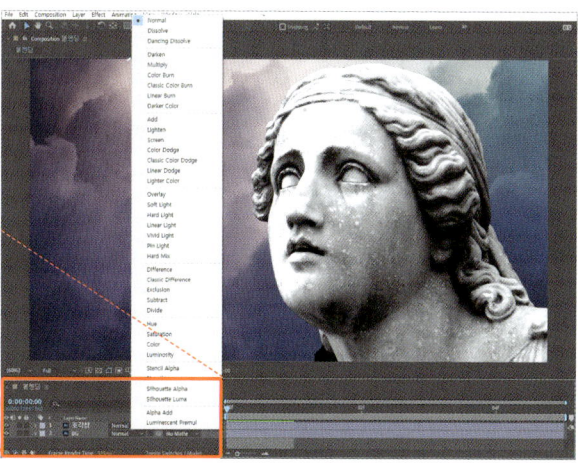

모드를 변경하고자 할 때는 [Mode]를 클릭하지 않아도 Shift + + / - 를 누르면 다양한 모드로 변경됩니다.

▲ 원본

▲ Multiply

▲ Add

▲ Color Dodge

▲ Overlay

▲ Linear Light

▲ Subtract

▲ Stencil Alpha

LESSON 02 다양한 레이어 만들기

텍스트, 솔리드, 셰이프 레이어 만들기

포토샵, 일러스트레이터와 같은 그래픽 제작 프로그램에서는 새로운 레이어를 만들고 그 레이어 안에 그림, 도형, 텍스트 등을 자유롭게 만들고 배치할 수 있습니다. 이와 다르게 애프터 이펙트에서는 처음 레이어를 생성할 때 어떤 콘텐츠를 포함할지에 따라 그 형태에 맞는 레이어를 만들고 콘텐츠를 생성할 수 있습니다. [Layer]-[New] 메뉴를 선택하면 새롭게 만들 수 있는 다양한 레이어를 확인할 수 있습니다. 필수적인 레이어를 만들어보고 속성을 알아보겠습니다.

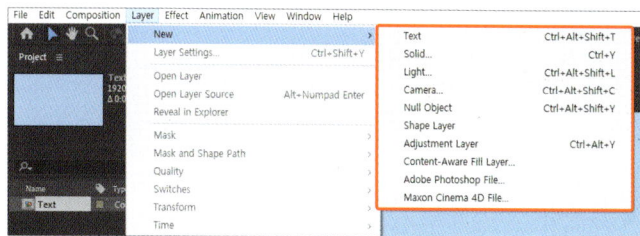

텍스트 레이어 만들기

[Text] 메뉴 선택하여 텍스트 입력하기

❶ [Layer]-[New]-[Text] Ctrl + Alt + Shift + T 메뉴를 선택하면 [Composition] 패널의 중앙에 입력 커서가 나타납니다. ❷ 워크 스페이스에 [Properties] 패널이 열려 있지 않다면 [Properties] 패널도 함께 열립니다. ❸ 패널의 이름 부분을 클릭하고 원하는 위치로 드래그하여 다른 패널과 겹쳐 놓을 수 있습니다. ❹ [Timeline] 패널에는 [〈empty text layer〉] 레이어가 생성됩니다.

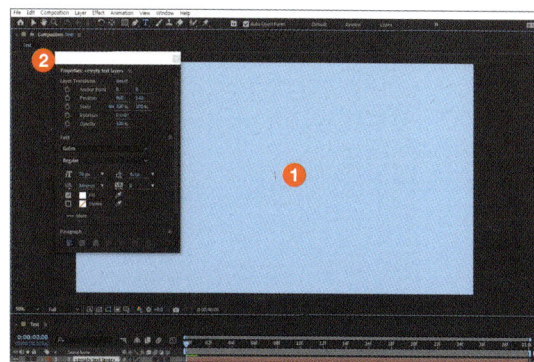

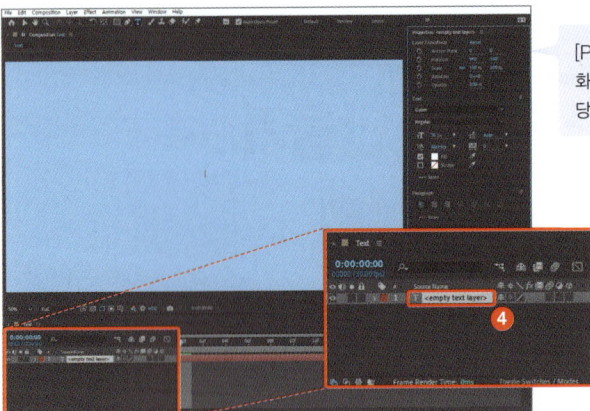

[Properties] 패널은 애프터 이펙트 CC 23.6 버전 이상에서만 활성화됩니다. 선택한 레이어의 콘텐츠에 따라서 다른 속성이 표시되며, 해당 패널로 인해 작업의 편의성이 크게 향상되었습니다.

[Composition] 패널에서 원하는 텍스트를 입력합니다. 레이어의 이름이 입력된 텍스트로 자동 변경됩니다.

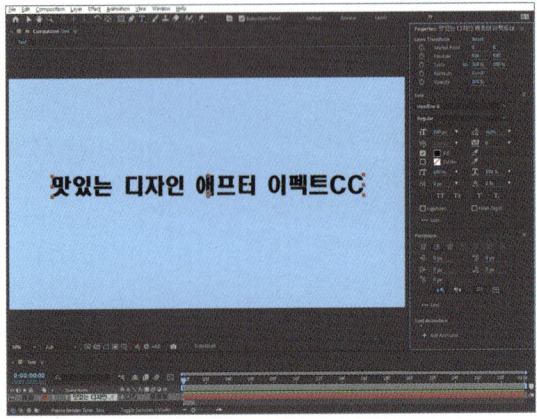

문자의 속성을 조절하려면 [Character]와 [Paragraph] 패널을 열고 속성을 조절한 후 다시 닫는 방식으로 작업해야 합니다. 그러나 CC 2024 버전에서는 [Properties] 패널에서 모든 속성을 설정할 수 있으므로 두 개의 패널을 열지 않아도 됩니다.

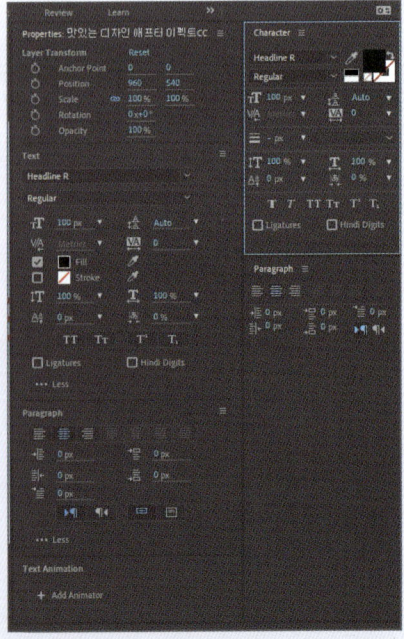

문자 도구로 텍스트 입력하기

① 도구바에서 문자 도구 T Ctrl + T 를 클릭하면 가로 문자 도구와 세로 문자 도구 중 하나를 선택할 수 있습니다. 가로 문자 도구 T를 클릭하고 입력하면 가로형 텍스트를, 세로 문자 도구 IT를 클릭하고 입력하면 세로형 텍스트를 삽입할 수 있습니다. ② [Composition] 패널에서 입력을 시작하고자 하는 지점을 클릭한 후 텍스트를 입력합니다.

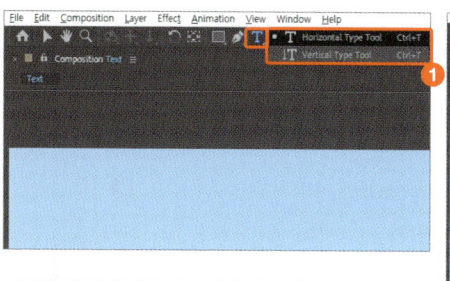
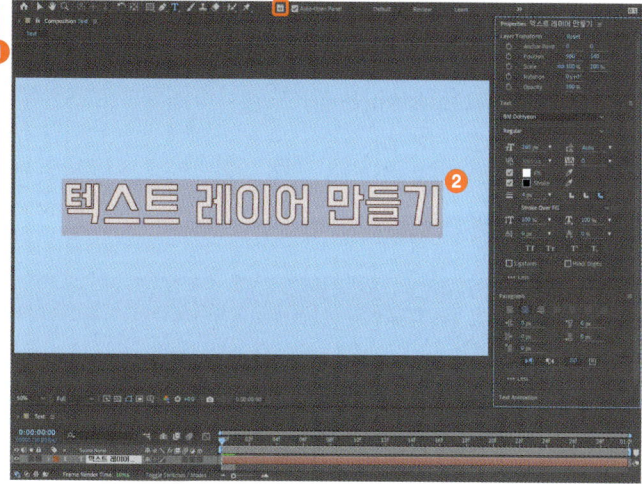

화면의 중앙에 문자를 입력하려면 문자 도구 T를 더블클릭합니다.

텍스트 레이어 옵션 알아보기

텍스트 레이어의 ▶을 클릭하여 옵션을 열어봅니다. 시각 레이어가 가지는 기본 옵션인 [Transform]과 텍스트 레이어의 옵션인 [Text]가 있습니다. [Source Text]는 입력한 텍스트입니다. 키프레임을 설정해 텍스트가 바뀌게 만들 수 있고 [Path Options]에서 패스에 따라 텍스트가 배치되거나 움직이게 설정할 수도 있습니다. [More Options]에서는 텍스트 입력의 세부 사항을 조절할 수 있습니다.

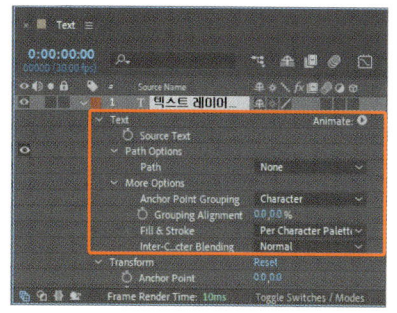

간단 실습 텍스트 레이어에 Animate 속성 추가하여 애니메이션 만들기

준비 파일 애프터 이펙트/Chapter 03/텍스트.aep

텍스트 레이어에 다양한 옵션을 추가하여 다채로운 애니메이션을 쉽고 빠르게 제작할 수 있습니다. 특히 [Animate] 속성을 추가하여 창의적인 움직임을 제작할 수 있습니다. [Anchor Point]나 [Scale] 같은 [Transform] 속성에 있는 옵션은 물론, 색상이나 트래킹과 같은 텍스트의 속성, 블러(Blur)와 같은 효과도 한 글자씩 애니메이션할 수 있습니다. [Transform] 속성의 각 값이 레이어 전체를 조절한다면, [Animate] 속성에 추가된 [Transform]은 텍스트 하나하나를 따로 조절할 수 있습니다.

01 ❶ [File]-[Open Project] Ctrl + O 메뉴를 선택하여 **텍스트.aep** 준비 파일을 엽니다. ❷ [Project] 패널에서 [Text_시작]을 더블클릭합니다. 텍스트 레이어가 삽입된 컴포지션이 열립니다.

동영상 강의 확인하기

02 ❶ [Cloudy Day] 레이어를 선택합니다. ❷ [Text] 속성에서 Animate ▶를 클릭하고 ❸ [Position]을 선택합니다. [Animator 1]이 추가되었습니다. ❹ [Animator 1]-[Position]을 **840, 0**으로 설정합니다. 텍스트가 화면 오른쪽 바깥으로 이동하여 보이지 않습니다.

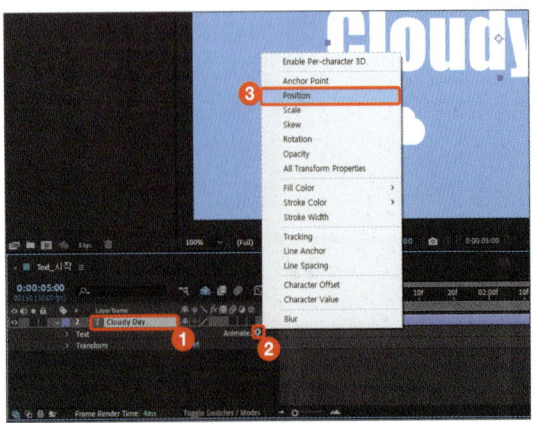
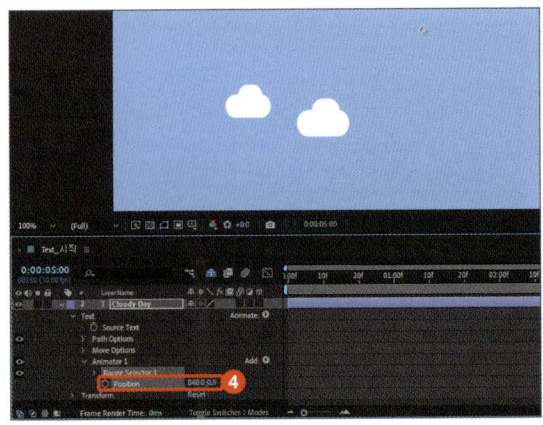

[Properties] 패널에서 [+Add Animator]를 클릭하여 속성을 추가할 수 있습니다.

03 ①② 다음 표를 참고하여 [Animator 1]-[Range Selector 1]-[Offset]에 키프레임을 설정합니다. ③ `Spacebar` 를 눌러 애니메이션을 확인합니다. 알파벳이 차례대로 화면 오른쪽 바깥에서 중앙으로 서서히 들어옵니다.

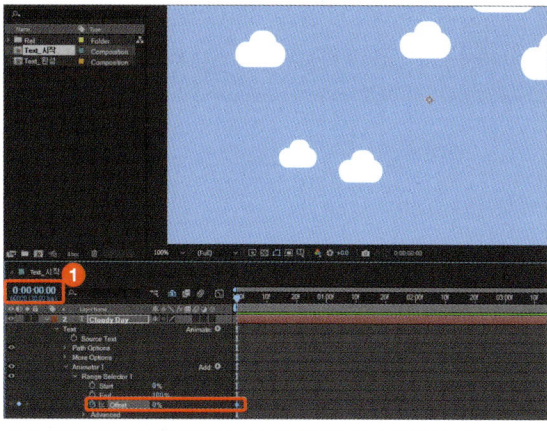 

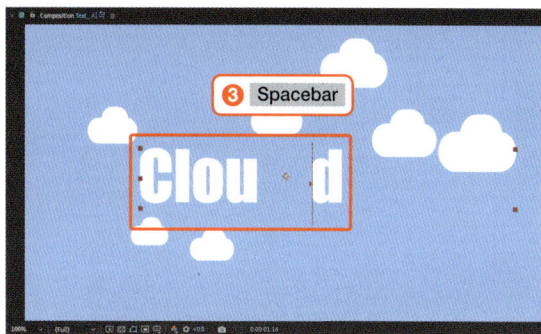

[Animator 1]-[Range Selector 1]-[Offset]	
0초	0%
3초	100%

0초 지점이란? | 0초 지점은 0:00:00:00 지점을 말합니다. 이것을 타임코드라고 합니다. 가장 앞의 숫자 0은 시간, 다음 00은 분, 다음 00은 초이며 마지막 00은 프레임을 뜻합니다. 예를 들어 1초 지점은 0:00:01:00으로 표시되며, 1분 지점은 0:01:00:00으로 표시됩니다. 컴포지션의 시작 지점으로 이동할 때는 `Home` 을, 마지막 지점으로 이동할 때는 `End` 를 누릅니다. 많이 사용되는 단축키이므로 외워두면 편리합니다.

04 ① [Animator 1]의 Add ▶를 클릭하고 ② [Property]-[Scale]을 클릭해 추가합니다. 새로운 애니메이터가 생성되지 않고 [Scale] 속성만 추가됩니다. ③ [Scale]을 300,300%로 설정합니다. ④ `Spacebar` 를 눌러 애니메이션을 확인합니다. 화면의 오른쪽에서 글자가 크게 보이고 서서히 원래의 크기로 돌아옵니다.

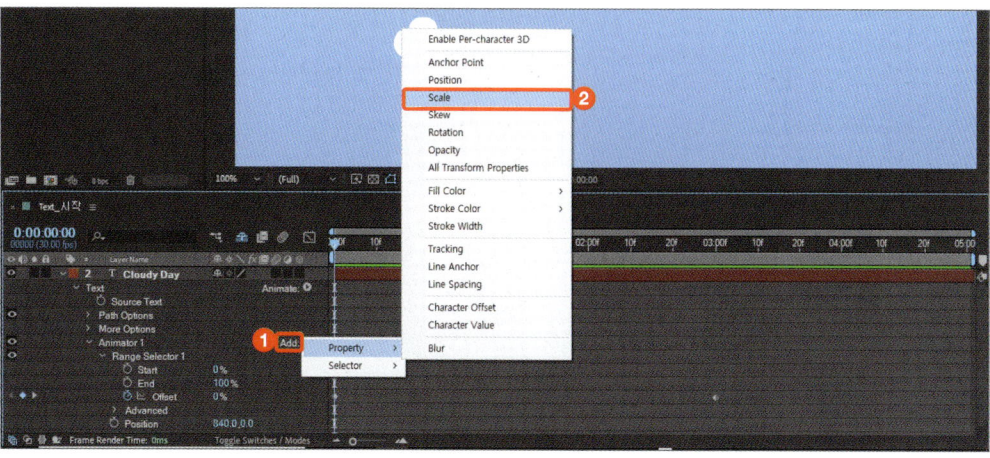

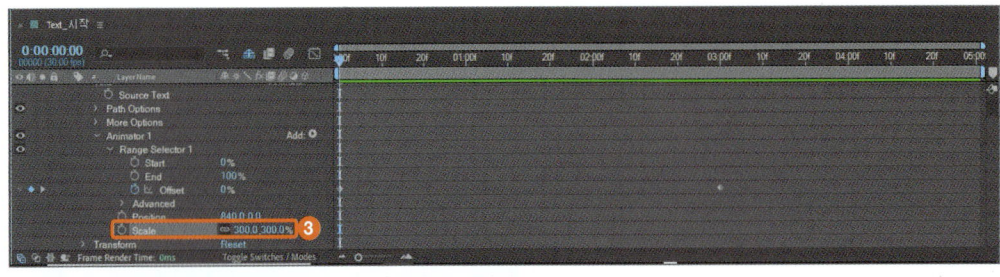

05 ① [Cloudy Day] 레이어의 [Text] 속성에서 Animate ◉를 클릭하고 ② [Blur]를 선택합니다. ③ [Animator 2]가 추가됩니다. ④ [Animator 2]-[Range Selector 1]-[End]를 30%로 설정하고 ⑤ [Blur]를 100, 100으로 설정합니다.

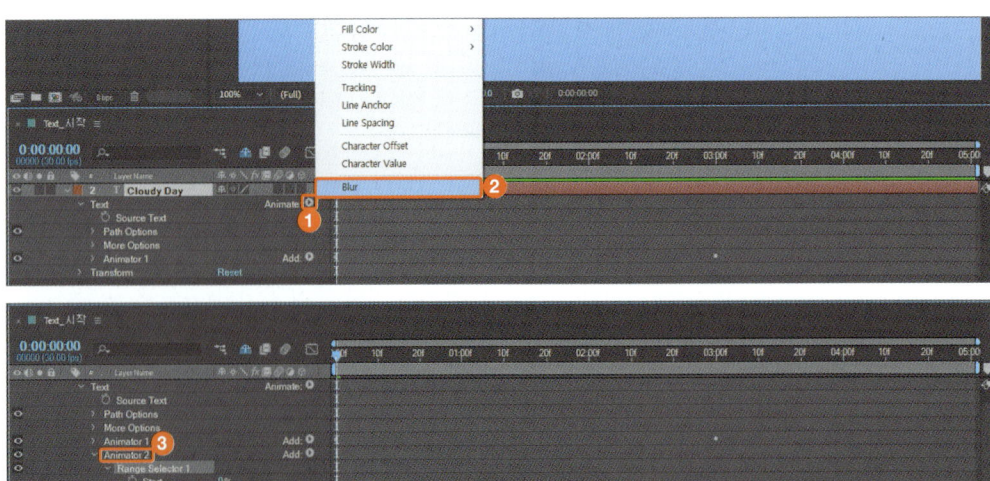

06 ❶❷ 다음 표를 참고하여 [Animator 2]-[Range Selector 1]-[Offset]에 키프레임을 설정합니다.

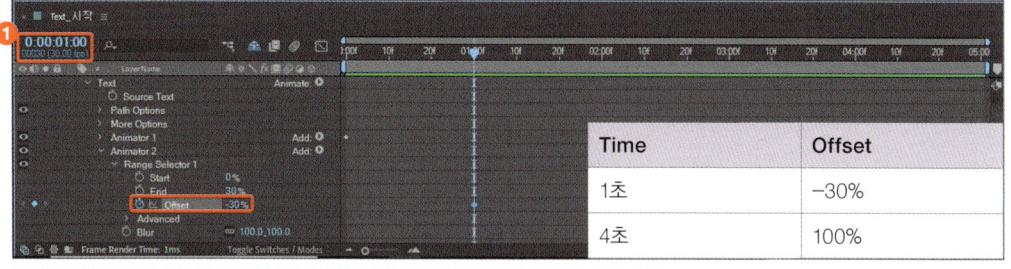

Time	Offset
1초	-30%
4초	100%

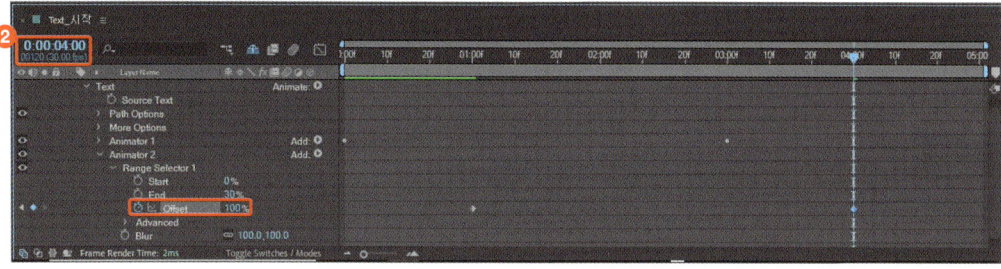

07 Spacebar 를 눌러 애니메이션을 확인합니다. 텍스트가 한 글자씩 작아지며 화면의 바깥 쪽에서 안으로 들어오고 픽셀 흐림 효과가 차례대로 적용되는 애니메이션이 완성되었습니다.

솔리드 레이어 만들기

후반 작업 프로그램인 애프터 이펙트는 보통 사진이나 비디오, 이미지 등 기존에 제작된 미디어 파일을 불러와 효과나 애니메이션을 적용합니다. 그러나 애프터 이펙트에서도 그래픽 이미지를 직접 생성할 수 있으며 이러한 방법이 보다 효율적인 경우도 있습니다. 대표적으로 솔리드 레이어와 셰이프 레이어 기능을 활용합니다.

메뉴바에서 솔리드 레이어 만들기

메뉴바에서 [Layer]-[New]-[Solid] Ctrl + Y 메뉴를 선택하여 솔리드 레이어(Solid Layer)를 생성합니다. 도구바의 도형 도구 ■ Q 나 펜 도구 ✒ G 로 그림을 그리거나 이펙트를 적용하여 이미지를 생성할 수 있습니다. 솔리드 레이어(Solid Layer)란 단색 레이어를 뜻하며 하나의 색상을 가집니다.

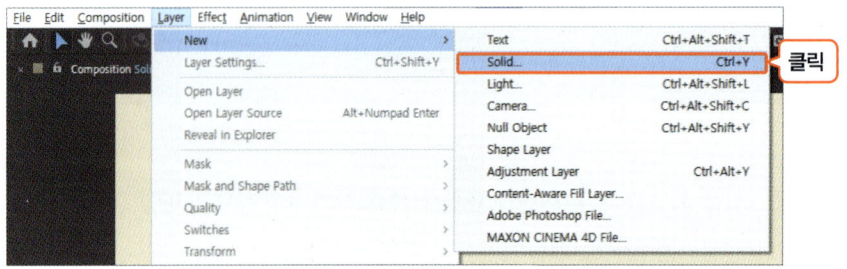

[Timeline] 패널에서 솔리드 레이어 만들기

❶ [Timeline] 패널에서 레이어 이름이 나타나는 빈 공간을 마우스 오른쪽 버튼으로 클릭하면 메뉴바에서 [Layer]를 선택하여 적용할 수 있는 메뉴를 바로 볼 수 있습니다. ❷ [New]-[Solid]를 선택하여 새로운 솔리드 레이어를 생성합니다. 솔리드 레이어뿐 아니라 다른 모든 종류의 레이어도 이와 같은 방법으로 만들 수 있습니다.

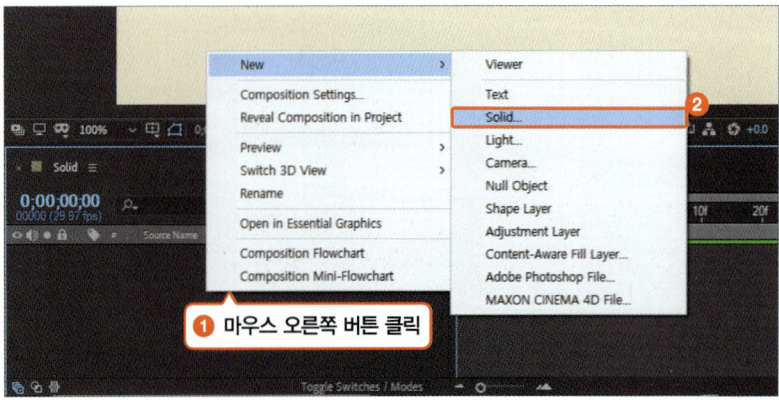

기능 꼼꼼 익히기 | [Solid Settings] 대화상자 알아보기

앞에서 소개한 방법으로 솔리드 레이어를 생성하면 [Solid Settings] 대화상자가 나타납니다.

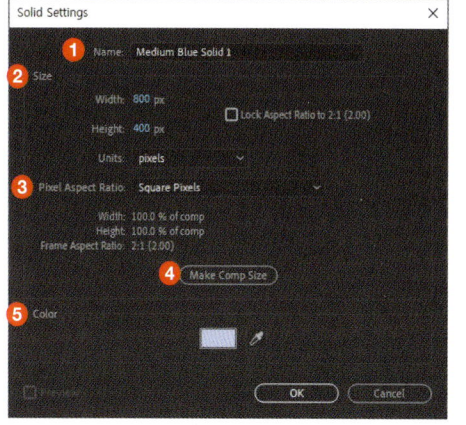

1. **Name** | 솔리드 레이어의 이름을 설정합니다. [Color]에서 설정한 색상 이름이 자동으로 입력되며, 필요에 따라 원하는 이름으로 수정할 수 있습니다.
2. **Size** | [Width]는 폭, [Height]는 길이를 말합니다. 솔리드 레이어의 가로세로 크기를 설정합니다.
3. **Pixel Aspect Ratio** | 픽셀의 종횡비를 설정합니다. [Square Pixels]를 일반적으로 사용하며 정사각형 형태의 비례를 뜻합니다. 비디오 입력이나 출력에 따라 다르게 설정할 수 있습니다.
4. **Make Comp Size** | 클릭하면 솔리드 레이어의 크기가 컴포지션 크기와 동일하게 설정됩니다.
5. **Color** | 솔리드 레이어의 색상을 설정합니다.

솔리드 레이어 속성 변경하기

[Solid Settings] 대화상자에서 옵션을 설정한 후 [OK]를 클릭하면 다음과 같은 크기의 사각형 솔리드 레이어가 생성됩니다. 원하는 형태로 솔리드 레이어를 만들 수 있습니다. ❶ 솔리드 레이어의 크기나 색상 등의 속성을 변경하려면 [Layer]-[Solid Settings] `Ctrl` + `Shift` + `Y` 메뉴를 선택하고 ❷ [Solid Settings] 대화상자가 나타나면 설정을 변경합니다.

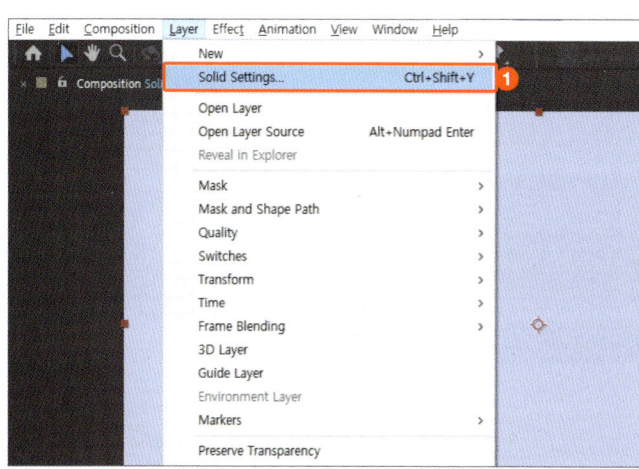
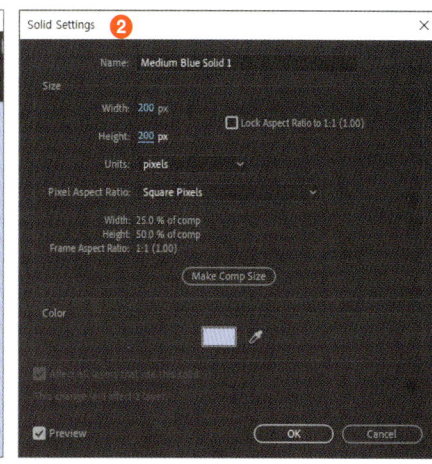

널 오브젝트 레이어 만들기

Null은 '아무 가치 없는'이라는 의미로, 널 오브젝트(Null Object)는 아무것도 보여주지 않는 오브젝트를 말합니다. [Layer]-[New]-[Null Object] `Ctrl` + `Alt` + `Shift` + `Y` 메뉴를 선택하면 널 오브젝트가 포함된 레이어를 만들 수 있습니다. 널 레이어는 [Transform] 속성을 가지고 있지만 시각적으로 나타나지 않습니다.

널 레이어는 Parent 기능과 함께 활용합니다. 널 레이어를 다른 시각 레이어의 Parent로 설정하면 여러 레이어들의 [Transform] 옵션을 한번에 조절할 수 있습니다. 운동성이 강조되는 키네틱 애니메이션이나 다수의 레이어가 함께 움직여야 하는 캐릭터 애니메이션 등에서 많이 활용됩니다. ❶ [Timeline] 패널에 [Null 1] 레이어가 생성되면 ❷ 캐릭터 전체를 조절하기 위하여 [Null 1] 레이어를 [몸]과 [왼쪽다리], [오른쪽다리] 레이어의 Parent로 설정합니다. ❸ [Null 1] 레이어의 [Transform]을 조절하면 캐릭터를 구성하는 모든 레이어가 그룹으로 움직입니다.

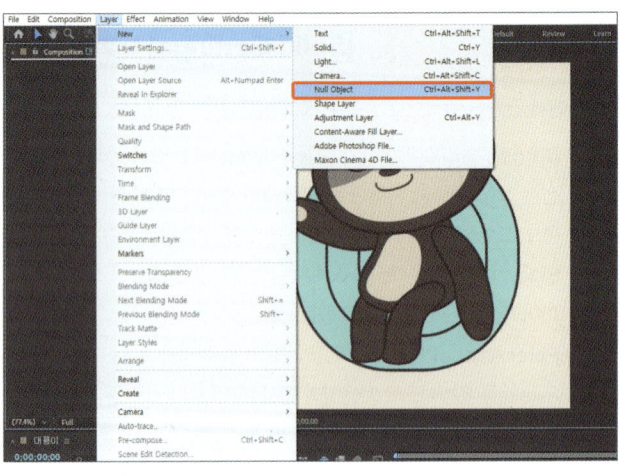

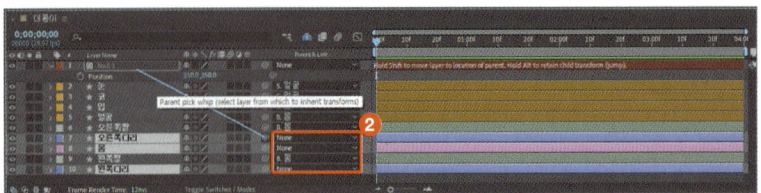

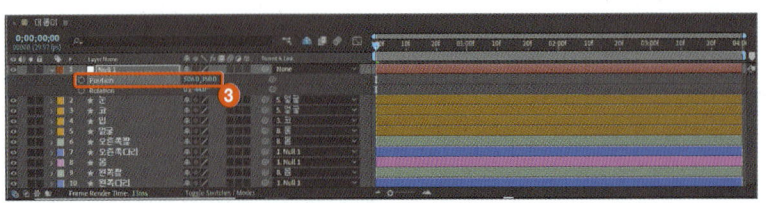

Parent 기능과 널 레이어에 대한 보다 자세한 내용은 CHAPTER 05의 LESSON 04 [Parent 기능 활용하기]에서 학습할 수 있습니다.

간단 실습 셰이프 레이어 만들기

준비 파일 애프터 이펙트/Chapter 03/셰이프 레이어 만들기.aep

셰이프 레이어(Shape Layer)란 형태를 그리는 모양 레이어로 애프터 이펙트의 대표적인 벡터 기반 레이어입니다. 도형 도구나 펜 도구를 이용하여 형태를 그리고, 다양한 수식 속성을 추가하여 그래픽 이미지를 디자인해 애니메이션을 적용할 수 있는 활용도 높은 기능입니다. 비트맵 이미지와 비교하여 상대적으로 용량이 가볍고 수많은 도형과 복잡한 패턴들을 쉽고 빠르게 만들 수 있어서 폭넓게 활용됩니다. 설정해야 할 옵션이 많고 추가 속성의 순서에 따라 결과물이 많이 달라지므로 차근차근 학습하길 바랍니다.

[File]-[Open Project] Ctrl + O 메뉴를 선택하고 준비 파일을 엽니다. 셰이프 레이어는 도형 도구나 펜 도구를 이용하여 그림을 직접 그려 넣어 생성하거나, 메뉴바에서 새로운 셰이프 레이어를 추가해 만들 수 있습니다. 두 가지 방법을 모두 알아보겠습니다.

① 도형 도구와 펜 도구를 이용하여 눈 모양 셰이프 레이어 만들기

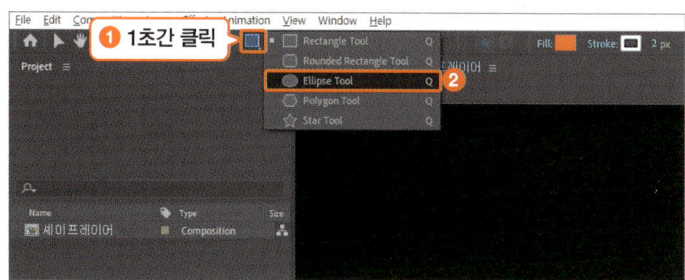

01 도구바에서 ① 도형 도구 Q 를 1초간 클릭하면 나타나는 메뉴에서 ② 원 도형을 클릭합니다.

> Alt 키를 누르고 아이콘을 클릭하거나 도형 단축키 Q 를 반복적으로 누르면 다른 도형을 차례대로 선택할 수 있습니다.

02 도구바에 위치한 ① [Fill]과 ②③ [Stroke] 옵션을 클릭해 다음 표와 같이 선택합니다.

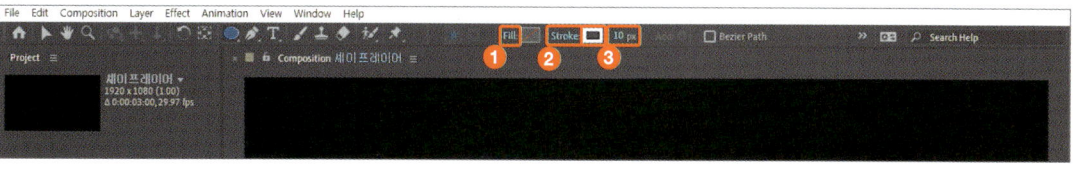

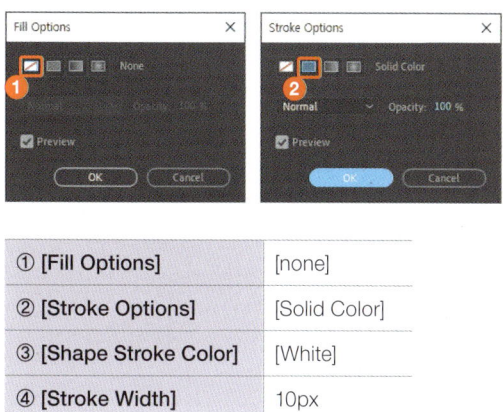
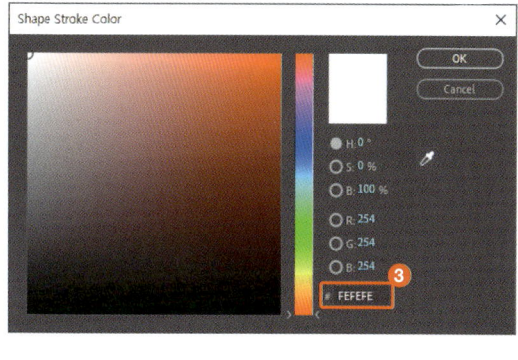

① [Fill Options]	[none]
② [Stroke Options]	[Solid Color]
③ [Shape Stroke Color]	[White]
④ [Stroke Width]	10px

> **기능 꼼꼼 익히기** 〉 **[Fill]과 [Stroke] 옵션 알아보기**
>
> [Fill Options]에서는 [Fill]의 속성 중에서 [Solid Color], [Linear Gradient], [Radial Gradient] 그리고 [Opacity] 등을 설정할 수 있습니다. [Shape Fill Color]에서는 [Fill]의 색상을 설정할 수 있습니다.
>
>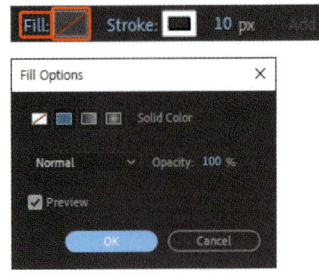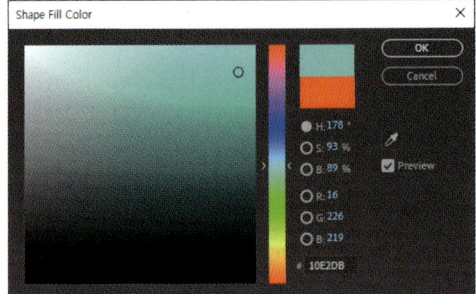
>
> [Stroke Options]에서는 [Stroke] 속성 중에서 [Solid Color], [Linear Gradient], [Radial Gradient] 그리고 [Opacity] 등을 설정할 수 있습니다. [Shape Stroke Color]에서는 [Stroke]의 색상을 설정할 수 있습니다.
>
>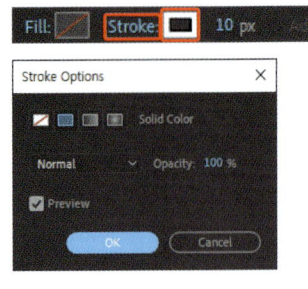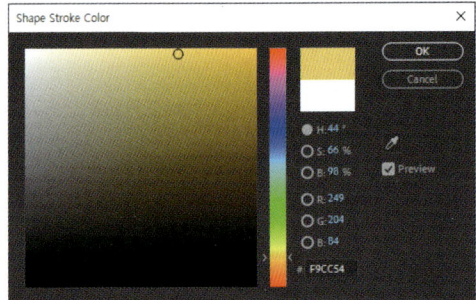
>
> Alt 를 누른 상태로 [Fill] 옵션의 컬러 아이콘■을 클릭하면 [Fill Options] 스타일이 차례로 변경됩니다. 같은 방법으로 [Stroke Options]도 빠르게 변경할 수 있습니다.

03 [Composition] 패널에서 ❶ Shift 를 누른 상태로 드래그해 정원을 그립니다. ❷ [Timeline] 패널에 [Shape Layer 1] 레이어가 등록됩니다. ❸ Ctrl + Alt + Home 을 눌러 중심점을 도형의 정중앙으로 옮기고 Ctrl + Home 을 눌러 화면의 정중앙에 도형을 배치합니다.

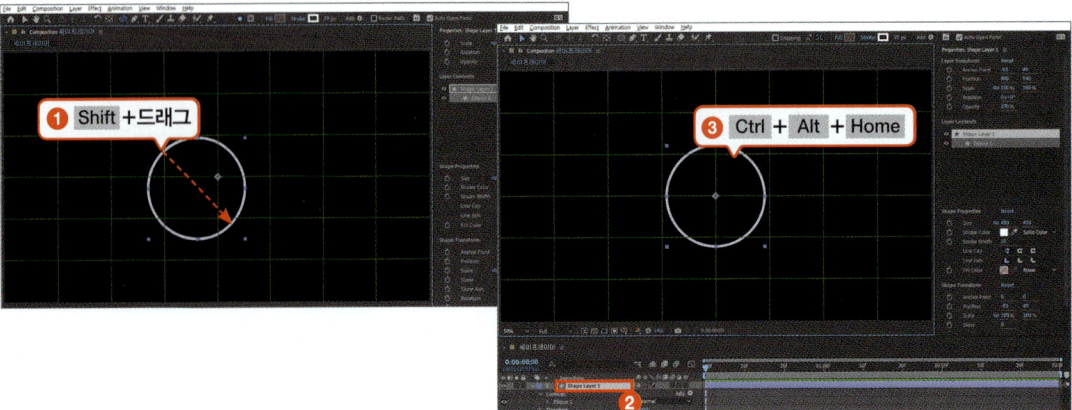

새로 만드는 셰이프 레이어의 중심점(Anchor Point)을 화면의 중앙이 아닌 콘텐츠의 중앙으로 설정할 수 있습니다. [Edit]-[Preferences] 메뉴를 클릭하면 나타나는 [Preferences] 대화상자에서 [General]-[Center Anchor Point in New Shape Layers]에 체크합니다. 이 책에서는 이와 같이 설정한 후 예제를 진행하였습니다.

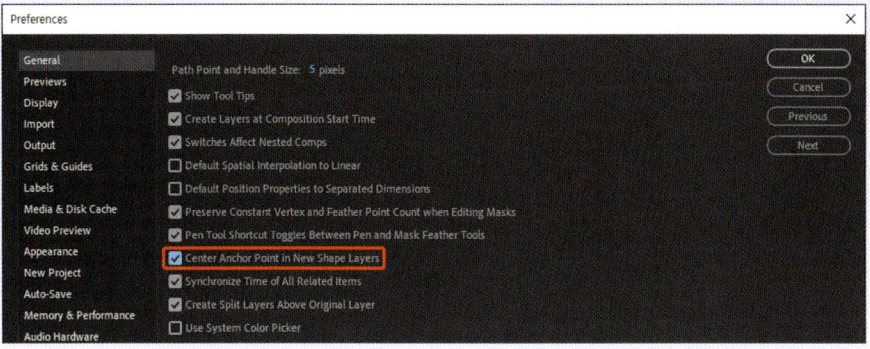

기능 꼼꼼 익히기 🏷️ 도형의 중심점(Anchor Point)을 도형의 정중앙으로 설정하기

사진 등의 이미지를 컴포지션에 불러오면 중심점은 자동으로 이미지의 정중앙에 위치합니다. 그러나 도형 도구나 펜 도구로 그린 셰이프는 도형의 위치와 상관없이 화면의 정중앙으로 레이어의 중심점이 설정됩니다. 화면의 정중앙이 아닌 도형 등의 콘텐츠의 정중앙으로 중심점을 옮기려면 [Layer]-[Transform]-[Center Anchor Point in Layer Content] Ctrl + Alt + Home 메뉴를 선택합니다.

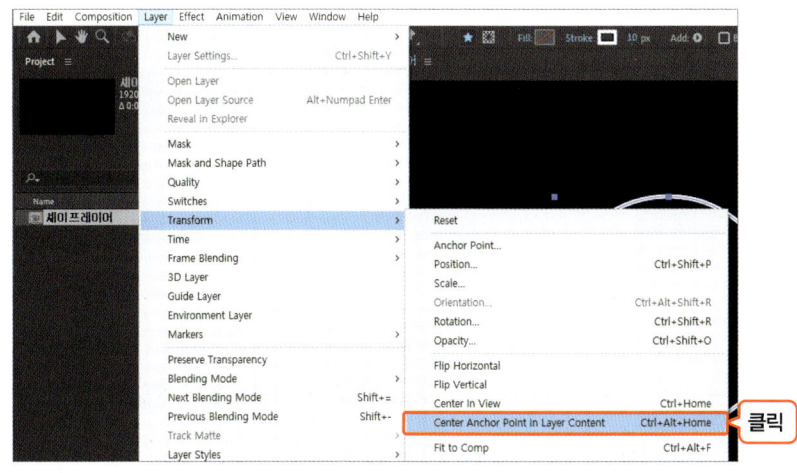

모션 그래픽에서 많은 경우 주요 오브젝트는 주목도를 올리기 위하여 정중앙에 배치합니다. 도형이나 그림을 화면의 정중앙에 배치하려면 [Layer]-[Transform]-[Center In View] Ctrl + Home 메뉴를 선택합니다. 또는 [Window]-[Align] 메뉴를 선택하면 나타나는 [Align] 패널에서 [Align Layers to]를 [Composition]으로 설정하고 ■와 ■를 각각 클릭하면 가로와 세로 모두 정중앙으로 위치시켜 화면의 정중앙에 배치할 수 있습니다.

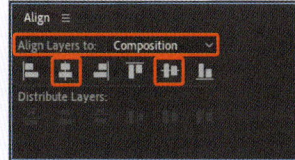

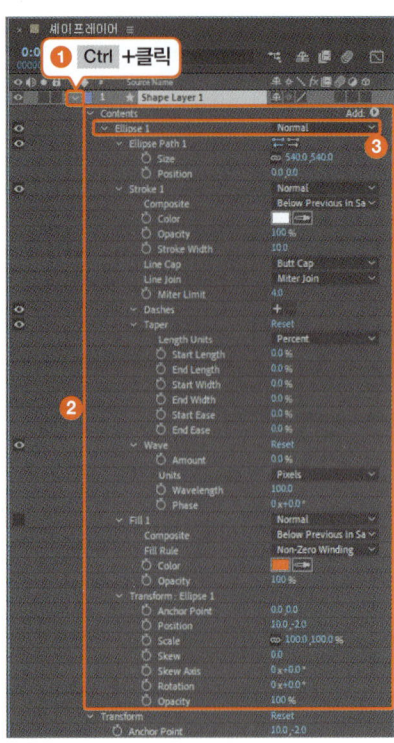

04 [Timeline] 패널에서 ① Ctrl 을 누르고 [Shape Layer 1] 레이어의 ▶을 클릭합니다. ② [Shape Layer 1] 레이어의 모든 속성이 표시됩니다. [Shape Layer 1] 레이어의 ③ [Contents] 아래에 [Ellipse 1]이 생성되었습니다. 그 하위에는 [Stroke]나 [Fill] 등의 속성이 등록되어 있습니다.

05 [Shape Layer 1] 레이어의 ① [Contents]-[Ellipse 1]-[Ellipse Path 1]-[Size]를 **400,400**으로 설정합니다. [Size]의 수정은 [Properties] 패널에서도 할 수 있습니다. ② 원 도형의 사이즈가 바뀝니다.

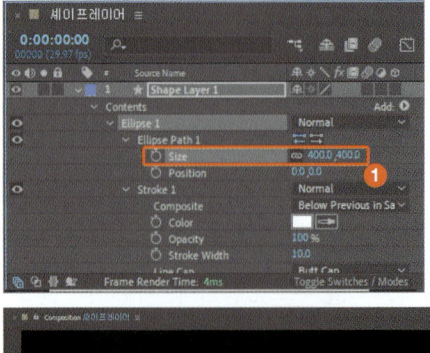

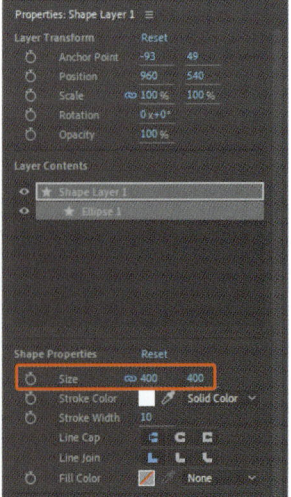

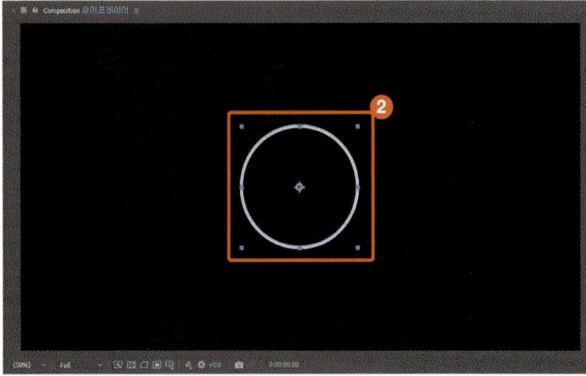

06 도구바에서 ① 펜 도구 G 를 클릭합니다. ② F2 를 눌러 모든 레이어의 선택을 해제합니다. ③ ④ ⑤ ⑥ ⑦ [Composition] 패널에서 원을 둘러싸는 눈 모양을 그립니다.

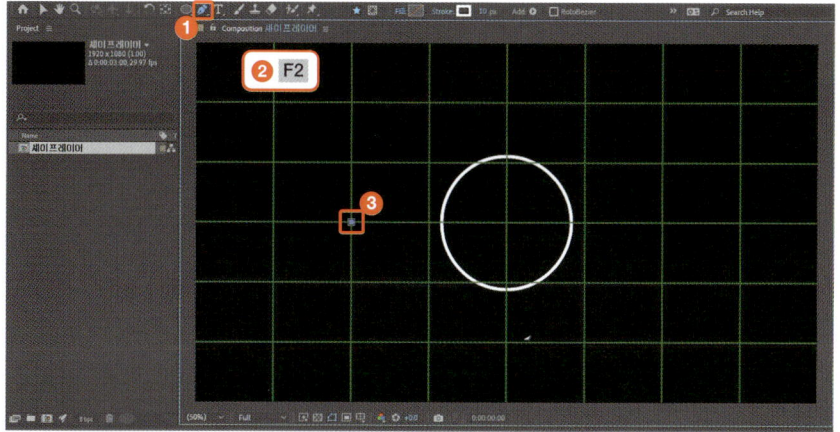

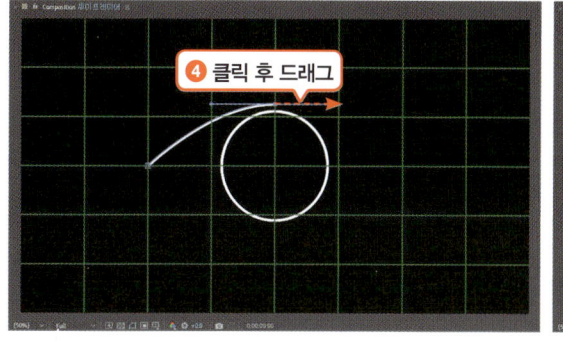
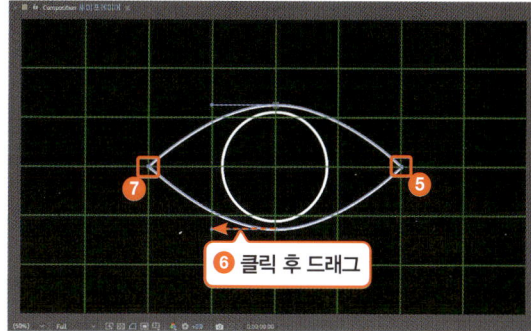

[Shape Layer 1] 레이어가 선택되어 있는 상태에서 다른 도형을 그리면 [Shape Layer 1] 레이어에 도형이 추가로 등록됩니다. 새로운 도형을 다른 레이어에 만들고 싶다면 모든 레이어의 선택이 해제된 상태에서 도형을 그려야 합니다. 모든 레이어를 선택 해제하는 단축키는 F2 또는 Shift + Ctrl + A 입니다.

② [Layer] 메뉴로 셰이프 레이어 만들기

[Layer]-[New]-[Shape Layer] 메뉴를 클릭하거나 [Timeline] 패널에서 빈 공간에 마우스 오른쪽 버튼을 클릭하고 [New]-[Shape Layer]를 클릭하여 새로운 셰이프 레이어를 만들 수도 있습니다. 새로 삽입된 도형 레이어의 [Contents]를 보면 아무것도 등록되어 있지 않습니다.

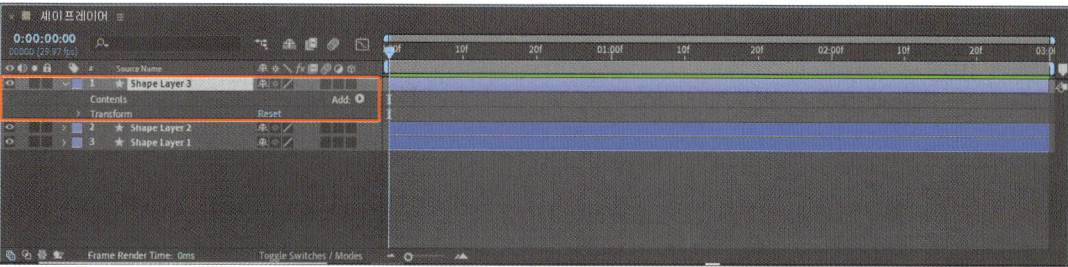

01
① Add █ 를 클릭합니다. ② [Rectangle]을 선택해 사각형을 등록합니다. 이어서 ③④ Add █ -[Fill]을 선택해 추가합니다. ⑤ [Composition] 패널의 정중앙에 빨간색 정사각형이 생성됩니다.

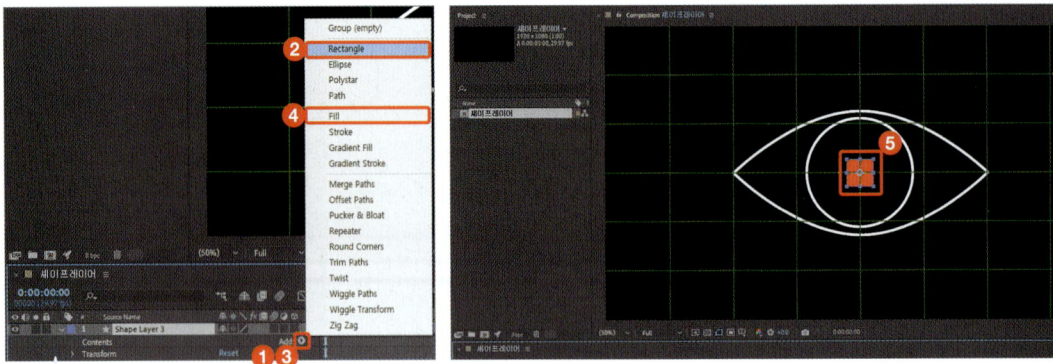

도구로 직접 도형을 그릴 경우에는 [Fill]과 [Stroke] 속성이 바로 직전에 사용한 옵션으로 설정됩니다. 하지만 Add █ 로 생성하면 표시되는 색상과 크기는 기본값으로 모든 경우에 동일하게 표시됩니다. 예를 들어, 사각형의 경우 언제나 [Size]는 [100,100]으로, [Fill]은 [Solid Color]로, [Fill Color]는 빨간색으로, 그리고 [Stroke]는 [None]으로 설정됩니다.

02
삽입한 사각형의 ①② [Size]와 [Fill 1]-[Color] 속성을 자유롭게 변경해봅니다.

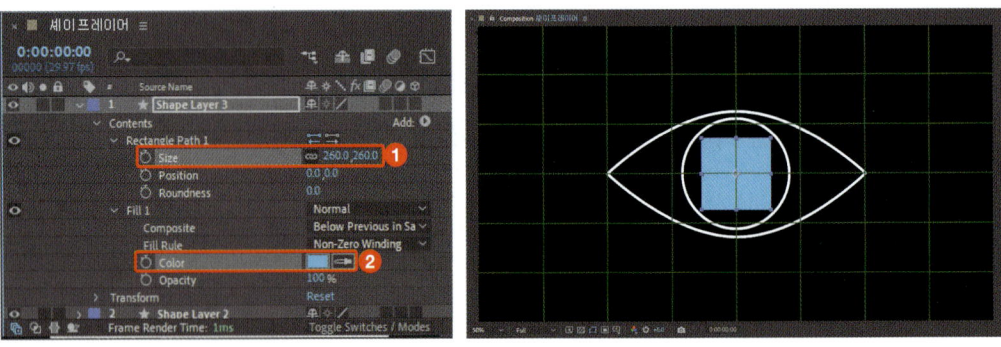

03
Add █ 는 형태나 색상 정보 외에도 다양한 추가 수식을 적용할 수 있습니다. ① Add █ 를 클릭하고 ② [Pucker & Bloat]를 선택합니다. 그리고 ③ [Amount]를 조절해 클로버 모양을 쉽게 만들 수 있습니다.

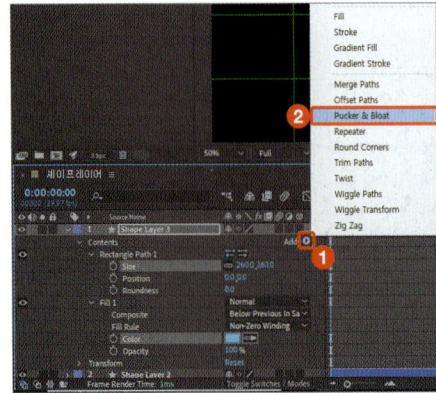
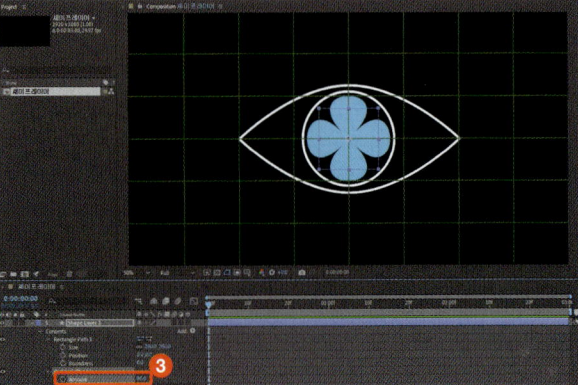

스트로크(Stroke) 속성 알아보기

셰이프 레이어의 스트로크(Stroke)에는 많은 속성이 있으며 형태를 그리고 애니메이션을 구현할 때에 중요한 역할을 합니다. 스트로크의 다양한 속성에 대하여 알아보겠습니다.

01 ❶ 펜 도구(G)를 클릭하고 ❷ 컴포지션에 자유롭게 세로 선을 그립니다. ❸ 색상과 두께도 자유롭게 선택합니다. [Timeline] 패널에서 삽입된 셰이프 레이어의 [Stroke 1]에 포함된 옵션을 확인하기 위해 ❹ ▶을 클릭합니다.

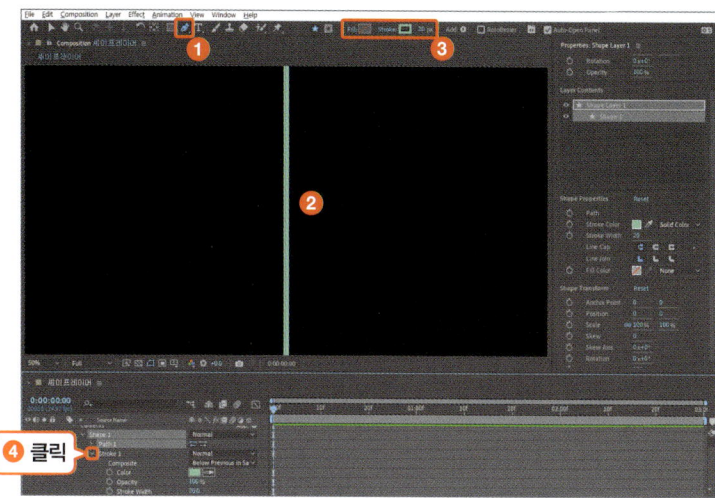

02 ❶ [Stroke 1]-[Dashes]의 ➕를 한 번 클릭하면 ❷ [Dash]가, ❸ 한 번 더 클릭하면 [Gap] 속성이 등록됩니다. ❹ [Line Cap]을 [Round Cap]으로 설정합니다. 양쪽 끝이 둥근 모양이 됩니다. ❺ [Dash]와 [Gap]에 자유롭게 수치를 입력하여 점선으로 만들어봅니다. ❻ [Properties] 패널에서도 설정할 수 있습니다.

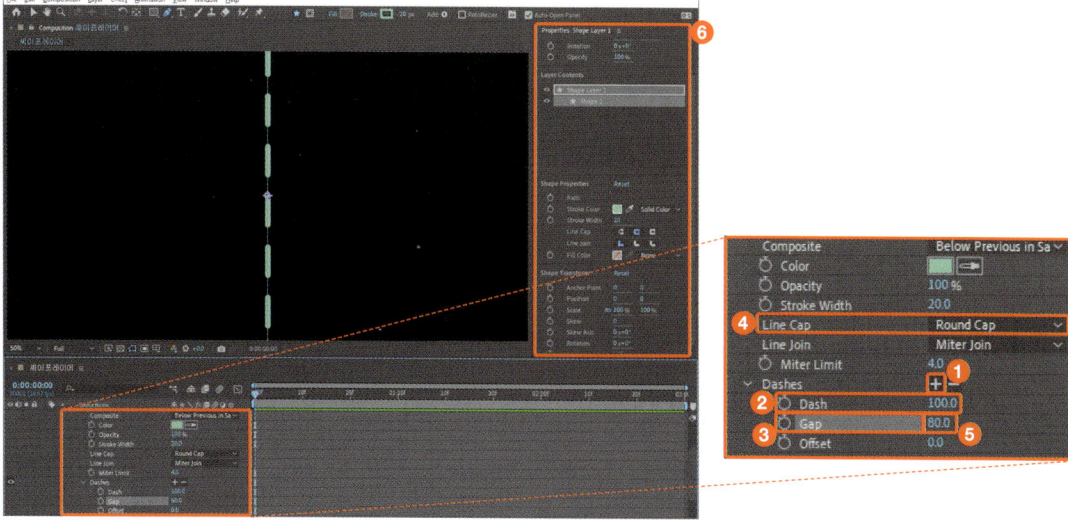

03 ① [Stroke 1]-[Dashes]의 ➕를 한 번 더 클릭하면 ② [Dash 2]가 추가됩니다.

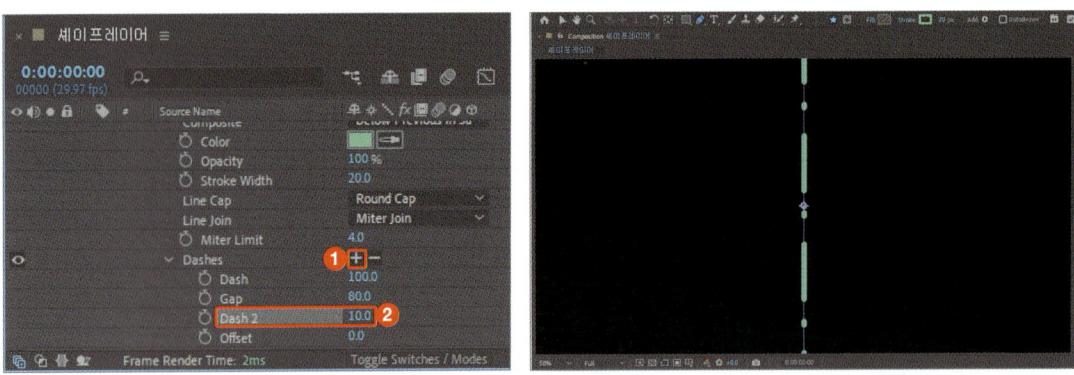

➖을 세 번 클릭하면 앞서 추가한 속성이 모두 사라지고 다시 직선이 됩니다.

테이퍼(Taper)와 웨이브(Wave) 속성 알아보기

테이퍼(Taper)는 '폭이 점점 가늘어지다'라는 의미로 같은 굵기를 가진 선의 시작점이나 끝점을 둥글게 만들거나 가늘게 조절할 수 있습니다.

01 [Timeline] 패널에서 ① [Stroke 1]-[Stroke Width]를 100으로 두껍게 설정합니다. ② [Stroke 1]-[Taper]의 ▶을 클릭합니다. [Taper]의 ③ [End Length]를 50%로, ④ [End Ease]를 40%로 합니다. ⑤ 선의 한쪽 끝이 완만하게 뾰족한 모양이 됩니다.

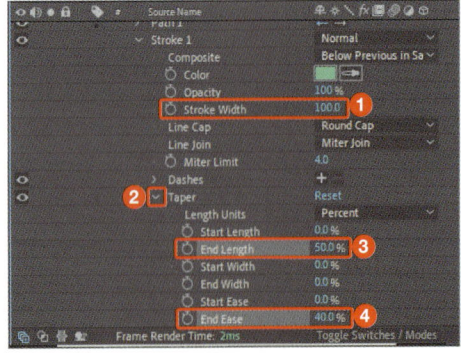 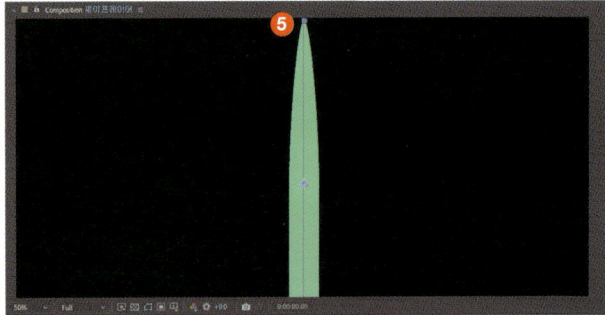

기능 꼼꼼 익히기 ❤ 테이퍼(Taper) 옵션 알아보기

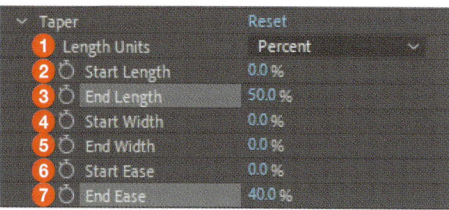

❶ **Length Units** | 길이 단위이며 백분율(Percent) 및 픽셀(Pixel)의 두 가지 옵션 중에서 선택합니다.

❷ **Start Length** | 시작 길이를 뜻하며 스트로크 시작에서 테이퍼의 길이를 제어합니다.

❸ **End Length** | 끝 길이를 뜻하며 스트로크 끝에서 테이퍼 길이를 제어합니다.

❹ **Start Width** | 시작 너비를 뜻하며 경로의 시작 길이를 따라 테이퍼의 두께를 제어합니다.

❺ **End Width** | 끝 너비를 뜻하며 경로의 끝 길이를 따라 테이퍼의 두께를 제어합니다.

❻ **Start Ease** | 시작 Ease(완화)를 뜻하며 시작 길이를 따라 테이퍼의 둥글기를 제어합니다.

❼ **End Ease** | 끝 Ease(완화)를 뜻하며 끝 길이를 따라 테이퍼의 둥글기를 제어합니다.

02 ❶ [Stroke 1]-[Wave]의 ▶을 클릭합니다. ❷ [Amount]를 20%로, ❸ [Wavelength]를 150으로 각각 설정합니다. ❹ 해초와 같이 구불구불한 모양으로 변형됩니다.

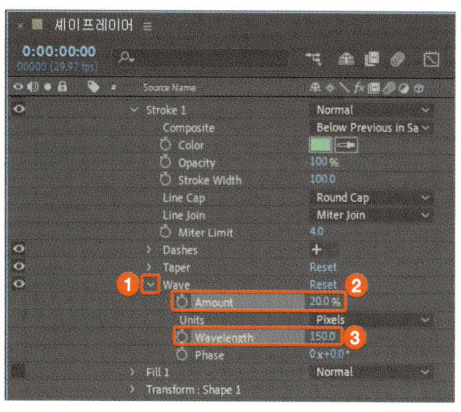
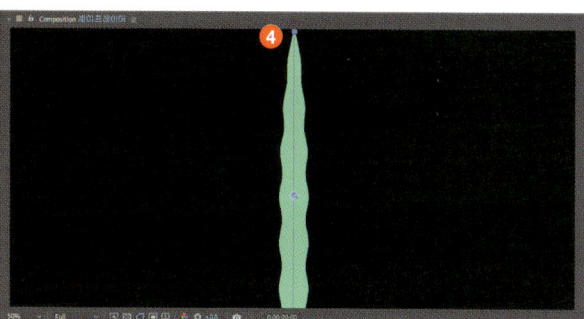

기능 꼼꼼 익히기 ❤ 웨이브(Wave) 옵션 알아보기

웨이브(Wave) 속성은 선의 경로를 따라 스트로크에 웨이브를 추가하는 데 사용합니다. 테이퍼(Taper)와 마찬가지로 다양한 옵션이 있습니다.

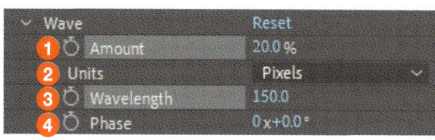

❶ **Amount** | 스트로크에 추가되는 웨이브의 강도와 수를 제어합니다. 값이 작을수록 웨이브가 약하고 값이 높을수록 웨이브가 더 강해집니다.

❷ **Units** | 웨이브의 단위이며 픽셀 또는 사이클로 측정되는지 여부를 제어합니다.

❸ **Wavelength** | 파도 사이의 간격을 제어합니다. 기본값은 100이며 수치를 낮추면 파동이 좁아지고, 수치를 높이면 파동이 넓어집니다.

❹ **Phase** | 경로를 따라 웨이브를 오프셋할 때 사용하여 경로 길이에 걸쳐 웨이브가 애니메이션되도록 합니다.

레이어 아이콘

[Timeline] 패널에 등록된 레이어의 이름 앞에는 각각 다른 모양의 작은 아이콘이 표시됩니다. 아이콘 모양에 따라 레이어의 종류를 식별할 수 있습니다.

① □ | 널 오브젝트 레이어, 조정(Adjustment) 레이어 또는 하얀색 솔리드 레이어입니다.

② T | 텍스트 레이어입니다.

③ ■ | 솔리드 레이어이며 레이어의 색상 설정과 동일한 색상으로 표시됩니다.

④ ★ | 셰이프 레이어입니다.

⑤ ■ | 컴포지션 레이어이며 다른 컴포지션을 컴포지션에 삽입한 경우 해당 아이콘으로 표시됩니다.

⑥ ■ | 사진 등의 이미지 파일 레이어입니다.

⑦ ■ | 비디오 푸티지 레이어입니다.

⑧ ■ | 일러스트레이터 파일 레이어입니다.

⑨ ■ | 포토샵 파일 레이어입니다.

> 불러오기 기능으로 등록한 사진, 비디오, 포토샵, 또는 일러스트 파일의 경우에는 컴퓨터의 기본 프로그램 설정에 따라 아이콘 모양이 다르게 나타날 수 있습니다.

셰이프 레이어의 추가(Add) 수식 알아보기

셰이프 레이어를 선택한 후에 [Contents]의 Add ▶를 클릭하면 [Contents]에 추가할 수 있는 다양한 수식(Modifier) 속성이 표시됩니다. 네 개 묶음으로 분류되어 있습니다.

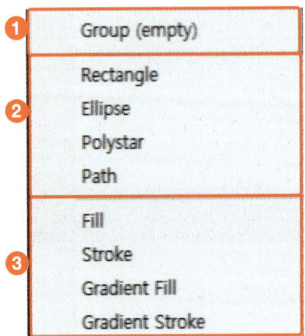

① 선택한 도형이나 셰이프를 그룹화합니다. 아무것도 선택하지 않은 상태에서 만들면 빈 그룹이 생성됩니다.

② 사각형, 원형, 다각형, 패스를 생성합니다.

③ [Fill] 또는 [Stroke] 속성을 추가합니다.

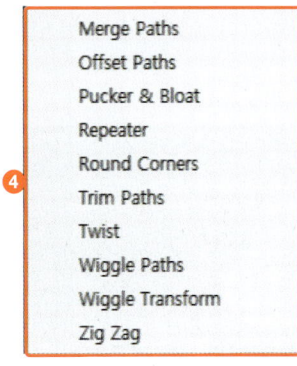

④ 셰이프에 효과를 추가할 수 있는 다양한 수식(Modifier)으로, 셰이프 레이어만의 강력한 기능입니다. 다양한 조합으로 멋진 패턴이나 아트워크를 만들고 애니메이션할 수 있습니다.

간단 실습 | 추가(Add) 수식으로 도형 변형하기

준비 파일 애프터 이펙트/Chapter 03/구름.aep

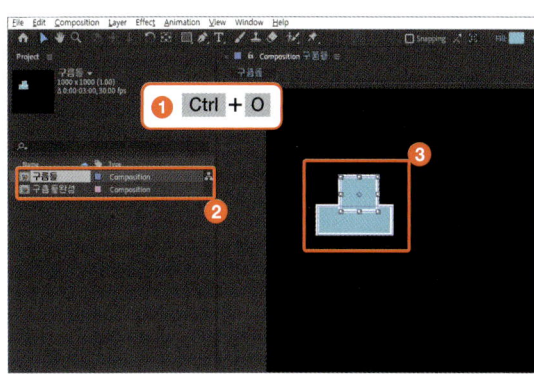

01 ❶ [File]-[Open Project] Ctrl + O 메뉴를 선택해 **구름.aep** 준비 파일을 엽니다. ❷ [Timeline] 패널에서 셰이프 레이어인 [구름] 레이어의 를 클릭하여 속성을 엽니다. ❸ [Contents] 아래에 두 개의 사각형이 삽입되어 있습니다.

02 ❶ [구름]레이어를 선택한 후 [Contents]의 Add 를 클릭하고 ❷ [Merge Paths]를 선택해 추가합니다. ❸ 두 개의 도형이 하나로 합쳐집니다.

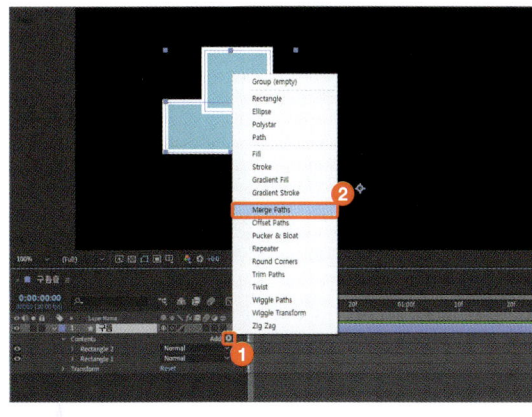
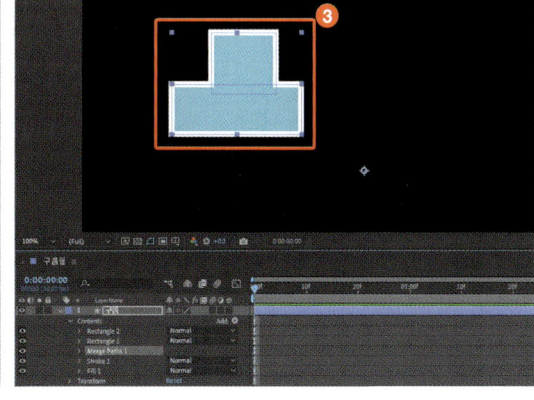

[Merge Paths] 알아보기 | 두 개 이상의 패스에 적용할 수 있으며 모양을 다양한 형태로 겹쳐 새로운 모양을 연출할 수 있습니다.

03 ①[Contents]의 Add ▶를 클릭하고 ②[Round Corners]를 선택해 추가합니다. ③[Radius]를 50으로 설정합니다. ④도형의 모서리가 둥글게 바뀝니다.

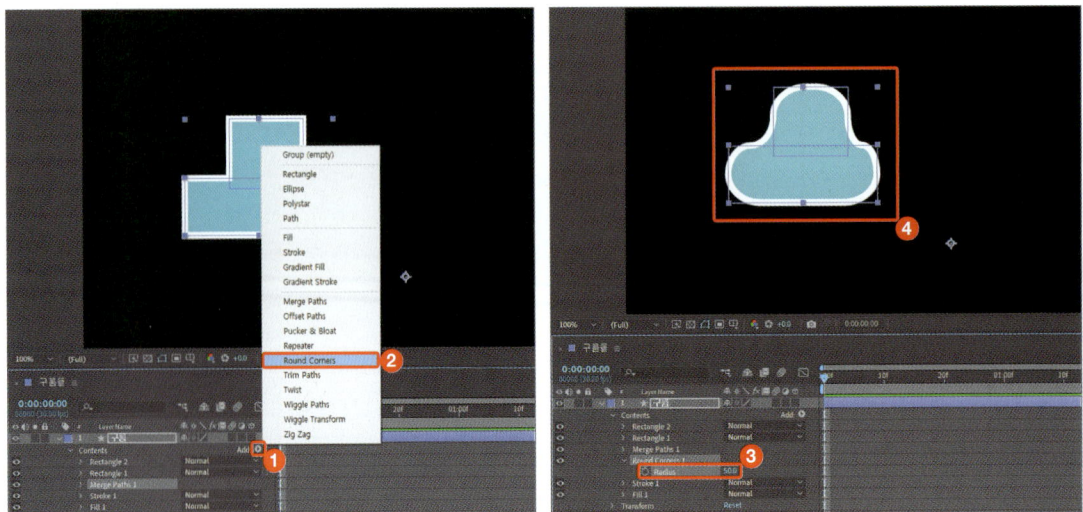

[Round Corners] 알아보기 | 직선의 형태를 가진 조절점에 [Radius]를 생성합니다. 이 속성을 사용해 직사각형을 모서리가 둥근 사각형으로 만들 수 있습니다. 베지에 곡선에는 적용되지 않습니다.

04 ①[Contents]의 Add ▶를 클릭하고 ②[Offset Paths]를 추가합니다. ②[Amount]를 40으로 설정합니다.

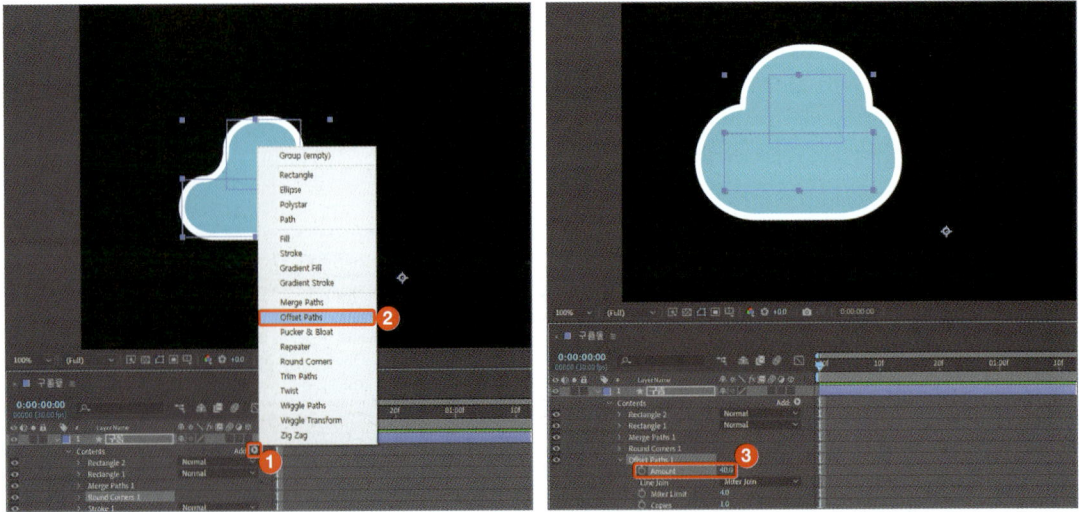

[Offset Paths] 알아보기 | 패스에 상쇄되는 값(Offset)을 설정할 수 있으며 [Line Join]을 [Round Join]으로 설정하면 직선으로 그려진 패스를 둥글게 변형시킬 수 있습니다.

05 ❶ [Contents]의 Add ▶를 클릭하고 [Repeater]를 추가합니다. ❷ [Copies]를 5로, [Offset]을 −1로 설정합니다. ❸ [Transform: Repeater 1]의 [Position]을 190, 25로, [Scale]을 80, 80%로 설정합니다.

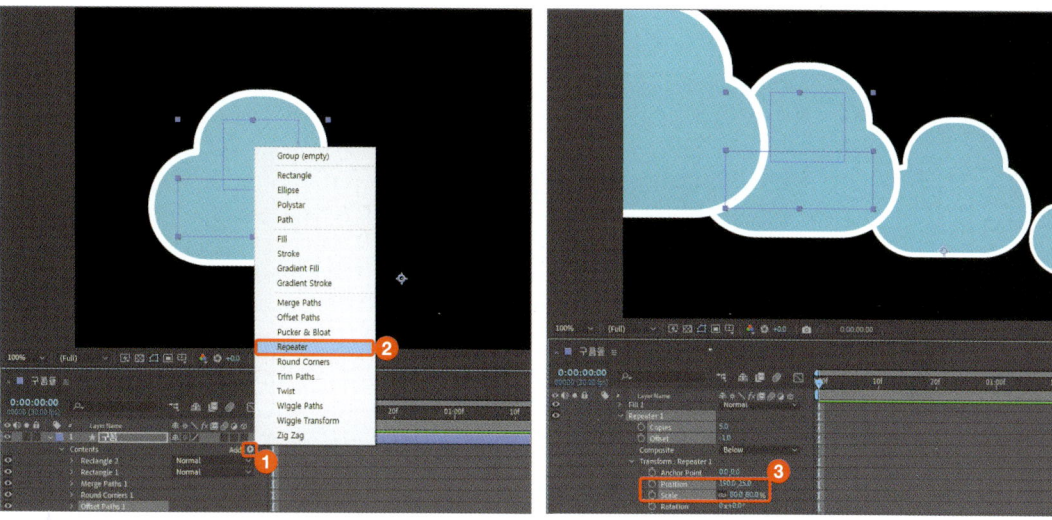

[Repeater] 알아보기 | 리피터(Repeater)는 '반복자'라는 의미로 모양을 복사하여 반복적으로 나타냅니다. 단순한 도형으로도 화면을 가득 채우는 패턴을 만들고 화려한 움직임을 제어할 수도 있습니다. [Trim Paths]와 함께 가장 많이 활용됩니다.

06 ❶ [Contents]의 Add ▶를 클릭하고 [Wiggle Transform]을 추가합니다. [Timeline] 패널을 보면 [Wiggle Transform 1]이 [Repeater 1]에 위치하므로 구름이 여러 개로 복제되기 전에 적용되어 옵션을 변경해도 구름의 위치에 변화가 없습니다. ❷ [Wiggle Transform 1]을 클릭하고 [Repeater 1] 아래로 드래그하여 내려놓습니다.

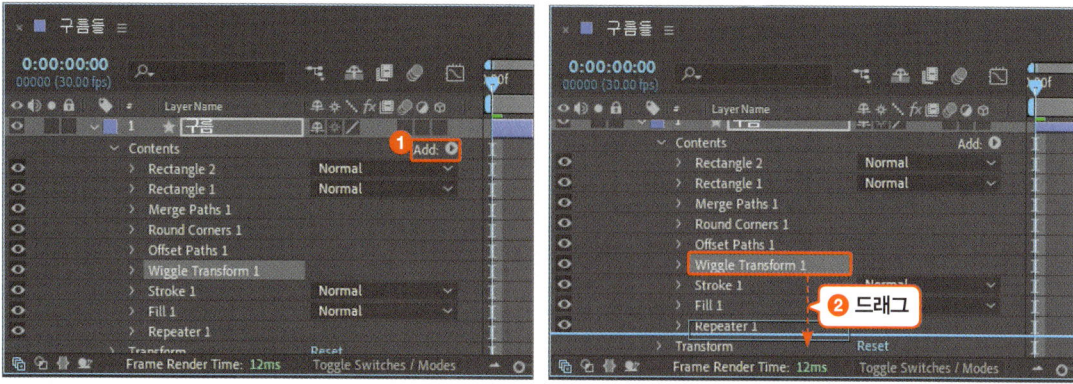

[Wiggle Transform] 알아보기 | 셰이프의 변형값을 랜덤하게 조절할 수 있습니다. 하나의 셰이프 레이어에 여러 개의 도형을 그리고 [Wiggle Transform]을 적용한 후 [Wiggle Transform]의 [Anchor Point], [Position] 등의 값을 조절하여 다양한 값을 각각의 도형에 랜덤하게 적용시킬 수 있습니다.

07

❶ [Wiggles/Second]를 0으로 설정하여 위칫값을 고정시킵니다. ❷ [Random Seed]를 1로, ❸ [Transform]-[Position]을 −40, 450으로 설정합니다. 다양한 값을 적용해보고 원하는 모양을 만들면 됩니다. 두 개의 사각형을 그리고 다양한 수식을 추가하여 여러 개의 구름 그리기가 완성되었습니다.

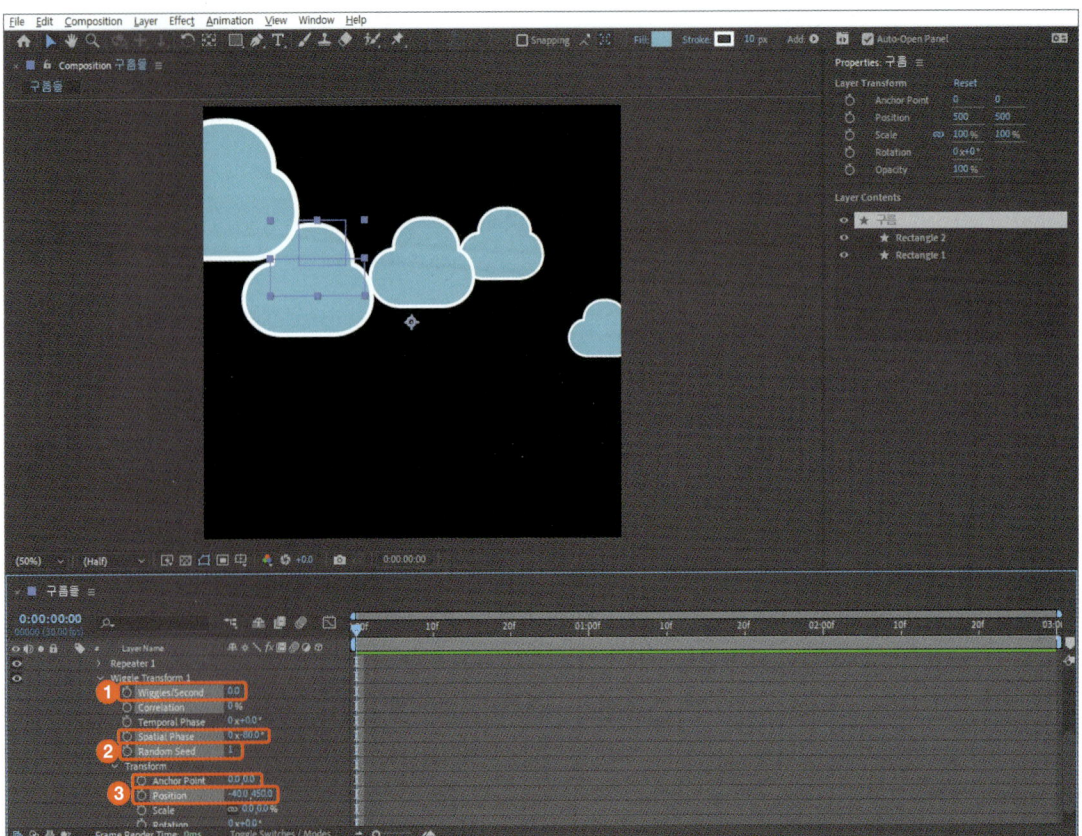

LESSON 03 레이어 활용하기

다양한 레이어의 핵심 기능 정복하기

애프터 이펙트에서는 용도에 맞는 레이어를 만들고 여러 옵션을 이용하여 다양한 작업을 수행합니다. 기본 기능 외에도 레이어에 스타일을 만들거나 3D 레이어로 변환시켜 3D 결과물을 만들 수도 있습니다. 또한 레이어 간에 Parent와 Link 관계를 설정하여 움직임을 정밀하게 제어할 수 있습니다.

간단실습 레이어 스타일 적용하기

준비 파일 애프터 이펙트/Chapter 03/레이어의 활용.aep

레이어 스타일(Layer Styles)은 포토샵에서 활용하는 대표적인 레이어 옵션입니다. 이미지에 그림자 이펙트를 적용하여 평면 이미지에 공간감을 부여하거나 그레이디언트, 오버레이 등을 적용할 수도 있습니다. 애프터 이펙트에서도 레이어 옵션을 사용할 수 있어, 별도의 이펙트 속성을 적용하지 않고도 레이어 스타일 옵션을 통해 이미지에 변화를 줄 수 있습니다. 포토샵에서 레이어 스타일을 적용한 이미지를 애프터 이펙트로 불러올 경우 불러오기 옵션에 따라 스타일을 편집하고 움직임을 만들 수도 있습니다.

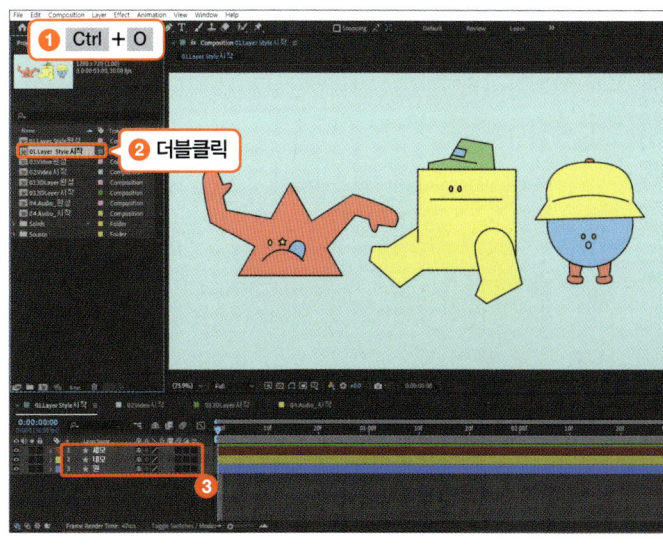

01 ❶ [File]-[Open Project] Ctrl + O 메뉴를 선택해 준비 파일을 엽니다. ❷ [Project] 패널에서 [01.Layer Style시작]을 더블클릭하여 [01.Layer Style시작] 컴포지션을 엽니다. ❸ 세 개의 도형 캐릭터 이미지가 있는 셰이프 레이어입니다.

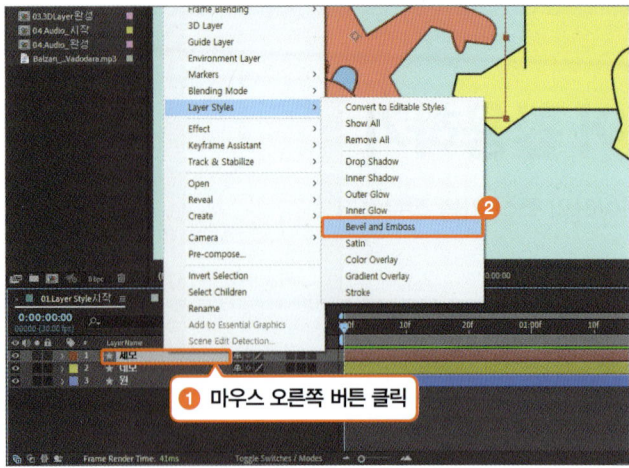

02 ❶ [세모] 레이어를 마우스 오른쪽 버튼으로 클릭하고 ❷ [Layer Styles]-[Bevel and Emboss]를 선택합니다.

[Bevel and Emboss]는 돌출각, 음양각 이펙트이며 평면적인 그림을 입체로 표현할 수 있습니다. [Bevel and Emboss] 옵션은 작업 환경에 따라 다르게 나타날 수 있습니다. 애프터 이펙트에서는 마지막으로 적용했던 옵션 설정이 저장되었다가 다음 설정에 반영되는 경우가 많으며 레이어 스타일도 그러한 특성을 반영합니다.

03 [세모] 레이어에 [Layer Styles] 옵션이 등록됩니다. ❶ [Bevel and Emboss]의 ▶을 클릭하고 ❷ [Bevel and Emboss]의 옵션을 다음과 같이 조절합니다. ❸ 이미지가 입체적인 모양으로 변합니다. ❹ 설정이 끝나면 [세모] 레이어의 ∨을 클릭하여 모든 옵션을 닫습니다.

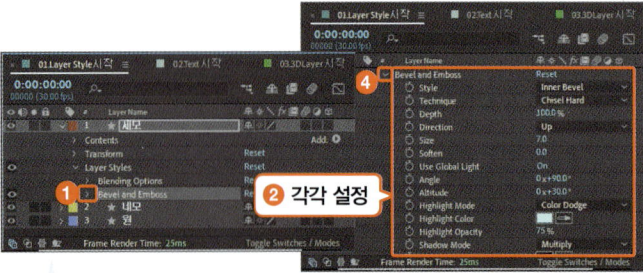

레이어를 선택하고 U를 누르면 키프레임을 설정한 옵션만 열립니다. U를 두 번 누르면 기본값에서 변경된 모든 옵션이 열립니다. 다시 U를 누르면 옵션이 닫힙니다. 작업을 마친 레이어의 옵션은 닫는 것이 효율적입니다.

04 ❶ [네모] 레이어를 마우스 오른쪽 버튼으로 클릭하고 ❷ [Layer Styles]-[Drop Shadow]를 선택합니다. ❸ [네모] 레이어에 [Layer Styles] 옵션이 등록됩니다.

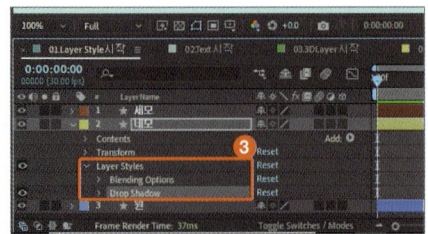

[Drop Shadow]는 그림자 이펙트입니다. 이미지가 입체적으로 표현되지는 않지만 그림자로 인해 거리감이 생기기 때문에 이미지가 배경 앞으로 돌출되는 효과를 연출할 수 있습니다.

05 ❶ [Drop Shadow] 옵션을 아래 표를 참조하여 설정합니다. ❷ 네모 캐릭터 주위에 은은한 그림자가 생성됩니다.

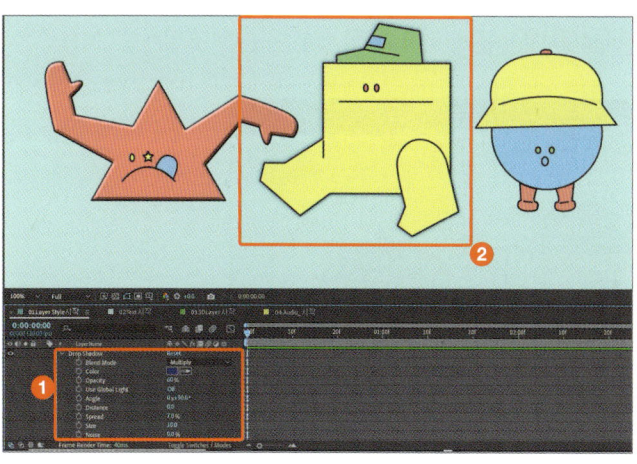

Color	292F6D
Opacity	60%
Angle	90°
Distance	0.0
Spread	7%
Size	10.0

06 ❶ 같은 방법으로 [네모] 레이어에 [Gradient Overlay] 스타일을 추가로 적용해봅니다. ❷ 옵션을 다음과 같이 설정합니다. ❸ [Gradient Overlay]-[Colors]의 [Edit Gradient]를 클릭하면 ❹ [Gradient Editor] 대화상자가 나타납니다. 그레이디언트의 색상, 투명도, 위치 등을 조절할 수 있습니다. ❺ 원하는 색상으로 변경하고 [OK]를 클릭합니다.

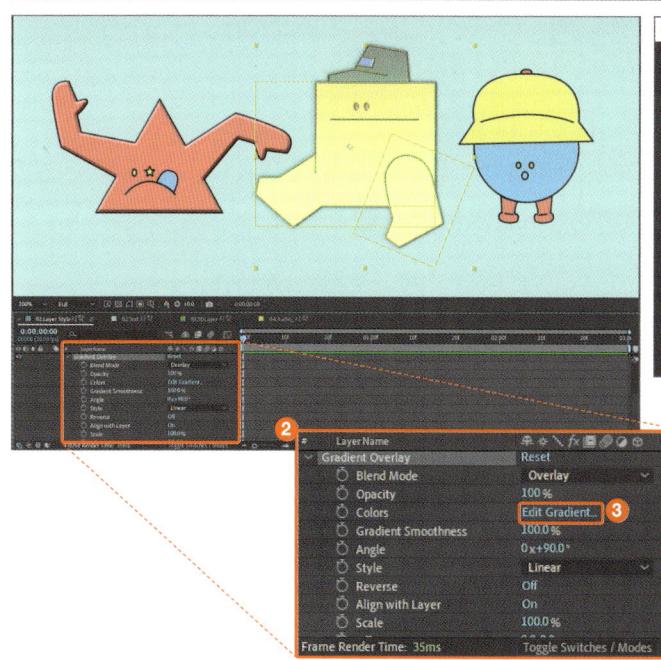

[Gradient Overlay]의 기본값은 블랙&화이트 그레이디언트입니다. 그레이디언트는 마지막으로 사용했던 설정값에 따라 생성되기 때문에 작업 환경에 따라 그레이디언트의 색상이 다르게 나타날 수 있습니다.

07 ① [원] 레이어를 선택하고 ② [Layer Styles]를 자유롭게 적용한 후 세부 옵션을 조절해봅니다.

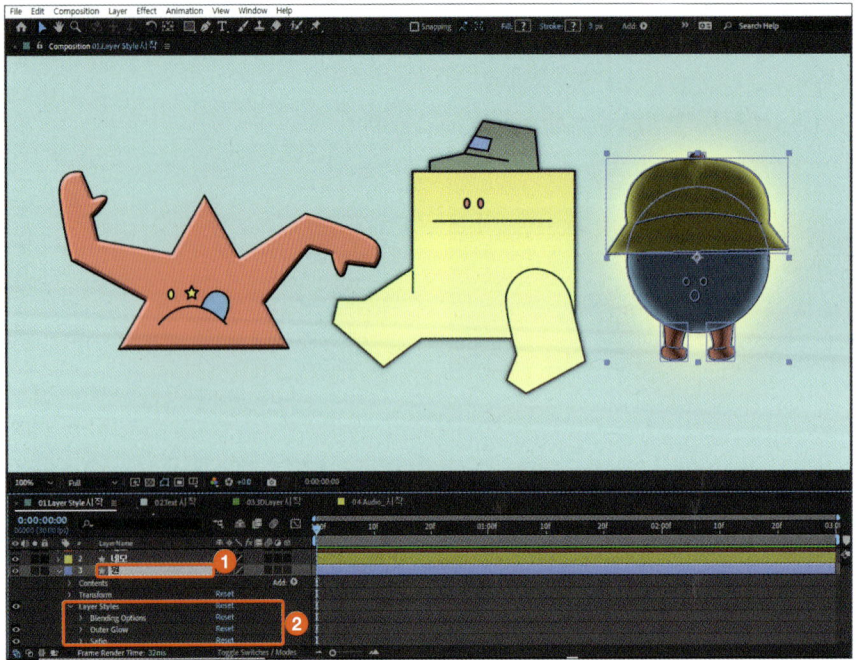

08 세 개의 레이어에 레이어 스타일을 다양하게 적용하여 이미지를 입체적으로 연출했습니다.

간단 실습 | 비디오 푸티지 레이어의 속도를 느리거나 빠르게 조절하기

준비 파일 애프터 이펙트/Chapter 03/레이어의 활용.aep

01 ❶ 앞서 실습한 준비 파일을 그대로 사용합니다. [02.Video시작] 컴포지션을 엽니다. 비디오 푸티지 레이어가 삽입된 컴포지션이 열립니다. ❷ [clip.mp4] 레이어의 길이는 4초 정도입니다.

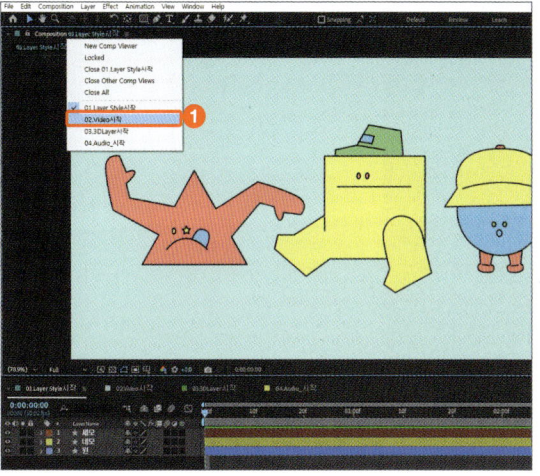

02 ❶ [Layer]-[Time]-[Time Stretch] 메뉴를 선택합니다. ❷ [Stretch]-[Stretch Factor]을 200으로 설정하고 ❸ [Hold in Place]-[Layer In-point]로 설정하고 ❹ [OK]를 클릭합니다.

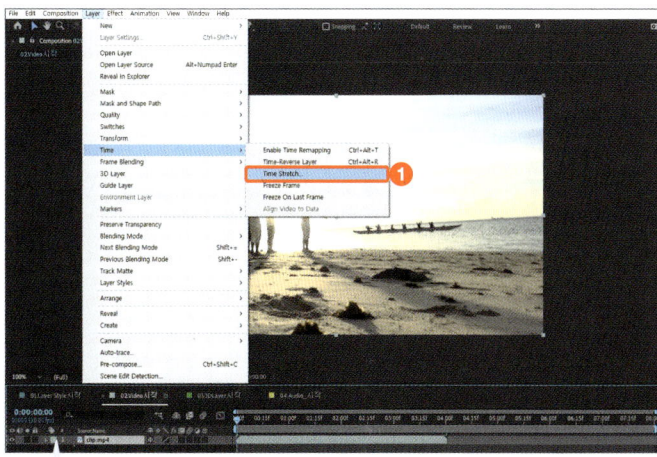
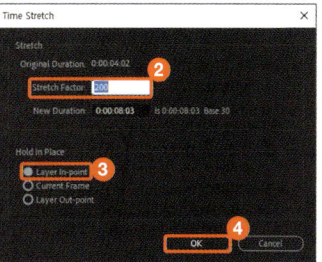

[Time Stretch]에서는 비디오 푸티지 원본의 길이에서 얼마나 스트레치(Stretch)할지 설정할 수 있습니다. [Stretch Factor]를 100보다 큰 수치로 입력하면 동영상의 길이가 늘어나며 속도가 느려지고, 100보다 작은 수치로 입력하면 속도가 빨라집니다. [New Duration]을 입력하여 정확한 길이로 설정할 수도 있습니다.

[Hold in Place]에서는 어느 지점을 기준으로 시간을 스트레치할지 설정합니다.
❶ **Layer In-point** | 레이어의 인점을 기준으로 스트레치됩니다.
❷ **Currect Frame** | 현재 프레임을 기준으로 스트레치됩니다.
❸ **Layer Out-point** | 레이어의 아웃점을 기준으로 스트레치됩니다.

03 [clip.mp4] 레이어의 길이가 컴포지션의 끝까지 연장되었습니다. 길이가 두 배로 늘어나면서 속도는 두 배로 느려졌습니다.

간단실습 비디오 푸티지 레이어를 역재생하기

01 ❶ 앞서 실습한 준비 파일을 그대로 사용합니다. [clip.mp4] 레이어를 마우스 오른쪽 버튼으로 클릭하고 ❷ [Time]-[Time Reverse Layer] `Ctrl`+`Alt`+`R`를 적용합니다. ❸ 비디오가 역재생되며 레이어 막대의 하단에 빗금 무늬가 생성됩니다. `Ctrl`+`Z`를 눌러 다시 돌아옵니다.

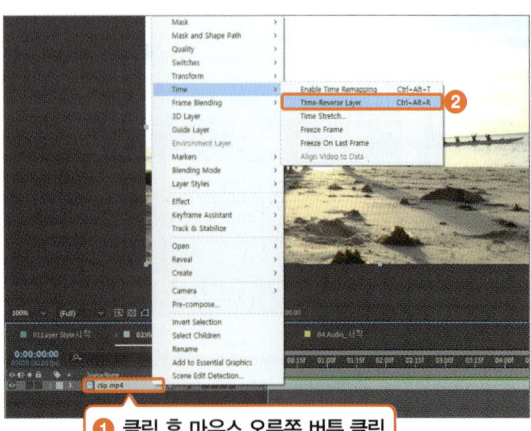

❶ 클릭 후 마우스 오른쪽 버튼 클릭

간단 실습 | 비디오 푸티지 레이어의 시간을 마음대로 조절하기

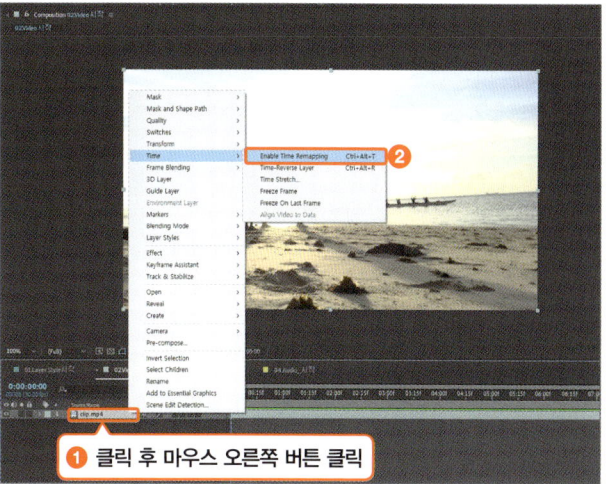

01 ❶ 앞서 실습한 준비 파일을 그대로 사용합니다. [clip.mp4] 레이어를 마우스 오른쪽 버튼으로 클릭하고 ❷ [Time]-[Enable Time Remapping] `Ctrl` + `Alt` + `T` 를 적용합니다.

02 [clip.mp4] 레이어에 [Time Remap] 속성이 등록되었습니다. 두 개의 키프레임이 자동으로 설정되었습니다.

03 ❶ 2초 지점으로 이동합니다. ❷ [Time Remap] 시간을 0;00;00;10으로 설정합니다. 2초 동안 재생되던 영상이 10프레임으로 줄어들면서 속도가 매우 빠르게 재생됩니다.

04 ① 2초 15F 지점으로 이동합니다. ② [Time Remap] 시간을 **0;00;03;00**으로 설정합니다. 속도가 느리게 재생됩니다. Spacebar 를 눌러 프리뷰해보면 비디오의 속도가 빠르거나 느리게 조정되었습니다.

05 ① [Timeline] 패널에서 ■를 클릭해 프레임 블렌딩을 활성화하고 ② 레이어의 ■를 클릭합니다. 프레임이 겹쳐지거나 건너뛴 부분의 프레임을 생성 또는 혼합하여 보다 매끄러운 재생이 가능해집니다.

3D 레이어로 리얼한 3D 장면 연출하기

애프터 이펙트는 2D 그래픽 제작 프로그램이지만 3D 기능을 활용할 수 있습니다. 레이어를 3D 레이어로 변환하면 3D 좌표를 가지게 되고 3D 공간으로 이동할 수 있습니다. 내부 플러그인에 3D 렌더러(Renderer) 기능이 있어 3D 기능도 활용할 수 있습니다. [Classic 3D] 렌더러로 설정할 경우 3D 공간을 만들고 그 공간 안에 이미지 등을 배치하여 카메라를 움직일 수 있으며, 조명을 삽입하여 공간을 연출할 수 있습니다. [Cinema 4D] 렌더러를 활용하면 3D 소프트웨어에서만 가능했던 3D 오브젝트 애니메이션을 만들어 질감을 조절하거나 반사(Reflection) 효과를 설정할 수도 있습니다.

간단 실습 | Cinema 4D 렌더러로 3D 오브젝트 만들기

준비 파일 애프터 이펙트/Chapter 03/레이어의 활용.aep

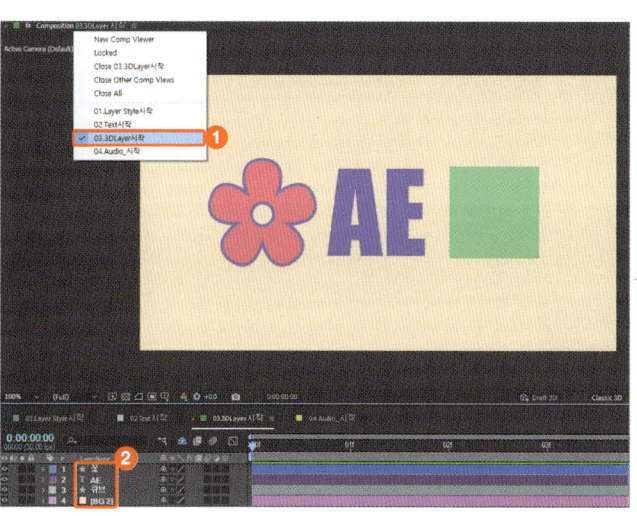

01 앞서 실습한 준비 파일을 그대로 사용합니다. ❶ [03.3DLayer시작] 컴포지션을 엽니다. ❷ [Timeline] 패널을 살펴보면 하나의 텍스트 레이어와 두 개의 셰이프 레이어, 그리고 배경이 되는 솔리드 레이어가 포함되어 있습니다.

02 ❶ [큐브] 레이어를 선택하고 ❷ ▶을 클릭하여 [Transform]을 엽니다. ❸ [Anchor Point], [Position], [Scale]은 X와 Y축 두 개의 좌표로 설정되어 있습니다.

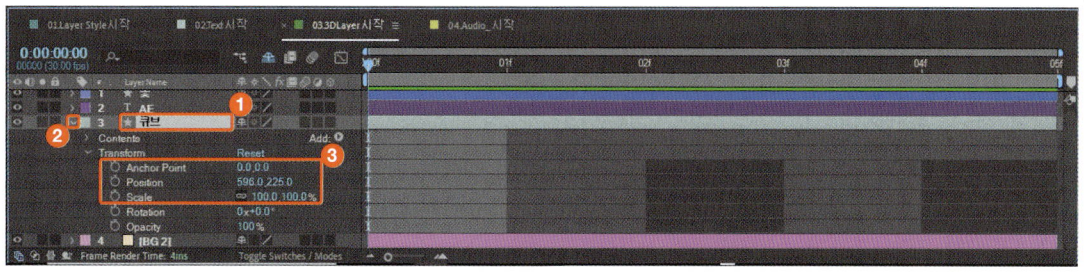

03 ① [큐브] 레이어가 선택된 상태에서 ▣을 클릭하여 3D 레이어로 변환합니다. ② X와 Y 좌표만 있던 기존 옵션값에 Z 좌표가 추가되어 [Position], [Orientation], [Rotation]이 X, Y, Z 세 축으로 분리되어 나타납니다.

비활성화된 [Geometry Options]와 활성화된 [Material Options]가 나타납니다. 3D 레이어만 표시되는 속성입니다.

04 3D 레이어로 그래픽을 제작할 때는 다양한 [View]를 설정하여 작업하는 것이 좋습니다. ① [Composition] 패널을 [2 Views]로 설정합니다. ② 화면이 분할되면 왼쪽 컴포지션을 클릭하고 ③ [Custom View 1]로 설정합니다.

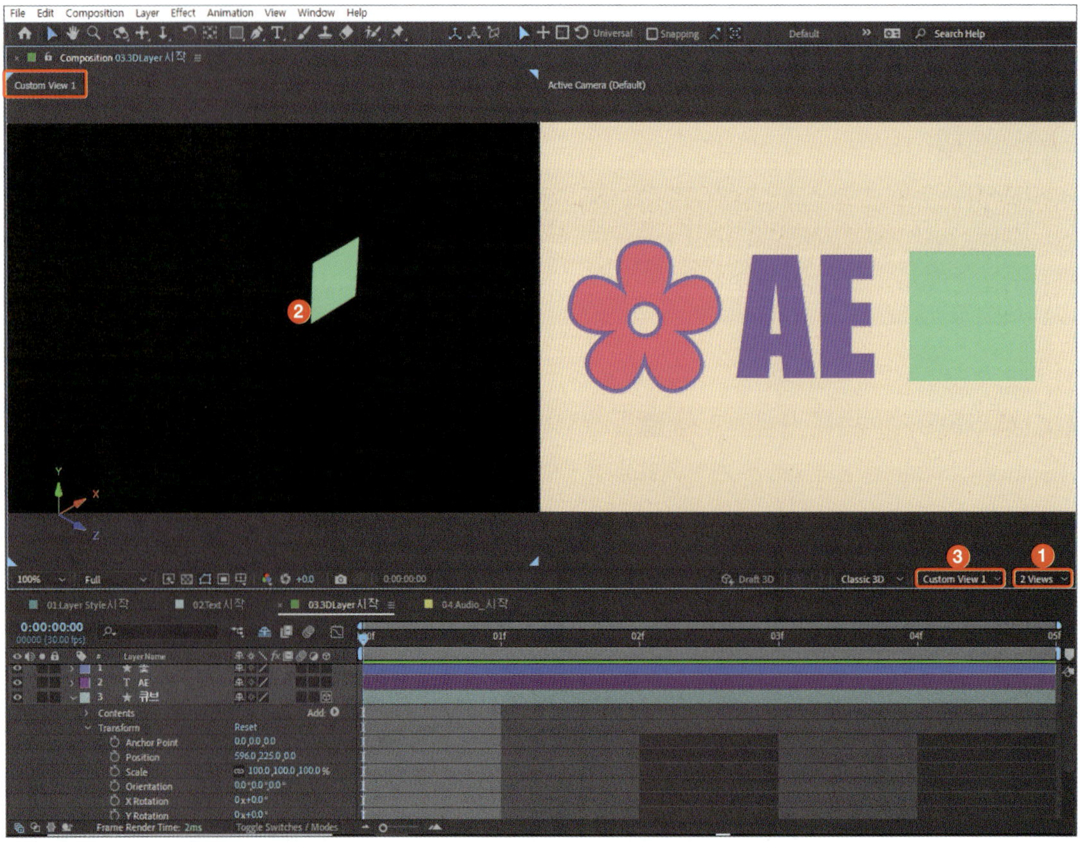

05 [꽃], [AE], [BG2] 레이어도 ▣을 각각 클릭하여 3D 레이어로 변환합니다.

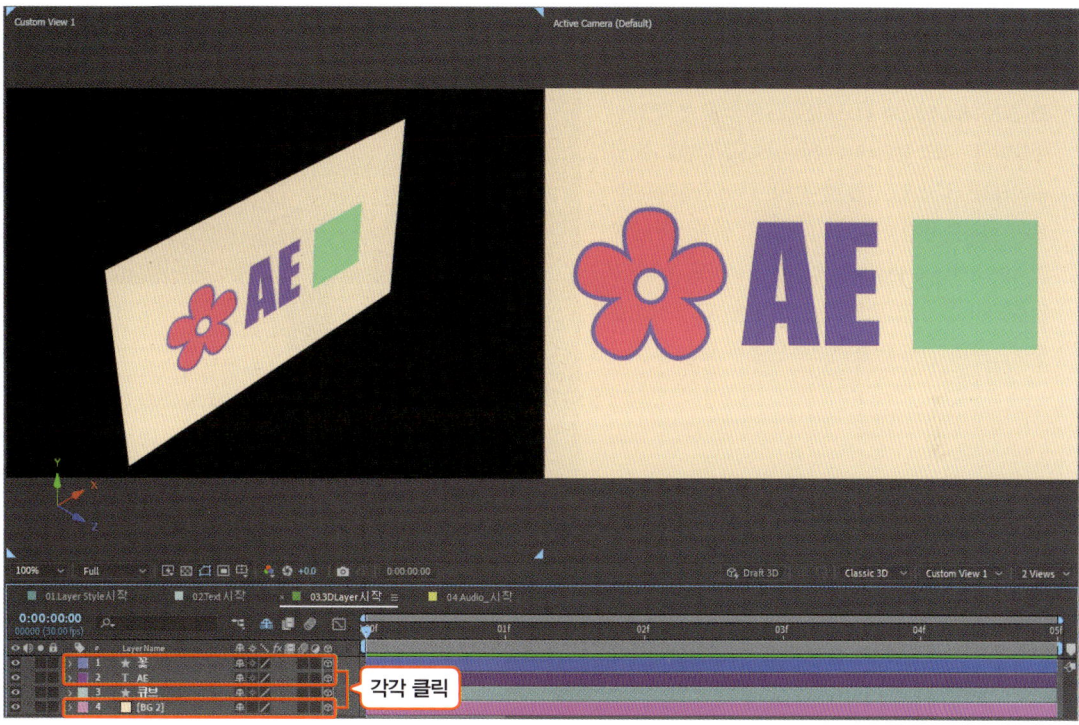

06 Cinema 4D 렌더러로 변경하여 입체 오브젝트를 만들겠습니다. ❶ [Composition] 패널에서 [Classic 3D]를 클릭하고 ❷ [Cinema 4D]를 선택하여 렌더러를 변경합니다. 이미지의 변화는 없습니다.

> **기능 꼼꼼 익히기** | 컴포지션의 렌더러 설정하기

❶ Ctrl + K 를 눌러 [Composition Settings] 대화상자를 열고 세 번째 탭인 [3D Renderer]를 클릭합니다. 해당 탭에서 컴포지션의 렌더러를 변경할 수 있으며 두 개의 렌더러에 대한 정보도 확인할 수 있습니다. ❷ [Options]를 클릭하여 렌더 품질에 관한 옵션 설정을 변경할 수 있습니다. ❸ [Renderer]를 [Cinema 4D]로 변경하면 텍스트나 셰이프 레이어의 압출(Extrusion)을 만들 수 있으며 솔리드 레이어를 포함한 푸티지 레이어를 커브로 만들 수 있습니다.

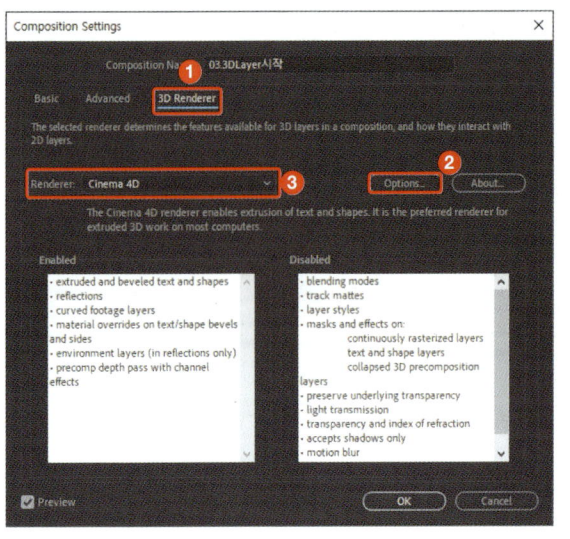

07 ❶ [BG2] 솔리드 레이어를 선택합니다. [Geometry Options]가 활성화되었습니다. ❷ ▶을 클릭하여 세부 옵션을 엽니다. ❸ [Curvature]를 100%, ❹ [Segments]를 20으로 설정합니다. ❺ 배경 레이어가 곡면으로 휘어지며 나타납니다.

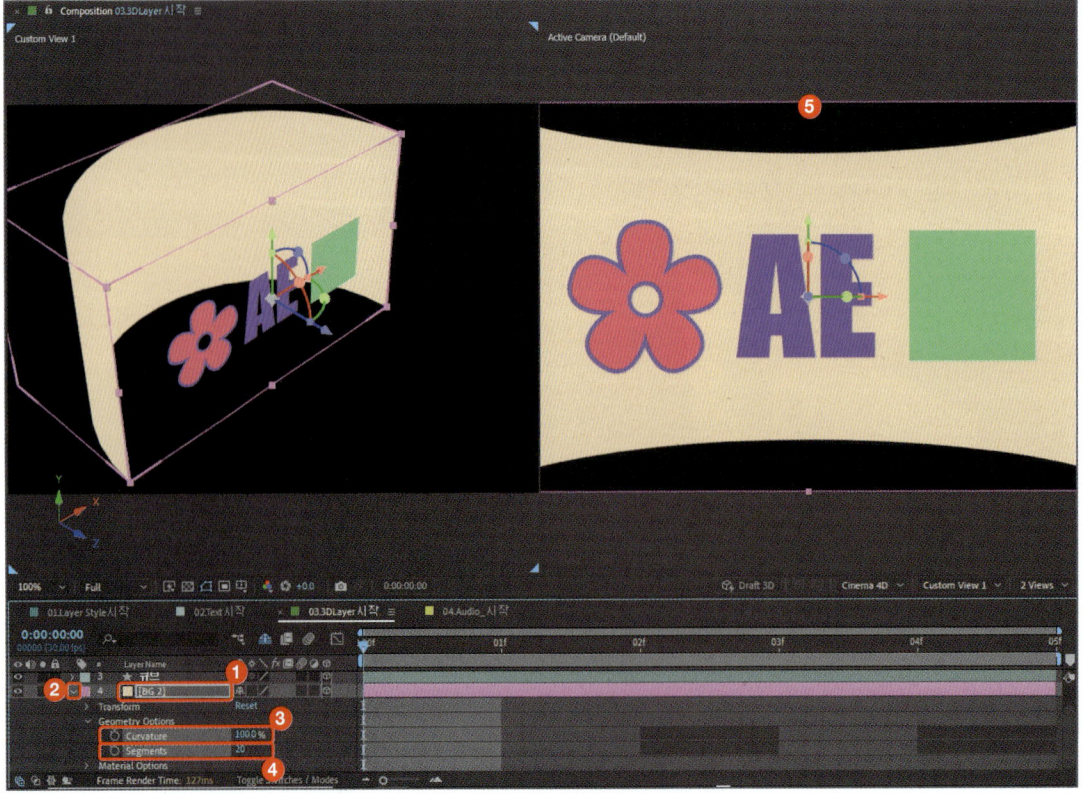

08
① [큐브] 셰이프 레이어를 선택합니다. ② ▶을 클릭하여 [Geometry Options]의 세부 옵션을 엽니다. ③ [Bevel Style]을 [Convex]로 설정하고, [Bevel Depth]는 5, [Extrusion Depth]는 150으로 설정합니다. ④ 정사각형이 사면(Bevel)이 있는 정육면체로 변합니다.

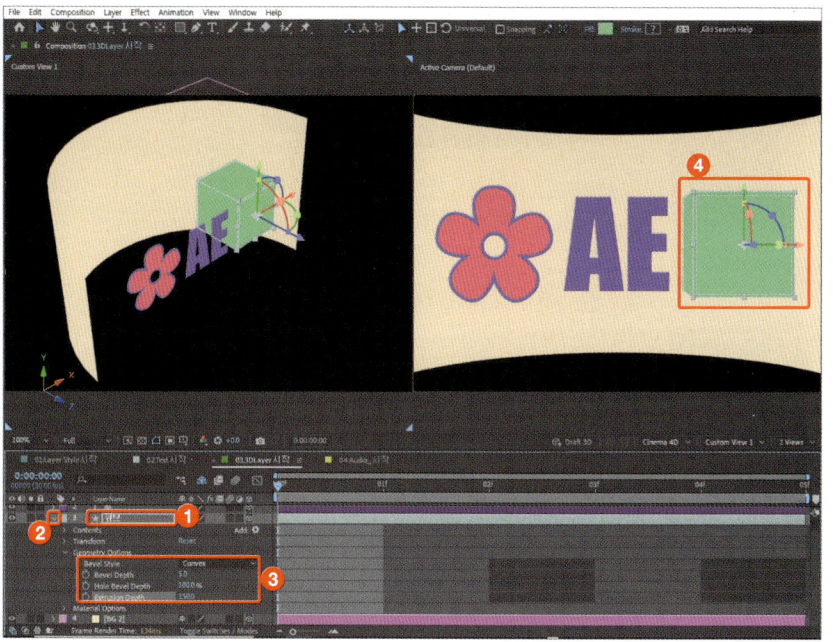

09
① [AE] 텍스트 레이어를 선택합니다. ② ▶을 클릭하여 [Geometry Options]의 세부 옵션을 엽니다. ③ [Bevel Style]을 [Concave]로 설정하고, [Bevel Depth]는 3, [Extrusion Depth]는 50으로 설정합니다. ④ 문자의 앞뒤 폭이 두꺼워지며 3D 텍스트로 바뀝니다.

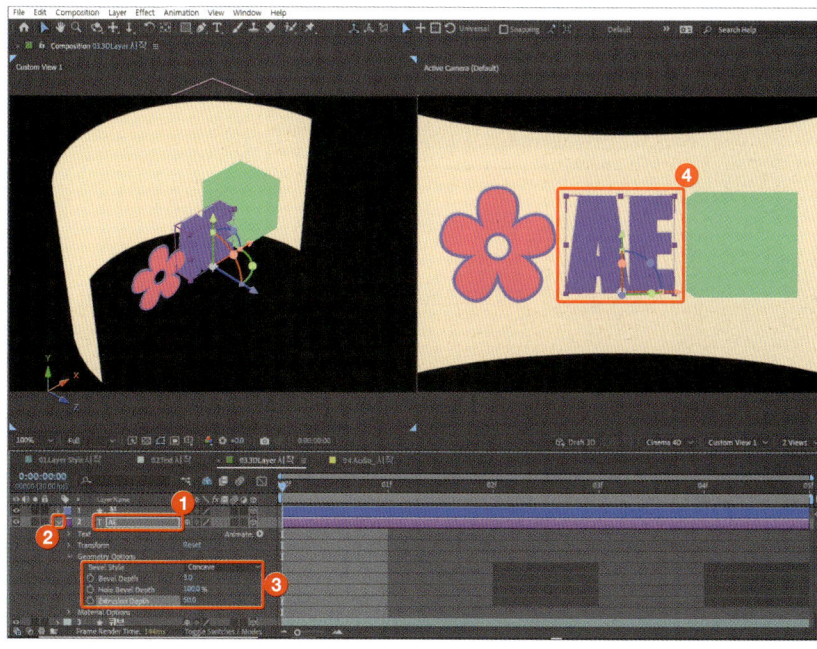

10 ❶ 가운데가 뚫린 모양의 [꽃] 셰이프 레이어를 선택합니다. ❷ ▶을 클릭하여 [Geometry Options]의 세부 옵션을 엽니다. ❸ [Bevel Style]을 [Angular]로 설정합니다. [Bevel Depth]는 **5**, [Hole Bevel Depth]는 **0%**, [Extrusion Depth]는 **100**으로 설정합니다. ❹ 사면(Bevel)이 있는 꽃 모양의 입체 도형으로 바뀌며, [Hole Bevel Depth]는 **0%**로 설정했기 때문에 가운데 구멍 부분에는 사면이 없습니다.

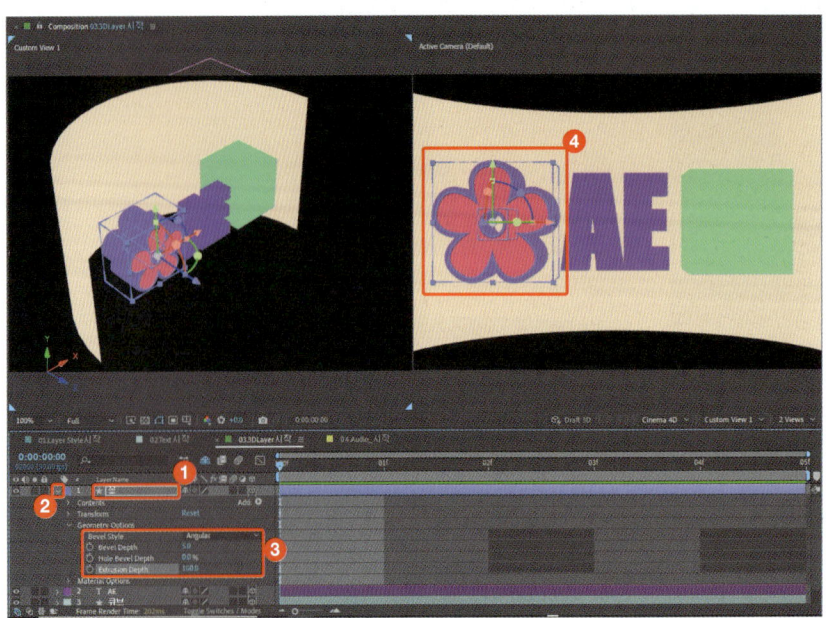

11 오브젝트에 두께가 생겨 입체가 되었지만 조명이 없기 때문에 입체감이 잘 표현되지 않습니다. 조명을 적용해보겠습니다. ❶ [Timeline] 패널에서 ◈을 클릭하여 숨겨둔 레이어를 나타나게 합니다. 미리 만들어둔 네 개의 조명 레이어가 나타납니다. ❷ 조명 레이어 네 개의 ◉을 클릭하여 조명이 보이도록 합니다. ❸ 조명이 생기면서 물체의 입체감이 확실하게 표현됩니다.

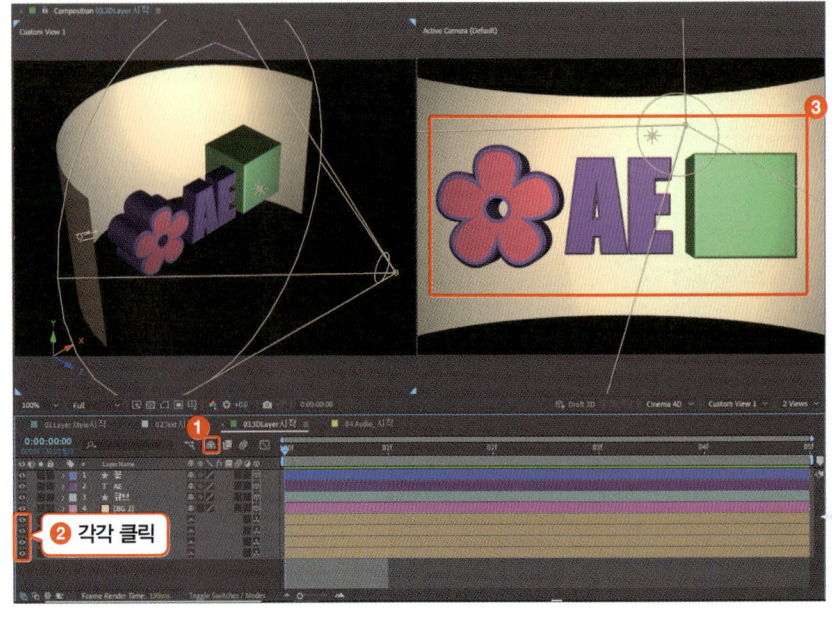

조명을 비롯한 3D 레이어의 추가 활용 방법은 기본편 CHAPTER 05의 LESSON 02 [3D 기능 알아보기]에서 자세히 알아보겠습니다.

12 ❶ [꽃], [AE], [큐브] 레이어를 선택하고 ❷ A를 두 번 눌러 [Material Options]를 엽니다. ❸ [Casts Shadows]를 [On]으로 설정하면 그림자가 생성됩니다.

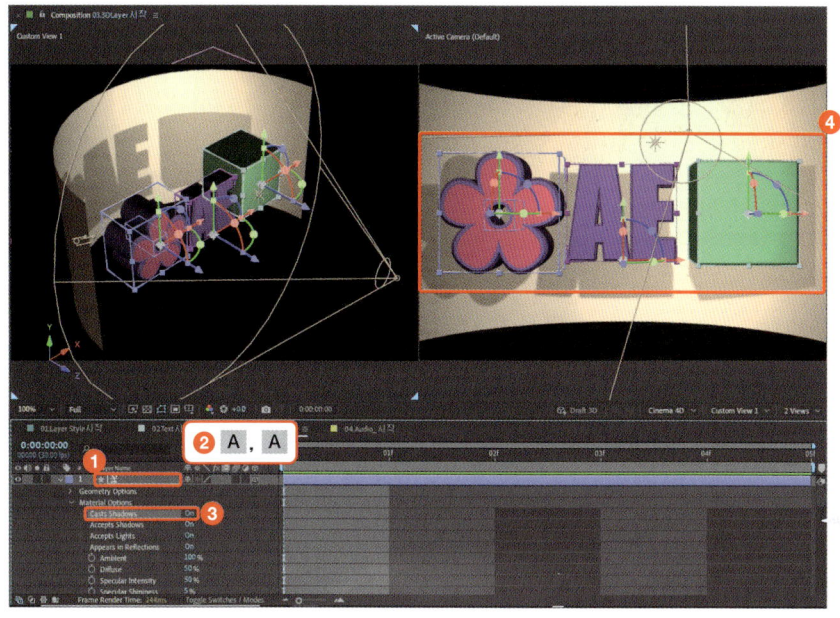

조명을 적용했더라도 레이어의 [Casts Shadows] 옵션을 [On]으로 설정해야 그림자가 표현되고 자연스러운 입체감을 구현할 수 있습니다.

기능 꼼꼼 익히기 🏷️ 렌더링 퀄리티 조절하기

Cinema 4D 렌더러를 활용한 3D 렌더링은 컴퓨터의 메모리(Ram)를 많이 사용하기 때문에 사양이 충분하지 않다면 이미지 처리 속도가 매우 느려질 수 있습니다. 이때 렌더러 옵션에서 퀄리티(품질)를 조절해 작업 속도를 향상시킬 수 있습니다. [Composition Settings] 대화상자에서 [Renderer]의 옵션을 설정하거나, [Composition] 패널에서 렌더러 항목을 클릭하여 렌더 옵션을 선택할 수 있습니다. [Cinema 4D Render Options] 대화상자에서 [Quality]의 기본값은 25이며 [Draft]로 갈수록 렌더링 속도는 빨라지고 이미지 품질은 낮아집니다. [Extreme]으로 갈수록 렌더링 속도는 느려지지만 이미지 품질은 향상됩니다.

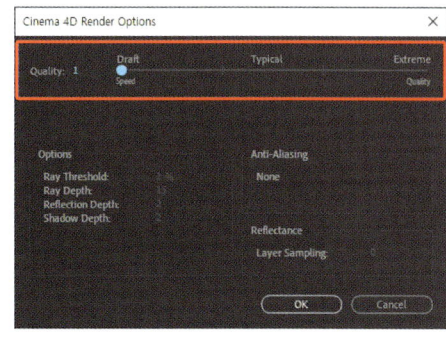

▲ 가장 낮은 [Draft] 퀄리티로 설정한 이미지 품질

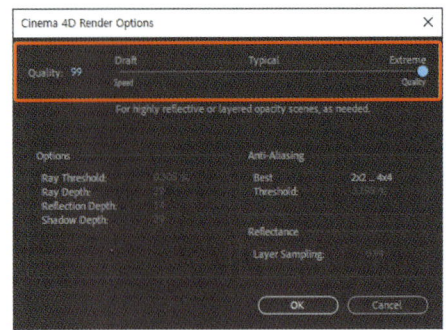 

▲ 가장 높은 [Extreme] 퀄리티로 설정한 이미지 품질

[Cinema 4D Render Options] 대화상자를 열지 않고도 [Compositon] 패널에서 [Draft 3D]를 클릭하면 저화질 모드로 변경할 수 있으며 [Draft 3D]가 활성화되면 그림자 정보는 표시되지 않습니다. 그림자 설정이 사라진 것은 아니며 잠시 보이지 않도록 숨긴 상태입니다. 다시 [Draft 3D]를 클릭하면 원래의 상태로 돌아옵니다.

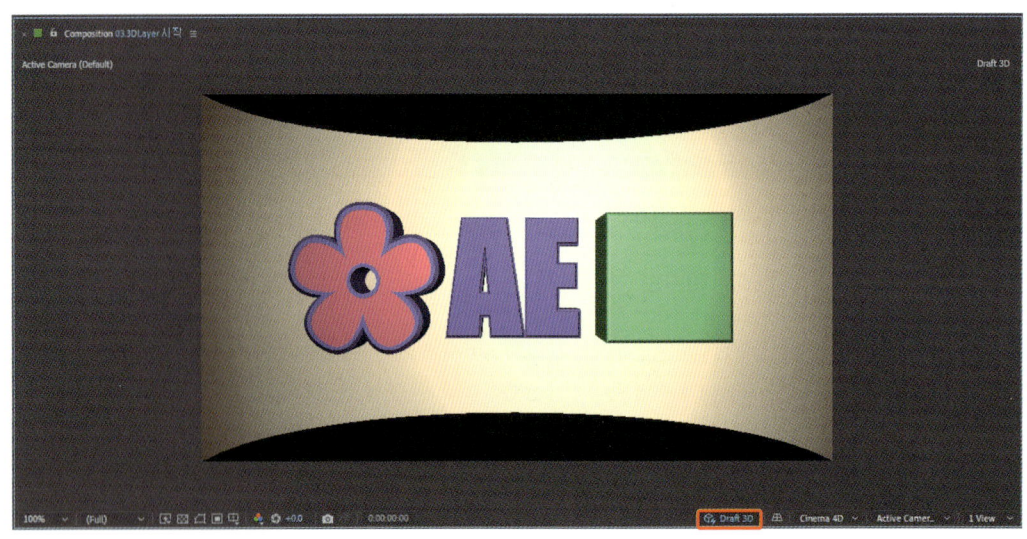

오디오 레이어 활용하기

준비 파일 애프터 이펙트/Chapter 03/Balzan_Groove_Vadodara.mp3

애프터 이펙트는 그림이나 사진, 비디오 등의 시각 미디어를 불러온 후 애니메이션이나 이펙트를 적용합니다. 멀티미디어 요소인 오디오 파일을 불러와 음악을 삽입하거나 편집, 이펙트를 적용할 수도 있습니다.

오디오 파일 불러오기

❶ [File]-[Import]-[File] Ctrl + I 메뉴를 선택합니다. ❷ [Import File] 대화상자가 나타나면 mp3나 aiff 등의 오디오 파일을 선택하고 ❸ [Import]를 클릭하면 오디오 파일을 불러올 수 있습니다. ❹ [Import File] 대화상자에서 파일을 선택하고 [Import Options: Create Composition]에 체크한 후 [Import]를 클릭하면 해당 파일이 삽입된 컴포지션을 바로 만들 수도 있습니다.

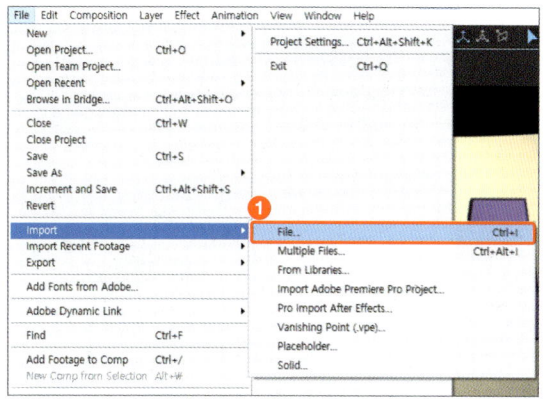
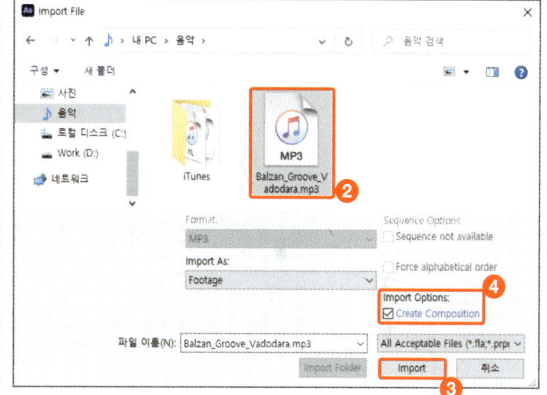

Kevin MacLeod의 [Balzan Groove - Vadodara]는 Creative Commons Attribution 라이선스(https://creativecommons.org/licenses/by/4.0/)에 따라 라이선스가 부여됩니다.
출처 : http://incompetech.com/music/royalty-free/index.html?isrc=USUAN1100311

오디오 레이어 편집하기

❶ ▶을 클릭하면 [Audio]의 옵션을 확인할 수 있습니다. ❷ [Audio Levels]와 [Waveform]이 있으며 오디오 레벨을 조절하고 움직임을 적용할 수 있습니다. ❸ **10초** 지점에서 [Audio Levels]의 **0dB**에 키프레임을 생성하고 ❹ 음악이 시작되는 **0초** 지점에서 **-50dB**로 키프레임을 생성하면 소리가 페이드 인됩니다. 음량이 없다가 서서히 커지면서 음악이 부드럽게 시작합니다.

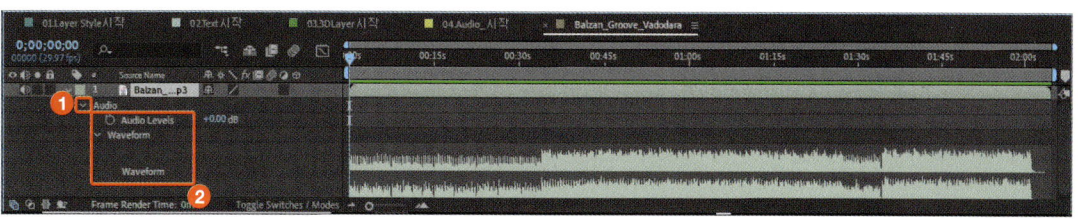

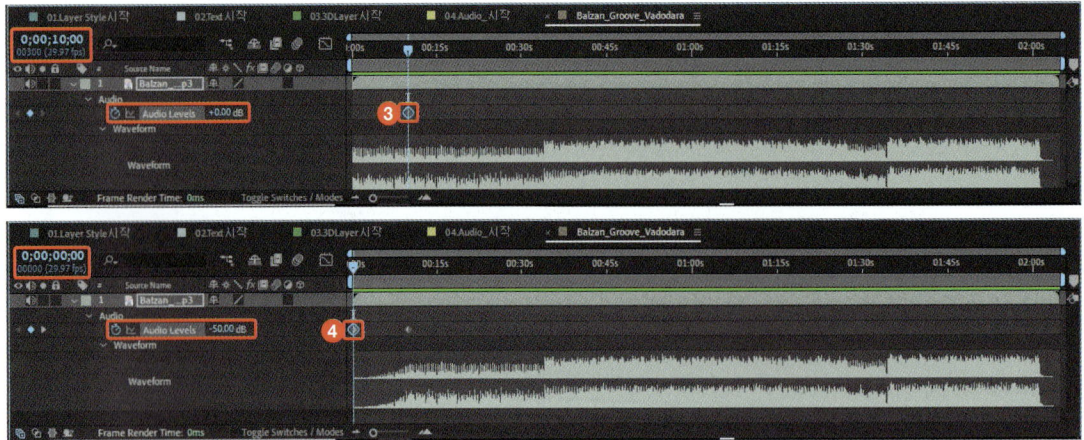

간단 실습 | Convert Audio to Keyframes 적용하기

준비 파일 애프터 이펙트/Chapter 03/레이어의 활용.aep

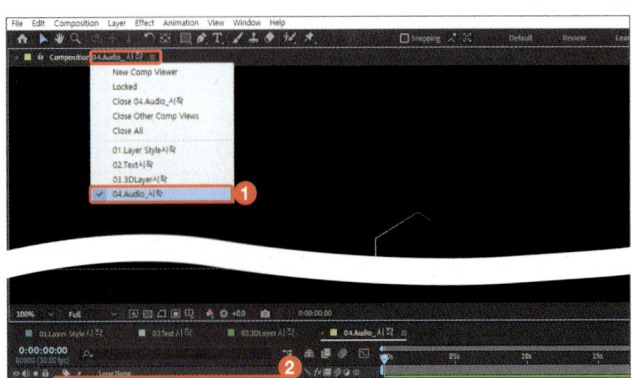

01 ① 앞서 실습한 준비 파일을 그대로 사용합니다. [04.Audio_시작] 컴포지션을 엽니다. ② [Timeline] 패널을 보면 하나의 셰이프 레이어와 하나의 오디오 레이어가 삽입되어 있습니다.

02 ① [Balzan_Groove_Vadodara.mp3] 레이어를 마우스 오른쪽 버튼으로 클릭하고 ② [Keyframe Assistant]-[Convert Audio to Keyframes]를 선택합니다. ③④ [Audio Amplitude] 널(Null) 레이어가 생성되었습니다.

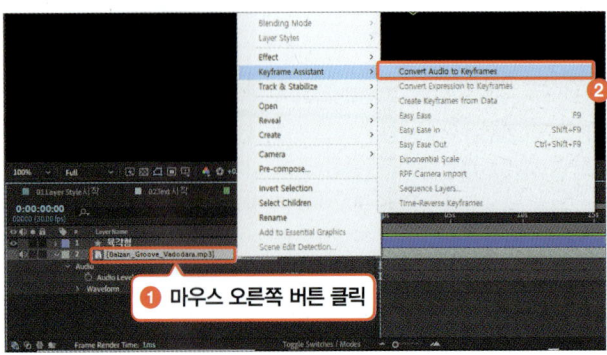
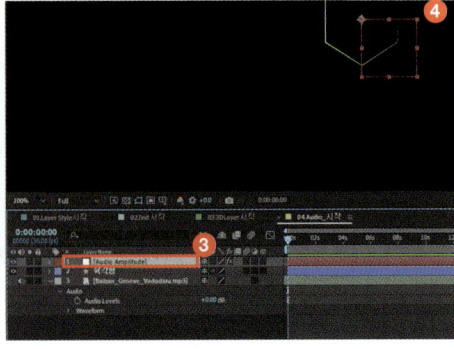

03 ① Ctrl 을 누른 채 [Audio Amplitude] 레이어의 ▶을 클릭해 옵션을 모두 열어봅니다. ② 모든 시간의 소리를 수치화시킨 키프레임이 생성되어 있습니다. 소리가 커질 때 수치도 상승합니다.

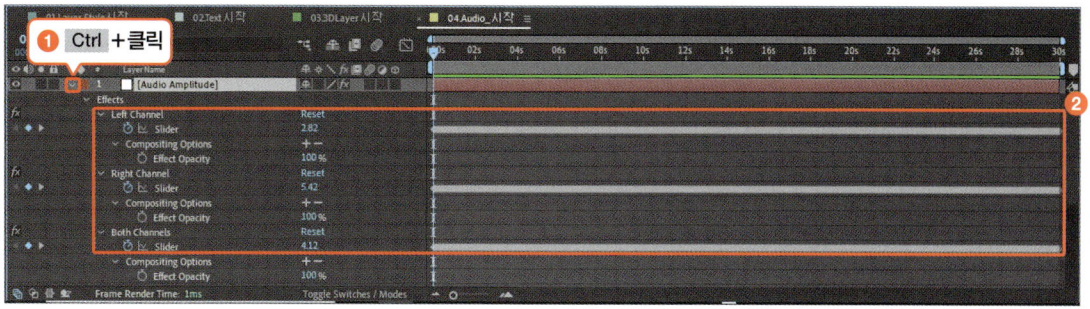

04 ① [육각형] 레이어를 선택하고 ② ▶을 클릭해 [Contents]를 열어보면 미리 Repeater 효과를 추가해두었습니다. [Repeater1]의 👁이 비활성화되어 있습니다. ③ 👁을 클릭하여 활성화하고 ④ ▶을 클릭해 세부 옵션도 열어봅니다.

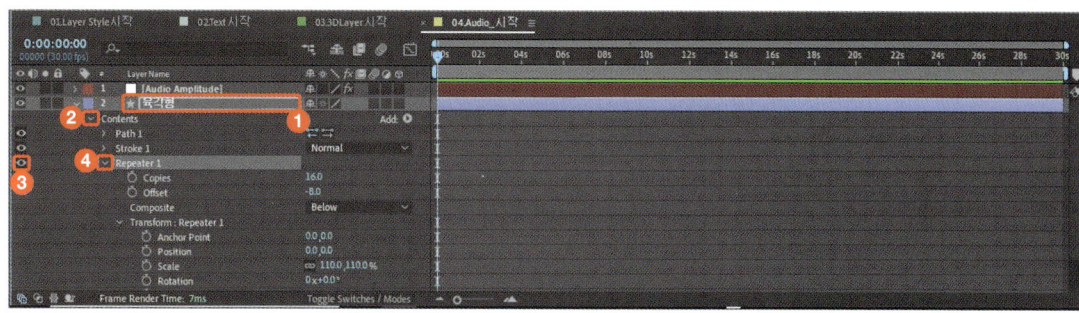

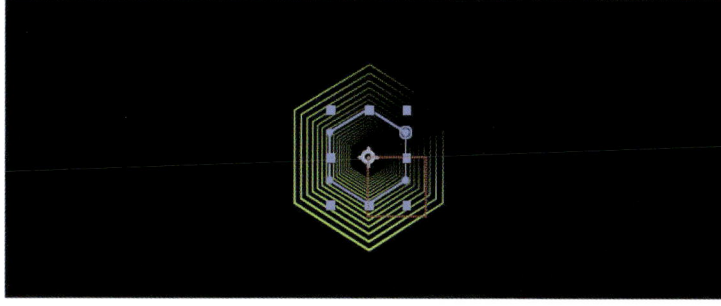

05 ① Alt 를 누른 채로 [육각형] 레이어-[Contents]-[Repeater 1]-[Copies]의 스톱워치 👁를 클릭하여 ② 익스프레션(Expression)을 추가합니다.

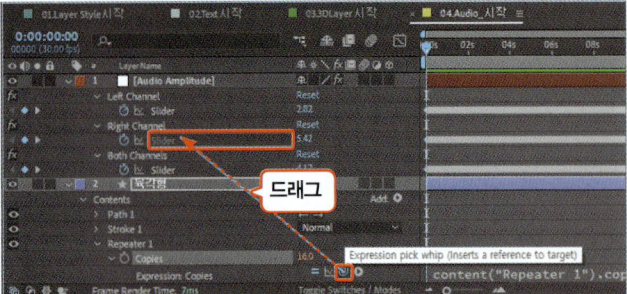

06 [육각형] 레이어-[Contents]-[Repeater 1]-[Copies]-[Expression: Copies]의 ◎을 [Audio Amplitude] 레이어의 [Right Channel]-[Slider]로 드래그하여 연결합니다.

07 ❶ [육각형] 레이어-[Contents]-[Repeater 1]-[Transform: Repeater 1]에서 Alt 를 누른 상태로 [Rotation]의 스톱워치 ◎를 클릭하여 ❷ 익스프레션(Expression)을 추가합니다.

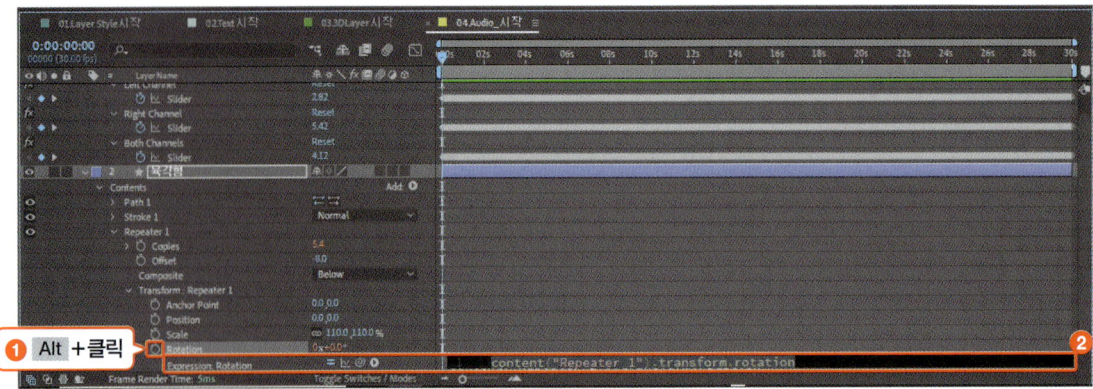

08 [육각형] 레이어-[Contents]-[Repeater 1]-[Transform: Repeater 1]-[Rotation]-[Expression: Rotation]의 ◎을 [Audio Amplitude] 레이어의 [Left Channel]-[Slider]로 드래그하여 연결합니다.

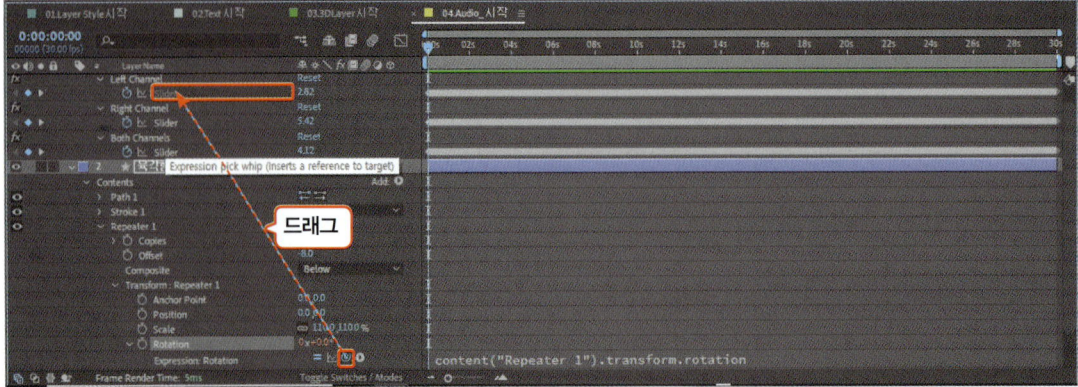

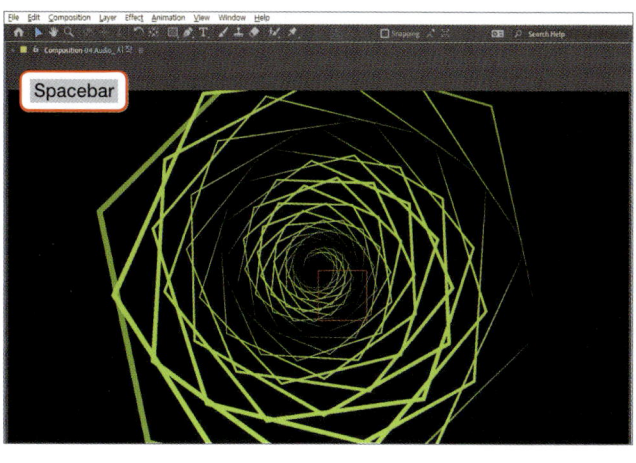

09 Spacebar 를 눌러 애니메이션을 확인합니다. 음악과 연동하여 도형이 회전하면서 개수가 많아졌다 적어졌다를 반복합니다. 회전값이 다소 크게 표현됩니다.

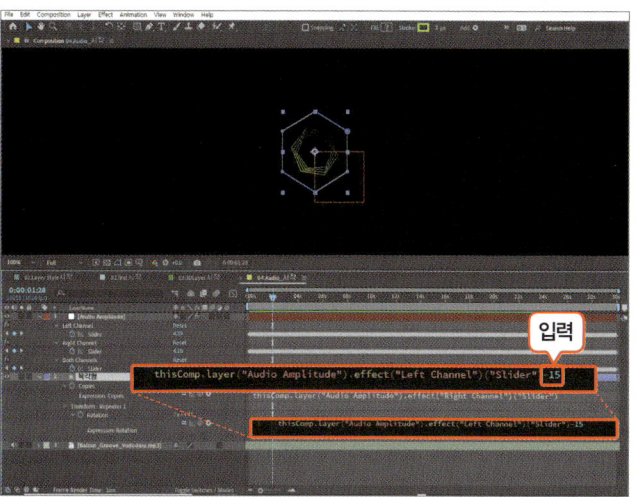

10 [육각형] 레이어-[Contents]-[Repeater 1]-[Transform: Repeater 1]-[Rotation]-[Expression: Rotation]의 익스프레션 에디터 창을 확인합니다. 입력되어 있는 스크립트 뒤에 **-15**를 입력해 보면 회전값이 15°만큼 줄어듭니다.

[Expression] 입력란에 값을 입력할 때 숫자 키패드의 **+**는 더하기, **-**는 빼기, *****는 곱하기, **/**는 나누기 기능을 적용합니다. **-15**를 입력하는 것은 [Rotation]에 **15°**를 빼라는 의미입니다.

11 Spacebar 를 눌러 애니메이션을 확인합니다. 음악 소리에 맞추어 도형이 기하학적인 패턴을 그리며 움직이는 애니메이션이 완성되었습니다.

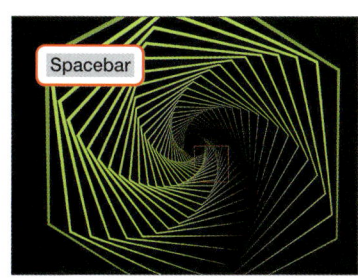
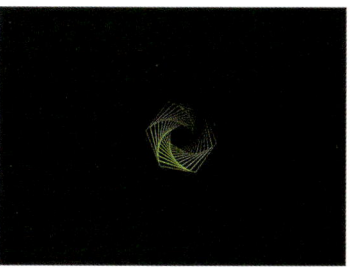
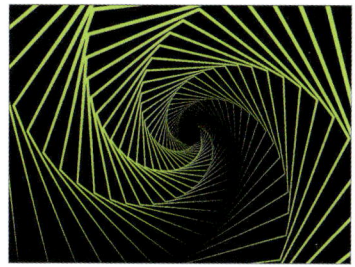

애프터 이펙트는 모션 그래픽과 시각 이펙트를
제작할 수 있는 업계 표준 프로그램입니다.
모션 그래픽이나 시각 이펙트를 구현하기 위해서는
시간에 따른 동작의 변화가 필수이며
이렇게 만들어진 동작은 애니메이션의 기본이 됩니다.
이번 CHAPTER에서는 이미지 레이어의 움직임을 키프레임에 기록하여
동영상을 만드는 방법부터 활용도 높은 이펙트를 적용하는 방법까지
알아보겠습니다. 간단한 실습 예제를 통해 직접 제작해보면
모션과 이펙트에 대한 이해를 높일 수 있을 것입니다.

CHAPTER 04

모션&이펙트
적용하기

키프레임 애니메이션 시작하기

키프레임 설정하고 애니메이션의 기초 익히기

애니메이션이 만들어지기 위해서는 필수적으로 두 가지 조건이 변화해야 합니다. 바로 시간(Time)과 값(Value)입니다. 체육 시간에 달리기 기록을 재던 것을 상상하면 이해하기 쉽습니다. 출발할 때 스톱워치를 누르고 도착 지점에서 다시 스톱워치를 눌러 시간을 기록합니다. 애프터 이펙트에서는 특정 시간에 원하는 값을 입력하고 스톱워치 를 클릭하면 키프레임을 만들 수 있습니다. 이렇게 만들어진 키프레임은 애니메이션의 기록이 됩니다. 다른 시간과 다른 값에 최소 두 개의 키프레임 이 있으면 움직임이 생성됩니다.

간단 실습 | 키프레임 설정하기

준비 파일 애프터 이펙트/Chapter 04/키프레임설정하기.aep

01 ❶ [File]-[Open Project] Ctrl + O 메뉴를 선택해 **키프레임설정하기.aep** 준비 파일을 엽니다. ❷ [Project] 패널에서 [키프레임설정_시작]을 더블클릭하여 [키프레임설정_시작] 컴포지션을 엽니다.

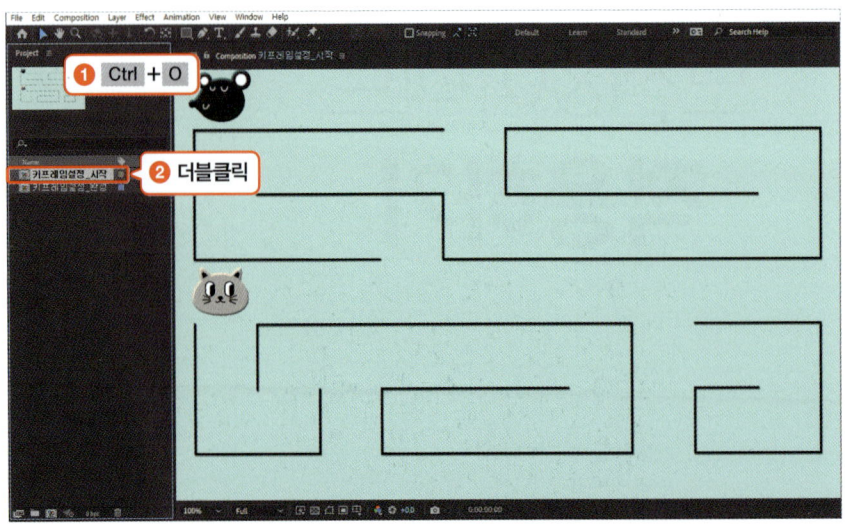

02
❶ [Timeline] 패널에서 [고양이] 레이어를 선택하고 ❷ P 를 눌러 [Position]을 엽니다. [고양이] 레이어의 위칫값은 200, 360으로 설정되어 있습니다.

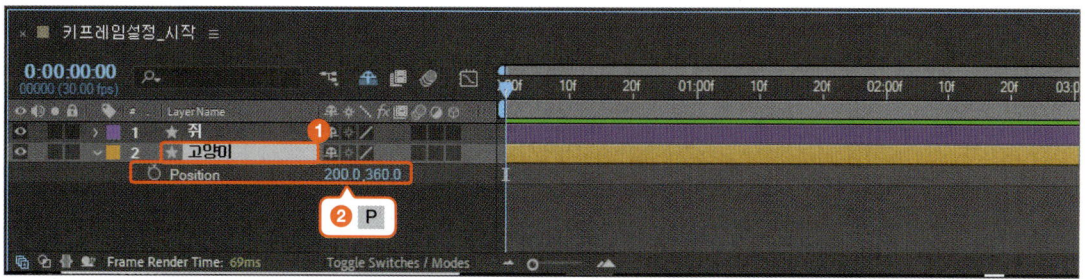

레이어의 위칫값 알아보기 | [Position]의 두 숫자는 X와 Y 좌표를 뜻합니다. [고양이] 레이어-[Position]의 200, 360은 X축으로 200px, Y축으로 360px의 위칫값을 가지고 있다는 뜻입니다. 애프터 이펙트에서는 왼쪽 상단 꼭짓점의 좌표가 0, 0입니다. [Keyframe설정_시작] 컴포지션의 크기는 1280, 720px이며, 화면 정중앙의 좌표는 640, 360입니다.

03
❶ 0초 지점에서 ❷ [고양이] 레이어-[Position]의 스톱워치 를 클릭합니다. ❸ 스톱워치의 모양이 로 변경되고 키프레임이 새롭게 생성되었습니다. 움직임이 기록되기 시작됐음을 의미합니다.

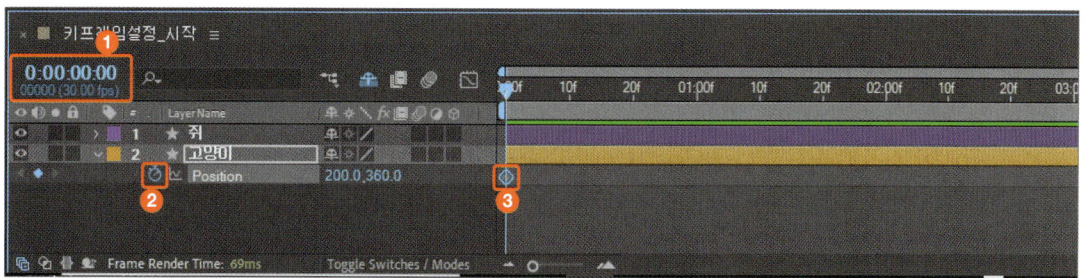

단축키 Shift + Alt + P 를 눌러도 [Position]에 키프레임을 생성할 수 있습니다.

화면에서 고양이 그림이 사라져 보이지 않는다면 컴포지션 화면 비율을 [50%]로 설정합니다.

04 ① [Timeline] 패널에서 시간을 **0:00:02:00**으로 설정합니다. ② 현재 시간의 위치를 보여주는 타임 인디케이터가 **2초** 지점으로 이동합니다. ③ [고양이] 레이어-[Position]의 X 좌푯값을 **1080**으로 입력합니다. ④ 고양이 캐릭터가 오른쪽으로 이동합니다. 이때 Y 좌표의 변화는 없습니다.

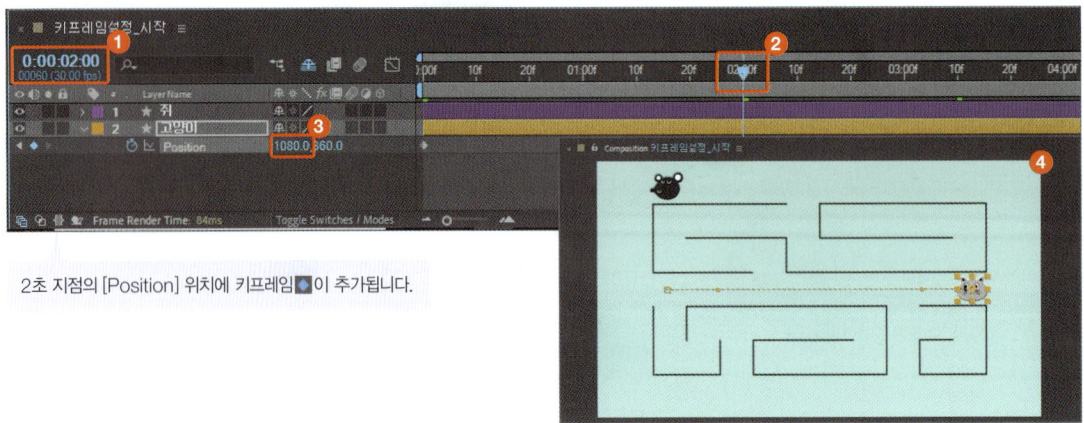

2초 지점의 [Position] 위치에 키프레임이 추가됩니다.

05 ① 시간을 **0:00:04:00**으로 설정해 **4초** 지점으로 이동합니다. ② [고양이] 레이어의 [Position]에 설정된 첫 번째 키프레임을 선택하고 ③ Ctrl + C 를 눌러 복사합니다.

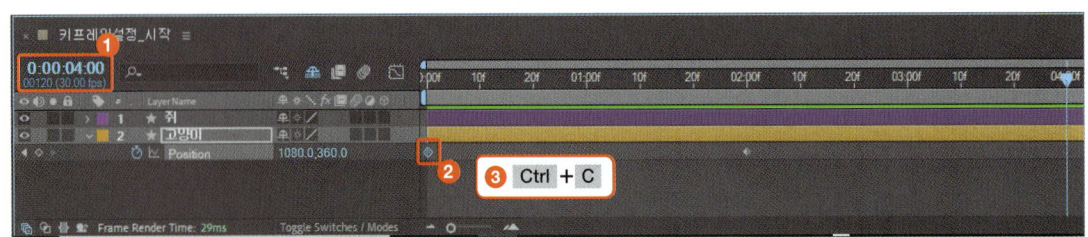

06 Ctrl + V 를 눌러 복사한 키프레임을 붙여 넣습니다. 고양이 캐릭터가 원래의 자리로 돌아갑니다.

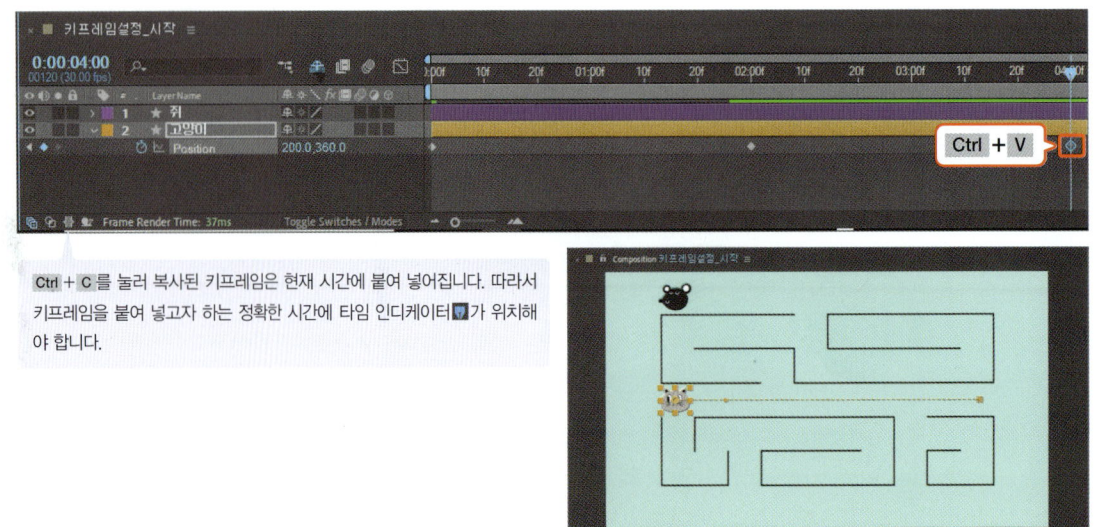

Ctrl + C 를 눌러 복사된 키프레임은 현재 시간에 붙여 넣어집니다. 따라서 키프레임을 붙여 넣고자 하는 정확한 시간에 타임 인디케이터가 위치해야 합니다.

07 고양이 캐릭터 애니메이션이 완성되었습니다. Spacebar 를 눌러 애니메이션을 확인합니다. 고양이가 4초 동안 화면의 왼쪽에서 오른쪽으로 이동하고 다시 원래의 위치로 돌아옵니다.

간단 실습 | 키프레임 설정하고 모션 패스 수정하기

준비 파일 애프터 이펙트/Chapter 04/키프레임설정하기.aep

01 앞서 실습한 준비 파일을 그대로 사용합니다. ❶ [쥐] 레이어를 선택하고 ❷ P 를 눌러 [Position]을 엽니다.

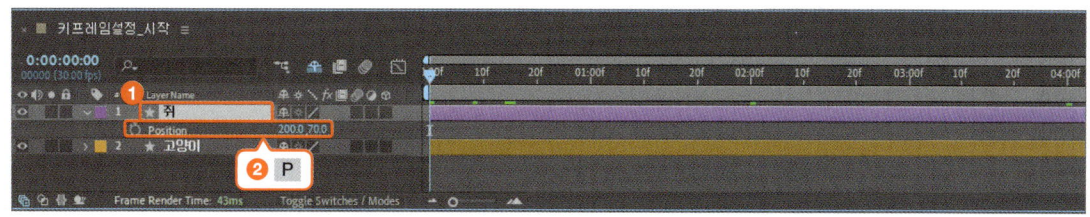

02 ❶ 0초 지점에서 ❷ [Position]을 100, 70으로 설정하고 ❸ 스톱워치를 클릭해 키프레임을 생성합니다.

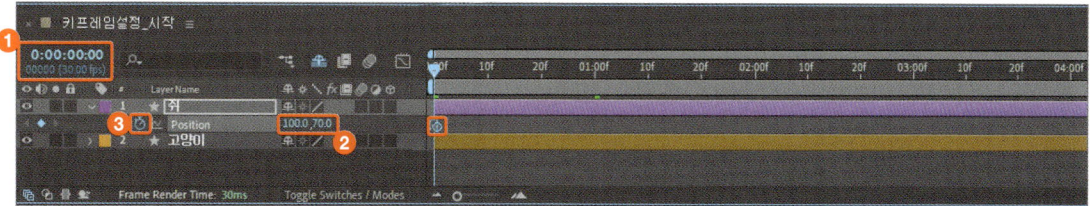

모션&이펙트 적용하기 | **CHAPTER 04** **451**

03 ❶ 1초 지점으로 이동합니다. ❷ [쥐] 레이어의 [Position]을 **1200, 70**으로 설정합니다. 두 번째 키프레임이 생성됩니다. 쥐 캐릭터가 1초 동안 왼쪽에서 오른쪽으로 이동합니다.

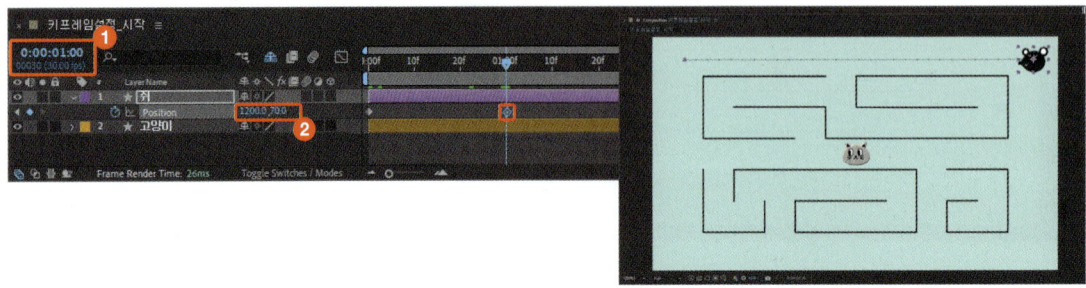

04 ❶ 2초 지점으로 이동하고 ❷ [쥐] 레이어의 [Position]을 **1200, 660**으로 설정해 키프레임을 생성합니다.

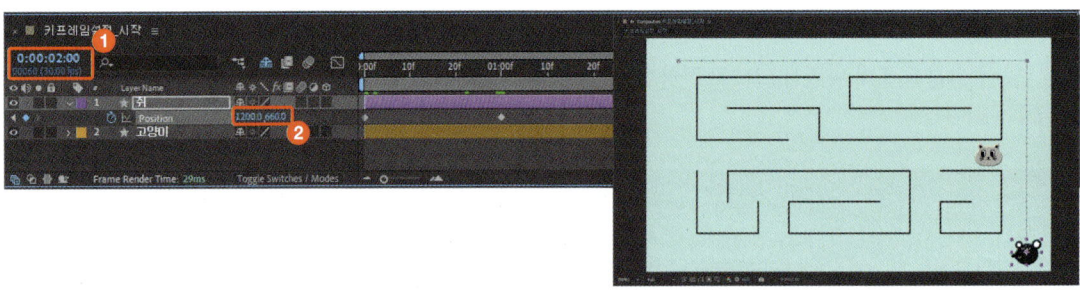

05 ❶❷ 같은 방법으로 **3초**와 **4초** 지점의 [Position]에 다음과 같이 키프레임을 생성합니다.

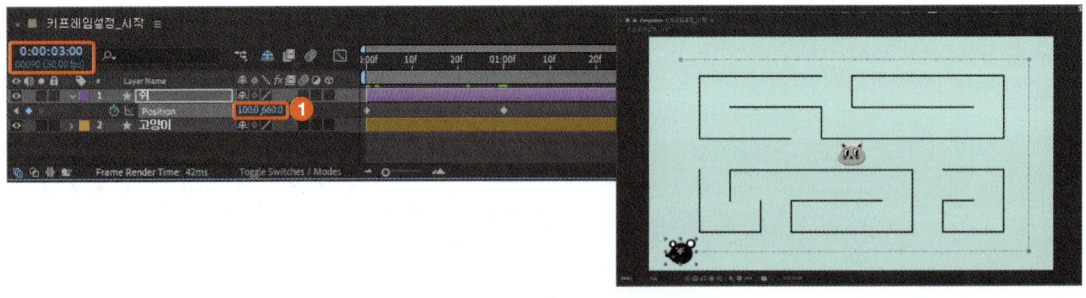

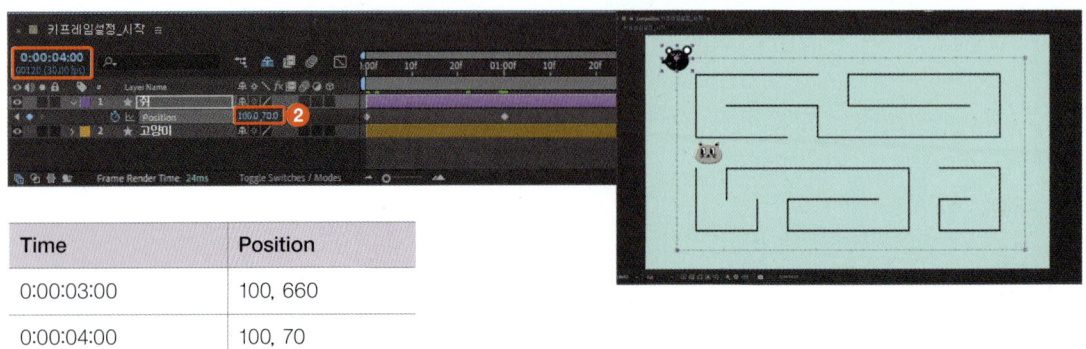

Time	Position
0:00:03:00	100, 660
0:00:04:00	100, 70

06

❶ [쥐] 레이어를 선택하고 ❷ [Composition] 패널을 확인하면 쥐 캐릭터의 움직임이 생성되면서 화면에 점과 실선으로 이루어진 선이 나타납니다. 이 선을 모션 패스(Motion Path)라고 합니다. 오브젝트가 움직이는 경로는 실선으로 확인할 수 있고, 모션 패스를 이루는 작은 점의 간격을 통하여 움직임의 속도를 알 수 있습니다. 점의 간격이 좁으면 속도가 느리고 간격이 넓으면 속도가 빠릅니다. 간격이 동일하면 구간 속도가 동일합니다.

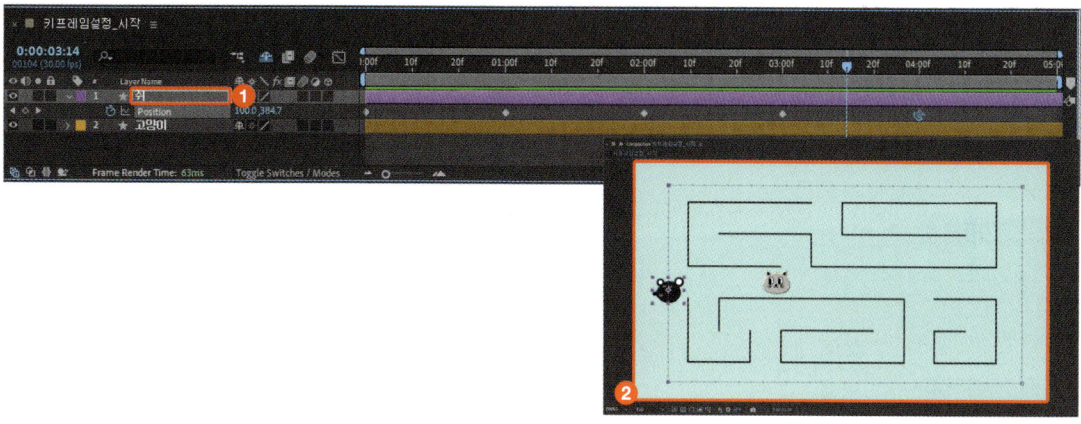

기능 꼼꼼 익히기 ▶ [쥐] 레이어의 모션 패스가 직선이 아닌 곡선으로 표시되는 경우

[쥐] 레이어가 직선이 아닌 곡선으로 이동한다면 이는 연속된 키프레임의 기본 설정값이 [Continuous Bezier]이기 때문입니다. 특히 아래 그림과 같은 경로는 쥐가 오른쪽이나 아래로 이동할 때에 화면 밖으로 빠져나가며 그림이 보이지 않습니다. 기본 설정값을 곡선에서 직선으로 변경하려면 [Edit]–[Preferences]–[General] 메뉴를 선택하고 [Preferences] 대화상자에서 [Default Spatial Interpolation to Linear]를 활성화하면 됩니다.

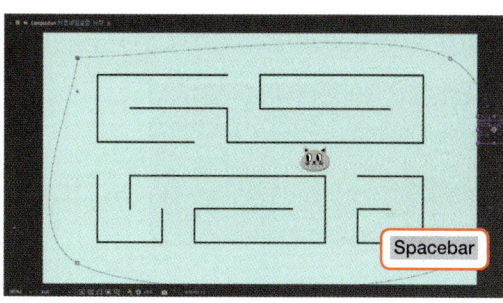 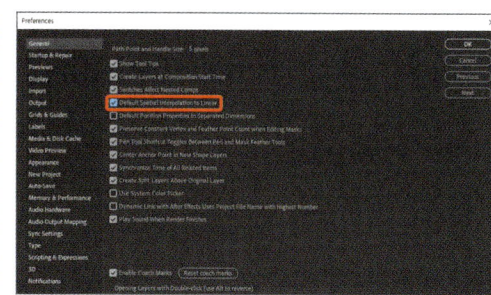

기본 설정값을 변경해도 이미 만들어진 베지에 모션 패스가 직선으로 변경되는 것은 아닙니다. 이때 펜 도구를 활용하여 수정할 수 있습니다. ❶ 도구바에서 펜 도구를 길게 클릭하고 ❷ 하위 메뉴에서 조절점 변환 도구를 클릭합니다.

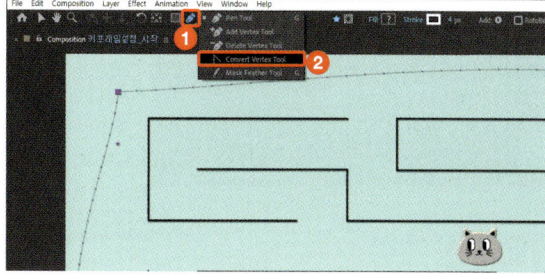

❶❷❸❹ 화면에 보이는 네 개의 조절점을 차례대로 클릭합니다. 모션 패스가 직선으로 변경됩니다. ❺ Spacebar 를 눌러 애니메이션을 확인해보면 쥐 캐릭터가 직선으로 이동합니다.

키프레임이 모두 선택되어 있는 상태에서는 조절점을 하나만 클릭해도 모든 조절점(모션 패스)이 직선으로 변경됩니다.

간단 실습   키프레임 이동하여 속도 조절하기

준비 파일 애프터 이펙트/Chapter 04/키프레임설정하기.aep

쥐 캐릭터는 1초마다 새로운 위치로 이동합니다. 화면이 가로로 긴 직사각형이므로 캐릭터가 좌우로 이동할 때는 상하로 이동할 때보다 빠르게 움직입니다. 구간마다 시간을 다르게 설정하려면 키프레임의 위치를 이동합니다. 키프레임의 이동은 다음과 같이 설정할 수 있습니다.

01 앞서 실습한 준비 파일을 그대로 사용합니다. ❶ 0:00:01:15 지점으로 이동합니다. ❷ [쥐] 레이어의 [Position]에 설정된 키프레임 중 0:00:01:00 지점에 있는 두 번째 [Position] 키프레임을 클릭합니다.

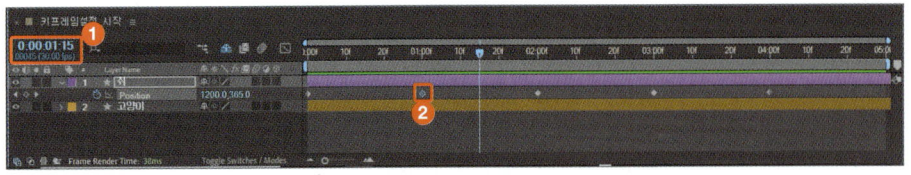

02 Shift 를 누른 채 오른쪽으로 드래그합니다. 타임 인디케이터 가 있는 지점에 가까이 오면 키프레임이 해당 시간에 스냅(Snap)됩니다.

스냅(Snap)은 키프레임이 자석처럼 달라붙는 것을 의미합니다.

쥐 캐릭터가 왼쪽에서 오른쪽으로 이동할 때 1초 동안 움직였던 것이 1초 15F 동안 이동해 원래 속도보다 천천히 이동합니다. 반대로 두 번째 지점과 세 번째 지점 사이는 가까워졌기 때문에 위에서 아래로 이동할 때의 속도는 더 빨라집니다.

03
① 0:00:03:15 지점으로 이동합니다. ② 3초 지점에 있는 키프레임을 클릭하고 Shift 를 누른 채 오른쪽으로 드래그합니다. 타임 인디케이터가 있는 지점에 가까이 오면 키프레임이 해당 시간에 스냅됩니다. ③ Spacebar 를 눌러 애니메이션을 확인해봅니다. 구간 속도가 달라진 것을 확인할 수 있습니다.

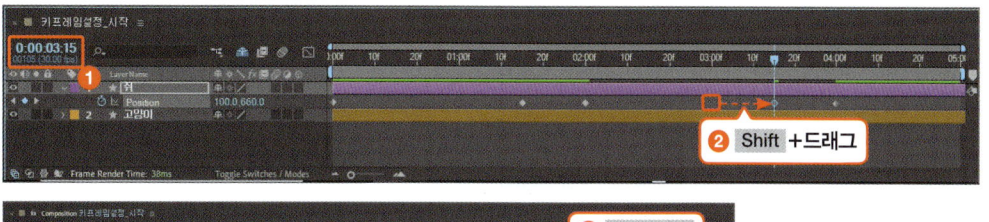

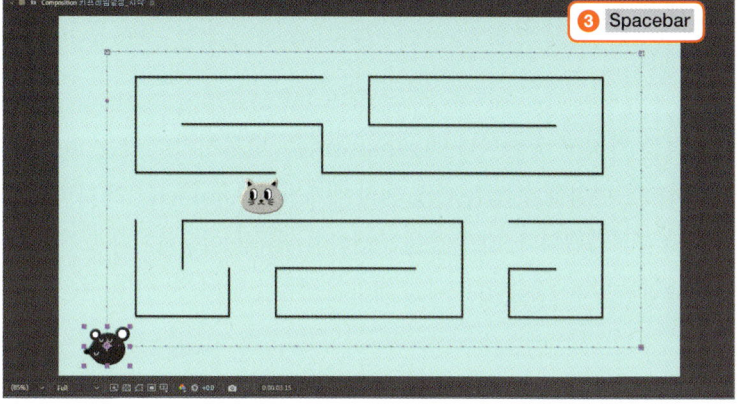

04
이번에는 구간이 아닌 키프레임 전체의 속도를 조절해보겠습니다. 앞서 설정한 키프레임은 쥐 캐릭터가 4초 동안 화면을 한 바퀴 돕니다. 이 시간을 2초로 줄여보겠습니다. ① 0:00:02:00 지점으로 이동합니다. ② [쥐] 레이어의 [Position]을 클릭합니다. ③ [Position]에 설정된 모든 키프레임이 선택됩니다.

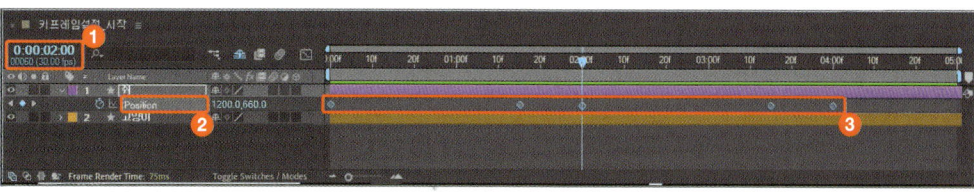

05
① 오른쪽 끝에 있는 키프레임을 클릭하고 ② Alt 를 누른 채 2초 지점으로 드래그합니다. 모든 키프레임의 간격이 유지되면서 전체 움직임이 2초로 줄어들었습니다.

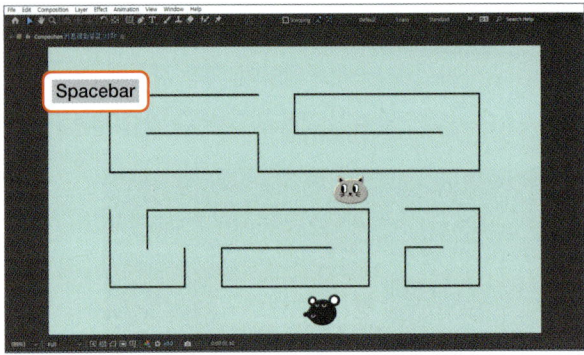

06 Spacebar 를 눌러 쥐 캐릭터의 이동 속도가 두 배 빨라진 것을 확인합니다.

Transform 속성 알아보기

모든 시각 레이어는 [Transform] 속성을 가지고 있습니다. Transform은 '변형시키다'라는 의미로, [Transform] 속성의 을 클릭하면 이미지를 변형할 수 있는 다섯 개의 매개변수(Parameter)가 나타납니다. 매개변수는 용어의 편의상 옵션이라고 부르겠습니다. 각 옵션을 조절하여 위치를 이동하거나 크기를 변경하는 것과 같은 기본적인 애니메이션 작업을 할 수 있습니다. 다섯 개의 옵션을 조합해 애니메이션을 만들어보겠습니다.

간단 실습 위치(Position) 이동하기

준비 파일 애프터 이펙트/Chapter 04/트랜스폼.aep

01 ❶ [File]-[Open Project] Ctrl + O 메뉴를 선택하여 **트랜스폼.aep** 준비 파일을 엽니다. ❷ [Project] 패널에서 [트랜스폼_시작]을 더블클릭합니다. ❸ 다음과 같이 다섯 개의 레이어를 포함한 컴포지션이 열립니다.

02 ① [Timeline] 패널에서 [아빠] 레이어를 선택하고 ② ▶을 클릭합니다. ③ [Transform] 옵션과 아래에 다섯 개의 변형 옵션이 열립니다.

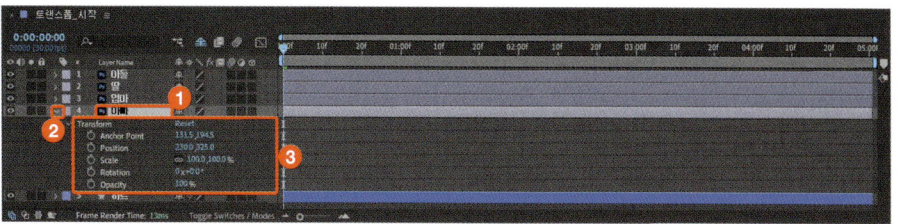

[Transform]의 세부 옵션이 나타나지 않으면 [Transform]의 ▶을 한 번 더 클릭합니다.

기능 꼼꼼 익히기 🔖 [Transform] 속성 알아보기

- **Anchor Point** | 중심점(기준점)을 뜻합니다. X, Y축 두 개의 좌표로 표시됩니다.
- **Position** | 위칫값을 나타냅니다. X, Y축 두 개의 좌표로 표시됩니다.
- **Scale** | 크기 비율값을 나타냅니다. X, Y축 두 개의 값으로 표시됩니다. 기본값으로 🔗이 활성화되어 있으며, 가로세로 비례를 다르게 변경할 때에는 🔗을 클릭하여 해제합니다.
- **Rotation** | 회전값을 나타냅니다. 하나의 값으로 표시되며 X 뒤의 숫자가 360°를 넘어가면 앞의 숫자가 1로 바뀝니다. 한 바퀴 회전하고 제자리로 돌아옴을 뜻합니다.
- **Opacity** | 투명도 값을 나타냅니다. 100%일 때 불투명하고 0%일 때는 완전히 투명하게 되어 안 보이게 됩니다.

다섯 개의 옵션 중 하나만 표시하고 싶을 때는 [Anchor Point] `A`, [Position] `P`, [Scale] `S`, [Rotation] `R`, [Opacity] `T`를 눌러 각각 표시할 수 있습니다. 예를 들어 [Position]과 [Scale] 두 개만 표시하고 싶을 때는 `P`를 누르고 `Shift`+`S`를 누릅니다. 이렇게 필요한 옵션만 열어 작업하는 방식을 권장합니다. 예제 실습도 이러한 방식으로 진행합니다.

---

03 ① [아빠] 레이어가 선택된 상태에서 `P`를 눌러 [Position]만 나타나게 합니다. ② 20F 지점에서 ③ [Position]의 스톱워치 ⏱를 클릭하여 키프레임을 생성합니다.

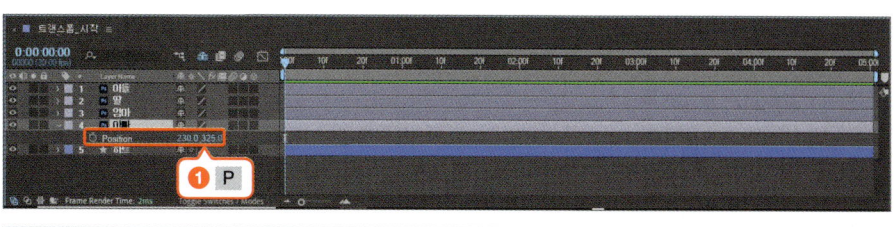

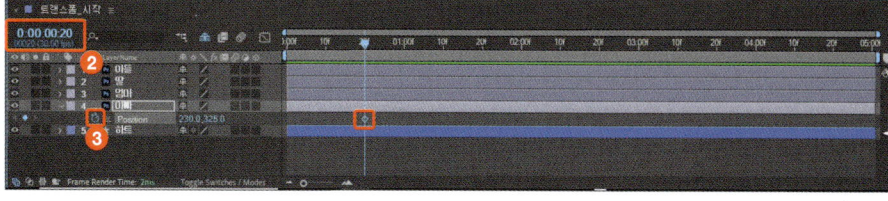

20F 지점은 타임코드에서 0:00:00:20 지점을 말합니다.

기능 꼼꼼 익히기 | 타임 디스플레이 모드(Time Display Mode) 알아보기

0초 지점이란 0:00:00:00을 말합니다. 애프터 이펙트에서는 두 개의 타임 디스플레이 모드(Time Display Mode)를 사용할 수 있습니다. 하나는 0:00:00:00으로 시간을 표시하는 타임코드(Timecode) 방식이고, 다른 하나는 00000F로 시간을 표시하는 프레임(Frame) 방식입니다. 프레임 방식은 시간을 그림 한 장으로 쪼개어 표시합니다. 보통 텔레비전 방식인 29.97/sec는 1초에 29.97프레임이 삽입되므로 30장의 그림으로 간주해도 됩니다.

기능 꼼꼼 익히기 | 타임코드 모드에서 프레임 모드로 바꾸는 방법

타임코드 모드와 프레임 모드를 변경하려면 [Timeline] 패널에서 Ctrl 을 누른 채 시간 표시 영역을 클릭합니다. 타임코드 모드에서 프레임 모드로, 프레임 모드에서 타임코드 모드로 디스플레이 모드를 변경할 수 있습니다.

04 ① **0초** 지점으로 시간을 이동합니다. ② [Timeline] 패널에서 [아빠] 레이어의 [Position]을 **230, -205**로 설정합니다. 또는 [Composition] 패널에서 [아빠] 레이어를 클릭하고 Shift 를 누른 상태에서 화면 위로 완전히 빠져나가도록 드래그해도 됩니다. ③ Spacebar 를 눌러 애니메이션을 확인합니다. 20F 동안 [아빠] 레이어가 화면 밖에서 안으로 내려옵니다.

컴포지션의 시작점(0:00:00:00)으로 이동하고 싶을 때는 Home 을, 마지막 지점(끝점)으로 이동하려면 End 를 누릅니다.

[Transform] 속성을 조절하여 애니메이션을 작업할 때 대부분의 경우 수치를 입력하기보다는 드래그하는 방식으로 제작합니다. 그러나 여기에서는 동일한 결과물을 얻기 위하여 수치로 입력하는 방식으로 진행했습니다.

간단 실습 | 중심점(Anchor Point) 이동하고 크기(Scale) 조절하기

준비 파일 애프터 이펙트/Chapter 04/트랜스폼.aep

01 앞서 실습한 준비 파일을 그대로 사용합니다. ① [Timeline] 패널에서 [엄마] 레이어를 선택하고 ② S 를 눌러 [Scale]을 엽니다.

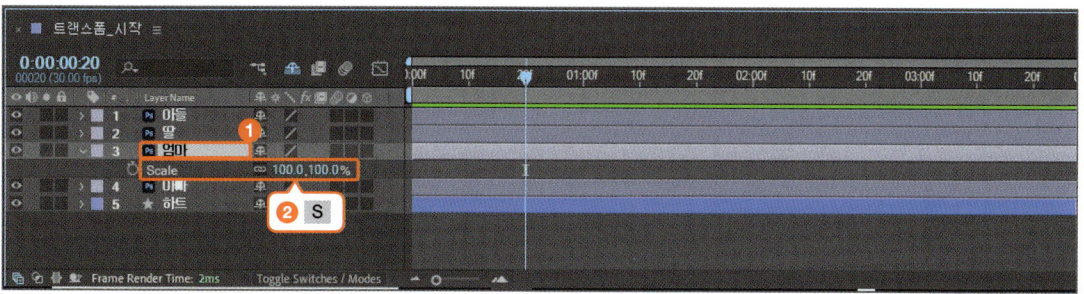

02 ① 도구바에서 중심점 도구 Y 를 클릭합니다. ② [Composition] 패널에서 [엄마] 레이어를 클릭한 후 ③ 그림 중앙에 있는 중심점(Anchor Point)을 Ctrl 을 누른 상태에서 아래로 드래그하여 그림 아래쪽 끝으로 이동시킵니다.

도구바 중앙에 위치한 [Snapping]에 체크해 옵션을 활성화하고 [Composition] 패널에서 드래그하면 스냅 기능을 사용할 수 있어 편리합니다. 평소에는 비활성화해놓는 것이 좋습니다.

[Anchor Point]를 왜 이동하나요? | 크기가 변하거나 회전하는 애니메이션을 만들 때는 기준점에 유의해야 합니다. 기준점을 나타내는 [Anchor Point]는 레이어의 정중앙에 위치하므로 중심점을 변경하지 않고 애니메이션을 작업한다면 그림의 중앙을 중심으로 커지거나 회전합니다. 그림의 아래쪽을 기준으로 그림이 커지거나 회전하기 위해서는 기준점을 아래로 이동시킨 후 애니메이션 작업을 해야 합니다.

03 ❶ 다시 선택 도구 ▶ V로 돌아옵니다. ❷❸ 아래 표를 참고하여 [엄마] 레이어의 [Scale]에 키프레임을 설정합니다.

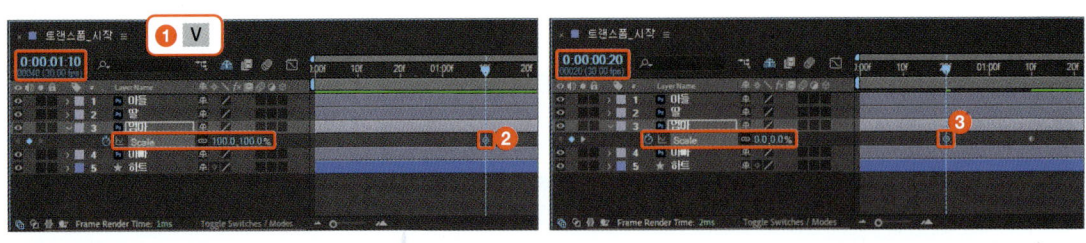

Time	Scale
1초 10F	100, 100%
20F	0, 0%

도구바의 기본 도구는 선택 도구 ▶ V 입니다. 다른 도구 사용 후에는 바로 선택 도구 ▶로 돌아옵니다.

기능 꼼꼼 익히기 🏷️ **10F 또는 1F씩 단축키로 시간 이동하기**

애니메이션 작업은 시간의 이동이 매우 잦습니다. 시간 이동 단축키를 외우면 실습이 더욱 편리해집니다.

- Shift + PageDown 또는 Shift + Ctrl + → │ 10F 뒤로 이동합니다.
- Shift + PageUp 또는 Shift + Ctrl + ← │ 10F 앞으로 이동합니다.
- Ctrl + → │ 1F 뒤로 이동합니다.   • Ctrl + ← │ 1F 앞으로 이동합니다.
- Alt + → │ 키프레임을 1F 뒤로 이동합니다.   • Alt + ← │ 키프레임을 1F 앞으로 이동합니다.

---

04 Spacebar 를 눌러 애니메이션을 확인합니다. [엄마] 레이어가 안 보이다가 바닥을 중심으로 커지면서 나타납니다.

간단 실습 크기(Scale)와 회전(Rotation) 동시에 조절하기

준비 파일 애프터 이펙트/Chapter 04/트랜스폼.aep

01 앞서 실습한 준비 파일을 그대로 사용합니다. ❶ [Timeline] 패널에서 [딸] 레이어를 선택합니다. ❷ 도구바에서 중심점 도구 ▦ Y 를 클릭합니다. ❸ [Composition] 패널에서 [딸] 레이어의 중앙에 있는 중심점(Anchor Point)을 클릭한 후 Ctrl 을 누른 상태로 그림의 아래쪽 끝까지 드래그합니다. ❹ 다시 선택 도구 ▶ V 로 돌아옵니다.

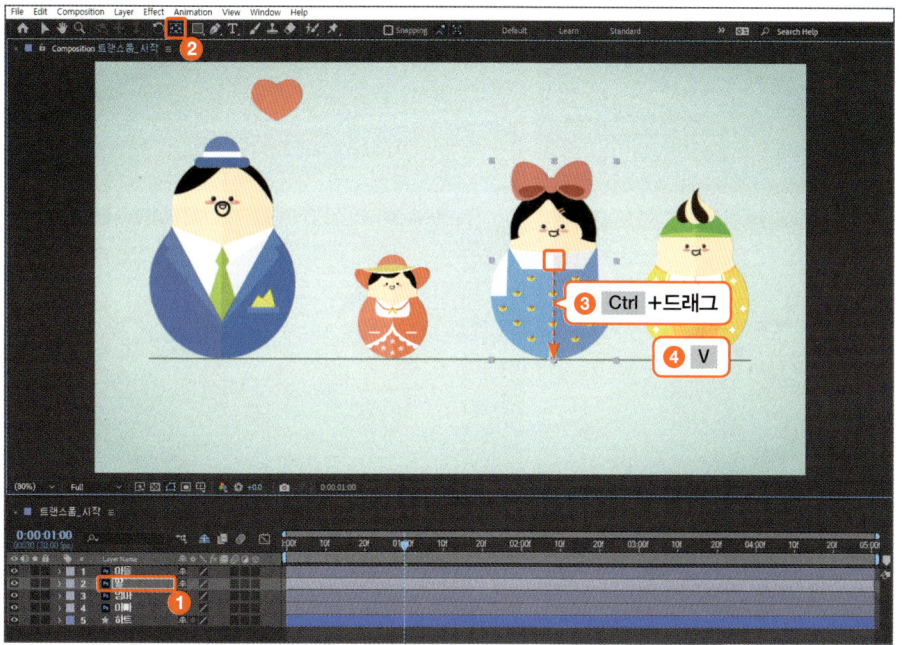

02 ❶❷ 아래 표를 참고하여 [딸] 레이어의 [Scale]에 키프레임을 설정합니다.

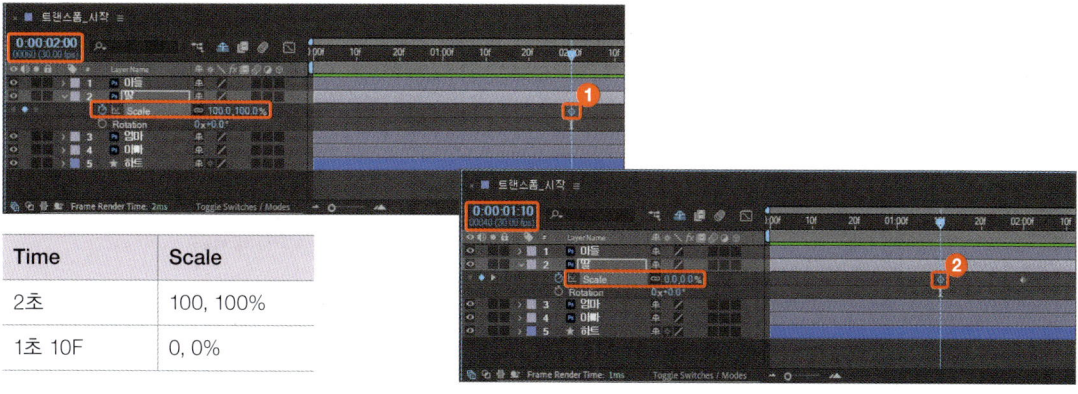

Time	Scale
2초	100, 100%
1초 10F	0, 0%

03 ① [딸] 레이어가 선택된 상태에서 Shift + R 을 눌러 [Rotation]도 엽니다. ②③④⑤⑥ 아래의 표를 참고하여 키프레임을 설정합니다. [딸] 레이어가 오뚜기처럼 좌우로 회전하면서 커집니다.

Time	Rotation
1초 10F	0 x −30°
1초 25F	0 x +25°
2초 05F	0 x −10°
2초 11F	0 x +5°
2초 16F	0 x +0°

간단 실습 투명도(Opacity) 조절하기

준비 파일 애프터 이펙트/Chapter 04/트랜스폼.aep

01 앞서 실습한 준비 파일을 그대로 사용합니다. ❶ [Timeline] 패널에서 [아들] 레이어를 선택합니다. ❷ T 를 눌러 [Opacity]를 엽니다. ❸ 3초 10F 지점에서 [Opacity]의 스톱워치 를 클릭하여 키프레임을 생성합니다.

02 ❶ 2초 10F 지점에서 ❷ [Opacity]를 0%로 설정합니다. [아들] 레이어가 완전히 투명해져서 화면에서 보이지 않습니다. ❸ Spacebar 를 눌러 애니메이션을 확인합니다. 투명했던 [아들] 레이어가 1초 동안 서서히 나타납니다.

간단 실습 [Rove Across Time] 설정하여 등속도 애니메이션 만들기

준비 파일 애프터 이펙트/Chapter 04/트랜스폼.aep

앞서 트랜스폼의 다섯 가지 옵션을 조절하고 애니메이션하는 방법을 실습했습니다. 그런데 다양한 위칫값이 필요한 복잡한 동작 등은 키프레임 설정만으로 자연스러운 움직임을 제어하기 어려울 수 있습니다. 이번에는 모션 패스를 조절하고 애니메이션의 속도를 조절하는 방법을 알아보겠습니다.

01 앞서 실습한 준비 파일을 그대로 사용합니다. ❶ [Timeline] 패널에서 [하트] 레이어를 선택합니다. ❷ P 를 눌러 [Position]을 엽니다. 1초 간격으로 여섯 개의 키프레임이 설정되어 있습니다. ❸ [Composition] 패널에서 모션 패스를 통해 [하트] 레이어의 이동 경로를 확인할 수 있습니다. ❹ Spacebar 를 눌러 애니메이션을 재생해보면 하트의 움직임이 다소 부자연스럽습니다.

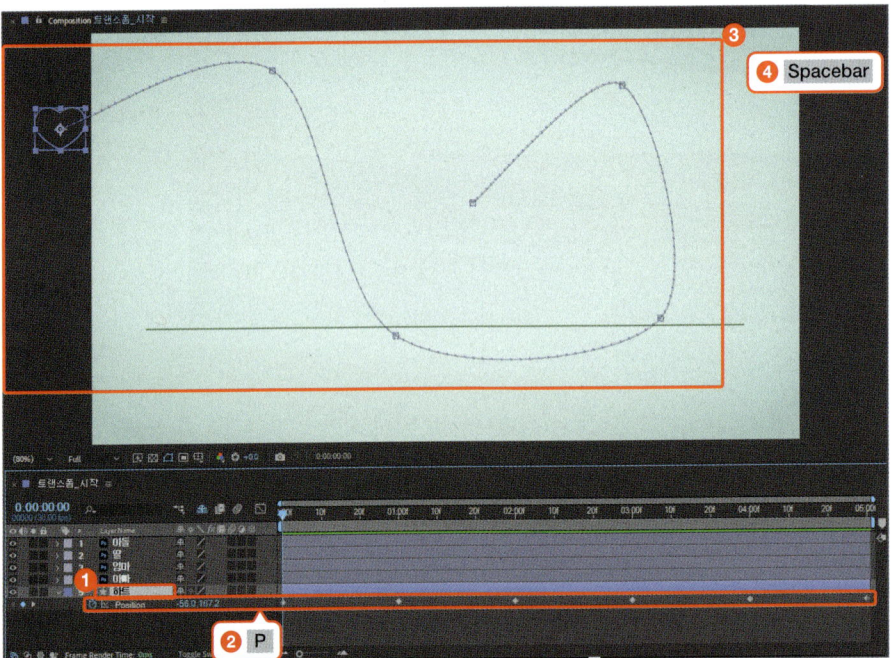

02 ❶❷❸❹ 각 조절점을 클릭하고 ❺❻❼❽ 좌우에 나타나는 베지에 핸들을 드래그해 곡선을 자연스럽게 다듬어줍니다. ❾ 다시 Spacebar 를 눌러 애니메이션을 재생해보면 이동 경로가 모션 패스에 따라서 부드럽게 조절되었습니다.

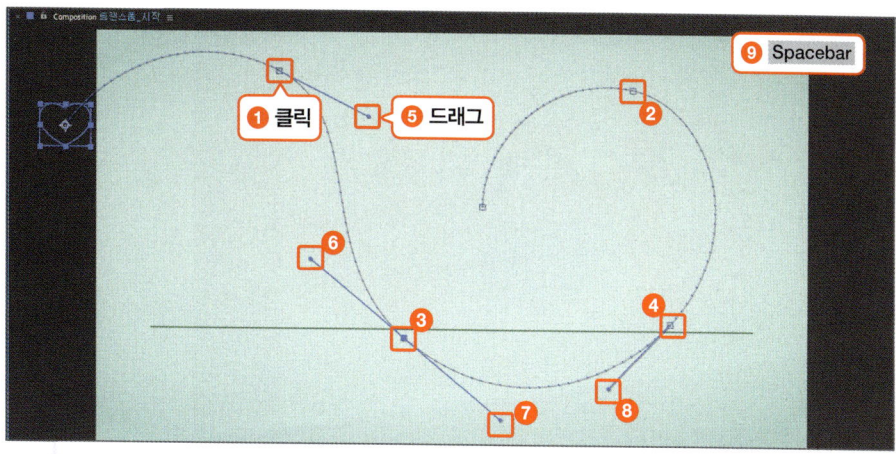

베지에(Bezier) 곡선 | 프랑스의 자동차 제조사 르노사의 기술자인 피에르 베지에가 1962년 자동차 몸체 디자인에 사용하면서부터 널리 알려졌습니다. 자동차의 부드러운 곡선 바디를 표현하기 위해 차용된 수학의 함수 개념으로, 오늘날 벡터 드로잉, 애니메이션 등 컴퓨터 그래픽스에 폭넓게 사용되고 있습니다.

03 ❶ [하트] 레이어의 [Position]을 클릭하여 모든 키프레임을 선택합니다. ❷ 설정된 키프레임 중 하나를 마우스 오른쪽 버튼으로 클릭하고 ❸ [Rove Across Time]을 클릭합니다. ❹ [Rove Across Time]이 적용되면 첫 번째와 마지막 키프레임을 제외한 키프레임의 모양이 원형으로 변경되고 키프레임의 위치도 자동으로 변경됩니다.

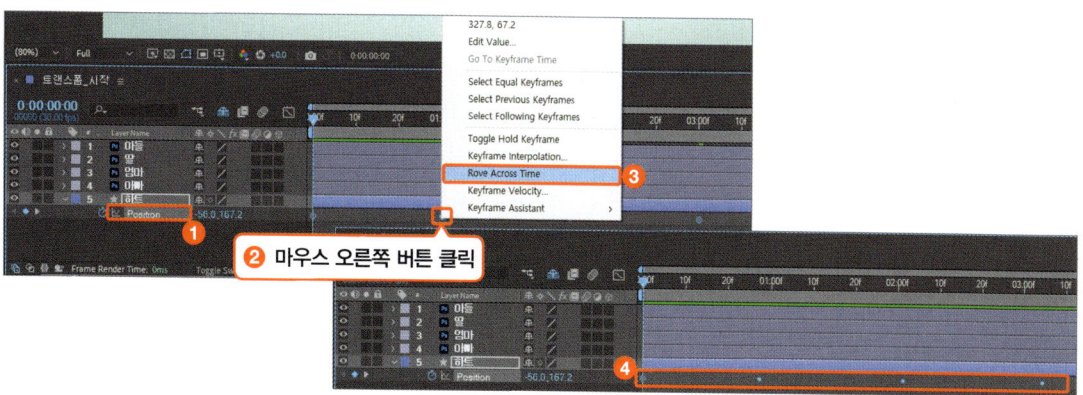

> **기능 꼼꼼 익히기** **[Rove Across Time] 기능 알아보기**
>
> [하트] 레이어가 이동하도록 키프레임을 설정할 때 편의상 1초 간격으로 키프레임을 설정했습니다. 각 키프레임 사이의 시간은 같은데 이동 거리는 다르므로 구간별 이동 속도가 달라져 동작이 부자연스러울 수 있습니다. 이때 [Rove Across Time]을 적용하면 첫 번째와 마지막 키프레임을 제외한 중간값을 자동으로 조절하여 구간별 속도를 균일하게 맞춰줍니다. [Rove Across Time] 기능은 [Position] 옵션에만 사용할 수 있습니다.

04 [하트] 레이어의 움직임이 다소 느려 보입니다. 속도를 조절해보겠습니다. ❶ **4초** 지점으로 이동합니다. ❷ [Position]에 설정된 키프레임 중 마지막 키프레임을 Shift 를 누른 상태로 왼쪽으로 드래그합니다. 타임 인디케이터가 있는 4초 지점에 스냅됩니다. 전체 구간에서 이동 속도가 빨라집니다.

간단 실습 [Auto-Orient] 기능으로 모션 패스 따라 자연스럽게 회전하기

준비 파일 애프터 이펙트/Chapter 04/트랜스폼.aep

하트가 곡선을 따라 움직일 때 모션 패스를 따라 회전시키면 보다 자연스럽게 연출할 수 있습니다. [Rotation]에 키프레임을 설정하여 회전시킬 수도 있지만 자연스럽게 애니메이션하기 어렵습니다. 이때는 [Auto-Orient] 기능을 활용하여 키프레임 없이도 하트가 곡선을 따라 회전하도록 합니다.

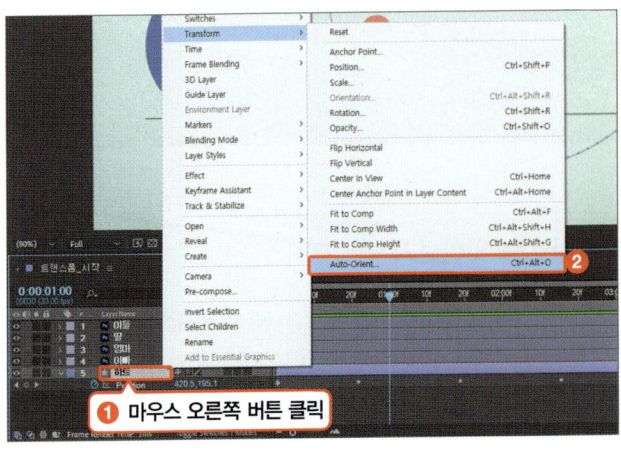

01 ❶ [하트] 레이어를 마우스 오른쪽 버튼으로 클릭하고 ❷ [Transform]-[Auto-Orient]를 클릭합니다.

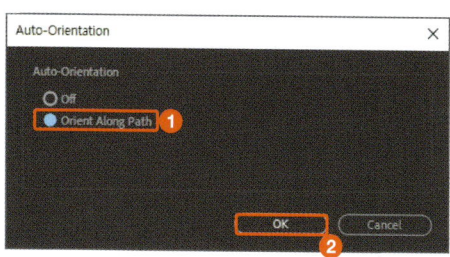

02 ① [Auto-Orientation] 대화상자에서 [Orient Along Path]를 선택하고 ② [OK]를 클릭합니다.

03 `Spacebar` 를 눌러 애니메이션을 확인합니다. 하트가 모션 패스를 따라서 자동으로 회전합니다.

04 ① 4초 지점에서 하트의 위치를 확인합니다. [Rotation]으로 각도를 조절합니다. ② [하트] 레이어를 선택합니다. ③ `R` 을 눌러 [Rotation]을 열고 ④ -90°로 설정합니다.

패스의 모양에 따라서 하트 모양의 회전값이 다르게 표시될 수 있습니다. 하트 모양이 수평하도록 [Rotation] 수치를 조절하면 됩니다.

05 ❶ [하트] 레이어를 선택하고 ❷ Ctrl + Alt + ↑ 를 누르거나 드래그하여 [아빠] 레이어의 위로 이동시킵니다. ❸ Spacebar 를 눌러 확인해보면 [하트] 레이어가 [아빠] 레이어의 앞으로 등장하고 [엄마] 레이어의 뒤로 이동하면서 애니메이션됩니다. [Timeline] 패널에서 레이어의 순서를 변경하여 이미지의 앞뒤 개념을 표현할 수 있습니다.

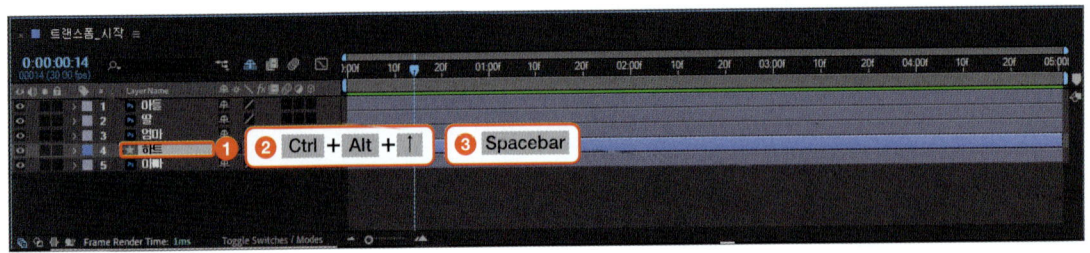

06 트랜스폼의 다양한 옵션을 활용한 애니메이션이 완성되었습니다. Spacebar 를 눌러 애니메이션을 확인할 수 있습니다.

애니메이션 고급 기능 활용하기

보간 애니메이션 이해하고 그래프 에디터 활용하기

키프레임을 생성하면 첫 번째 키프레임과 다음 키프레임 사이의 움직임 속도는 균일합니다. 이는 구간 속도가 동일하게 기록된다는 의미로, 경우에 따라 움직임이 부자연스럽게 보이기도 합니다. 구간 속도를 조절하기 위해서는 보간(Interpolation) 방법을 선형 보간법(Linear Interpolation)에서 곡면 보간법(Bezier Interpolation)으로 조절하거나 가속도(Velocity)를 조절하는 방법, 그래프 에디터(Graph Editor)의 곡선 그래프를 조절하여 움직임을 섬세하게 제어하는 방법 등이 있습니다.

간단 실습 | Keyframe Assistant로 보간 조절하기

준비 파일 애프터 이펙트/Chapter 04/그래프에디터.aep

01 ① [File]-[Open Project] `Ctrl` + `O` 메뉴를 선택하여 **그래프에디터.aep** 준비 파일을 엽니다. ② [Project] 패널에서 [자동차들_시작]을 더블클릭하여 [자동차들_시작] 컴포지션을 엽니다. ③ 각기 다른 모양의 자동차 그래픽이 그려진 레이어 세 개가 삽입되어 있습니다. ④ 를 눌러 애니메이션을 확인합니다. 세 개의 자동차가 화면의 왼쪽에서 오른쪽으로 이동합니다. 움직임의 속도는 매우 균일합니다. 애프터 이펙트의 기본 키프레임 방식인 선형 보간법(Linear Interpolation)으로 제작되었기 때문입니다.

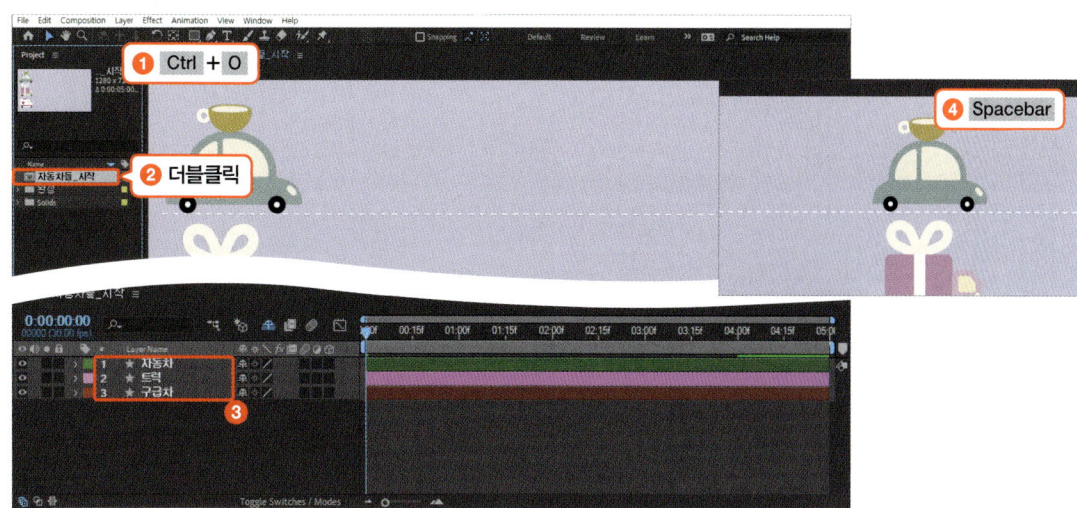

02 ① [Timeline] 패널에서 Ctrl + A 를 눌러 모든 레이어를 선택합니다. ② P 를 눌러 [Position]을 열어 보면 ③ 컴포지션의 시작과 끝 지점에 기본형 키프레임◆이 생성되어 있습니다. ④ 세 자동차의 [X Position] 에 모두 같은 값으로 키프레임이 생성되어 있어 동시에 출발하고 동시에 멈춥니다.

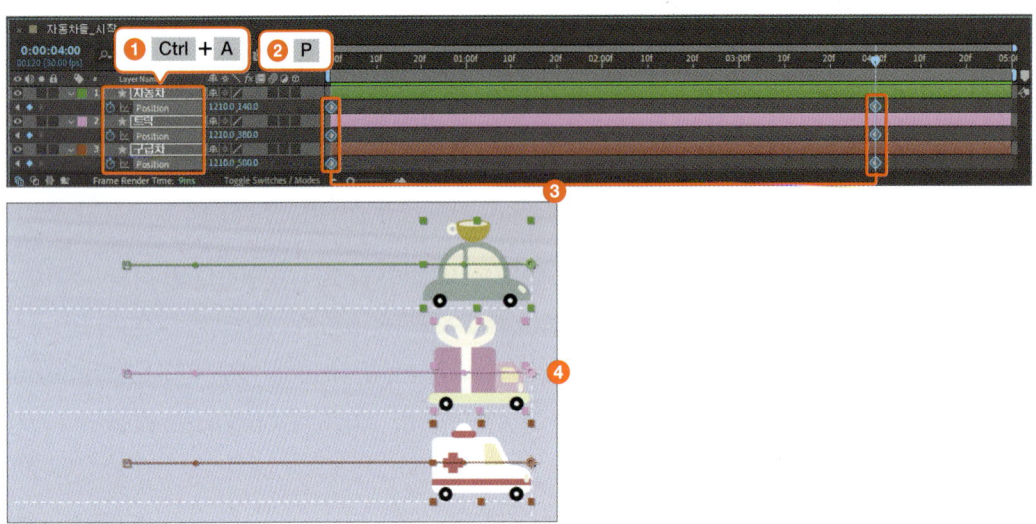

03 ① [자동차] 레이어만 선택합니다. ② [Position]을 클릭하여 두 개의 키프레임을 모두 선택합니다. ③ 둘 중 하나의 키프레임을 마우스 오른쪽 버튼으로 클릭하고 ④ [Keyframe Assistant]-[Easy Ease]를 선택 합니다. ⑤ Spacebar 를 눌러 애니메이션을 확인합니다. 가장 위에 있는 자동차가 다른 차들보다 천천히 출 발하고 부드럽게 멈춥니다.

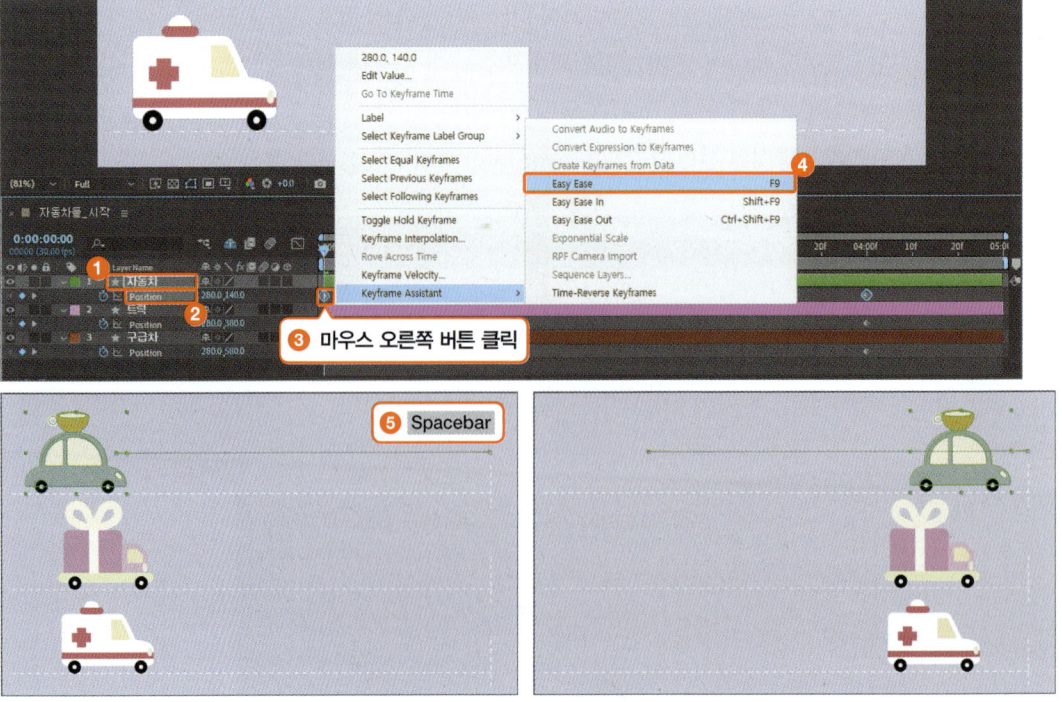

> ### 기능 꼼꼼 익히기 🏷 Keyframe Assistant 알아보기
>
> 키프레임의 보간을 손쉽게 조절할 수 있는 옵션이며 애프터 이펙트에서 애니메이션을 만들 때 자주 활용합니다.
> - **Easy Ease In** `Shift`+`F9` | 키프레임이 시작하는 부분이 부드럽게 처리되며 천천히 감속합니다.
> - **Easy Ease Out** `Ctrl`+`Shift`+`F9` | 키프레임이 끝나는 부분이 부드럽게 처리되며 천천히 가속합니다.
> - **Easy Ease** `F9` | 키프레임의 시작과 끝에서 가속과 감속이 모두 생성됩니다. [Easy Ease]는 실습에서 자주 쓰이기 때문에 단축키 `F9` 를 꼭 외워두기를 바랍니다.
>
> [Keyframe Assistant]에서 수정한 키프레임에서 기본 키프레임으로 돌아오려면 `Ctrl` 을 누른 채 키프레임을 클릭합니다.

Keyframe Interpolation 확인하기

앞서 실습한 준비 파일을 그대로 사용합니다. [자동차] 레이어의 [Position]에 설정된 키프레임이 기본형◆에서 모래 시계 모양ᵪ으로 변경되어 있는 것을 확인합니다. ❶ 첫 번째 키프레임을 마우스 오른쪽 버튼으로 클릭한 후 ❷ [Keyframe Interpolation]을 선택하면 [Keyframe Interpolation] 대화상자가 나타납니다. ❸ [Temporal Interpolation]이 [Bezier]인 것을 확인할 수 있습니다. 이는 선택한 키프레임의 현재 보간이 곡선 모양의 곡면 보간법이라는 의미입니다. [Keyframe Assistant]에서 [Easy Ease]를 적용했기 때문입니다.

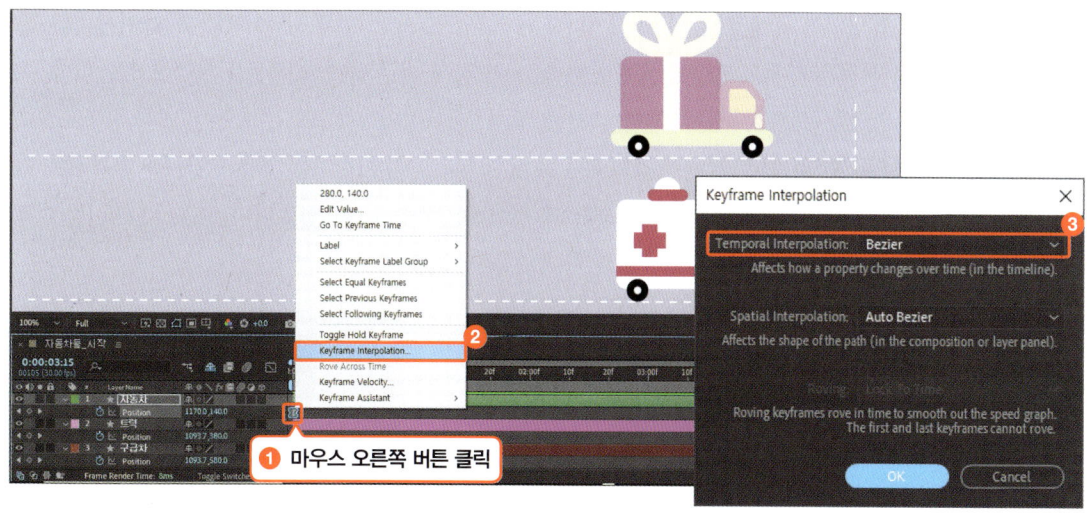

키프레임을 선택하고 `Ctrl`+`Alt`+`K` 를 누르면 [Keyframe Interpolation] 대화상자가 열립니다.

기본형 키프레임◆은 [Temporal Interpolation]이 [Linear]로 나타납니다. 직선 모양의 선형 보간법이라는 의미입니다. [트럭] 레이어의 [Position]에 설정된 키프레임◆을 마우스 오른쪽 버튼으로 클릭하고 [Keyframe Interpolation]을 선택하여 확인해볼 수 있습니다.

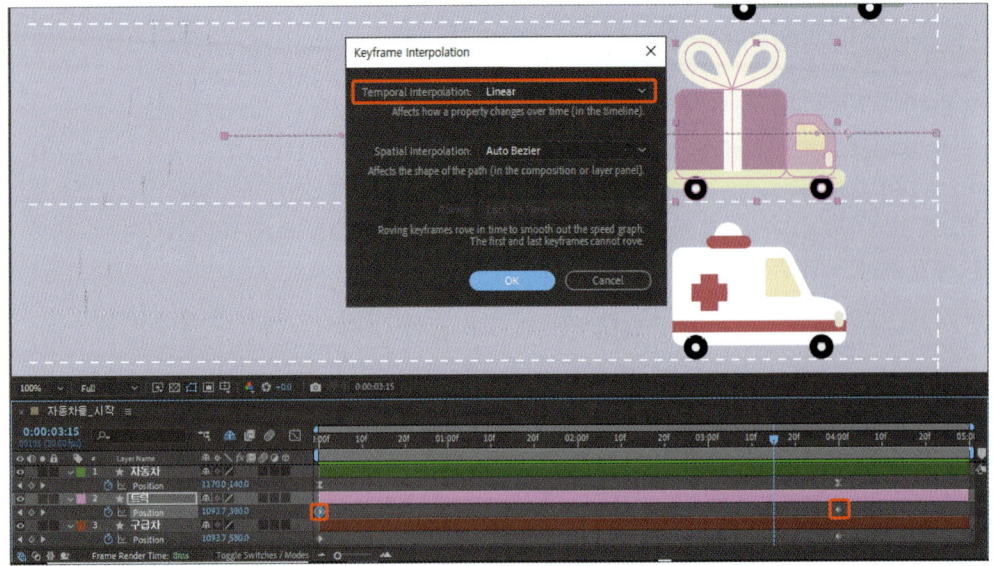

그래프 에디터 확인하기

[자동차] 레이어의 [Position]에 설정된 움직임을 그래프로 확인해보겠습니다. ❶ [Timeline] 패널에서 [자동차] 레이어의 [Position]을 클릭하여 두 개의 키프레임을 모두 선택한 후 ❷ 를 클릭하여 그래프 에디터 (Graph Editor) 창을 엽니다. ❸ 을 클릭하고 ❹ [Edit Value Graph]에 체크되어 있는지 확인합니다. ❺ 그래프를 보면 초록색 선은 직선으로 아무런 변화가 없고, 빨간색 선은 완만한 곡선을 그리고 있습니다. 여기서 초록색은 Y축을, 빨간색은 X축을 나타냅니다. [자동차] 레이어가 Y축으로는 아무런 변화가 없고 X축으로만 이동하고 있음을 알 수 있습니다. 빨간색 곡선을 보면 움직임이 시작하는 부분과 끝나는 부분에서 값 (Value)이 완만하게 변화하고 중간 부분에서는 빠르게 변화하는 것을 볼 수 있습니다. [Easy Ease]를 설정하여 가속도를 적용했기 때문입니다.

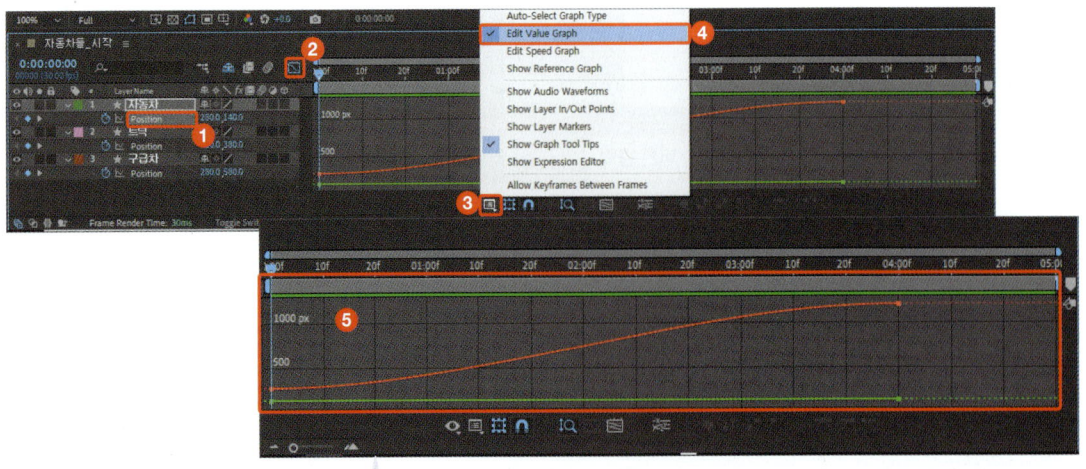

그래프 에디터 창에서 설정된 옵션값을 확인할 수 있으며 그래프를 움직여 값을 조절할 수도 있습니다. 그래프 에디터 창을 열고 닫는 단축키는 Shift + F3 입니다.

❶ 🔳을 클릭하고 ❷ [Edit Speed Graph]를 선택합니다. ❸ 속도를 그래프로 확인할 수 있습니다. 키프레임 간의 속도를 확인하거나 그래프를 움직여 속도를 조절할 수도 있습니다. 다음과 같이 동그란 곡선 모양의 그래프는 움직임의 시작과 끝의 속도가 0이기 때문에 서서히 빨라졌다가 서서히 느려집니다. 중간 부분이 솟아 있는 이유는 그만큼 구간 속도가 빠르다는 의미이며 가속도가 생성되었음을 알 수 있습니다. 애니메이션 중반에서는 대략 350px/sec로 나타나며 1초 동안 350px만큼 이동하는 속도를 의미합니다. ❹ 🔳을 클릭하면 그래프 에디터 창이 닫힙니다.

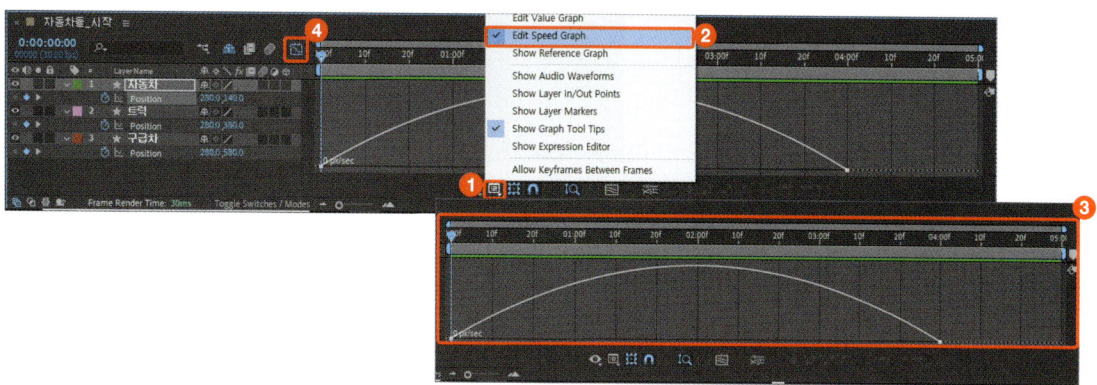

간단 실습 | Keyframe Velocity로 가속도 조절하기

준비 파일 애프터 이펙트/Chapter 04/그래프에디터.aep

01 앞서 실습한 준비 파일을 그대로 사용합니다. ❶ [Timeline] 패널에서 [트럭] 레이어를 선택합니다. ❷ P 를 눌러 [Position]을 표시합니다. ❸ 첫 번째 키프레임을 마우스 오른쪽 버튼으로 클릭한 후 ❹ [Keyframe Velocity]를 선택합니다.

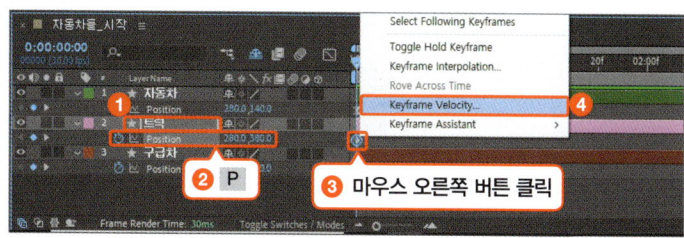

키프레임을 선택하고 Ctrl + Shift + K 를 누르면 [Keyframe Velocity] 대화상자가 열립니다.

02 ❶ [Keyframe Velocity] 대화상자에서 [Outgoing Velocity]가 현재 키프레임에 설정된 값으로 표시됩니다. ❷ [OK]를 클릭해 대화상자를 닫습니다.

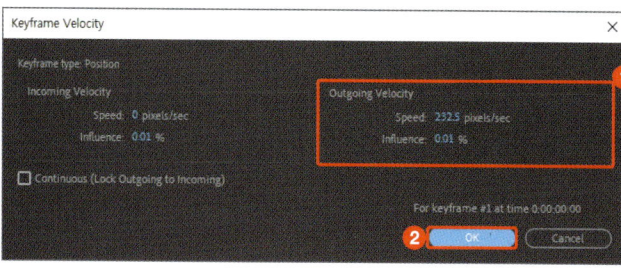

기능 꼼꼼 익히기 | [Keyframe Velocity] 대화상자

Keyframe Velocity란 키프레임의 속도라는 뜻입니다. 그래프 에디터 창에서 애니메이션의 옵션값이나 속도를 조절한다면 [Keyframe Velocity] 대화상자에서는 직접 수치를 입력하여 가속도를 조절할 수 있습니다. 원하는 속도를 입력하고 가속도에 영향받는 수치를 입력하여 조절합니다.

❶ **Incoming Velocity** | 키프레임의 시작 지점(들어오는 지점)로 감속을 조절합니다.

❷ **Outgoing Velocity** | 키프레임의 마지막 지점(나가는 지점) 속도로 가속을 조절합니다.

❸ **Speed** | 속도를 의미하며 1초에 얼마만큼 이동시킬지 입력할 수 있습니다.

❹ **Influence** | 동작의 가속과 감속에 영향을 미치는 값을 뜻합니다. 최소 0.01%부터 최대 100%까지 입력할 수 있습니다.

03 ❶ 두 번째 키프레임◆을 마우스 오른쪽 버튼으로 클릭하고 ❷ [Keyframe Velocity]를 선택합니다. ❸ [Keyframe Velocity] 대화상자가 나타나면 다음과 같이 설정합니다. ❹ [OK]를 클릭해 대화상자를 닫습니다. ❺ `Spacebar` 를 눌러 애니메이션을 확인합니다. 트럭이 매우 빠르게 출발하고 매우 천천히 멈춥니다. ❻ 모션 패스에서 점들의 간격을 보면 왼쪽은 간격이 넓고 오른쪽으로 갈수록 간격이 점차 조밀해집니다. 넓은 간격은 빠른 속도를, 조밀한 간격은 느린 속도를 나타냅니다.

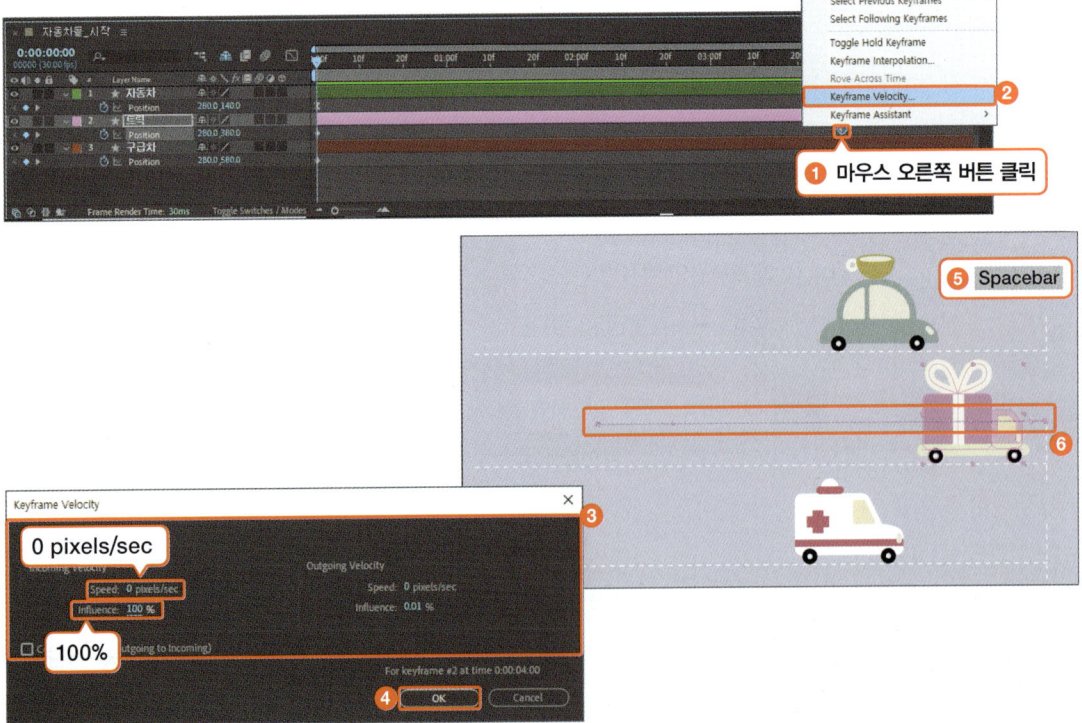

04 그래프 에디터 창을 확인해보겠습니다. ❶ [Timeline] 패널에서 [트럭] 레이어의 [Position]을 클릭하여 설정되어 있는 두 개의 키프레임을 모두 선택합니다. ❷ 📊 을 클릭하여 그래프 에디터 창을 엽니다. ❸ 📊 을 클릭하여 [Edit Value Graph]를 선택해 가속도 그래프를 표시합니다. ❹ X축을 나타내는 빨간색 곡선을 보면 움직임이 시작되는 부분에서는 급하게 꺾이고 중간 이후부터는 매우 완만합니다. 시작 부분에서 위칫값이 급격히 변화하고 끝부분에서는 매우 느리게 변화한다는 뜻입니다.

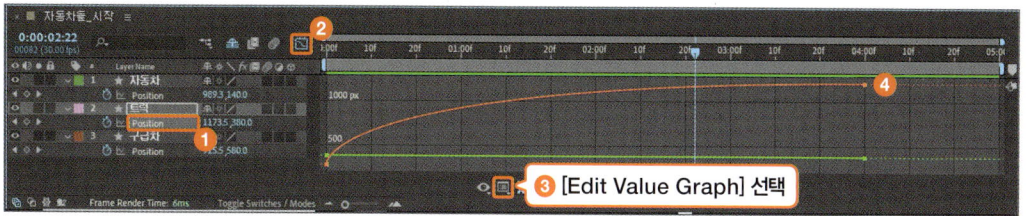

05 ❶ 📊 을 클릭하고 [Edit Speed Graph]를 선택해 속도 그래프를 표시합니다. ❷ 애니메이션의 시작 부분에서는 매우 빠른 속도로 움직이지만 속도가 급격하게 줄어들면서 매우 천천히 멈추게 됩니다. 이러한 가속도는 총알이 발사되거나 불꽃이 터지는 애니메이션을 만들 때 적합합니다.

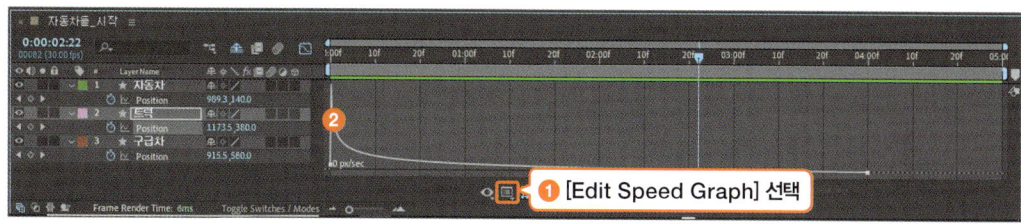

[Keyframe Velocity] 옵션에 다양한 수치를 입력해보고 변화를 직접 확인하며 연습해보세요.

간단 실습 | Toggle Hold Keyframe으로 중간에 움직임 멈추기

준비 파일 애프터 이펙트/Chapter 04/그래프에디터.aep

01 앞서 실습한 준비 파일을 그대로 사용합니다. ❶ [구급차] 레이어를 선택합니다. ❷ **1초 15F** 지점으로 이동한 후 ❸ `Alt` + `Shift` + `P` 를 눌러 [Position]에 키프레임을 추가합니다. ❹ 추가된 키프레임을 클릭하고 `Ctrl` + `C` 를 눌러 복사합니다.

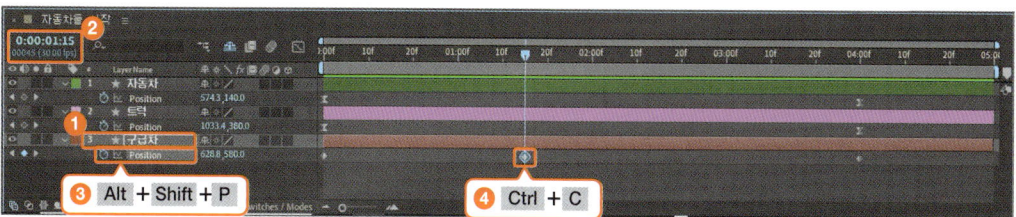

02 ① 2초 15F 지점으로 이동합니다. ② Ctrl + V 를 눌러 복사한 키프레임을 붙여 넣습니다. 1초 동안 같은 지점에 멈추어 있다가 다시 출발하게 설정한 것입니다.

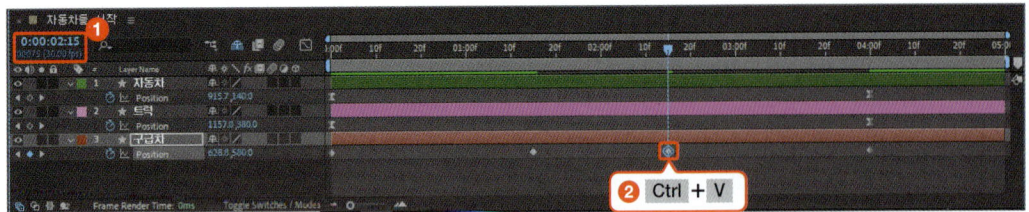

03 ① Spacebar 를 눌러 애니메이션을 확인합니다. 두 번째와 세 번째 키프레임의 좌푯값은 동일하므로 구급차가 멈춰 있어야 하는데 ② 1초 15F 지점에서 2초 15F 지점까지 1초 동안 구급차가 앞뒤로 움직입니다. [Keyframe Interpolation]의 [Spatial Interpolation]의 기본값이 [Continuous Bezier]로 설정되어 있어 두 개를 초과하는 키프레임의 보간이 자동으로 [Bezier]로 만들어진 것입니다.

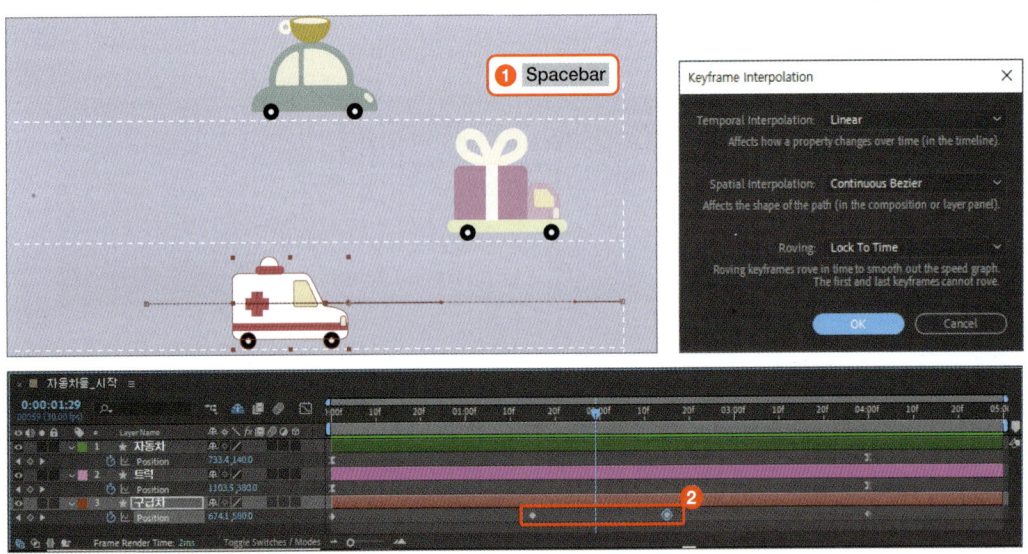

[Preferences]의 기본 설정에서 [Spatial Interpolation]이 [Linear]일 경우 구급차가 제자리에 멈추어 있을 수 있습니다.

04 ① 1초 15F 지점에 설정된 키프레임을 마우스 오른쪽 버튼으로 클릭한 후 ② [Toggle Hold Keyframe]을 선택합니다.

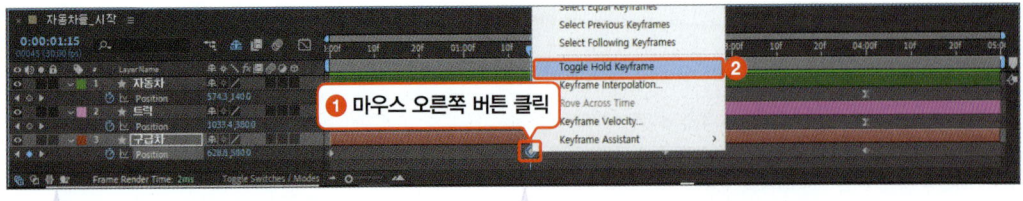

[Toggle Hold Keyframe]의 단축키는 Ctrl + Alt + H 입니다.   Ctrl + Alt 를 누르고 해당 키프레임을 클릭하여 설정할 수도 있습니다.

05

① 키프레임의 모양이 ■으로 변경되었습니다. 왼쪽은 다이아몬드 모양, 오른쪽은 사각형 모양으로 표시됩니다. 들어오는 동작은 리니어(Linear), 나가는 동작은 홀드(Hold)가 적용되어 동작이 일시 정지됩니다. ② `Spacebar`를 눌러 애니메이션을 확인해보면 구급차가 1초 동안 멈추었다가 다시 출발합니다.

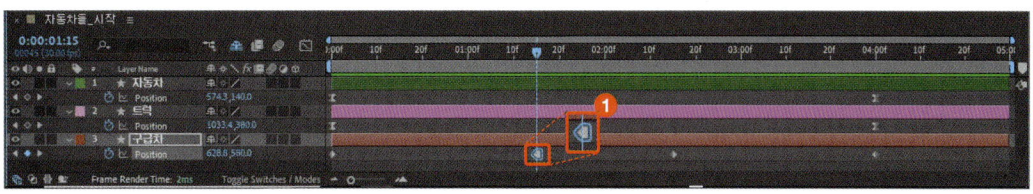

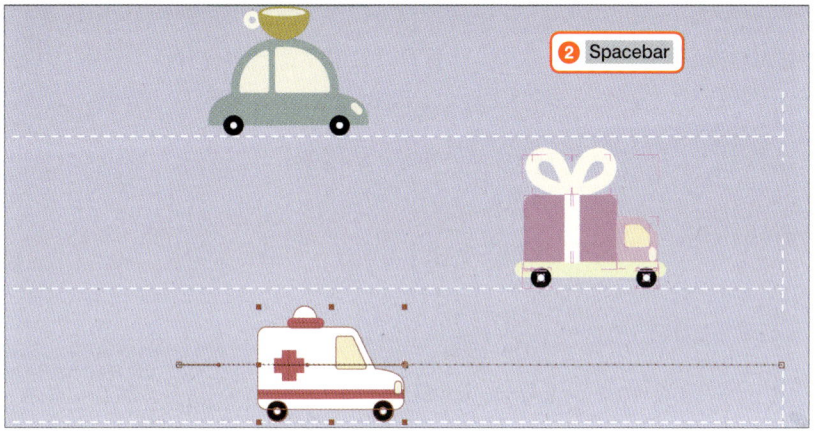

06

① [구급차] 레이어의 [Position]을 클릭하고 ② ■을 클릭해 그래프 에디터를 엽니다. ③ X축을 표시하는 빨간색 그래프가 중간에서 1초 동안 멈췄다가 이동하는 것을 확인할 수 있습니다.

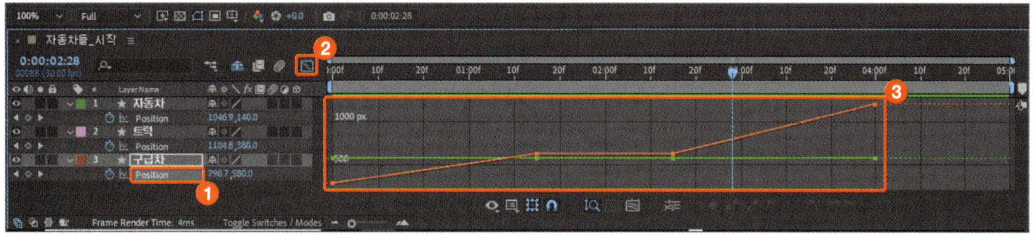

07

[Position] 값을 수정하지 않고도 그래프를 움직여서 동작을 수정할 수 있습니다. X축을 표시하는 빨간색 선에서 가운데 두 개의 조절점을 드래그하여 같이 선택합니다.

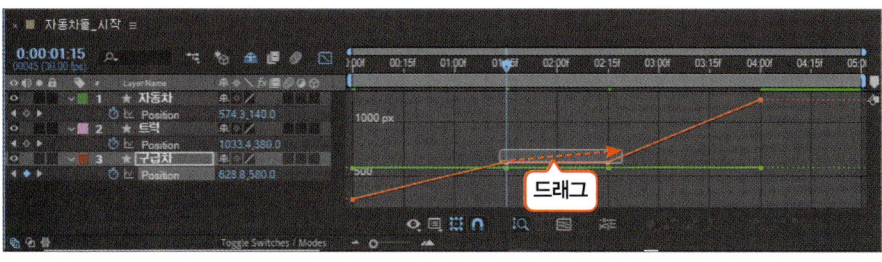

모션&이펙트 적용하기 | CHAPTER 04 **477**

08 선택한 두 개의 조절점을 클릭하고 위로 드래그합니다. 구급차가 빠르게 움직이다가 잠시 멈추고 천천히 이동합니다.

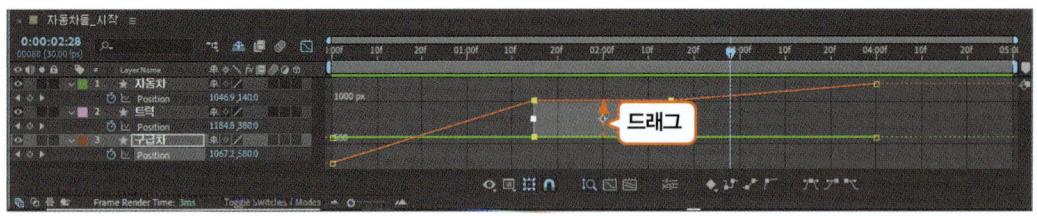

09 Spacebar 를 눌러 애니메이션을 확인합니다. 자동차들의 움직임이 모두 달라졌습니다.

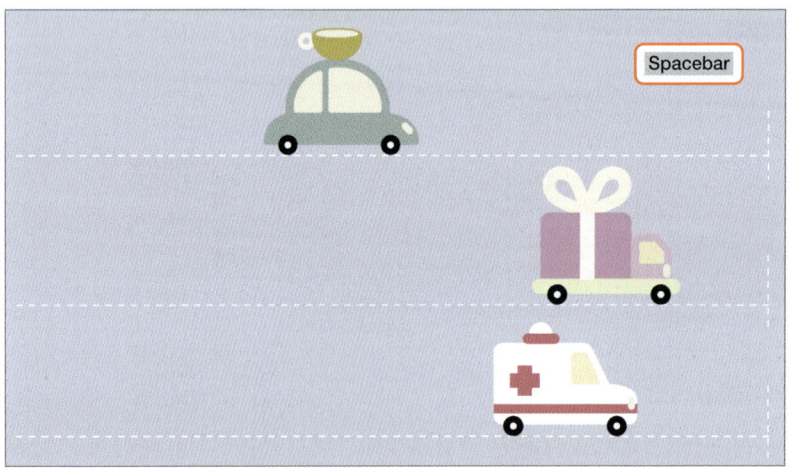

간단실습 그래프 에디터 활용하여 공이 튀는 애니메이션 만들기

준비 파일 애프터 이펙트/Chapter 04/공튀기기.aep

공 튀기기 애니메이션은 움직임의 원리를 배워 자연스러운 움직임을 구현할 수 있는 예제이므로, 애니메이션의 기초를 다지는 데 필수적입니다.

01 ① [File]-[Open Project] Ctrl + O 메뉴를 선택하여 **공튀기기.aep** 준비 파일을 엽니다. ② [Project] 패널에서 [Ball시작하기]를 더블클릭하여 [Ball시작하기] 컴포지션을 엽니다. ③ 화면의 가운데 상단에 작은 원이 보입니다. 움직임은 없습니다.

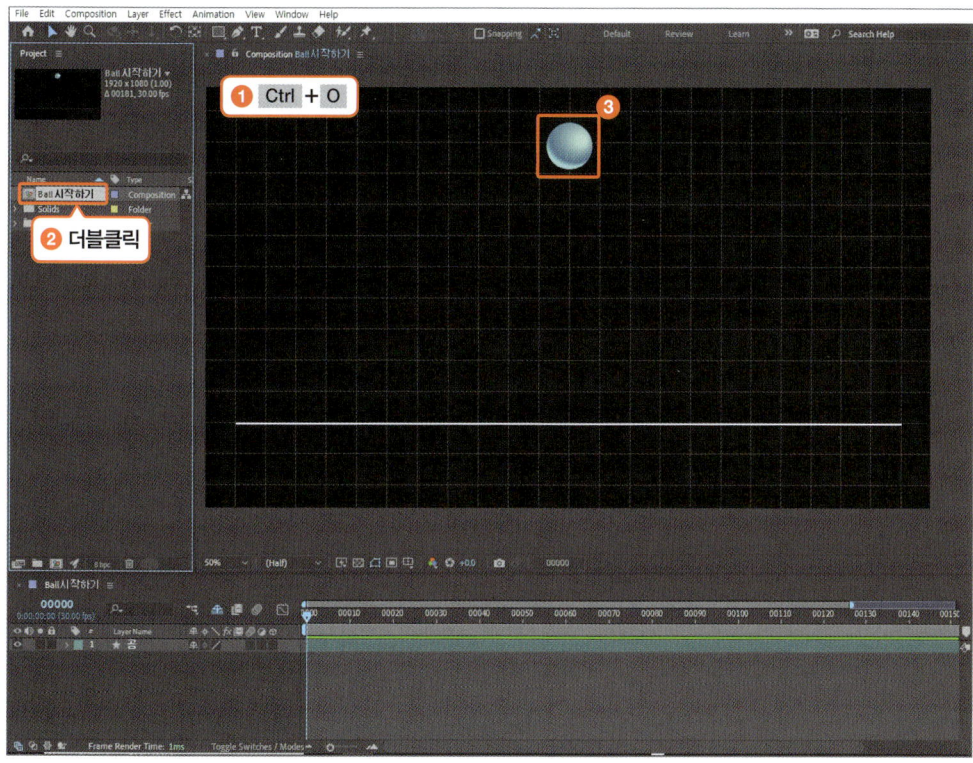

02 ① [Timeline] 패널에서 [공] 레이어를 선택하고 ② P 를 눌러 [Position]을 엽니다. [Position]은 960, 150입니다.

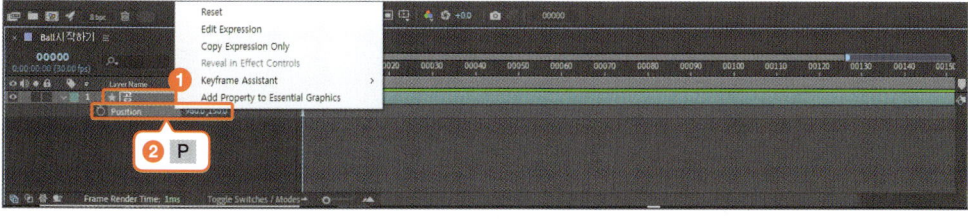

모션&이펙트 적용하기 | **CHAPTER 04** **479**

03 ❶ [Position]을 마우스 오른쪽 버튼으로 클릭해 ❷ [Separate Dimensions]를 선택합니다. ❸ [Position]이 [X Position]과 [Y Position]으로 분리됩니다.

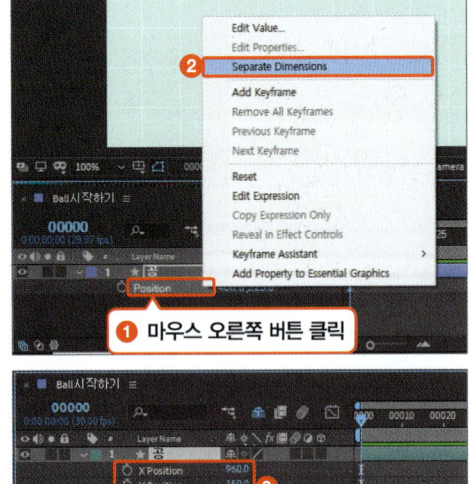

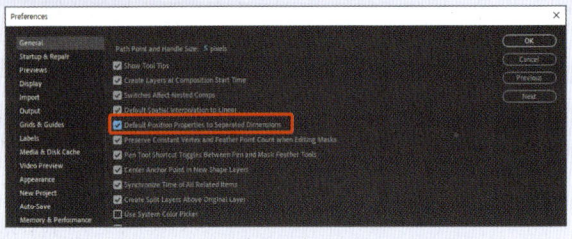

[Separate Dimensions] | [Position]은 X와 Y, 두 개의 좌푯값을 가지고 있습니다. ⏱를 클릭하면 X 좌표와 Y 좌표의 값이 모두 기록됩니다. 경우에 따라서는 하나의 좌표에만 키프레임을 생성하는 것이 효율적입니다. 불필요한 키프레임은 이미지 처리 속도를 느리게 만들고 움직임을 제어하기 어렵게 만들기 때문입니다. 공이 제자리에서 튄다면 공은 Y축으로만 움직입니다. 이렇게 한 방향으로만 움직이는 애니메이션을 제작할 때는 차원을 분리한 후 작업을 진행해야 불필요한 키프레임이 생기지 않고 움직임을 제어하기도 쉽습니다. [Edit]-[Preferences]-[General] 메뉴에서 [Default Position Properties to Separated Dimensions]를 체크하여 [Position] 좌표가 항상 분리되도록 설정할 수 있습니다.

04 공이 위아래로만 튀도록 [Y Position]에만 키프레임을 생성합니다. ❶ 0F 지점에서 ❷ [Y Position]의 스톱워치 ⏱를 클릭하여 새 키프레임을 생성합니다. ❸ Y 를 눌러 중심점 이동 도구 ⊞를 선택하고 ❹ 공의 중심점을 공 아래로 이동합니다. Ctrl 을 누른 상태로 이동하거나 메뉴바에서 [snapping]을 활성화하고 이동하면 정확한 위치로 이동할 수 있습니다.

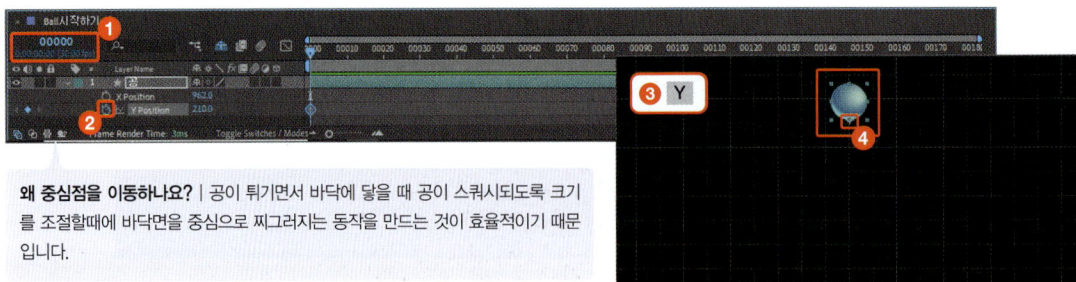

왜 중심점을 이동하나요? | 공이 튀기면서 바닥에 닿을 때 공이 스쿼시되도록 크기를 조절할때에 바닥면을 중심으로 찌그러지는 동작을 만드는 것이 효율적이기 때문입니다.

05 ❶ 10F 지점으로 이동합니다. ❷ [Y Position]을 860으로 설정합니다. ❸ 공이 화면 중앙의 아래쪽으로 10F 동안 이동하며 떨어집니다.

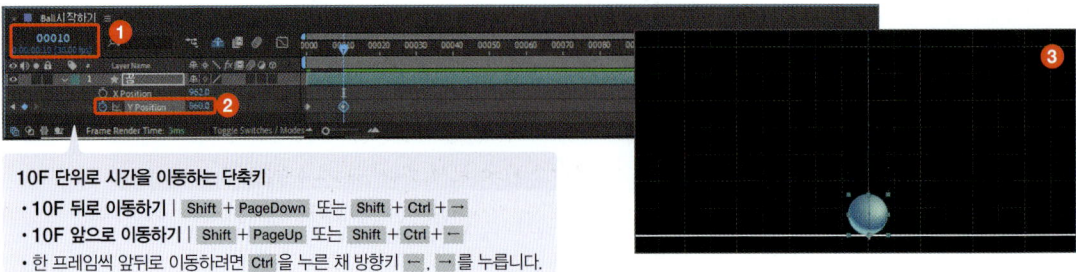

10F 단위로 시간을 이동하는 단축키
- 10F 뒤로 이동하기 | Shift + PageDown 또는 Shift + Ctrl + →
- 10F 앞으로 이동하기 | Shift + PageUp 또는 Shift + Ctrl + ←
- 한 프레임씩 앞뒤로 이동하려면 Ctrl 을 누른 채 방향키 ← , → 를 누릅니다.

06 ❶ 30F 지점으로 이동합니다. ❷ [Y Position]의 ◈을 클릭해 ❸ 현재 [Y Position] 옵션값으로 키프레임을 생성합니다.

07 ❶ 20F씩 뒤로 이동하며 **50F, 70F, 90F, 110F, 130F, 150F** 지점에서 ❷ [Y Position]의 ◈을 클릭해 ❸ 현재 [Y Position] 옵션값으로 키프레임을 생성합니다. ❹ 시간은 이동했지만 좌푯값에 변화가 없기 때문에 움직임이 없습니다.

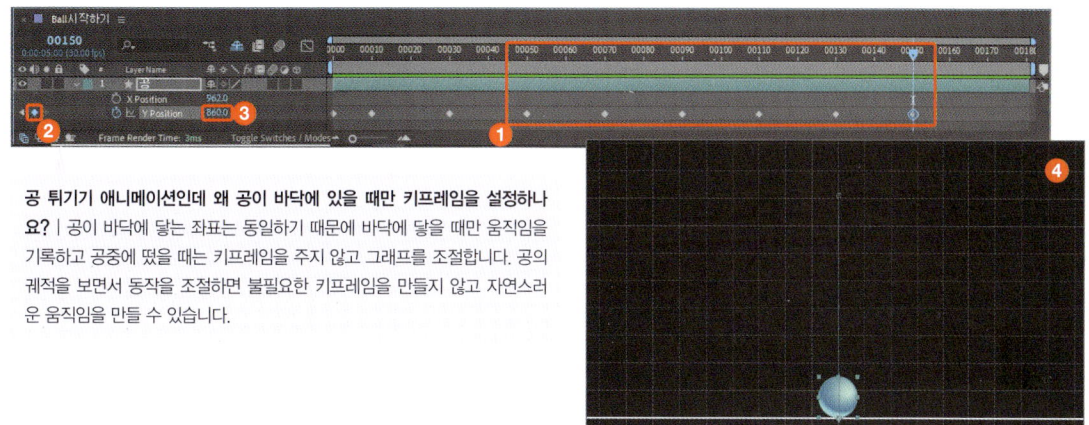

공 튀기기 애니메이션인데 왜 공이 바닥에 있을 때만 키프레임을 설정하나요? | 공이 바닥에 닿는 좌표는 동일하기 때문에 바닥에 닿을 때만 움직임을 기록하고 공중에 떴을 때는 키프레임을 주지 않고 그래프를 조절합니다. 공의 궤적을 보면서 동작을 조절하면 불필요한 키프레임을 만들지 않고 자연스러운 움직임을 만들 수 있습니다.

08 ❶ [Timeline] 패널에서 [공] 레이어의 [Y Position]을 클릭하여 설정되어 있는 모든 키프레임을 선택하고 ❷ ▣을 클릭하여 ❸ 그래프 에디터 창을 엽니다.

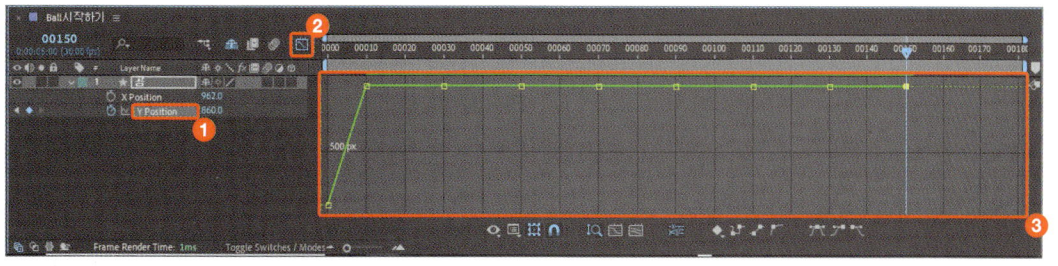

그래프 에디터 창을 통해 그래프를 제어하려면 그래프 에디터 창을 크게 보는 것이 좋습니다. 패널 크기를 조절하여 그래프 에디터 창을 키웁니다.

기능 꼼꼼 익히기 | 그래프 에디터 창에서 그래프가 다르게 보여요

그래프의 모양이 실습의 그림과 다르다면 그래프가 [Speed]를 보여주는 상태입니다. 을 클릭하고 [Edit Value Graph]를 선택하여 [Value], 즉 값을 볼 수 있도록 설정합니다. [Speed Graph]를 선택했다면 숫자 뒤에 pix/sec이 표시됩니다. 초당 이동 거리를 뜻합니다.

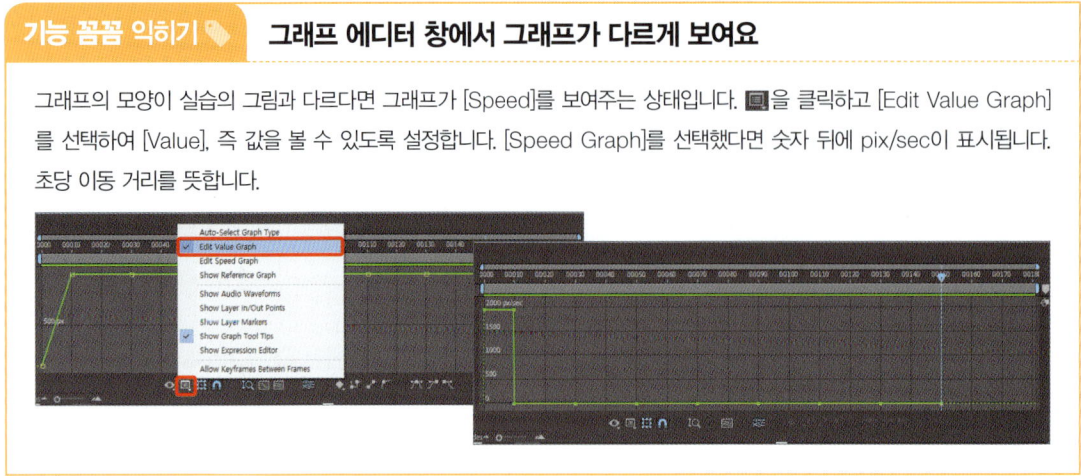

09 ① 모든 키프레임이 선택되어 있는 상태에서 을 클릭합니다. ② 그래프가 베지에 곡선으로 변경되고 공의 상하 움직임을 곡선 그래프로 조절할 수 있습니다. 각 키프레임 양쪽에 핸들이 생겼습니다. ③ 패널의 빈 곳을 클릭해 전체 키프레임 선택을 해제합니다.

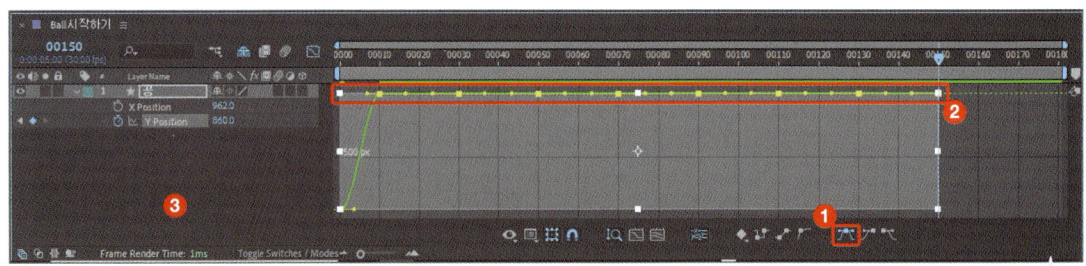

을 클릭하지 않고 [Easy Ease]의 단축키 F9 를 눌러도 됩니다.

10 ① 두 번째의 키프레임의 조절점을 클릭하고 ② 왼쪽 핸들을 움직여 베지에 곡선을 다듬습니다. ③ 세 번째 키프레임의 조절점도 움직여 베지에 곡선을 다듬습니다.

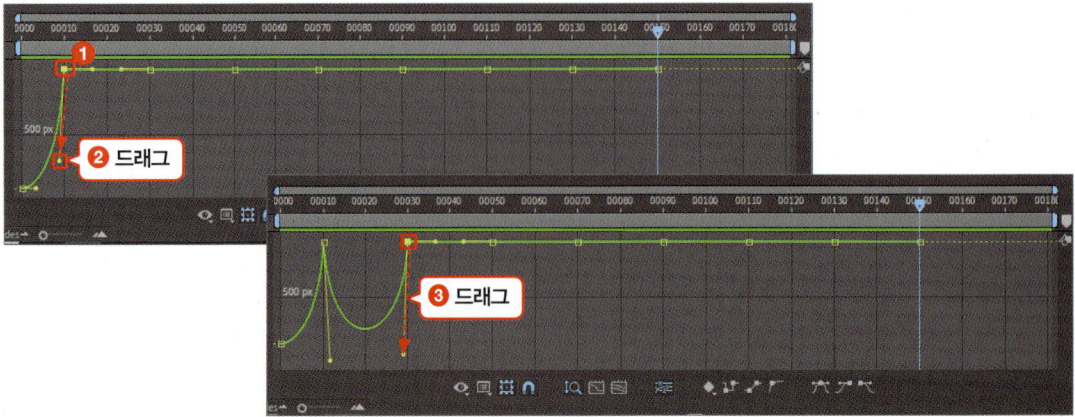

11 다음 그림을 참고하여 전체 키프레임의 베지에 곡선을 다듬습니다. 애니메이션의 시작 부분에서는 공이 위로 많이 튀어 오르지만 시간이 지날수록 공의 힘이 약해지면서 서서히 멈추도록 제어하는 것입니다.

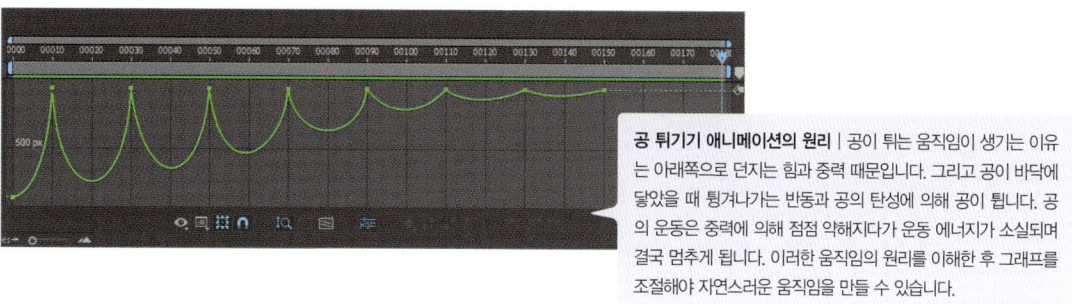

공 튀기기 애니메이션의 원리 | 공이 튀는 움직임이 생기는 이유는 아래쪽으로 던지는 힘과 중력 때문입니다. 그리고 공이 바닥에 닿았을 때 튕겨나가는 반동과 공의 탄성에 의해 공이 튑니다. 공의 운동은 중력에 의해 점점 약해지다가 운동 에너지가 소실되며 결국 멈추게 됩니다. 이러한 움직임의 원리를 이해한 후 그래프를 조절해야 자연스러운 움직임을 만들 수 있습니다.

12 ① [Timeline] 패널에서 ▨을 클릭하여 그래프 에디터 창을 닫습니다. ② [Y Position]을 보면 가장 첫 번째 키프레임을 제외하고는 공이 바닥에서 멀어졌을 때(공이 공중에 떴을 때)의 키프레임은 하나도 없습니다. ③ `Spacebar` 를 눌러 애니메이션을 확인합니다. 공이 제자리에서 자연스럽게 튀기는 움직임을 확인할 수 있습니다.

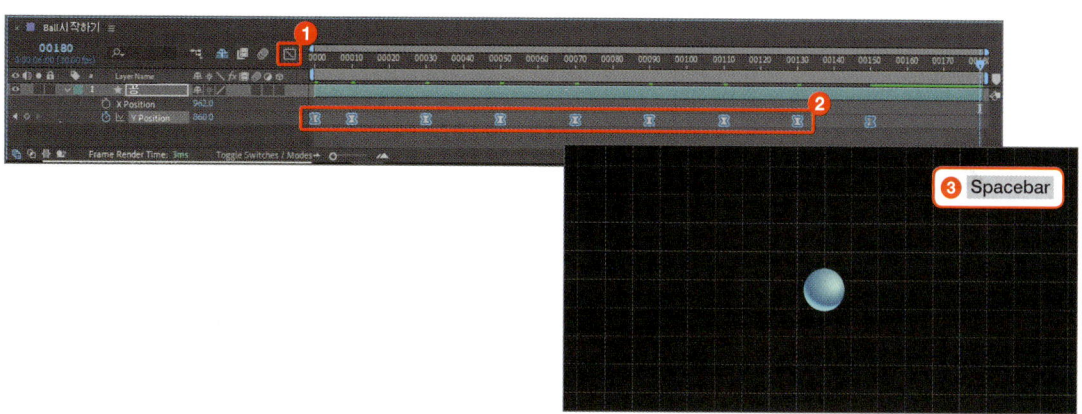

13 공이 화면의 왼쪽에서 등장해 오른쪽으로 사라지도록 [X Position]을 조절해보겠습니다. ① 0F 지점에서 ② [X Position]을 **-50**으로 설정하고 ③ 스톱워치 ⌚를 클릭하여 키프레임을 생성합니다. ④ 공의 일부분이 화면의 왼쪽 밖으로 이동하여 보이지 않습니다.

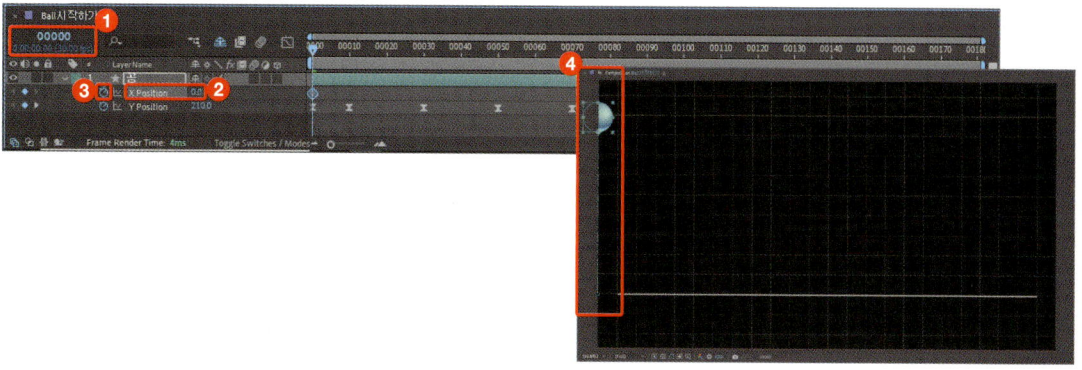

14 ① **170F** 지점으로 이동합니다. ② [X Position]을 **1850**으로 설정합니다. ③ Spacebar 를 눌러 애니메이션을 확인하면 공이 왼쪽에서 오른쪽으로 움직이는 것을 확인할 수 있습니다. X 좌표에 생성한 단 두 개의 키프레임만으로도 공이 여덟 번 튀기며 왼쪽에서 오른쪽으로 이동합니다.

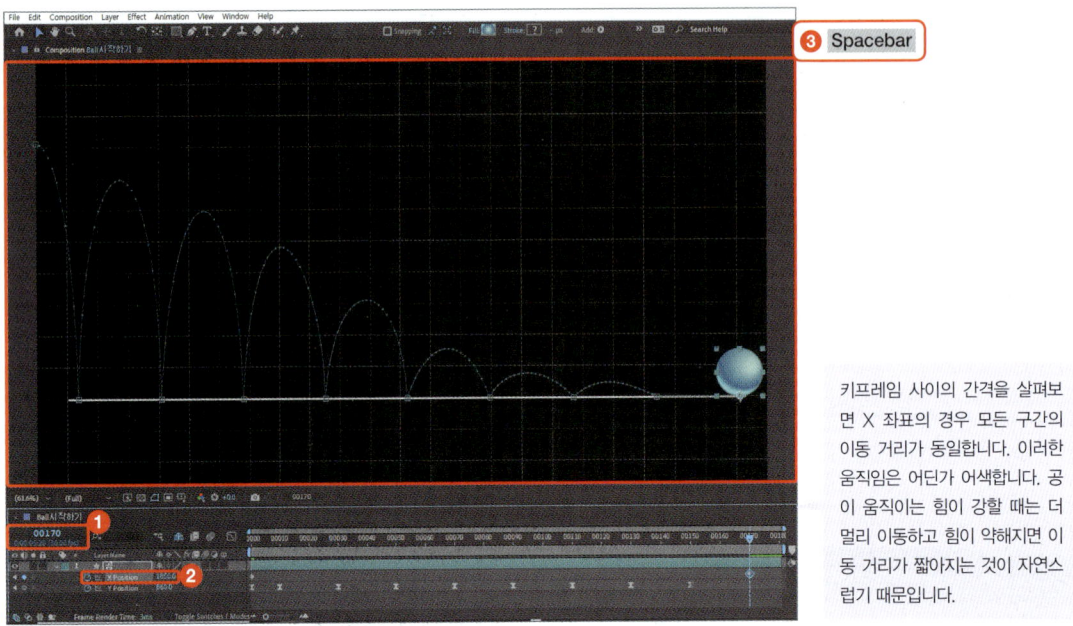

키프레임 사이의 간격을 살펴보면 X 좌표의 경우 모든 구간의 이동 거리가 동일합니다. 이러한 움직임은 어딘가 어색합니다. 공이 움직이는 힘이 강할 때는 더 멀리 이동하고 힘이 약해지면 이동 거리가 짧아지는 것이 자연스럽기 때문입니다.

15 ① [Timeline] 패널에서 ▣을 클릭하여 그래프 에디터 창을 엽니다. ② 공의 [X Position] 그래프를 보면 사선형의 직선으로 이루어져 있는 것을 확인할 수 있습니다. 그래서 공이 동일한 속도로 움직인 것입니다. 가속도를 조절해보겠습니다. ③ [X Position]을 클릭해 두 개의 키프레임을 모두 선택하고 ④ F9 를 눌러 그래프를 베지에 곡선으로 변경합니다. ⑤ 패널의 빈 곳을 클릭해 선택을 해제합니다. ⑥ [Composition] 패널에서 모션 패스를 확인하면 움직임의 시작과 끝은 간격이 좁아지고 중앙 부분은 간격이 넓어졌습니다. 이것은 시작과 끝부분의 속도가 느려지고 중간 부분의 속도는 빨라지는 것을 의미합니다. 동일한 시간에 더 많이 이동하거나 더 조금 이동하기 때문입니다.

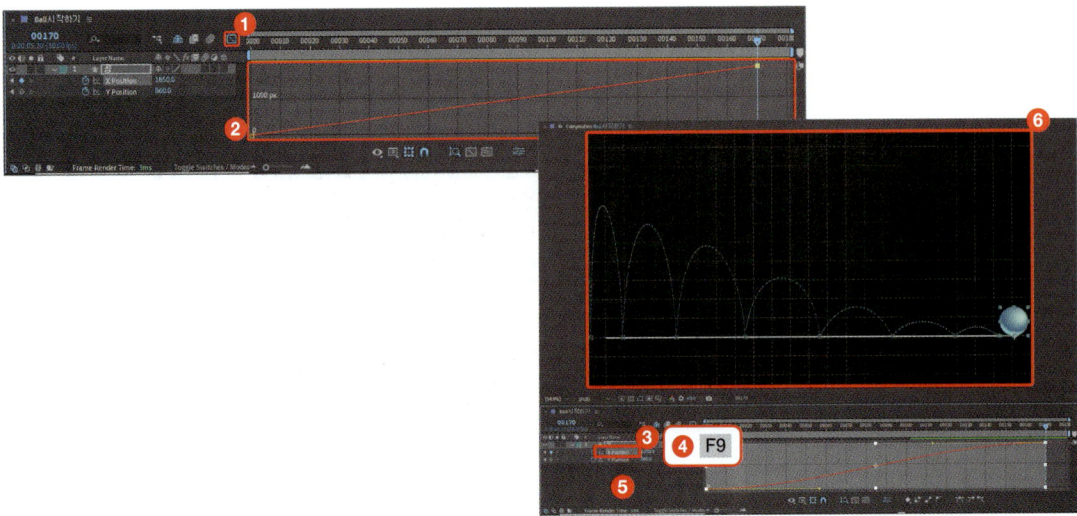

16 ❶❷ 조절점의 핸들을 움직여 그림과 같이 조절합니다. 공의 움직임이 시작되는 부분에서는 같은 시간에 더 많이 이동하고 공의 움직임이 끝나는 부분으로 갈수록 조금만 이동하도록 값을 조절하는 것입니다. ❸ [Composition] 패널에서 모션 패스를 확인하면서 조절하는 것이 좋습니다.

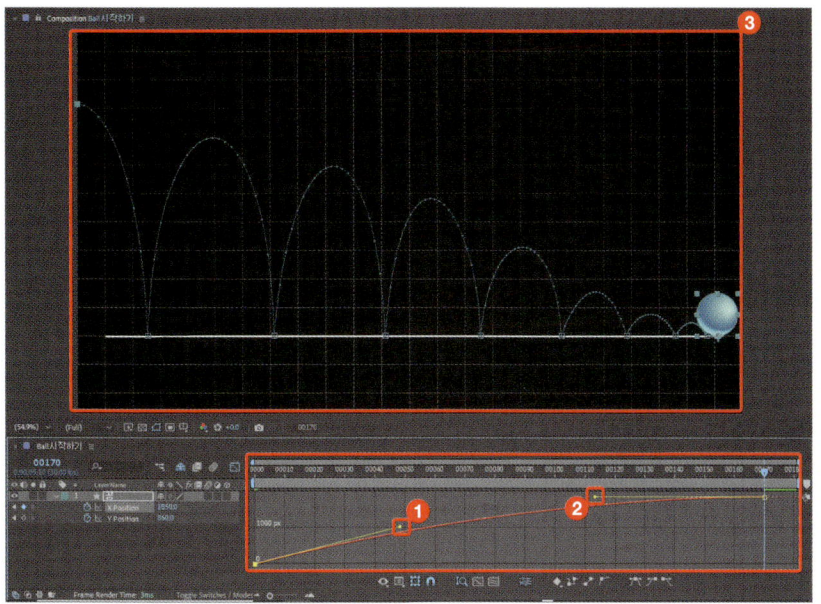

17 ❶ ▦을 클릭하고 [Edit Speed Graph]를 선택합니다. ❷ 속도가 서서히 줄어들다가 멈추는 그래프를 확인할 수 있습니다.

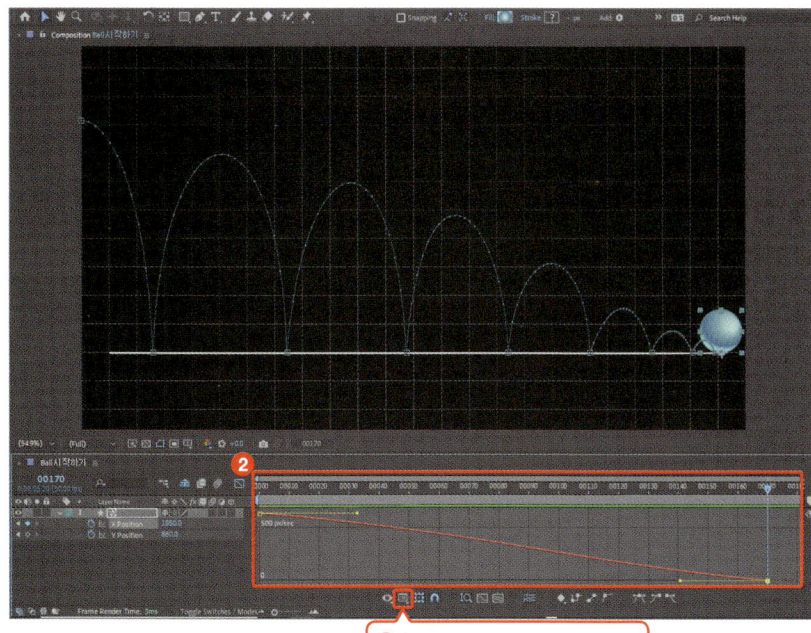

❶ [Edit Speed Graph] 선택

18 ① [Timeline] 패널에서 ■을 클릭하여 그래프 에디터 창을 닫습니다. ② [공] 레이어의 모션 블러◎를 클릭하여 활성화합니다. ③ [Timeline] 패널의 모션 블러◎는 자동으로 활성화됩니다. ④ Spacebar 를 눌러보면 공 이미지에 모션 블러가 생성되어 자연스러운 애니메이션이 연출된 것을 확인할 수 있습니다.

애프터 이펙트의 버전에 따라서 레이어의 모션 블러를 활성화해도 [Timeline] 패널의 모션 블러가 자동으로 활성화되지 않을 수 있습니다. 이런 경우에는 [Timeline] 패널의 모션 블러◎를 클릭하여 활성화합니다.

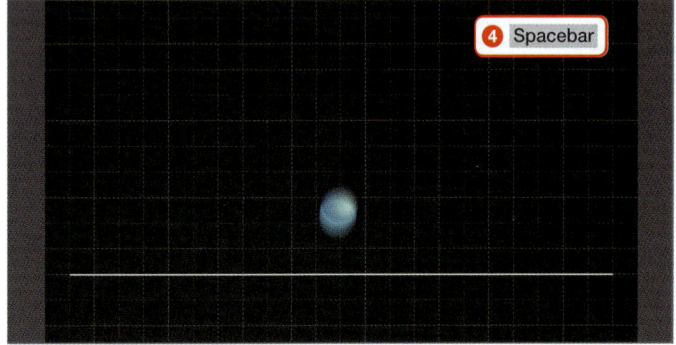

모션 블러(Motion Blur) | 모션 블러란 움직이는 물체에 블러, 즉 픽셀 흐림 현상이 생성되는 것을 말합니다. 움직이는 물체의 속도가 빠를수록 흐림 이펙트도 강해지며, 속도가 느릴 때는 흐림 이펙트가 거의 나타나지 않습니다. 속도를 반영하여 적용되므로 빠르게 움직이는 물체의 속도를 잘 표현할 수 있습니다.

19 ① [Project] 패널에서 [Ball완성+]를 더블클릭해서 [Ball완성+] 컴포지션을 열고 ② Spacebar 를 눌러 애니메이션을 확인해봅니다. ③ 이 컴포지션의 공은 [Scale]과 [Skew]에도 키프레임이 추가되어 있습니다. 애니메이션의 중요 원리 중 하나인 Squash&Stretch를 확인할 수 있습니다.

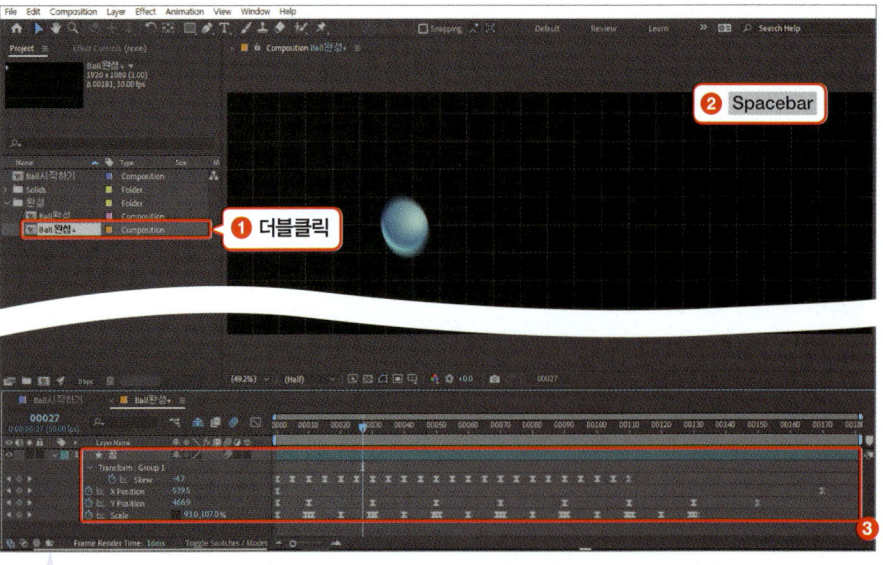

스쿼시앤스트레치(Squash&Stretch) | 운동감이 있는 물체가 바닥 등 표면에 닿았다가 다시 튀어오를 때 반응에 의해 형태가 찌그러졌다가 늘어나는 것을 말합니다. 무게감과 물리력을 표현할 수 있어 애니메이션을 더욱 흥미롭게 만듭니다. 이 원리를 이해하기 위해서 애니메이션 전공자들이 공부하는 가장 대표적인 예제가 바로 'Bouncing a Ball', 즉 공 튀기기 예제입니다. Squash&Strech는 공과 같이 심플한 오브젝트뿐만 아니라 사람이나 동물 같은 복잡한 오브젝트, 그리고 걷기나 뛰기 같은 동작에도 적용할 수 있습니다.

LESSON 03 트렌디 효과 활용하기

트렌디한 효과 알아보고 연출하기

모션 그래픽은 시각 영상 디자인 분야로서, 트렌드의 영향을 많이 받기도 합니다. 트렌드에 따라 많이 활용되는 효과(Effect)도 달라집니다. 근래에 많이 활용되는 효과로는 액체 느낌을 연출하는 리퀴드, 다수의 입자를 제어하는 파티클, 그림에 다양한 노이즈를 생성하는 글리치, 2.5D를 연출하는 아이소메트릭 효과 등이 있습니다.

간단 실습 | 세포 분열 연출하기

준비 파일 애프터 이펙트/Chapter 04/이펙트 적용하기.aep

01 [File]-[Open Project] `Ctrl`+`O` 메뉴를 선택하고 **이펙트 적용하기.aep** 준비 파일을 엽니다.

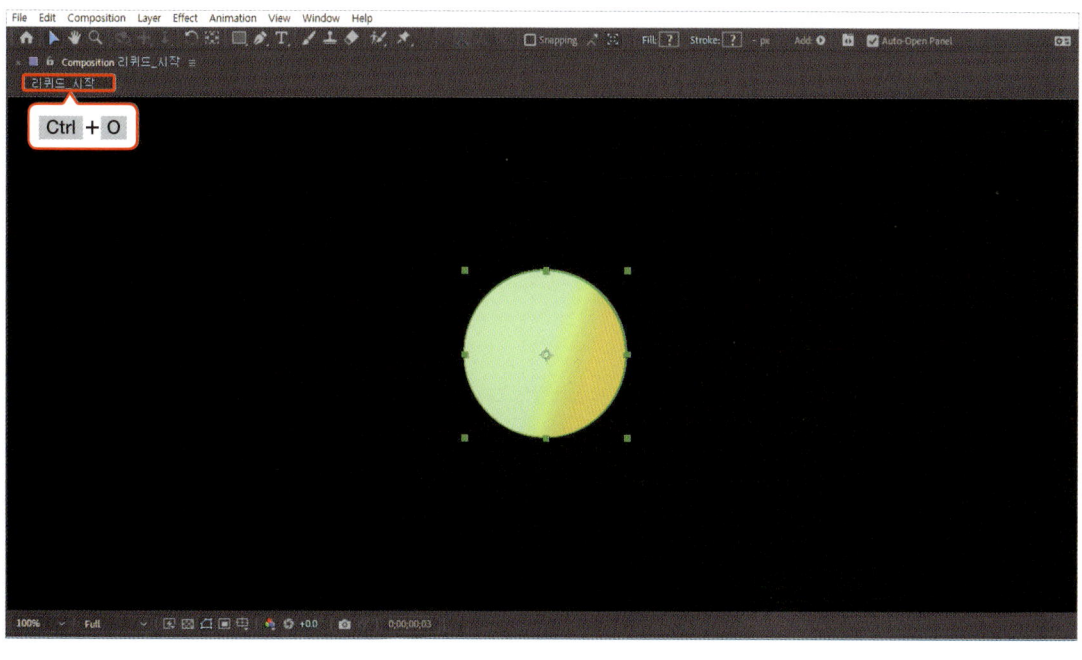

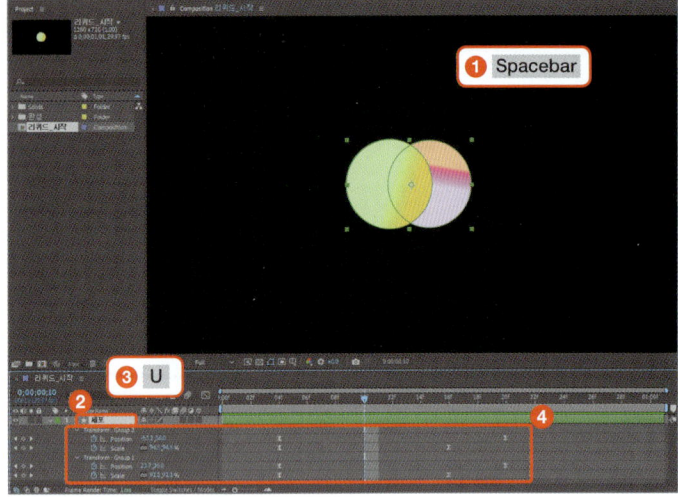

02 ① Spacebar 를 눌러 재생해보면 화면 중앙의 원이 두 개의 원으로 분리되며 좌우로 이동합니다. ② [세포] 레이어를 선택하고 ③ U 를 눌러 키프레임을 확인합니다. ④ 두 개의 [Transform: Group]에는 [Position]과 [Scale]의 키프레임이 생성되어 있습니다.

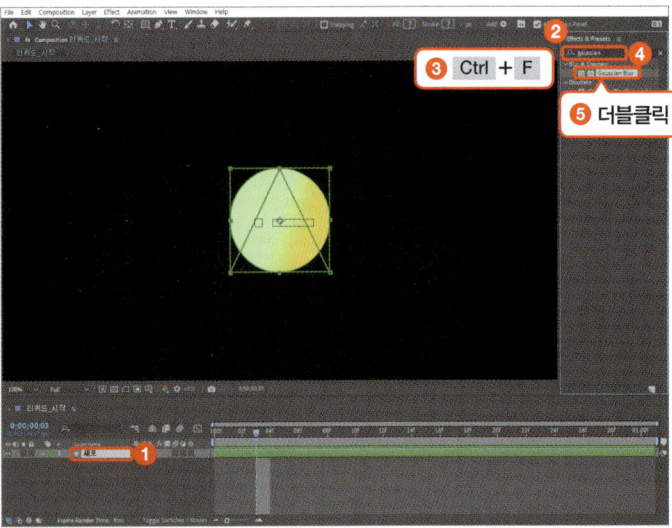

03 ① [세포] 레이어를 클릭합니다. ② [Window]-[Effects&Presets] 메뉴를 클릭하여 [Effects&Presets] 패널을 엽니다. ③ Ctrl + F 를 눌러 검색창을 활성화하고 ④ gaussian을 검색합니다. ⑤ [Blur & Sharpen]-[Gaussian Blur]를 더블클릭하거나 드래그하는 방식으로 효과를 적용합니다.

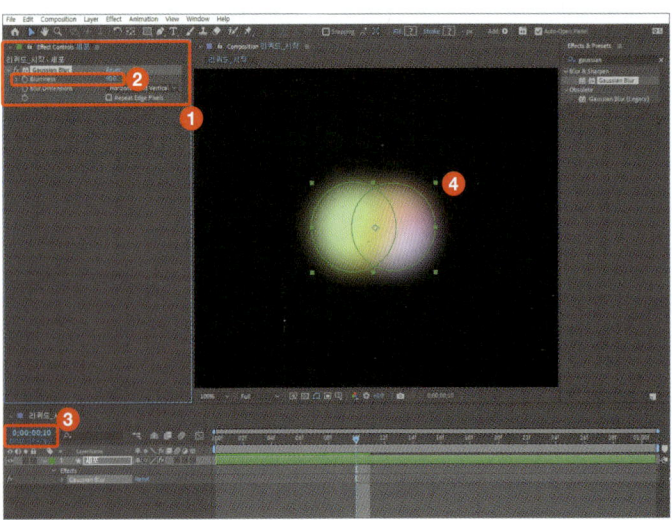

04 ① [Effect Controls] 패널이 나타나고 [Gaussian Blur] 이펙트가 등록되어 있습니다. ② [Blurriness]를 80으로 설정합니다. ③ 10F 지점으로 이동한 후 ④ 원이 겹쳐진 부분을 보면 픽셀 흐림 현상으로 두 개의 원이 흐릿하게 겹쳐 보입니다.

[Gaussian Blur]의 [Repeat Edge Pixels]가 활성화되어 있다면 체크 해제하여 비활성화합니다.

05 ❶ [세포] 레이어를 선택하고 [Effects & Presets] 패널에서 ❷ [Color Correction]-[Levels]를 더블 클릭해 적용합니다.

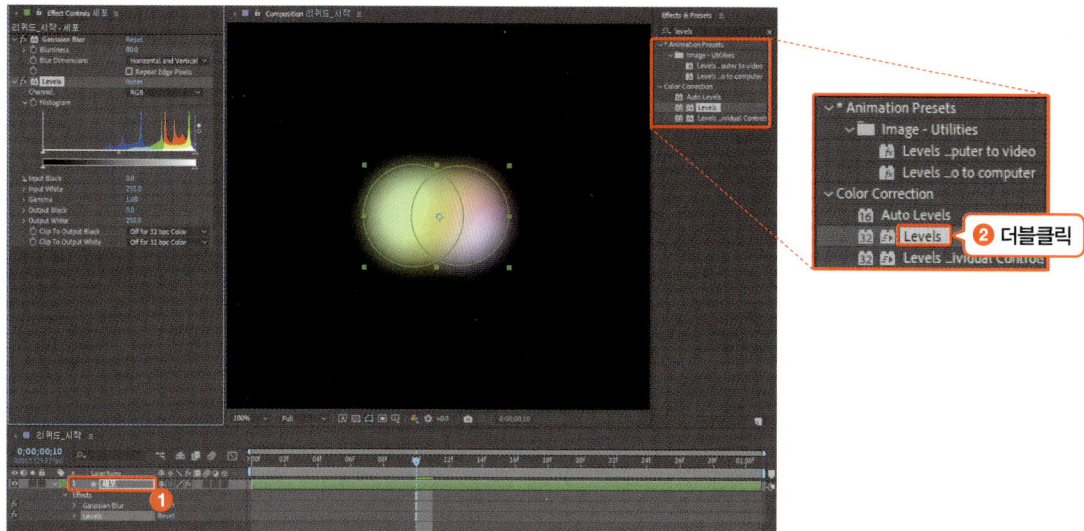

06 ❶ [Effect Controls] 패널에서 [Levels]-[Channel]을 [Alpha]로 변경하고 ❷ [Histogram]을 그림과 같이 조절합니다. 중간의 조절점은 그대로 둔 채 왼쪽과 오른쪽 조절점을 중앙으로 드래그합니다. ❸ [Alpha Input Black]과 [Alpha Input White]는 각각 **130, 140** 정도면 됩니다. ❹ Spacebar 를 눌러 애니메이션을 확인합니다. 하나의 원이 세포가 분열하듯 두 개의 형태로 블렌드되면서 분리됩니다. 보다 자연스러운 리퀴드 효과가 연출되었습니다.

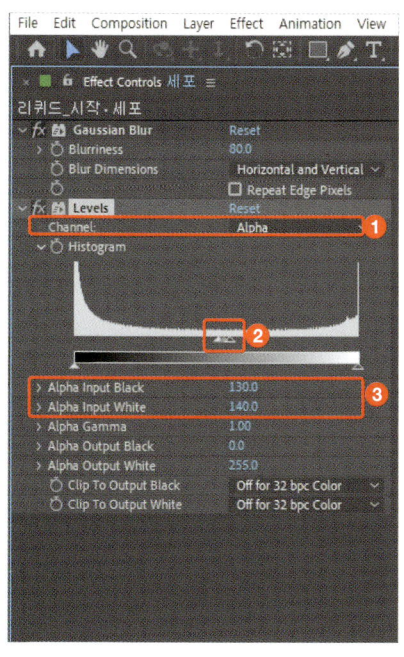

기능 꼼꼼 익히기 ▶ [Gaussian Blur]와 [Levels] 효과 조합으로 형태 블렌드하기

[Effect]의 활용은 그야말로 무궁무진합니다. 각 효과를 단독으로 사용하기보다는 지금과 같이 여러 가지 효과를 차례로 조합하면 다양한 효과를 연출할 수 있습니다. 이번에는 [Gaussian Blur]를 먼저 적용하여 두 원의 외곽선 형태를 흐리게 형태를 조절한 후 [Levels]의 [Alpha] 채널 대비를 최대한 높여 흐려진 외곽을 날카롭게 만드는 방식으로 형태가 블렌드되는 장면을 연출했습니다.

07 세포의 모양을 고려하여 형태가 자유자재로 움직이는 원을 연출해보겠습니다. ❶ [세포] 레이어를 마우스 오른쪽 버튼으로 클릭한 후 ❷ [Effects]-[Distort]-[Turbulent Displace]를 선택합니다. ❸ [Effect Controls] 패널에 [Turbulent Displace] 이펙트가 등록되었습니다. ❹ 원형이 찌그러져 보입니다.

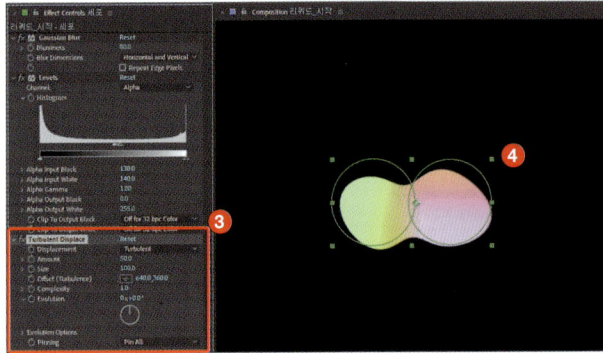

기능 꼼꼼 익히기 ▶ [Turbulent Displace] 효과 알아보기

[Turbulent Displace] 효과는 [Distort] 효과에 포함되어 있습니다. Distort는 '변형', '왜곡'이라는 의미로, 형태 등에 변형을 줄 수 있는 효과들이 포함되어 있습니다. Turbulent는 '난기류' 또는 '요동치는'이라는 의미이며, [Turbulent Displace]는 형태가 어떠한 영향을 받아서 요동치며 변화하는 효과입니다.

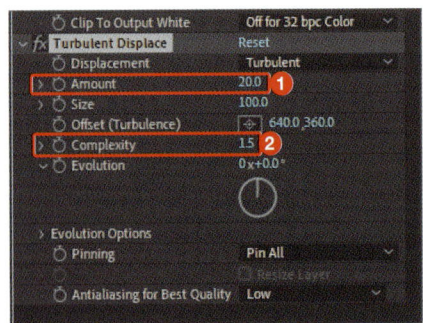

08 [Effect Controls] 패널에서 ❶ [Turbulent Displace] 옵션값을 [Amount]는 20, ❷ [Complexity]는 1.5로 각각 설정합니다.

09 ①② 0초, 1초 지점에서 [Turbulent Displace]-[Evolution]에 다음과 같이 키프레임을 생성합니다.

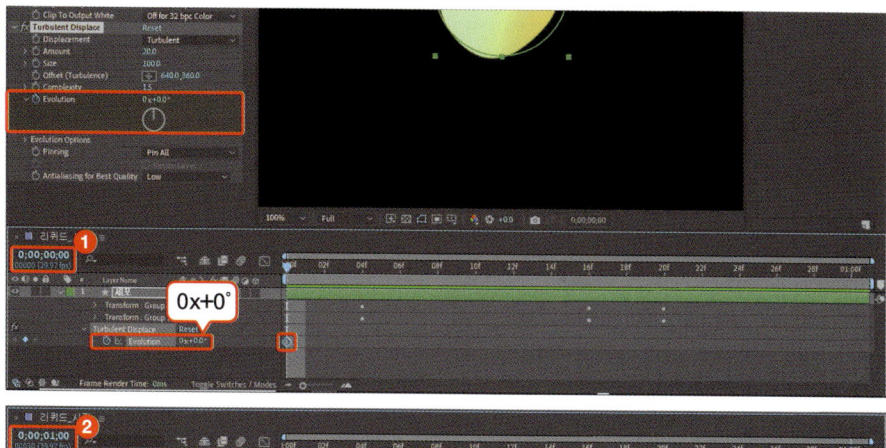

[Effect Controls] 패널에서 각 옵션의 스톱워치 ◯를 클릭하면 [Timeline] 패널에서 생성된 키프레임을 확인할 수 있습니다. U를 누르면 키프레임이 생성된 옵션만 열어볼 수 있습니다.

간단 실습 　글로우 효과 적용하기

01 ① 앞서 실습한 준비 파일을 그대로 사용합니다. [세포] 레이어를 선택합니다. ② [Effects & Presets] 패널에서 glow를 검색하고 ③ [Stylize]-[Glow]를 더블클릭하여 적용합니다.

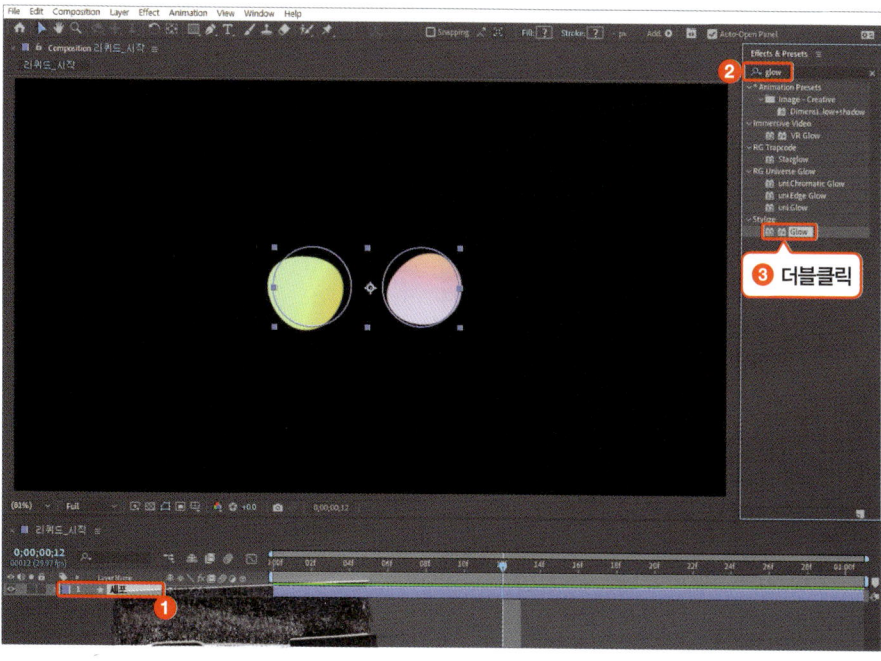

02 [Effect Controls] 패널에서 다음과 같이 옵션을 설정합니다. 은은한 빛 효과가 적용됩니다.

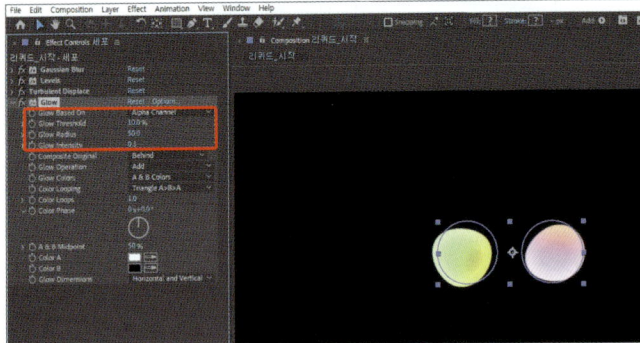

Glow Based On	Alpha Channel
Glow Threshold	10%
Glow Radius	50
Glow Intensity	0.3

간단 실습 그라데이션이 적용된 배경 이미지 만들기

01 ❶ [Layer]-[Solid] 메뉴를 선택하고 ❷ [Solid Settings] 대화상자가 열리면 다음과 같이 설정합니다. 배경 색상은 상관없습니다. ❸ [OK]를 클릭합니다.

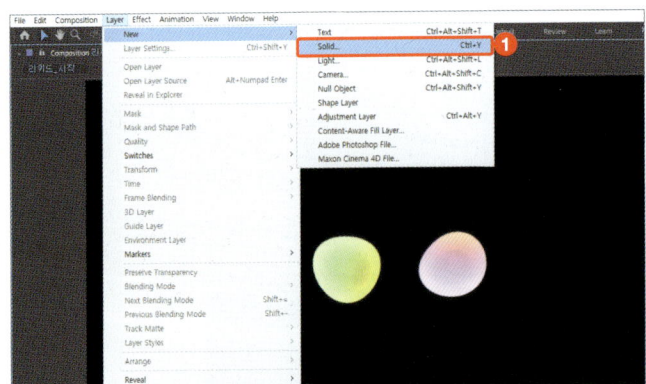 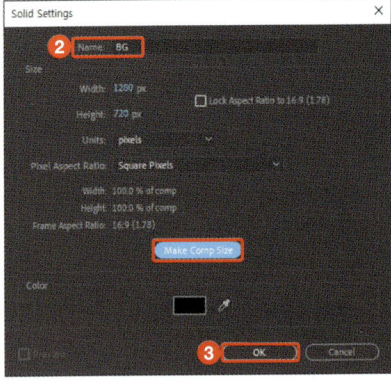

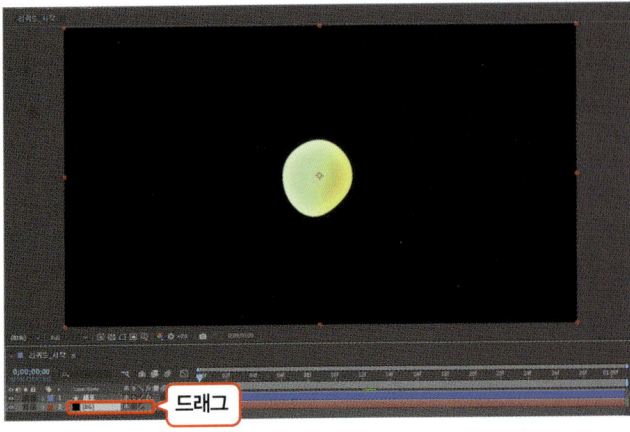

02 [BG] 레이어를 클릭하고 [세포] 레이어 아래로 드래그하여 순서를 바꿉니다.

03

① [BG] 레이어를 선택합니다. ② [Effects & Presets] 패널에서 ramp를 검색하고 ③ [Generate]-[Gradient Ramp]를 더블클릭하여 적용합니다. ④ [Effect Controls] 패널에 [Gradient Ramp] 효과가 등록되었습니다.

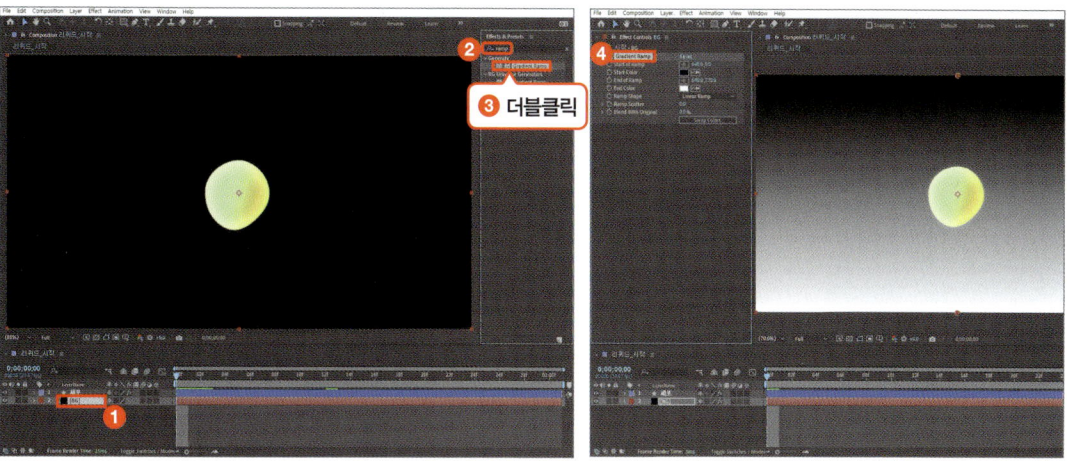

기능 꼼꼼 익히기 ▶ [Gradient Ramp] 이펙트 알아보기

그레이디언트 램프(Gradient Ramp) 이펙트는 배경에 그레이디언트를 만들거나 다양한 이펙트의 소스로 활용할 수 있습니다. 애프터 이펙트에서 가장 많이 활용되는 대표적인 이펙트입니다.

① **Start of Ramp** | 램프가 시작되는 위치의 좌푯값입니다.
② **Start Color** | 램프의 시작점 색상입니다.
③ **End of Ramp** | 램프가 끝나는 위치의 좌푯값입니다.
④ **End Color** | 램프의 끝점 색상입니다.
⑤ **Ramp Shape** | [Linear Ramp]와 [Radial Ramp]를 선택할 수 있습니다. [Linear Ramp]는 직선형 그레이디언트가, [Radial Ramp]는 원형 그레이디언트가 생성됩니다.
⑥ **Ramp Scatter** | 그레이디언트에 스케터(흩뿌려지는 효과)가 생기며 노이즈 느낌을 연출할 수 있습니다.
⑦ **Blend With Original** | 원래 이미지와 혼합(Blending)할 수 있습니다.
⑧ **Swap Colors** | [Start Color]와 [End Color]를 바꿀 수 있습니다.

04 [Gradient Ramp] 효과의 옵션을 다음과 같이 설정합니다. 왼쪽 상단에서 은은한 조명이 비추는 듯한 배경이 만들어졌습니다.

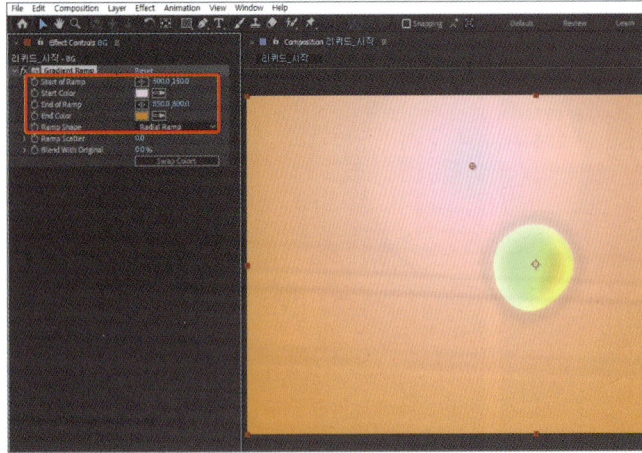

Start of Ramp	500, 150
Start Color	밝은 핑크색
End of Ramp	850, 800
End Color	밝은 오렌지색
Ramp Shape	Radial Ramp

간단 실습 — 배경 레이어에 안이 투명한 원 모양 그리기

[Circle] 효과를 활용하여 세포를 둘러싸고 있는 반투명한 세포막 이미지를 추가해보겠습니다. 앞서 실습한 준비 파일을 그대로 사용합니다.

01 ❶ [BG] 레이어를 선택합니다. ❷ [Effects & Presets] 패널에서 **circle**를 검색하고 ❸ [Generate]-[Circle]를 더블클릭하여 적용합니다. ❹ [Effect Controls] 패널에 [Circle] 효과가 등록되면 [Edge]를 [Thickness & Feather * Radius]로 설정합니다.

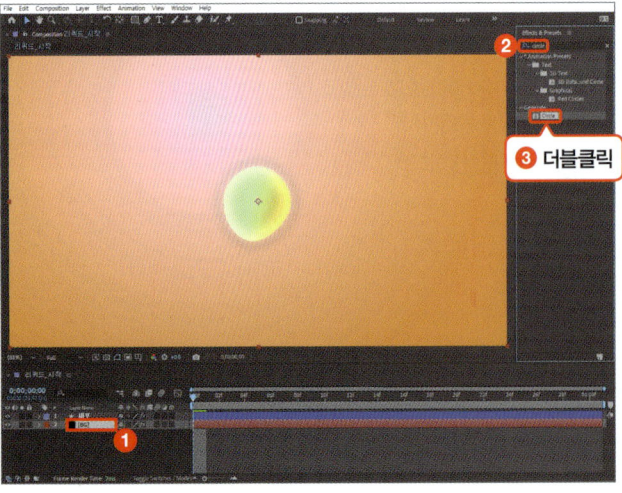 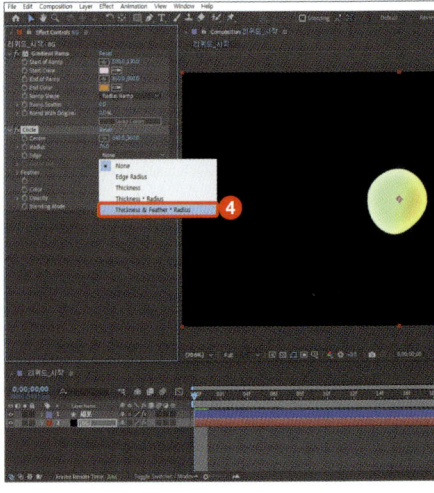

02 [Circle] 효과의 옵션을 다음과 같이 설정합니다. 안이 투명한 원형의 세포막 이미지가 완성되었습니다.

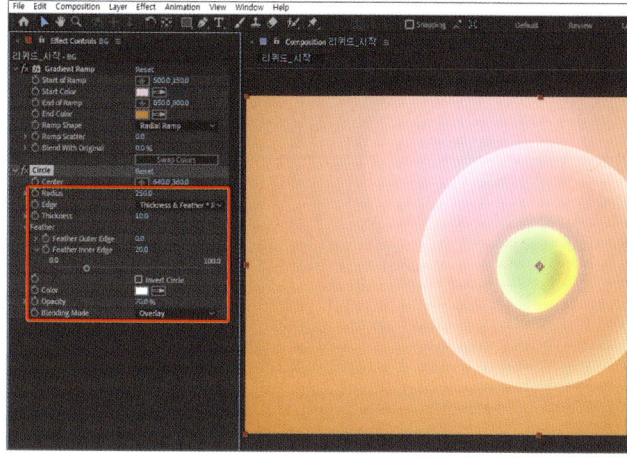

Radius	250
Thickness	10
Feather> Feather Inner Edge	20
Opacity	70%
Blending Mode	Overlay

03 Spacebar 를 눌러 애니메이션을 확인합니다. 물컹한 물체의 형태가 불규칙하게 변화하면서 마치 세포가 분열하듯 둘로 갈라지는 애니메이션이 완성되었습니다.

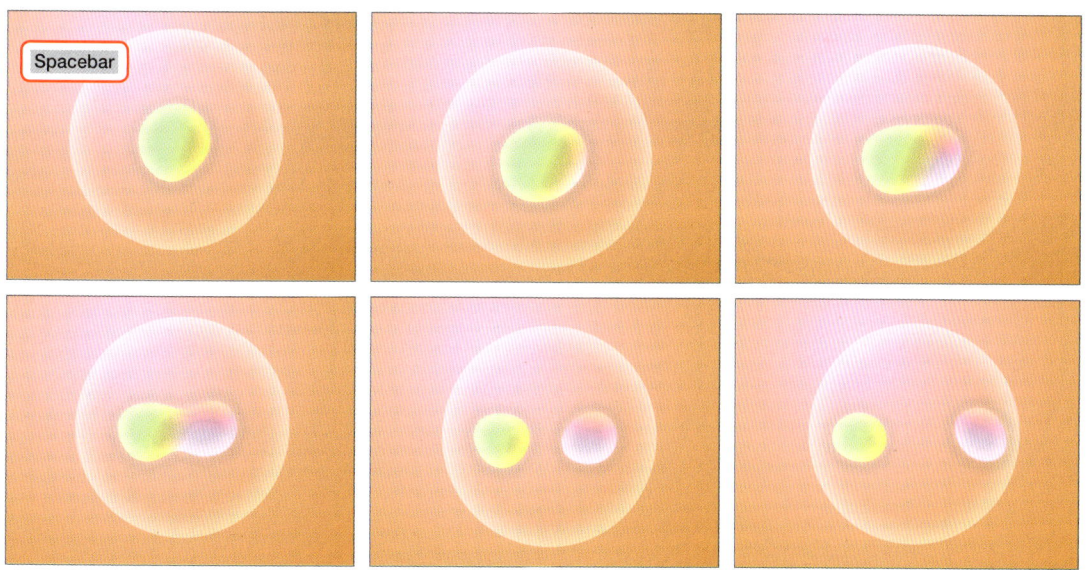

애프터 이펙트는 앞서 다룬 기본적인 키프레임 애니메이션은 물론,
다채로운 시각 효과를 만들 수 있는 다양한 기능을 지원합니다.
CHAPTER 05에서는 모션 그래픽 디자인 작업에 꼭 필요한 기능을
이해하고 간단한 예제를 통하여 학습해보겠습니다.
중요하게 다룰 내용은 마스크, 3D 레이어, 트랙 매트, 페어런트 기능입니다.
다소 어려운 개념과 기능을 다루지만 차근차근 학습하면 결코 어렵지 않습니다.

CHAPTER 05

애프터 이펙트
필수 기능 익히기

마스크 기초 익히기

마스크 기능 알아보고 활용하기

마스크(Mask)는 대표적인 레이어 활용 기능입니다. 레이어의 일정 부분을 가리거나 반대로 일정 부분만 보여주는 기능으로 비디오나 그림의 합성 작업 시 활용할 수 있으며, 여러 가지 미디어 파일을 부분적으로 중첩하는 용도로도 활용됩니다. 애프터 이펙트에서 소스로 사용할 그림을 직접 그려서 애니메이션을 만들 때에도 마스크는 필수라고 할 만큼 자주 사용합니다.

간단 실습 | 마스크 만들기

준비 파일 애프터 이펙트/Chapter 05/마스크만들기.aep

01 ❶ [File]-[Open Project] Ctrl + O 메뉴를 선택하여 **마스크만들기.aep** 준비 파일을 엽니다. ❷ [Project] 패널에서 [마스크만들기]를 더블클릭하여 컴포지션을 엽니다. [Timeline] 패널에 두 개의 레이어가 있습니다. ❸ [해파리] 레이어가 위에 위치하여 아래 레이어가 보이지 않습니다. ❹ [해파리] 레이어의 을 클릭하여 아래에 위치한 레이어도 확인해봅니다.

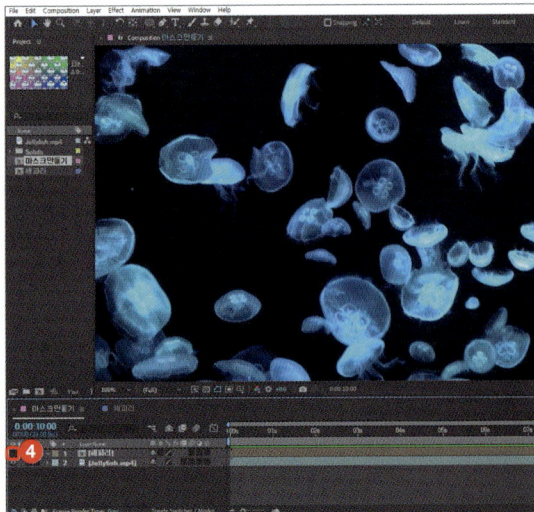

02 비디오나 그림 등 모든 시각 레이어는 도형 도구나 펜 도구를 이용하여 마스크를 만들 수 있습니다. 해파리 캐릭터가 그려진 [해파리] 레이어에 마스크를 그려보겠습니다. ① 마스크를 적용할 [해파리] 레이어를 선택합니다. ② 도구바에서 사각형 도구 ■를 1초 이상 클릭하고 ③ 하위 메뉴에서 원형 도구 ◉ Q를 클릭합니다. ④ [Composition] 패널에서 화면 중앙에 Shift 를 누른 채 드래그하여 정원을 그립니다. ⑤ [Timeline] 패널을 보면 [해파리] 레이어에 [Masks] 속성이 생성되고 [Mask 1]이 하위에 있는 것을 확인할 수 있습니다. 도형 도구로 그린 원형 안에만 그림이 표시되고 나머지 부분은 가려져 보이지 않습니다. 잘라내기 기능처럼 완전히 없어진 것이 아니라 감추어진 것입니다.

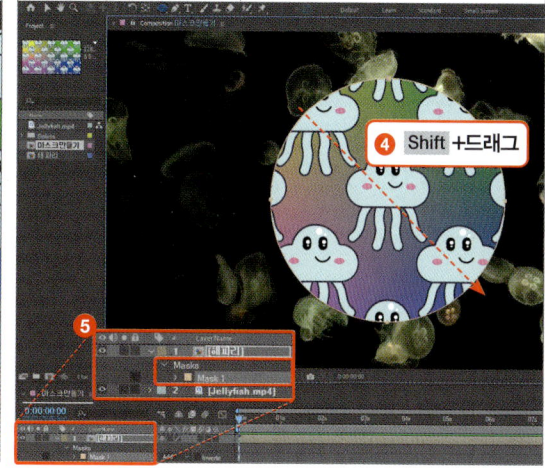

마스크의 속성

[Masks] 속성이 생성되고 하위에 [Mask 1]이 있습니다. [Mask] 속성에는 네 개의 옵션이 포함됩니다.

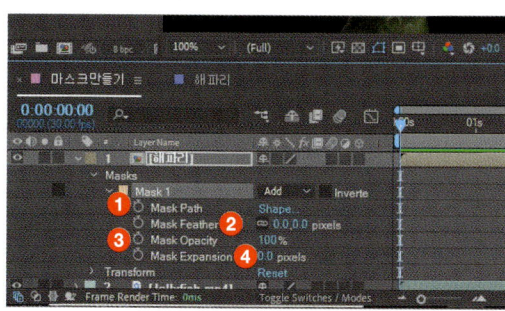

① **Mask Path** | 마스크의 모양을 설정합니다.

② **Mask Feather** | 마스크 테두리의 부드러운 정도를 설정합니다. 값이 높을수록 테두리가 부드럽게 처리됩니다.

③ **Mask Opacity** | 마스크의 투명도를 설정합니다. 값이 낮을수록 투명해집니다.

④ **Mask Expansion** | 마스크의 팽창 정도를 설정합니다. −값이면 수축, +값이면 팽창합니다.

마스크의 모양은 조절점을 드래그하여 움직이거나 조절점 변환 도구 등을 이용하여 조절할 수 있습니다. 키프레임을 생성하여 시간에 따라 모양을 바꿀 수도 있습니다.

기능 꼼꼼 익히기 | 마스크(Mask) 단축키

마스크(Mask) 속성의 옵션을 자유자재로 편집하기 위해서는 펼치는 단축키를 외워두는 것이 좋습니다. 일반적으로 많이 사용하는 마스크 단축키는 다음과 같습니다.

- M | [Timeline] 패널에서 선택한 레이어의 [Mask Path] 옵션 펼치기
- F | [Mask Feather] 옵션 펼치기
- M, M | 마스크와 관련된 모든 옵션 펼치기
- Shift + Alt + M | 현재 시간에서 [Mask Path] 옵션에 키프레임 생성하기

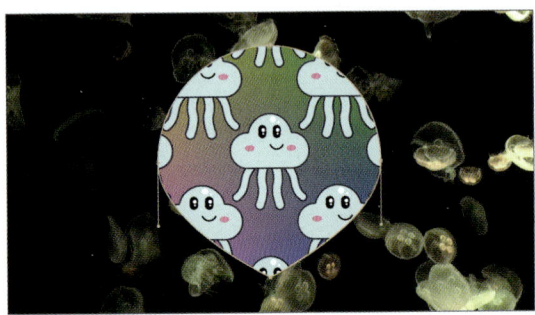
▲ 조절점 변환 도구 ▶를 이용하여 곡선을 직선으로 변경

▲ [Mask Feather] 값을 변경하여 마스크 가장자리를 부드럽게 처리

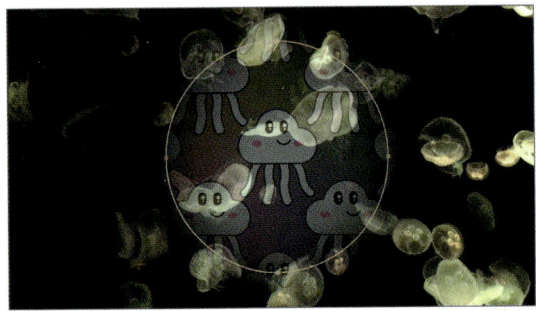
▲ [Mask Opacity]를 50%로 조절하여 마스크 영역의 그림 투명도를 낮춤

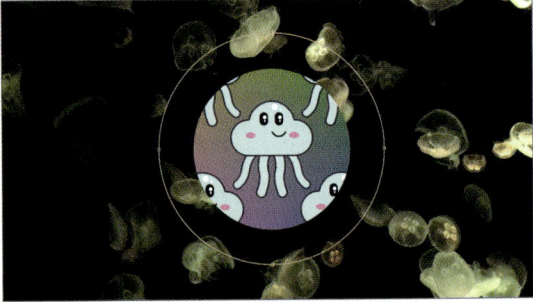
▲ [Mask Expansion] 값을 음수로 조절하여 마스크 영역을 수축

▲ 마스크의 모드가 [Add]인 상태에서 [Inverted]에 체크하여 표시 영역 반전

마스크 모드 설정하기

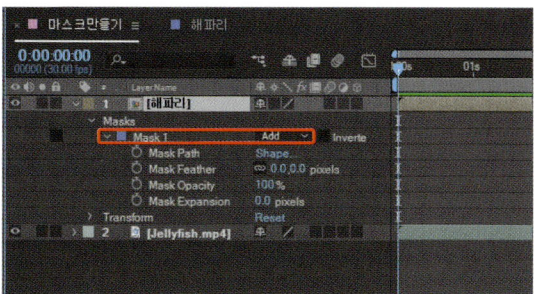

마스크의 옵션 중 모드(Mode)를 이용하여 보이는 부분을 설정할 수 있습니다. 마스크 모드의 기본값은 [Add]이며 메뉴에서 다양한 모드로 설정할 수 있습니다.

① **Add** | 모드의 기본값입니다. 마스크의 안쪽만 표시되고 바깥쪽은 감추어집니다.

② **None** | 마스크를 무시합니다. 마스크가 있어도 무시하므로 모든 이미지가 드러납니다.

▲ Add

▲ None

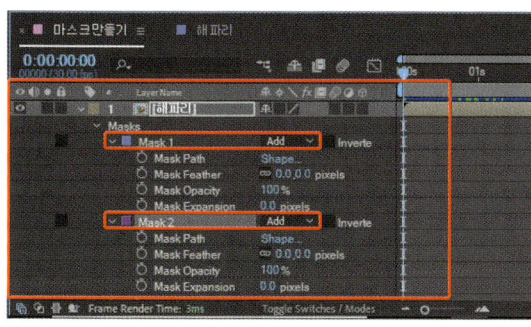

③ 하나의 레이어에 두 개 이상의 마스크를 그릴 수 있으며 모두 기본값인 [Add]로 설정됩니다.

④ **Subtract** | [Add]와 반대로 패스 안쪽은 무시하고 바깥쪽만 표시됩니다. 마스크가 두 개일 경우 두 번째 마스크의 모드를 [Subtract]로 설정하면 두 번째 마스크의 영역이 감추어집니다.

▲ 하나의 레이어에 두 개 이상의 마스크 적용

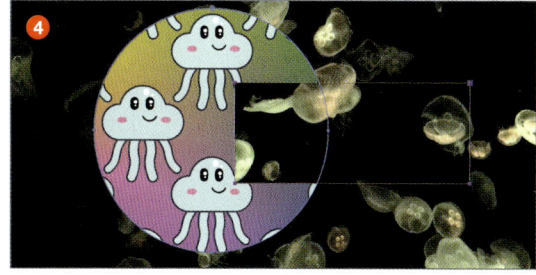
▲ Subtract

애프터 이펙트 필수 기능 익히기 | CHAPTER 05 **501**

⑤ **Intersect** | 두 개 이상의 마스크가 있을 때 마스크가 겹쳐진 부분만 표시됩니다.

⑥ **Lighten** | 투명도(Opacity)가 다른 두 개 이상의 마스크가 겹쳐진 부분은 투명도가 가장 높은 마스크의 투명도로 표시됩니다.

▲ Intersect

▲ Lighten

⑦ **Darken** | 마스크가 겹쳐진 부분만 보이는 것은 [Intersect]와 동일하지만 [Lighten]과 반대로 겹쳐진 부분의 투명도(Opacity)가 가장 낮은 마스크의 투명도로 표시됩니다.

⑧ **Difference** | 두 개 이상의 마스크가 겹쳐진 부분을 제외한 나머지 부분만 표시됩니다.

▲ Darken

▲ Difference

간단실습 펜 도구로 마스크 생성하여 합성하기

준비 파일 애프터 이펙트/Chapter 05/마스크만들기.aep

01 앞서 학습한 준비 파일을 그대로 사용합니다. ❶ [Timeline] 패널에서 [해파리] 탭을 선택하여 [해파리] 컴포지션을 엽니다. ❷ [BG] 레이어의 을 클릭하여 배경을 보이지 않게 합니다.

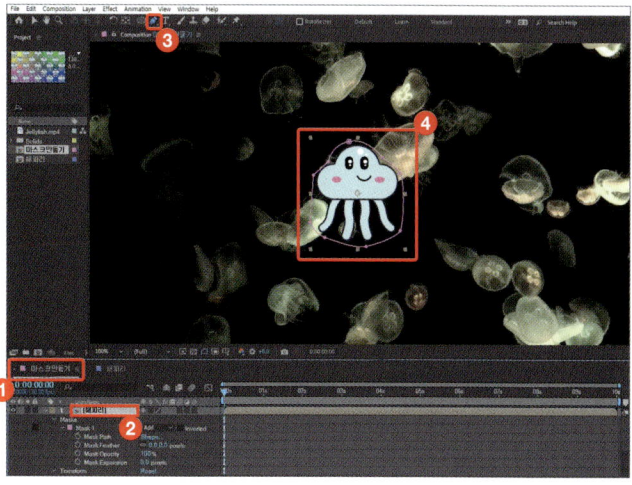

02 ① [Timeline] 패널에서 [마스크만들기] 탭을 선택하여 [마스크만들기] 컴포지션을 열고 ② [해파리] 레이어를 선택합니다. ③ 도구바에서 펜 도구 G 를 클릭하고 ④ [Compisition] 패널에서 하나의 해파리 캐릭터만 보일 수 있도록 그려줍니다.

> 펜 도구로 마스크를 설정할 때 보이게 처리할 영역을 선택하고 최초 클릭한 곳을 다시 클릭하면 펜 도구 패스가 닫히면서 작업이 완료됩니다.

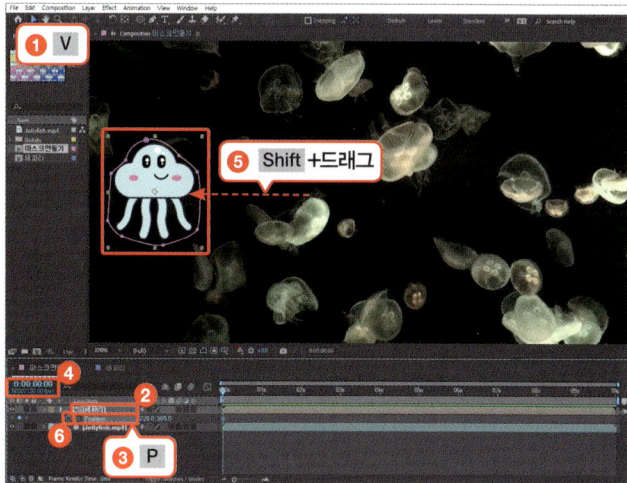

03 ① 선택 도구 V 로 돌아옵니다. ② [해파리] 레이어를 클릭하고 ③ P 를 눌러 [Position]을 엽니다. ④ 0초 지점에서 ⑤ Shift 를 누른 상태로 해파리 캐릭터를 드래그하여 화면의 왼쪽으로 이동합니다. ⑥ 스톱워치를 클릭하여 키프레임을 설정합니다.

04 ① 5초 지점으로 이동한 후 ② Shift 를 누른 상태에서 해파리 캐릭터를 드래그하여 화면의 오른쪽으로 이동합니다. ③ Spacebar 를 눌러 애니메이션을 확인합니다. 하나의 해파리만 왼쪽에서 오른쪽으로 움직이는 애니메이션이 완성되었습니다.

 **마스크 기능으로 그림에서 원하는 부분만 추출하기**

준비 파일 애프터 이펙트/Chapter 05/마스크실습.aep

01 ❶ [File]-[Open Project] Ctrl + O 메뉴를 선택하여 **마스크실습.aep** 준비 파일을 엽니다. ❷ [마스크] 컴포지션을 확인해보면 꽃과 구름이 그려진 배경을 그린 [BG]의 레이어가 있습니다.

 동영상 강의 확인하기

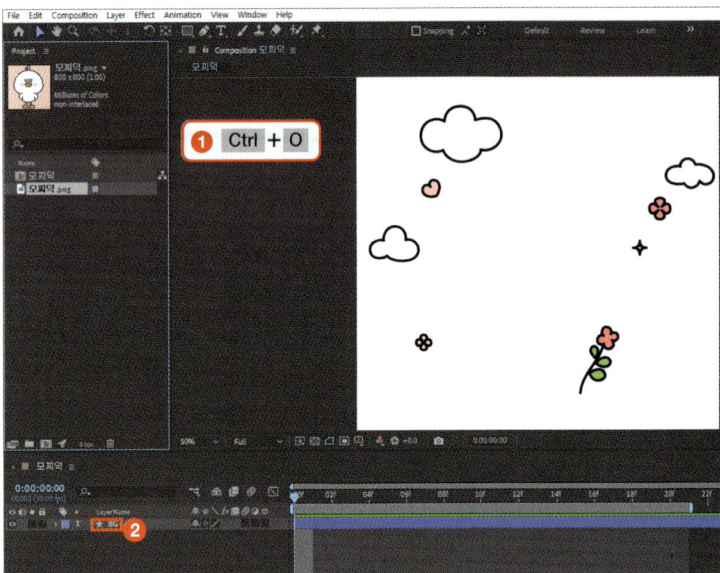

02 ❶ [Project] 패널에서 [모찌덕.png]를 선택한 후 ❷ Ctrl + / 를 눌러 [모찌덕] 컴포지션에 삽입합니다. ❸ [Timeline] 패널에서 [모찌덕.png] 레이어를 가장 위로 이동시킵니다. [Compositon] 패널에서 모찌덕 캐릭터 그림을 확인할 수 있습니다.

03 배경을 없애고 캐릭터만 보이게 하기 위하여 마스크 기능을 사용해보겠습니다. 먼저 캐릭터의 얼굴만 추출하겠습니다. ❶ [모찌덕.png] 레이어가 선택된 상태에서 도구바의 펜 도구 를 클릭합니다. ❷ [Composition] 패널의 비율을 200% 정도로 크게 보고, ❸ 캐릭터의 스트로크 바깥쪽을 따라서 곡선을 그립니다. 먼저 외곽을 한 번 클릭한 후에 ❹ 외곽선을 따라 적당한 곳을 클릭하여 다음 조절점을 만들고 바로 드래그하여 외곽선에 맞추어 펜 선을 조절합니다.

04 ❶ 외곽선을 따라서 세 번째 조절점을 만들고 드래그하여 곡선을 조절합니다. ❷ 네 번째 조절점도 같은 방법으로 만듭니다.

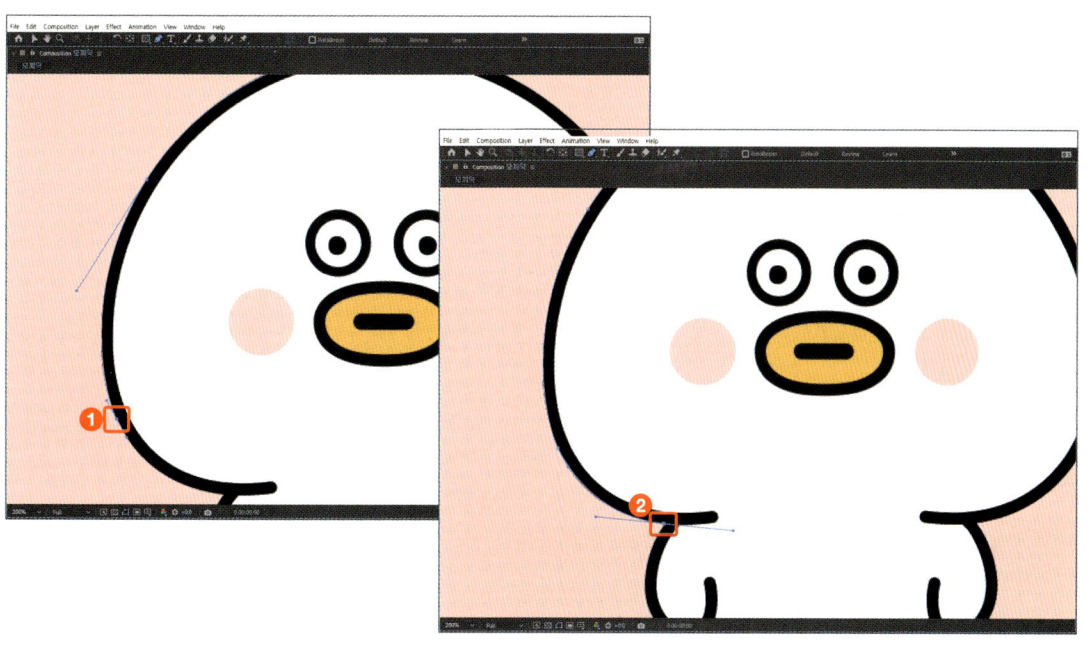

05 ❶ 다섯 번째 조절점은 하트 윗부분의 모양처럼 곡선을 만듭니다. 베지에 핸들이 직선으로 생성되어야 하는 지점은 클릭만 하고 드래그하지 않습니다. ❷ 다시 오른쪽 외곽선을 따라서 클릭하고 드래그하는 방식으로 조절점을 만듭니다.

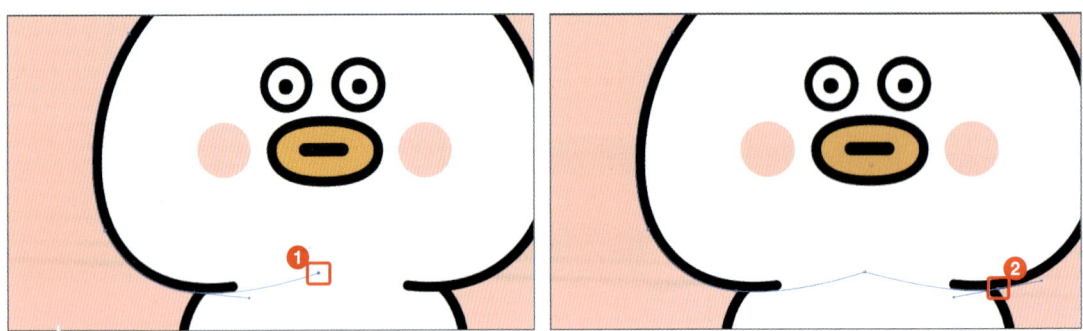

정확하게 외곽선을 따라서 펜 툴로 곡선을 그리기 어려운가요? 애프터 이펙트의 펜 툴은 일러스트레이터의 펜 툴처럼 많은 옵션을 사용할 수 없습니다. 따라서 너무 복잡한 곡선을 그리는 것은 무척 어려운 작업입니다. 아주 복잡한 곡선을 작업해야 한다면 일러스트레이터에서 먼저 작업한 후 패스를 복사해, 애프터 이펙트의 레이어에 새로운 마스크를 만들고 붙여넣기 하는 방법을 사용하는 것이 좋습니다. 펜 툴을 처음부터 잘 다루긴 어렵습니다. 많이 사용하다 보면 원하는 곡선을 보다 빠르게 그릴 수 있습니다. 처음부터 예쁘게 그려지지 않는다면 곡선을 그리는 도중에, 혹은 다 그려낸 후에 조절점을 클릭하고 드래그하면서 수정할 수 있습니다.

06 ❶ 계속해서 외곽선을 따라서 곡선을 그려주다가 첫 번째 조절점을 다시 클릭하면 패스가 닫히면서 ❷ 얼굴만 추출됩니다.

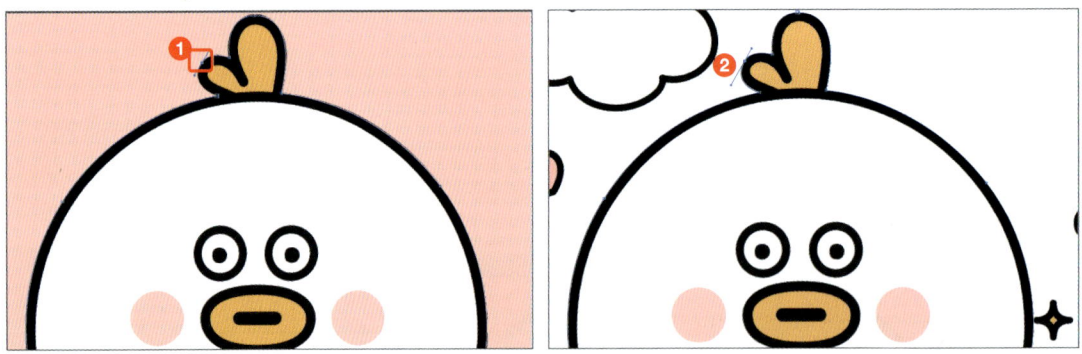

07 ❶ 도구바에서 다시 선택 도구 ▶를 클릭합니다. ❷ [Timeline] 패널을 확인하면 [Mask 1] 속성이 추가된 것을 확인할 수 있습니다.

얼굴 외곽선 밖의 배경 색상이 여전히 보인다면 [Mask 1]-[Mask Expansion] 값을 음수로 설정하여 펜 선을 수축시킬 수 있습니다. 그림과 같이 -1을 설정하면 패스에서 -1px만큼 선택 영역이 줄어듭니다.

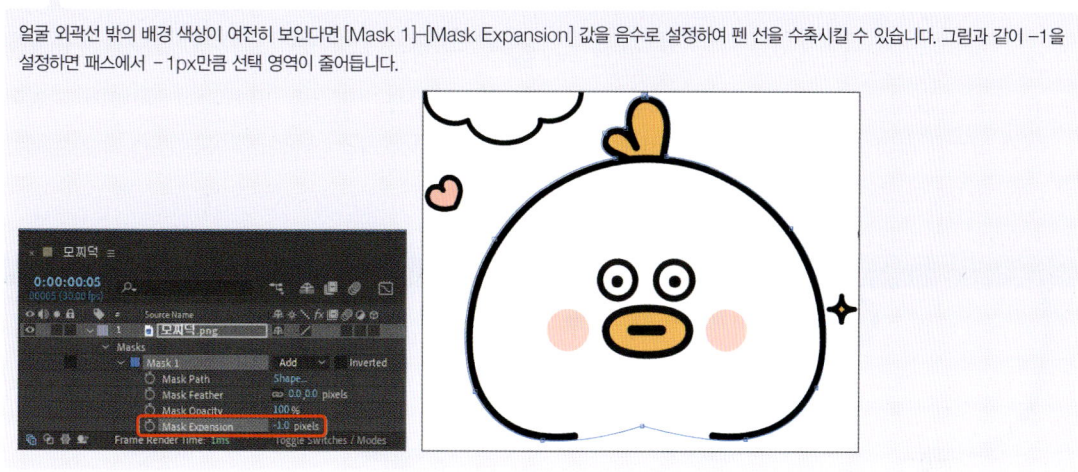

08 ❶ [모찌덕.png] 레이어를 선택하고 Ctrl + D 를 눌러 레이어를 복제합니다. ❷ 두 개의 레이어 중 아래 레이어를 선택하고 M 을 눌러 [Mask 1] 속성을 엽니다. ❸ [Mask 1]의 모드를 [None]으로 설정하여 비활성화시킵니다. [Mask 1]을 선택하고 Delete 를 눌러 마스크를 삭제해도 됩니다.

09 다시 배경을 없애고 캐릭터의 몸만 보이게 하기 위하여 마스크 기능을 사용해보겠습니다. ❶ [모찌덕.png] 레이어가 선택된 상태에서 도구바의 펜 도구를 클릭합니다. ❷ [Composition] 패널의 비율을 200% 정도로 크게 보고, 캐릭터의 스트로크 바깥쪽을 따라서 곡선을 그립니다. 먼저 팔이 시작되는 지점에서 약간 위쪽을 클릭한 후에 ❸ 외곽선을 따라 적당한 곳을 클릭하여 다음 조절점을 만들고 ❹ 바로 드래그하여 외곽선에 맞추어 펜 선을 조절합니다.

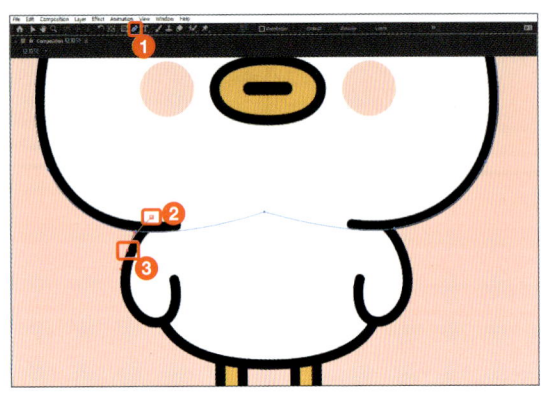 

10 ❶ 곡선에서 직선으로 이어지는 부분에서는 Alt 를 누르고 베지에 핸들의 오른쪽 조절점을 클릭한 채로 ❷ 아래로 드래그하여 수직으로 만듭니다.

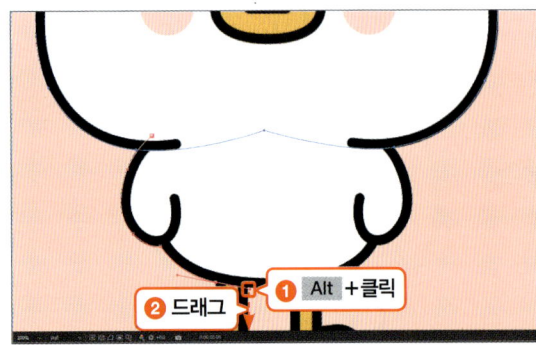 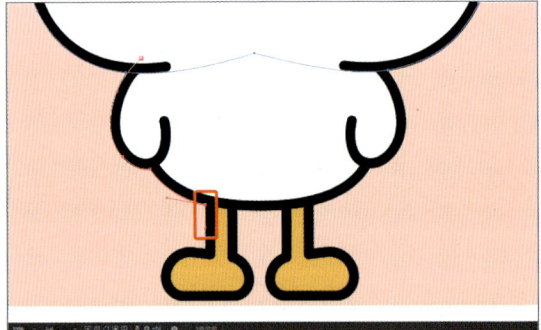

11 다시 외곽선을 따라서 같은 방법으로 곡선과 직선을 그립니다.

 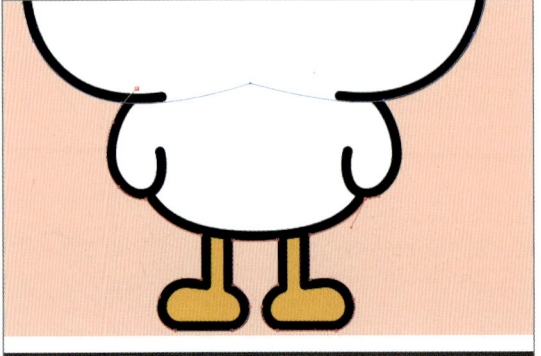

12 ❶ 오른쪽 어깨에서 조금 올라온 지점에서 베지에 핸들을 수평으로 꺾어주고 ❷ 첫 번째 조절점을 클릭하여 패스를 닫습니다. 배경이 사라지고 캐릭터의 몸만 남습니다.

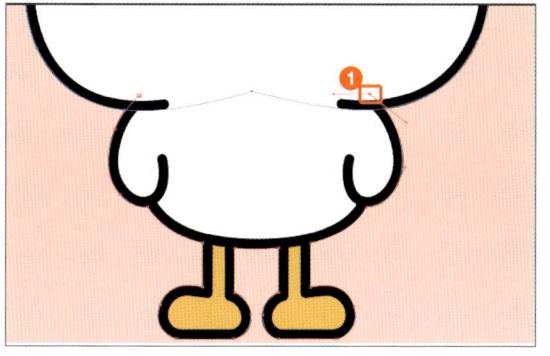 

13 [Timelin] 패널에서 레이어의 이름을 각각 **얼굴**, **몸**으로 각각 변경합니다.

14 [얼굴] 레이어의 [Y Position]을 580으로 설정해 20px정도 내려줍니다. 고개를 좌우로 흔드는 애니메이션을 만들기 위해 얼굴을 내려서 얼굴과 몸 사이의 빈 공간을 없애는 것입니다.

15 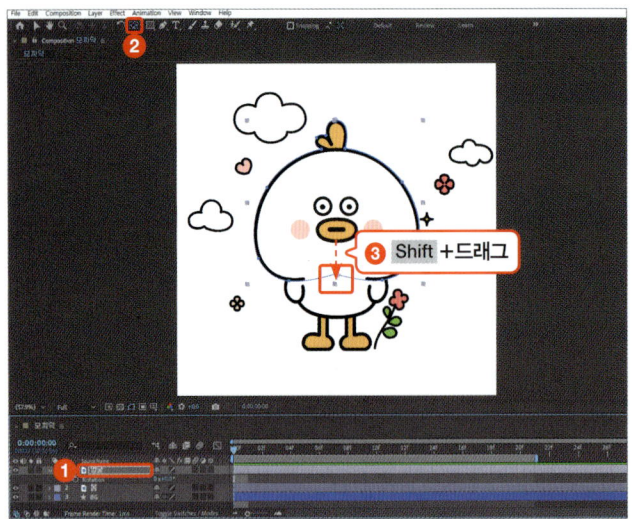 ❶ [얼굴] 레이어를 선택합니다. ❷ 중심점 이동 도구 를 선택하고 ❸ [Composition] 패널에서 캐릭터의 입술 아래쪽에 있는 중심점을 클릭하고 Shift 를 누른 채 아래로 드래그하여 얼굴의 아래쪽 끝 지점으로 이동시킵니다.

16 [얼굴] 레이어의 [Rotation]에 다음과 같이 키프레임을 설정합니다.

Time	Rotation
0초	0 x -8°
10F	0 x +8°
20F	0 x -8°

17 Spacebar 를 눌러 애니메이션을 완성합니다. 캐릭터가 그려진 이미지의 배경을 삭제하여 다른 배경 이미지와 합성하고 캐릭터의 얼굴이 좌우로 까딱이는 애니메이션을 완성했습니다.

LESSON 02

3D 기능 알아보기
3D 공간에 3D 레이어, 카메라, 라이트 추가하기

3D 콘텐츠 개발은 오늘날 모션 디자이너의 일반적인 작업 방식이라 할 수 있습니다. 애프터 이펙트는 2D 프로그램이지만 3D 기능을 잘 활용하면 2D 기반의 3D 콘텐츠를 개발할 수 있습니다. 애프터 이펙트의 3D 기능은 수년에 걸쳐 지속적인 업데이트가 있어왔으며, 더욱 빨라진 작업 프로세스와 다양한 기즈모 등을 통해 활용도가 더욱 높아졌습니다. 최근 지속적인 업데이트를 통해 3D 디자인 공간에서 3D 변환 기즈모(장치) 및 개선된 카메라 도구를 이용해 더 빠르고 쉽게 3D 작업을 할 수 있습니다.

간단 실습 | 3D 레이어로 변환하기

준비 파일 애프터 이펙트/Chapter 05/3D알아보기.aep

01 ❶ [File]-[Open Project] Ctrl + O 메뉴를 선택하고 **3D알아보기.aep** 준비 파일을 엽니다. ❷ [Project] 패널에서 [3D레이어] 컴포지션을 더블클릭하여 엽니다. ❸ [Composition] 패널을 보면 정사각형 솔리드 레이어가 삽입되어 있습니다.

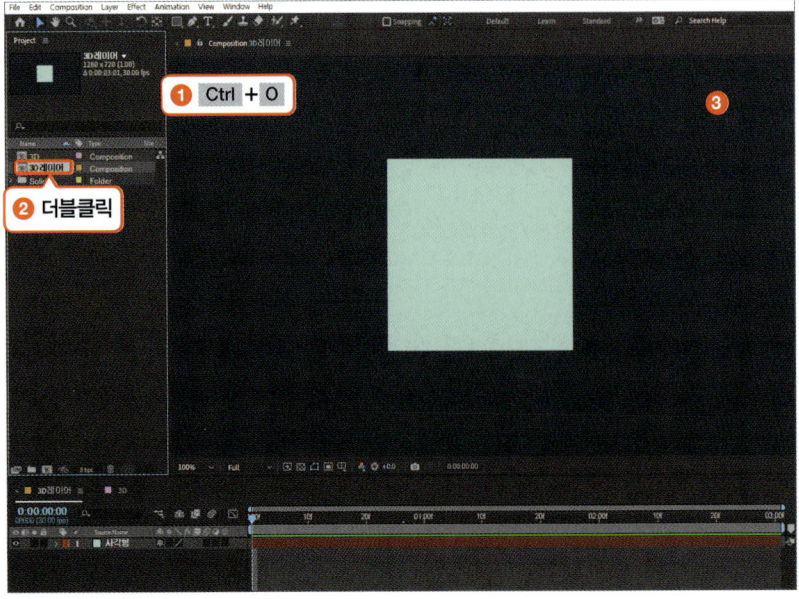

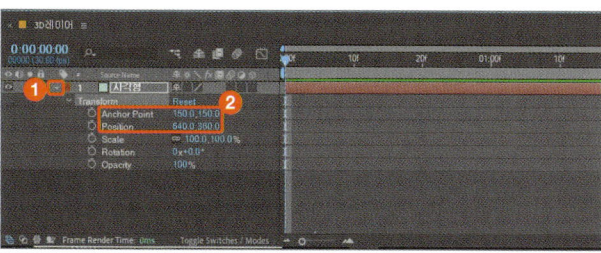

02 ① [사각형] 레이어의 ▶을 클릭하여 [Transform]을 엽니다. ② [Anchor Point], [Position] 등을 보면 2D 레이어이기 때문에 기본적으로 X, Y 두 개의 좌푯값을 가지고 있습니다. 앞의 숫자가 X 좌표, 뒤의 숫자가 Y 좌표입니다.

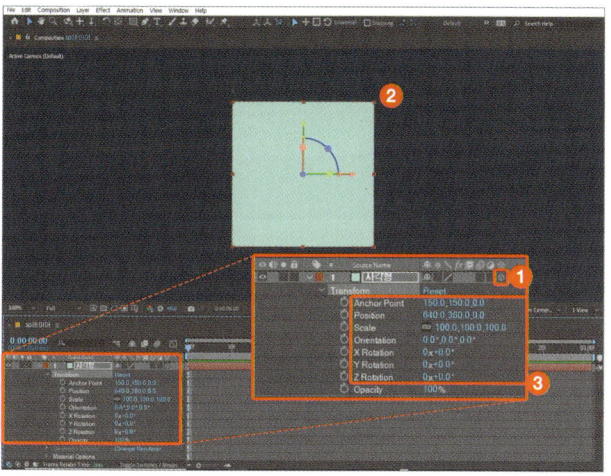

03 ① [사각형] 레이어의 ▣을 클릭하여 3D 레이어를 활성화합니다. ② 사각형은 여전히 납작한 형태입니다. ③ [Timeline] 패널에서 [사각형] 레이어의 [Transform]을 보면 원래의 속성에 Z 좌표가 추가되고, 새 속성도 추가되었습니다. 이제 3D 공간에서 모양을 변형하거나 애니메이션할 수 있습니다.

[Composition] 패널에서 사각형 도형을 보면 세 가지 색상의 선과 둥근 모양이 표시됩니다. 화살표가 있는 직선을 드래그하면 위치(Position)를 조절할 수 있으며, 호를 그리는 선을 드래그하면 방향(Orientation)을 조절할 수 있습니다. 다른 3D 프로그램과 동일하게 빨간색은 X축, 초록색은 Y축, 파란색은 Z축을 표시합니다. 즉, 빨간색 화살표를 드래그하면 [X Position]을, 파란색 호를 드래그하여 회전하면 [Z Orientation]을 조절할 수 있습니다.

간단 실습 — 3D 공간에서 레이어 이동하거나 회전하기

01 앞서 실습한 준비 파일을 그대로 사용합니다. ① 도구바에서 선택 도구 ▶ V 를 클릭하고 ② Local Axis Mode ⚙, Universal Mode ▶ 를 각각 클릭합니다. ③ 사각형 도형을 클릭합니다. 오른쪽 빨간색 화살표로 마우스 포인터를 가져가면 X 좌푯값이 표시됩니다. ④ 빨간색 화살표를 드래그해 오른쪽으로 움직여봅니다. ⑤ 원래의 좌표에서 얼마나 이동했는지 알려주는 값과 현재 좌표가 화면에 표시됩니다.

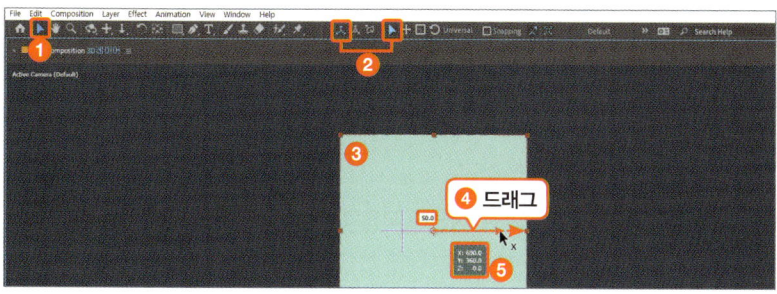

02 이번에는 초록색 동그라미가 표시된 원을 왼쪽으로 드래그해봅니다. ❶ Shift 를 누른 채 드래그하면 5°씩 스냅되며 회전합니다. 45°가 될 때까지 드래그해봅니다. ❷ [Timeline] 패널을 보면 [Orientation]의 Y 좌푯값이 45로 변경되었습니다.

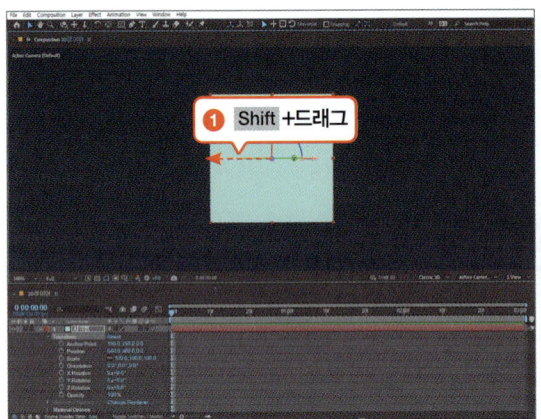 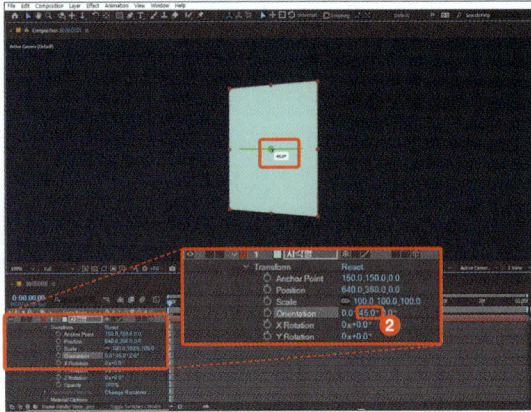

간단 실습 | 액시스 모드(Axis Mode) 옵션 알아보기

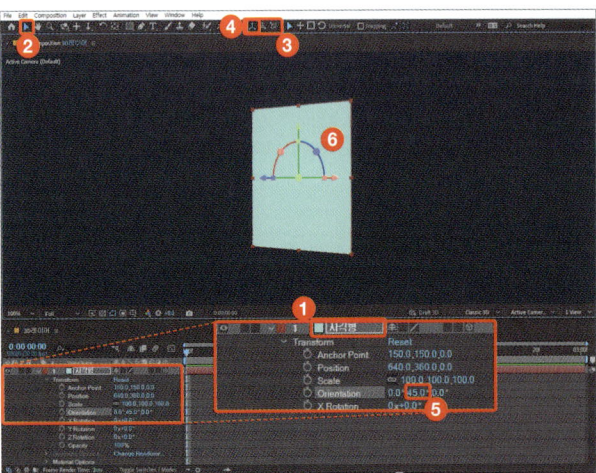

01 앞서 실습한 준비 파일을 그대로 사용합니다. ❶ [사각형] 레이어를 선택하고 ❷ 선택 도구 ▶ V 를 클릭하면 ❸ 도구바 오른쪽에 몇 가지 새로운 도구가 표시됩니다. 3D 공간에서 오브젝트를 이동하거나 회전할 때 중심축을 다음 세 가지로 선택할 수 있습니다. ❹ Local Axis Mode 는 오브젝트의 방향을 중심으로 회전합니다. ❺ 현재 [Orientation]의 Y 좌푯값이 45로 설정되어 있으므로 ❻ 조절 기즈모도 Y축을 기준으로 45° 회전한 상태입니다.

기능 꼼꼼 익히기 ▶ 3D 레이어 선택 시 Axis Mode(액시스 모드) 옵션 알아보기

- **Local Axis Mode(로컬 액시스 모드)** | 3D 레이어의 표면에 축을 정렬합니다.
- **World Axis Mode(월드 액시스 모드)** | 컴포지션의 절대 좌표에 축을 정렬합니다.
- **View Axis Mode(뷰 액시스 모드)** | 선택한 뷰에 축을 정렬합니다.

카메라 도구는 항상 뷰의 로컬 축을 따라 조정되므로 카메라 도구의 동작은 축 모드의 영향을 받지 않습니다.

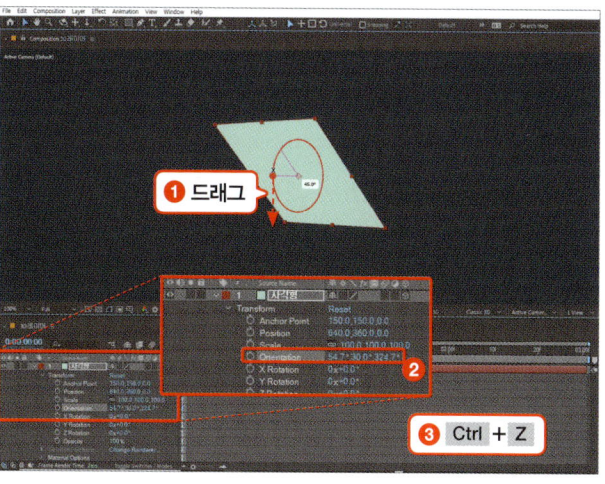

02 ① 빨간색 원을 아래로 드래그합니다. ② X 좌푯값만 조절하여 회전했는데 [Timeline] 패널에서 좌표를 확인하면 [Orientation]의 모든 값이 달라집니다. 이미 방향이 틀어져 있는 상태에서 다른 방향으로 이동하였으므로 세 방향 모두 영향을 받은 것입니다. ③ Ctrl + Z 를 눌러 작업을 취소합니다.

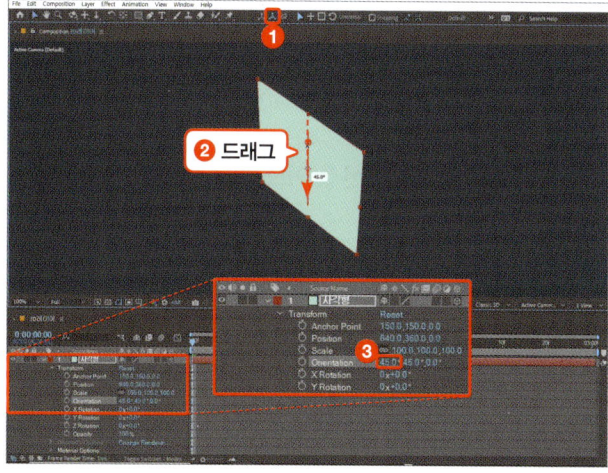

03 ① 도구바에서 World Axis Mode를 클릭합니다. ② 같은 방법으로 빨간색 원을 아래로 드래그해봅니다. ③ 정확하게 [Orienation]의 X 좌푯값만 45로 변경되었습니다. 이 모드는 오브젝트의 방향과는 상관없이 공간의 좌표 방향을 중심으로 회전합니다.

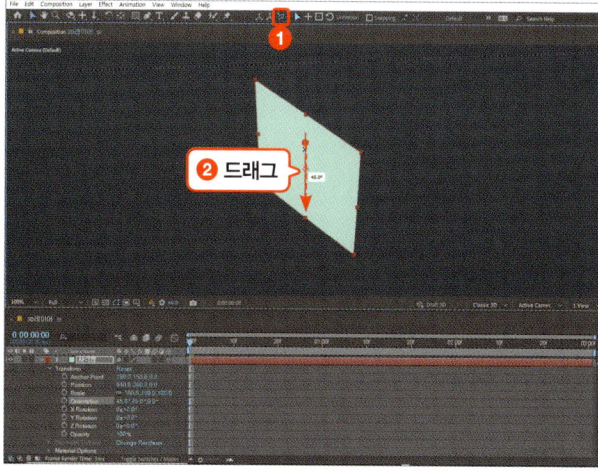

04 ① 도구바에서 View Axis Mode를 클릭합니다. 같은 방법으로 빨간색 원을 아래로 드래그해봅니다. ② World Axis Mode와 동일하게 움직입니다. View Axis Mode는 카메라 뷰를 기준으로 합니다. 지금은 같은 뷰에서 보기 때문에 동일하게 보이는 것입니다. 카메라의 다른 뷰에서는 다르게 표시될 수 있습니다.

간단 실습 | 선택 도구의 조절 기즈모(Gizmo) 알아보기

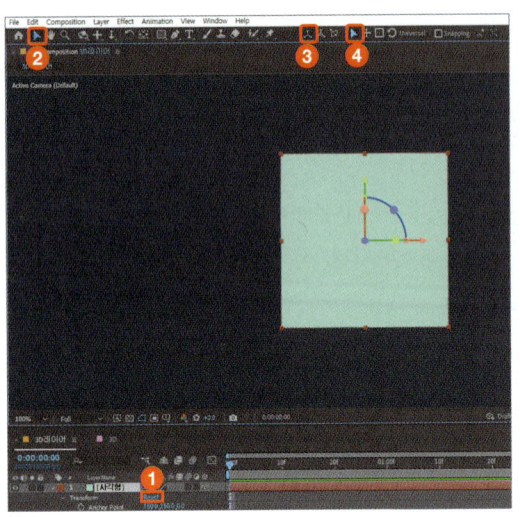

01 앞서 실습한 준비 파일을 그대로 사용합니다. ① [Timeline] 패널에서 [사각형] 레이어의 [Transform]-[Reset]을 클릭하여 원래의 위치로 돌아옵니다. ② 선택 도구 ▶ V 를 클릭하고 ③ Local Axis Mode ⊼ 로 돌아옵니다. ④ 선택 도구 ▶ 의 기본값인 Universal Mode ▶ 가 선택되어 있습니다. 모든 방향으로 이동하거나 회전시킬 수 있습니다.

> **기능 꼼꼼 익히기** ◆ **3D 레이어 선택 시 선택 도구 ▶ 의 조절 옵션 알아보기**
>
> - **Universal(유니버설)** ▶ | 모든 방향으로 이동하거나 회전시킬 수 있습니다.
> - **Position(포지션)** ✥ 4 | 상하좌우로 이동할 수 있습니다. 크기 조절이나 회전은 할 수 없습니다.
> - **Scale(스케일)** ▪ 5 | 다양한 축으로 크기를 조절할 수 있습니다. 이동이나 회전은 할 수 없습니다.
> - **Rotation(로테이션)** ◉ 6 | 방향을 회전할 수 있습니다. 크기 조절이나 이동은 할 수 없습니다.

02 ① 도구바에서 Position ✥ 을 클릭합니다. ② 기즈모의 모양이 변경되고 이동만 가능합니다. X, Y, Z의 이동과 XY, XZ 등 두 축의 조합으로도 이동할 수 있습니다.

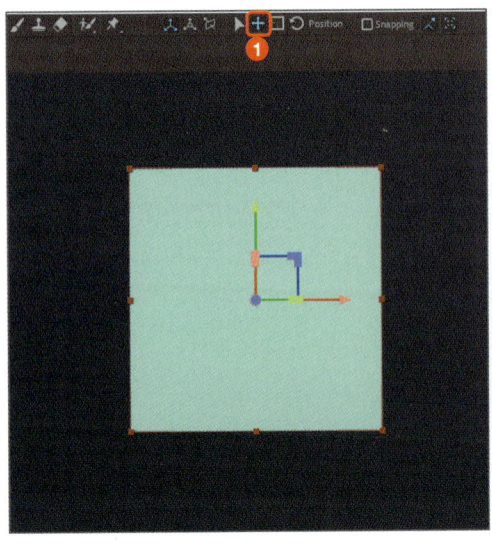
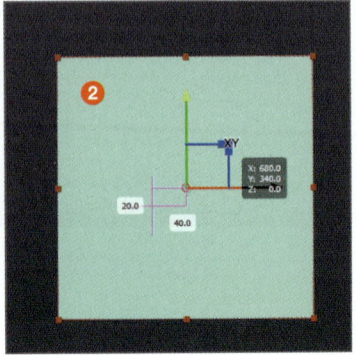

03 ❶ 도구바에서 Scale ▣을 클릭합니다. ❷ 기즈모의 모양이 변경되고 크기 조절만 가능합니다. X, Y, Z 각 축의 크기 조절과 XY, XZ 등 두 축의 크기를 조합하여 조절할 수 있습니다.

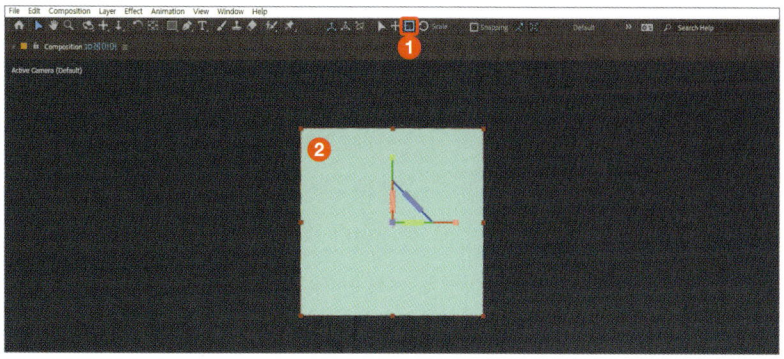

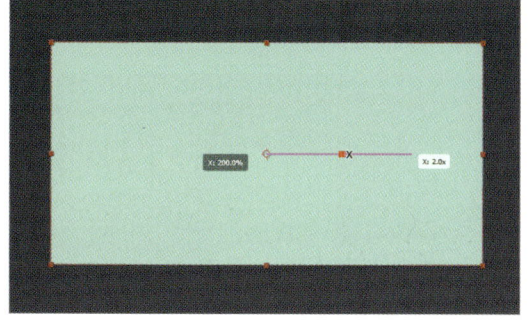

04 ❶ 도구바에서 Rotation ◉을 클릭합니다. ❷ 기즈모의 모양이 변경되고 방향(Orientation)만 조절할 수 있습니다.

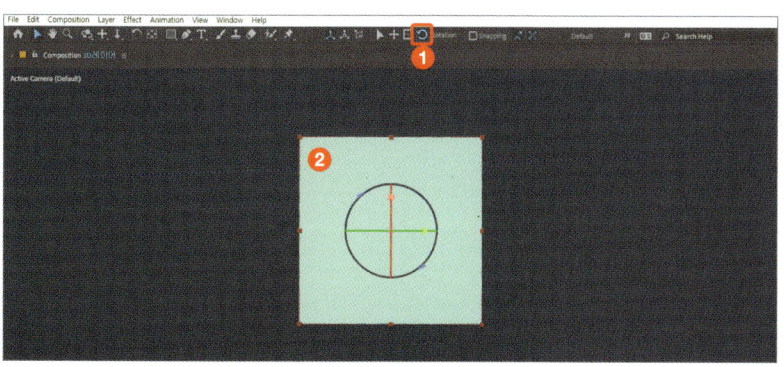

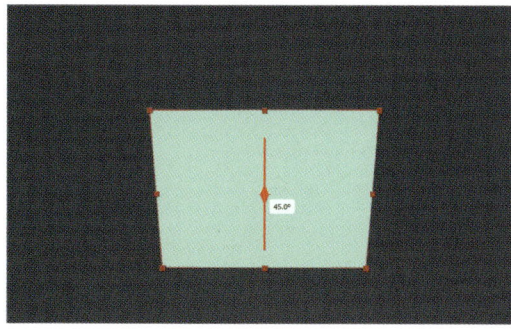

간단 실습 | 다양한 카메라 도구 알아보기

컴포지션에 3D 레이어가 있는 경우에는 카메라 레이어가 없어도 3D 변환 기즈모를 통해 카메라가 있는 것처럼 공간을 회전하거나 이동하면서 화면을 확인할 수 있습니다.

01 ❶ 앞서 실습한 준비 파일을 그대로 사용합니다. 도구바에서 카메라 회전 도구 를 클릭합니다. ❷ 오른쪽에서 Free Form을 선택합니다. ❸ 카메라 회전 도구를 길게 클릭하면 ❹ Orbit Around Scene Tool, Orbit Around Camera POI를 선택할 수도 있습니다. 세 개의 회전 도구를 각각 선택하고 [Composition] 패널에서 여러 지점을 클릭하고 움직이면서 카메라 뷰를 다양하게 조절해봅니다. 화면 중앙을 중심으로만 궤도를 도는 이전 버전과 달리 이제 초점을 선택하고 장면 레이어를 중심으로 회전, 이동, 돌리(줌 인, 줌 아웃)를 수행하여 원하는 모든 각도에서 볼 수 있습니다.

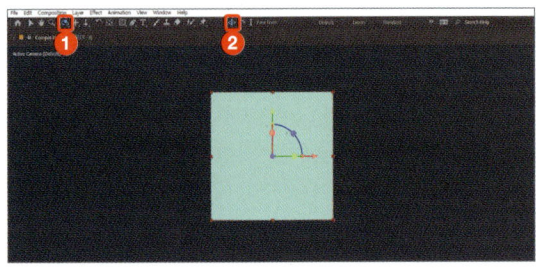
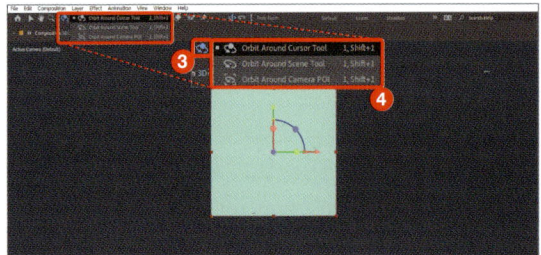

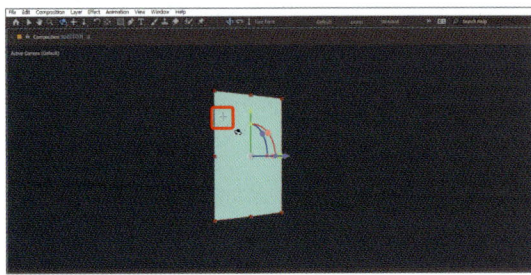
▲ Orbit Around Cursor Tool 선택

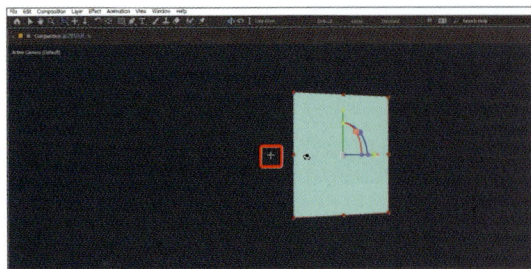
▲ Orbit Around Scene Tool 선택

▲ Orbit Around Camera POI 선택

기능 꼼꼼 익히기 | 회전(Orbit) 도구 알아보기

① **Orbit Around Cursor Tool** | 카메라가 마우스 포인터를 중심으로 회전합니다.
② **Orbit Around Scene Tool** | 카메라가 장면을 중심으로 회전합니다.
③ **Orbit Around Camera POI** | 카메라의 Point of Interest를 중심으로 회전합니다.

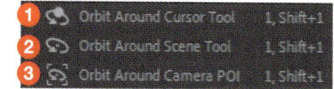

특정 기즈모를 선택하는 대신 Alt 를 누른 상태에서 서로 다른 마우스 버튼(왼쪽, 오른쪽 및 휠)을 사용하여 카메라를 회전, 돌리(줌 인, 줌 아웃)하거나 배치할 수 있습니다. Alt 를 해제하면 사용하던 원래 도구로 돌아갑니다. 대부분의 3D 프로그램에서 사용되는 범용적인 카메라 제어 방식으로, 알아두면 작업 편의가 크게 향상됩니다.

02 카메라 회전 도구 1 를 클릭하면 도구바에 세 개의 추가 도구가 표시됩니다. ① Free Form 은 모든 방향으로 회전할 수 있습니다. ② Constrain Horizontally 는 가로 방향으로만, ③ Constrain Vertically 는 세로 방향으로만 회전합니다.

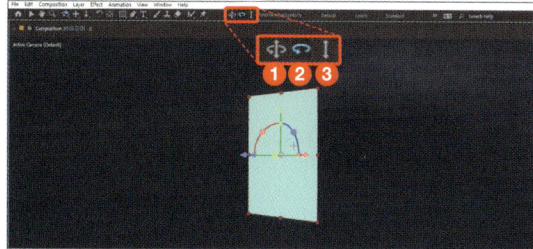
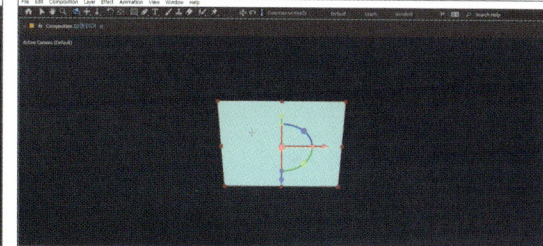

▲ Constrain Horizontally 선택 ▲ Constrain Vertically 선택

03 ① 도구바에서 카메라 이동 도구 2 를 클릭합니다. ② 카메라 이동 도구 를 길게 클릭하면 Pan Camera POI Tool 을 선택할 수도 있습니다. ③ 카메라를 상하좌우로 이동할 수 있습니다. 사각형이 화면의 왼쪽으로 이동해도 [사각형] 레이어의 [Position]은 그대로입니다. 카메라가 이동한 것이지 오브젝트가 이동한 것은 아니기 때문입니다.

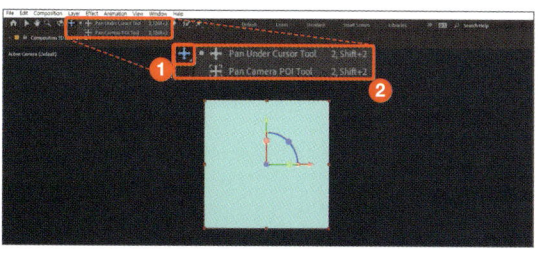
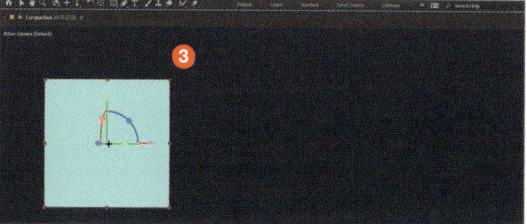

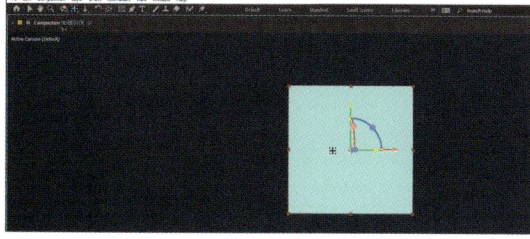

04 ❶ 도구바에서 돌리 도구 3 를 클릭합니다. ❷ 돌리 도구를 길게 클릭하면 Dolly to Cursor Tool, Dolly to Camera POI Tool을 선택할 수도 있습니다. ❸ 카메라를 앞뒤로 이동할 수 있습니다.

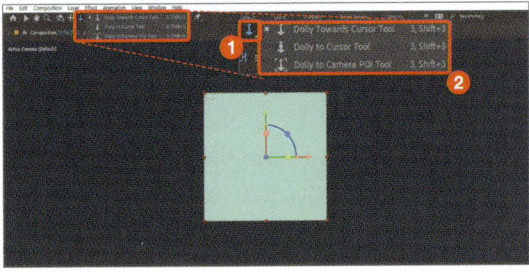 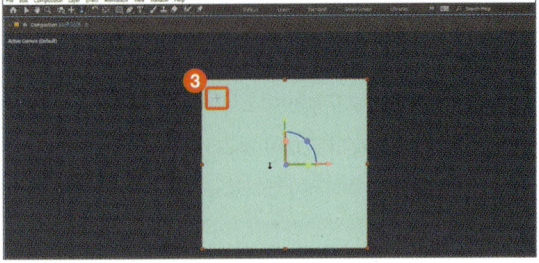

> **기능 꼼꼼 익히기** ✎　**3D 보기 도구 단축키**
>
> 카메라 회전 도구의 단축키는 1, 카메라 이동 도구의 단축키는 2, 돌리 도구의 단축키는 3 입니다. 각각의 단축키는 Shift 를 조합해 하위 메뉴로 이동할 수 있습니다. 예를 들어, Shift + 1 을 여러 번 눌러 카메라 회전 도구의 하위 도구인 Orbit Around Cursor Tool, Orbit Around Scene Tool, Orbit Around Camera POI를 선택할 수 있으며, Shift + 3 을 여러 번 눌러 Dolly Towards Cursor Tool, Dolly to Cursor Tool, Dolly to Camera POI Tool을 선택할 수 있습니다.

간단 실습　**3D 레이어의 방향과 회전 조절하기**

도구바에서 선택 도구 V 를 클릭하고 [Composition] 패널에서 오브젝트를 회전하면 [Rotation(회전)]이 아닌 [Orientation(방향)]이 조절됩니다. 회전값인 [Rotation]을 조절하려면 도구바에서 회전 도구를 클릭해야 합니다.

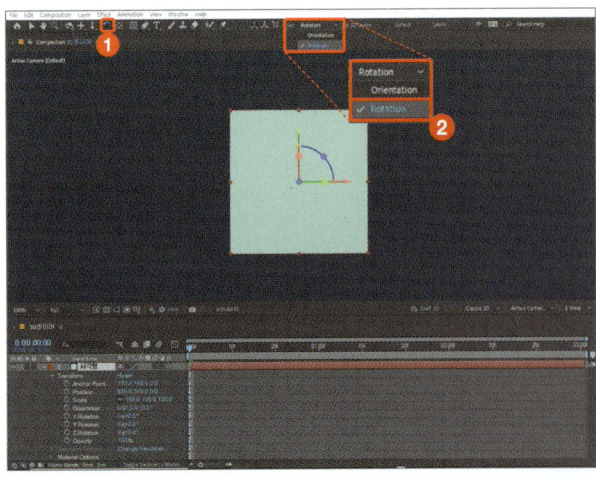

01 ❶ 앞서 실습한 준비 파일을 그대로 사용합니다. 회전 도구를 클릭합니다. 도구바에 [Set]가 나타나며 [Orientation]과 [Rotation]을 선택할 수 있습니다. ❷ [Rotation]을 선택합니다.

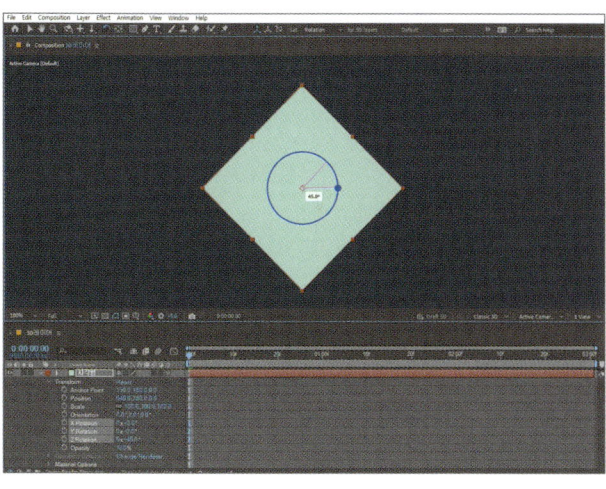

02 조절 기즈모를 움직이면 레이어의 회전값을 변경할 수 있습니다.

간단 실습　3D 레이어로 변환하고 Z Position 이동하기

준비 파일 애프터 이펙트/Chapter 05/3D알아보기.aep

01 레이어가 여러 개 있는 프로젝트에 3D 기능을 활용해보겠습니다. ① [Composition] 패널에서 이름 부분을 클릭하면 작업 중인 다른 컴포지션으로 이동할 수 있습니다. ② [3D]를 선택하여 [3D] 컴포지션을 엽니다.

> 메뉴에서 [3D]가 보이지 않는다면 [Project] 패널을 열고 [3D] 컴포지션을 더블클릭하여 열 수도 있습니다.

02 ① 세 개의 셰이프 레이어가 삽입되어 있습니다. ② [집] 레이어가 가장 위에 있으므로 가장 앞으로 표시됩니다. ③ 모든 레이어의 을 각각 클릭하여 3D 레이어로 변환합니다.

03 ❶ [Composition] 패널의 보기 방식을 [2 Views]로 변경합니다. ❷ 왼쪽 뷰는 [Custom View 1]로 설정합니다.

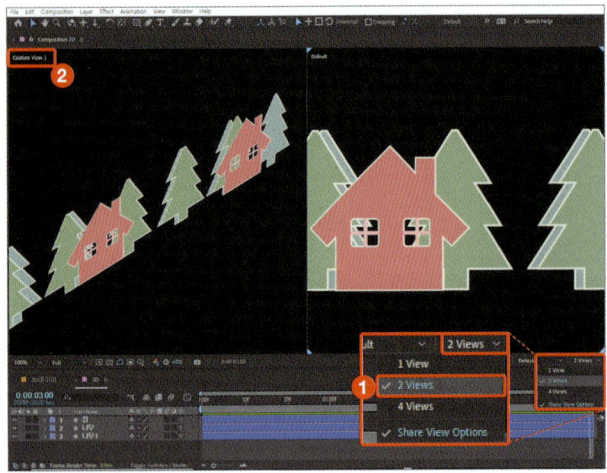

[Custom View 1]의 단축키는 F11 입니다. 활성 카메라인 [Active Camera(Default) View]의 단축키는 F12 입니다.

04 ❶ Ctrl + A 를 눌러 모든 레이어를 선택한 후 ❷ P 를 눌러 [Position]을 열고 [Position]의 Z 좌푯값을 설정합니다. ❸ [나무] 레이어인 초록색 나무는 −500을 입력해 앞으로 배치하고 ❹ [나무1] 레이어인 파란색 나무는 500을 입력해 뒤로 배치합니다. ❺ [집] 레이어가 가장 앞에 위치했었지만 [나무] 레이어의 초록색 나무가 앞으로 나오도록 조절되어 화면 가장 앞으로 표시됩니다. [Timeline] 패널에서의 레이어 순서는 무시됩니다. ❻ 작업 후에는 다시 [Composition] 패널의 뷰를 [Active Camera], [1 View]로 돌아옵니다.

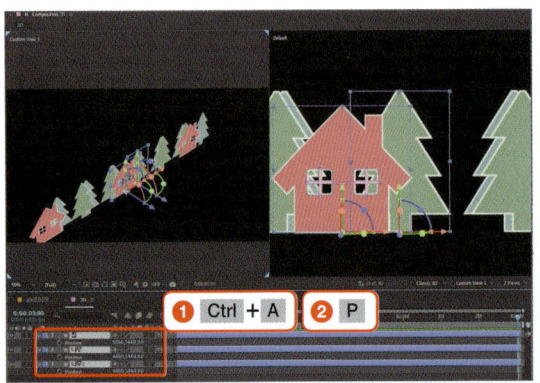
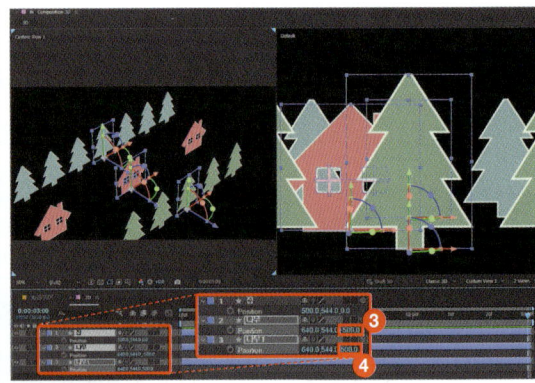

간단 실습 | 3D 변환 기즈모(Transform Gizmo) 활용하기

준비 파일 애프터 이펙트/Chapter 05/3D알아보기.aep

01 앞서 실습한 준비 파일을 그대로 사용합니다. ❶ 도구바에서 카메라 회전 도구 ■1를 클릭합니다. ❷ [Composition] 패널에서 왼쪽에 있는 집을 클릭하고 자유롭게 카메라를 회전해봅니다. 카메라 레이어를 만들지 않아도 카메라를 회전해서 다양한 뷰를 확인할 수 있습니다. ❸ 카메라 회전 도구 ■를 길게 클릭하여 나타나는 나머지 두 개의 도구도 차례로 선택해보면서 기능의 차이를 확인해봅니다.

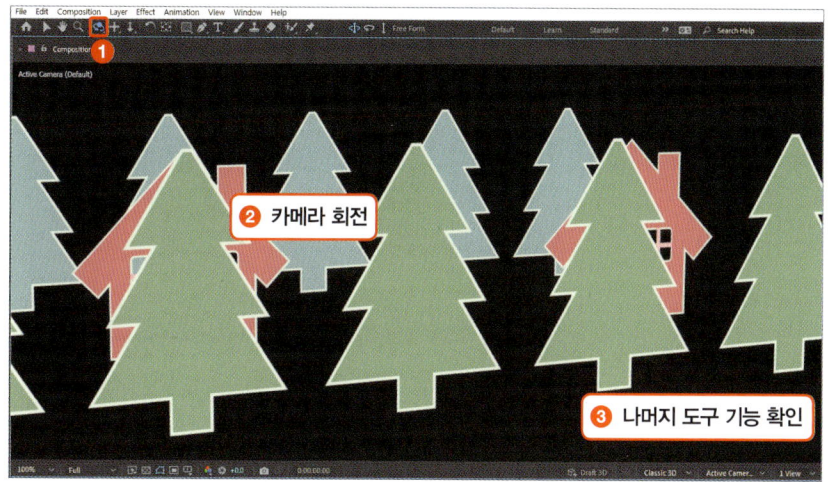

02 ❶ 도구바에서 카메라 이동 도구 ■2 를 클릭합니다. ❷ [Composition] 패널에서 자유롭게 카메라를 상하좌우로 이동해봅니다. ❸ 카메라 이동 도구 ■를 길게 클릭하여 나타나는 나머지 도구도 차례로 선택해보면서 기능의 차이를 확인해봅니다.

03 ① 도구바에서 돌리 도구 3 를 클릭합니다. ② [Composition] 패널에서 자유롭게 카메라를 앞뒤로 이동해봅니다. ③ 돌리 도구를 길게 클릭하여 나타나는 나머지 도구도 차례로 선택해보면서 기능의 차이를 확인해봅니다.

CC 2024 신기능 애프터 이펙트 CC 2024 버전에서는 [Extended 3D Viewer] 기능이 추가되었습니다. 컴포지션에 3D 레이어가 있고 [Draft 3D]를 설정하면 아이콘이 활성화됩니다. [3D Ground Plane]과 함께 클릭하면 3D 프로그램에서 보는 것과 같이 바닥면에 격자무늬가 나타날 뿐 아니라 컴포지션 영역 밖도 투시하여 볼 수 있어 작업 편의성이 향상되었습니다.

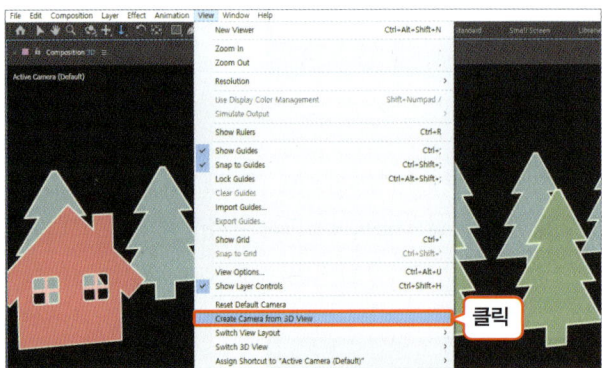

04 [View]-[Create Camera from 3D View] 메뉴를 선택하여 현재 뷰의 좌푯값을 가지는 새로운 카메라를 생성합니다.

현재 시간을 기준으로 카메라 레이어가 생성됩니다. 컴포지션 시작 지점부터 카메라 레이어가 보이게 하려면 타임 인디케이터를 **0초** 지점에 두고 메뉴를 선택해야 합니다.

05 ① [Timeline] 패널에 [Default]라는 이름의 카메라 레이어가 생성되었습니다. ② [Default] 레이어를 더블클릭하면 ③ [Camera Settings] 대화상자가 나타납니다. ④ 카메라 설정을 확인한 후 [OK]를 클릭합니다.

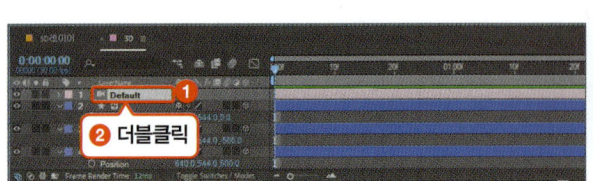
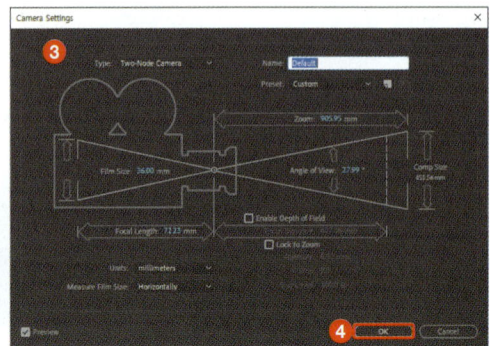

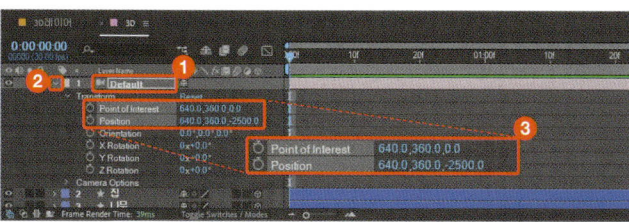

06 ① [Default] 레이어를 선택하고 ② ▶을 클릭해 [Transform]을 열어봅니다. ③ [Point of Interest]와 [Position]을 다음과 같이 조절합니다.

07 카메라 레이어를 생성했으므로 키프레임을 생성해 애니메이션할 수 있습니다. 다양한 값을 설정하고 키프레임을 만들어 애니메이션 작업을 연습해봅니다.

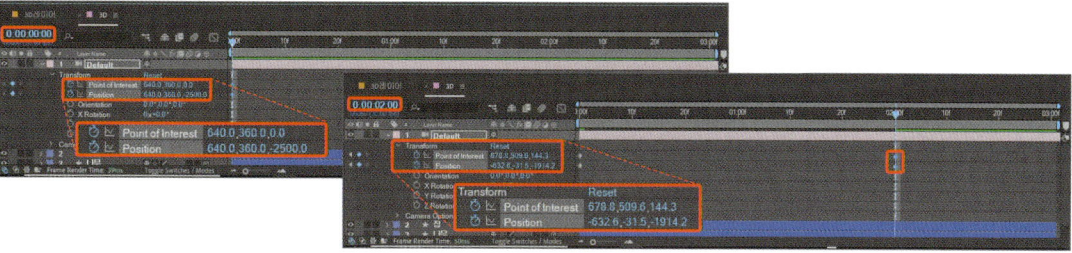

간단 실습 조명(Light) 레이어 만들기

준비 파일 애프터 이펙트/Chapter 05/3D알아보기.aep

01 앞서 실습한 준비 파일을 그대로 사용합니다. ① 메뉴바에서 [Layer]-[New]-[Light] Ctrl + Alt + Shift + L 메뉴를 선택하여 새로운 조명 레이어를 만듭니다. ② [Light Settings] 대화상자가 나타나면 다음과 같이 설정합니다. 네 개의 조명 타입을 선택할 수 있으며 각각의 조명은 서로 다른 옵션을 가집니다. ③ 설정을 확인한 후 [OK]를 클릭합니다.

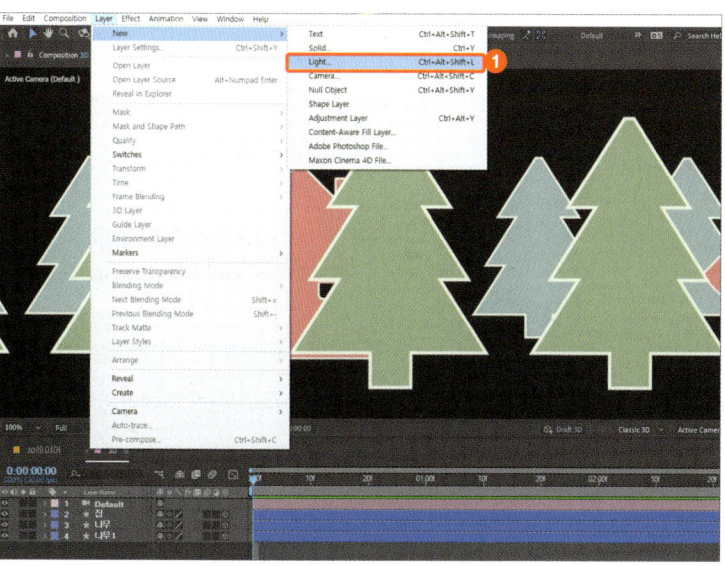
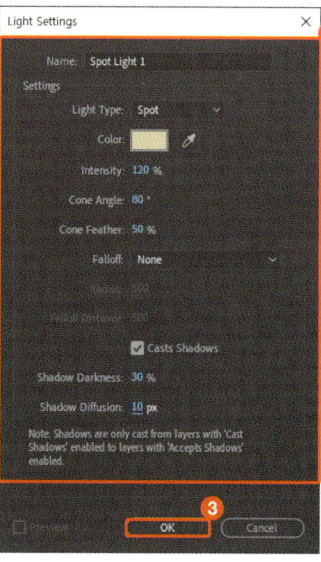

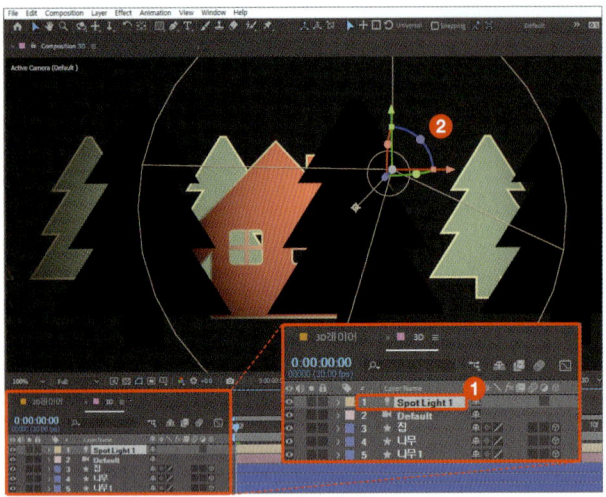

02 ❶ [Spot Light 1] 레이어가 생성되었습니다. ❷ 조명이 닿는 부분만 보여지고 다른 부분은 어두워졌습니다.

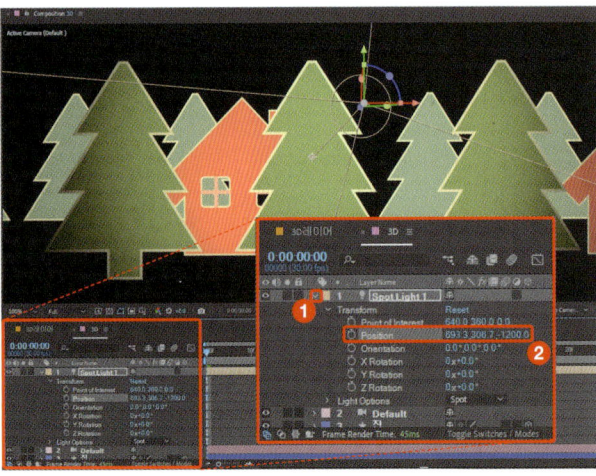

03 ❶ [Spot Light 1] 레이어의 ▶을 클릭해 [Transform]을 엽니다. ❷ [Position]을 조절합니다. 조명의 위치를 뒤로 움직여서 보다 넓은 영역을 비추게 합니다. [Timeline] 패널에서 위칫값을 입력하여 조절하거나 [Composition] 패널에서 조명의 기즈모를 드래그해 이동할 수 있습니다.

04 ❶ 세 개의 셰이프 레이어를 선택하고 ❷ A를 두 번 눌러 [Material Options]를 엽니다. ❸ 각 레이어의 [Casts Shadows]를 [On]으로 설정합니다. ❹ 그림자가 활성화되며 더욱 풍부한 공간감이 표현됩니다.

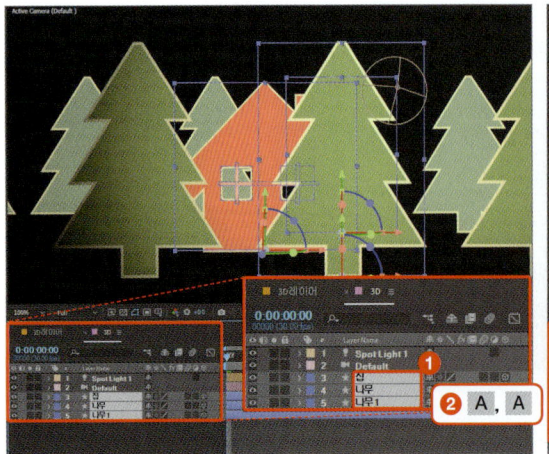

05 Spacebar 를 눌러 애니메이션을 확인해보면 3D 공간감을 확인할 수 있습니다.

준비 파일의 완성 컴포지션을 확인하고 싶다면 [Project] 패널-[Solids] 폴더에서 [3D완성] 컴포지션을 열어 확인할 수 있습니다.

간단 실습   3D 레이어를 활용한 애니메이션 제작하기

준비 파일 애프터 이펙트/Chapter 05/3D실습.aep

01 ① [File]-[Open Project] Ctrl + O 메뉴를 선택하고 **3D실습.aep** 준비 파일을 엽니다. ② [Project] 패널에서 [3D_완성] 컴포지션을 더블클릭하여 엽니다. ③ Spacebar 를 눌러 애니메이션을 확인해봅니다. 3D 공간에서 무대가 회전하며 여러 개의 오브젝트를 차례로 보여주는 애니메이션입니다. 실습을 시작하기 전에 완성 결과물을 먼저 확인하고 시작하는 것이 좋습니다.

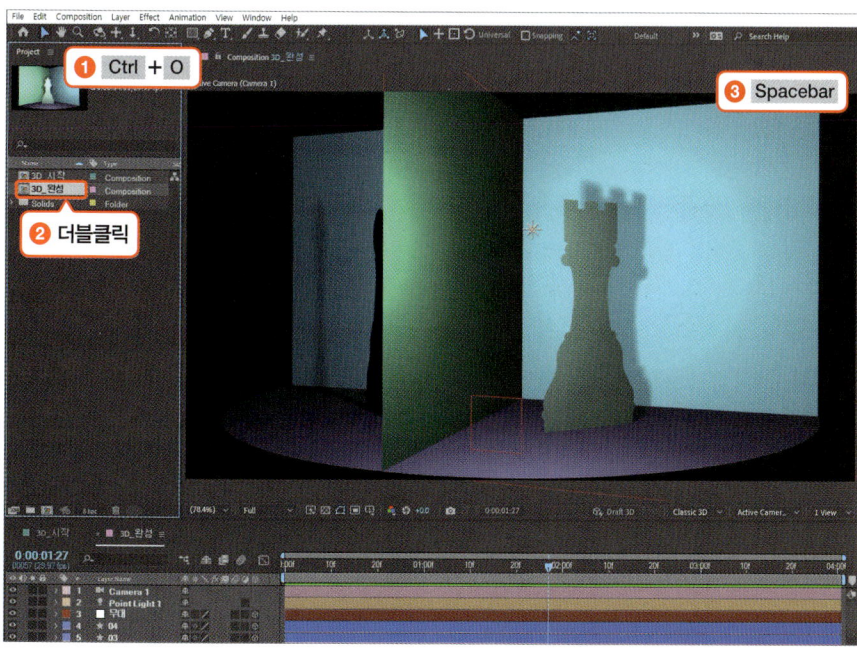

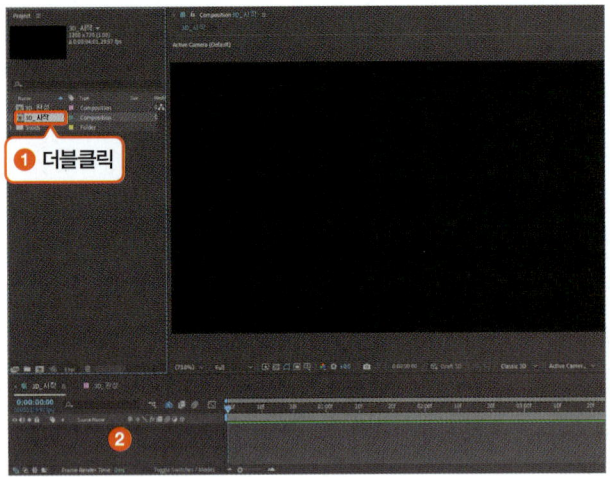

02 ❶ [Project] 패널에서 [3D_시작] 컴포지션을 더블클릭하여 엽니다. ❷ [Timeline] 패널에 아무것도 표시되지 않습니다.

03 ❶ 메뉴바에서 [Layer]-[New]-[Solid] Ctrl + Y 메뉴를 선택합니다. ❷ [Solid Settings] 대화상자가 나타나면 다음과 같이 설정합니다. [Color]는 밝은 파란색 계열 중 임의로 선택합니다. ❸ [OK]를 클릭합니다.

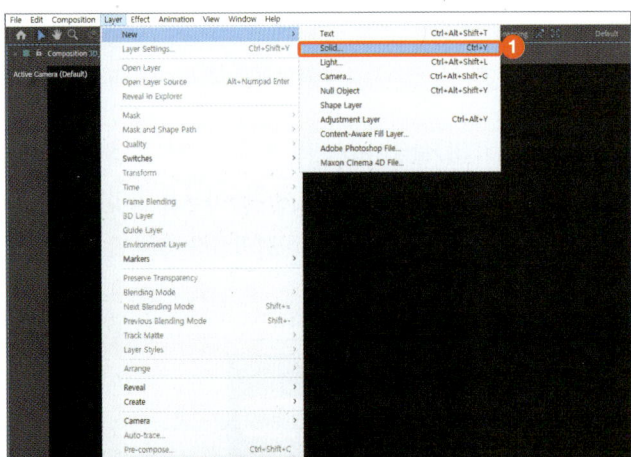
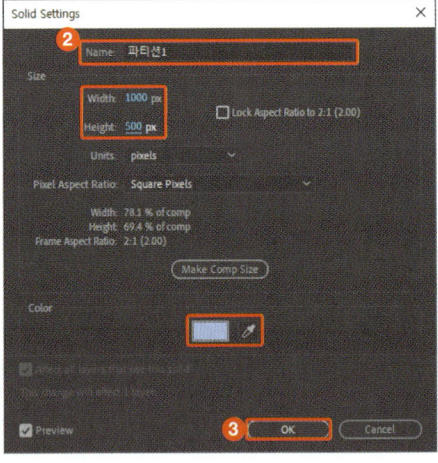

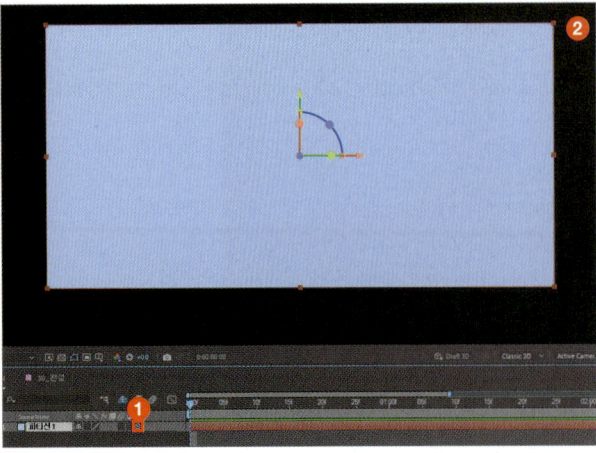

04 ❶ [파티션1] 레이어의 ⬛을 클릭하여 3D 레이어를 활성화합니다. ❷ [Composition] 패널을 보면 [파티션1] 레이어가 3D 레이어로 변환되고 조절 기즈모가 표시됩니다.

05 ① [파티션1] 레이어의 [Transform]-[Anchor Point]를 마우스 오른쪽 버튼으로 클릭하고 ② [Edit Value]를 선택합니다. ③ [Anchor Point] 대화상자가 나타나면 먼저 [Units]을 [% of source]로 설정하고 ④ [X]를 50%, [Y]를 100%로 설정합니다. ⑤ [OK]를 클릭합니다. ⑥ 레이어의 중심점이 중앙에서 아래로 변경되었습니다.

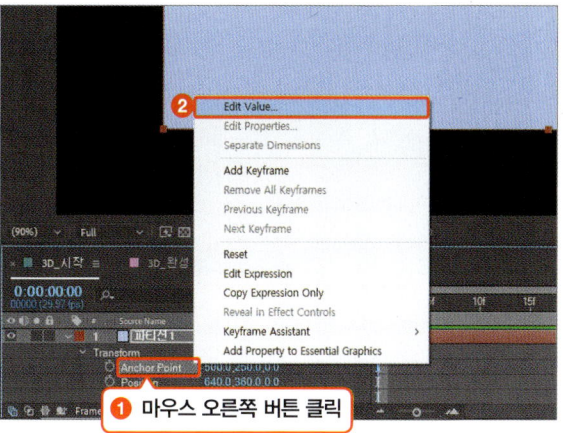
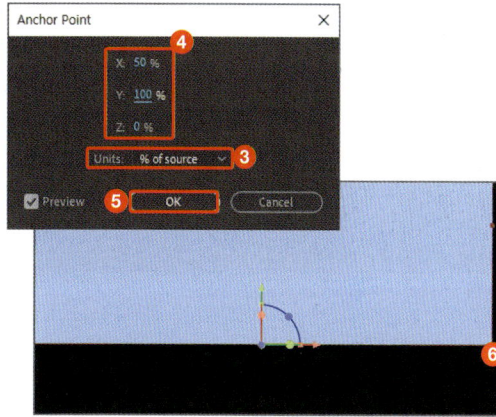

06 ① [파티션1] 레이어를 선택하고 ② Ctrl + D 를 눌러 레이어를 복제합니다. ③ 복제된 레이어를 선택하고 ④ Ctrl + Shift + Y 를 누르면 [Solid Settings] 대화상자가 나타납니다. ⑤ [Name]을 **파티션2**로 변경하고, ⑥ [Color]를 밝은 초록색 계열로 변경합니다. ⑦ [New]를 클릭합니다.

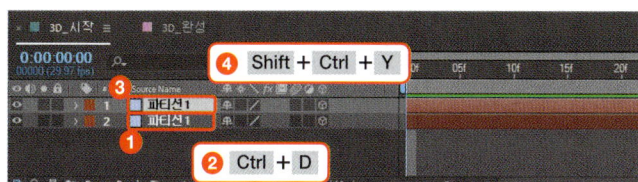
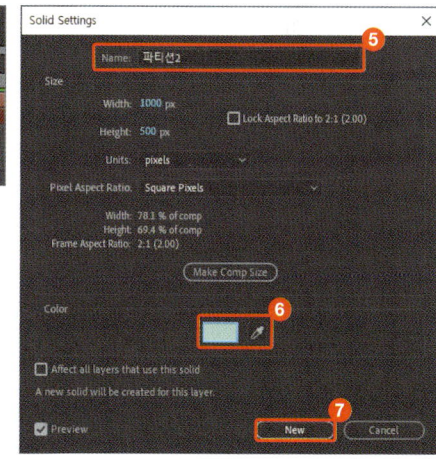

07 ① [파티션2] 레이어의 [Transform]-[Orientation]을 0°, 90°, 0°로 설정하여 ② Y축을 중심으로 회전시킵니다.

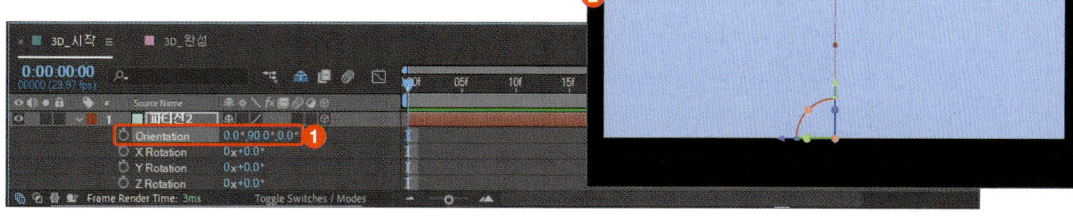

08 ❶ [Composition] 패널의 보기 방식을 [2 Views]로 변경합니다. ❷ 왼쪽 화면을 [Custom View 1]로 설정합니다. ❸ 두 개의 정사각형이 열십자 모양으로 인터섹트(Intersect)되어 있습니다. ❹ 도구바에서 선택 도구 ▶ V 를 클릭합니다.

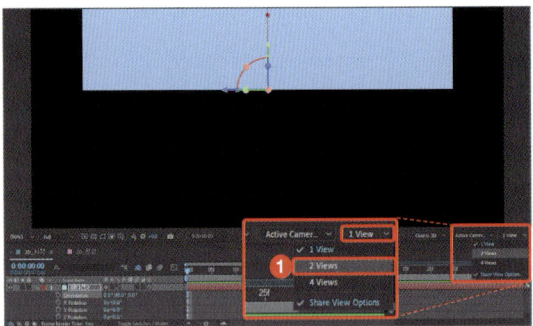
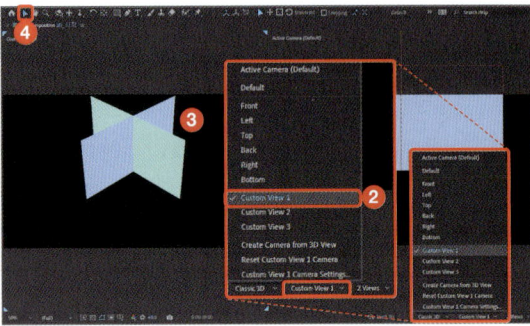

09 ❶ 메뉴바에서 [Layer]-[New]-[Solid] Ctrl + Y 메뉴를 선택합니다. ❷ [Solid Settings] 대화상자가 나타나면 다음과 같이 설정하고 ❸ [OK]를 클릭합니다.

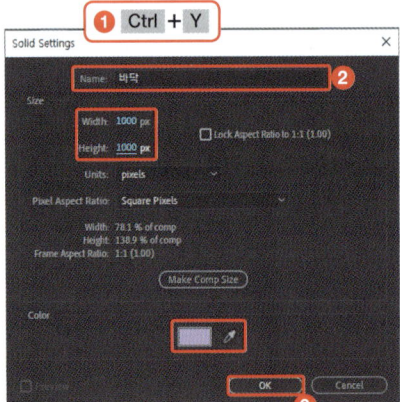

10 ❶ [바닥] 레이어의 ⬛을 클릭하여 3D 레이어를 활성화하고 ❷ R 을 눌러 [Rotation]을 엽니다. ❸ [X Rotation]을 90°로 설정합니다.

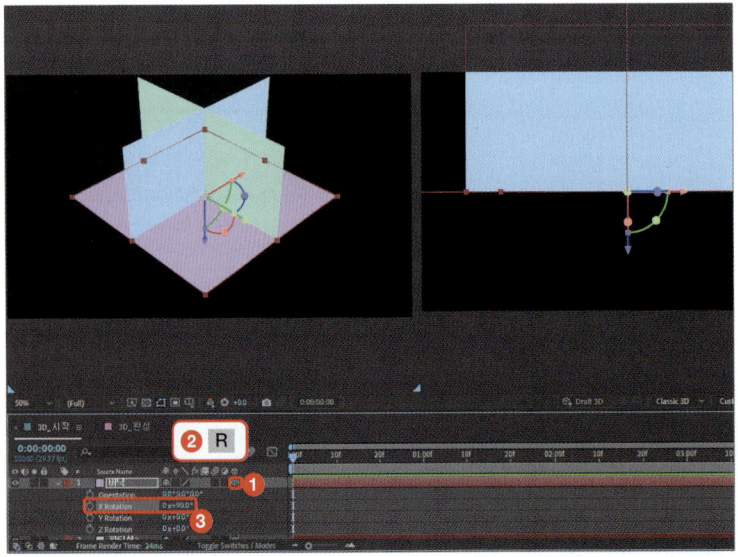

기능 꼼꼼 익히기 | 3D 레이어의 방향(Orientation)과 회전(Rotation)의 차이

3D 레이어는 방향(Orientation)값과 회전(Rotation)값을 가집니다. 두 속성은 동일하게 표시되는 경우가 많아 혼동하기 쉽습니다. 예를 들어 [Rotation]의 X 좌푯값을 90°로 설정하는 것과 [Orientation]의 X 좌푯값을 90°로 설정하는 것은 동일한 결과를 나타냅니다. 이처럼 방향(Orientation)값 또는 회전(Rotation)값을 변경하여 3D 레이어를 회전할 수 있습니다.

두 경우 모두 앵커 포인트를 중심으로 레이어가 회전하지만 애니메이션을 적용할 때 레이어가 이동하는 방식이 다릅니다. 3D 레이어의 방향(Orientation) 속성에 애니메이션을 적용하면 레이어가 지정된 방향에 도달하기 위해 직접적으로 회전합니다. 반대로 회전(Rotation) 속성에 애니메이션을 적용하면 레이어가 각 축을 따라 회전합니다. 즉, 방향값은 각도 대상을 지정하고 회전값은 각도 경로를 지정합니다. [Orientation] 속성은 [Composition] 패널에서 제어하기 용이하다는 장점이 있습니다. 그렇지만 [Rotation] 속성으로 애니메이션을 적용하면 더 정확하게 제어할 수 있습니다. 다양한 방향의 회전이 필요한 경우에는 방향(Orientation)과 회전(Rotation)을 모두 사용해야 합니다.

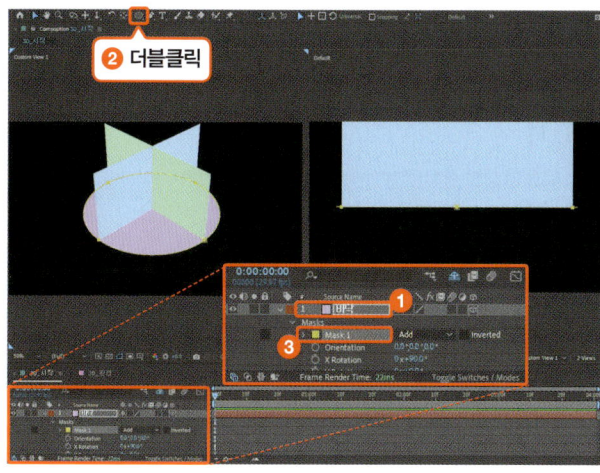

11 ❶ [바닥] 레이어가 선택되어 있는 상태에서 ❷ 도구바의 원형 도구 Q 를 더블클릭하여 원형 마스크를 생성합니다. ❸ [바닥] 레이어에 [Mask 1]이 생성되었습니다.

간단 실습 | 널 오브젝트 만들고 배경 레이어와 Parent로 연결하기

준비 파일 애프터 이펙트/Chapter 05/3D실습.aep

01 앞서 실습한 준비 파일을 그대로 사용합니다. ❶ [Timeline] 패널에서 빈 공간을 마우스 오른쪽 버튼으로 클릭하고 ❷ [New]-[Null Object]를 선택합니다.

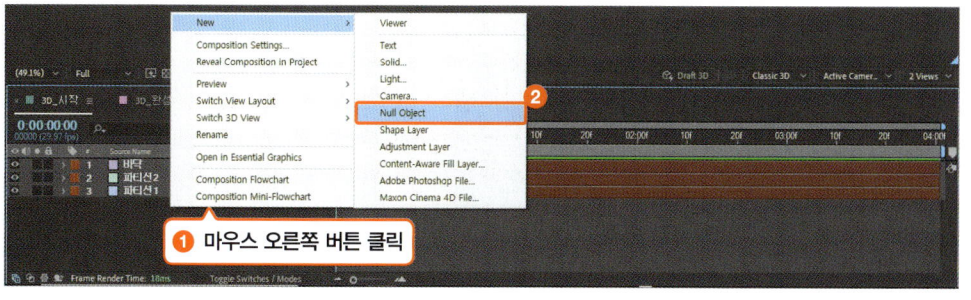

02 ① 새로운 널 레이어의 이름을 **무대**로 변경하고 ② 을 클릭하여 3D 레이어를 활성화합니다. ③ Shift + F4 를 눌러 [Parent & Link]를 엽니다.

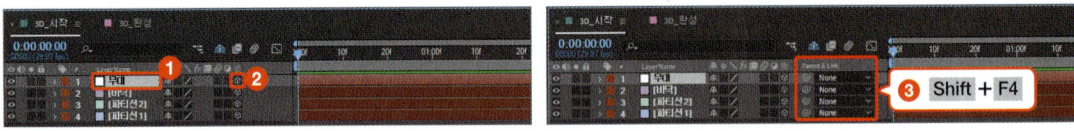

03 ① [바닥], [파티션1], [파티션2] 레이어를 함께 선택하고 ② 을 드래그해 [무대] 레이어와 연결합니다.

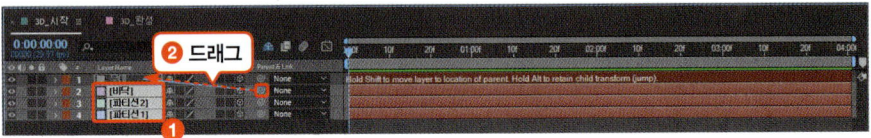

간단 실습 새로운 카메라 레이어 만들기

준비 파일 애프터 이펙트/Chapter 05/3D실습.aep

01 앞서 실습한 준비 파일을 그대로 사용합니다. [Composition] 패널의 [View]는 다르게 설정해도 됩니다. ① [Composition] 패널의 보기 방식을 [1 View]로 변경하고 ② 도구바에서 카메라 회전 도구 1 를 클릭합니다. ③ Shift 를 누른 채 [Composition] 패널의 중앙 부분을 드래그하여 한쪽 방향으로만 회전하게 하면서 위에서 아래로 내려다보듯이 카메라 앵글을 조정해봅니다.

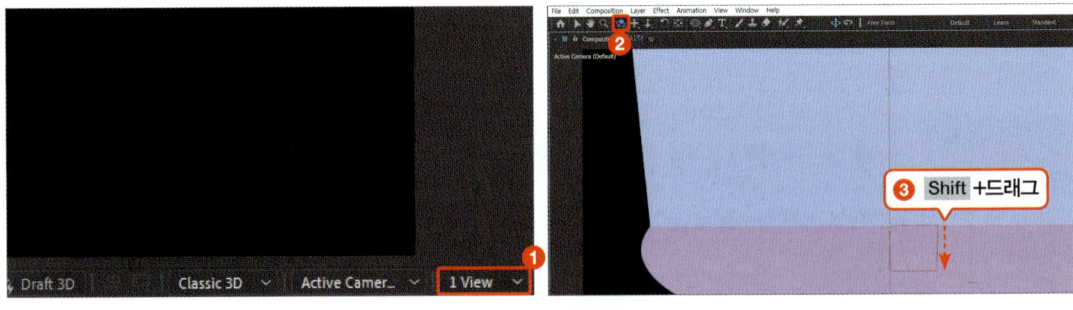

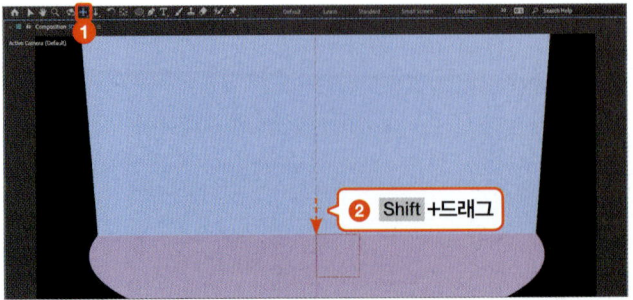

02 ① 도구바에서 카메라 이동 도구 2 를 클릭합니다. ② Shift 를 누른 채 [Composition] 패널의 중앙 부분을 드래그하여 한쪽 방향으로만 이동하게 하면서 아래로 내려줍니다.

03 ① 도구바에서 돌리 도구 ↧ 3 를 클릭합니다. ② Shift 를 누른 채 [Composition] 패널의 중앙 부분을 드래그하여 한쪽 방향으로만 이동하게 하면서 화면에 모든 그림이 전부 들어올 수 있도록 적당히 줌 아웃합니다.

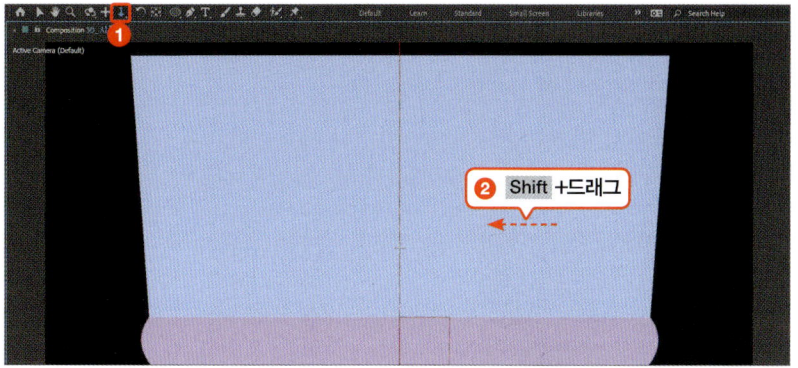

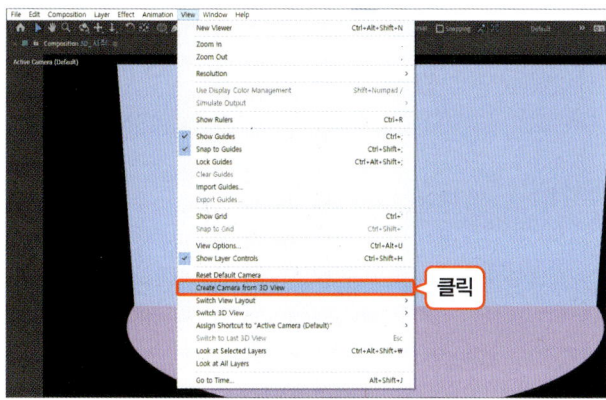

04 메뉴바에서 [View]-[Create Camera from 3D View] 메뉴를 선택하여 새로운 카메라 레이어를 만듭니다.

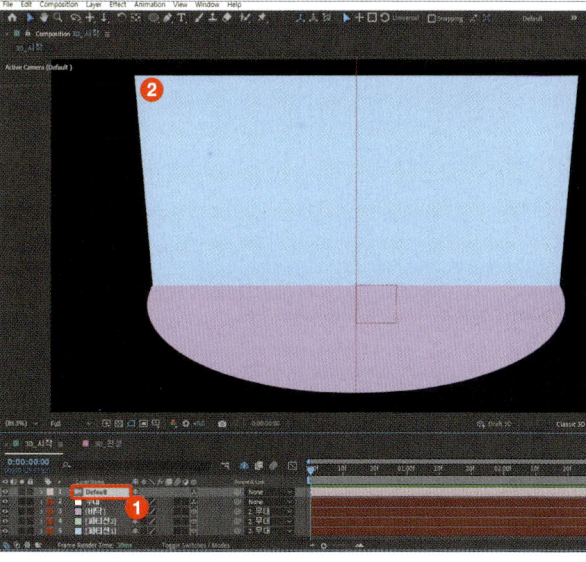

05 ① [Timeline] 패널에 [Default] 카메라 레이어가 생성되었습니다. ② 화면에 변화는 없습니다.

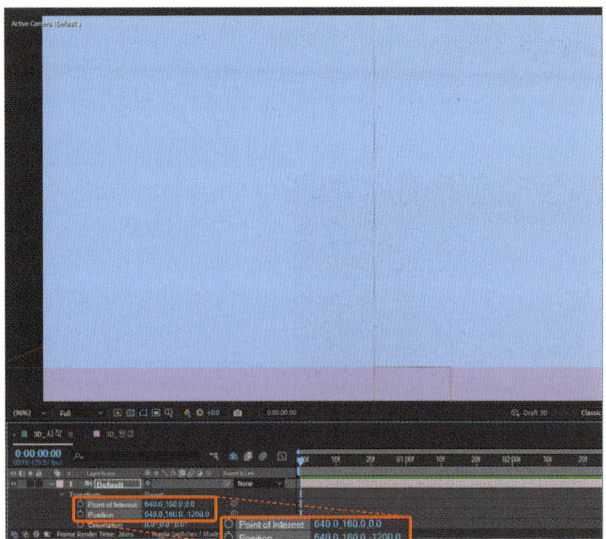

06 [Default] 레이어의 [Transform]-[Point of Interest]와 [Position]을 다음과 같이 설정합니다.

07 ❶ [Default] 레이어를 더블클릭하여 ❷ [Camera Settings] 대화상자를 열고 [Preset]을 [35mm]로 변경합니다. 기본값은 [50mm]입니다. ❸ [OK]를 클릭합니다. ❹ 카메라의 화각이 좁아지면서 더 많은 공간이 보여집니다.

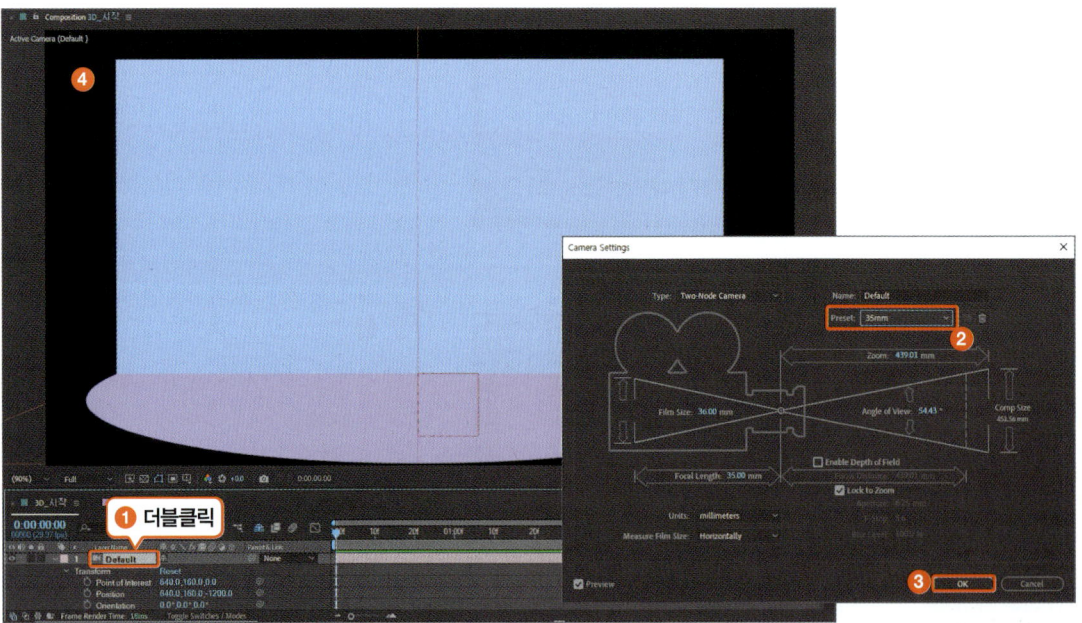

[Default] 레이어의 길이(Duration)가 현재 컴포지션보다 짧다면 길이 막대의 오른쪽 끝을 오른쪽으로 드래그하여 늘여주어야 합니다. 애프터 이펙트는 마지막에 사용했던 설정을 저장하고 다음 작업에 자동으로 적용하기 때문에 이 작업 전에 만들었던 카메라의 영역을 표시하는 것입니다. 따라서 경우에 따라 이 과정이 필요 없을 수도 있습니다.

간단 실습 | 무대가 회전하는 애니메이션 만들기

준비 파일 애프터 이펙트/Chapter 05/3D실습.aep

01 앞서 실습한 준비 파일을 그대로 사용합니다. ❶ [무대] 레이어를 선택하고 ❷ R을 눌러 [Rotation]을 엽니다. ❸ 아래의 표를 참조해 다음과 같이 키프레임을 설정합니다.

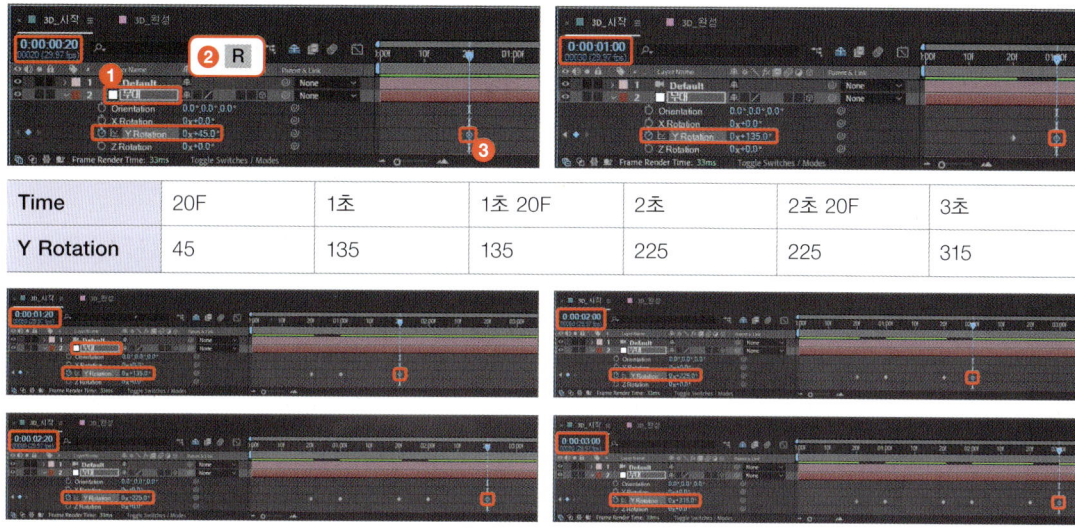

Time	20F	1초	1초 20F	2초	2초 20F	3초
Y Rotation	45	135	135	225	225	315

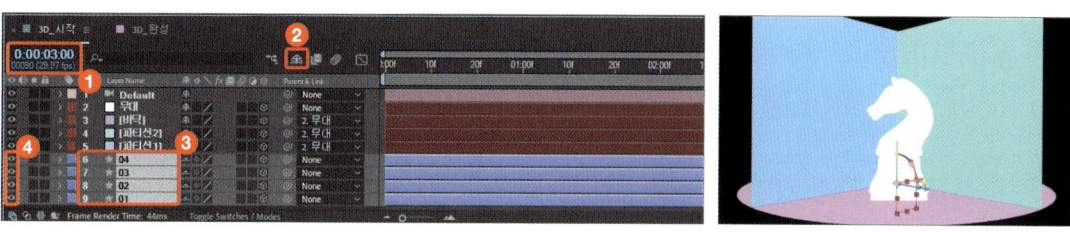

02 ❶ 3초 지점으로 이동합니다. ❷ [Timeline] 패널에서 활성화된 ▦을 클릭하여 해제합니다. ❸ [01]부터 [04]까지의 셰이프 레이어가 나타납니다. ❹ ◉을 클릭해 안 보이게 처리한 레이어들을 보이게 합니다. 네 개의 체스 말이 화면에 나타납니다.

03 ❶ 네 개의 레이어를 같이 선택하고 ❷ ◎을 드래그하여 [무대] 레이어와 연결합니다. ❸ Spacebar 를 눌러 애니메이션을 확인합니다. 무대가 회전하며 네 개의 체스 말이 차례로 보여집니다.

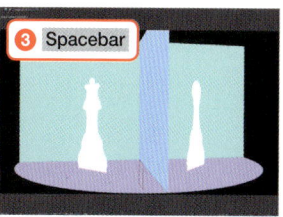

간단 실습 조명(Light) 레이어로 공간감 더하기

준비 파일 애프터 이펙트/Chapter 05/3D실습.aep

01 앞서 실습한 준비 파일을 그대로 사용합니다. ① 메뉴바에서 [Layer]-[New]-[Light] Ctrl + Alt + Shift + L 메뉴를 선택합니다. ② [Light Settings] 대화상자가 나타나면 다음과 같이 설정하고 [OK]를 클릭합니다. ③ 조명이 삽입되어 더욱 풍부한 3D 공간이 연출됩니다.

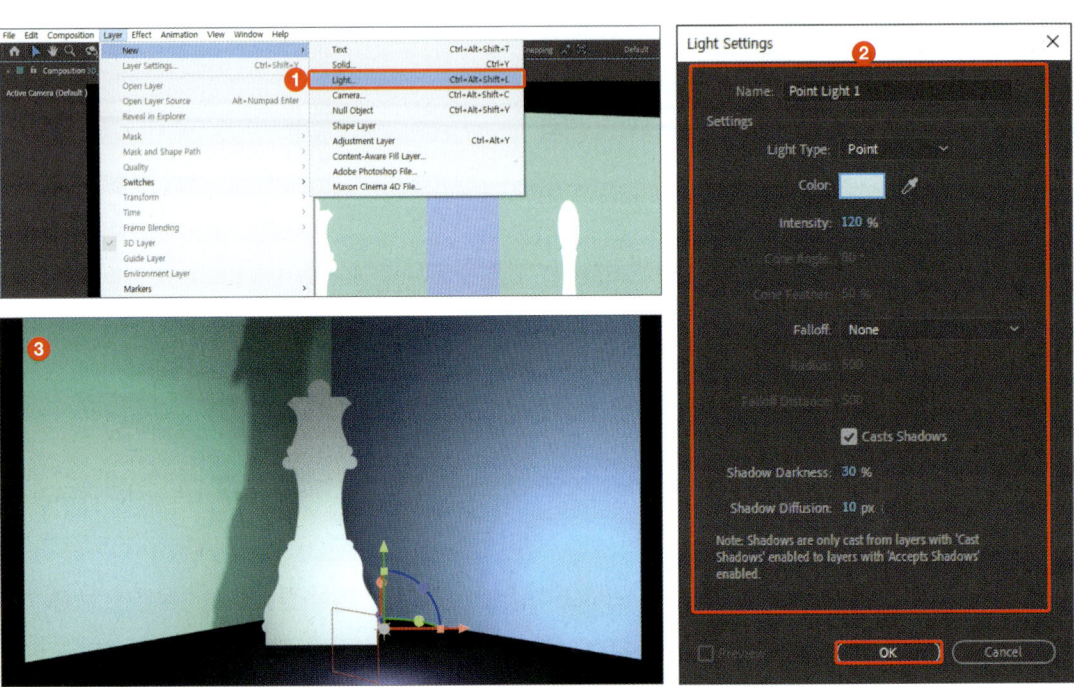

02 ① [Point Light 1] 레이어를 선택하고 ② P 를 눌러 [Position]을 엽니다. ③ [Position] 값을 650, 100, −500으로 설정합니다. ④ 조명이 체스 말에 가깝도록 위치를 조절했습니다.

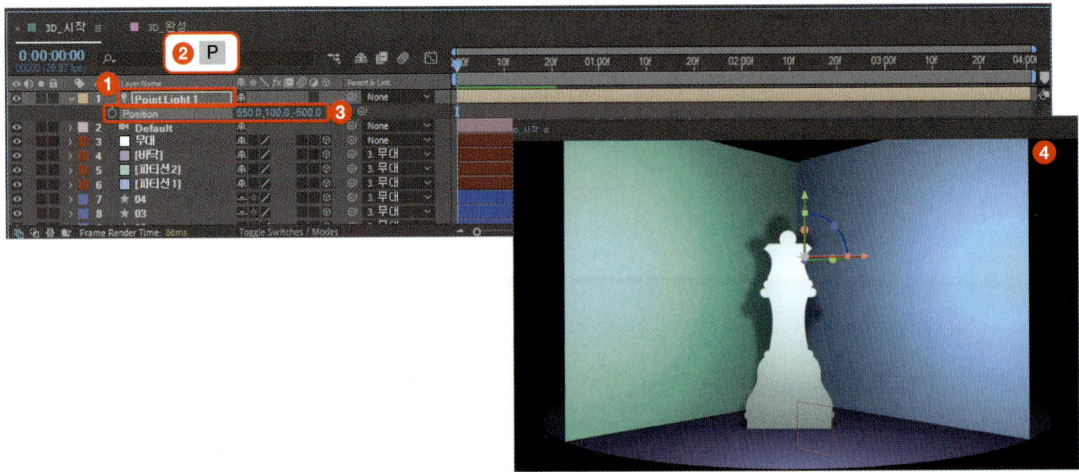

기능 꼼꼼 익히기 ▶ 레이어에 그림자 설정하기

체스 말 그림인 네 개의 셰이프 레이어에만 그림자가 만들어지고, 나머지 솔리드 레이어에는 그림자가 없습니다. 조명 설정에서 그림자를 활성화하더라도 레이어의 설정에서 [Material Options]–[Casts Shadows] 옵션을 [Off]로 설정하면 그림자가 생성되지 않습니다. [Casts Shadows] 옵션의 기본값은 [Off]이며, 그림자를 생성하기 위해서는 먼저 레이어를 선택하고 [Casts Shadows]를 [On]으로 변경해야 합니다. 체스 말 그림인 네 개의 셰이프 레이어는 [Casts Shadows]를 [On]으로 미리 변경했기 때문에 그림자가 바로 생성됩니다. 따로 설정하지 않은 [파티션 1] 등의 솔리드 레이어는 기본값인 [Off]로 설정되어 있어 그림자가 생성되지 않습니다.

03 Spacebar 를 눌러 애니메이션을 확인합니다. 3D 레이어, 조명, 카메라를 삽입하여 3D 콘텐츠를 완성했습니다.

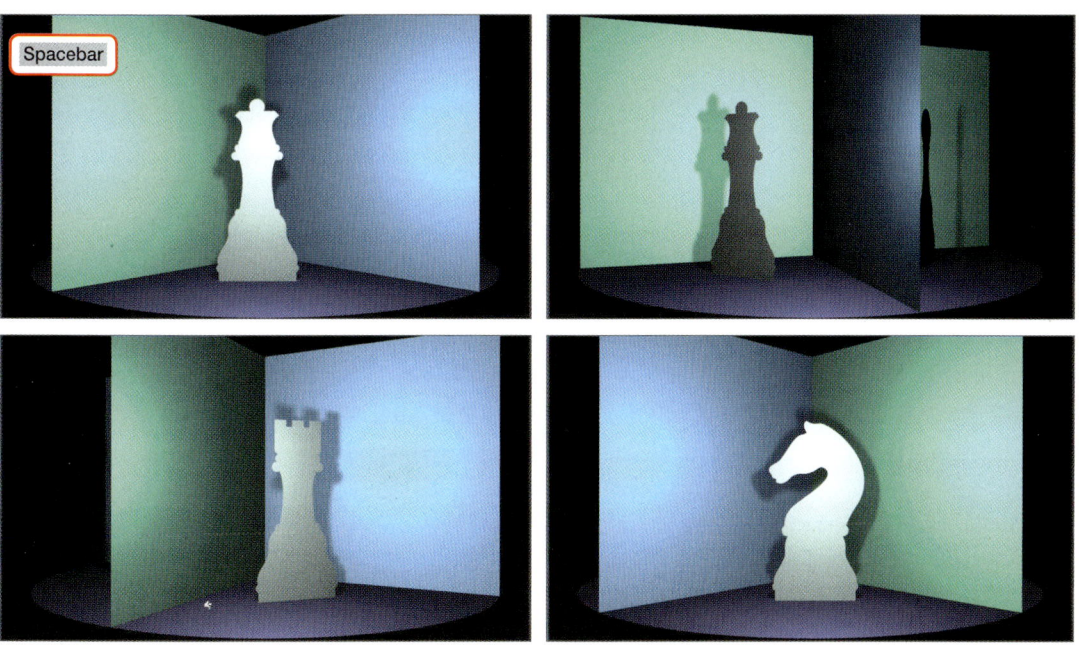

기능 꼼꼼 익히기 ▶ 프리뷰 재생 속도

3D 기능을 사용하면 프리뷰(미리 보기)를 렌더링하여 재생하는 데에 많은 시간이 소요됩니다. 특히 조명과 그림자 기능은 컴퓨터 메모리(RAM)의 소요가 많으므로 재생 속도를 더욱 느리게 합니다. 프리뷰가 많이 느려질 때는 [Composition] 패널의 해상도를 [Full]에서 [Half], 또는 [Third]로 낮추고 작업하는 것이 좋습니다.
Ctrl + Alt + 4 를 눌러 [Fast Preview to Fast Draft]로 화질을 낮추고 프리뷰하는 방법도 있습니다. 프리뷰한 후 원래의 화질로 돌아오려면 Ctrl + Alt + 1 을 눌러 [Final Quality]로 설정합니다.

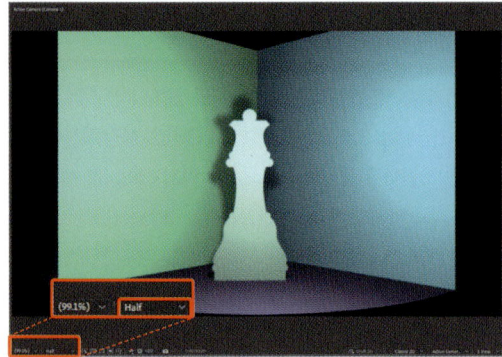 

▲ [Composition] 패널의 해상도를 [Half]로 낮춘 경우 해상도가 1/2로 낮아짐

▲ [Composition] 패널의 해상도를 [Half]로 낮추고 Ctrl + Alt + 4 를 눌러 [Fast Preview to Fast Draft]로 설정한 경우 가장 낮은 해상도로 설정되고 그림자 정보가 무시됨

또는 [Composition] 패널에서 [Draft 3D]를 클릭하여 화질을 조절할 수도 있습니다. [Draft 3D]가 활성화되면 을 클릭하여 바닥 면에 그리드를 표시할 수 있습니다.

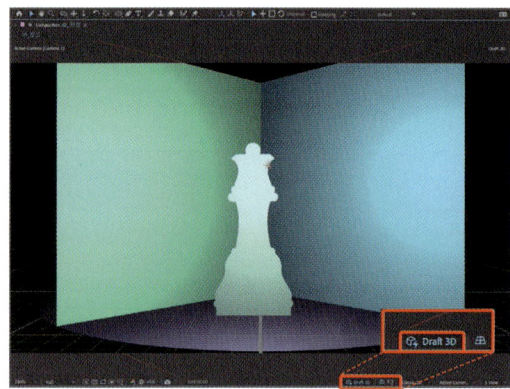

▲ [Composition] 패널에서 [Draft 3D]를 활성화한 경우

[Extended 3D Viewer] 아이콘을 추가로 클릭하여 화면에서 벗어나있는 오브젝트들도 확인할 수 있습니다. [Composition] 패널에서 렌더러를 [Cinema 4D]로 변경하고 체스 이미지 레이어에 두께를 설정하면 3D와 같은 입체감을 표현할 수 있습니다. Cinema 4D 렌더러를 사용할 경우 재생에 긴 시간이 소요될 수 있습니다.

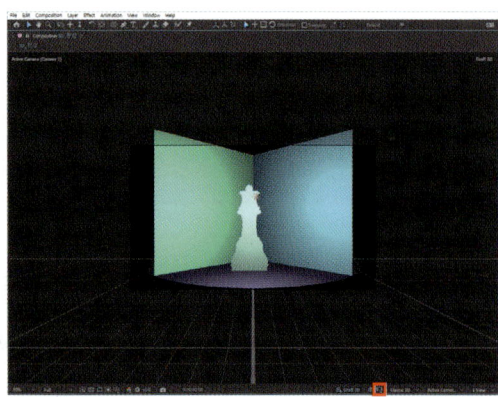 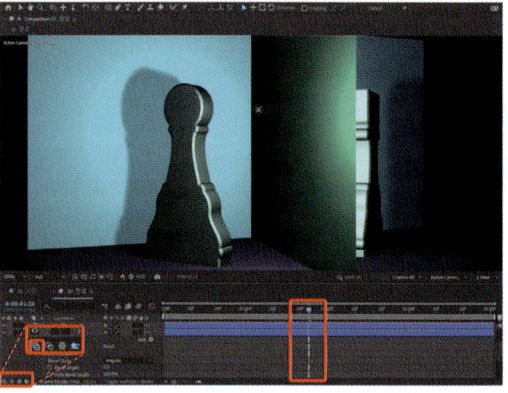

Cinema 4D 렌더러로 변경하는 방법 및 [Extrusion Depth]로 두께를 만드는 방법은 437쪽에서 학습할 수 있습니다.

트랙 매트 활용하기

트랙 매트 이해하고 적용하기

매트(Matte)는 마스크(Mask)와 유사한 기능으로 화면의 일부분을 가리거나 일부분만 보이도록 하는 기법입니다. 사진이나 영화 작업 시 한쪽을 가리고 촬영하여 특수 이펙트를 사용한 합성 장면을 제작할 때도 사용하는 기법입니다. 트랙 매트는 '매트(matte)'를 추적하는 것을 의미합니다. 두 개의 레이어를 연결하여 설정할 수 있으며, 레이어의 [Matte] 속성을 다른 레이어에 그대로 적용할 수도 있습니다. 또한 알파(Alpha) 채널이나 루마(Luma)를 활용하여 매트를 설정할 수 있습니다.

트랙 매트 알아보기

① 알파 매트(Alpha Matte)와 알파 반전 매트(Alpha Inverted Matte)

아래 그림과 같이 Track Matte pick whip 을 드래그해 매트를 추적할 레이어를 연결할 수 있습니다. [웨이브] 레이어는 구불구불한 웨이브 패턴을 그린 레이어이며, [DREAM] 레이어는 텍스트를 변환한 셰이프 레이어입니다

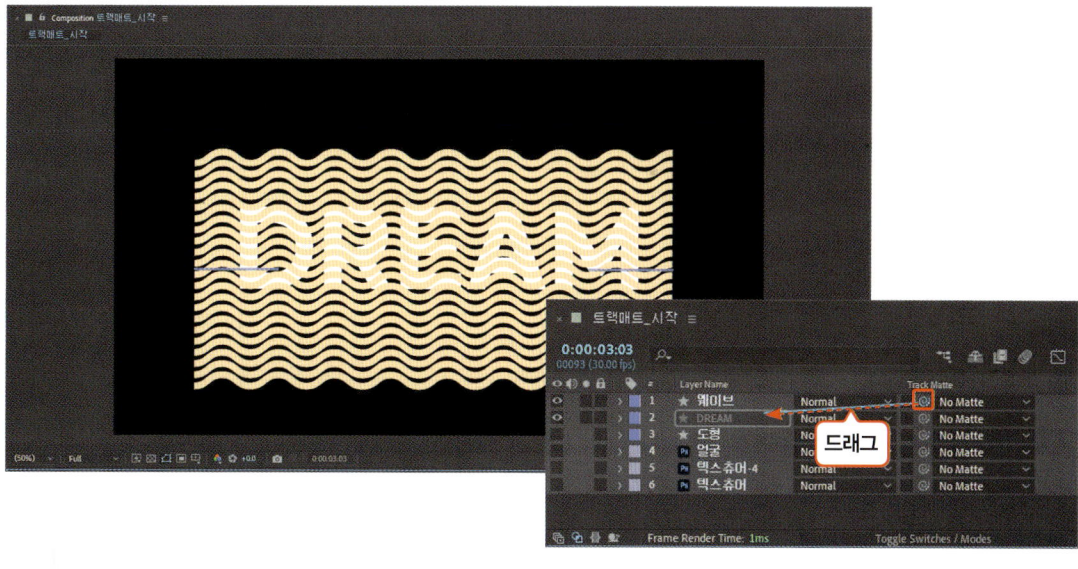

트랙 매트 기능은 애프터 이펙트 버전과 상관없이 사용할 수 있는 기능이지만 [Track Matte pick whip]은 CC 2023 이하 버전에서는 확인할 수 없습니다. [Track Matte] 속성은 F4 를 누르거나 [Toggle Switches/Modes]를 클릭하여 열 수 있습니다.

레이어를 연결하면 트랙 매트의 기본값인 ❶ Alpha Matte▣가 적용되고 ❷ 웨이브 패턴 그림이 글씨 안에만 표시됩니다. 즉, 글씨의 알파 채널을 웨이브 패턴이 추적하면서 글씨 안에만 이미지가 표시되는 것입니다. ❸ 매트로 사용된 레이어의 이름 앞에는 ▣이, ❹ 매트를 적용한 레이어의 이름 앞에는 ▣이 표시됩니다. ❺ 매트로 사용된 레이어의 ▣은 자동으로 비활성화됩니다. 또 하나의 레이어를 다수의 레이어가 트랙 매트할 수도 있습니다.

[Composition] 패널에서 ▣를 클릭해보면 글씨 영역 밖은 투명한 것을 확인할 수 있습니다.

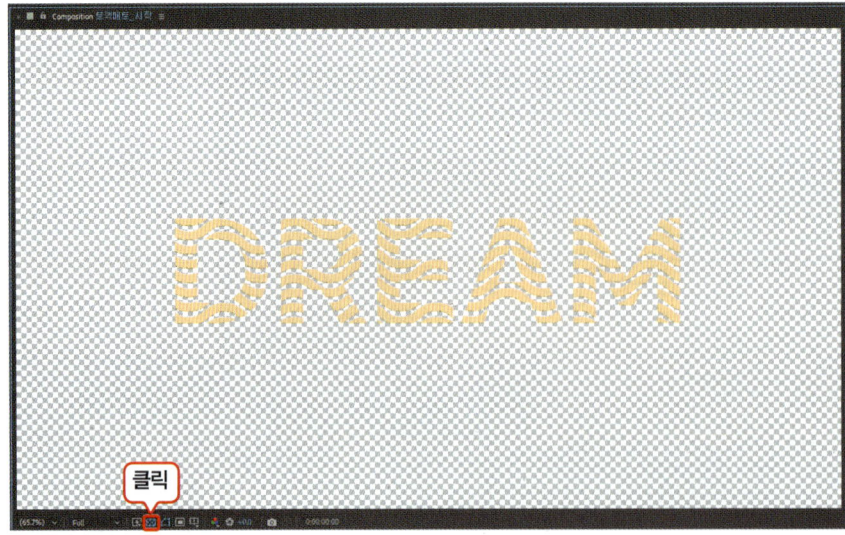

Inverted(반전) 를 클릭하면 투명한 부분과 불투명한 부분이 반전됩니다. 따라서 글씨 부분은 투명하게 처리되고 글씨가 없는 부분에만 패턴이 표시됩니다.

② 루마 매트(Luma Matte)와 루마 반전 매트(Luma Inverted Matte)

루마는 '루미넌스(Luminance)'의 줄임말이며, 루미넌스는 휘도 또는 명도를 뜻합니다. 트랙 매트를 루마로 선택하면 알파 채널이 아닌 지정한 레이어의 명도에 따라 이미지를 표시하거나 감춥니다. 가장 밝은 하얀색(화이트)은 불투명으로 나타나고 가장 어두운 검은색(블랙)은 완전히 투명하게 표시됩니다. 아래 그림에서 다양한 모양의 도형은 하얀색과 검은색의 그라데이션이 적용되어 있습니다. 배경에는 거친 질감의 [텍스츄어] 레이어 이미지가 삽입되어 있습니다.

❶ [텍스츄어] 레이어의 트랙 매트를 [도형] 레이어로 선택하고 ❷ 를 한 번 더 클릭하여 Luma Matte로 설정하면 ❸ 아래 그림과 같이 도형의 밝은 부분에는 이미지가 표시되고 어두운 부분은 투명하게 나타납니다. ❹ 루마 매트도 마찬가지로 Inverted(반전)를 클릭하면 ❺ 투명한 부분과 불투명한 부분이 반전됩니다.

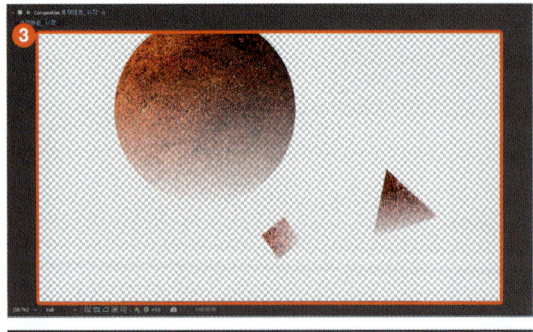

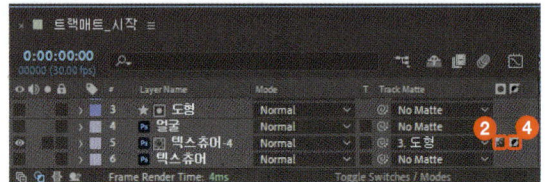

간단 실습 | 트랙 매트와 루마 매트, 반전 매트 적용하기

준비 파일 애프터 이펙트/Chapter 05/트랙매트.aep

01 ❶ [File]-[Open Project] Ctrl + O 메뉴를 선택하고 **트랙매트.aep** 준비 파일을 엽니다. ❷ [Project] 패널에서 [트랙매트_시작] 컴포지션을 더블클릭하여 엽니다. ❸ Spacebar 를 눌러 애니메이션을 확인해보면 도형과 웨이브 패턴이 조금씩 움직이는 애니메이션이 적용되어 있습니다.

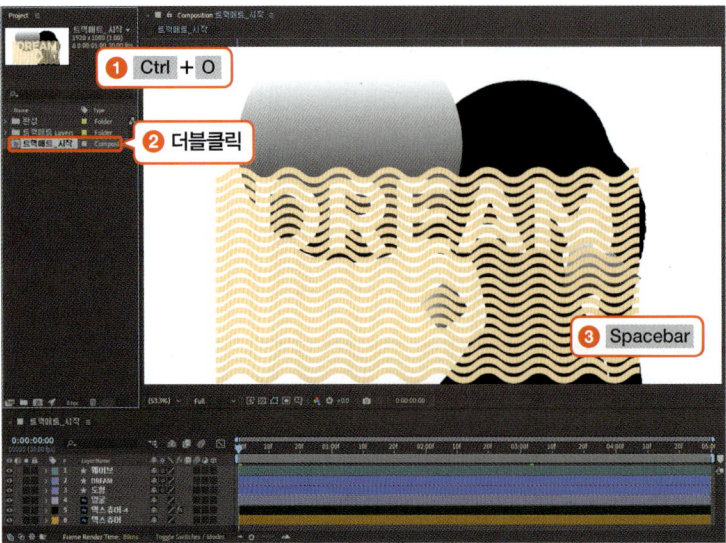

02 ① [Timeline] 패널의 아래에서 Toggle Switches / Modes F4 를 클릭합니다. ② [Mode], [T], [Track Matte] 옵션이 나타납니다. 여기서 [T]는 'Preserve Underlying Transparency'입니다.

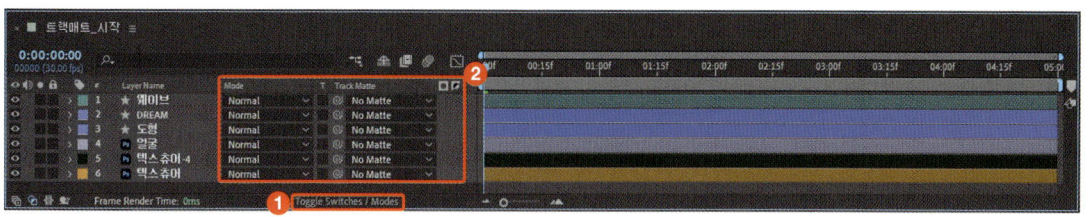

기능 꼼꼼 익히기 | Preserve Underlying Transparency 알아보기

레이어의 [T] 항목을 활성화하면 으로 표시됩니다. 다른 레이어의 알파 채널을 적용하는 기능으로 트랙 매트와 유사하지만 하나의 레이어만을 선택할 수 없고, [T] 항목을 활성화한 레이어 아래에 위치한 ◉이 활성화되어 있는 모든 레이어의 알파 채널을 합산하여 선택한 레이어의 알파 채널로 인식합니다. 왼쪽 그림과 같이 [웨이브] 레이어 아래에 있는 글씨와 도형 레이어의 알파 채널을 모두 인식하므로 두 개 레이어의 영역에 패턴이 표시됩니다. 트랙 매트와는 다르게 매트로 설정된 레이어의 ◉은 비활성화되지 않기 때문에 화면에 그대로 표시됩니다.

---

03 모든 레이어의 ◉를 각각 클릭해 각 레이어를 확인해봅니다. 웨이브 패턴, 글씨, 도형, 사람 얼굴 실루엣, 그리고 두 개의 거친 질감을 가진 이미지가 삽입되어 있습니다.

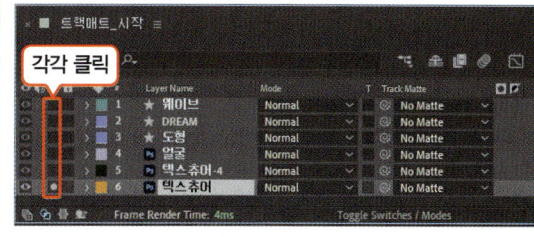

04 ① [웨이브] 레이어의 을 드래그해 [DREAM] 레이어와 연결합니다. ② 기본값인 트랙 알파 채널 로 설정됩니다. ③ 패턴이 글씨 안에만 표시됩니다.

05 ① [얼굴] 레이어의 트랙 매트는 [텍스츄어] 레이어로 설정합니다. 아직 아무런 변화는 없습니다. 두 레이어의 알파값이 동일하기 때문입니다. ② 을 클릭해 으로 변경하고 ③ 오른쪽 체크 박스를 클릭해 Inverted 로 설정합니다. ④ 배경과 인물에 거친 질감이 표현됩니다.

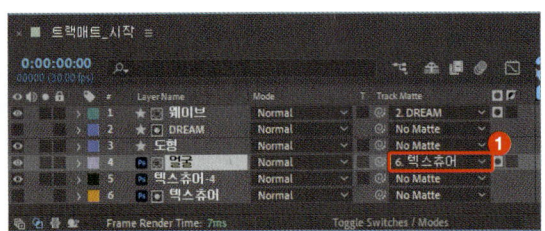

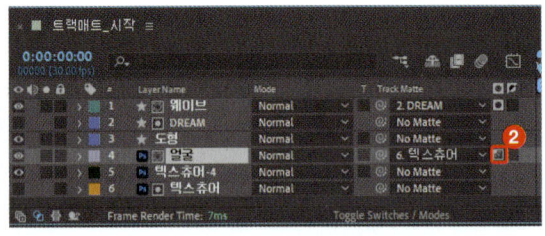

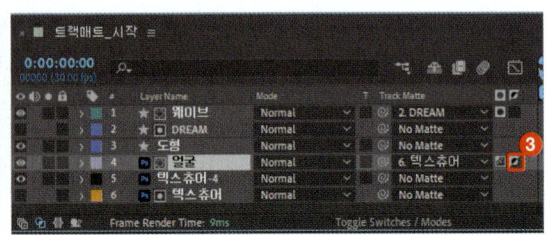

06 ❶ [텍스츄어-4] 레이어의 트랙 매트는 [도형] 레이어로 설정하고 ❷ Luma Matte로 변경합니다.

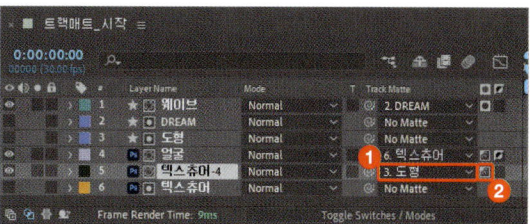

07 도형이 잘 보이도록 [텍스츄어-4] 레이어를 [얼굴] 레이어 위로 이동합니다. 트랙 매트 기법을 활용하여 거친 질감 그래픽을 표현한 영상이 완성되었습니다.

LESSON 04

Parent 기능 활용하기

Parent 기능 알아보고 활용하기

일반적으로 그래픽 툴에서 여러 개의 레이어를 동시에 제어하려면 레이어 그룹으로 설정합니다. 그러나 애프터 이펙트는 레이어 그룹 기능이 없고 셰이프 레이어의 콘텐츠(오브젝트)만 그룹 기능을 사용할 수 있습니다. 컴포지션이 곧 레이어들의 그룹이기 때문에 별도의 그룹 기능이 없습니다. 이때 하나의 컴포지션 안에서 여러 개의 레이어를 같은 값으로 동시에 제어하려면 페어런트(Parent) 기능을 활용하는 것이 좋습니다.

페어런트 기능은 레이어들의 관계를 부모(Parent)와 자식(Child)으로 설정하여 그룹처럼 만드는 것입니다. 이때 하나의 Parent 레이어에 연결되는 Child 레이어의 수는 제한이 없지만 하나의 Child 레이어를 여러 개의 Parent 레이어에 연결할 수는 없습니다. 페어런트 기능으로 연결된 후에는 Parent 레이어의 [Transform] 속성을 Child 레이어가 똑같이 따라합니다([Opacity] 속성은 제외). 운동성이 강조되는 키네틱 타이포그래피, 여러 관절들을 따로 또는 동시에 제어해야 하는 캐릭터 애니메이션 등에서 움직임이 연동되는 모션을 정확하게 제어할 수 있습니다.

간단실습 페어런트(Parent) 기능 알아보기

준비 파일 애프터 이펙트/Chapter 05/페어런트.aep

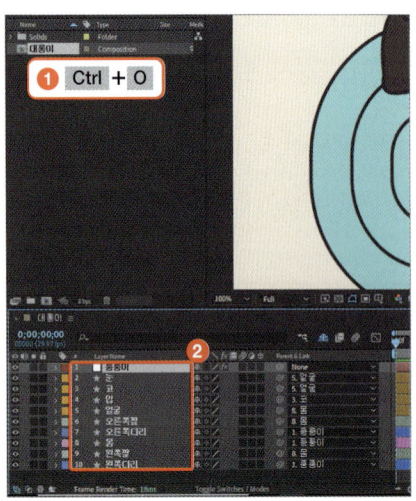

01 ❶ [File]-[Open Project] `Ctrl` + `O` 메뉴를 선택하고 **페어런트.aep** 준비 파일을 엽니다. ❷ [Timeline] 패널을 보면 [눈], [코], [입]을 비롯한 캐릭터의 각 부분들이 여러 개의 레이어로 분리되어 있습니다. ❸ `Spacebar` 를 눌러 애니메이션을 확인합니다. 캐릭터가 위에서 아래로 내려오고 머리를 좌우로 흔들면서 팔과 다리를 흔드는 캐릭터 애니메이션입니다.

02 ① [룽룽이] 레이어를 선택합니다. ② R 을 눌러 [Rotation]을 열고 회전값을 자유롭게 변경해봅니다.
③ 캐릭터 전체가 모두 함께 회전합니다. [룽룽이] 레이어는 [Null Object] 레이어입니다.

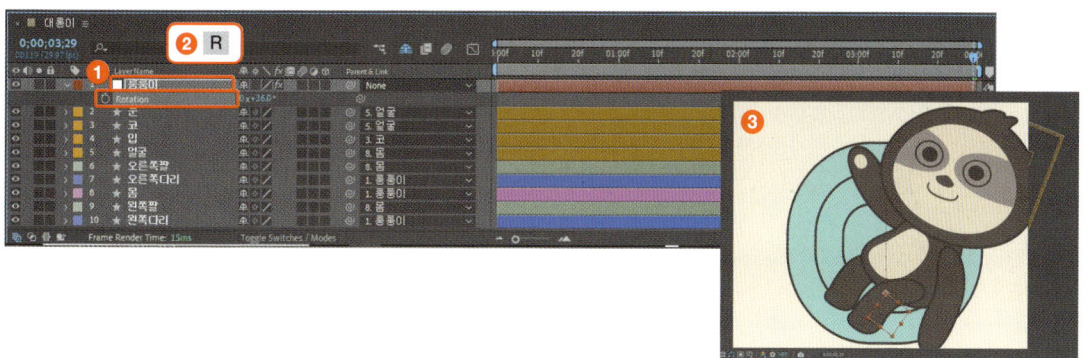

03 ① [룽룽이] 레이어를 선택하고 ② S 를 눌러 [Scale]을 열고 크기 비율값을 자유롭게 변경해봅니다.
③ 캐릭터 전체가 모두 함께 커지거나 작아집니다. ④ [Parent & Link]를 보면 [오른쪽다리], [몸], [왼쪽다리] 레이어의 Parent가 [룽룽이] 레이어로 설정되어 있습니다. 세 개의 레이어만 [룽룽이] 레이어의 Child 레이어인데 모든 레이어가 함께 조절됩니다. 그 이유는 [얼굴] 레이어는 [몸] 레이어의 Child 레이어이며, [눈], [코] 레이어는 [얼굴] 레이어의 Child 레이어로, 모든 레이어가 서로 연결되어 있기 때문입니다.

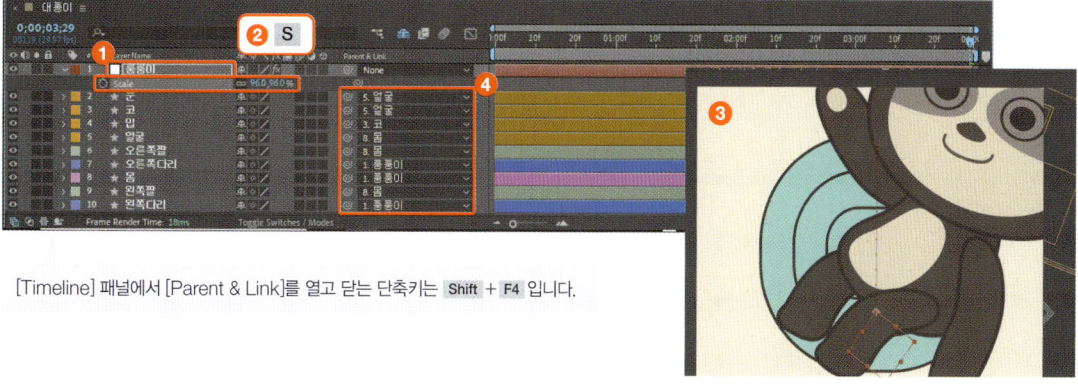

[Timeline] 패널에서 [Parent & Link]를 열고 닫는 단축키는 Shift + F4 입니다.

04 ❶ [얼굴] 레이어를 선택하고 ❷ [Scale]을 조절해봅니다. ❸ [얼굴] 레이어와 [눈], [코], [입] 레이어가 같이 조절됩니다.

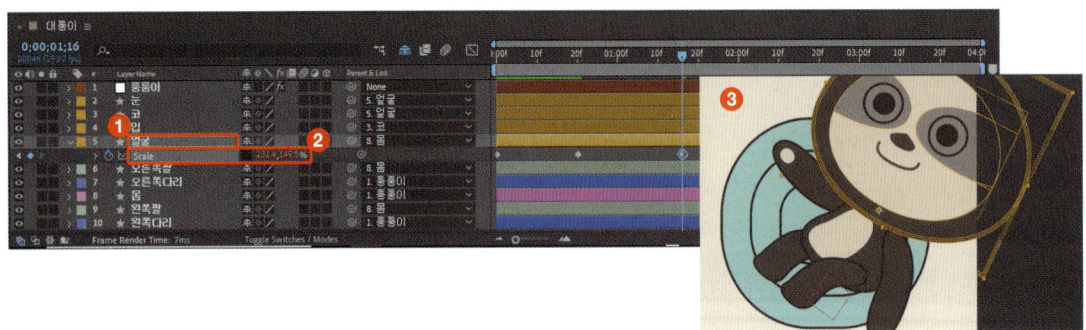

05 ❶ [코] 레이어를 선택하고 ❷ [Scale] 등을 조절해보면 ❸ [코]와 [입] 레이어가 같이 조절됩니다. ❹ [입] 레이어의 Parent를 [코] 레이어로 설정해두었기 때문입니다.

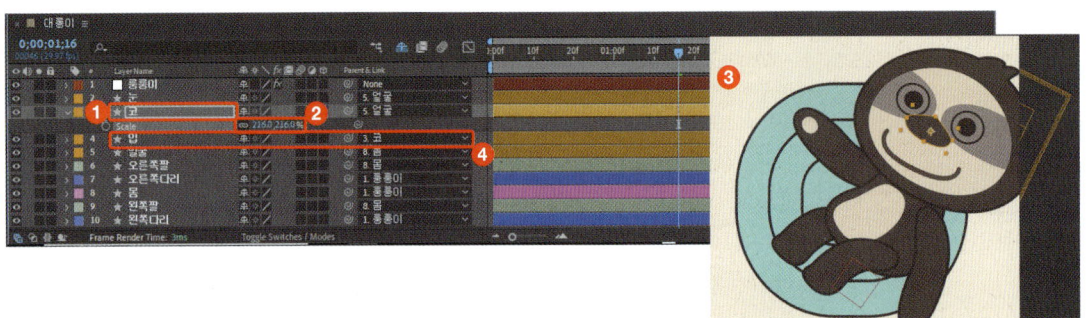

06 ❶ [몸] 레이어를 선택하고 ❷ [Scale]을 조절해보면 ❸ 다리를 제외한 모든 레이어가 같이 조절됩니다. 일반적으로 사람처럼 이족 보행하는 캐릭터의 경우 몸통에 얼굴과 두 팔을 페어런팅(연결)합니다.

End 를 눌러 컴포지션의 가장 마지막 지점으로 시간을 이동하고 Parent를 모두 [None]으로 변경한 후 캐릭터의 관절이 어떻게 연결되어야 하는지 생각하면서 Parent를 다시 설정해보는 것도 좋습니다. 이어지는 간단 실습의 내용을 먼저 학습하고 캐릭터의 페어런트 작업을 연습하는 것을 추천합니다.

간단 실습 | Parent 관계 설정하기

준비 파일 애프터 이펙트/Chapter 05/페어런트실습.aep

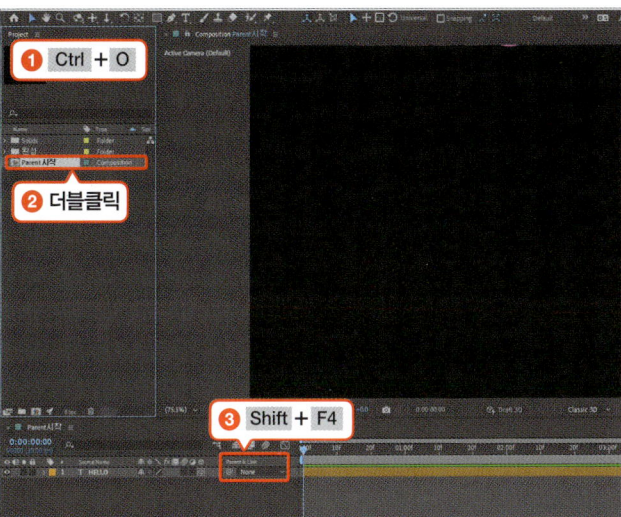

01 ❶ [File]-[Open Project] `Ctrl` + `O` 메뉴를 선택하고 준비 파일을 엽니다. ❷ [Project] 패널에서 [Parent시작] 컴포지션을 더블클릭해 엽니다. ❸ `Shift` + `F4`를 눌러 [Timeline] 패널의 [Parent & Link] 옵션도 엽니다.

02 `Spacebar`를 눌러 애니메이션을 확인합니다. 화면의 중앙 상단에서 'HELLO' 텍스트가 매달려 있다가 떨어지듯이 회전하면서 내려옵니다.

> 재생해도 글씨가 보이지 않는다면 [Composition] 패널의 확대 비율을 확인합니다. `Alt` + `/`를 누르면 [fit up to 100%]로 자동 조절되어 모든 그림이 화면에 최대 크기로 보여집니다. 확대 비율을 크게 하려면 `Alt` + `.`를 누릅니다.

03 ❶ [Timeline] 패널에서 [HELLO] 레이어를 선택하고 ❷ `Ctrl` + `D`를 네 번 눌러 레이어를 네 개 복제합니다. ❸ 총 다섯 개의 [HELLO] 레이어가 생깁니다.

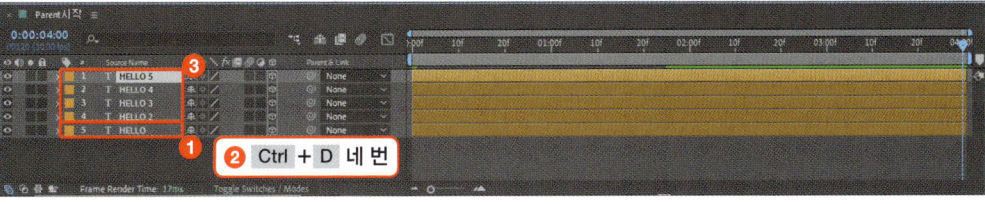

04

① **4초** 지점으로 이동합니다. ② 레이어들을 모두 선택하고 P 를 눌러 [Position]을 엽니다. ③ 표를 참고하여 층을 쌓듯이 [Y Position]을 설정합니다. 레이어들의 Y 좌푯값이 **145px**만큼씩 아래로 내려서 배치됩니다.

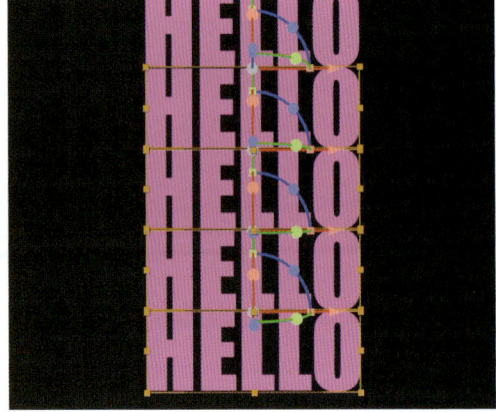

레이어	HELLO 4	HELLO 3	HELLO 2	HELLO
Y Position	145	290	435	580

05

① 도구바에서 문자 도구 T Ctrl + T 를 클릭합니다. ② [Timeline] 패널에서 [HELLO 4] 레이어를 선택하고 ③ [Composition] 패널에서 두 번째 'HELLO' 텍스트를 드래그 또는 더블클릭해 선택한 후 **LADIES**로 수정합니다. ④ 색상은 하얀색으로 변경합니다. ⑤ 레이어 이름이 자동으로 [LADIES]로 변경됩니다.

문자 도구 T 의 옵션을 설정할 수 있는 [Character] 패널과 [Paragraph] 패널은 문자 도구 T 를 클릭하거나 입력된 텍스트를 선택하면 자동으로 나타납니다. 자동으로 열리지 않는다면 [Window] 메뉴에서 패널을 선택하여 열 수 있습니다.

06 ① [HELLO 3] 레이어를 선택하고 ② GENTLEMAN으로 수정합니다. ③ 색상은 자유롭게 변경해봅니다.

07 ①② 같은 방식으로 [HELLO 4] 레이어와 [HELLO 5] 레이어의 텍스트도 각각 WELCOME, TONIGHT으로 변경합니다. 색상도 자유롭게 변경해봅니다.

08 Spacebar 를 눌러 애니메이션을 확인합니다. 문자와 위치는 다르지만 같은 움직임을 가지고 있습니다. 아직은 각 움직임에 어떠한 연관성도 없습니다.

09 Parent 기능으로 레이어 간의 관계를 설정해보겠습니다. ❶ 4초 지점으로 이동합니다. ❷ [LADIES] 레이어의 ◎(Parent pick whip)을 [HELLO 5] 레이어로 드래그하여 연결합니다. [HELLO 5] 레이어가 Parent, [LADIES] 레이어가 Child로 설정됩니다. [LADIES] 레이어는 [HELLO] 레이어의 움직임을 따라 하게 됩니다. ❸ 같은 방법으로 [GENTLEMAN] 레이어의 ◎을 [LADIES] 레이어로, [WELCOME] 레이어는 [GENTLEMAN] 레이어, [TONIGHT] 레이어는 [WELCOME] 레이어와 연결합니다. ❹ 설정이 잘 되었는지 [Parent & Link]를 확인합니다.

10 Spacebar 를 눌러 애니메이션을 확인합니다. 모든 레이어가 마치 고리로 연결되어 있는 듯 같이 매달려 움직입니다.

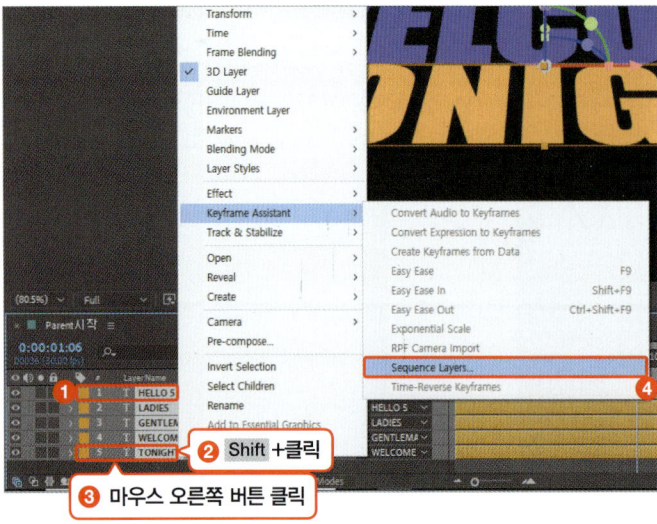

11 다섯 개의 텍스트가 시간차를 두고 등장하며 순차적으로 떨어지는 모션을 만들어보겠습니다. ❶ [HELLO 5] 레이어를 선택하고 ❷ Shift 를 누른 상태에서 [TONIGHT] 레이어를 선택해 모든 레이어를 선택합니다. ❸ 마우스 오른쪽 버튼을 클릭하고 ❹ [Keyframe Assistant]-[Sequence Layers]를 선택합니다.

12 [Sequence Layers] 대화상자가 나타나면 ❶ [Overlap]에 체크하고 ❷ [Duration]은 0;00;03;20으로, ❸ [Transition]은 [Off]로 설정하고 ❹ [OK]를 클릭합니다. 각각의 레이어 길이가 4초이므로 오버랩의 길이를 3초 20F으로 설정하면 ❺ 10F 간격으로 각각의 프레임의 시작점이 변경됩니다.

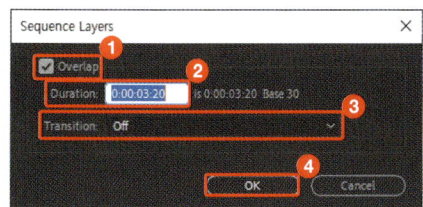

13 `Spacebar` 를 눌러 애니메이션을 확인합니다. 각각의 텍스트가 고리로 연결된 것처럼 순차적으로 나타납니다. 서로를 Parent와 Child 관계로 설정하여 Parent의 움직임과 Child의 움직임이 연동되기 때문입니다. 이처럼 Parent 기능은 단순히 여러 레이어를 동시에 움직이게 하는 것은 물론 연동되는 움직임을 표현할 수 있어 애니메이션에서 매우 중요한 역할을 합니다.

애니메이션을 실행할 때 'HELLO'가 아닌 'TONIGHT' 텍스트가 먼저 나타나면 11에서 레이어를 선택할 때 순서를 다르게 지정했기 때문입니다. 가장 앞에 배치할 레이어를 먼저 선택한 후 나머지 레이어를 선택해야 합니다.

애프터 이펙트 **실속 단축키**

일반(General)

- `Ctrl` + `A` 모두 선택하기
- `Enter` 레이어나 폴더 등의 이름 변경하기
- `Ctrl` + `Q` 작업 종료하기
- `Ctrl` + `Shift` + `Z` 최종 작업 다시 실행하기(Redo)
- `Ctrl` + `C` 레이어나 효과, 키프레임 등을 복사하기
- `F2` 또는 `Ctrl` + `Shift` + `A` 선택 모두 해제하기
- `Ctrl` + `D` 레이어나 효과 등 복제하기
- `Ctrl` + `Z` 실행 취소하기(Undo)
- `Ctrl` + `Alt` + `/` (키패드) 모든 메모리 제거하기
- `Ctrl` + `V` 복사된 레이어나 효과 등을 붙여넣기

프로젝트(Project)

- `Ctrl` + `Alt` + `N` 새로운 프로젝트 만들기
- `Ctrl` + `F` [Project] 패널에서 검색 기능 사용하기
- `Ctrl` + `Alt` + `Shift` + `N` [Project] 패널에서 새 폴더 만들기
- `Ctrl` + `O` 프로젝트 열기

패널, 뷰어, 작업 영역 및 창(Panels, Views, Workspace and Windows)

- `Ctrl` + `0` [Project] 패널 열기 또는 닫기
- `Ctrl` + `2` [Info] 패널 열기 또는 닫기
- `Ctrl` + `4` [Audio] 패널 열기 또는 닫기
- `Ctrl` + `6` [Character] 패널 열기 또는 닫기
- `F3` 또는 `Ctrl` + `Shift` + `T` 선택한 레이어의 [Effect Controls] 패널 열기 또는 닫기
- `` ` `` 마우스 포인터 아래의 패널 최대화 또는 복원하기
- `\` 현재 컴포지션의 [Composition] 패널과 [Timeline] 패널 간에 활성화 전환하기
- `Ctrl` + `F` [Project], [Timeline], [Effects & Preset] 등의 패널에서 검색 기능 사용하기
- `Ctrl` + `1` [Tool] 패널 열기 또는 닫기
- `Ctrl` + `3` [Preview] 패널 열기 또는 닫기
- `Ctrl` + `5` [Effects & Presets] 패널 열기 또는 닫기
- `Ctrl` + `7` [Paragraph] 패널 열기 또는 닫기

툴 활성화(Activate tools)

- `V` 선택 도구 활성화하기
- `Spacebar` 또는 **마우스 휠 버튼 클릭** 일시적으로 손바닥 도구 활성화하기
- `Z` 확대 도구 활성화하기
- `W` 회전 도구 활성화하기
- `H` 손바닥 도구 활성화하기
- `Alt` (확대 도구 활성화 시) 축소 도구 활성화하기
- `Alt` + `W` 로토 브러쉬 도구 활성화하기

`Y` 중심점 도구 활성화하기

`Ctrl` + `T` 문자 도구 활성화 및 순환하기(가로 및 세로)

`Q` 모양 도구 활성화 및 순환하기(사각형, 둥근 사각형, 타원, 다각형, 별)

`G` 펜 및 마스크 페더 도구 활성화 및 두 도구 간 순환하기

`Ctrl` + `B` 브러시, 복제 도장, 지우개 도구 활성화 및 순환하기

`Ctrl` + `P` 퍼펫 도구 활성화 및 순환하기

컴포지션 및 작업 영역(Compositions and the work area)

`Ctrl` + `N` 새 컴포지션 만들기

`Ctrl` + `K` 선택한 컴포지션의 [Composition Settings] 대화상자 열기

`B` 또는 `N` 작업 영역의 시작 또는 종료 부분을 현재 시간으로 설정하기

`Tab` 활성 컴포지션의 컴포지션 미니 흐름도 열기

`Ctrl` + `Shift` + `X` 컴포지션을 작업 영역으로 다듬어 자르기

시간 탐색(Time Navigation)

`Shift` + `Home` 또는 `Shift` + `End` 작업 영역의 시작 또는 종료 부분으로 이동하기

`J` 또는 `K` 시간 눈금자에서 표시되는 이전 항목 또는 다음 항목으로 이동하기

`Home` 또는 `Ctrl` + `Alt` + `←` 컴포지션의 시작 부분으로 이동하기

`End` 또는 `Ctrl` + `Alt` + `→` 컴포지션 종료 부분으로 이동하기

`PageDown` 또는 `Ctrl` + `→` 1프레임 뒤로 이동하기

`Shift` + `PageDown` 또는 `Ctrl` + `Shift` + `→` 10프레임 뒤로 이동하기

`PageUp` 또는 `Ctrl` + `←` 1프레임 앞으로 이동하기

`Shift` + `PageUp` 또는 `Ctrl` + `Shift` + `←` 10프레임 앞으로 이동하기

`I` 레이어 시작 지점으로 이동하기   `O` 레이어 종료 지점으로 이동하기

`D` [Timeline] 패널에서 타임 룰러 확대 시 현재 시간으로 스크롤하기

`=` [Timeline] 패널 타임 룰러 시간 표시 확대하기   `-` [Timeline] 패널 타임 룰러 시간 표시 축소하기

미리 보기(Previews)

`Spacebar` 미리 보기 시작 또는 중지하기

`Shift` + `F5`, `Shift` + `F6`, `Shift` + `F7`, `Shift` + `F8` 스냅사진 만들기

`F5`, `F6`, `F7`, `F8` 활성 뷰어에 스냅사진 표시하기

보기(Views)

`.`	[Composition] 패널에서 확대하기	`,`	[Composition] 패널에서 축소하기
`/`	[Composition] 패널에서 100%로 확대 및 축소하기		
`Shift` + `/`	[Composition] 패널에서 크기에 맞게 확대 및 축소하기		
`;`	[Timeline] 패널에서 1프레임을 최대로 크게 보기	`'`	[Safe Guides] 보이기 또는 숨기기
`Caps Lock`	[Composition] 패널에서 이미지가 미리 보기용으로 렌더링되지 않도록 방지하기		
`Ctrl` + `'`	그리드 보이기 또는 숨기기	`Alt` + `'`	비례 격자 표시 또는 숨기기
`Ctrl` + `R`	눈금자 보이기 또는 숨기기	`Ctrl` + `;`	가이드라인 보이기 또는 숨기기
`Shift` + `Ctrl` + `H`	레이어 컨트롤 표시 또는 숨기기	`Tab`	미니 흐름도(Flowchart) 표시하기
`Ctrl` + `Alt` + `Shift` + `N`	[Composition] 또는 [Layer] 패널을 두 개로 분할하여 보기		

푸티지(Footage)

`Ctrl` + `I`	한 파일 또는 이미지 시퀀스 가져오기	`Ctrl` + `Alt` + `I`	여러 파일 또는 이미지 시퀀스 가져오기
`Alt` + [프로젝트] 패널에 있는 푸티지 항목을 선택한 레이어로 드래그	선택한 레이어의 소스 바꾸기		
`Ctrl` + `H`	선택한 푸티지 항목 바꾸기		

레이어(Layers)

`Ctrl` + `Y`	새로운 Solid Layer 만들기	`Ctrl` + `Alt` + `Shift` + `Y`	새로운 Null Layer 만들기
`Ctrl` + `Alt` + `Y`	새로운 Adjustment Layer 만들기	`Ctrl` + `↓`	[Timeline] 패널에서 하위 레이어 선택하기
`Ctrl` + `↑`	[Timeline] 패널에서 상위 레이어 선택하기	`F2` 또는 `Ctrl` + `Shift` + `A`	모든 레이어 선택 해제하기
`X`	선택한 레이어를 [Timeline] 패널 목록의 가장 위로 표시하기		
`Shift` + `F4`	[Parent & Link] 표시 또는 숨기기	`F4`	레이어 스위치 및 모드 전환 및 돌아오기
`Ctrl` + `Shift` + `Y`	선택한 Solid Layer, Light, Camera, Null Layer, Adjustment Layer의 설정 대화상자 열기		
`Ctrl` + `Shift` + `D`	현재 시간에서 선택한 레이어 분할하기		
`Ctrl` + `Shift` + `C`	선택한 레이어 Pre-compose(사전 구성)하기		
`[` 또는 `]`	시작 지점 또는 종료 지점이 현재 시간이 되도록 선택한 레이어 이동하기		
`Alt` + `[` 또는 `Alt` + `]`	선택한 레이어의 시작 지점 또는 종료 지점을 현재 시간으로 자르기		

타임라인 패널에 속성 및 그룹 표시 확인하기(Showing properties and groups in the Timeline panel)

`A`	[Anchor Point] 옵션만 펼치기	`F`	[Mask Feather] 옵션만 펼치기
`M`	[Mask Path] 옵션만 펼치기	`M` `M`	[Mask] 속성 그룹만 표시하기
`T`	[Opacity] 옵션만 펼치기	`P`	[Position] 옵션만 펼치기
`R`	[Rotation]과 [Orientation] 옵션만 펼치기	`S`	[Scale] 옵션만 펼치기
`E`	[Effects] 옵션만 펼치기	`A` `A`	[Material] 옵션만 펼치기
`E` `E`	[Expressions] 옵션만 펼치기	`L` `L`	[Audio Waveform] 옵션만 펼치기
`U` `U`	기본값에서 변경되거나 키프레임 적용한 옵션만 펼치기		
`U`	키프레임 적용된 옵션만 펼치기		

레이어 속성 수정(Modifying layer properties)

`Ctrl` + `Home` 선택한 레이어를 중앙에 배치하기

`Ctrl` + `Alt` + `Home` 선택한 레이어나 콘텐츠의 가운데에 기준점 설정하기

`Alt` + `PageUp` 또는 `Alt` + `PageDown` 1프레임 앞이나 뒤로 이동하기

`Alt` + `Shift` + `PageUp` 또는 `Alt` + `Shift` + `PageDown` 10프레임 앞이나 뒤로 이동하기

3D 레이어(3D Layers)

`F10`	3D View를 [Front]로 설정	`F11`	3D View를 [Custom View 1]로 설정
`F12`	3D View를 [Active Camera]로 설정	`1`	카메라 회전 도구로 전환하기
`2`	카메라 이동 도구로 전환하기	`3`	돌리 도구로 전환하기

`Ctrl` + `Alt` + `Shift` + `L` 새 조명(Light) 레이어 만들기

`Ctrl` + `Alt` + `Shift` + `C` 새 카메라(Camera) 레이어 만들기

`4`	Position 조절 기즈모로 전환하기	`5`	Scale 조절 기즈모로 전환하기
`6`	Rotation 조절 기즈모로 전환하기	`Alt` + `Shift` + `C`	Casts Shadows 켜고 끄기

`F` (카메라 도구 선택 시)선택한 3D 레이어를 볼 수 있도록 Camera 및 Point of Interest를 이동하기

`Ctrl` + `Shift` + `F` 모든 3D 레이어를 볼 수 있도록 Camera 및 Point of Interest를 이동하기

키프레임 및 그래프 편집기(Keyframes and the Graph Editor)

`Shift` + `F3` 그래프 에디터 창 전환 및 돌아오기 `Ctrl` + `Alt` + `A` 표시되는 모든 키프레임 및 속성 선택하기

`Shift` + `F2` 또는 `Ctrl` + `Alt` + `Shift` + `A` 모든 키프레임, 속성 및 속성 그룹 선택 해제하기

`Alt` + `→` 또는 `Alt` + `←` 키프레임을 앞 또는 뒤로 1프레임 이동하기

`Alt` + `Shift` + `→` 또는 `Alt` + `Shift` + `←` 키프레임을 앞 또는 뒤로 10프레임 이동

`F9` 키프레임에 Easy Ease 적용하기 `Shift` + `F9` 키프레임에 Easy Ease In 적용하기

`Ctrl` + `Shift` + `F9` 키프레임에 Easy Ease Out 적용하기

`Ctrl` + `Alt` + `클릭` 홀드 키프레임으로 변환하기

`Ctrl` + `Shift` + `K` Keyframe Velocity 대화상자 열기

`Ctrl` + `Alt` + `K` Keyframe Interpolation 대화상자 열기

마스크(Masks)

`Ctrl` + `Shift` + `N` 새로운 마스크 만들기

`Ctrl` + `T` (마스크 선택 시)자유 변형 마스크 편집 모드 시작하기

`Ctrl` + `Alt` + `조절점 클릭` 조절점을 부드럽게 하거나 꺾이게 변경하기

셰이프 레이어(Shape Layers)

`Ctrl` + `G` 선택한 모양 그룹화하기

`Ctrl` + `T` ([Timeline] 패널에서 [Path] 속성 선택 시) 자유 변형 패스 편집 모드 시작하기

저장, 내보내기 및 렌더링(Saving, Exporting and Rendering)

`Ctrl` + `S` 프로젝트 저장하기 `Ctrl` + `Shift` + `S` 다른 이름으로 프로젝트 저장하기

`Ctrl` + `Alt` + `M` Adobe Media Encoder 인코딩 대기열에 컴포지션 추가하기

`Ctrl` + `M` 렌더링 대기열(Render Queue)에 추가하기

- 위 목록은 모션 그래픽 실무자가 자주 사용하는 단축키 위주로 정리해놓은 것입니다.
  https://helpx.adobe.com/kr/after-effects/user-guide.html/kr/after-effects/using/keyboard-shortcuts-reference.ug.html#main-pars_minitoc에서 관련된 모든 단축키를 확인할 수 있습니다.

찾아보기

프리미어 프로 편

ㄱ~ㅇ

교차편집	062
돌리	061
듀레이션	062
디졸브	062
라벨 색상	106
러닝타임	062
렌더링	086
루마 매트	195
루메트리 컬러	226
리스트 뷰	102
리프트	101
멀티 트랙	155
메뉴바	090
미리 보기 재생	304
보간	172
보정 레이어	247
보케	251
비디오 이펙트	191
비디오 트랙	110
비디오 트랜지션	181
비선형 편집	055
빈(Bin)	107
샷	059
선형 편집	054
섬네일	102
소스 패칭	113
스냅	145
스테디캠	062
아이콘 뷰	102
알파 매트	195
앵글	060
어도비 미디어 인코더	306
어셈블	063
연속편집	063
오디오 이펙트	279
오디오 클립	262
오디오 트랜지션	275
오디오 파형	272
오버라이트	063
유튜브 다운로더	034
인서트	097
임포트	176

ㅈ~ㅎ

자막	202
작업 영역바	108, 296
잠긴 프로젝트	105
지속 시간	083
컬러 캐스트	228
컷	063
코덱	065
클립	063
키프레임	063
타임코드	064
토글 싱크 잠금	114
통합코덱	065
트랙 높이 변경하기	113
트랙 삭제하기	111
트랙 아웃풋	115
트랙 잠금	114
트랙 추가하기	110
트랙 헤더	113
패널 크기 조정	123
패닝	061
편집 기준선	108
포토샵 이미지 삽입	176
프로젝트 매니저	136
프로젝트 파일 불러오기	073
프리셋	070, 307
프리폼 뷰	104
플레이백	064
해상도	064
화이트밸런스	226

A~Z

Add-Remove Keyframe	170
Adjustment Layer	247
Ambience	287
Assigned Audio Type	285
Auto Bezier	174
Auto-Match(Ducking)	284
Basic Correction	226
Bezier	174
Blend Mode	253
Color Matte	148
Color Wheels & Match	234
Constant Power	275
Continuous Bezier	174
Curves	230
Dialogue	284
Duration	083, 292
Export	090, 297
Hold	175
HSL Secondary	238
Hue Saturation Curves	230
Import Layered File	177
Interpolation	175
Level	192
Linear	174
Linked Selection	145
Look	228
LUT	227
Mask	163
Mute Track	115
PIP	064
Queue	307
Repair	288
Reset to Saved Layout	130
Ripple Delete	145
SFX	287
Snap	145
Solo Track	115
Spatial Interpolation	175
Submix	268
Temporal Interpolation	175
Toggle Animation	169
Tone Mapping	302
Vignette	245
Watch Folders	309

찾아보기

애프터 이펙트 편

ㄱ~ㅎ

가속도	469
그래프 에디터	352, 469
도형 도구	338, 411
돋보기 도구	338
돌리 도구	338
라벨	341
렌더링	380
로토 브러시 도구	339
마스크 모드	501
마스크	498
매트	539
문자 도구	339
브러시 도구	339
블렌딩 모드	399
선택 도구	338, 460
손바닥 도구	338
스냅	340, 352
스탬프 도구	339
알파 채널	350, 368
위치	427
인터페이스	337
조명 레이어	525
중심점	338, 412
지우개 도구	339
카메라 도구	512, 518
컴포지션	340, 341
크기	340, 459
키프레임	448
타임 디스플레이	374, 458
투명도	463
퍼펫 핀 도구	339
펜 도구	502
프레임	371
회전 도구	338
회전	513

A~Z

Add	380
Alpha	341
Anchor Point	338, 413
Animate	404
Audio 패널	347
Auto-Orient	466
Axis Mode	514
Brush Tool	339
Camera Tool	338
Character 패널	349
Child	546
Clone Stamp Tool	339
Composition 패널	342
Effect Controls 패널	349
Effects & Presets 패널	348
Eraser Tool	339
Figure Tool	339
Frames	374
Gizmo	516
Graph Editor	345
Hand Tool	338
Info 패널	347
Keyframe Interpolation	471
Keyframe Velocity	473
Label	342
Layer Styles	425
Layer 패널	350
Light	525
Mask	498
Matte	539
Null Object	409, 531
Opacity	463
Orbit	338, 518
Pan Behind Tool	338
Paragraph 패널	349
Parent	546
Pen Tool	339
Position	340
Preferences	354
Preview 패널	351
Project 패널	360
Properties 패널	347
Puppet Pin Tool	339
Rendering	380
Rotation Tool	338
Rotation	340
Roto Brush Tool	339
Rove Across Time	464
Scale	459
Selection Tool	338
Shape Layer	411
Shy	346
Snapping	340
Solid	408
Text	401
Timecode	371
Timeline 패널	374
Toggle Hold Keyframe	475
Transform	457
Type Tool	339
Zoom Tool	338

숫자

3D 레이어	340, 433
3D 보기 도구	520